广视角·全方位·多品种

中国皮书网：www.pishu.cn

BLUE BOOK

权威·前沿·原创

# 中国私募股权市场发展报告（2010）

ANNUAL REPORT
**ON THE DEVELOPMENT OF CHINA PRIVATE EQUITY**
(2010)

主　编／曹和平
副主编／平新乔　巴曙松
北京大学中国产权与PE市场研究课题组

社会科学文献出版社
SOCIAL SCIENCES ACADEMIC PRESS (CHINA)

## 法律声明

“皮书系列”（含蓝皮书、绿皮书、黄皮书）为社会科学文献出版社按年份出版的品牌图书。社会科学文献出版社拥有该系列图书的专有出版权和网络传播权，其LOGO（）与“经济蓝皮书”、“社会蓝皮书”等皮书名称已在中华人民共和国工商行政管理总局商标局登记注册，社会科学文献出版社合法拥有其商标专用权，任何复制、模仿或以其他方式侵害（）和“经济蓝皮书”、“社会蓝皮书”等皮书名称商标专有权及其外观设计的行为均属于侵权行为，社会科学文献出版社将采取法律手段追究其法律责任，维护合法权益。

欢迎社会各界人士对侵犯社会科学文献出版社上述权利的违法行为进行举报。电话：010－59367121。

社会科学文献出版社

法律顾问：北京市大成律师事务所

# 私募市场蓝皮书编委会

**主　　编**　曹和平

**编　　委**（按拼音首字母为序）

巴曙松　曹和平　陈　平　程斌宏　邓志雄
何小锋　靳海涛　孔泾源　李　文　李正希
倪正东　平新乔　毋剑虹　赵博文　赵　鹏
周建军　周立群

# 私募市场蓝皮书年度编委会


**主　　编**　曹和平

**副 主 编**　平新乔　巴曙松

**撰 稿 人**　（按拼音首字母为序）

巴曙松　曹和平　陈华良　邓志雄　邓　旭
窦尔翔　符星华　格日勒图　何小锋　何亦曾
洪　宏　康从生　雷　震　李连发　李　萌
李寿双　李　文　李　智　刘汉兴　刘晓彬
孟祥轶　倪正东　王　超　王　静　解一飞
杨大勇　于　婧　赵　鹏　钟　山　周建波
周立群　邹　菁

**编辑组组长**　周孚方

**副 组 长**　毛振宇　钟　山

**成　　员**　曹和平　雷　震　孟祥轶　常　颖　林　岚
解一飞　张　银　闫　威　程　超　白超峰
杨　丽　蒋艾佃　初德龙

# 主要编撰者简介

**曹和平** 北京大学经济学院教授，美国俄亥俄州立大学博士。北京大学数字中国研究院学术委员会委员，北京大学供应链研究中心顾问，广州市金融咨询决策专家委员，云南省政府经济顾问，北京大学中国产权与 PE 市场研究课题组负责人。近年来，主持参与国家社会科学基金项目和部委委托项目多项。共同主持“非正规保险与市场深化程度（Informal Insurance and the Extent of Market）”为美国国家科学基金项目；2006 年以后，与美国伯克利大学 Brian Wright 教授共同参加 2001 年诺贝尔经济奖获得者 Joseph Stiglitz 主持的“中国行动小组”研究，负责“中国经济增长新制度设计模型”，“中国产权市场发展研究”部分。

**邓志雄** 国务院国有资产监督管理委员会产权管理局巡视员，教授级高级工程师。1984 年开始管理企业，1988 年开始接触企业诊断，历任湖南新晃汞矿矿长，岭南有色金属集团公司副董事长，海南金海股份公司董事长，中国有色金属工业总公司计划部副主任，国家有色金属工业局企事业改革司司长、企业结构调整办公室主任，国家经贸委综合司副司长。发表过大量企业及经济管理方面的论文，对企业治理、产权流转、资本市场、经济危机、PE 发展和国资监管信息化有长期研究和独到见解。

**巴曙松** 1969 年生，湖北人。国务院发展研究中心金融研究所副所长，研究员，博士生导师。为享受国务院特殊津贴专家，中央国家机关青联常委，中国宏观经济学会副秘书长，中国银行业协会首席经济学家。担任中国人力资源和社会保障部企业年金资格评审专家、中国证监会基金评议专家委员会委员、中国银监会考试委员会专家、招商银行和招商局博士后专家指导委员会委员等。还曾担任中共中央政治局集体学习主讲专家，并在中国科技大学、北京大学、华中科技大学等多所高校任兼职教授，主要研究领域为金融机构风险管理与金融市场监管。

**何小锋** 北京大学经济学院金融学系主任、教授、博士生导师，北京大学首都发展研究院副院长，北京大学金融与产业发展研究中心主任。开设投资银行学、资本市场与金融机构等课程。荣获北京大学2004杨芙清、王阳元院士优秀教学科研奖，被北大经济学院学生评为最受学生欢迎的教师（2005）。主要研究方向为资本市场和投资银行学，是“广义资产证券化理论”的创始人。曾在《经济研究》、《经济科学》、《学术研究》等杂志上发表论文数十篇，近年出版的著作主要有:《资产证券化：中国的模式》、《资本市场运作教程》、《奥运金融工程》、《资本市场与投资银行研究》、《资本市场理论与运作》等。

**清科研究中心** 于2001年创立，致力于为众多的有限合伙人、VC/PE投资机构、战略投资者以及政府机构、律师事务所、会计师事务所、投资银行、研究机构等提供专业的信息、数据、研究和咨询服务。范围涉及创业投资、私募股权、新股上市、兼并收购以及TMT、传统行业、清洁技术、生技健康等行业市场研究。目前，清科研究中心已成为中国最专业权威的研究机构之一。

# 中文摘要

首卷私募市场蓝皮书——《中国私募股权市场发展报告（2010）》中年度总报告的基点是讨论我国资本市场中的私募市场板块。从五个方面的内容，①私募股权及其市场交易一般特征，②危机后中国与世界资本市场前沿，③中国私募股权市场成长小史，④中国私募股权市场动力学机制，⑤中国私募股权市场政策性规制与未来，来叙述作者关于我国资本市场中私募股权概念、私募股权投资、私募股权小史、私募股权市场实绩、存在问题及发展趋势等的初步认识，以期引起国内外同行研究和相关部门的政策关注。

近十年来，区别于证券市场的经典投资理念——投入一份货币资本品的目的是为了获得一份大于本金的红利，一种更加前沿性质的投资理念——投入一份资本品不是为了获得现金红利而是为了获得股权：在投入一份资本品的同时配套投入人本资本品，将一份非成熟甚至处在创意邀约时期的低值股权通过经营变为一份优质股权。后一种投资在业内被称为私募股权投资。虽然退出的目的仍然是为了获得货币资本品，但其投资的直接目的不是其他资本品而是股权资本品。非证券市场上的股权类资本品成为与股票类资本品同样炙手可热的资本品。这类投资颠覆了经典性的投资理念，投资过程被清晰地两阶段化了。

私募股权基金在中国的建立和迅猛发展，将为我国产业整合提供源源不断的资金，彻底化解我国产业整合的资金难题。随着产业整合资金渠道的建立，必将迎来我国产业整合蓬勃发展的一个新时代。

# Abstract

This is the first bluebook on private equity (PE) market—*China PE Market Development Report 2010*. Its focal point is to discuss the PE market as one part of China's capital market. This book mainly includes (1) the characteristics of private equity and its trading, (2) the post-crisis frontiers of capital markets in China and abroad, (3) the short history of China's PE market, (4) the dynamic mechanism of China's PE market, and (5) the policy design and future of China's PE market. Throughout different authors express their own opinions on PE's concepts, investment, history, performance, existing problems and developing trends. We hope to attract more research on this market and more attention from relevant regulatory agencies.

In recent ten years, distinct from traditional investment in the securities market, a more avant-garde investment philosophy—private equity investment—is becoming a media highlight. The former investment is exchanged for dividends beyond the principal. The latter, in contrast, is exchanged for equities, which are then combined with human capital so that immature low-value equities could be turned into quality ones. Although PE's ultimate goal is still to reap currency capitals through some exit strategies, its direct investing object is equity capital, rather than any other kind. Equity capital good in non-security market has become as hot a capital good as security-type capital goods. PE investment has overturned traditional investment philosophies, and it is clearly seen that PE investment has two distinct stages.

The establishment and development of PE fund will furnish incessant funding for China's industrial integration, which might completely remove the capital bottle-neck that is slowing this integration process. With the establishment of these new capital channels, a new epoch is surely imminent for a flourishing industrial integration in China.

# 目　录

## 年度总报告（2010）



## 综合理论篇



## 前沿理论篇

## 市场实绩篇



## 市场沿革及文献篇



## 机构介绍篇



## 案例赏析篇



皮书数据库阅读使用指南

CONTENTS 

## Annual Report (2010)



## General Theories



## Frontiers of Research

## Market Performance



## Market Evolution and Literature Review



## Institutions



## Case Studies

# 年度总报告（2010）

ANNUAL REPORT（2010）

# 中国私募市场发展报告（2010）

曹和平*

本报告讨论我国资本市场中的私募市场板块。从①私募股权及其市场交易一般特征，②危机后中国与世界资本市场前沿，③中国私募股权市场成长小史，④中国私募股权市场动力学机制，⑤中国私募股权市场政策性规制与未来五个方面，来叙述作者关于我国资本市场中私募股权概念、私募股权投资、私募股权小史、私募股权市场实绩、存在问题及发展趋势等的初步认识，以期引起国内外同行研究和相关部门的政策关注。

---

* 曹和平，博士。北京大学教授。北京大学中国产权与PE市场研究课题组负责人，北京大学中国都市经济研究基地首席专家，北京大学数字中国研究院学术委员会委员，广州市金融咨询决策专家委员会成员。研究助手钟山在报告的撰写过程参与写作。毛振宇和常颖参与了讨论并提出了很好的建议。

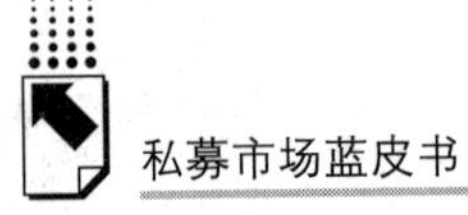


## 一　私募股权投资及其市场特征辨析

近十年来，区别于证券市场的经典投资理念——投入一份货币资本品的目的是为了获得一份大于本金的红利，一种更加前沿性质的投资理念——投入一份资本品不是为了获得现金红利而是为了获得股权：在投入一份资本品的同时配套投入人本资本品，将一份非成熟甚至处在创意邀约时期的低值股权通过经营变为一份优质股权。

后一种投资在业内被称为私募股权投资。虽然退出的目的仍然是为了获得货币资本品，但其投资的直接目的不是其他资本品而是股权资本品。非证券市场上的股权类资本品成为与股票类资本品同样炙手可热的资本品。这类投资颠覆了经典性的投资理念，投资过程被清晰地两阶段化了。

### （一）私募股权概念的形而上学思考

近五年来，私募股权投资大有超越股票和债券等传统主流投资的趋势。但是，私募股权投资的概念引起了太多的歧义和神秘感，有必要在形而上学的意义上对其进行辨异性思考。

**1. 舶来品**

私募市场概念是理念贸易入超的舶来品。在传统竞争性市场上，贸易的一般顺序是先产品市场后要素市场再深层资本市场。但在非传统贸易市场上，有些非竞争性产品，比如理念贸易上，有了上述顺序的知识准备，也不见得就能有什么指导意义。

私募市场概念事实上是理念贸易的后果。在人类近几千年来的文明历史上，东西方文化大碰撞（理念贸易高潮期）后留给中国人理解对象时茅塞顿开的概念和术语不少。比如，将未知数及其关联过程用抽象符号联结起来的代数概念群和将声光电磁用抽象等式表达起来的物理概念群，如果不从西学东渐过程中化羽（贸易后消化）而来，中国智慧平均多花上几十年甚至数百年的时间，也不见得有如此精炼和准确的理论再造品。但是，也有不少舶来概念令中国人如坠云里雾里，比如，当年佛学由西天东渐时中国古代思想家绞尽脑汁禅悟（再创造）出来的“色”与“空”、“法”与“相”的关系集合，至今还是让多数学子一说就有摸后脑勺的感觉。

**2. 产权、股权与股票**

理论上，产权量纲化后是股权，股权单元化后是股票。在英美语义中，“产权”（property right）是一个法律意义上的复合概念，指一个人对某个标的财产的控制权或者对其未来收入流的索取权。法上的“权”不是用来交易的，而是为交易的“产”提供清晰边界以利交易（trade）的。因而，在西方经济中，可交易的产权是法产权的对应物（标的衍生物）——股权（equity）（蔡敏勇等，2009）。但是，中国人竟然建立起了超过600家各式各类的产权交易所，并成功地交易起了产权——事实上市场意义上而非法意义上的产权——股权。产权和股权在理念舶来贸易中被中国人混用后，中国的产权交易所令西方人糊涂，也为中国人理解自己创造的交易性产权和量纲化的股权带来了麻烦。三百年来西学东渐的知识储备和三十年来产品贸易的市场浸礼，人类思想史大碰撞后的概念紊乱现象又在中国出现轮回的征兆。说这是西方在理念上的入侵，太具有博弈劣势一方的自卫心理；说其是东西方贸易延伸到理念领域需要寻求占据优势位置的博弈策略，恐怕是潜在胜者的心态。

**3. 私募股权**

私募股权是和公众公司股权相对应的小众（小范围里的）股权，英文为private equity，国内译为私募股权。但是，这一翻译将其语境中作为公众公司股权对应物的小众股权的含义丢掉了，多了“募”的成分。严格说，这个术语中的英文直面语义中没有“募”（fund raising）的含义在内，加上该类股权来源于私下募集的特征后，剥离掉了其中市场交易一维的含义——小众市场交易的内容。结果，加上“募”之后词语本身读起来变雅了，但“信”却失掉了：将隐含在概念成立的部分前提凸显，而将更为重要的一部分丢掉，引起了太多的歧义和神秘感。下面的拓展也许能为我们澄清上述囫囵吞概念后留下的混沌。

## （二）私募股权与私募股权市场特征

**1. 资本市场**

在主流经济学中，狭义资本市场指由股市和债市组成的证券类交易市场①。

① 虽然证券投资者也在寻找优质的股权和债权，但多是已经成熟存在的优质股权，部分投资者也在猜测现在低估而在未来某个时点会回归的股权进行投资，但本质上仅仅是资本而不是加上人本的投入。

我们适度拓宽狭义理解外延，将与消费者产品相对的生产者产品全部包括进来，合称二者为资本市场。[①] 超出作为股权、债券及衍生类性质的证券交易，将生产者消费的产品交易全部包含进来，可称为广义资本市场概念。

观察今日经济，广义概念更符合资本市场的实际。在传统主流经济学中，生产者消费原材料和劳动，产出产品。但这是柯布－道格拉斯（新古典经济学最常用）生产函数的概念，在郝泰灵（Hotellings）的福利考量意义上，生产者消费的是股权（equity）。比赛意义上的伯乐是个马术企业家，他在相马的时候，看重的不是常人看到的雌雄性别，而是马的骨骼所反映的奔跑能力。普通企业家在相企业的时候，不是看车间的原材料和劳动质量，而是他们背后所反映的股权的优劣。仅仅将上市企业的股权在票据意义上的交易和负债看做资本市场，这是股市和债市行业的技术观点。超出技术管理的广义政策性思考千万不能见木不见林。

**2. 私募股权及其市场本质特征**

私募股权市场是非上市公司的股权的交易，其市场特征是，非公众类公司（non-publicly-listed company）的股东数量一般要小于某个法定上限[②]。小众拥有的股权对内部人来说透明，但内部人之间的交易形成的价格不具备大数性质，没有收敛意义上的均衡价格特征。因而，私募股权的内部人价格不具备对外部人透明传递信息的统计数字资质——对外部人来说不透明或者半透明。要到公众市场上交易，只有具有匀质标准化（homogeneous）形态的衍生物（derivatives）才可以交易。天价的上市成本使绝大多数需要消费股权的企业，在美国是95%以上，在中国是99.9%以上，被排斥在了上市公司之外，而其正是私募股权市场的运行空间。从百分比权重意义上看，私募股权市场才是资本品市场的主体部分。

基于上述本质特征，私募股权市场有两大基本特征。第一，交易小众市场

---

① 这为我们的叙述带来了一点小小的麻烦，因为恰恰是后者——生产者产品被称为资本品。资本市场不交易资本品，而交易以其为标的的证券类及后续衍生产品的矛盾在于上述资本市场的理解太过金融工程意义上的技术理解了。事实上，在资产证券化之前的股权类交易，包括资产评估和处置本身，何尝不是资本市场上的内涵呢！不是我们拓展了资本市场的外延，而是拓展了狭义资本市场定义的外延。

② 美国公众公司股东的法定上限是大于等于250个股东，中国是大于等于500个股东。

化。私募股权市场的信息特质使得其交易常常是一对一的交易——场外实点性市场，一对多的交易——拍卖形式交易（或多对一的形式交易）。第二，价格在小众交易者之间透明，经过多轮交易（实点或时点）后，价格具有收敛性特征。上述基本特征衍生出了私募股权投资的空间：了解股权信息，最好是参与股权的运营。当私募基金公司超越传统公众和公众上市公司的激励机制，又在股权进入和退出资本市场的成本具有不可比较的成本优势的时候，私募股权市场超越公众上市公司股权市场已不再是妄言而是资本市场的必然了。

## 二　危机后中国与世界资本市场前沿

近年来，我国资本市场四大类别——沪深证券交易两市场、产权交易260家市场（目前更多）、超出商业期限融资的各地民间资本市场、大型金融机构旗下金融资产管理公司偕跨国金融机构参与下的并购投行类资本市场——呈现板块式涌动且并行成长的弱收敛态势。这种“外嵌”和“内生”共源的资本市场结构，似乎在重复着我国工业化成长期引致的产业二元结构宿命（曹和平，2009）。此次金融危机后，这一中国资本市场的基本观察事实及其动力学过程仍然存在。

关于世界资本市场前沿，作者认为，最近一轮金融危机始发于美国经济体，但危机复苏的领骑衫不仅被美国，而且还被整个发达经济体丢失了。发达经济资本市场的制度设计近20年的领骑角色暴露出巨大的非普适性本质。虽然基本格局尚未发生根本的转折性事实，但某种意义上，正是其不当的领骑作用为世界资本市场带来了多方面不平衡后果。

### （一）金融危机后凸显全球性经济失衡的观察性事实

#### 1. 商品（包括服务）贸易失衡与资本品贸易反向失衡

过去20年间，商品市场贸易出现长时间失衡。但是失衡的原因并不显而易见。

表1和表2将商品市场的贸易失衡做了比较，发现在日德对美国经济表现出较长时间顺差的同时，低于日德经济发展阶段的中国经济体却对更高阶段的美国经济体表现出了长时间的持续出超（曹和平，2010）。

**表1　2000年以来美对日德贸易条件**

单位：亿美元

| 年份 | 2000 | 2001 | 2002 | 2003 | 2004 | 2005 | 2006 | 2007 | 2008 | 2009 | 2010上半年 |
|---|---|---|---|---|---|---|---|---|---|---|---|
| 日本 | -815.6 | -690.2 | -699.8 | -660.3 | -762.4 | -833.2 | -897.2 | -843.0 | -741.2 | -446.7 | -266.3 |
| 德国 | -290.6 | -290.8 | -358.8 | -392.8 | -458.5 | -505.7 | -479.2 | -447.4 | -429.9 | -281.9 | -151.3 |

资料来源：U. S. Census Bureau。

**表2　2000年以来中国对日德美贸易条件**

单位：亿美元

| 年份 | 2000 | 2001 | 2002 | 2003 | 2004 | 2005 | 2006 | 2007 | 2008 | 2009 | 2010上半年 |
|---|---|---|---|---|---|---|---|---|---|---|---|
| 日本 | 1.4 | 21.5 | -50.3 | -147.4 | -208.2 | -164.2 | -240.5 | -319.3 | -344.7 | -330.3 | -263.4 |
| 德国 | -11.3 | -40.2 | -50.4 | -68.5 | -66.0 | 18.0 | 24.4 | 33.3 | 34.2 | -58.9 | -38.6 |
| 美国 | 297.4 | 280.8 | 427.1 | 586.0 | 802.9 | 1142.7 | 1442.4 | 1632.9 | 1710.2 | 1433.7 | 770.5 |

资料来源：国家统计局、中国海关网站。

与此同时在资本市场上，上述动力学机制指向了相反的方向。在过去20年间，发达经济多是资本输出者。中国和美国虽然是世界FDI接受大国，但是中国一直是资本输入者。是什么样的原因造成了这种盈余呢？是什么样的动力学机制造成了这种资本品贸易失衡的持续存在呢？如果联系经常账户顺差、资本账户顺差（事实上是资本品贸易逆差）反映的资本品贸易市场逆差是一种什么样的世界产品贸易和资本品贸易机制呢？

**2. 储备货币市场失衡与世界货币体系制度设计失衡**

虽然新兴市场经济和发展中经济保持多年的贸易顺差，但一般来说都不愿意自己的货币相对于储备货币升值。相反，不少经济体都使自己的货币挂钩在核心货币，比如说美元基数上，长期保持区间稳定，不管美元的币值升高还是降低。外围货币几乎不关心自己的币值在短期汇率市场上升降与否，而萦绕于心的却是自己贸易条件的稳定与否。

在上述行为综合影响下，外围货币国家累积了巨量的核心货币储备。2010年7月，美国经济中的货币基数（monetary base）为1.95万亿美元，而同期世界外汇储备为8.1万亿美元。其中，约3/4的份额为美元标的储备。仅我国就累积了多达2.5万亿美元当量的外汇储备，其中大体同样的份额是美元储备。凭什么一个经济为美国经济1/3的国家，其仅仅有一小部分产品和世界发生贸易，却在美元储备上和美国经济整体的流动中现金差不多？在全球化和技术高度发展的今天，为什么世界国别经济要把全球性储备货币（体系）放在个别国家货币（美元体系）身上，任凭核心货币制度在平衡国别和世界问题之间出现冲突时，总是以国别利益排在第一位置上的制度设计呢？

**3. 储蓄率（消费－储蓄市场）失衡与资本品定价能力的反向失衡**

长期以来，储蓄率被认为是国别经济内部的事情。在给定一个经济时间单元，收入中用于储蓄的部分越高，投资率越高；投资率高，经济增长速度快。提高储蓄率的问题似乎成了1980年代后赶超发达经济的金科玉律。但是，如果将消费－储蓄统筹起来考虑，则发现了一个近乎让人吃惊的现象，中国的储蓄率一直在世界各国中名列前茅。自2000年以后，中国的储蓄率一直在40%以上，近年有逼近并超越50%的趋势。

如果一个经济的消费－储蓄比率反映了今日和明日之间权益取舍的制度机会成本的话，为什么国别间的消费（储蓄）率和“收入高则储蓄率高”的一般经济学判断相悖？为什么消费－储蓄市场在世界范围是割裂的？而将这种割裂归结为文化习惯而不从世界范围“消费－储蓄”比率收敛考虑显然不是经济学视角的结论。

更让人吃惊的是，储蓄率高的经济体在资本市场并没有资本品的定价权力。在过去20年里，伴随着现代金融理论的定量化发展和计算机技术快速应用，在华尔街和金融业，欧美资本市场获得了巨大的发展。这体现在金融业在欧美经济活动中起的作用越来越大，金融业对GDP总量的贡献和股票市值总量的比例越来越高，这一比例在2008年全球金融危机爆发前达到历史最高。因此，高度发达的西方资本市场在企业和个人融资中起着越来越重要的作用，扮演着越来越重要的角色，比如中央和地方政府可以到华尔街通过发行政府公债获得资金，不同大小的企业可以到华尔街发行公司债券，公司可转换债券，通过金融机构获得不同形式的贷款和发行公司股权等，从而获得所需的融资。同样，个人投资者也可以通过券商融资，提高他们在投资债券市场的购买力等。

此次金融危机后，经济学思考显然不再认为上述全球范围的失衡事实是割裂的国别经济或者部门经济现象。恐怕，20世纪40年代因血的战争教训始发的战后世界经济合作四引擎——联合国、世界贸易组织、国际货币基金组织、世界银行——在最初的几年草草成形以后，直到今天的六七十年间，包括各国领导人在内的人类经济中最活跃的力量，几乎都忘了改进它们的经济学义务了。

## （二）世界与中国主要资本市场结构

### 1. 美国资本市场结构

（1）债券市场。

为企业或政府发行债务获得融资的管道和市场，按发行人的性质不同又可分为公债或者政府债市场与公司债市场，美国公债市场按政府的层级又可分为中央政府公债，也就是国债与地方政府公债两种，由于美国对这两种国债所得征收的税率不同和信贷评级不同，因此投资者对这两个债市的回报期望是不同的。公司债市场分为一般公债、可转换公司债与海外可转换公司债等三种。近十多年来，基于公司债的信贷金融衍生产品发展很快，其规模是公司债的上百倍，光是公司信贷金融衍生产品的年交易量就达几十万亿美元。

（2）股票市场。

又称权益融通交易市场，依公开交易处所不同，又可细分：一级、二级、三级和四级市场四种。第一种又称初级市场或上市发行市场，专供未上市公司通过专业团队（律师、会计师、承销商、辅导券商及财务顾问等）的辅导，取得上市身份与股票在集中交易市场公开流通及交易之资格。下面所谈到的一级和“一级半”市场是本书所关注的重点，即私募股权投资市场。

中国境内有所谓的“一级半”市场，该市场因交易标的公司未经或尚未在上市团队辅导准备上市过程之中，仅达到一级市场一半之要求，故称“一级之半”市场，简称“一级半”市场，一般来说，这样的公司还需要1～2年的发展和培育才能符合上市的条件；其实“一级半”市场泛指中国各地区的“产权交易所”或是“技术产权交易所”办理的，有限责任公司和股份有限公司的国家股或法人股权或自然人的股权转让与变更登记业务而言，在营运质性与功能上，和美国的“柜台买卖中心”十分相似，美国的柜台买卖中心全名是“Over The Counter”，简称“OTC”，但因中国的国情和证券市场环境与美国不同，中国这种机构的全名则称“产权交易中心”，从专业的金融角度应称为“Private Equity Trade Center”，简称“ETC”，交易的标的比美国的“柜台买卖中心”更广，包括物权、债权、股权、知识产权等财产权利，因此，“产权交易中心”若能引进美国全国性的电子揭示看板（Bulletin Board），在一段时间里，如每90秒更新披露一次撮合交易标的价、量信息的做法，相信“产权交易中心”不但能在国内扮演美国“柜台买卖中心”的角色，获得国内企业的信任，更能吸引更多的国际投资人的关注和投资，近几年由于国内的市场退出机制不是很完备，中国本土缺少小公司上市的管道和VC/PE退出投资的合法途径，使中国中小企业不得不舍本逐末、远渡重洋的到境外借壳上市，尽管所获得的投资回报没有国内高。

第二种是二级市场：又称次级市场或股票公开交易市场，美国共有七个证券交易所：①纽约证券交易所（NYSE），②美国证券交易所（AMEX），③费城证券交易所（PHLX），④芝加哥证券交易所（CSE），⑤波士顿证券交易所（BSE），⑥辛辛那提证券交易所（CSE），⑦太平洋证券交易所（PSE）。

配合这些公开交易市场的金融服务机构包括：①证券商：股票承销商、自营商和经纪商，②证券金融公司，③证券投资信托公司，④证券投资顾问公司，⑤证券集中保管公司。

第三种是三级市场：俗称店头市场——最著名的是美国纳斯达克市场。

①全国市场（NM）：上市，以美元为交易单位，②小资全市场（SCM）：上市，以美元为交易单位，③柜台买卖中心（OTC）：俗称上柜，以美分为交易单位，交易之股票又称“便士股”，④波特尔市场（PORTAL）：提供发行一年以上非公开发行之私募股票交易的市场，⑤粉单交易市场（PINK-SHEET）：私人公司，为垃圾股票交易的地方。

最后是四级市场：又称电脑撮合市场，仅提供证券，银行、保险公司及基金管理公司在网络上每30秒自动撮合交易一次，这实际上是各金融市场参与者的场外交易。同样，这个市场在整个证券交易市场中起着非常重要的作用，也是美国这种从下至上发展模式和金融创新不断推出的试验场。不同风险种类的证券和金融衍生产品，特别是满足顾客个性化的金融产品，按照顾客的具体风险偏好定制的金融衍生产品，可以在这个市场得到培养和发展，最终成为投资者广泛使用的金融衍生产品。

**2. 中国资本市场基本特征**

在中国，发展资本市场和西方式的现代金融服务业只有短短的20多年的历史，与以欧美为主体的西方金融市场200多年的发展历程相比短得多。在1978年改革开放以前，中国基本上没有西方式的资本市场，资本市场只有传统的商业银行业，根本就没有现代意义的金融业和资本市场，就连资本市场最基本的融资形式和途径——股票交易市场都没有。银行业也只是从事和提供单一的银行贷款业务，根本没有给机构和个人投资者提供广泛的金融服务，如基金产品和理财产品等。下面我们具体阐述我国资本市场的层次结构现状及其演进。

（1）场外交易市场的建立及清理。

20 世纪 80 年代，随着国企改革的推进及多种所有制形式的发展，一些企业开始尝试通过发行股票的方式融资。1986 年 9 月 26 日，上海工行信托投资公司静安证券营业部在我国第一次开办了股票柜台交易。截至 1989 年底，全国有 34 家证券公司开设了柜台交易业务。20 世纪 90 年代初，还设立了全国证券交易自动报价系统（STAQ）、全国电子交易系统（NET）和 20 多家地方证券交易中心等柜台交易市场。截至 1999 年上半年，共关闭了 41 个场外股票交易场所，场外股票交易清理整顿基本完成。

（2）上海、深圳证券交易所的建立与发展。

经中国人民银行批准，1990 年 10 月和 12 月上海、深圳证券交易所先后成立。1998 年底颁布的《证券法》规定“经依法核准的上市交易的股票、公司债券及其他证券，应当在证券交易所挂牌交易”，排除了场外证券交易的合法性。十多年来，两个交易所市场经历了巨大的发展。2004 年 5 月，作为分步推进创业板市场建设的第一步，深圳证券交易所在主板市场内设立了中小企业板块，把符合主板市场条件的中小企业集中于该板块发行上市，为我国多层次资本市场的建设做了有益的探索。2009 年 10 月创业板市场正式推出，标志着中国多层次二级市场的不断完善，许多高技术小公司获得了在资本市场融资的途径，私募股权基金投资在国内有了正规和合法的退出管道，而不再需要到海外上市。

（3）证券公司代办股份转让系统的建立和发展。

2001 年 6 月 29 日，为了解决原 STAQ、NET 系统挂牌公司和交易所退市公司股份的转让问题，中国证券业协会开办了证券公司代办股份转让系统。它是目前除上海、深圳证券交易所之外唯一可办理股份转让的柜台交易系统。2006 年 1 月 16 日，经国务院批准，中关村科技园区非上市股份有限公司股份进入证券公司代办股份转让系统进行股份转让试点，代办系统的功能有所拓展，同时也是为我国建设多层次资本市场探索经验。

（4）产权交易市场的现状。

自1988年5月武汉市成立第一家企业产权转让机构至今，全国各类产权交易市场超过350余家。2004年2月，国资委指定上海联合产权交易所、天津产权交易中心和北京产权交易所三家产权交易市场作为中央企业国有资产转让的试点单位，这三家交易市场在获得试点机构资格后有了较大的发展。

自2004年以来，在大力发展资本市场的政府政策导向下，我国针对证券市场和证券公司的深层次改革陆续展开，特别在2009年，股权分置改革效果逐步显现以及证券市场及证券行业的创新加速，证券公司的行业基础环境得到大幅改善。一方面，多层次资本市场逐步壮大和完善：国内A股市场在启动股权分置改革之后快速扩容，债券市场不断发展壮大，创业板市场正式开启，股指期货获准推出等；另一方面，证券公司监管环境持续改善与宽松：分类监管措施健全，营业网点限制放松，风险管理监管细则完善以及证券公司IPO上市标准调整等；再者，股票融资融券业务也于2010年上半年推出，为证券公司开辟新的业务板块。

中国证券业主要由三大业务构成，经纪业务占70%，机构投资银行占15%，股权交易和资产管理占15%。受益于A股市场流通市值快速扩容和股指修复性反弹，2009年，沪、深股市累计成交53.6万亿元，同比多成交26.9万亿元，最近几年，股票市场的日均交易量近2000亿元。年末，股票市场流通市值为15.1万亿元，同比增长2.3倍。受国内证券市场总体走势较好的影响，东部、中部、西部和东北地区证券经营机构代理股票和基金交易额同比分别增长77.6%、8.7%、8.6%和5.1%；创新业务成为证券公司新的增长点。证券公司融资融券业务试点各项准备工作有序开展；证券公司集合理财和定向理财业务有序发展，产品发行频次明显加快。证券公司经纪业务显著增长，经纪业务收入占比仍然接近70%，由于国内证券商的业务比较单一，经纪业务的主导地位在短期内没有改变，反而得到加强。同时，随着A股市场的扩容和上市公司数量的持续增长，上市公司股权融资逐步多样化，增发、配股融资占比显著增加，借壳上市及股权并购等财务顾问业务空间增大，而近几年债券市场快速发展也推动证券公司债券承销业务获得大幅发展，投行业务发展多元化。

自从1987年9月第一家证券公司——深圳经济特区证券公司在深圳诞生以来，十多年间，证券公司从无到有，从小到大，发展速度极其惊人，成为推动我国证券市场快速健康发展的一支重要力量。2009年5月26日，中国证监会公布了《证券公司分类监管规定》，进一步完善证券公司分类的评判标准，在新规之下我国A类券商共计30家，B类券商共计58家，C类券商17家。中国证券业协会公布数据显示，截至2009年底，我国共有证券公司106家。中国最大券商——中信证券（600030.SS：行情）拔得2009年度证券公司净资产、净资本、净利润、受托管理资金本金总额四项排名头筹。中金公司则在年度承销、保荐及并购重组等财务顾问业务净收入排名中居首。总资产方面，海通证券以11034764万元在总资产方面排名首位，银河证券、中信证券、国泰君安、招商证券依次跻身前五强；全年中国证券公司总资产中位数为1092419万元；年度营业收入方面，国泰君安以1152199万元夺得第一名，中信证券、银河证券、广发证券和海通证券分列第二至第五。根据中国证券业协会的数据，截至2009年末，全国106家证券公司总资产为1.8万亿元，净资产为5053.44亿元、净资本为3942.01亿元，受托管理资金本金总额为1755.51亿元，分别比上年增长69.2%、35.0%和32.8%；全年实现净利润932.7亿元，104家公司实现赢利。中国证券业正在经历一场更加注重专业性服务和创新服务的革新，另外一些证券商也同样在大力开拓和发展海外投资银行业务和海外金融机构合资更加活跃的同时加速了其国际化性质。

共同基金市场同样也在最近几年经历其发展和革新，并得到壮大。中国建立的《中国证券投资基金法》能够有序管理基金经理人。同样国家委员会和中国证监会还制定了其他的法律来配合资金管理业的发展。到2009年底，全国共有基金管理公司60家，仍集中在东部和西部地区。2009年全年公告成立的新基金共122支，使基金业管理的总资产达4万亿~5万亿元，总规模3914.0亿份，发行数量是2007年的2倍，比2008年多发23支。其中，深圳辖内法人基金公司全年新发开放式基金37支，比上年增加7支；管理基金规模8071.3亿份，资产净值约占全国1/3。目前中国的资产管理业已经向国外的同行和投资者打开，通过设立合资基金管理公司，投资于国内外证券市场，从2008年起，大概496亿美元资产主要来自银行这一销售渠道，然后投资到海外资本市场，像QDII产品等。

在二级市场方面，中国资本市场自从上海证券交易所和深圳交易所在1990年成立以来，已经发生了巨大的改变。那时，只有10家公司上市。到了2009年底，总数达到了1677家，特别是2009年10月创业板市场在中国正式推出后，到2010年7月底，在创业板上市的股票就有近300家。中国两市的交易量达到了创历史的新高，每天平均交易价值达到近300亿美元，市场公司的总股本达到近40000亿美元，成为仅次于美国的全球第二大股票市值和流动性好的股票市场。

## 三　中国股权投资与私募市场成长小史与发展现状

私募股权市场的发展也经历了一个从无到有、从小到大的过程。

### （一）成长小史

中国私募股权市场成长历程大致可分为三个阶段。

第一阶段是1990年12月深圳、上海证券交易所双双挂牌之日起，标志着中国资本市场的诞生，证券业的发展涵盖了早期的私募基金的基本业务。1995年，我国政府通过了《设立境外中国产业基金管理办法》，鼓励国外风险投资来华投资，大批风险投资基金如红杉、华平、新桥、凯雷、鼎晖、戈壁、德同等基金纷纷来中国赶潮，这个时候，我国的私募股权投资主要是风险投资。1999年国际金融公司（IFC）入股上海银行可认为初步具备了PE特点，业界大多认为这是中国内地第一起典型的PE案例。

第二阶段是自2001年4月颁布《信托法》后，私募基金与信托公司合作推出诸多信托合作计划，标志着中国私募基金正式阳光化的运作。同期北京市政府也颁布了针对北京中关村高新技术产业园区发展制定的《有限合伙管理办法》。从而使中国私募基金的发展，以风险投资的方式达到了一个前所未有的高潮。2002年中国已完成的风险投资金额仅有4.18亿美元，到了2004年完成的风险投资金额已经达到12.7亿美元，其中外资已经成为我国风险投资事业发展的重要力量，全球最大的四家私募股权基金——黑石、凯雷、KKR、TPG（德州太平洋）等悉数登场，开始在中国启动私募股权的盛宴，2004年新桥收购深发展，2005年凯雷收购太平洋保险和徐工科技，2006年高盛收购双汇就是重要的标志。

第三阶段是2007年6月1日中国颁布了《有限合伙法》开始建立有限合伙制企业，从而真正推动了中国私募基金国际化、规模化发展的进程。2006年12月30日，国务院特批的中国首支私募股权性质的产业基金——渤海产业基金在天津发起设立，基金总规模200亿元，首期募集60.80亿元，它是中国本土私募股权基金发展的一个里程碑。目前，国家发改委正在审批设立4支私募股权基金：广东核电新能源基金、上海金融基金、山西煤炭基金及四川绵阳高技术基金，为能源、创新型制造业和高科技产业提供金融支持，其中每支基金融资规模约为200亿元。国家发改委正在酝酿修改产业基金管理办法，解决产业基金发展进程中面临的问题。

私募股权基金在中国的建立和迅猛发展，将为我国产业整合提供源源不断的资金支持，彻底化解我国产业整合的资金难题。随着产业整合资金渠道的建立，必将迎来我国产业整合蓬勃发展的一个新时代。

### （二）发展现状

1999～2006年，中国私募股权投资业务的开展，主要以国外的金融投资机构为主导。1999年国际金融公司入股上海银行初具私募股权投资特征；2002年摩根斯坦利、香港鼎晖、英国英联3家公司共同投资蒙牛；2004年6月美国著名的新桥资本收购深圳发展银行的17.89%的控股股权；进入2005年后，美国华平投资集团等机构联手收购哈药集团55%的股权；与此同时，淡马锡、橡树资本、高盛、凯雷集团、KKR等国际著名私募股权投资机构相继参与了中行、建行、工行、民生、太平洋人寿、平安保险等商业银行和保险公司的引资工作，均获得了巨额的投资回报。而这一阶段，国内相关的私募股权投资机构较少，只有中金直接投资部演变而来的鼎晖投资和联想旗下的弘毅投资等少数几家。

随着中国股票市场股权分置改革的进行，国内A股市场的火热、新《合伙企业法》的正式实施、相关税收优惠政策的出台、创业板推出的呼声较高以及有关M&A政策等一系列的因素推动，加上国外私募股权投资机构高收益的示范效应，促使我国本土私募股权投资基金设立加速。继2006年底中国第一支产业投资基金——渤海产业基金获准成立之后，2007年，第二批总规模为560亿元的产业投资基金相机获批，其中包括：广东核电新能源基金、上海金融基金、山西能源基金、四川绵阳高科基金以及中新高科产业投资基金。根据清科研究中心的统计，2007年共有12支本土新私募股权基金成立，占亚洲新私募股权基金数量的18.8%，共募集37.30亿美元，比2006年的15.17亿美元增长了145.9%，占亚洲新募集资金的10.5%。

目前，我国的私募股权投资主要集中在传统行业，约占总投资额的65.0%，其次是广义的IT业和服务业，份额分别为15.4%和10.6%。在投资策略上，2009年中国私募股权投资策略呈现多样化，成长资本占主导，过桥资金、收购和PIPE类的投资增多（见图1）。从收益上看，目前无论是国内的私募股权投资，还是国外的私募股权投资，在中国市场上所获得的回报率均高于国际平均水平。

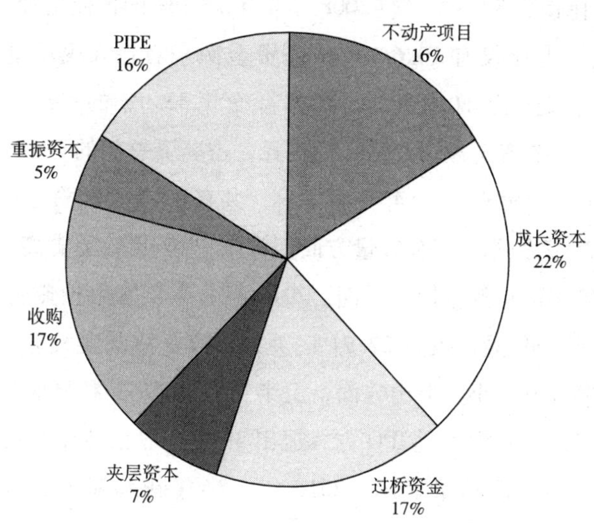


**图1　2009年中国私募股权基金投资主要策略**

资料来源：中国创业投资暨私募股权投资数据库。

目前，中国私募股权投资还正处于培育阶段，政策发展还不是很完善，在现有法律框架下，国内的私募股权基金主要有四种形式：第一种是通过信托计划形成的契约型私人股权投资；第二种是国家发改委特批的公司型产业基金；第三种是有限合伙公司；第四种是各种类型的创业投资公司以及投资顾问公司等。国内各类金融机构都在以不同的方式逐步参与私募股权投资业务。在过去的几年里，社保基金也进行了私募活动，参与到多个私募投资项目并获得高收益。此后，越来越多的投资形式加入到了私募股权投资的行列中来：2006年，保险公司可以试点投资基础设施项目和通过私募方式投资产业基金；2007年，券商直投基金开闸放水；2008年，银监会出台了《信托公司私人股权投资信托业务操作指引（征求意见稿）》表明了银监会支持和鼓励信托公司做私人股权投资；近几年来，商业银行也一直尝试借道混业经营来进行直接股权投资或尝试通过间接方式进行

私募股权投资。随着中国经济结构性的调整和资本市场的发展逐步成熟，有越来越多的机构将参与中国的私募股权活动，中国私募股权市场将更显活跃。

2009 年，中国私募市场新募基金数共计 94 支，是 2002 年新募基金数量的 2.76 倍；新增可投资于中国内地的资金额为 58.56 亿美元，是 2002 年新募资金额的 4.51 倍。从新募基金个数来看，2009 年新募集的 94 支基金中，人民币基金共有 84 支，占比达到 89.4%，较 2008 年全年 75.9% 的占比增加 13.5 个百分点；外币基金 10 支，占比仅有 10.6%。从募资金额来看，人民币基金募资金额为 35.67 亿美元，占总数的 60.9%，较 2008 年全年 32.0% 的占比大幅上升 28.9 个百分点；外币基金募资金额为 22.89 亿美元，占募资总额的 39.1%。

清科数据显示，截至 2010 年 7 月 1 日，共有 32 支可投资于中国内地的基金成功募集 190.26 亿美元，基金数量方面回升至 2007 年的历史高点，募集金额也已超过上年全年募资总额；投资方面，2010 年上半年发生投资交易 75 起，其中披露金额的 65 起交易共计投资 22.71 亿美元，投资活跃度较上年同期有大幅回升，但交易规模普遍偏小；退出方面，上半年共有 41 支私募股权投资基金从投资项目中实现退出，其中通过 IPO 方式退出 39 笔，股权转让方式退出 2 笔。

清科研究中心调研结果显示，2010 年上半年新募基金个数方面回升到了 2007 年的历史高点，共有 32 支可投资于中国内地地区的私募股权投资基金完成募集，环比与同比分别上涨 68.4% 和 190.9%。新增资本量方面增长更为强势，上半年共募集 190.26 亿美元，环比上涨 84.6%，同比上涨 616.9%，并超出上年全年募资总额，这主要受益于两支大额基金——黑石 VI 和上海金融产业投资基金完成募集。

2009 年，人民币基金首次在基金数量以及金额方面超越外币基金，占据市场主导地位。这股募集热潮也延续到了 2010 年。截至 7 月 1 日，2010 年共有 26 支新人民币基金完成募集，环比及同比涨幅分别达到 73.3% 和 333.3%。然而，从募集金额看，各人民币基金依旧规模偏小，除上海金融产业投资基金成功募集 110.00 亿元之外，其他大部分基金均未超过 10.00 亿元。

外币基金方面，受金融危机影响，可投资于中国内地地区的外币基金募集放缓，2010 年上半年共有 6 支外币基金完成募集，环比及同比分别增长 50.0% 与 20.0%。由于 2010 年二季度有大额基金——黑石 VI 基金完成募集，外币基金在规模方面再次超越人民币基金，上半年共募集 144.90 亿美元，占募资总额 76.16%。

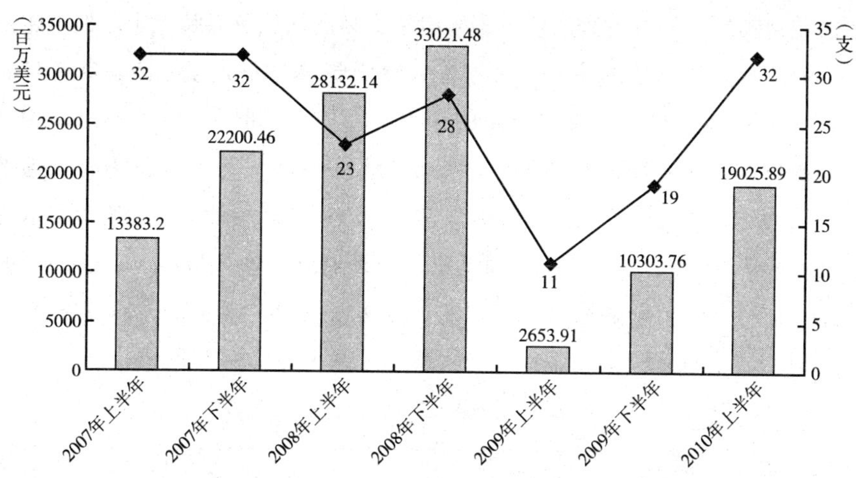


**图 2　私募股权投资基金募资总量比较**

资料来源：清科研究中心，2010 年 7 月，www. zero2ipo. com. cn。

## 四　中国私募股权市场及其动力学机制

讨论一下中国资本市场四个板块——交易所板块、大型金融机构旗下金融资产管理公司偕跨国金融机构板块、产权交易所板块与民间资本板块及其收敛和均衡过程是有意义的。

### （一）中国资本市场四板块

#### 1. 交易所板块及其构造特征

我国资本市场第一板块是 1990 年代起步的深沪市场。虽然上市、交易及日间统计异常繁复，但深沪市场的骨骼性构造并不复杂，可以理解为类似于消费者产品批发拍卖市场的证券交易变种。在批发市场中，一个供货商面对 N 个采购商形成卖方市场；N 个供货商面对一个采购商形成买方市场。将买方和卖方市场双向复合，加上一定的限制性条件，就会形成一个大数意义上[①]买方和卖方个体参与的竞争性市场。纽交所实点性市场是上述市场构造的一个典型构造，只不过

① 大数意义：具有统计性征的最低数量要求，亦即不能形成例外分布点的垄断或庄家权重。

今天多数交易所中的喊价和出价过程被电子交易的网状节点替代了。但电子网络交易没有改变这一构造的核心要件：①大数化要求——供给者和消费者（卖出和买入者）数量多到共谋成本奇高的程度，②信息瞬时传递——喊价（出价）信息在出价（喊价）者之间透明，③均衡价格——单一竞价升华为时点性平均价格，④动态市场均衡——交易价格被实时记录以便连续性交易，当交易双方大量存在，且不存在寡头（庄家）操纵时，交易逼近帕累托最优。上述四个方面加起来，使得证券市场更像是“一对多”卖方拍卖和“多对一”买方拍卖双向复合而成的“多对多”的竞争性市场构造（见图3）。

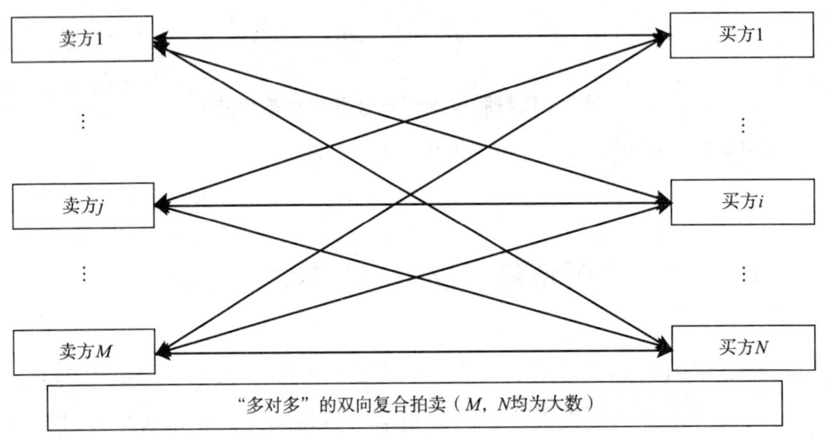


**图3　深沪两市竞争性交易构造特征**

但是，资本品不是消费品，其异质性（heterogeneity）不在于类消费品的物理差异，而在于同一物理性征的资本品在价值上千差万别，无法通过工艺技术的积累在流水线上批量生产出来。比如，两个冰箱厂家，尽管年销售量一样、技术相同、员工数量一样多，管理团队也大致相同，但市场评估价可能天差地别。原因在于，一个CEO的个人品质，就可能使该企业的价值大大改观。同样，两个等数量的高学历研发团队，产品在市场上的销路可能大不相同。资本品天然是个性化的。为了使资本品便于大宗交易，必须寻找超出其物理身份的替代物——虚拟其匀质性（证券化）以满足潜在投资人对资本品匀质性（homogeneity）的消费需求。当异质性的资本品通过收入流评估强行匀质化的时候，只有很少部分的成熟企业和先进技术企业能够满足投资人对未来收入流需求的偏好，且支付得起

"豪华整容式"的证券化成本获得上市融资服务。唯一可能是比较企业的未来收入流，但其贴现值是主观依据今日数据追逐未来"客观"的蹊跷而又蹊跷的过程。只有那些在市场上有着特殊表现（成熟）、未来收入流明显（专门化）的企业才能被匀质化到证券市场上分享长期信用资源。①

证券化是一种委屈企业迁就投资人的市场设计。2008 年，我国上市公司总数约为 1625 家，同期我国实有股份类企业 927.96 万户。② 如果股份类企业都存在资本品消费需求而需要融资的话，我国上证和深证两市所能服务的对象仅仅为需要服务对象的 0.017%，99.98% 的股份制企业没有进场的资质（见表 3）。为了迁就消费者（投资人），通过上市过程的狭窄合成孔径设计——证券化过程的成本及收益选择机制——企业被两极分化为场内和场外两类企业。在证券市场欠发达的中国，二者的比例是 1∶5881。在企业分享长期信用资源上，这是一个堪比欧洲中世纪贵族和平民比例的歧视性制度设计。

**表 3　深沪证券两市交易制度设计投资者需求偏向**

| 年份 | GDP（亿元） | 全国企业数（不包括外资企业）（万户） | 上市公司数量（个） | 上市公司数量占全国企业数比例（%） | 投资者账户数（万户） | 期末股票投资者账户数（万户） | 期末股票投资者账户数与上市公司数之比 |
|---|---|---|---|---|---|---|---|
| 1999 | 89677.1 | — | 949 | — | 4810.63 | — | — |
| 2000 | 99214.6 | — | 1088 | — | 6123.24 | 5904.64 | 54270.59 |
| 2001 | 109655.2 | — | 1160 | — | 6898.68 | 6679.27 | 57579.91 |
| 2002 | 120332.7 | 708.34 | 1224 | 0.017 | 6841.84 | 6823.09 | 55744.20 |
| 2003 | 135822.8 | 741.08 | 1287 | 0.017 | 6981.24 | 6961.02 | 54087.18 |
| 2004 | 159878.3 | 782.17 | 1377 | 0.018 | 7215.74 | 7106.11 | 51605.74 |
| 2005 | 183217.4 | 821.6 | 1381 | 0.017 | 7336.07 | 7189.44 | 52059.67 |
| 2006 | 211923.5 | 881.4 | 1434 | 0.016 | 7854 | 7482.11 | 52176.50 |
| 2007 | 249529.9 | 923.32 | 1550 | 0.017 | 13886.18 | 11286.43 | 72815.68 |
| 2008 | 300670 | 927.96 | 1625 | 0.017 | 15198.01 | 12363.89 | 76085.48 |

资料来源：根据《中国证券登记结算统计年鉴》和国家工商总局网站有关数字整理。

从表 3 还可以看到，2008 年，我国证券市场的开户数量为 12363.89 万个，用我国 641.43 万家股份制企业相比，潜在一家企业获得的平均投资账户是 19.27

① 关于证券市场的年度综合报告，请参考证监会《中国资本市场发展报告》（2008）。

② 未包括 2917 万个也需要融资的部分个体工商户在内。

个。而1625家上市企业事实上获得的有效投资账户为12363.89万个，二者之比是1∶76085。也就是说，当通常认为商业信贷市场上大型企业获得短期商业信用资源数倍于中小企业是一种歧视性制度资源分配时，在资本品市场上，这一不公平则是前者的幂级函数倍。制度设计的原理是不要求丧失激励的绝对公平，但也不追求为了少数经济体的激励而造成整体福利上的社会无谓损失（dead-weight loss）。

**2. 进入与退出**

退出策略是投资者在项目筛选时就十分注意的因素，其中首次公开上市（IPO）是投资回报最高的退出方式，上市的收益来源是企业的盈利和资本利得。这种退出方式代表了资本市场对该公司业绩的一种认可，可以让PE在退出时获得大量的现金。由于国内股票市场规模较小、上市周期长、难度大，很多外资基金都会在海外注册一家公司来控股合资公司，以便将来以海外注册的公司做主体在海外上市。

目前国内私募股权基金进行上市的退出渠道主要有：以离岸公司的方式在海外上市；境内股份制公司以境外IPO的形式实现海外上市；境内公司在境外借壳上市；境内设立股份公司在境内主板、中小板、创业板上市；境内公司A股借壳间接上市等。伴随着2009年下半年创业板的开闸，PE退出的渠道更为通畅，通过IPO实现退出的案例不断增多，本土以人民币进行“募资、投资和退出”的境内资本循环模式基本成型，由此带来了中国私募市场的迅速发展。

大中华区著名创业投资与私募股权研究机构清科研究中心近日发布的《2010年第二季度中国企业上市研究报告》显示：2010年上半年，在清科研究中心关注的境外13个市场和境内3个市场上，共有332家企业上市，其中中国企业多达212家在境内外市场上市，超过其他国家地区IPO总数76.7%。中国企业上市融资总额达349.96亿美元，占全球融资总额的52.2%，平均每家企业融资1.65亿美元。

**表4　2010年上半年全球企业IPO统计**

单位：百万美元，%

| 企业类型 | 融资额 | 比例 | 上市数量 | 比例 | 平均融资额 |
|---|---|---|---|---|---|
| 中国企业 | 34996.27 | 52.2 | 212 | 63.9 | 165.08 |
| 非中国企业 | 32034.06 | 47.8 | 120 | 36.1 | 266.95 |
| 合　　计 | 67030.33 | 100.0 | 332 | 100.0 | 201.90 |

资料来源：清科研究中心，2010.07，www.zero2ipo.com.cn。

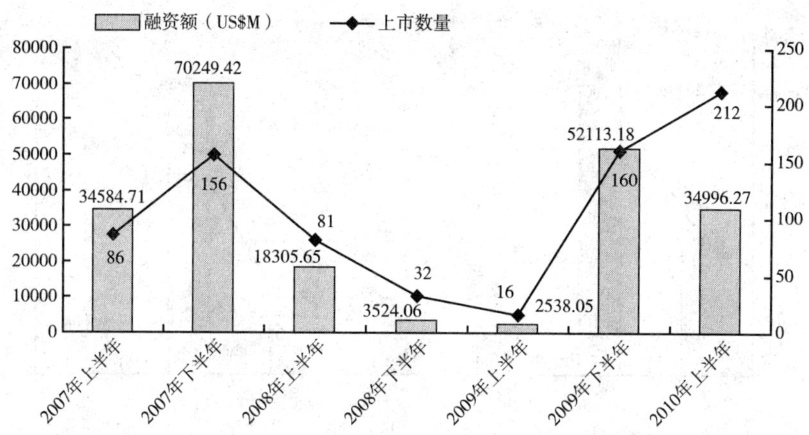


**图 4　2007 年上半年 ~2010 年上半年中国企业境内外 IPO 环比统计**

资料来源：清科研究中心，2010 年 7 月，www. zero2ipo. com. cn。

在市场的分布上，212 家中国上市企业中有 37 家企业在海外各市场挂牌，融资 33. 96 亿美元，上市数量同比增加 21 家，融资额同比增加 40. 6%；境内资本市场光彩夺目，吸引了创纪录的 175 家企业上市，融资额为 316. 00 亿美元，上市数量较 2009 年同比净增 175 家，融资额增幅为 316. 00 亿美元。

**表 5　2010 年上半年中国企业境内外 IPO 统计**

单位：百万美元，%

| 上市地点 | 融资额 | 比例 | 上市数量 | 比例 | 平均融资额 |
|---|---|---|---|---|---|
| 境内市场 | 31600. 31 | 90. 3 | 175 | 82. 5 | 180. 57 |
| 海外市场 | 3395. 96 | 9. 7 | 37 | 17. 5 | 91. 78 |
| 合　　计 | 34996. 27 | 100. 0 | 212 | 100. 0 | 165. 08 |

资料来源：清科研究中心，2010 年 7 月，www. zero2ipo. com. cn。

2010 年上半年，南欧洲特别是希腊债务问题和美国经济复苏缓慢打击了全球投资者对整体经济的信心，导致各大股指发生不间断的宽幅波动盘整。但二级市场的动荡难以掩盖各国新股发行渐趋积极的形势，IPO 市场持续上行。在上述环境下，2010 年上半年共有 37 家中国企业在海外 6 个市场上市，合计融资 33. 96 亿美元。与历年同期相比，2010 年上半年中国企业海外上市数量领先，上市数量较上年同期增加 21 家，较 2008 年同期增加 14 家，与 2007 年同期持平；融资额比 2009 年同期有一定幅度提升。

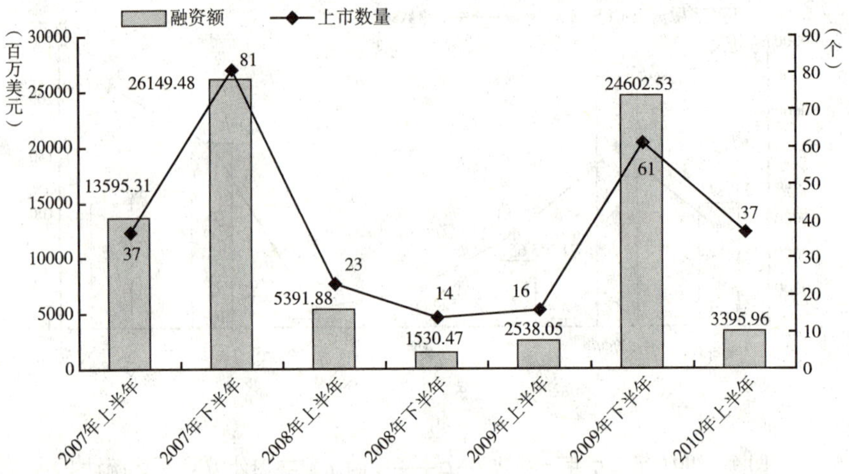


**图5　2007 年上半年～2010 年上半年中国企业境外 IPO 环比统计**

资料来源：清科研究中心，2010 年 7 月，www. zero2ipo. com. cn。

市场分布方面，2010 年上半年中国企业海外 IPO 上市地点保持集中。37 家中国企业集中于香港主板、新加坡主板、NASDAQ 和纽约证券交易所等上市，香港仍为中国企业海外上市的首选。具体来看，19 家企业落户香港主板，合计融资 24. 09 亿美元，分别占本季度中国企业海外上市总数的 51. 4% 和融资总额的 71. 0% 。NASDAQ、纽约证券交易和新加坡主板所作为中国企业习惯的上市地点，本季度也均有中国企业 IPO 成功首演。法兰克福证券交易所和韩国创业板中国企业上市数量相对较少，融资额也相对低调。

**表 6　2010 年上半年中国企业海外 IPO 市场统计**

单位：百万美元，%

| 上市地点 | 融资额 | 比例 | 上市数量 | 比例 | 平均融资额 |
|---|---|---|---|---|---|
| 香港主板 | 2409. 40 | 71. 0 | 19 | 51. 4 | 126. 81 |
| NASDAQ | 328. 72 | 9. 7 | 7 | 18. 9 | 46. 96 |
| 纽约证券交易所 | 287. 67 | 8. 5 | 4 | 10. 8 | 71. 92 |
| 新加坡主板 | 131. 61 | 3. 9 | 4 | 10. 8 | 32. 90 |
| 法兰克福证券交易所 | 121. 33 | 3. 6 | 1 | 2. 7 | 121. 33 |
| 韩国创业板 | 117. 23 | 3. 5 | 2 | 5. 4 | 58. 62 |
| 合　　计 | 3395. 96 | 100. 0 | 37 | 100. 0 | 91. 78 |

资料来源：清科研究中心，2010 年 7 月，www. zero2ipo. com. cn。

## （二）大型金融资产管理公司借跨国机构板块

### 1. 交易构造特征

和证券市场借鉴发达资本市场交易形式相比，我国资本市场上的投资银行类的资产并购重组、分拆与整体上市服务以及其他一些资本品交易，其中有一个稳定部分的业务直接由跨国金融机构主持和参与，从制度生成来说，这样一个市场业务形成的生成来源是外嵌的，不是我国资本市场的内生形式。发展经济需要学习世界最先进的市场形式，但是也要注意吸收他们的制度缺陷。完全照搬西方的制度形式，可能会挤出我国资本市场制度资源的形成。

大型金融资产管理公司借跨国机构参与的市场交易是对西方资本市场交易方式的直接学习。美国在1970年代合并地区性交易所并边缘化OTC后，大量的非标准化的资本品交易不再具备公共平台式交易的内容，而是做市商撮合的一对一交易。比如，一份待融资资本品到了投资银行那里，投资银行先是和该股权所有者签订保密协议。将该资产进行拆分重组包装后，该投资银行又寻找购买者，签订保密协议。当价格确定后，买方和卖方最后见面。这种“一手托两家”的交易方式，做市商可以利用自己在分离情况下面对买卖双方的信息不对称优势，最大化自己的收益——寻取信息租（曹和平，2004）。寻租是某种市场缺失条件下特定行为。当将中国产权市场上“一对多”的卖方拍卖市场归化在为做市商场外市场的资本品交易时，市场行为的收敛途径必定是“一手托两家”的原始捏猫交易方式。正是在这个意义上，作者一再强调中国产权市场不是OTC市场。捏猫交易因信息不对称和寻租方式的不同可以导致不同程度的超额利润。在监管缺位条件下，导致杠杆金融在非标市场上出现，酿成资产泡沫和系统价格崩塌。

### 2. 进入与退出

境外私募股权投资行业有近50年发展历史，黑石、KKR、凯雷、阿波罗、高盛、美林等机构出现在很多超大规模的投资和并购交易中，这些基金在全球经济中扮演着重要角色，不仅自身发展成为彻头彻尾的全球经济动物，而且也发现和培育了英特尔、微软、雅虎等全球性科技公司。因为其庞大的资金规模和惊人的老道资金运作手法，私募股权被称为“门口的野蛮人”和“秃鹰基金”。日前，全球有2万亿美元以上的私募资本在流动。

国内，东方、中信、中金、中央汇金、光大等资产管理公司随着商业化转型

的深入，加快了进入 PE 的速度，资产管理公司的转型为 PE 本土化提供了有效的保障和政策支持。近来主管部门对金融资产管理公司商业化转型过渡期的股权投资进行了规划，提高了资产管理公司股权投资的自由度。各个资产管理公司发挥旗下证券、信用评级、数据咨询等非银行金融领域的优势，为 PE 项目的发展提供项目筛选、重组改制、投资进入和退出的全面解决方案的服务；并且资产管理公司通过 PE 对其他有潜力的项目进行运作，从而获得良好的经济效益，实现股权投资、重组并购与产业的整合。地产、服务业等其他项目的股权都已成为资产管理公司开展 PE 的途径。

随着中国市场经济的发展，市场主体的不断成长壮大，企业内的结构调整和行业内的产业重组更不断加快进行。而私募股权无疑给广大企业提供了一条切实可行的选择。作为全球经济大潮中的中国，建立与未来 GDP 第一大国经济规模相适应的全球经济影响力和行动能力，就必然要求在私募股权投资行业内发展一批如黑石和 KKR 一样有国际影响力和行动能力的经济代言人，而国内各资产管理公司必将成为 PE 行业的新星。

### （三）产权交易所板块

#### 1. 构造特征描述

资本品交易的制度资源于一维方向上的忽略或抑制，必然会在另外一维方向上得到珍重和重生。虽然中国人的智慧平均数今天还没有体会到自己经济制度具有在另外一维集合上展开的潜力，不可能在自觉的意义上绘制自己经济制度“矿脉”的全部图景，但在实践中却在使用身边的“制度原材料”来生成华夏版式的市场构造了。产权交易市场群三起三落的涅槃再生正是这一内生于中国资本市场的珍贵案例。

产权交易所市场的构造框架有五个要素成分与证券交易市场有别：①资本品一揽子供给——产权交易所市场不重在某个企业股权标准化[①]（equity securitization，或称股权证券化）后于二级市场上重复交易，资本品的供给保留企业特定股权（idiosyncratic equity）在非单股化下一揽子拍卖及其变种的交易，②买方（消费者）小众化——潜在的一揽子股权购买者数量不够大数定律要求，

① 证券标准化是匀质化的一种类型。

③信息半透明——供给者处在信息优势一方，消费者（购买者）处在劣势一方，需要长时间多次反馈（评估、设标、投标、挂牌强制等信息披露程序）才能走向实时交易，④公允但并非均衡价格——一次性拍卖可以在行业内公允的价值上压缩小众消费者剩余，在上限上逼近均衡价格，⑤离散型行业参照均衡——交易价格被实时记录，但由于不重在重复交易，仅仅作为后续行业交易的参照。五者结合起来，产权交易具备有形和实点市场特征，其构造更像是基于资本品异质性基础上逼近竞争性市场的制度设计（见图6）。

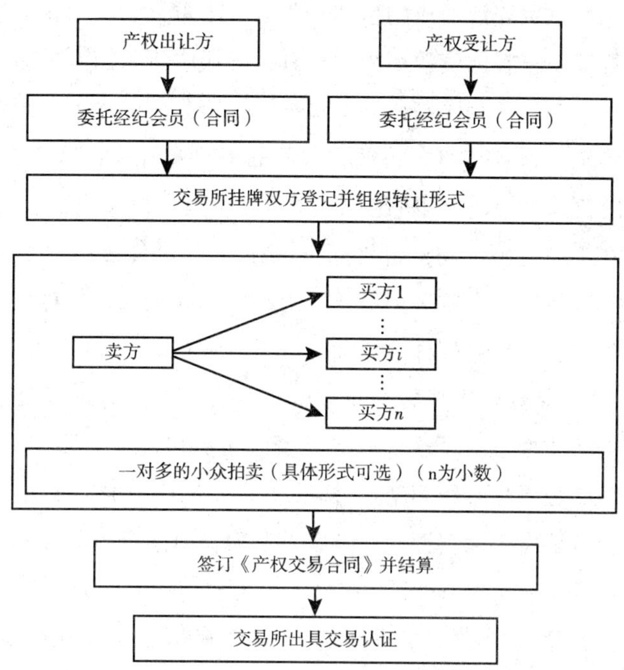


**图6　我国实点性产权市场典型交易构造与流程**

在这样一种制度设计下，那种认为产权交易所发端于国有企业产权交易也必然会终结于国有企业产权交易的观点，是一种过渡性质的权宜的观点。因为，任何非标准化的资本品交易，不管姓“国”姓“民”，比如资产并购重组、私募股权置换、风险投资业务、知识产权交易及其衍生类一次性股权等的交易，何尝不都是这种市场合适的“嘉宾级”客户群呢？事实上，我国260家产权交易所业务正是上述种种西方被称为非标准化（异质化）股权交易的总和。如果不从市场的成熟形式来看，而从市场的要素成分来看，中国的产权市场比西方的投资银行业务和OTC市场业务要丰满得多。在西方资本市场次贷危机暴露出存在市场“恶变”因子酿成金融危机的今天，中国另外一维市场制度下的资本交易市场创新，显得弥足珍贵：谁能说一个新生体上的基因不可以用来治疗成熟体上的癌变过程呢？

更为重要的是，作为中国资本市场内生的有形实点性市场制度，产权交易市场采用了一种新颖的市场构造“原材料”——有界网资源，或者局域网资源。这种资源诺贝尔经济学奖获得者布坎南1960年代在理论上讨论过（Buchanan，1962①），引发了约300多篇文章的20年跟进，可惜的是在1990年代以后被经济学界彻底放弃了。这种资源形成的生产过程有一个重大的特性就是超越了新古典经济学的生产规律——在网资源边界内，其边际成本为零而不是递增。中国产权市场在交易资本品方面与美国高盛和摩根投资银行集团的最大不同在于他们运用产权市场的交易平台披露信息，将西方投资银行业务中“一对一”买卖做市商制度变成了“一对多”卖方市场拍卖制度。在中国产权市场上，资本品交易的价格收敛特征在于向竞争性均衡价格逼近；在OTC场外市场中，资本品交易的价格无收敛性，交易中介常常运用信息不对称的存在最大化信息租，在极端情形下，信息租的收取可能变为杠杆泡沫而引起金融危机。

如果没有1990年代中国从国有企业资产处置角度进行市场改革，没有地方亚公共品资源的实质性参与，这种有界网资源也有可能像美国1970年代以后放弃地方性交易所、边缘化OTC市场一样被忽略而最终放弃。地方性公共部门的实质性参与，引致了有界网资源——亚公共品资源进入资本品交易过程，产生出有形的实点性市场（spot markets）。这是中国产权市场与西方交易同类非标准化股权的比较优势所在（当然，一个环节比较优势不是全面比较优势的充分条件）。

2008年，我国产权交易所的地理分布几乎涵盖了经济区域的全部。这是异质化资本品交易的前提，只有分布地方化了，才有可能为异质化的资本品提供量体裁衣式的交易服务。2008年我国产权市场交易量的分布权重由东部沿中部向西部减少，东部和沿海地区的贸易比欠发达的西部地区要高很多。几个例外的地

① 有界网资源的典型形式是club goods，其一个近亲性形式是国防资源。一旦国防资源存在，在一个经济体内未达到所能服务的边界能力时，新增一个人的边际国防服务成本为零。比如美国的国防制度服务三亿人，在其边界能力内，再增加一亿人的国防服务，美国的国防成本并不必然增加。

区分别是中部省份湖北、西南地区重庆市、东北地区的黑龙江和西北地区的兰州。这几个地区的交易量超过了和自己经济发达程度差不多的周边地区。可能的解释是，我国产权交易所受国有产权分布影响大，国有产权分布权重较大的地方，交易量也比较大。这并不是个好的指示度，因为国有产权进产权交易所是强制性制度使然，而不是市场推进的结果。但是，地域性和实点性分布使得服务于异质性的资本品交易在分布上变为可能。

**2. 进入与退出**

作为资本运行的载体，不同的企业需要不同的企业资本制度，而不同的企业资本制度应有不同的资本市场来与其发展相匹配。像公众企业的资本循环一刻也离不开股票市场一样，PE 企业这样一种新的资本循环方式既需要股票市场，更离不开产权市场。

在西方，由于资本市场只有股票市场这一板块，因此 PE 基金的退出通道就颇为依赖股票市场。这使 PE 基金在退出时通常要求受资企业要达到能够上市交易的水准，从而大大提高了 PE 基金可投项目的门槛。实践证明，在西方没有产权市场的情况下，能够从股票市场实现退出的 PE 基金项目占比不到 30%。只有为上市公司服务的股票市场还不能很好地满足 PE 企业退出的需要，作为另类投资发展起来的 PE 企业还需要有一个“另类的资本市场”来为其服务。

在我国，产权市场是与股票市场平行发展而又功能互补的资本市场。二者发展的起步时间也大致相同。股票市场交易上市公司的股票，服务上市公司的资本流转；产权市场交易非上市公司的产权，为国有、私人、外资及其混合而成的有限责任公司等非上市企业的资本流转服务。股票市场交易的品种是等分化标准化的股票，可以拆细连续交易；产权市场的交易品种则是非标准化的权益项目，不搞拆细连续交易。股票交易的产品形成过程复杂，产品数量很少，进场成本很高，但产品标准化，流动性强，交易量大，流转交易简单，投资人参与方便，一旦形成，就是资本市场上的“大热门”产品。产权市场的交易则品种简单，门类众多，数量巨大，进场成本很低，但交易过程复杂，一单一个样，单单各不同；每一单都似冷门产品，但总合起来却形成了一个巨大的资本长尾市场。

对于基金数量多、投资项目多、投资规模相对较小、以人本参与分配、采取中周期运作、多数达不到上市条件就需要流转退出的 PE 企业而言，由我国首创

的产权市场正是适应PE企业资本制度发展需要的另类的新型资本市场。集中了大量产权交易项目、产权交易主体和产权交易服务中介的产权市场，既可以为GP与LP提供信息中介，也可以推动PE基金与受资企业相互联姻。在这里，GP可以比较便捷地寻找到期望的LP，LP也更便于全面考察和发现各类优秀的GP。通过产权市场，PE基金既可以更加广泛及时地发现值得投资的受资企业，也可以实现更加适时而高效的退出，从而有效降低PE基金项目内部回报率门槛，扩大基金企业可以投资的受资企业范围，大大拓展PE基金的发展空间。当PE基金集中于产权市场后，对于广大非上市企业而言，产权市场就成为其接触和比选PE基金的最好渠道。当PE基金或受资企业需要多次融资或分次退出时，经由产权市场来操作也会比其他渠道更加经济有效并便于监管。当发生在已经投资的PE基金项目中出现LP因特殊原因需要提前退出基金的情况时，产权市场还可为该LP提供一个特别有效的转让通道（即PE基金投资的二级市场——LP份额转让市场），从而及时免除或化解GP与LP之间的进退纠纷。

柜台交易为私募股权提供了股权退出的另一个通道。OTC市场与主板市场相比具有零散、小规模、无繁琐的上市程序以及较低的操作费用等特征，同时它也具有较高的风险，对发行证券企业的要求并不严格。在金融发达的国家，资本市场体现出适应不同资本需求的多层次性。美国的主板市场——纽约证券交易所（NYSE）、纳斯达克市场（NASDAQ）和美国证券交易所（AMEX）主要是为在国内甚至全球有影响的大公司筹集资金服务的；针对一些小的公司在发展初期也需要资本市场的支持，但达不到主板市场的上市要求，一些券商建立了一些地区性、区域性的OTC市场。

与NASDAQ相比，OTC市场门槛很低。它对企业没有任何规模和盈利的要求，只要经过SEC核准，有3名以上做市商愿意为其证券做市，就可向美国全国证券交易商协会（NASD）申请挂牌，挂牌后企业按季度向美国证券交易委员会（SEC）提交报表，就可以在OTC市场上市流通了。在OTC市场上的公司，只要净资产达到400万美元，或年税后利润超过75万美元，或市值达到5000万美元，并且股东在300人以上，每股股价达到4美元，便可直接升入NASDAQ小型资本市场；净资产达到1000万美元以上，还可直接升入NASDAQ全国市场。这又是PE行业推动力之一。

## （四）民间资本市场板块

### 1. 构造特征

将市场作为一种研究对象来看待民间资本品交易，需要在上述关于市场构造是一种特定交易平台式的描述上再深入一步，在市场哲学的意义上了解民间资本市场。长期以来，研究文献错误地把所有民间融资都划归了信贷名下，致使一部分长期资本品交易与信用融资归入了商业信贷概念之下。今天，民间资本品交易调研工空缺，统计匮乏，几乎是个“养在深闺人未识”的自在之物。

市场是个经济人活动的共同场所，制成品可以在市场上交易，但却无法想象市场可以像产品一样来交易。不过，在制度意义上，市场是可以交易的（Besley，Coate and Loury，1993）。如果将这种共同场所理解为一种网（这是公共品和俱乐部产品的共同性质），则不同的网资源形成不同的市场形式。证券市场是个公共品意义上的整体经济但频段狭窄的市场，产权交易市场是个规模上限可达整体经济同时下限可抵某个流域小区范围的广谱俱乐部资本市场，民间资本市场是个私密性质，和流域小区密切结合有时甚至和血缘相关的极小范围的资本市场。最典型的民间资本市场上的观察形式是温州“炒楼团”的业务形式，在一个有限数量的企业家内，注入一个具有资金瓶颈的开发商，同时以购买多套公寓房的形式来计算潜在的收入流，同时委托开发商销售。这种为卖而买的过程，实际上将股权融资、套式楼房计价、多家企业出资等形式复合起来，能不在网资源的意义上说它是一种资本市场吗？

### 2. 进入与退出

我国民间资本市场是非常巨大的，就以温州为例，多少年来，温州民间资本令人瞩目，温州已成为我国民间资本发展最快的地区。据温州市金融办最新调查数据显示，流动的民间资本已超过4500亿元。自2010年5月13日《国务院关于鼓励和引导民间投资健康发展的若干意见》发布后，温州民间资本投资动向再次成为全国上下关注的焦点，而温州民间资本转投金融股权领域也逐渐增加，其中投资参与VC与PE的民间资本也不在少数。

从2007年开始，受全国各地成立创业投资基金热潮的影响，温州民间资本开始关注创投行业，如2007年6月1日，乐清佑利控股集团发起成立了温州东海创业投资有限合伙公司，这是我国长三角地区出现的首家人民币私募股权投资机构。此后，温州民间资本开始进入到创投领域，目前在温州本土从事PE的企业大概有7~8家，且温州人在外地创办的PE也达到10余家。2010年6月26日，由浙江民营投资企业联合会、温州经济师协会、温州市企业家协会共同组建的“温州民间资本投资服务中心”正式挂牌。这是国内首个“为资本找项目，为项目找资本”的民间资本服务机构。

温州民间资本市场进入PE行业并不是个案，现阶段，PE行业已在全国各个地区发展壮大，民间资本已成为PE资金来源的中坚力量，最具代表性的还有北京、上海、广东等地。越来越多的个人投资者也进入了PE行业，举一个例子，某一国内高校下属私募股权市场研究机构，在研究行业发展动态的同时，接到一些企业关于市场调研等研究项目，随后引入投资并成立一支基金，开始了基金管理工作并着力于股权投资项目，这个研究机构就顺利地进入了PE行业。

综上所述，我国资本市场四板块出现并行成长的弱收敛态势，并在逐渐融合状态，证券市场和大型金融资产管理公司借跨国机构参与的资本市场融合形成国际资本市场，产权市场和民间资本市场融合形成地方资本市场。而有机结合国际资本市场与地方资本市场，使之对PE行业形成更加强大的推动力，将会成为中国资本市场贡献于世界的最重要方面。

## 五　中国股权投资与私募市场政策性规制与未来

### （一）政策性规制

一个行业的发展离不开国家政策法规的扶持与监管，中国私募市场的发展更是如此，2007年6月1日中国颁布了《合伙企业法》开始建立有限合伙制企业，从而真正推动了中国私募基金国际化、规模化发展的进程。如果将发生在中国VC、PE、M&A、IPO市场的重要事件进行分类和归纳总结，并从中筛选出十大最具影响力的事件，在这十大事件中，《合伙企业法》的正式实施无疑是其中色彩最为浓重、影响最为深远的一笔！《合伙企业法》对于有限合伙制度的确立是国内PE基金发展的一剂强心针。一方面，随着中国经济的快速增长，中国开始成为全球PE的理想之地，国内也将有越来越多的人开始涉足PE领域；而另一方面，PE的健康发展，对中国金融体制乃至于中国经济的持续稳定发展具有重

大的促进意义！

有限合伙制是合伙制的一种特殊形式，对外在整体上也同样具有无限责任性质，但在其内部设置了一种与普通合伙制有根本区别的两类法律责任决然不同的权益主体：一类合伙人作为真正的投资者，投入绝大部分资金，但不得参与经营管理，并且只以其投资的金额承担有限责任，称为有限合伙人；另一类合伙人作为真正的管理者，只投入极少部分资金，但全权负责经营管理，并要承担无限责任，称为普通合伙人，亦称一般合伙人或无限合伙人。这就是有限合伙制的主要特点，也是其在组织安排和制度设计上主要的创新之处。

有限合伙制的特点与优势分述于下。

**1. 有限合伙制符合不同投资者的利益要求，实现资本与人才的完美结合**

在“有限合伙”概念引入前，我国合伙企业的所有合伙人都必须对合伙企业债务承担无限连带责任。因而对合伙人的“资本”和“人才”都有极高要求。这一点也成为限制我国创业投资和风险投资发展的重要原因之一。而“有限合伙”则可顺利实现资本与人才各展其长、相得益彰。当前，美国风险投资组织中，有限合伙制公司约占80%，成为推动美国风险投资发展的重要力量。

有限合伙制度本身虽不能创造企业成长的神话，但是，能为发现千里马的伯乐提供制度保障，这种看似出资额与收益分享额不平等的制度，为能人和富人创造了一个共舞的平台。有限合伙人在企业中主要扮演出资人的角色，而普通合伙人则更多地承担着管理人的职责。举例来说，在这种合伙企业中，普通合伙人可以1%的出资额就能管理100%的资产，并分享20%的收益，同时，对债务承担无限连带责任；而有限合伙人则仅以出资额为限承担有限责任，并且分享80%的收益。这种“不平等的责任”实际上承认了智力在风险投资中的价值，同时也保护了那些希望博取高回报的投资人的私人财产不会因承担高风险而被株连。

**2. 有限合伙制结构简单，避免法律对于投资机构的诸多限制和税收要求**

有限合伙制的创业投资基金，其内部最高效力文件是合伙协议。一般来说，法律对于合伙的出资形式没有过多的限制，而利用公司制，则劳务难以作为出资，在合伙企业中，管理人（风险投资家）的才是最重要的出资，对于这部分出资所占比例、受益分配等问题，均可以按照合伙协议自行商定，而避免了采用公司制的各种限制，特别是对于投资决策者来说，依靠自己的智慧得到可观的收益，可以通过合伙协议实现，而避免了必须有资金上的投入。

对于税收上的优惠，也是采用有限合伙制的一个重要的优势，根据目前的我国税收法规，对于采用有限合伙制的创业投资基金和美国的做法基本一致，因为有限合伙制的企业并非独立法人，因此仅需要合伙人缴纳所得税，而有限合伙企业本身并不需要纳税，与公司等其他具有独立法人资格的投资机构相比，具有巨大的税收优势。这一点在法理上笔者也认为很好理解，有限合伙制的创业投资基金，是一个资本的集合体，它存在的意义在于集中数个投资人的资金用于投资某个领域，出现有限合伙制的创业投资基金，不应理解为在投资的过程中增加了一个环节周转；它并不是一个独立的法人，它仅仅是资本的集合体，为了更高效率的组织，而统一进行管理和决策；相当于有限合伙人直接对于目标企业的投资；因此对于其投资收益仅征收一次所得税，是比较合理的做法。

值得一提的是，美国著名私募股权投资基金黑石集团，目前已经将其资产管理部分的资产进行了 IPO，上市后依然享受单次税收的优惠，美国国会也在讨论通过相关法案，调整对上市创业投资基金的税收；对于事态的发展，值得继续深入关注，如果美国国会作出相关税收调整，将对有限合伙制创业投资基金的发展产生重大的影响。

**3. 有限合伙制能够通过经营管理权的协商安排来满足对于风险的控制**

私募股权投资从事的是高风险的投资领域，对于资金和智力的要求都很高，有限合伙人和普通合伙人分别代表了对于这种要求的满足。原则上普通合伙人负责创业投资基金的经营，有限合伙人不得参与经营活动。

这一方面体现了其投资活动的高度专业性，为了保证专业的投资家和投资机构能够充分地发挥自己的才智，避免来自其他方面的影响以至于作出不正确的投资决策，行使合伙企业的经营权的仅仅是具有专业知识和经验的普通合伙人；且这样的制度设计，有利于其他有限合伙人对于其的充分信赖；其法理假设应理解为，掌握资金的投资者如果认为即将成为普通合伙人的管理者不合适的话，他可以不加入到组织中，但是一旦加入，就要相信普通合伙人所作出的投资决策，也是体现了高风险投资活动中高度的人合、资合统一性。

但是有限合伙人可以通过《合伙企业法》中规定的不视为参与经营的事项及在合伙协议中作出特殊规定以约束和限制普通合伙人经营活动，《合伙企业法》第六十八条规定“有限合伙人的下列行为，不视为执行合伙事务：参与决定普通合伙人入伙、退伙；对企业的经营管理提出建议；参与选择承办有限合伙企业审计业务的会计师事务所；获取经审计的有限合伙企业财务会计报告；对涉及自身利益的情况，查阅有限合伙企业财务会计账簿等财务资料；在有限合伙企业中的利益受到侵害时，向有责任的合伙人主张权利或者提起诉讼；执行事务合伙人怠于行使权利时，督促其行使权利或者为了本企业的利益以自己的名义提起诉讼；依法为本企业提供担保。”通过以上的几项事项的执行，有限合伙人可以充分了解经营情况，避免除投资决策造之外其他因素造成的损失。

**4. 有限合伙制 PE 基金对于基金管理人的激励措施具有明显优势**

有限合伙企业能够给普通合伙人提供较好的激励机制。在美国创投行业，普通合伙人的出资一般只占基金总额的1%左右，但81%的普通合伙人从基金投资中获得的利润分成都在20%～21%之间。在国内的情况也大致如此，投资顾问公司以 GP（General Partners，一般合伙人，是基金主要管理人）身份加入基金，投入相当于整支基金1%的资金，提取相当于整支基金2.5%的金额作为管理费用，还能分得20%左右的利润。这种“激励”措施在基金存续期间都是不能改变的，也就是说一支基金存在10年，如果它每年都把利润分配给投资人，那么 GP 们每年都有可能分享利润。由此，有限合伙制 PE 基金在对基金管理人的激励措施上的优势一览无余。

此外，由于 PE 是一个比较特殊的投资领域，它跨越了实业和金融两大领域，涉及很多学科的理论和知识，对投资者有很高的实践和理论的要求。这就使得“它必然采取专家理财、科学管理的模式”。但在公司制 PE 基金中，“谁出的钱多，谁做大股东，谁就说了算”，基金经理就相当于只是给大客户进行资产管理。而在有限合伙制基金中，GP 是基金真正的管理人，“全权负责经营管理”。对于投资家而言，通过1%的出资就可以支配100%的资本，这不仅形成了有效的资本放大效应，而且在一定程度上也构成了对普通合伙人的内在激励。

**5. 大大提高了决策效果和决策效率**

在有限合伙 PE 中，普通合伙人作为投资管理人，全权负责投资的监管，能够迅速地作出投资决策。避免了信托制 PE 在管理人和信托公司两个层面的审批，大大地提高了决策效率。此外，有限合伙人不参与管理而由具有专业水平的普通合伙人进行决策，相对公司制来说，提高了决策的效果。

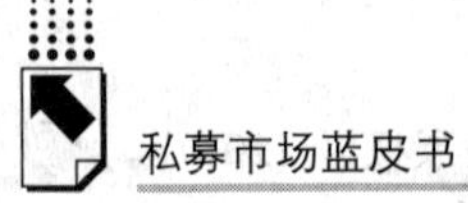


**6. 有限合伙制有利于 PE 的扩张**

有限合伙制具有如此众多的优点，因此其成为专业性、知识密集型行业如会计师事务所、PE 等进行扩张时首选方式。例如黑石就是通过层层设立的有限合伙企业而构建了其横跨房地产基金、私募股权投资基金、投资顾问、对冲基金等业务平台的建立。此外，德勤会计师事务所也是通过有限合伙企业的模式实现的扩张，目前其已经发展到约 7 万个合伙人、30 万个会计师的庞大规模。

## （二）世界与中国资本市场未来

中国的私募股权基金行业刚刚起步，但是发展空间是惊人的。在发展的初期，很重要的是要在理念上与国际私募股权投资基金进行对接，保证中国的私募股权行业向一个健康的方向发展。为此，私募股权投资基金的管理人和相关从业人员有责任要加强自律，对投资者尽到诚信的义务。股权投资基金不仅为企业的发展注入资金，而且为企业的经营管理提供增值服务，随着中国企业的成长，越来越多的优秀成功企业家将涌现出来，其中不少也会加入到私募股权投资基金的管理当中来。这些优秀的企业家成为私募股权投资基金的管理人之后，势必提示对企业的增值服务，使得中国企业能发展得更加稳健。

与美国 OTC 市场构成要件相比，中国资本市场多出了一组内容。其关键的差别在于，美国资本市场在 20 世纪 50 ~ 70 年代的技术进步路线中逐步挤压掉了区域证券交易所和地方性实点 OTC 市场，使得经济中交易资本品所需的重要市场资源——亚公共品——被弃置不用。中国产权与各类实点性资本市场发展弥补上了美国 OTC 市场的这一缺陷，使得中国产权市场的组合除了相当于美国 OTC 市场中的投行、做市商、信息中介以及全国性网络之外，多出了一群有形的实点性资本品交易市场。因而，我们在目前仍不愿称中国的产权市场及各类实点性资本市场为类美国的 OTC 市场。因为，有形的实点性亚公共品资源的参与，使得中国实点类资本市场不是低于全国性证券市场的一个区域性证券交易所，而更像是交易不同类型资本品的市场类型，不存在市场化程度高低之分。中国实点类资本市场群及其对应的企业组织形式，正在更改着世界资本市场的均衡和收敛路径，发达经济资本市场也许因其权重因子可以被看做世界资本市场的核（心）部分，但绝不再被看做既是世界资本市场的核（主部）又是未来进步方向的洪范九畴了。

## 参考文献


曹和平：《中国产权市场发展报告》，《中国产权市场发展报告（2008～2009）》，社会科学文献出版社，2009。

曹和平：《中国产权市场发展报告》，《中国产权市场发展报告（2009～2010）》，社会科学文献出版社，2010。

蔡敏勇：《产权相器与制度相器》，《中国产权市场发展报告（2008～2009）》，社会科学文献出版社，2009。

邓志雄：《PE 企业中正在形成的新一代生产关系（下）》，《产权导刊》2009 年第 1 期。

邓志雄：《私募基金制度、公众上市公司与资本市场变革》，《中国产权市场发展研究（2008～2009）》，社会科学文献出版社，2009。

何小锋、李昕旸、杨文海：《私募股权投资基金理论与操作》，中国发展出版社，2008。

李连发：《私募股权投资基金理论及案例》，中国发展出版社，2008。

潘启龙：《私募股权投资实务与案例》，经济科学出版社，2009。

清科研究中心：《2009 中国私募股权投资年度统计报告》，2009。

清科研究中心：《2010 年第一季度中国私募股权投资年度统计报告》，2009。

清科研究中心：《清科投资资讯》总第 0428 期，2010－3－19。

中国证券监督管理委员会：《中国资本市场发展报告》，中国金融出版社，2008。

卞华舵：《中国私募股权基金发展的问题与对策》，《卓越管理》2007 年第 7 期。

Besley, Timonthy, and Stephen Coate, and Glen Loury. (1993). "The Economies of Rotating Savings and Credit Associations." *American Economic Review* 83: 792－810.

Holmstrom, B. and J. Roberts (1998). "The Boundaries of The Firm Revisited", *Journal of Economic Perspectives*, 12 (4): 73－94.

Izquierdo Segismundo S., Izquierdo Luis R., "The impact of quality uncertainty without asymmetric information on market efficiency", *Journal of Business Research* 60 (8): 858－867, 2007.

World Economic Forum, "The Global Economic Impact of Private Equity Report 2009", Globalization of Alternative Investments Working Papers Volume 2, 2009.

# 综合理论篇

GENERAL THEORIES

# PE 企业与公众企业资本制度的时代差异

## ——对 21 世纪企业资本制度兴衰现象的分析与解释

邓志雄　格日勒图*

在本文中，公众企业指股权高度分散以至于没有单一股东能实际控制的上市公司。PE 企业指由有限合伙人 LP 与普通合伙人 GP 组成 PE 基金，并投资于受资企业过程中产生的一组合约关系。①

2000 年以来，从安然、世通、贝尔斯登到雷曼兄弟，公众企业不断爆出丑闻，并引发了一场席卷全球的经济危机。对比之下，PE 企业却健康成长，迅猛

* 邓志雄，国务院国有资产监督管理委员会产权局；格日勒图，中山大学理论经济学博士后流动站、深圳市创新投资集团有限公司博士后工作站。本文系作者个人观点，不代表所在机构看法。

① 企业可以理解为一个或一组由各类资源所有者缔结的市场合约，参考 Cheung（1983）和周其仁（2000）。

发展，不断壮大。即使是处在史无前例的经济危机环境下，全球 PE 企业领域也没有发生大的灾难，并很快恢复了发展。这两种截然相反的表现之间有着什么深刻的制度成因吗？本文从企业资本的形成、运营和流转等方面的比较分析入手，对公众企业与 PE 企业在企业资本制度上的时代差异及其深刻影响进行初步分析，以期从理论上对社会经济从以工业为主导转向以服务业为主导的发展过程中 PE 企业在制度创新、危机治理、适应新的生产力发展等方面的潜在价值进行分析，探讨从企业资本制度这一基础层面上预防和应对全球性经济危机的方法和道路。

## 一　两种不同时代的企业资本制度

公众企业和 PE 企业是适应不同时代的历史产物，在企业资本制度方面具有显著差异。

### （一）公众企业中的资本制度

众所周知，公众公司是第二次世界大战后欧美进入工业化中后期，企业所有权与经营权两权分离的“经理革命”的产物。公众公司的企业资本制度构架主要体现在三个方面，在资本形成阶段通过 IPO 的方式将社会分散资本集聚起来集中配置到上市企业中，在资本运营阶段股东委托管理层对公司资本进行集中经营管理获取利润，在资本流转阶段通过对公司股票的买卖运作获取资本增值。在公众公司中，等分企业股份公开募集社会资本形成公司资本，公司拥有独立的法人资格和法人财产权，出资人以其出资额为限对公司债务承担有限责任，出资人不得抽回其出资，不得干预企业经营管理，但可以转让股权，公司建立由股东会、董事会、管理层相互制衡的法人治理结构，两权分离、三足鼎立，在企业中形成了日益复杂的委托代理关系、权力制衡机制和利益分配制度。[①]

公众公司资本制度被广泛运用，本质上是因为它适应了欧美工业化中后期的生产力发展需要。在欧美工业化中后期过程中，市场信息还不够畅通，社会资本

① 参考邓志雄（2009b）。

还不够丰富，就业渠道相对不足，资源开发和大规模制造类的大型工业项目是整个社会经济增长的引擎。要很好地积聚全社会散户资本来发展大工业，就需要有高度集中的有形的资本市场将企业引导规范为股权标准化、产能规模化的上市公司，通过允许其股票充分拆细和连续交易来实现大规模的资本积聚和流转，通过股权分散和两权分离来减少大股东的关联交易和同业竞争，通过不是股东却懂管理的经理层来屏蔽和缓和激烈的社会劳资冲突，提高企业经营效率和效益。在与工业化中后期经济全球化的生产力相匹配方面，公众公司的资本积聚、风险分散、价值创造和社会和谐功能明显优于传统的家族制和家族控股制企业，因而促进了社会生产力的大发展。

然而，真理再往前迈出一步就会变成谬误。缺乏制度责任约束的革命者是难以持续的。由于管理层的作用，公众公司在其运行发展中，会自发朝着股权高度分散的公众企业演变。在欧美经济由以工业为主转向以服务业为主后，大企业扩张日益依赖产融结合与并购重组，有着公司控制权的管理层为着公司运营效率和其自身利益的需要，会想方设法使公司股权日趋分散，逐渐使股东会功能虚化、董事会作用淡化，导致公司治理结构失衡，走向管理层单极控制。到2008年全球金融危机发生前，公众企业的股权分散已经到了十分惊人的程度。2007年底，美国银行、花旗银行、摩根大通银行、高盛和摩根斯坦利等金融巨头的股权结构都是第一大股东持股不足5%，前五大股东持股之和不到20%。作为实体产业代表的通用、福特两大汽车公司前五大股东持股之和也不到30%。房地美公司的前五大股东持股之和更是只有13.71%。就上市公司整体而言，情况亦十分严重。2006年，纽约股票市场上持股时间不足一年的投机类股东占其所有上市公司全体股东的比重竟高达87%。事实证明，这样的产权结构是完全无力保障公司治理结构有效和企业债务责任落实的。

### （二）PE企业中的资本制度

有限合伙的PE企业资本制度，古已有之。但其迅速发展，却是人类进入信息化时代之后的事。物质、能量、信息是宇宙中的三种客观存在。农业文明时代，人类依赖土地等自然物资求得生存繁衍。工业文明时代，人类利用煤炭、石油等能量来推进大规模生产获得经济增长；信息文明时代，人们更加依靠信息来满足社会发展的需要。每个时代的生存方式不同，企业制度各异。家族制是农业文明时代主要的企业制度，股份制是工业文明时代主要的企业制度。信息化时代的新型企业制度是什么呢？从近 20 年 PE 发展的势头和本文的初步分析看，有限合伙制可能成为信息文明时代最重要的企业制度。在信息化时代，信息传播成本接近于零，信息取代物品成为人们生活中须臾不可缺少的首要消费品，分散就业取代集中就业成为社会就业的主要方式，全民的创新取代大规模制造成为社会财富增长的源泉，机构投资人取代散户成为资本品的主要投资者，非拆细非标准化的企业产权的整体交易已可在低投机性却又充分竞争的产权市场中有序完成。因此，从 20 世纪 90 年代起，一种适应人类信息化时代发展需要，在资本形成、资本运营和资本流转等各方面与公众企业完全不同的 PE 企业便迅猛发展起来。

PE 企业资本制度是以“321 合约治理结构”为特点的一组合约，即 PE 企业中总是包括“三个主体、两个协议、一种责任”。“三个主体”是指 PE 企业运作要由三个主体构成：第一个主体是 PE 基金的投资者，他们为 PE 基金提供货币资本，是 PE 基金的有限合伙人（Limited Partner，简称 LP）；第二个主体是 PE 基金的管理者，他们为 PE 基金提供人力资本，是 PE 基金的普通合伙人（General Partner，简称 GP）；第三个主体是受资企业（管理层），他们是 PE 基金的投资对象。在 PE 的三个主体之间存在着“两个协议”：一个是 LP 与 GP 之间签订的“合伙协议”，一个是 PE 基金与受资企业之间签订的投资协议（常称“对赌协议”），这两个协议约定了三个主体间的生产关系和责权利制度。“一种责任”是指 PE 基金按照有限合伙制设立，GP 在法律上要对 PE 基金的债务承担无限责任。“三个主体、两个协议、一种责任”的有限合伙的合约治理结构，使 PE 企业完全不同于公众企业！

PE 企业资本制度的运作特点主要体现在三个方面：在资本形成阶段，通过私募的方式将机构投资者手中持有的海量资金集聚起来，然后以资本与人本双本结合方式分散配置到非上市企业中去；在资本运营阶段，PE 基金作为积极股东以所有权和经营权两权合一方式参与受资企业的运营，和受资企业管理层一起对企业资产进行集中经营管理并分取利润；在资本流转阶段，PE 资本通过低流动性的中周期循环，通过产权市场和股票市场完成资本退出和循环。

## 二　企业资本形成制度比较

企业的健康发展需要各种生产力要素的合理配置，而长期困扰企业发展的核心问题是企业货币资本和人力资本形成不易、结合不优、运营不好。

### （一）公众企业资本形成的“高成本高门槛”

工业时代的社会化大生产需要筹集大规模的资本投入企业生产，为此就需要一种制度安排，将分散于千家万户手中的零星资本集聚起来集中配置到企业中去。这种直接融资制度安排的典型形式就是IPO，即企业通过向机构和公众散户公开发行股票募集资本，并在证券交易所上市流转股票。这种制度因适应了大工业规模化发展的需要，在社会财富相对匮乏的时代，很好地促进了工业化过程中社会生产力的发展，成为一项既能有效集中社会资金形成企业资本又能有效分散投资者风险的伟大的制度发明。然而，经过长时间的发展，当人类进入后工业化社会和信息化社会，服务业替代工业成为经济社会的主要产业，社会整体财富大为丰富起来，社会资本也日益集中到机构投资者手中之后，这种传统的直接融资方法在继续大行其道的同时，也逐渐暴露出越来越多的矛盾和问题。

**1. 形成货币资本的成本较高**

公众企业的IPO是一件涉及社会千家万户切身利益的大事。为了能够募集到资本，公众企业必须向全社会的广大投资者证明其经营状况、盈利能力、成长前景和回报水平。无论是募集资金、决定资金投向还是决策未来发展战略、决定企业收益分配，公众企业均需要在信息披露的前提下，与各类股东进行交流、沟通、谈判。为证实公众企业信息的可靠性，需要借助一系列的第三方中介机构，包括咨询机构、投资银行、评级机构、做市商机构和会计师、评估师、律师、精算师等事务所来提供增进交易可靠性的中介服务。IPO必须由券商承销等市场中介服务的制度安排，自然要求上市公司为之支付巨大的交易成本。① 当国有企业、家族企业等拟上市企业本身不是股份有限公司时，还必须先期完成股份制改造并接受券商的辅导，为此还需支付一笔不小的费用。

① 交易成本问题参考Coase（1937）、Coase（1960）和Williamson（1981）。

**表1　在美国IPO时券商承销费用占融资额的比例**

| 券商承销费用占融资额的比例 | | <7 | =7 | >7 | 合计 |
|---|---|---|---|---|---|
| 1985～1987年的IPO | 数量 | 268 | 118 | 126 | 512 |
| | 比例(%) | 52 | 23 | 25 | 100 |
| 1988～1994年的IPO | 数量 | 386 | 757 | 112 | 1255 |
| | 比例(%) | 31 | 60 | 9 | 100 |
| 1995～1998年的IPO | 数量 | 287 | 1101 | 48 | 1436 |
| | 比例(%) | 20 | 77 | 3 | 100 |

资料来源：Chen和Ritter（2000）。

**表2　在美国IPO时不同权重下的券商承销费用占融资额的比例**

单位：%

| 年份 | 券商承销费用占融资额的比例 | | 年份 | 券商承销费用占融资额的比例 | |
|---|---|---|---|---|---|
| | 按企业市值权重计算的平均值 | 相等权重计算的平均值 | | 按企业市值权重计算的平均值 | 相等权重计算的平均值 |
| 1985 | 6.4 | 6.8 | 1992 | 6.2 | 6.7 |
| 1986 | 6.2 | 6.7 | 1993 | 6.2 | 6.8 |
| 1987 | 6 | 6.8 | 1994 | 6.4 | 6.8 |
| 1988 | 6.3 | 6.7 | 1995 | 6.3 | 6.8 |
| 1989 | 6.3 | 6.8 | 1996 | 6.2 | 6.8 |
| 1990 | 6.4 | 6.8 | 1997 | 6.3 | 6.8 |
| 1991 | 6.2 | 6.7 | 1998 | 5.5 | 6.7 |

资料来源：Chen和Ritter（2000）。

**表3　在中国IPO时不同权重下的券商承销费用占融资额的比例**

单位：%

| 年份 | 券商承销费用占融资额的比例 | | 年份 | 券商承销费用占融资额的比例 | |
|---|---|---|---|---|---|
| | 按企业市值权重计算的平均值 | 相等权重计算的平均值 | | 按企业市值权重计算的平均值 | 相等权重计算的平均值 |
| 2006 | 2.75 | 6.56 | 2008 | 3.06 | 6.87 |
| 2007 | 2.01 | 6.52 | 2009 | 3.39 | 6.18 |

资料来源：CCER色诺芬金融研究数据库。

更令人难堪的是，专职负责提供市场诚信的中介机构本身的信用，缺乏可靠的责任制度作保障。中介机构是以中介服务收费为生的。他们只要不说错话，就无需承担其所披露的信息给投资者带来的投资风险责任。而其提供的信息是否错

误，由于涉及具体的时点和宏观微观条件的一系列假设，很难对之作出判断。把话讲到你投资后无论如何都追究不了他们责任的程度，是其开口讲话的前提。以评估为例，现在被用得最多的企业价值评估方法是收益法。但收益法评估在对企业未来业绩的预测中，评估师主要依据的是企业管理层对于企业未来经营发展的判断。在管理层信息失真的情况下，评估师的估值不可能正确。但是其工作按评估准则衡量却并无错误。其结果相当于中介组织只是用卖方信息提供给买方作为投资决策的参考信息。券商的功能更是如此。与 PE 企业确实拥有受资企业股权不同，券商并不一定拥有拟上市公司股权，券商承销制度提供的兜底功能只有在股票不能全部发行出去时才发挥作用。在通常情况下，券商与上市企业的利益是高度一致的，股票发行价格越高，券商利益越大。这就使券商形成如下行为特征：一方面，在券商进入企业提供 IPO 服务之前，为保证股票能够发行出去，券商会反复衡量自身的保荐成本和收益，只选择那些盈利能力高、信用程度好、投资故事动听的企业进行保荐，以确保股票发行成功并实现其自身盈利。另一方面，一旦券商签约进入企业展开服务后，这个企业就一定会在券商和其统筹的其他中介机构口中变得盈利能力高、信用程度好、投资故事很动听，以确保企业成功上市，承销服务佣金入账。前者必然造成企业上市的高门槛，使得总是只有极少数企业才有机会上市，绝大多数企业都没有通过 IPO 直接融资的机会。后者自然容易导致券商中介信息失真，股民投资风险增大。

由中介机构提供的市场信用没有责任保障，导致全社会在为公众企业的 IPO 支付出巨大成本后仍没有任何收益保障。因此，世界各地的政府和股市都发出同样的警告：股市有风险，投资要谨慎！不少公众企业上市就破发，过年就亏损，既给投资者造成巨大损失，也对市场信用造成巨大损害。

**2. 形成人力资本的成本较高**

人力资本是一种内含于管理者或劳动者自身的企业价值创造能力，是其各种知识与技能的存量总和。人力资本的核心是企业管理者的资源配置和经营管理能力。公众企业制度的人力资本主要体现于上市企业的管理层。本来，经理革命顺应社会化大生产对于社会分工的需要，实现了企业经营管理的专业化。从人力资本角度来看，两权分离的公众企业制度是对上市公司人力资本的一种强激励，可以较好地调动管理层的积极性和创造性。但是，一方面，由于 IPO 资本的润泽对象仅为数量极少的上市公司，仅仅用上市公司内部的人力资本来推动一小群企业的发展，无法综合利用全社会的人力资本，很难形成辐射全社会的人力资本外溢效应。在企业只有 IPO 一条直接融资渠道的情况下，上市公司人力资本能力的发挥作用，是要以广大非上市企业的人力资本因无必要的货币资本匹配而能力相对闭锁作为代价的。

另一方面，上市公司的经营管理层借助聚集起来的巨大货币资本及其债务杠杆发挥影响，与非上市企业进行不平等竞争，主要通过并购重组等资本运作战胜竞争对手、扩大经营规模、提高盈利水平，并将业绩完全记在自己头上，向公司索取越来越高的工资、奖金、津贴和福利。根据美联储的研究，在 21 世纪初，CEO 的年薪平均超过 900 万美元，是普通工人工资的 367 倍，在 CEO 之下的两位高管，年薪是普通工人工资的 169 倍。① 在疏于监管或制度缺失的情况下，管理层甚至会通过会计造假或人为地高估利润来博取其自身的高额收益，给全社会积累着越来越大的委托代理风险，大大增加了社会经济体系的运行成本。美国 2008 年经济危机之后表现出来的华尔街与政府和大众的利益对峙，充分揭示了公众企业制度滥用了人力资本激励，庇护了一小撮公众企业高管，挤占了过多的社会资源。

**3. 形成市场信用的成本较高**

公众企业的资本形成要想获得成功，其充分必要条件是要获得投资者对其股票信用的认同和接受。因此，就需要中介机构、券商、交易所和政府等多个层级对公众企业资本形成过程中的信用进行构建、维护和监管。

为维护股票市场诚信和秩序，IPO 必须在政府严格监管的股票交易所市场中来实施。由于公众企业的货币资本部分来源于散户投资者，就必然受散户投资者的可投资财富、对市场的心理预期和对所投资企业业绩及其成长性的信心的影响。股票市场正常运转的基础之一是投资者的信心以及信心与股票市场运行之间的反馈机制。散户投资者的投资具有强烈的投机性，其持股信心可以不断地彼此影响而形成“羊群效应”，并通过信息反馈机制不断地放大对股票市场的扰动，从而在货币资本的形成和流转过程中出现大起大落的巨幅波动。为了保证处于弱势的散户投资者的利益，政府对上市公司、中介机构、券商、交易所都要进行严格的监管，强制上市公司信息公开、券商择优保荐、交易所严格监管。但是，宏

① 参考 Frydman 和 Saks（2005）。

观经济运行的不确定性会作用于股市，公众企业中的信息不对称和管理层收益与风险不对称特性更会导致小股民的心理恐惧。一旦公众企业爆发丑闻，就会使整个市场信用体系受到质疑，造成股票市场的大幅波动，甚至会严重影响 IPO 的正常进行，使市场在一段时间内失去融资功能，并造成对实体经济的巨大冲击。虽然股票市场反复申明投资风险自负的投资规则，但中外股市运作的历史一次又一次地证明，全社会始终要为股票市场中公众企业信用的“保驾护航”支付巨大的制度成本。

**4. 形成市场责任的成本较高**

20 世纪 40 年代以来的经理革命中，公众企业管理层被作为革命者对待，他们有权运作巨量资本，却无需承担失误的责任。这样的观念是在世界大战之后百废待兴的大建设过程中形成的，本应作为临时之策在社会正常发展后及时作出调整，但却在有意无意之间被作为不变的理念和范式一直固化下来。公众企业管理层之所以普遍敢于大肆进行高风险高收益的资本运作，是有其深刻的制度原因的。按公司法，在有限责任公司或股份有限公司中，各个股东以其投资额为限对公司债务承担有限责任，即全体股东以公司总股本为限对公司债务承担责任，那些超过总股本的即资不抵债的公司债务将经过破产由债权人和全社会承担责任，而管理层对公司债务却无需承担任何责任！

各国对于公众企业管理层的惩罚制度主要是“事后惩罚”。发生大的丑闻之后，监管机构在调查过程中需要面对大量复杂的情况和困难，令搜集证据及举证变得极其困难和非常耗时。况且，问题公司的管理层能够调动公众企业的庞大资源为自己的经营管理行为进行辩护，也令事后惩罚很难及时有效地进行。

羊毛出在羊身上。公众企业制度在形成货币资本、人力资本、市场信用和市场责任等各方面的高成本，必然要求拟上市公司要有很强的支付能力，从而导致了拟上市公司资质的高门槛。股票市场几百年的历史证明，这种资本形成方式从来都只能为社会上的极少数处于行业“塔尖”的企业提供服务。在中国，上市公司占全部企业数量的比例不足万分之二，即使是股票市场最发达的美国，其上市公司占企业数量的比例，也不及千分之二！这既造成了没有机会上市的广大中小企业的直接融资困境，妨碍了社会充分就业和广泛创新，又造成社会资本过分集中于极少数企业的极少数人手中，加大了社会经济的系统性风险。

表4　2008年世界各地与中国上市公司数量

单位：家

| 交易所 | 合　计 | 国内公司 | 国外公司 |
|---|---|---|---|
| 世界各地上市公司 | | | |
| 美国 | 11790 | 10514 | 1276 |
| 亚太地区 | 20819 | 20356 | 463 |
| 欧洲、非洲、中东地区 | 14097 | 12790 | 1307 |
| 合　计 | 46706 | 43660 | 3046 |
| 中国上市公司数量 | | | |
| 上海证券交易所 | | 864 | |
| 深圳证券交易所 | | 740 | |
| 合　计 | | 1604 | |

资料来源：The World Federation of Exchanges（http：//www. world-exchanges. org）、上海证券交易所（http：//www. sse. com. cn）、深圳证券交易所（http：//www. szse. cn）网站数据。

表5　美国和中国企业数量统计

单位：万家

| 2002年雇员少于500人的美国企业数量 | | 550 |
|---|---|---|
| 2008年中国企业数量 | 实有企业数量（含内资和外资） | 971.46 |
| | 个体工商业数量 | 2917.33 |

资料来源：http：//www. census. gov/econ/sbo/02/smallsof. html、中华人民共和国国家工商行政管理总局网站（http：//www. saic. gov. cn）。

## （二）PE企业资本形成的“低成本低门槛”

经过20世纪后半期的长周期经济增长，世界各国涌现出了大量的掌握海量资金的机构投资者，如主权基金、养老基金、社保基金、大学基金、企业年金、慈善基金等，这些机构投资者需要以多种多样的方式进行投资以实现保值增值。这使企业有可能只在这些机构投资者中募集资本就可以满足自己的融资需求，于是就催生了一种将这些机构投资者手中的货币资本集聚起来分散配置到企业中去的新的资本形成方式。经过二三十年的演变，逐渐形成了由专业的基金管理公司向机构投资人私募资本来满足非上市企业的股权融资需求的PE企业资本形成制度。进入21世纪后，PE私募融资与IPO公募融资已经成为两条平行发展、等量其观、功能互补的企业资本形成路径。

**表 6　欧洲 PE 基金投资者分布比例**

单位：%

| 投资者 | 1999～2005 年 | 2003～2007 年 | 投资者 | 1999～2005 年 | 2003～2007 年 |
|---|---|---|---|---|---|
| 养老基金 | 22.6 | 23.0 | 个人投资者 | 6.3 | 6.6 |
| 银行 | 22.3 | 15.6 | 公司投资者 | 7.2 | 4.0 |
| 基金的基金 | 12.2 | 14.7 | 学术机构 | 1.6 | 2.2 |
| 保险公司 | 12.0 | 9.9 | 资本市场 | 0.9 | 2.9 |
| 政府机构 | 7.5 | 7.8 | 其他来源 | 7.4 | 13.3 |

资料来源：欧洲创业投资协会 EVCA（http：//www.evca.eu）。

**表 7　2008 年全球 PE 基金投资者分布比例**

单位：%

| 投资者 | 比　例 | 投资者 | 比　例 |
|---|---|---|---|
| 资产管理公司/组合基金 | 26.00 | 银行和金融服务机构 | 9.00 |
| 养老基金 | 25.00 | 国家主权财富基金 | 6.00 |
| 家族及富有个人 | 12.00 | 保险公司 | 6.00 |
| 捐赠基金 | 10.00 | 其他 | 6.00 |

资料来源：路透社，VentureXpert。

**表 8　1999～2008 年美国和欧洲 PE 基金募资规模**

| 年份 | 美国(亿美元) | 欧洲(亿欧元) | 年份 | 美国(亿美元) | 欧洲(亿欧元) |
|---|---|---|---|---|---|
| 2008 | 3410 | 796 | 2003 | 1150 | 270 |
| 2007 | 5870 | 814 | 2002 | 1270 | 275 |
| 2006 | 5380 | 1123 | 2001 | 1660 | 400 |
| 2005 | 3520 | 718 | 2000 | 2280 | 480 |
| 2004 | 1650 | 275 | 1999 | 1410 | 254 |

资料来源：美国 Preqin（http：//www.preqin.com）、欧洲创业投资协会 EVCA（http：//www.evca.eu）。

比较而言，PE 企业的资本形成过程呈现下列优势。

**1. 形成货币资本的成本较低**

与 IPO 过程中各类股东将资本一步投入所出资企业不同，PE 企业货币资本的形成分为两个步骤，分别为 GP 向 LP 募集资金和受资企业向 PE 基金募集资本。GP 向 LP 募集资金，是基金面对机构投资者进行的私募。受资企业向 PE 基金募集资本，是受资企业对 PE 基金的私募。在这个过程中，有限合伙制的 PE

基金作为一个独立的责任主体，将机构投资人的资金转换成了受资企业的资本，融通了双方的需求，并用自身人本的无限责任和增值服务能力增加了资本形成过程中的诚信，既提高了资本运营中的效率，也分享了资本成长的收益，降低了资本形成的社会成本。

PE 企业制度的货币资本来源于机构投资者，自然会受机构投资者形成的可投资财富、对市场的心理预期和信心的影响。但由于 LP 的出资是较长周期的，PE 基金的投资主要是实体经济，故其投资心理和投资行为受短期宏观经济形势变化和市场波动的影响不大。相对于散户投资者而言，机构投资者独立研究和判断市场形势、应对和承担投资风险的能力要强大得多，因而能够有效避免货币资本形成过程中出现大幅波动，进一步降低了制度成本。2008 年以来的经济危机中，全球 PE 基金没有发生大面积倒闭事故，没有需要任何政府救助，并在经历短暂萎缩后即迅速恢复，充分证明了其资本形成能力和市场信用要比公众企业的 IPO 方式更好！

**2. 形成人力资本的成本较低**

PE 企业制度的人力资本主要体现于 PE 基金和受资企业上。LP 以出资额为限对基金债务负有限责任，GP 则要对 PE 基金的债务承担无限责任。股东有限责任和管理层无限责任的制度约束大大降低了来自于 GP 的道德风险。GP 带给 PE 基金以人力资本。对于一个持有大量现金的机构投资者而言，获得能够为其降低投资风险并能获得高额回报的人力资本的成本极高，促使 LP 采取多种多样的激励与约束相匹配的合伙契约将 GP 与其利益得失捆绑在一起。PE 基金的运营成本由 LP 支付，其收益来自于受资企业股权价值的增值分成。因此 GP 必须通过投资协议约定将 PE 基金的股东资本所有权与受资企业资产经营权“两权合一”，积极地参与到受资企业的重大决策过程中，并为其行动承担相应的责任，成为有控制力和影响力的积极股东。对于受资企业管理层而言，PE 基金的到来等于引入了一个新的“专家 + 老板”。这个“专家 + 老板”资本充足、资源众多、经验丰富，有更大的动力和能力深入监督企业的日常运营，对管理层施行强激励和强约束，必要时会及时罢免替换不称职的管理层。PE 企业制度中形成的 PE 基金对于受资企业事前、事中、事后全过程强有力的监督管理，大大改善了股东对于企业信息的知情程度，加大了受资企业管理层实施内部人控制的成本，有效降低了来自于受资企业管理层的道德风险和交易成本。

LP分行业筛选出优秀的GP将资金委托其管理，GP以自身的人力资本进入PE基金并对其进行受托管理。GP以自身的经验和掌管的资本规模为条件不断地挑选出成长性好的受资企业进行投资，为受资企业进行增值服务，助其登陆资本市场，并最终完成PE基金从受资企业的退出，从而形成了PE基金的货币资本与人力资本在资本循环过程中的优化组合。受资企业价值的提升是一个长期而复杂的过程，PE基金通过投资受资企业并向受资企业提供增值服务，将知识、能力、渠道和经验等输送给受资企业的管理层和劳动者，从而优化了受资企业的货币资本与人力资本的配置与组合。在这里，社会的人力资本和货币资本，通过GP和LP输入到PE基金，通过PE基金输入到受资企业；同时，人力资本和货币资本的收益也通过受资企业反馈给PE基金，通过PE基金反馈给GP和LP，形成了互动互通的人力资本和货币资本的整合链条和外溢效应，并为全社会范围的经济增长提供了巨大的人本推动力。PE企业制度中对于人力资本的正式承认远远超越了公众企业制度对经营者激励的范畴。由于PE企业制度中的三个主体通过两个协议和一种责任有效地将货币资本和人力资本的监管内化，大大减少了社会经济系统各个环节上风险的集中和积累，有效降低了整个经济系统的运行成本，使得这种资本形成制度的可服务对象变得十分宽广，因而使其对全社会中小企业人本利用和培养的功效远远优越于IPO制度。

**3. 形成社会信用的成本较低**

权责失当的公众企业管理层会产生大量滥用公司信用的行为。与此形成鲜明对比的是，GP必须自觉维护PE基金的信用。PE企业制度的资本形成要想获得成功，其充分必要条件是GP要获得机构投资者LP对其信用与能力的长期认同和接受，而不是依赖于券商、交易所和政府的信用。无论是LP投资于GP管理的PE基金，还是PE基金投资于受资企业，都要重点考察被投资对象历史形成的过往业绩和执业信用。对于LP而言，一旦GP出现信用滥用或背信的情况，众多的机构投资者将在自身的投资决策程序中对继续出资该GP管理的PE基金投否决票，从而导致GP很难再募集到新资金。对于受资企业而言，一旦管理层滥用信用，作为积极股东的PE基金将动用对赌协议中的相关条款，对管理层进行惩罚，从而在制度层面上有效地防范和制约管理层滥用信用和背信。从根本上来说，PE企业制度的信用是由成熟的机构投资者、PE基金和受资企业在市场中自然形成并共同立约保障的，不需要向社会公开披露信息，也不需要券商保荐和中介推选，更无需政府与交易所的严格监管，因此其社会信用形成的交易成本相对较低。

**4. 形成市场责任的成本较低**

PE 企业形成市场责任的社会成本较低，主要因为 PE 企业制度中建立了“一种责任”，即 GP 对 PE 基金的债务要依法承担无限责任。如果说公众企业的股东有限责任制度体现了分散风险、分享效益的资本形成需要，那么 GP 对 PE 基金债务承担无限责任就代表着资本与人本权责相当、利弊共享的制度安排。

PE 基金中的 GP 之所以能够接受对基金债务承担无限责任，既是基于要遵守合伙企业权责相当的法制要求，也是基于其自身的增值服务能力能够实现小概率的无限责任风险与大概率的高投资收益之间的平衡。通过合伙协议约定，负有无限责任的 GP 拥有更加独立的基金投资决策权和经营管理权，获得充裕的运行成本，并可拿到高额的人本分成。同时 GP 的无限责任与 LP 的有限责任是并存的，只要还有 LP 配置的资本能用于偿债，GP 的无限责任就不会产生或不会足额产生。PE 企业运作的实践证明，GP 负有无限责任的投融资行为会带来更低的融资成本和更丰厚的投资回报，总和而言，这种回报足以让其以承担无限责任为代价。

GP 的无限责任，也彻底改变了 PE 基金与受资企业的关系安排。因为 GP 要承担无限责任，在 PE 基金与受资企业签订投资协议时，就必然会要求作为积极股东参加管理，并用对赌条款锁定经营风险，不允许管理层冒险折腾，从而使 LP 和全社会为 PE 基金投资承担的市场责任代价大为降低。这与公众企业管理层的事前无责任、事后难惩处导致社会责任成本很高的状态形成了鲜明的对比。

PE 基金中具有投资选择权和邀约权的 LP，也比公众企业中的投资人更能防范投资风险。通过合伙协议规定，LP 可以及时了解到所投资 PE 基金及其受资企业信息，并监控其运作，在一定条件下还可终止或抽回投资。LP 主要是手握大量社会公共资金的机构投资人，自然会要求 GP 不得投资于对社会具有负外部性的企业，从而在投资行为的源头上加注了企业社会责任的基因。PE 企业的内部契约责任一方面降低了社会对于经济系统的高昂监管、惩罚和教育成本；另一方面系统性地建立了坚实的企业社会责任基石，使得建立在高责任基础上的资本信用不会被滥用和泡沫化，从而极大地降低了社会成本。

PE 企业创造性地实现了形成货币资本、人力资本、社会信用和社会责任的

"低成本"，自然导致了这种资本形成方式的"低门槛"。PE企业将机构投资者的海量资金和能量充沛的人力资本逐层投资到急需货币资本和人力资本的未上市企业中去，为广大非上市企业提供了切实有效的资本形成服务和价值增值服务。1990年，全球的PE企业投资额还仅为322.5亿美元，但从2005年起，PE企业的投资额就超过了股票市场的融资规模，到了2007年，全球PE企业的投资额为11594.3亿美元，远远超过了当年全球股票市场IPO（Initial Public Offerings）和SPO（Secondary Public Offerings）总共9023亿美元的融资规模。

**表9　1995～2007年全球PE基金投资和IPO及SPO融资规模**

单位：百万美元

| 年份 | PE企业投资额 | IPO和SPO规模 | 年份 | PE企业投资额 | IPO和SPO规模 |
|---|---|---|---|---|---|
| 2007 | 1159429.2 | 902300.6 | 2000 | 416000.8 | 895973.8 |
| 2006 | 1028140.7 | 722924.4 | 1999 | 291069.0 | 753931.0 |
| 2005 | 641701.2 | 590969.3 | 1998 | 218384.5 | 472261.8 |
| 2004 | 445801.0 | 522370.0 | 1997 | 149989.8 | 474101.1 |
| 2003 | 266470.6 | 374248.5 | 1996 | 87659.4 | 438015.3 |
| 2002 | 251084.0 | 261983.8 | 1995 | 65574.4 | 319940.3 |
| 2001 | 242833.1 | 334812.6 | | | |

资料来源：The World Federation of Exchanges（http：//www.world-exchanges.org）网站数据，World Economic Forum（http：//www.weforum.org），World Economic Forum（2009）。

## 三　企业资本运营制度比较

无论是货币资本还是人力资本，一旦形成了企业资本后，必然要进行资本运营以获得自身的高速发展。但是由于存在着信息不对称、风险与收益不对称、分工和竞争效率差异等一系列问题，使得公众企业和PE企业的资本运营表现出截然不同的经济绩效。

### （一）公众企业资本运营的"高授权高风险"

#### 1. 信息不对称问题

在企业经营过程中，股东、管理层对企业信息的了解有着显著差异。由于信

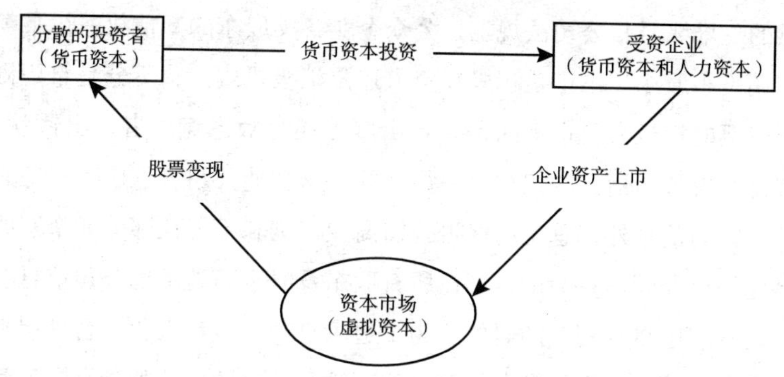


**图1　公众企业的资本运营**

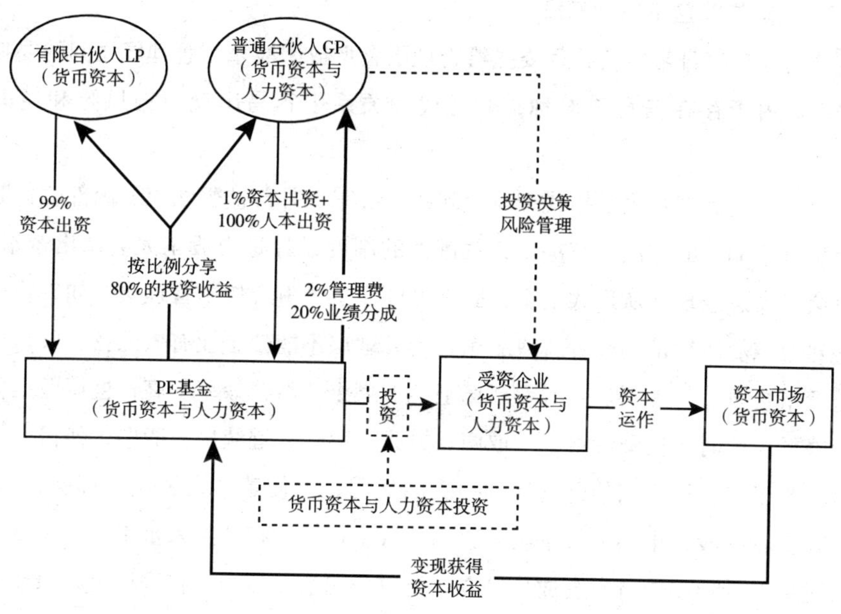


**图2　PE企业的资本运营**

息的重要性，使得掌握信息比较充分的一方往往处于比较有利的谈判地位，同时，处于市场中的交易双方因信息不对称而承担着不同的风险和收益。

为了便于资本形成和资本流转，公众企业须将其股权及其衍生品标准化细分为可以公开连续流转的商品，使任何法人或个体都可只凭借其自身资本和意愿就能随机成为公司股东。事实上，除前十大股东外，公众企业通常并不知道谁是它的股东。股东们彼此也互不知道。对管理层而言，小股东们仅仅是证券登记结算

公司提供的一堆账号！公司法规定，公众企业各类股东的知情权一律平等。不管是大股东还是小股东，不论是积极投资人还是消极投资人，不分是希望做多还是做空公司股票的投机者，也不问是善意出资人还是敌意竞争者，出钱就是股东，是股东就在获得公司信息的权利上一律平等。这就使公司管理层除法定必须按时点和事件披露的信息外，总是用保护公司商业机密和不得让部分或个别股东比其他股东事先知道经营信息为由，不让所有股东及时全面地掌握公司信息。特别是在涉及公司管理层自身利益的时候，为了追求自身利益最大化，管理层常常有选择性地向股东和社会披露信息，使股东的决策和社会的监督朝着有利于管理层利益增大而风险减小的方向运动。

**2. 风险与收益不对称问题**

公司股东将日常经营管理委托给管理层，形成了股东与管理层之间的委托代理关系。由于存在信息不对称，委托代理关系中容易出现道德风险和逆向选择。①

公众企业制度解决委托代理风险问题主要采取外部监督约束、内部收益激励和市场竞争淘汰的方法来解决。其关键性的制度设计是由股东大会选出董事会，董事会任命总经理。从形式上看，股东可以通过董事会控制管理层。如果管理层不能对股东尽法律上的义务，或股东认为管理层不能使企业有效经营，股东可以通过董事会更换管理层。在股票市场上，如果企业经营效率不高，公司股票价格就会降低。此时，投资者可以采取两种方式：第一，继续抛售股票，使得公司股价进一步下跌，用股东的财富受到损失的压力，迫使董事会更换管理层；第二，某些投资者在股票市场上大量收购股票获得企业控制权并进入董事会，在董事会上通过更换管理层或董事会成员等方式使得公司恢复活力。在理论上，只要这样的股票市场机制发挥作用，即便在公司内部对管理层是弱约束的情况下，管理层也会因为害怕被更换而自觉地按照股东利益最大化的要求经营企业。

然而，在上述机制设计中，暗含着这样的制度假设：股东是积极股东，股东对公司总是知情的，股东们能有效地决策和行动。问题正在于这些假设在公众企业中确实都是假的！客观事实是，越过只有少数几个股东和存在绝对控股股东阶段之后，在股权高度分散的公众企业里，股东以消极股东为主，股东对公司基本

① 道德风险和逆向选择问题参考 Akerlof（1970）、Spence（1973）、Stigler（1961）。

不知情，股东利益分化甚至完全对立，很难行为一致地进行决策。由此导致公众企业的法人治理机制失效，法人治理结构垮塌。

在现实中，由于公众企业的股份由数以万计的股东分散持有，单个股东实际上没有监督企业的能力，各类股东的利益诉求很不一致，敌意股东与善意股东、多空庄家之间的立场完全对立。散户若对企业日常经营进行监督，需要付出非常高昂的成本，而对企业监督所带来的个人收益却难以确定，甚至会大大低于其监督成本，这就使得散户监督企业所付出的成本与收益不匹配，导致散户缺乏监督企业的动力，因而散户就会选择“搭便车①”的行为，不对企业进行实质性监督，而采取投机的策略进行短期投资。

有出资和利益关联的股东会靠不住，没有出资利益关联的董事会靠得住吗？显然更值得怀疑。事实上，股权高度分散的公众企业的董事大多由管理层在其朋友圈子中提名，多半来自其他公司的管理层。在欧美，公众企业的董事会成员们是一个规模相当小的圈子，公司的董事会成员通常都是其他企业在职或退休的首席执行官。② 董事在任职企业内的工作时间普遍严重不足，每年在公司里的工作时间平均不到20天。麦肯锡2008年的一项调查显示，即使是在入选伦敦金融时报指数FTSE 100的较大上市公司中，非执行董事的平均履职时间也仅为每年25天，其中花费15～20天时间在正式的会议（如董事会和委员会的会议）上，花费3～5天时间亲力亲为地从事非正式互动（如现场访问、与高管进行特别沟通、电话交谈和发电子邮件等）。董事们总是在非常有限的时间内根据管理层临时（如提前一周）提供的有限资料开会研究表决事项。③ 另据麦肯锡2005年的一项调查，上市公司的董事会中，1/4以上的董事对公司目前战略最多只是一知半解，只有11%的董事声称他们完全了解；半数以上的董事表示，自己根本不清楚公司未来五到十年的发展规划，或者知之甚少；半数以上的董事表示，自己根本不了解公司为确保未来长期发展所需的五到十项关键举措，或者知之甚少；只有11%的董事声称完全了解公司目前所面临的风险，而23%的董事对此的认知非常有限，甚至毫不知情。至于长期风险，只有8%的董事声称完全了解，而

① 搭便车问题参考Olson（1971）。

② 参考Core和Guay（2010）。

③ 参考Acharya，Kehoe和Reyner（2008）。

37%的董事则表示不了解或知之甚少。同样，有半数以上的董事承认对于长期风险变化的追踪，他们束手无策。①

由于缺乏对公司的深入调研且大多身兼数职、互为朋友，董事们的决策总是偏于减少自身责任却有益于与邀请者的友谊，很难对企业管理层进行实质性的监督管理。这就必然使得董事会对公司治理的作用随着股东权利的虚化而不断弱化，而这反过来又进一步强化了管理层对企业决策的影响。管理层拥有信息优势和对企业的控制权，既可以通过向新股东定向增发股票来稀释不合作的股东的股权，也可以采取多种多样的措施抵御和阻止外部投资者收购公司股权进而作出更换管理层的行动。例如，公众企业设有“毒丸计划”，管理层预先设定投资者购买公司股票的上限条件，一旦触发该条件，原股东就可以按照事前约定的高折扣优惠认购公司股票，降低收购方的持股比例或增加其收购成本，使得外部投资者收购公司股权并更换管理层的行动变得无利可图。

由于没有股东意志的董事作用有限，公众企业的内部博弈结构只是分散弱小的股东对应坚实强硬的管理层，博弈结果为管理层实现内部人控制，从而导致公司治理结构的失衡，形成了管理层的“高收益低风险、强激励弱约束”的不对称激励约束机制。一般情况下，在股权高度分散、投资人主体投机化后，公众企业就事实上进入了由管理层单极控制的状态，股东会、董事会、管理层的法人治理结构徒有其表、形同虚设。

形象地看，公众企业的激励与约束机制类似于一辆动力强大但制动系统不好的汽车，它加油便利，马力充足，但刹车不灵，司机是个外来人，凭多拉快跑拿钱，对翻车不承担经济赔偿责任，并买有高额的驾驶员保险。只要有路有货（例如企业的、行业的、区域的、全球的市场），司机们便驱动汽车疯狂猛跑；遇到市场调整，他们就拉私活、开假票，甚至用残次配件换下车上好配件卖钱（例如“回购105②”）；当科技创新和全球化告一段落，所有的路都变窄了的时

---

① 参考Felton和Fritz（2005）。

② 回购是指以证券为抵押，借得现金，并承诺连本带息返还这些资金。回购105（Repo 105）是指企业将旗下资产或证券暂时抵押给其他机构，由此获取资金，以后再回购资产，本息一并归还。约定其所抵押的资产或证券不低于所获得资金的105%，超额抵押的5美元相当于支付给交易对手的利息，即利率为5%。美国会计准则将这种操作归结为“销售”而非“融资”。这就意味着，一方面可以从市场获得短期资金来偿还债务；另一方面，可以从资产负债表中暂时抹去问题资产，让账面看起来漂亮，过后再重新移回资产负债表。

候，他们就挤在一起撞翻出事，上演泡沫破灭，导致经济危机。这种公司经营风险归股东，管理层无责任的激励约束制度，导致公司有收益时，管理层优先享用，股东分配置后；公司无收益时，股东无收益，管理层却依然享受高额薪酬。管理层在拥有很高薪酬（黄金手铐）的同时，往往还伴有极高的离职补偿（黄金降落伞），即使董事会作出更换管理层的决定，管理层往往也会获得天价的离职补偿，多数人立马在其小圈子中换个位置就任。对于大到不能倒的巨型公众企业，股东承担不了的责任将通过政府交由全体纳税人买单，一国承担不了的问题就折腾全球为其分担解决。公众企业的这种“收益个人化，损失社会化①”的风险与收益不对称的游戏规则，微观上导致了各企业管理层在日常经营过程中为了博取高收益而日益偏好高风险的高杠杆化运作，宏观上则造成了经济金融化、金融泡沫化，最终导致2008年全球经济危机。②

**3. 降低全社会分工和竞争效率**

众所周知，分工可以提高效率，促进生产力发展。公众企业制度的分工体现于通过“经理人革命”实现了股东和管理层的财产所有权和经营管理权两权分离。从单个企业看，公众企业的两权分离满足了大企业经营管理专业化的分工需要。当所用管理层确属革命者的时候，这种分工确实提高了企业资产运营效率。问题在于如果制度不好，时间长了，好人也会变坏。好的管理层既不易获得，又很难持续，使这种分工的好处大打折扣。从全社会看，由于公众企业制度是将全社会资本积聚起来集中投放到极少数的企业中，公众企业可以募集到大量资本，并借助金融杠杆的放大作用成为事实上的财富资源“巨无霸”。对比非上市企业而言，公众企业能够动用更多的货币资本和人力资本进行不平等竞争和扩张。在对管理层进行极强激励的驱动下，处于内部人控制的公众企业可动用庞大资本不断吞噬市场中的其他竞争者，使得公众企业的“企业边界”越来越大，甚至越过企业“有效边界③”的范围，大到不能倒的程度，从而在全社会范围内形成严重的对中小企业的资源和市场挤出效应，反过来降低了社会整体的分工和竞争效率。在社会经济由强调规模化生产的工业化向强调全面创新的信息化转型过程

① 参考Stiglitz（2010）。
② 参考邓志雄（2009b）。
③ 参考Williamson（1985）。

中，这种挤出效应的不良效果便日益显现出来。大量受过良好教育的人力资源因缺乏创业资本而浪费其价值，形成离开大企业或政府机构就难以稳定地就业和创业的社会尴尬。

## （二）PE 企业资本运营的“强约束低风险”

### 1. 解决信息不对称问题

与公众企业不同，PE 企业制度中的 LP、GP 和受资企业的管理层均不需要对信息进行公开披露，但通过合伙协议和对赌协议的充分约定，PE 基金的 GP 对 LP、受资企业对 PE 基金需要进行相当完备的适时定向的信息披露。PE 基金的收益主要来源于受资企业股权价值的提升，因此 PE 基金的 GP 就有足够的时间和精力，全面全程实时动态地对受资企业进行深入全面的考察调研，分析企业的发展潜力和未来前景，把握企业成长发展的市场机遇，规避企业的内外风险，从而最大限度地降低股东和管理层之间的信息不对称程度。与此同时，其他投资者将 PE 基金入股受资企业看做是一个强烈的质量可靠的“信号”①，即受资企业未来将有良好的诚信和发展前景，从而降低了其他投资者对受资企业进行投资决策时所需要的信息量，起到了信息的筛选和鉴别的作用，进而也大大地降低了其他小股东与管理层之间的信息不对称程度。

公众企业假设管理层为革命者，依赖建立在信用基础上的责任，实行委托代理；PE 基金则要求 GP 承担风险，选择建立在责任基础上的信用，坚持契约管束。显然，在当今的市场环境下，建立在责任基础上的信用要比建立在信用基础上的责任更为可靠。用严格的契约责任而不是普遍的个人信用来让管理层讲真话，从而破解股东与企业管理层的信息不对称问题，促进资本与人本的诚信合作，PE 企业在实现信息对称这一关键问题上以严格的法制、求实的态度和可控的方式实现了对公众企业的超越。

### 2. 解决风险与收益不对称问题

PE 企业制度解决风险与收益不对称问题的核心为“两个协议”，通过“两个协议”清晰地划分了投资者、管理者和受资者之间的责权利关系，并通过 GP 对 PE 基金的债务承担无限责任来对管理者实现强激励强约束的对称。

---

① 信息不对称中的信号问题参考 Spence（1973）。

合伙协议是在LP与GP之间签署的，规定PE基金有固定期限，一般为7～10年，基金到期时需将本金和回报还给LP；LP采取承诺制分阶段向基金注入资本，对PE基金的债务承担有限责任，在一定条件下，LP有权收回资金，并有权拒绝所承诺资本的注入；GP承诺出资占PE基金的一定比例，一般为1%，同时投入其人力资本负责管理和运营基金，要对PE基金的债务承担无限责任；LP与GP之间的利益分配采取充满弹性的“2\20规则”，即GP收取所管理的PE基金规模的2%作为年度管理费、收取基金净收益的20%作为业绩分成，其2%和20%的比例可以通过LP与GP之间的谈判协商调整，这一分成比例是在不确定性的市场环境下人本之间、资本之间以及人本与资本之间通过竞争与谈判达成的选择。LP与GP之间的合伙协议，是一整套极其复杂、非常精巧的股东与管理层之间高风险高收益、强激励强约束的机制设计和制度安排。LP对GP进行选择性激励与约束①，如果GP做得好，对其进行强激励，在出资1%的前提下，可获得净收益的20.8%②作为人力资本和货币资本的回报。如果GP做得不好，导致PE基金出现问题，GP必须要对PE基金的负债承担无限责任，以无限责任制强行约束GP的日常经营行为。

GP与受资企业签订投资协议来明确双方的责权利，投资协议的最核心部分为“对赌协议”。对赌协议包括可转换优先股、反稀释和业绩对赌。可转换优先股指PE基金投资于受资企业中的股份形式，优先股实际上是一种“同股不同权”的股份，PE基金可以选择在特定的情况下将优先股转换成普通股，在尚未转化前，优先股享有固定的股息，受资企业一旦清盘，优先股还享有优先清偿权。反稀释指PE基金要求受资企业在后续融资过程中，企业价值不低于前一轮投资的价值。当受资企业和PE基金之间在有关企业未来的成长性、利润、风险等方面存在不同的认识，双方对企业价值评估难以达成一致时，业绩对赌作为对企业价值评判的“冲突解决”工具被设计出来。当企业未来成长性很好时，PE企业奖励管理层一定比例的股份，当受资企业未实现预定目标，企业管理层将无偿或低价转让部分股份给PE基金，甚至要退出管理层。因此，对赌协议在本质

---

① 选择性激励问题参考Olson（1971）。

② 剩余净利润为净收益的80%，GP的货币资本回报为净收益的80%×1%=0.8%，净收益的20%作为GP的人力资本回报，因此GP的总回报为净收益的20%+净收益的0.8%=净收益的20.8%。

上是对企业未来价值不确定性的一种利益调整机制，通过这种机制来激励管理层努力工作，向股东提供准确的信息，实现所作出的承诺。

正是“两个协议”的存在，使得货币资本和人力资本紧密地结合在一起，LP 对 GP、PE 基金对受资企业都构建了事前、事中和事后的完整的增值服务和管理监控体系，有效地将管理者的风险与收益匹配起来。GP 们基本上是“阅企无数”，拥有很强的对受资企业价值约束短板的识别能力，善于解除短板约束、释放企业潜能、提升企业价值。GP 有极大的动力为受资企业提供增值服务，例如派出董事、监事、财务总监进行监督管理，围绕企业产、供、销等环节开展资源整合服务，推动企业上市、并购、重组、后续融资等资本运作，为企业解决疑难杂症等。

PE 企业的激励与约束制度相当于为企业这辆汽车配上了脚刹（对赌协议）和手刹（合伙协议）两套刹车系统，将司机改造成为自己人（PE 企业的人本和资本相结合），车开好了比公众企业车上的司机激励更高更稳，一旦翻车则司机要承担无限责任。正是通过 PE 企业将货币资本和人力资本“双本结合”，GP 将全球范围内最适当的人力资本资源和货币资本有机配置到广大受资企业中去，帮助企业充分利用各种生产要素，实现高速成长。

**3. 提高分工和竞争效率**

PE 企业制度的分工机制体现于两层结构。在 LP 和 GP 之间，除保持 LP 方继承公司制中出资人的“委托代理 + 有限责任”机制外，在 GP 方创建了“双本结合 + 无限责任”的机制；在 PE 基金与受资企业之间，则是 GP 和管理层都实行了“双本结合 + 两权合一”的机制，从上至下地构成了一个立体的多层次的货币资本与人力资本分工合作的有机结构。这一分工合作结构的典型特点是将机构投资人已经积聚起来的货币资本与社会上成熟可控的人力资本结合起来分散配置给众多 PE 基金和受资企业，形成了社会货币资本和人力资本广泛结合平等竞争的运行关系。与公众企业的近乎无限多股东对应一个上市公司的股本有去无回的单方向资本运动模式相比，PE 基金的有限多股东对应一个 PE 基金、一个 PE 基金对应众多受资企业的周期往复式资本运动模式具有成本更低、效率更高、风险更小的多重优势。

在 PE 企业中，货币资本与人力资本在投入时就有明确的退出要求；LP、GP 和受资企业三个层次的收益基本采取以两次合约来分割利润的分配方式。作为受资企业股东的 PE 基金对受资企业的收益按股权比例进行利润分成，LP 和 GP 按货币资本和人力资本的充满弹性的“2 \ 20规则”参与 PE 基金的收益分成；其中，最为重要的是 GP 对 PE 企业的债务承担无限责任的制度精神，为整个分工协作系统架设了防火墙，使最不容易控制而又最具积极作用的人力资本在各个层次上发挥作用、分担风险。PE 企业制度的分工合作体系显著提升了全社会各类有增值潜力企业之间对货币资本和人力资本的竞争，并通过无限责任机制形成了对竞争的有序约束，破除了 IPO 资本只能向一小群企业的一小撮管理者垄断配置的弊端，从而大幅提升了全社会的资源配置效率和经济效益。

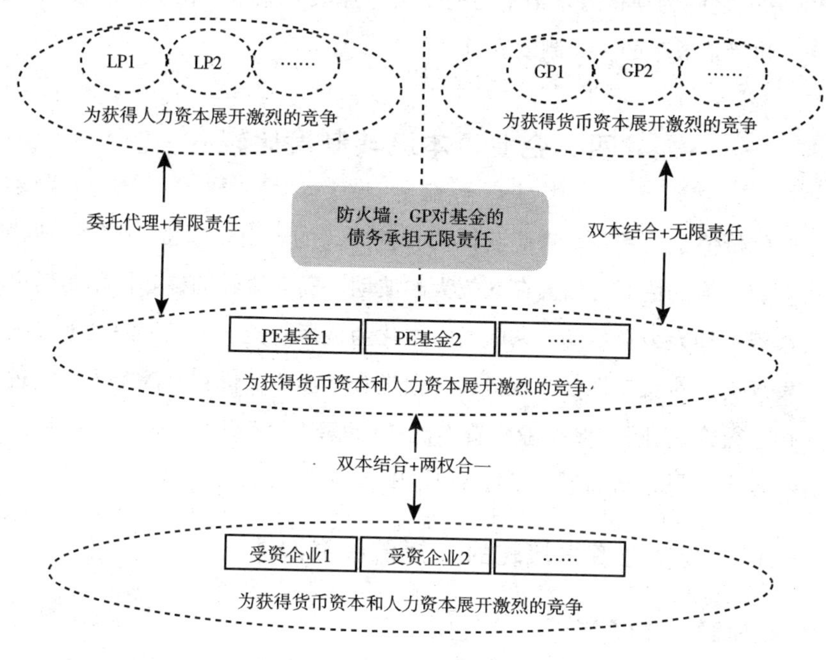


**图 3　PE 企业的分工**

在 PE 基金内部的 LP 和 GP 之间，通过合伙协议对 GP 以人为本的 2/20 激励机制与普通合伙人无限责任的约束机制，使得 GP 必须不断挖掘和报告受资企业信息以降低信息不对称程度，积极主动地为自身和 LP 获取高回报而尽力工作。在 PE 基金和受资企业之间，PE 基金将货币资本与人力资本“双本结合”投入企业，通过 GP 的无限责任约束和对赌协议的选择性激励，使得 PE 基金作为积极投资者不断地深入研判受资企业的价值，降低 PE 基金与管理层之间的信息不

对称程度，并通过高风险高收益、强激励强约束的利益导向机制充分调动管理层的积极性，共同实现资本所有权与企业经营权的“两权合一”和货币资本与人力资本的“双本结合”，以更强的动力平衡收益与风险之间的关系，为企业的价值成长倾尽全力。

在管理层努力程度不易度量以及信息成本费用客观存在的市场环境下，PE企业资本制度通过其“321合约治理结构”的运行机制，促进市场中的LP与LP之间为获得GP的人力资本展开竞争，GP与GP之间为获得货币资本展开竞争，受资企业与受资企业之间为获得PE基金的人力资本和货币资本展开竞争，PE基金和PE基金之间为获得有增值潜力的受资企业展开竞争，在全社会形成了新的富有分工和竞争效率的企业制度安排。

## 四　企业资本流转制度比较

企业的价值是由其在未来能获得的收益决定的。由于未来充满了不确定性，因此对企业价值的估值自然会存在较大的波动。资本流转的核心作用是用市场手段将货币资本和人力资本的未来收益资本化为现期收益，并最大限度地发现交易价格、发现交易对象，推动产权流转、促进资本形成、优化资源配置、实现保值增值。由于公众企业和PE企业在资本流转的基础、流程、金融工具的使用等方面都存在较大差异，从而形成了完全不同的资本流转制度。

### （一）公众企业资本流转的“短流程高泡沫”

#### 1. 资本流转的短流程

《资本论》揭示了货币转化为资本的全过程。马克思给出的资本循环总公式为“G（货币）—W（商品）—G′（货币）—……”①。一定数量的资本G，经过G—W—G′的循环运动，当循环终端的货币G′在数量上大于起点的货币，即$G' > G$，就产生$\triangle G = G' - G > 0$，使资本融合劳动的价值创造而产生资本价值的增值。马克思在分析“W—G′”的过程时指出，商品转化为货币存在着极大的困难，要经历“惊险的一跃”。产生困难的原因是因信息不对称而存在买卖脱节问题，

① 参考《资本论》第一卷，第168页。

“商品价值从商品体跳到金体上，是商品的惊险的跳跃。这个跳跃如果不成功，摔坏的不是商品，但一定是商品所有者”。①

成为世界金融中心后，美国金融资本循环方式和路径发生了深刻变化。表现在GDP构成上，到20世纪90年代，美国以金融业为主的服务业的比重一直超过70%，金融业是美国经济中名符其实的支柱产业。在金融业特别是证券业中，资本循环过程祛除了有形的商品W而变成了从钱G到钱G′的短流程，资本循环的公式随即缩变并延伸为“G—G′—G—……”。在“G—G′”的短流程中，虚拟经济的“惊险的一跃”来得更加惊险。由于缺乏具有使用价值的W的保值和屏蔽作用，G′替代W直接参与下一个循环，社会资本主要按照“G—G′—G″—……”的高速度高风险方式运动，并使单个所有者的风险转化为整个价值链条上的系统风险，一旦系统中某个环节的“惊险一跃”不能完成，整个系统资本流转的正常循环就会出现多米诺骨牌倒塌式的连环崩溃，从而将各个环节上的G和G′的所有者们一起摔个粉碎！

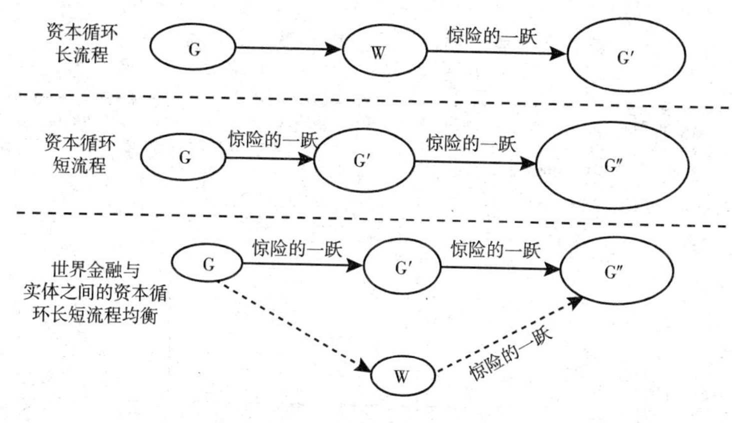


**图4　资本循环长短流程**

**2. 资本流转的高杠杆**

为公众企业制度服务的股票市场，将大量的社会资金积聚起来超额配置给少数公众企业，全社会资源严重偏颇地向极少数上市企业集中，使广大无法上市的中小企业不能及时得到社会资本的滋润，从而造成了企业和企业、行业和行业、

① 参考《资本论》第一卷，第124页。

区域和区域、乃至国家和国家之间日益严重的两极分化。这种两极分化在资本主要以“G—W—G′”的长流程来循环的工业化时期就已十分显著，进入社会资本主要按“G—G′”的短流程来循环的服务业时代后就更加泛滥成灾。股权高度分散的公众企业能够迅速地获得海量的社会资本和银团贷款，但其投资人对公司并不进行实质性的监督管理，管理层将其高尔夫球友和其他亲信安插在董事会中,① 具有控制权的管理层处于高收益低风险、强激励弱约束的有权无责状态，有收益首先归于管理层，出了问题债务由股东或社会承担。因此，在短流程主导企业和社会资本运动之后，公众企业的制度机制必然诱使各个公司的管理层日益偏好采取高杠杆和资产证券化②等一系列短流程资本运作手段来追逐金融资本循环的高收益，博取公众企业的高利润，进而分享与业绩挂钩的高收益，逐渐由公司的革命者演变为私利的赌徒！而这些赌徒集体博弈的结果，自然是整个资本市场越来越脱离经济的基本面而日益恶性膨胀，造成金融泡沫横生，积累起越来越大的崩盘风险。

**表 10　主要股票市场总交易金额与市值的比率**

单位：%

| 股票市场 | 2008 年比率 | 2007 年比率 |
|---|---|---|
| 纽约泛欧交易所(NYSE Euronext) | 240.2 | 166.9 |
| 纳斯达克证券交易所(NASDAQ) | 1026.5 | 625.2 |
| 东京证券交易所(Tokyo SE Group) | 151.2 | 138.4 |
| 伦敦交易所(London SE) | 152.7 | 154.2 |
| 香港交易所(Hong Kong Exchanges) | 86.0 | 94.1 |
| 上海交易所(Shanghai SE) | 118.2 | 211.0 |
| 深圳交易所(Shenzhen SE) | 235.9 | 389.2 |

资料来源：The World Federation of Exchanges（http：//www.world-exchanges.org）网站数据。

各种很难受到监管的互相耦合的金融创新链条延伸形成了“影子银行系统③”，它包括投资银行、对冲基金、货币市场基金、债券保险公司、结构性投

① 参考麦肯锡报告 Carey 和 Fox（2006）。

② 例如资产支持商业票据、结构化投资工具、拍卖利率优先证券、可选择偿还债券、活期可变利率票据、第三方回购隔夜融资等一系列融资安排，参考克鲁格曼（2009）。

③ 影子银行系统指作为“非银行”运营的金融机构与融资安排，参考克鲁格曼（2009）。

资工具等非银行金融机构。这些机构通常从事放款，也接受抵押，是通过杠杆操作持有大量证券、债券和复杂金融工具的金融机构。据统计，利率衍生品市场的总市值从2002年的150万亿美元飙升至2007年第四季度的600多万亿美元，约为当期全球GDP的15倍；美国证券业及金融市场协会的数据显示，截至2008年7月，美国抵押债务凭证（CDO）市场上流通的证券总价值已超过9万亿美元。而据国际清算银行统计，截至2007年底，信用违约掉期（CDS）的全球市值估计达到45万亿~62万亿美元。[①] 由于金融创新链条的短流程循环包含众多环节，每一环节的金融交易包含着新的委托代理关系，多环节的委托代理关系的泛化与内部人控制程度的深化，极易造成管理层的道德风险和整个金融产业链条的不负责任程度的攀升，随着金融业的持续不断膨胀，将全社会的资产吸纳到自己体内，管理层以高倍杠杆运营全社会的资产来牟取自身的利益。从而使全社会形成了日益扩大的资产泡沫和系统性风险。

**3. 资本流转的高泡沫**

随着管理层对公司信用的不断滥用，公众企业信用规模不断扩大，投资银行利用公司股票的信用和价格波动不断地开发股票权证等金融衍生产品开展交易，且其交易规模日益增长，甚至超过了公众企业自身的市值。股票市场中公众企业总市值迅速增长，甚至远远超过该国实体经济的规模。信用扩张增加了公众企业的资本形成和资本运营的能力，提高了资本积聚的速度和规模，更加深了公众企业管理层中的信用风险，管理层肆意地使用公众企业信用，进行高风险的资本运作。在公众企业制度的风险与收益不对称缺陷和资本循环流转短流程相互作用的影响下，社会经济体中的长短资本循环路径的均衡被打破，导致资本过度涌向短流程，资本的“高流动”导致了“高杠杆”，进而导致整个资本循环体系的“高泡沫”。

为了化解越积越大的系统风险，作为世界金融中心的美国，必然会借助全球经济一体化和金融国际化来消除其体内泡沫，希望用世界范围内长短流程的重新匹配来化解美国金融体系内部资本短流程循环的风险，让全世界分摊美国的金融和经济结构调整的成本，从而尽享其高效率、高收益和低成本。在苏东解体、转型和中国改革开放过程中，世界市场范围内的长短流程的重新匹配得

① 郑联盛（2009）。

到空前发展，美国等发达经济体的资本短流程循环在迫切需要货币资本来发展实体经济的新兴经济体的资本长流程循环为其匹配的前提下，充分分散了风险，同时实现了收益最大化。控制了全球金融、贸易规则制定权和定价话语权的美国，利用其老大地位不断向全世界印制出口美元，造成了世界范围内的资产价格长期膨胀，也造成了世界范围内对商品和服务的以美元计价和结算的庞大需求，从而更快地促进了其资本的短流程循环。这正是美国经济在20世纪90年代进入黄金收获期的重要成因。根据一项研究显示，1952年美国金融资产总量相当于GDP的4.11倍，2008年末扩至10.2倍；1987年英国金融资产总量为GDP的6.98倍，2008年升至12.94倍；1999年欧元区金融资产总量为GDP的6.98倍，2008年升至8.07倍；近十年中唯一无太大变化的是深陷经济停顿的日本，1997年其金融资产总量是GDP的10.37倍，2008年是10.99倍。[①] 根据麦肯锡的研究报告，1990~2008年全球金融资产与GDP的比率如表11所示。

**表11　全球金融资产与GDP的比率**

| 年　度 | 1990 | 1995 | 2000 | 2001 | 2002 | 2003 | 2004 | 2005 | 2006 | 2007 | 2008 |
|---|---|---|---|---|---|---|---|---|---|---|---|
| 全球金融资产 | 48 | 70 | 112 | 114 | 113 | 126 | 139 | 155 | 174 | 194 | 178 |
| 全球GDP | 21.2 | 28.4 | 37.0 | 38.5 | 39.9 | 42.3 | 45.5 | 48.6 | 52.3 | 56.8 | 60.7 |
| 金融资产/GDP | 2.3 | 2.5 | 3.0 | 3.0 | 2.8 | 3.0 | 3.1 | 3.2 | 3.3 | 3.4 | 2.9 |

资料来源：麦肯锡报告Roxburgh，Lund，Atkins，Belot，Hu，Pierce（2009）。

2000年后，经济全球化失去继续大发展的新的市场空间，缺乏新的科技革命突破性发展来支持的长流程实体产业的增长与以短流程高速运转的金融业泡沫膨胀之间完全失去平衡，不可遏止地继续追求短流程高收益的美国及其公众企业的管理层，在高速的资本扩张过程中，“G—G′—G″—……”的链条终于不堪重负，当次贷的“惊险一跃”无法维持正常循环时，泡沫出现急剧破灭，系统性地摔坏了各类短流程的“资本持有者”，将美国和全球拖入了深刻的金融和经济危机之中。

① 参考殷剑峰和胡志浩（2009）。

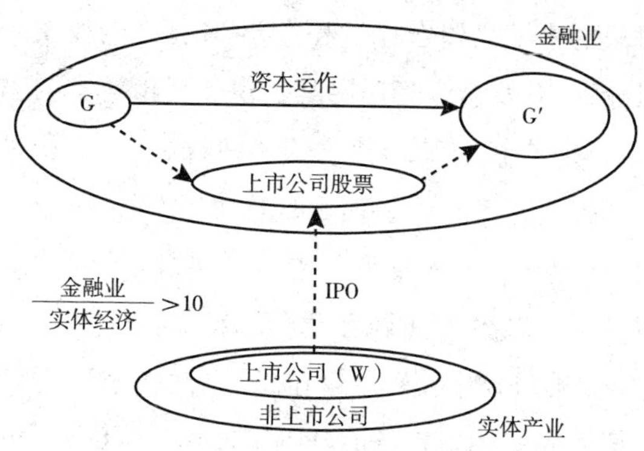


**图5　资本循环长短流程失衡**

## （二）PE企业资本流转的“中周期低泡沫”

### 1. 资本流转的中周期

LP对PE基金和PE基金对受资企业的中周期性的进入和退出所形成的资本流转，是PE企业制度与公众企业制度在企业资本流转方面的关键性制度差异。这里所说的中周期是指5～10年为一个“融投管退”周期的中等长度的时段，以区别于固定资本投入回收的长周期和投机性金融资本年度内进出运作的短周期。

在PE企业合伙协议中，LP投资于PE基金后，通常要求在5～10年内收回本金并获得固定水平以上的收益。PE基金进入受资企业，通过增值服务解除企业价值短板提升企业价值后，将适时通过股权流转实现退出，收回本利然后转投新的项目。PE企业的资本流转始终保持了货币资本和人力资本“双本结合”的有机配置，是实实在在地依靠GP的投资管理能力在实体产业的资源配置优化过程中创造价值，而不是依靠金融资本在资本市场上的短期博弈，从而既有效提高了投资项目的资本增值能力，又大大降低了社会投资的系统风险。在LP与GP之间，PE企业资本制度保留了机构投资人的有限责任制，使LP的风险边界得以控制，便于其展开投资。GP的人本实力和无限责任提高了LP投资收益的保障性，并可通过GP的跟投及先行理损机制进一步分解LP的投资风险。较高的资本收益和周期性的本利回归，既弥补了PE企业资本短期流动性较低的不足，又规避了由受资企业产品寿命周期和受资企业管理层周期变动可能给投资带来的长期风险。在较长时段的中期投资合作过程中，PE 基金与受资企业通过管理层的跟投安排和业绩对赌，GP 及企业管理层既实现了货币资本与人力资本的“双本结合”，也重建了资本所有权与和经营权的“两权合一”，积极的投资人重新回到企业之中，大大增强了对于经营管理者的激励与约束，减少了投资人与管理层的信息不对称，使 PE 基金投资更加看得准、投得快、管得住、退得出，有效地加快了资本增值的速度，减少了资本运营的泡沫，降低了资本循环的风险。

实践证明，中周期的 PE 企业资本运作总体收益更高，系统风险更小，对抗经济危机冲击的能耐更强。用负责任的好制度，找到诚信有为的好人，投资于有增值潜力的好项目，实施好的监督管理，在实现好的增长后及时退出，资本的保值增值与风险防范就能有效实现。而这一系列好的组合，既不可能在短时间中可靠地完成，也难以在长时期中稳定的持续，这就是 PE 企业采取中周期运作并取得大面积成功的理由！

PE 企业的中周期运作，是否会造成 PE 退出后受资企业价值的大幅波动，是一个值得关注的问题。现实中，那些以杠杆收购为特色的 PE 基金运作确实产生过一些 PE 基金高价退出后受资企业重现困境的事例。以 PE 基金形式运作较短周期的 Pre - IPO 项目的策略投资，本质上仍接近于传统的金融资本运作而非 PE 企业，因而也不能保证上市不成时受资企业的健康发展。因此，关注其后问题，注重 PE 基金的增值服务能力，商议投资协议中的期后事项条款，对于受资企业和其他投资者是很有必要的。然而，必须肯定，真正的 PE 企业，那些以资源配置优化和企业管理进步为增值服务本领的 PE 企业，实实在在地弥补了企业的短板，提升了企业的价值，优化了企业制度，提高了团队素质，拓宽了企业市场，他们带给受资企业的价值将得到较好的传承，从而会有益于受资企业在 PE 退出后继续健康发展。

**2. 资本流转的“另类资本市场”**

作为资本运行的载体，不同的企业需要不同的企业资本制度，而不同的企业资本制度应有不同的资本市场来与其发展相匹配。像公众企业的资本循环一刻也离不开股票市场一样，PE 企业这样一种新的资本循环方式既需要股票市场，更离不开产权市场。

在西方，由于资本市场只有股票市场这一板块，因此 PE 基金的退出通道就颇为依赖股票市场。这使 PE 基金在退出时通常要求受资企业达到能够上市交易的水准，从而大大提高了 PE 基金可投项目的门槛。实践证明，在西方没有产权市场的情况下，能够从股票市场实现退出的 PE 基金项目占比不到 30%。只有为上市公司服务的股票市场还不能很好地满足 PE 企业退出的需要，作为另类投资发展起来的 PE 企业还需要有一个"另类的资本市场[①]"来为其服务。

在我国，产权市场是与股票市场平行发展而又功能互补的资本市场。二者发展的起步时间也大致相同。股票市场交易上市公司的股票，服务上市公司的资本流转；产权市场交易非上市公司的产权，为国有、私人、外资及其混合而成的有限责任公司等非上市企业的资本流转服务。股票市场交易的品种是等分化标准化的股票，可以拆细连续交易；产权市场的交易品种则是非标准化的权益项目，不搞拆细连续交易。股票交易的产品形成过程复杂，产品数量很少，进场成本很高，但产品标准化，流动性强，交易量大，流转交易简单，投资人参与方便，一旦形成，就是资本市场上的"大热门"产品。产权市场的交易则品种简单，门类众多，数量巨大，进场成本很低，但交易过程复杂，一单一个样，单单各不同；每一单都似冷门产品，但总合起来却形成了一个巨大的资本长尾市场。

对于基金数量多、投资项目多、投资规模相对较小、以人本参与分配、采取中周期运作、多数达不到上市条件就需要流转退出的 PE 企业而言，由我国首创的产权市场正是适应 PE 企业资本制度发展需要的另类的新型资本市场。集中了大量产权交易项目、产权交易主体和产权交易服务中介的产权市场，既可以为 GP 与 LP 提供信息中介，也可以推动 PE 基金与受资企业相互联姻。在这里，GP 可以比较便捷地寻找到期望的 LP，LP 也更便于全面考察和发现各类优秀的 GP。通过产权市场，PE 基金既可以更加广泛及时地发现值得投资的受资企业，也可以实现更加适时而高效的退出，从而有效降低 PE 基金项目内部回报率门槛，扩大基金企业可以投资的受资企业范围，大大拓展 PE 基金的发展空间。当 PE 基金集中于产权市场后，对于广大非上市企业而言，产权市场就成为其接触和比选 PE 基金的最好渠道。当 PE 基金或受资企业需要多次融资或分次退出时，经由产权市场来操作也会比其他渠道更加经济有效并便于监管。当发生在已经投资的 PE 基金项目中出现 LP 因特殊原因需要提前退出基金的情况时，产权市场还可为

---

① 参考邓志雄（2009b）。

该LP提供一个特别有效的转让通道（即PE基金投资的二级市场——LP份额转让市场），从而及时免除或化解GP与LP之间的进退纠纷。

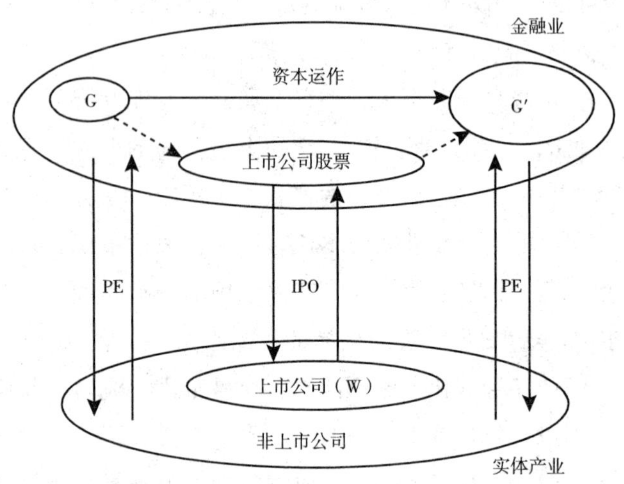


**图6　PE企业资本在完整资本市场中循环的长短流程均衡**

**3. 资本流转的低泡沫**

若以持有企业股权时长一年以上为投资而一年以下为投机，则实行T+0、T+1等快速流转机制的股票市场是高流动高投机高泡沫的，而实行项目交易的产权市场则是低流动低投机低泡沫的。在产权市场的资本流转过程中，资本G的投入方向主要是非上市的实体企业W。因此，在产权市场上，以非标准化、不拆细也非连续交易的权益项目在投资者手中的流转，很难进行短流程的投机。正是产权市场的这种低流动低投机性的特点，使得产权市场很难出现资产泡沫。

众所周知，股票市场离不开一定的投机性，低流动低泡沫的股票市场是不能健康运行的。低投机低泡沫的产权市场能够正常运转吗？这是一个理论问题，更是一个实践问题。中国产权市场近十年来的实践已经证明，低投机低泡沫的产权市场完全能够正常运转。究其原因，可能主要在于以下三个方面：首先是产权市场不缺交易产品。产权是一个大概念，包括股权、物权、债权、知识产权等各个方面。凡属权益类的项目，不管是公有的还是私人的，国内的还是境外的，产权市场都能提供流转和融资服务。其次，信息技术的进步保障了产权市场功能作用的有效发挥。产权市场的主要功能就是帮助交易双方发现交易主体，发现交易价格，经由市场竞争高效配置社会产权资源。借助于信息技术的进步，今日之产权市场已经可以通过泛在的网络用极低的成本向全球及时而充分地披露市场交易信息，有效地组织起世界各地的投资者自主地通过网络竞价有序竞购产权交易项目，并使市场运作置于不同监管者的适时监管之下。再次，产权市场的开放性和竞争性保证了交易的效率和质量。产权市场是一批公开市场，全球的法人和自然人都能参与，买方卖方以多对多机制公平竞争，其间没有信息隔离层，各产权市场之间亦相互竞争，从而有效保证了各类交易按照公开公平公正、竞争择优的市场机制及时完成。

21世纪以来，我国产权市场已经发生巨大变化，有了长足发展，这必将成为中国PE快速发展的独特优势。由平行发展的股票市场和产权市场共同组成的有中国特色的资本市场，在结构和功能上已经明显优于只有股票市场的西方资本市场。在我国的资本市场上，可交换的资本品更多，可服务的企业更广，既可满足各类公有产权阳光流转、保值增值的需要，也可适应广大中小企业的直接融资和优化管理的需求，既能为上市公司服务，也能为非上市企业服务。随着PE企业制度逐渐成为重要的企业制度，我国的产权市场和股票市场将不断地分工合作、功能互补、平行发展，从而形成日益完善的资本市场体系。

## 五　结论

对当今世界社会资本和企业运行具有重大影响的公众企业和PE企业的资本制度，在资本形成、资本运营和资本循环方式上都存在着显著的制度差异和迥异的经济绩效，在人本与资本的相互关系上也很不一样。公众企业和股票市场基本上是工业化时代的产物，PE企业和产权市场则是信息化时代的产物。PE企业资本制度在出资方式、分工方法、责任承担、诚信保障、激励约束、流转退出等资本循环的各个方面都对公众企业的资本循环方式进行了全面扬弃，建立了一种崭新的企业生产关系和社会资本循环模式。

从本质上讲，公众企业是以管理者信用为基础的企业资本制度，偏重收益激励而缺少责任约束；PE企业是以管理者责任为基础的企业资本制度，强调收益共享并明确风险责任。公众企业依赖建立在管理者信用基础上的责任，采取两权分离、委托代理的法人治理结构；PE 企业则选择建立在管理者责任基础上的信用，采用权责相当、契约管束的“321 合约治理结构”。PE 企业资本制度通过三个主体之间的两个协议，强调了对于公司债务的权责相当原则，强化了管理者责任。PE 企业解决了公众企业中资本形成的高成本高门槛问题，高效地形成了货币资本和人力资本，使机构投资人的资本能便捷有效地投向广大非上市企业。PE 企业化解了公众企业资本运营中的权责不对等、信息不对称、收益与风险不平衡等多种内在缺陷，形成了权责相当、双本结合、两权合一的新的生产关系，构建了企业内生平衡的激励约束机制，极大地提高了企业价值创造能力。PE 企业解决了公众企业资本流转过程中的短流程高泡沫问题，创造了中周期资本循环方式，应用并促进了产权市场的发展，推动资本市场为各类实体企业的资本形成和产权流转服务，降低了整个社会的交易成本和市场风险。

我国正处在工业化中后期与信息化初期相互交汇的时代。要继续加快企业的公司制、股份制改造，通过股票市场支持企业加快做大做强，推进工业化的发展和完成。但新型工业化过程中的公司化改造的目标不应取向于公众企业，不应一味追求上市公司股权的高度分散。上市公司的股权结构应有利于保证其股东会、董事会能够切实保持对于公司管理层的独立和制衡。要高度重视更加适应信息化时代创新型社会生产力发展需要的 PE 企业资本制度。要从知识普及、政策支持、法制规范、人才培养等各方面创造条件加快 PE 企业的发展和成熟。要高度重视产权市场的建设，使之与股票市场平行发展，用有中国特色的资本市场促进上市公司和 PE 企业的健康发展，推动资本市场更好地为各类企业的改革发展服务。

当然，现实中的 PE 企业及其主流的操作者不少是从公众企业文化主导的市场环境中产生出来的，他们在 PE 企业实操中自然会习惯性地沿用高杠杆、短周期等传统资本运作方式，对必须承担的无限责任也会想方设法加以规避和消弭。但这并不能影响 PE 企业制度理论上的先进性，基于合伙企业与公众企业在管理层责任方面的法理差异，随着合伙企业文化的普及和新型 PE 企业操作者队伍的壮大，被正确运作的 PE 企业所拥有的明显的制度优势必将日益显现，中国在人本方面的巨大优势也将随着 PE 企业的迅速发展而得到进一步发挥。

## 参考文献

邓志雄：《PE 企业中正在形成的新一代生产关系（上）》，《产权导刊》2008 年第 12 期。

邓志雄：《PE 企业中正在形成的新一代生产关系（下）》，《产权导刊》2009（a）年第 1 期。

邓志雄：《垮塌的三角——2008 年全球经济危机的企业制度因素及其作用机制分析》，《证券日报》2009（b）年 8 月 11 日。

克鲁格曼：《萧条经济学的回归和 2008 年经济危机》，中信出版社，2009。

马克思：《资本论》（第 1 卷），人民出版社，1975。

平新乔：《微观经济学十八讲》，北京大学出版社，2002。

青木昌彦：《硅谷模式的信息与治理结构》，《经济社会体制比较》2000 年第 1 期。

青木昌彦：《比较制度分析》，上海远东出版社，2001。

青木昌彦：《经济体制的比较制度分析》，中国发展出版社，2005。

田国强：《经济机制理论：信息效率与激励机制设计》，《经济学（季刊）》第二卷第二期，北京大学出版社，2003。

殷剑峰、胡志浩：《全球化时代的金融发展和经济增长》，2009 年 5 月 15 日《第一财经日报》。

张维迎：《博弈论与信息经济学》，上海人民出版社，2004。

张五常：《中国的经济制度》，中信出版社，2009。

郑联盛：《影子银行体系：发展、内涵与未来》，中国社会科学院世界经济与政治研究所研究报告，2009 年 5 月 18 日。

周其仁：《公有制企业的性质》，《经济研究》2000 年第 11 期。

斯坦利 · L. 布鲁：《经济思想史（原书第 6 版）》，机械工业出版社，2003。

Aboody David, Lev Baruch, "Information Asymmetry, R&D, and Insider Gains", *Journal of Finance*, 2000, 55 (6): 2747 – 2766.

Acharya Viral, Kehoe Conor, Reyner Michael, "The voice of experience: Public versus private equity". McKinsey & Company. http://www.mckinseyquarterly.com/Corporate_Finance/The_voice_of_experience_Public_versus_private_equity_2245, 2008.

Akerlof George A., "The Market for 'Lemons': Quality Uncertainty and the Market Mechanis", *Quarterly Journal of Economics*, 1970, 84 (3): 488 – 500.

Akerlof George A., Shiller Robert J.. *Animal Spirits: How Human Psychology Drives the Economy, and Why It Matters for Global Capitalism*, Princeton University Press, 2009.

Brown Stephen, Hillegeist Stephen, Lo, Kin, "Conference calls and information asymmetry", *Journal of Accounting and Economics*, 2004, 37 (3): 343 – 366.

Carey Dennis C, Fox Michael Patsalos, "Shaping strategy from the boardroom", McKinsey & Company. http://www.mckinseyquarterly.com/Shaping_strategy_from_the_boardroom_1813, 2006.

Coase Ronald, "The Nature of the Firm", *Economica*, 1937, 4 (16): 386 - 405.

Coase Ronald, "The Problem of Social Cost", *Journal of Law and Economics*, 1960, 3: 1 - 44.

Core John E., Guay Wayne R., "Is there a case for regulating executive pay in the financial services industry?", 2010, Working Papers.

Chen HSUAN-CHI, Ritter Jay R., "The Seven Percent Solution", *Journal of Finance*, 2000, 55: 1105 - 1131.

Cheung Steven N. S., "The Contractual Nature of the Firm", *Journal of Law and Economics*, 1983, 26 (1): 1 - 21.

Eggertsson Thrainn, *Economic Behavior and Institutions*, Cambridge University Press, 1990.

Felton Robert F, Fritz Pamela Keenan, "The view from the boardroom", McKinsey&Company http://www.mckinseyquarterly.com/The_view_from_the_boardroom_1584, 2005.

Frydman Carola, Saks Raven E., "Historical Trends in Executive Compensation 1936 - 2003", Federal Reserve Bank of New York, 2005.

Geithner Timothy F., "Reducing Systemic Risk in a Dynamic Financial System", New York City: Remarks at The Economic Club of New York, 2008.

Hayes Beth, "Unions and Strikes with Asymmetric Information", *Journal of Labor Economics* 2 (1): 57 - 83, 1984.

Izquierdo Segismundo S., Izquierdo Luis R., "The impact of quality uncertainty without asymmetric information on market efficiency", *Journal of Business Research* 60 (8): 858 - 867, 2007.

Mas-Colell Andreu, Whinston Michael D., Green Jerry R., *Microeconomic Theory*. New York: Oxford University Press, 1995.

Olson Mancur, *The Logic of Collective Action: Public Goods and the Theory of Groups* (Revised edition ed.), Harvard University Press, 1971.

Roxburgh Charles, Lund Susan, Atkins Charles, Belot Stanislas, Hu Wayne W., Pierce, Moira S., "Global capital markets: Entering a new era", McKinsey & Company. http://www.mckinsey.com/mgi/publications/gcm_sixth_annual_report/executive_summary.asp, 2009.

Spence Michael., "Job Market Signaling", *Quarterly Journal of Economics*, 1973, 87 (3): 355 - 374.

Stigler George J., "The Economics of Information", *Journal of Political Economy*, 1961, 69 (3): 213 - 225.

Stiglitz Joseph E. , *Freefall: America, Free Markets, and the Sinking of the World Economy*, W. W. Norton & Company, 2010.

Valukas Anton R. , "Examiner's Report: Lehman Brothers Holdings Inc. ", Jenner & Block LLP. , 2010.

Williamson Oliver E. , "The Economics of Organization: The Transaction Cost Approach", *The American Journal of Sociology*, 1981, 87 (3): 548 - 577.

Williamson Oliver E. , *The Economic Institutions of Capitalism*, The Free Press, 1985.

World Economic Forum, "The Global Economic Impact of Private Equity Report 2009", Globalization of Alternative Investments Working Papers Volume 2, 2009.

# PE、VC 为中国上市公司带来了什么?

王 超　陈华良　巴曙松*

## 一　表现强劲的中国创投市场

2010 年上半年，国内创业投资市场在全球金融市场动荡的冲击下依然表现强劲，无论是资金募集、投资活动还是退出活动，都展现出巨大的活力，资金募集规模已经接近 2007 年的高点，投资项目数量迅速增加。

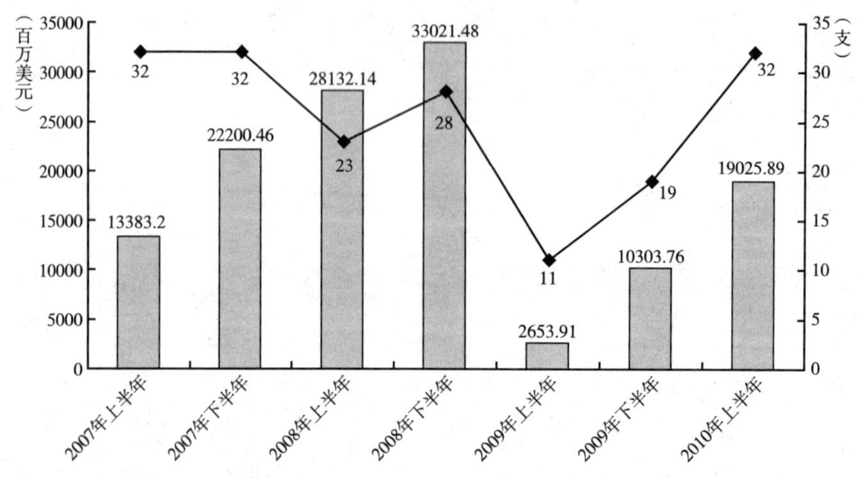


**图 1　私募股权投资基金募资总量比较**

资料来源：清科研究中心，2010 年 7 月，www. zero2ipo. com. cn。

---

* 巴曙松，国务院发展研究中心金融研究所副所长、博士生导师，中国银行业协会首席经济学家；王超，中国科学技术大学管理学院博士生，长盛基金金融工程部研究员；陈华良，华中科技大学经济学院博士生，中信证券研究部研究员。

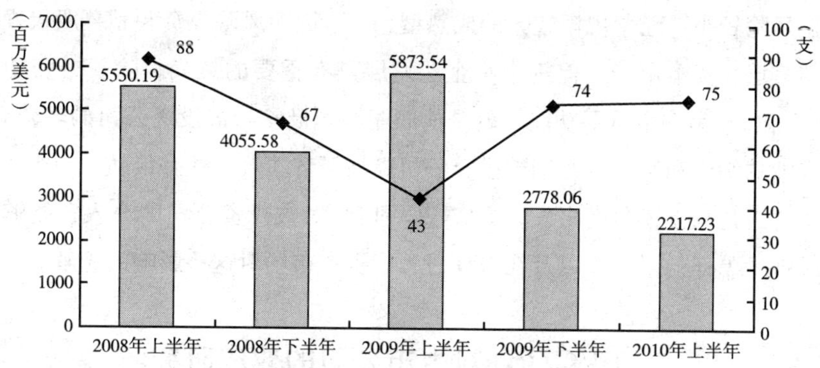


**图 2　私募股权投资基金投资总量比较**

资料来源：清科研究中心，2010 年 7 月，www. zero2ipo. com. cn。

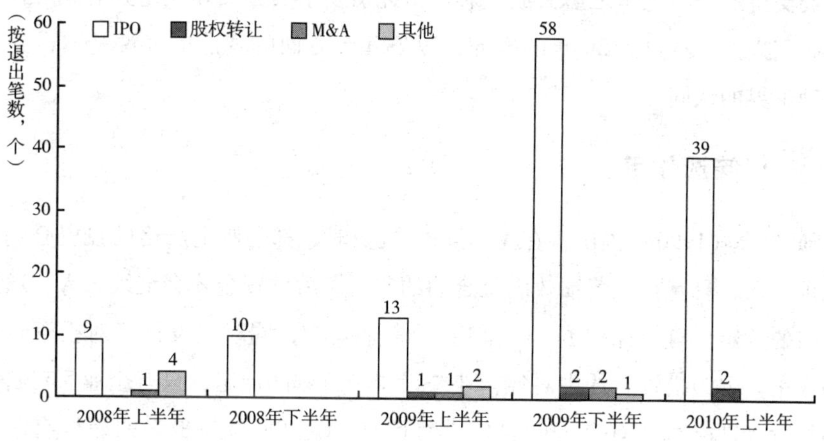


**图 3　私募股权基金退出方式比较**

资料来源：清科研究中心，2010 年 7 月，www. zero2ipo. com. cn。

尤为值得注意的是，伴随着 2009 年下半年创业板的开闸，创投推出的渠道更为通畅，通过 IPO 实现退出的案例不断增多，本土以人民币进行“募资、投资和退出”的境内资本循环模式基本成型，由此带来了中国创业投资市场的迅速恢复。

关于风险投资和私募股权投资，中国企业最直观的认识就是 VC 和 PE 能够为快速成长的企业，在发展初期的关键阶段，提供资金支持，这一作用是商业银行和金融市场无法提供的，因为银行贷款、发行债券融资和发行股票融资都是针

对信用风险较小、经营规模较大的成熟型企业，因而风险投资和私募股权投资对于完善多层次资本市场、促进中小企业发展具有重要的意义。除了融资功能之外，VC 和 PE 另一个重要功能，就是他们能够积极参与被投资公司的经营管理，提供专业的知识和经验，对于被投资公司提高经营绩效非常有帮助。

本文正是从上述角度出发，研究 VC 和 PE 对被投资公司的介入，能够对经营业绩产生怎样的影响，以及在 IPO 过程中资本市场对这些影响的理解。

## 二　VC/PE 对上市公司的效应研究

自从 20 世纪 80 年代以微软、苹果、联邦快递、英特尔等为代表的一批由风险投资支持的公司上市之后大放异彩，由此引发了实务界和理论界对风险投资作用的研究兴趣。经过近 30 年的研究，以下几个方面的观点应当说基本得到实务界和理论界的认同。

### （一）筛选作用

Sahlman（1990）提出，在 VC 和 PE 投资时，都会制定严格的投资合约，资金分批投入，只有在经营绩效满足合约约定时，后续资金才会继续投入。通过这种严格的约定，有效保护了 VC 和 PE 的资金安全，同时也发挥了对投资目标筛选的作用。因为投资合约中对经营业绩设置了苛刻的规定，只有企业家对自身企业的经营管理能力具有充分的自信，而且对 VC、PE 参与带来的好处有深刻认识，才会达成投资协议。反过来，对于 VC 和 PE 来说，也是一种筛选，因为被投资的公司也会选择具有良好历史业绩的 VC 和 PE 进行合作。在这一筛选作用下，有 VC 和 PE 参与的上市公司，在经营绩效方面应该显著好于没有 VC 和 PE 参与的上市公司。

### （二）积极管理作用

Barry，Muscarella，Peavy，Vetsuypens（BMPV，1990）提出，VC 通常投资于年轻的、高风险企业，这些企业没有稳定的现金流，未来的前景也充满不确定性。这些 VC 具有专业的知识和经验，能够为这些初创企业提供资金还有管理和专业知识。VC 和 PE 对企业的积极管理主要体现在，可能在被投资公司中的董事会占有席位，利用风险投资家行业专业知识和人际关系帮助被投资企业获取关键的人力资源，建立供应商和客户关系，在生产和经营管理方面也能提供相应帮助。通过这些积极管理，VC 和 PE 有效克服了传统投资中存在的信息不对称，以及由此产生的委托－代理问题，会对管理层滥用权利的行为构成有效约束。积极管理也可以使企业的经营效率得到提升，降低经营管理成本。

### （三）证明作用

Megginson 和 Weiss（1991）研究发现，在 1983～1987 年的美国股市上，VC 支持企业的 IPO 抑价度比没有 VC 支持企业的抑价度要低，并由此提出了“证明说”，即风险投资家为了保护自己作为 IPO 市场参与者的声誉，而把 IPO 的价格定的离企业的内在价值更近，从而导致了更低的抑价度。通常在 IPO 的过程中，第三方认证被引入以确保发行成功，承销商和审计机构往往充当第三方认证人。然而，由风险投资家来实施第三方监督更为恰当。理由有二：其一，相对于其他中介机构，风险投资家常常可能占有董事会席位，与管理团队的关系更密切，也更持久，因而对发行公司也更加了解；其二，假如风险投资家认证的公司发行失败，无疑将有损其声誉，因此，声誉因素能大大减少风险投资家的认证失误。

### （四）市场影响作用

Chemmanur，Loutskina（2006）提出，VC 和 PE 的参与，有助于公司在 IPO 时更容易获得其他金融机构的认可，通常是著名的 VC 和 PE 参与的公司 IPO，会吸引专业声望更高的投资银行进行承销，大量的机构投资者参与认购，众多分析师纷纷发布新股定价报告，这些市场机构的热情参与也会推高 IPO 发行价，而且在 IPO 后首个交易日的活跃程度也会比较高，同时扩大市场的影响力。

### （五）IPO 之后对经营业绩的影响

按照通常的认识，VC 和 PE 都是采取组合投资方式，IPO 之后的上市公司已经进入收获期，其需要投入的精力相对较少，更多的资源将会投入到其他的没有上市公司之中。在 IPO 的时机选择上，也可以进行主动择时，挑选市场追捧相应行业的时间段发行，以便获取最大的收益，在上市后直接减持股票套现。此外，在 IPO 之前，为了获得更高的定价，会选择对公司的财务数据进行粉饰。然而，

Jain，Kini（1995）的研究结果表明，实际情况并非如此悲观。首先，针对财务数据粉饰的假设，由于市场会认识到VC、PE具有做高发行价，在IPO之后高位套现的动机，在发行定价中会对这一不利因素予以考虑，特别是VC和PE表现出减持迹象时，发行价会出现明显折价。关于VC和PE在IPO之后减持套现的说法也值得商榷，特别是对于VC来说，公司在IPO之后，获得了资金支持，会带动业务的快速发展，因而VC获得更多的收益是继续持有，而不是套现。

即使不考虑获取收益的因素，VC和PE也会在IPO之后对投资的公司继续发挥积极管理作用，这主要是市场声誉的作用。Sahlman（1990）指出，VC和PE行业是一个很小的"圈子"，非常注重声誉。只有成功的投资历史业绩，才能够为VC和PE带来更多的后续资金和投资目标，因而从市场声誉的角度考虑，VC和PE都会非常仔细地挑选投资目标，而且在上市之后也会密切跟踪其表现。正是上述这些因素使得VC和PE在IPO之后仍然对被投资公司的经营业绩发挥着积极影响。

### （六）中国内地相关领域的研究现状

相比之下，国内在相关领域的研究成果较少，房四海等人在2007年前后对VC和PE的影响做了相关研究，但是在创业板推出之后，尚没有最新研究成果。研究VC和PE对上市公司的影响对于当前的中国具有非常重要的意义。首先，中国与海外市场的发展路径存在差异，海外往往是先有了发达的资本市场之后，再发展VC和PE，而国内是先有VC和PE，之后才放开了创业板市场作为VC和PE退出的主渠道。在资本市场尚不成熟的条件下，VC和PE的介入，有可能对市场和公司产生显著的影响；其次，国内的证券发行机制与海外市场存在显著差异，海外市场采取注册制，只要发行材料齐备，符合相关规定且市场接受，就可以IPO，时机选择灵活，而且不会存在股票市场的供不应求；而国内市场采取较为严格的事实上的审批制，在资料完整、合法合规的条件下，还要排队等待监管机构的审批，这一审批机制由于较大的不确定性以及与市场供求关系的相关性显著降低，对市场定价等环节产生重要影响，对于VC和PE发挥作用也产生了一定程度的影响；最后，即使是成熟的资本市场，关于VC和PE对IPO的影响也尚未达成一致的结论，选择不同时间段的研究样本，得到的结论会有很大差异。以IPO抑价率为例，Megginson和Weiss（1991）的研究发现，有VC和PE支持的 IPO 具有更低的抑价率，即 IPO 首日的市场价格更接近于发行价。后来的研究，在增加了更新的样本之后，发现了相反的结论，有 VC 和 PE 支持的 IPO 具有更高的抑价率，即 IPO 首日的市场价格更偏离发行价（Lee，Wahal，2002；Loughran，Ritter，2003）。对于国内快速发展的资本市场来说，及时把握发展动态尤为重要。

## 三 方法和数据的说明

为了准确分析 VC/PE 介入对上市公司 IPO 定价、经营业绩的影响，本文利用当前国内最新的数据，借鉴海外市场相关研究的方法对第二部分提出的观点进行了分析。

### （一）数据说明

VC/PE 的数据来自于 WIND 资讯。以 2000 年 1 月 1 日至 2010 年 7 月 22 日的股权融资记录为基础，统计 VC 和 PE 的数量为 1169 家。

上市公司 IPO 的数据来自于 WIND 资讯。其中，中小板上市公司的数据为 2004 年 6 月 25 日至 2010 年 7 月 20 日，共 453 家上市公司；创业板上市公司的数据为 2009 年 10 月 30 日至 2010 年 7 月 20 日，共 93 家上市公司。

选择 VC/PE 支持的上市公司。在 IPO 时披露的十大股东中，如果有来自于前面统计的 VC 和 PE，则该上市公司为 VC/PE 支持的上市公司，共有 98 家中小板上市公司符合条件，共有 38 家创业板公司符合条件。

选择与 VC/PE 支持上市公司相匹配的上市公司。匹配标准主要有两个，一是主营业务相近，这里采用中信证券发布的股票行业分类标准的三级行业；二是 IPO 时，以发行价计算的流通市值相近。经过匹配，共有 96 家中小板公司和 34 家创业板公司找到了匹配的上市公司，有六家上市公司由于主营业务特殊，无法找到相匹配的上市公司，从研究样本中剔除。

### （二）方法说明

#### 1. 筛选作用和积极管理作用的检验

VC/PE 在被投资公司中发挥的筛选和积极管理作用，最终都会反映到公司的经营业绩上，为了检验这两类效应的存在，本文参考 Jain，Kini（1995）的研究方法，将研究样本分为有 VC/PE 支持的上市公司和没有 VC/PE 支持的上市公司，分别考察两组样本在 IPO 之前经营业绩方面的差异，以及在上市之后，其各自经营业绩发生变化的特征是否因为 VC/PE 的参与而不同。对经营业绩的考察主要分为①盈利性，包括销售毛利率、销售净利率、总资产收益率、净资产收益率；②经营效率，包括营业费用率、管理费用率、财务费用率；③成长性，包括营业收入同比增长率、每股收益同比增长率。关于两组样本差异的显著性检验，本文主要采用非参数 Wilcoxon Z 检验。

**2. 证明作用的检验**

Megginson 和 Weiss（1991）利用抑价率的差异来检验 VC/PE 是否会对被投资公司的市场定价有所帮助，抑价率是计算上市首个交易日的收盘价与 IPO 发行价的比值是否更加接近于 IPO 发行价。抑价率的检验是当时研究 VC/PE 这方面作用的最先采用的方法，但是随后更多的学者提出了不同的研究方法。

为什么抑价率并不适合检验 VC/PE 的影响，以二级市场首个交易日的收盘价与 IPO 发行价的差异来衡量 IPO 发行定价的效率其中暗含的假设，即二级市场首个交易日的收盘价就是该股票的内在价值。但是，二级市场的价格经常会偏离内在价值，特别是新股上市，投资者了解的信息较少，参与的只是少量投资者，很难能够全面反映整个市场的观点，更加容易与内在价值产生偏差。因此，抑价率这一指标并不能准确地反映 IPO 定价的效率。此后，多位学者引入了反映股票内在价值的代理变量，试图更加准确地衡量 VC/PE 对 IPO 定价的影响。Chemmanur，Loutskina（2006）利用可比估值法、现金流贴现法和偏好分数可比公司法（Propensity Score Based Comparable Firm）分别作为股票内在价值的代理变量。在本文的研究中，为了更好地检验 VC/PE 对公司定价方面的改善，本文也借鉴了 Chemmanur，Loutskina（2006）的研究方法，在考察抑价率之外，将各券商发布的新股定价报告中的目标价的平均值作为股票的内在价值的代理变量，与上市首个交易日收盘价、IPO 发行价进行比较。

**3. 市场影响作用的检验**

为了衡量 VC 和 PE 的市场影响力，本文借鉴 Chemmanur，Loutskina（2006）的研究方法，采用参与认购机构投资者数量、跟踪的研究员数量、IPO 上市首日、首周、首月的换手率这五个指标。之所以采用认购机构投资者的数量，而不

是认购的股票数量，主要的原因在于国内市场的发行机制，由于股票相对稀缺，机构投资者参与新股认购的热情非常高，大量的新股都达到了机构认购的比例上限，无法准确反映机构投资者的参与程度。

**4. VC/PE 减持影响的检验**

这一研究项目是本文根据国内的特殊情况提出的。根据国内新股发行的相关规定，IPO 的股东，根据持股比例的高低存在 1～2 年的锁定期，不能像海外市场一样，能够在 IPO 之后自由减持。本文认为，VC 和 PE 最终获取收益的多少取决于变现时的价格，因而 VC/PE 有动机利用在上市公司中的影响力对财务数据进行粉饰，推高股价，从而实现在高位退出。为了验证这一假设，本文利用 WIND 资讯的上市公司股东持股变动数据，对有 VC/PE 支持的上市公司的股东减持数据进行了梳理，共有 23 家中小板公司在上市之后发生过 VC/PE 减持，以这些公司为样本，与其他没有发生减持的公司比较经营绩效在 IPO 之后发生变化的差异。

## 四 实证结论

### （一）IPO 发行的概况

**表 1 各样本 IPO 数据特征**

| 变　量 | 均值 | 25%分位 | 中值 | 75%分位 |
|---|---|---|---|---|
| A:全部 IPO 样本(541 个样本) | | | | |
| 发行价 | 19.81 | 9.60 | 15.92 | 26.00 |
| 以发行价计价的流通市值 | 4.88 | 2.13 | 3.69 | 5.90 |
| 以市场价计价的流通市值 | 8.16 | 4.21 | 6.38 | 9.76 |
| 主营收入 | 7.13 | 2.34 | 4.14 | 7.60 |
| EBITDA | 1.15 | 0.51 | 0.74 | 1.27 |
| 净利润 | 0.75 | 0.34 | 0.48 | 0.78 |
| B:全部中小板 IPO 样本(451 个样本) | | | | |
| 发行价 | 17.16 | 8.70 | 13.00 | 22.35 |
| 以发行价计价的流通市值 | 4.68 | 2.00 | 3.28 | 5.60 |
| 以市场价计价的流通市值 | 8.04 | 3.96 | 6.30 | 9.76 |
| 主营收入 | 7.95 | 2.75 | 4.81 | 8.66 |

续表 1

| 变　　量 | 均值 | 25%分位 | 中值 | 75%分位 |
|---|---|---|---|---|
| EBITDA | 1. 24 | 0. 55 | 0. 82 | 1. 33 |
| 净利润 | 0. 79 | 0. 35 | 0. 50 | 0. 84 |
| C:全部创业板 IPO 样本(90 个样本) | | | | |
| 发行价 | 32. 97 | 19. 80 | 28. 69 | 38. 00 |
| 以发行价计价的流通市值 | 5. 90 | 3. 52 | 4. 61 | 7. 09 |
| 以市场价计价的流通市值 | 8. 76 | 5. 28 | 6. 83 | 9. 46 |
| 主营收入 | 3. 01 | 1. 65 | 2. 33 | 3. 20 |
| EBITDA | 0. 68 | 0. 41 | 0. 55 | 0. 81 |
| 净利润 | 0. 52 | 0. 31 | 0. 42 | 0. 61 |
| D:VC/PE 支持的中小板 IPO 样本(96 个样本) | | | | |
| 发行价 | 17. 40 | 9. 80 | 14. 25 | 22. 79 |
| 以发行价计价的流通市值 | 4. 37 | 1. 98 | 2. 98 | 5. 83 |
| 以市场价计价的流通市值 | 8. 11 | 4. 01 | 6. 68 | 8. 88 |
| 主营收入 | 6. 37 | 2. 67 | 4. 11 | 6. 72 |
| EBITDA | 1. 10 | 0. 54 | 0. 71 | 1. 17 |
| 净利润 | 0. 71 | 0. 34 | 0. 46 | 0. 79 |
| E:VC/PE 支持的创业板 IPO 样本(34 个样本) | | | | |
| 发行价 | 27. 93 | 19. 53 | 25. 50 | 33. 86 |
| 以发行价计价的流通市值 | 5. 27 | 3. 63 | 4. 37 | 5. 42 |
| 以市场价计价的流通市值 | 7. 76 | 5. 50 | 6. 61 | 8. 26 |
| 主营收入 | 3. 10 | 1. 59 | 2. 39 | 3. 09 |
| EBITDA | 0. 63 | 0. 42 | 0. 51 | 0. 72 |
| 净利润 | 0. 47 | 0. 31 | 0. 37 | 0. 51 |
| F:没有 VC/PE 支持的中小板 IPO 样本(355 个样本) | | | | |
| 发行价 | 17. 10 | 8. 46 | 12. 80 | 22. 00 |
| 以发行价计价的流通市值 | 4. 76 | 2. 01 | 3. 31 | 5. 60 |
| 以市场价计价的流通市值 | 8. 02 | 3. 91 | 6. 04 | 9. 97 |
| 主营收入 | 8. 38 | 2. 75 | 5. 17 | 9. 35 |
| EBITDA | 1. 28 | 0. 55 | 0. 85 | 1. 39 |
| 净利润 | 0. 82 | 0. 35 | 0. 52 | 0. 85 |
| G:没有 VC/PE 支持的创业板 IPO 样本(56 个样本) | | | | |
| 发行价 | 36. 03 | 21. 26 | 29. 50 | 46. 49 |
| 以发行价计价的流通市值 | 6. 28 | 3. 44 | 5. 17 | 7. 65 |
| 以市场价计价的流通市值 | 9. 36 | 4. 80 | 7. 53 | 10. 54 |
| 主营收入 | 2. 96 | 1. 69 | 2. 26 | 3. 52 |
| EBITDA | 0. 71 | 0. 41 | 0. 61 | 0. 91 |
| 净利润 | 0. 55 | 0. 31 | 0. 45 | 0. 66 |

续表 1

| 变　量 | 均值 | 25% 分位 | 中值 | 75% 分位 |
|---|---|---|---|---|
| H:(配对的)没有 VC/PE 支持的中小板 IPO 样本(96 个样本) | | | | |
| 发行价 | 14.12 | 6.80 | 9.40 | 18.78 |
| 以发行价计价的流通市值 | 3.81 | 2.04 | 3.24 | 4.47 |
| 以市场价计价的流通市值 | 7.38 | 4.42 | 6.30 | 9.10 |
| 主营收入 | 5.09 | 2.01 | 3.18 | 6.35 |
| EBITDA | 0.89 | 0.48 | 0.67 | 0.96 |
| 净利润 | 0.56 | 0.34 | 0.43 | 0.58 |
| I:(配对的)没有 VC/PE 支持的创业板 IPO 样本(34 个样本) | | | | |
| 发行价 | 18.66 | 7.88 | 15.62 | 27.00 |
| 以发行价计价的流通市值 | 4.56 | 2.39 | 3.60 | 6.14 |
| 以市场价计价的流通市值 | 7.66 | 4.02 | 5.72 | 9.70 |
| 主营收入 | 5.01 | 1.67 | 3.41 | 4.30 |
| EBITDA | 0.96 | 0.42 | 0.65 | 0.95 |
| 净利润 | 0.71 | 0.29 | 0.46 | 0.70 |

从数据特征来看，中国的 VC/PE 支持的中小板 IPO 与没有 VC/PE 支持的中小板 IPO 相比，主营收入、EBITDA、净利润更小；VC/PE 支持的创业板 IPO 与没有 VC/PE 支持的创业板 IPO 相比，EBITDA、净利润更小。这一特征，符合 Chemmanur，Loutskina（2006）对美国市场 1980 ~ 2000 年间 2955 例 IPO 数据的分析结果。从这里可以看出，无论是国内还是海外，VC/PE 都更加偏好小的公司，更注重内在质量，不会追求绝对规模，因此 VC/PE 产业的蓬勃发展对于扶持中小企业的发展具有重要的推动作用。

## （二）抑价率的差异的显著性检验

根据证明作用的分析，VC/PE 支持的 IPO 应该在上市首日具有更低的抑价率，但是实际检验的结果与理论假设并不符合。采用组合法得到的结论是 VC/PE 支持的 IPO 具有更高的抑价率，而且中小板 IPO 的抑价率中值因为 VC/PE 支持的存在而显著差异。采用配对法得到的结论与证明作用的理想结论相吻合，VC/PE 支持的 IPO 具有更低的抑价率，但是由于配对数据中，有一些股票的发行时间较早，两者抑价率数据的可比性不好，而且差异不具有显著性。

从数据可以看出，无论是中小板还是创业板，抑价率即上市首个交易日的涨幅，VC/PE 支持的 IPO 抑价率更高。正如前面理论分析部分指出的那样，抑价率并非检验 VC/PE 支持作用的恰当指标。抑价率由市场交易价格决定，而市场交易价格在不同时期的变化非常大，因此，配对法和组合法得出的结论截然相反。

**表 2　上市首日抑价率**

| | D:VC/PE 支持的中小板 IPO 样本 | F:没有 VC/PE 支持的中小板 IPO 样本 | 中值差异 |
|---|---|---|---|
| 抑价率中值 | 83.71 | 71.86 | 11.85* |
| 抑价率均值 | 117.53 | 97.69 | 19.84 |
| | D:VC/PE 支持的中小板 IPO 样本 | H:(配对的)没有 VC/PE 支持的中小板 IPO 样本 | 中值差异 |
| 抑价率中值 | 83.71 | 107.97 | -24.26 |
| 抑价率均值 | 117.53 | 122.10 | -4.57 |
| | E:VC/PE 支持的创业板 IPO 样本 | G:没有 VC/PE 支持的创业板 IPO 样本 | 中值差异 |
| 抑价率中值 | 47.01 | 36.57 | 10.44 |
| 抑价率均值 | 58.25 | 52.19 | 6.07 |
| | E:VC/PE 支持的创业板 IPO 样本 | I:(配对的)没有 VC/PE 支持的创业板 IPO 样本 | 中值差异 |
| 抑价率中值 | 47.01 | 70.72 | -23.71 |
| 抑价率均值 | 58.25 | 91.55 | -33.30 |

注：中值差异数据中的 * 表示在 10% 水平上，两样本的中值显著不相等。

## （三）发行价、IPO 首日收盘价和内在价值差异的显著性检验

**表 3　内在价值的相关比较**

| | D:VC/PE 支持的中小板 IPO 样本 | F:没有 VC/PE 支持的中小板 IPO 样本 | 中值差异 |
|---|---|---|---|
| 中值(OP/IV) | -0.25 | -0.25 | 0.00 |
| 中值(SMP/IV) | 0.35*** | 0.35*** | 0.00 |
| | E:VC/PE 支持的创业板 IPO 样本 | G:没有 VC/PE 支持的创业板 IPO 样本 | 中值差异 |
| 中值(OP/IV) | -0.12 | -0.16 | 0.04 |
| 中值(SMP/IV) | 0.36*** | 0.26*** | 0.10 |

注：中值数据中的 *** 表示在 1% 水平上，中值显著不为 1。

实证检验的结果表明，IPO 首日的收盘价显著高于券商新股定价的目标价，二级市场溢价幅度在 30% 以上，充分反映了市场对股票的强烈需求。券商新股

定价高于 IPO 发行价，但是统计上不显著。IPO 发行价与券商新股定价之间的差异并不显著，由此可以反映，券商新股定价与发行价的偏离不会太远，通常是以发行价为重要的参考指标，券商研究员的新股定价工作并没有在发行价的基础上提供显著的增量信息。VC/PE 支持的 IPO，并不会对价格的偏离产生显著影响。

对定价效率的分析可以看出，IPO 在二级市场的溢价是普遍存在的，而与是否有 VC/PE 支持没有明显关系。造成一二级市场之间的溢价更多是由于上市过程严格的事实上的审批制和发行制度相关的。在这一制度下，监管机构的审批机关已经在履行筛选工作，此种情况下，VC/PE 支持的 IPO 并不会显著的好于没有 VC/PE 支持的 IPO。VC/PE 在成熟资本市场中发挥的证明作用被弱化了。

## （四）市场参与者的追捧程度

**表 4　市场参与者相关数据**

| | D:VC/PE 支持的中小板 IPO 样本 | F:没有 VC/PE 支持的中小板 IPO 样本 | 中值差异 |
|---|---|---|---|
| 机构首发参与数量中值 | 170 | 143 | 27 |
| 研究员覆盖程度中值 | 8 | 9 | -1 |
| 第一天的换手率中值 | 73.90 | 73.41 | 0.49 |
| 第一周的换手率中值 | 177.46 | 169.62 | 7.85 |
| 第一月的换手率中值 | 326.21 | 316.96 | 9.26 |
| | E:VC/PE 支持的创业板 IPO 样本 | G:没有 VC/PE 支持的创业板 IPO 样本 | 中值差异 |
| 机构首发参与数量中值 | 86 | 84 | 2 |
| 研究员覆盖程度中值 | 10 | 10 | 0 |
| 第一天的换手率中值 | 74.74 | 74.20 | 0.54 |
| 第一周的换手率中值 | 185.16 | 175.77 | 9.39 |
| 第一月的换手率中值 | 412.00 | 342.61 | 69.40** |

注：中值差异数据中的 ** 表示在 5% 水平上，两样本的中值显著不相等。

单纯从中值的比较来看，VC/PE 支持的 IPO 会有更多的机构投资者参与认购，在 IPO 之后的第一个月内，交易也更加活跃，但是这一差异在统计上并不显著。研究员对新股的覆盖程度并没有因为 VC/PE 支持而有显著提升。不过，这里的数据也与前面关于新股内在价值的研究保持一致，新股定价也不会因为 VC/PE 的支持而出现显著差异。

由这两项研究可知，尽管国内的VC/PE产业飞速发展，但是更多体现对新兴产业的支持，而对于资本市场来说，由于创业板刚刚设立，IPO作为主要退出渠道的案例较少，市场对于VC/PE相对陌生。这一点与海外成熟市场存在较大差异，根据Chemmanur，Loutskina（2006）的研究，VC/PE在二级市场上具有相当的影响力，而且越是知名的VC/PE投资的IPO项目，参与认购的机构投资者数量、认购金额、跟踪的研究员数量、承销的投资银行的知名度都“水涨船高”。相信未来随着越来越多的IPO退出案例涌现，而且出现类似微软、英特尔等成长案例之后，VC/PE也会赢得二级市场的跟随者。届时，相信VC/PE支持的IPO也会在发行定价、上市首日表现等环节因为跟随者的追捧而展现出差异。

## （五）IPO前后经营业绩的变化

**表5　中小板公司经营业绩相关数据**

| | D:VC/PE支持的中小板IPO样本 | F:没有VC/PE支持的中小板IPO样本 | 中值差异 |
|---|---|---|---|
| 经营期限 | 2.02 | 3.75 | -1.73*** |
| 销售毛利率 | | | |
| 0 | 27.70 | 15.79 | 11.91 |
| 1 | 25.80 | 26.50 | -0.70 |
| 2 | 26.70 | 24.84 | 1.86* |
| 3 | 25.35 | 23.96 | 1.39 |
| 销售净利率 | | | |
| 0 | 11.39 | 11.55 | -0.16 |
| 1 | 10.96 | 10.61 | 0.35 |
| 2 | 9.29 | 8.35 | 0.94 |
| 3 | 8.13 | 6.71 | 1.42 |
| ROA | | | |
| 0 | 15.72 | 16.36 | -0.64 |
| 1 | 11.07 | 11.04 | 0.03 |
| 2 | 8.05 | 8.37 | -0.32 |
| 3 | 7.00 | 6.75 | 0.25 |
| ROE | | | |
| 0 | 22.22 | 22.39 | -0.17 |
| 1 | 9.43 | 9.84 | -0.41 |
| 2 | 9.57 | 10.57 | -0.99 |
| 3 | 7.78 | 8.92 | -1.14 |

续表 5

| | D:VC/PE 支持的中小板 IPO 样本 | F:没有 VC/PE 支持的中小板 IPO 样本 | 中值差异 |
|---|---|---|---|
| 营业费用率 | | | |
| 0 | 4.12 | 4.24 | -0.12 |
| 1 | 4.51 | 3.97 | 0.54 |
| 2 | 4.81 | 4.16 | 0.65 |
| 3 | 4.31 | 4.56 | -0.25 |
| 管理费用率 | | | |
| 0 | 6.87 | 6.03 | 0.84** |
| 1 | 7.07 | 6.22 | 0.85** |
| 2 | 8.63 | 6.98 | 1.65*** |
| 3 | 8.59 | 6.66 | 1.93** |
| 财务费用率 | | | |
| 0 | 1.48 | 1.17 | 0.31** |
| 1 | 1.32 | 0.91 | 0.41 |
| 2 | 0.84 | 0.86 | -0.02 |
| 3 | 1.55 | 1.11 | 0.44 |
| 营业收入同比增长率 | | | |
| 0 | 22.21 | 19.50 | 2.71 |
| 1 | 18.69 | 21.58 | -2.89 |
| 2 | 20.83 | 16.58 | 4.25 |
| 3 | 14.96 | 10.80 | 4.16 |
| EPS 同比增长率 | | | |
| 0 | 15.19 | 15.79 | -0.60 |
| 1 | 5.17 | 0.00 | 5.17 |
| 2 | -29.58 | -26.66 | -2.92 |
| 3 | -15.79 | -17.80 | 2.01 |

注：中值差异数据中的 * 表示在 10% 水平上，两样本的中值显著不相等。
中值差异数据中的 ** 表示在 5% 水平上，两样本的中值显著不相等。
中值差异数据中的 *** 表示在 1% 水平上，两样本的中值显著不相等。

从经营期限来看，中小板中有 VC/PE 支持的 IPO 要显著晚于没有 VC/PE 支持的 IPO。这也符合常理，因为 VC/PE 产业的大规模兴起也只是近几年的事情。

从经营绩效来看，在 IPO 前一年的财务数据中，VC/PE 支持的 IPO 只有销售毛利率、管理费用率、财务费用率和营业收入同比增长率高于没有 VC/PE 支持的 IPO，而且只有管理费用率和财务费用率的差异在统计上显著。在 IPO 之后的三年财务数据中，除了销售毛利率相对保持稳定之外，其他经营指标都出现了不同程度的下滑。这一点与 Jain，Kini（1995）的研究结论相符合，对此，他们提出的解释原因①上市之后由于股权稀释，可能产生委托 - 代理问题；②为了上市而对财务数据进行粉饰，夸大了经营业绩；③对 IPO 时机的选择，正好选在所处行业的景气时期。VC/PE 支持的 IPO 只是在业绩下滑的幅度上好于没有 VC/PE 支持的 IPO，这一点在中国的数据中也并不明显，即在上市之后，VC/PE 支持的公司并没有表现出更好的经营业绩。

不过值得注意的是，VC/PE 支持的 IPO 的管理费用率要显著高于没有 VC/PE 支持的 IPO，对于这一现象的解释，不能简单地认为由于 VC/PE 的进入，增加了公司的管理成本，降低了管理效率，我们更愿意理解为 VC/PE 的进入为公司带来了适当的薪酬激励机制，增加的管理成本主要是员工工资和管理层薪酬激励造成的。

**表 6　创业板公司经营业绩相关数据**

| | E:VC/PE 支持的创业板 IPO 样本 | G:没有 VC/PE 支持的创业板 IPO 样本 | 中值差异 |
|---|---|---|---|
| 经营期限 | 2.01 | 2.02 | -0.01 |
| 销售毛利率 | | | |
| 0 | 36.24 | 43.05 | -6.81 |
| 销售净利率 | | | |
| 0 | 16.11 | 18.83 | -2.72 |
| ROA | | | |
| 0 | 19.65 | 24.32 | -4.67* |
| ROE | | | |
| 0 | 23.69 | 24.99 | -1.30 |
| 营业费用率 | | | |
| 0 | 6.63 | 5.57 | 1.06 |
| 管理费用率 | | | |
| 0 | 7.51 | 9.73 | -2.22* |
| 财务费用率 | | | |
| 0 | 0.54 | 0.53 | 0.01 |
| 营业收入同比增长率 | | | |
| 0 | 25.98 | 27.10 | -1.12 |
| EPS 同比增长率 | | | |
| 0 | 16.02 | 30.00 | -13.98 |

与中小板相比，创业板运行的时间更短，样本相对较少，财务数据也只能够获得 IPO 前一年的数据，无法研究 IPO 之后的业绩反转现象。而且在运行初期，审核标准事实上更加严格，这更加减弱了 VC/PE 对上市公司的筛选作用。

从前面抑价率、内在价值比较以及 IPO 前后公司经营业绩数据的比较结果可以看出，在审批制的发行制度下，VC/PE 的证明和筛选作用难以得到充分体现，VC/PE 支持的 IPO 并不具备显著的基本面优势。但是，管理成本方面显著的差异还是体现了 VC/PE 对上市公司的影响力。

## （六）VC/PE 减持对经营业绩的影响

本文定义的强制减持，是指在 VC/PE 持股解禁之后的两个月内出现第一笔减持大宗交易，共有 14 家公司发生；择机减持，是指第一笔减持大宗交易的发生时间在 VC/PE 持股解禁两个月之后，共有 9 家公司发生。从已有的数据来看，大部分都是在解禁之后强制减持，择机减持的 VC/PE 机构数量相对较少。这一点与海外的数据存在很大差异。根据 Barry，Muscarella，Peavy，Vetsuypens（BMPV，1990）的研究，VC 在 IPO 之前平均持有 34% 的被投资公司的股权，在上市之后，只会卖掉 6.6% 的股份，而且有 58% 的被调查 VC 不会在 IPO 之后出售任何股份。

择机减持和强制减持的上市公司在经营业绩的变化上，没有显著的差异。造成这一现象的原因，可能是 VC/PE 在上市公司中所占股份相对较少，尚不能够操控经营业绩；而且与最初投资相比，上市之后的投资收益巨大，时机选择相对次要。

**表 7　强制减持与择机减持的数据比较**

| | VC/PE 支持的公司，择机减持 | VC/PE 支持的公司，强制减持 | 中值差异 |
|---|---|---|---|
| 销售毛利率 | | | |
| 0 | 39.85 | 24.59 | 15.26 |
| 1 | 40.13 | 24.13 | 16.00 |
| 2 | 39.49 | 24.76 | 14.73 |
| 3 | 40.50 | 28.40 | 12.10 |

续表 7

| | VC/PE 支持的公司，择机减持 | VC/PE 支持的公司，强制减持 | 中值差异 |
|---|---|---|---|
| 销售净利率 | | | |
| 0 | 12.97 | 11.13 | 1.84 |
| 1 | 11.41 | 9.98 | 1.43 |
| 2 | 11.07 | 10.44 | 0.63 |
| 3 | 14.63 | 9.77 | 4.85 |
| ROA | | | |
| 0 | 17.79 | 15.71 | 2.08 |
| 1 | 13.61 | 11.23 | 2.38 |
| 2 | 8.33 | 8.22 | 0.11 |
| 3 | 10.91 | 8.61 | 2.30 |
| ROE | | | |
| 0 | 23.23 | 25.53 | -2.30 |
| 1 | 11.33 | 10.14 | 1.19 |
| 2 | 9.28 | 10.04 | -0.76 |
| 3 | 11.10 | 11.24 | -0.14 |
| 营业费用率 | | | |
| 0 | 5.39 | 3.97 | 1.42 |
| 1 | 5.10 | 4.18 | 0.92 |
| 2 | 4.81 | 4.28 | 0.53 |
| 3 | 6.33 | 4.18 | 2.15 |
| 管理费用率 | | | |
| 0 | 7.53 | 6.87 | 0.66 |
| 1 | 6.94 | 7.30 | -0.36 |
| 2 | 8.22 | 8.41 | -0.19 |
| 3 | 11.13 | 9.17 | 1.96 |
| 财务费用率 | | | |
| 0 | 1.26 | 1.42 | -0.16 |
| 1 | 0.68 | 1.22 | -0.54 |
| 2 | 0.83 | 0.21 | 0.62 |
| 3 | 1.03 | 1.21 | -0.19 |
| 营业收入同比增长率 | | | |
| 0 | 24.45 | 25.94 | -1.49 |
| 1 | 27.68 | 23.28 | 4.40 |
| 2 | 29.15 | 24.40 | 4.75 |
| 3 | 11.72 | 17.18 | -5.46 |
| EPS 同比增长率 | | | |
| 0 | -16.67 | 15.11 | -31.78** |
| 1 | 7.89 | -8.88 | 16.77 |
| 2 | -33.82 | -20.61 | -13.21* |
| 3 | -21.94 | -15.93 | -6.01 |

**表 8　VC/PE 减持公司与没有 VC/PE 公司的数据比较**

| | VC/PE 支持的公司,减持 | 没有 VC/PE 支持的中小板公司 | 中值差异 |
|---|---|---|---|
| 销售毛利率 | | | |
| 0 | 28.07 | 15.79 | 12.28 |
| 1 | 25.07 | 26.50 | -1.43 |
| 2 | 24.81 | 24.84 | -0.03 |
| 3 | 32.38 | 23.96 | 8.42* |
| 销售净利率 | | | |
| 0 | 11.34 | 11.55 | -0.21 |
| 1 | 11.23 | 10.61 | 0.62 |
| 2 | 11.07 | 8.35 | 2.72 |
| 3 | 10.38 | 6.71 | 3.67* |
| ROA | | | |
| 0 | 16.34 | 16.36 | -0.02 |
| 1 | 11.86 | 11.04 | 0.82 |
| 2 | 8.33 | 8.37 | -0.04 |
| 3 | 9.09 | 6.75 | 2.34 |
| ROE | | | |
| 0 | 25.18 | 22.39 | 2.79 |
| 1 | 10.19 | 9.84 | 0.35 |
| 2 | 9.57 | 10.57 | -1.00 |
| 3 | 11.24 | 8.92 | 2.32 |
| 营业费用率 | | | |
| 0 | 4.09 | 4.24 | -0.15 |
| 1 | 4.31 | 3.97 | 0.34 |
| 2 | 4.46 | 4.16 | 0.30 |
| 3 | 4.38 | 4.56 | -0.18 |
| 管理费用率 | | | |
| 0 | 6.89 | 6.03 | 0.86 |
| 1 | 7.07 | 6.22 | 0.85* |
| 2 | 8.37 | 6.98 | 1.39** |
| 3 | 9.79 | 6.66 | 3.13*** |
| 财务费用率 | | | |
| 0 | 1.27 | 1.17 | 0.10 |
| 1 | 1.16 | 0.91 | 0.25 |
| 2 | 0.26 | 0.86 | -0.60 |
| 3 | 1.03 | 1.11 | -0.08 |

续表 8

| | VC/PE 支持的公司,减持 | 没有 VC/PE 支持的中小板公司 | 中值差异 |
|---|---|---|---|
| 营业收入同比增长率 | | | |
| 0 | 24.45 | 19.50 | 4.95 |
| 1 | 24.96 | 21.58 | 3.38 |
| 2 | 24.85 | 16.58 | 8.27 |
| 3 | 15.77 | 10.80 | 4.97 |
| EPS 同比增长率 | | | |
| 0 | 13.83 | 15.79 | -1.96 |
| 1 | -8.33 | 0.00 | -8.33 |
| 2 | -27.45 | -26.66 | -0.79 |
| 3 | -15.93 | -17.80 | 1.87 |

前面分析择机减持和强制减持的差异并没有得到显著的结论，如果把 VC/PE 减持的公司作为一个整体，与那些没有 VC/PE 支持的中小板 IPO 相比，经营业绩还是存在不同。例如 VC/PE 减持的公司销售毛利率稳中有升、销售净利率平稳、营业收入同比增长率保持稳定，而没有 VC/PE 支持的公司，经营业绩相关指标的波动比较大。只是由于样本较少，这些差异并不显著。导致差异不显著的另一个可能的原因在于，除了 VC/PE 需要减持之外，其他主要股东也同样面临股份解禁、减持的问题，因而没有 VC/PE 支持的公司可能也同样存在财务数据粉饰的问题，这样就无法检验两个样本存在的差异。

## 五　推进国内 VC/PE 行业的新发展

本文运用国内最新的新股发行数据，借鉴海外相关的研究方法，对 VC/PE 支持的 IPO 公司在发行定价、经营业绩、市场反应等方面与没有 VC/PE 支持的 IPO 公司存在的差异进行检验。检验的结果并没有得到与海外研究类似的结论，除了个别指标外，国内 VC/PE 支持的 IPO 并没有表现出显著的差异。对于这一结论，我们认为是国内发行制度的特点约束了 VC/PE 发挥筛选和证明作用。在事实上的审批制的发行制度下，IPO 成为稀缺资源。对于投资者来说，往往意味着能够无风险获取一级市场和二级市场之间显著高于国际平均水平的溢价，这就促使投资者应该尽可能多地参与 IPO 项目，套取无风险收益，因此，VC/PE 并不会对 IPO 公司进行十分苛刻的筛选。在这一过程中，监管机构的审批环节已经在事实上发挥筛选作用，能够 IPO 的项目通常都被认为是经过挑选的优秀公司。这两方面的原因使得 VC/PE 的筛选和证明作用不再显著。国内 VC/PE 的发展历史较短，到目前为止尚未在资本市场形成影响力，从总体上看无法与其他金融机构形成合力，这也限制了 VC/PE 支持的公司在 IPO 之后获得超越其他公司表现的能力。

因此，国内 VC/PE 行业如果要展现出对上市公司的筛选证明能力和市场影响力，必须要有长时间发展的积累，而且国内的资本市场发行制度要逐步放松审批以给 PE、VC 以充足的筛选余地和空间。

值得关注的是，VC/PE 支持的公司在人员激励方面表现出了显著差异，表现为较高的管理费用率。较好的人员激励制度，有利于公司的长远发展，也是国内公司所普遍缺乏的，如今在 VC/PE 的影响下，新上市的公司开始形成良好的治理结构和激励机制，有助于国内资本市场形成良性的股权文化。

## 参考文献

Ming Sun, Sihai Fang, "The Role of Venture Capital in Listed Companies: Evidence from Mainland China", Working paper, 2008, SSRN.

Chemmanur, T. J. and Loutskina, E., "The Role of Venture Capital Backing in Initial Public Offerings: Certification, Screening, or Market Power?", Working paper, 2004, Carroll School of Management.

Jain, B., Kini, O., "Venture capitalist participation and the post-issue operating performance of IPO firms", *Managerial and Decision Economics*, (16) 1995, pp. 593-606.

清科研究中心:《清科数据: 2010 上半年 PE 新募逾 190 亿美元投资规模持续下滑》, 2010 年 7 月。

清科研究中心:《清科数据: 58 亿美元涌入中国创投　巨额资本何去何从》, 2010 年 7 月。

# 私募股权基金型企业融资：资本市场定位及双刃效应

何小锋　窦尔翔　李　萌*

中小企业采用私募股权投资基金作为融资工具的实践方兴未艾，但相应的理论研究还有待于进一步提速加深，否则会影响到企业融资策略的有效抉择。

## 一　企业采用私募股权投资基金的理论基础

现有的企业融资理论所讨论的情况可以抽象为以下几个方面：站在投资者立场上还是融资者立场上？谈的是上市企业还是未上市企业？谈的是初创型企业还是成熟型未上市企业？因子的具体效应针对的是股性融资工具还是债性融资工具？双方的行为策略分别是什么？

融资结构理论实际上是从融资者和投资者两类主体可能面临的风险与收益函数出发探讨金融工具的性质和结构。生命周期则强调的是处于不同生命周期阶段企业的财务特征和融资需求所决定的金融工具的性质和结构。企业融资生命周期理论迟于企业融资结构理论，前者可以理解为特定生命阶段的企业融资结构理论。这样如果将每一种企业融资理论看做不同生命阶段企业金融工具选择的敏感因子的话，就会得到一个融资工具性质视角下基于企业生命周期的融资决策影响因子分析矩阵表，如表 1 所示。

表 1 说明，每一种融资结构理论，相当于强调每一个影响因子下，投融资某一方针对每一个生命阶段的某一种金融工具所作的评价。我们给这种评价以描述

* 何小锋，北京大学经济学院金融学教授、博士生导师；窦尔翔，北京大学软件与微电子学院副教授；李萌，北京大学软件与微电子学院在读研究生。

性“赋值”。我们发现第二列赋值最强。这个赋值对应的企业生命周期是初创类企业，对应的融资工具是股性金融工具。

**表 1　融资工具性质视角下基于企业生命周期的融资决策影响因子分析**

| 影响因子 \ 生命周期 | | 未上市企业 | | | | 上市企业 | |
|---|---|---|---|---|---|---|---|
| | | 初创企业 | | 成熟企业 | | | |
| 信息对称 | 立场投资 | 债性很不强 | 股性较强 | 债性较不强 | 股性较强 | 债性较强 | 股性较强 |
| 代理成本 | 立场投资 | 债性大 | 股性小 | 债性大 | 股性小 | 债性较小 | 股性大 |
| 税遁效应 | 立场融资 | 债性小 | 股性无 | 债性较小 | 股性无 | 债性大 | 股性无 |
| 破产压力 | 立场融资 | 债性大 | 股性较小 | 债性大 | 股性较小 | 债性大 | 股性小 |
| 融资顺序 | 立场融资 | 债性2 | 股性1 | 债性2 | 股性1 | 债性1 | 股性2 |

这个现象，与融资优序理论（Myers，Ma-jiluf，1984）所提出的企业应当首先进行内源融资的理论一致。初创型中小企业股权融资的目的主要是为了解决资金问题，成熟型企业采用股权融资则还有超越资金以外的诉求。

现有的融资机构理论主要讨论融资工具的性质、募资的公共性两个问题，并没有将募资的组织性纳入讨论范畴。没有重点回答私募模式与基金制度结合的动力机制。本文以融资工具的性质、募资的公共性、募资的组织性为讨论维度，将混沌的资本市场体系细化为八个资本市场子体系，并从现有资本结构理论的研究成果中寻找共性结论，将研究的重点聚焦在中小企业的股性融资维度上，进而探讨了从股性融资资本市场到机构型股性资本市场思维展开的路径，从而体会私募股权投资基金这一重要的资本市场子系统产生的逻辑及其效应。

## 二　投资风险平衡机制与私募股权投资基金功能

依据资本工具的性质和募集方式即股权融资、债券融资、公募融资、私募融资、直接融资或间接融资等六个方面可以构成一个矩阵表，从而在理论上可以得到八个资本市场子系统，共同构成资本市场总系统，如表 2 和表 3 所示。

表 2　资本市场的八个子系统

| 融资方式 | 公募融资 | | 私募融资 | |
|---|---|---|---|---|
| 股权融资 | 股权类公募 | 机构类<br>非机构类 | 股权类私募 | 机构类<br>非机构类 |
| 债权融资 | 债权类公募 | 机构类<br>非机构类 | 债权类私募 | 机构类<br>非机构类 |

表 3　资本市场的八个子系统

| 融资方式 | 公募融资 | | 私募融资 | |
|---|---|---|---|---|
| 股权融资 | 公募股权 | 证券(股票)投资基金<br>股票融资 | 私募股权 | 私募股权投资基金<br>天使融资、股性内源融资 |
| 债权融资 | 公募债权 | 证券(债券)投资基金<br>债券融资 | 私募债权 | 私募债权投资基金、银行<br>民间金融 |

这八个资本市场子系统，会产生八种资本市场合约（工具），不同的资本市场工具其投融资双方所面临的风险是不同的。由于信息不对称的存在以及资金的稀缺性，投资方具有投资工具决策的主动权，因而从投资者风险管理的角度理解资本市场子系统的内部运行结构具有重要意义。本节将从风险平衡机制的角度理解资本市场之间的内在联系。

## （一）投融资风险与募资制度的风险平衡机制

金融品与实物品在辨识难度上具有明显的区别，后者的品质一方面通过工商系统、商品品质检验和监督部门等保证，另一方面购买者也可以通过即时感受加以辨别；前者购买的是证券、权力（股权、债权）等抽象的金融品，投资者难以感知和鉴别。由于金融具有跨期配置资源特征，其价值能否实现往往要经历一定时期。因此，金融产品需要更多的辅助机构来保证其品质。公募和私募决定了两种不同的金融工具品质保证路径，它可以理解为两种不同的风险平衡机制。

### 1. 以募资工具标准化为起点的投融资风险平衡机制模型

公募资本市场体系与私募资本市场体系的本质区别在于募资对象是否相对确定，从而融资工具是否需要标准化。前者募资对象具有非确定性，法律上规定人数可以超过 200 人，募资信息的发布可以采用“广”告形式，募资工具是符合特定法律资格的融资主体、聘请特定法律资格的工具代理人、经过严格法律程序制造出来的标准化合约；私募融资对象则有范围上的限制，人数也不可超过200人，募资信息的发布不可以采用“广”告形式，募资工具的标准化程度很低，如表4所示。

**表4　公募融资与私募融资资本市场矩阵**

| 融资方式 | 公募融资（标准化） | 私募融资（非标准化） |
|---|---|---|
| 股权融资 | 股票 | 非标准化股性合约 |
| 债券融资 | 债券 | 非标准化债性合约 |

对处于成熟期的企业来说，假定企业可以采用公募、私募两种融资方法，公司该如何决策？这要取决于资本市场的有效性与投融资双方的偏好和认知程度。

在一个有效资本市场，股票价格与企业实绩具有较高的关联度，投资者偏好于公募投资工具，融资者一旦选择公募融资，自己将面临双刃剑效应。但在一个低效资本市场，股票价格与企业实绩关联度不高，公开资本市场对企业的有效监督作用不强，融资者特别是想“圈钱”的融资者更偏好于公开资本市场融资。对于投资者来说，这时的资本市场更多地蜕变成通过获得资本利得而进行投机甚至赌博的平台。与此相反，由于股权具有同质性差、非标准化强、交易非连续性等特征。在适度竞价交易的条件下，股性交易既能发现其价格，也能反映实体企业的业绩。

公募资本市场与私募资本市场对企业治理作用的差异，与投资者在两种资本市场上所关注的风险次序不同有关（曹和平，2007）。尽管股票投资和股权投资都是投资于资本品以获得未来收入流的金融制度安排，但股票投资先进入的是股市，受市场风险制约是一阶的，受企业成长风险制约是二阶的；而股权投资的进入顺序则刚好相反，先进入的是企业，受企业（项目）风险的制约是一阶的，受市场风险的制约是二阶的。

假定尽管资本市场是有效的，但企业处于上市前的中小企业阶段，那么企业只能选择私募方式进行融资。我们期望能说明的是企业究竟采用什么融资模式，即机构类型与私募类型两维决定的是四种资本市场中的哪一种？取决于融资模式是否能保证投资的安全性。

（1）公募模式的风险平衡机制模型。

俗话说“买家不如卖家精”。企业比投资者对自身的现金流和管理运营状况具有信息优势。公募模式的风险平衡机制可以理解为，投融资者委托一系列中间人联合监督、制造投资工具。具体表现为，证监会出台证券生产和交易的法律法规，要求有资格的投资银行机构负责代理投融资者组织金融工具的生产和销售。在此过程中，会计事务所负责代理双方生产合格会计报表、审计事务所则负责对企业资产货币化的合理性进行审查或纠正；律师事务所则对所有中介机构主体的合法性、提供产品的合法性、企业行为的合法性加以确认。

从机理上来看，证券监管机构和所有的中介机构一方面是融资者的代理人。因为融资者本身既不具备制造金融工具的专业知识，也难以保证不损害投资者利益而生产假冒伪劣金融工具；另一方面是投资者的代理人。因为投资者既不具备金融工具的甄别能力，也不具有了解企业品质的信息优势。在重复博弈的条件下，融资者也希望所制造的金融工具能降低投资者风险。这种公募制度在本质上是一种投资者风险降低机制，其核心是监管和生产代理制度。公募制度下投资者降低投资工具风险的路径是：企业 - 证券发行制度 - 投资者。

（2）私募模式的风险平衡机制模型。

与公募模式下投资者风险平衡机制不同，私募模式下，企业制造金融工具难以进入政府监管机构的视野，企业制造金融工具不像公募制度那样需要合格中介机构参与，按照严格的流程进行生产，在特定场所进行销售。而是投资者为了降低投资风险，通过基金制度自发地组织起来，委托经验丰富的基金管理人代表自己与融资者磋商，共同进行投资工具的设计、生产与买卖。金融工具体现为一整套合约文本。由于不同的投融资者所生产出来的金融工具不同，这些合同的行文、内容各有特点，差异性较大，标准性差。

如果说公募制度是投资者和融资者双方共同委托的制度。那么私募制度具有单方委托者的特征，基金制度是投资者进行委托 - 代理的核心。其募资工具具有非标准性、交易场所非官方指定性、交易具有非连续性的特点。其投资者投资工具风险平衡路径为：企业 - 基金制度 - 投资者。

由此可见，公募制度和基金制度是投资者在公募模式和私募模式下降低自己投资风险的两种金融制度安排。如果两种制度的运行环境足够好，企业规模足够大，两种制度都可以选择并将有效运行。然而，如果企业不符合公募标准，企业只能采用私募融资制度，或者企业能够上市，但若资本市场有效性差，公募制度将会使投资者（非投机者）面临风险，不利于宏观经济发展。

### 2. 非交易型代理制度与交易型代理制度

公募和私募两种不同的金融工具生产发行代理制度有着本质的区别。

公募型风险平衡制度可以理解为非交易型金融工具代理制度。在其委托－代理过程中，“一行三所”一般不参与金融工具的买卖。尽管作为多个风险平衡机构之一的投资银行业有自营业务、包销机制和做市商，也存在购买环节，但买卖只是制度的中间环节，并非目的。主要是因为，投资银行自营时未必要购买自身推荐上市的证券，而包销机制和做市商机制的本意也不是借此盈利。而且包销机制和做市商机制也不是投资银行的原始典型业务。这种非交易型的证券发行制度的风险平衡机构模型可以抽象为：企业－非交易型代理机构－投资者。

私募模式下代理制度的交易性表现在以下几个方面：第一，投资者不直接购买融资企业的股权，而是先要购买基金份额，然后借由基金管理机构购买企业股权；第二，基金管理机构在本质上与投资者利益是捆绑在一起的。基金经理人投资水平的高低决定着基金投资者的成败和盈利程度。比如，公司制下，基金投资人实际上是企业的股东，公司管理者往往就是基金持有者，其投资水平直接决定着基金投资的业绩。基金经理人直接参与了股权金融工具的制造和交易。有限合伙制下，关于GP出资1%、GP在管理费之外还有业绩奖励的规定，都使得GP与LP的关系紧密相连，二者的目标函数几乎一致。而信托制下，一方面信托机构也由类似于GP的盈利模式；另一方面在国外，发起人既可以是法人也可以是自然人，契约型基金发起人在基金设立后往往成为基金管理人或基金管理公司的主要股东。从反面来看，如果基金管理人违反了相关法律规定或契约规定，基金管理人要承担相应的责任。比如，无限责任、有限责任、罚款、降薪和撤职等。总而言之，从本质上讲，私募下的基金并非是一个不参与买卖的中介服务机构，而是一个“投资者延伸制度”。

### 3. 机构投资者的本质

表2表明，不管公募资本市场还是私募资本市场，都可以在其中镶嵌机构投资者环节，如表5、表6所示。

表5表明个人可以投资于股票和债券，机构也可以投资于股票和债券。

**表5　公募资本市场中嵌入机构投资环节**

| | 非机构类 | 机构类 |
|---|---|---|
| 股票 | 个人投资 | 机构投资（广义基金） |
| 债券 | 个人投资 | 机构投资（广义基金） |

表6则表明个人可以投资股权，比如创业投资中的天使投资。个人也可以将钱贷给其他经济主体，比如民间借贷；当然也可以通过私募股权投资基金或者银行与融资者订立或交易合约。

**表6　私募资本市场中嵌入机构投资环节**

| | 非机构类 | 机构类 |
|---|---|---|
| 股权类私募 | 天使融资 | 私募股权投资基金 |
| 债权类私募 | 民间借贷 | 银行借贷 |

机构投资者嵌入资本市场的动因何在？前文研究表明，机构投资者具有平衡投资者认知风险的功能。尽管公募和私募两种模式的资本市场都可以嵌入机构投资环节，但显然公募私募的风险程度不同，其风险平衡需求、平衡机制和重点是不同的。公募模式的募资工具标准化程度较强，透明性也相对较强，投资者对投资对象的认知相对增强，认知风险平衡的需求也相对较弱，可以不需要机构投资者来平衡投资者的认知风险；私募模式的募资工具标准化程度较低，透明性也相对较差，投资者对投资对象的认知难度较大，投资者认知风险平衡的需求则相对较强。私募风险平衡的实现是通过机构提升单个投资者的认知风险来实现的。

从平衡投资者认知风险的角度理解机构投资嵌入传统资本市场的必要性上来讲，资本市场将由表2八个子系统，演化为表7的四个子系统。这也是为什么我们通常只强调资本市场八个子体系中的四个。

**表7　基于降低投资者风险认知机制的四个资本市场子系统**

| 融资方式 | 公募融资 | 私募融资 |
|---|---|---|
| 股权融资 | 股票 | 私募股权投资基金 |
| 债权融资 | 债券 | 商业银行 |

然而，在现实中，机构投资者毕竟与股票投资和债券投资密切相连，这种连接不是为了降低投资者认知风险，而是为了降低投资者面临的系统性风险。私募融资中嵌入机构投资当然也起到降低投资者系统风险的作用。

由此我们可以得出结论：机构投资者嵌入公募融资制度，其作用的重点是单层功能，即降低投资者面临的系统风险；而机构投资者嵌入私募融资制度的作用具有双层性，第一层是降低认知风险，第二层是降低系统性风险。

### （二）股性风险平衡机构的特殊性

表2中的非机构类指的是个人；机构投资者的种类则比较广泛，主要包括资产管理公司、信托公司、投资基金、银行等等①。机构投资者有三种功能，一是强调其具有一定规模的自有资金，有专业的投资认知能力；二是强调其能纯粹通过委托－代理机制代客理财；三是机构投资者往往能发起基金，具有资金聚集功能。其中资金聚集功能是上述所有机构的共性。如果将聚集起来的资金就叫做“基金”的话，就会形成最广义的“基金”概念②。本文研究的是广义投资基金，如果按照基金的形成与基金资产的运用进行组合分类，可以形成以下矩阵，如表8所示。

**表8　广义投资基金分类**

| 基金资产运用 / 基金资金成因 | 债性资产运用 | 股性资产运用 |
| --- | --- | --- |
| 债性资金成因 | 债性基金债性使用:广义投资基金贷款性投资,如银行贷款 | 债性基金股性使用:如银行投资 |
| 股性资金成因 | 股性基金债性使用:如基金贷款 | 股性基金股性使用:狭义投资基金股性投资。证券投资基金与股权投资基金 |

一般投资基金包括两个生态链，一是基金的形成，二是基金投资。如果将银行业纳入投资基金的范畴形成广义投资基金，那么投资基金资金聚集的成因有两个：一个是通过债性合约聚集，比如银行存款资金的形成。一个是通过股性合约

① 广义的投资行为既包括通过实体资产的投资，也包括金融资产的投资；既包括以股行合约为纽带的投资，也包括以债性合约为纽带的投资。

② 基金（Fund）有广义和狭义之分，从广义上说，基金有三个层次的内容。第一个层次：转移支付类基金。即不以回报为目的而形成的基金。又分为个人自愿捐助而形成的基金与政府和事业单位拨款形成的基金，这些基金具有特定的目的和用途。以基金会形成的基金为代表；第二个层次：股性成因型基金。所有以价值增值为目的而形成的基金，这类基金表现为机构投资者的统称，包括信托投资基金、单位信托基金、公积金、保险基金、退休基金、证券投资基金、股权投资基金。这些基金有的强调基金的形成，有的强调基金的用途。其收益都将会在供资者之间分配，具有风险收益共担的特征；第三个层次：债性成因型基金。比如，银行可以看做一种类准基金，它具有聚集资金的作用。但这类准基金的收益在合约形成的时候就已经定了，不具有收益共享、风险共担的性质。只是在聚集资金方面有相应的风险降低功能。由此可见，第二个层次的含义，是最为典型的基金定义，属于狭义的投资基金含义；而第二层次含义与第三层次含义共同构成广义投资基金定义。

形成资金聚集，比如狭义投资基金；基金的投资则分为债性投资，比如银行类基金的贷款。还有股性投资，比如狭义投资基金的投资。

这样，基金形成与基金投资可以有四种组合。在四种组合中，最为典型的是股性基金的股性使用，比如股权投资基金与证券投资基金。这两种基金都属于狭义投资基金。不过由于证券投资基金的主要功能是降低系统性风险，因而不是本文研究的重点。对于债性基金的债性运用情形，其典型代表是分业经营状态下的银行机构。这是非典型的投资基金类型，属于广义的投资基金。

另外两种投资基金形态尽管在现实中很少见，但在理论上具有存在的合理性。一是股性基金债性使用，如基金贷款；二是债性基金股性使用，如银行投资。银行投资实际上是混业经营的一种表现。不少学者和业界人士一直呼吁应当放开银行投资私募股权基金或者股权投资。可见，银行混业经营在中国也是业界日益迫切的期望。基金贷款在现实中似乎不常见，但也可以找到其变种形态。比如股份制银行，甚至一般银行由于其有股东自有资本，可以看做股性成因基金与债性成因基金的复合体，那么银行贷款也可以近似看做基金贷款。

对于投资者来说，现实中已经存在的银行机构与私募股权投资基金都具有风险平衡功能。当投资对象为中小企业时，鉴于银行的收益的固定性，银行投资尽管也可以像股权投资基金那样利用投资组合来降低系统性风险，但其组合收益要小于股权投资的组合收益。同时由于中小企业的抵押物和现金流有限，也无法借此增加银行贷款的意愿。

显而易见，在企业融资方面，私募股权投资基金对银行具有极强的替代作用。这样会在直接融资的基础上促使“脱媒”程度进一步加剧。这种“脱媒”会带来深刻的经济金融后果：其一，私募股权投资基金型“脱媒”，会造成货币创造机制的消失，对货币流通速度和宏观调控造成重大影响；其二，银行作为特殊的长命机构，其进入、运营和退出都受到银监会等国家机构的严格监管，而私募股权基金接受监管的力度很小，而且都是有寿命的。其资金配置具有较强的波动性。

## 三　私募股权基金融资的双刃效应：融资方视角

对于融资方来讲，私募股权投资基金在给企业带来正面效应的时候，也隐含不容忽视的潜在风险。

## （一）私募股权基金融资的超融资功能效应

对于企业来说，私募股权基金的首要功能是融资。第三节研究表明，融资功能是私募股权基金融资与其他八种资本市场具有相互替代效应的共性特征，同时也是中小企业采用股权性质融资时相对有效的融资方式。以蒙牛成长为例，其在1999年创立时的全国排名只是第1116位。2001年初，蒙牛希望利用中国乳制品行业快速发展的机会扩大企业的生产和销售规模。但是初创期的蒙牛无法获得足够的银行贷款进行快速扩张。而2002年摩根斯坦利、英联、鼎晖三家PE对蒙牛的联合注资使蒙牛得以借助资本运作迅速地成长了起来。其实，蒙牛之所以能迅速壮大，更加核心的原因在于私募股权投资基金使蒙牛获得了除资金以外的治理结构改善与增值服务机制，尤其是在企业风险评估、内部治理、管理创新和培育、吸引人才、市场或战略等方面的资源整合功能。

**1. 治理结构改善与增值服务机制**

私募股权投资基金制度的生态链条是基金持有者群体→基金管理者→基金股权投资→企业。其制度效应机理如下。

首先是股性投资本身带来的制度效应。股权投资基金提供的是股性投资工具，就股性合约本身来讲，可以带来如下效应。一是股性合约的治理结构优化效应。股性投资工具可以引入多元化投资者，既能满足企业发展需要多个所有者提供资源的要求，又能克服所有者单一化造成的治理效应低下的弊端。二是股性合约带来的利益捆绑效应。股性投资的本质是风险共担、收益共享机制，这会促使持股各方拥有相对一致的风险收益函数，从而使得入股者在主观上产生增值服务动力。

其次是私募股权投资基金所产生的超越股性合约本身的制度效应。这主要是由于私募股权投资基金是股性投资工具制度与基金制度的复合体。基金制度所带来的制度效应主要表现为：一是基金管理者会要求在投资合约中必须表明基金管理者在被投资企业中拥有执行董事席位或者拥有一票否决权。这在一定程度上通过制度的形式保证了基金参与企业治理的权力。二是基金管理者属于专业化机构，具有设立多支基金和多次设立基金的专业化经验，因而“阅企无数”，在为企业提供增值方面，拥有丰富的经验。在客观上为企业增值提供了经验保障。

股性合约使投融双方的目标函数总体一致，为了实现企业增值的目的，二者产生不断重构企业的动力，甚至树立企业上市的目标。

股票市场无效的环境下，企业采用公募制度毋宁采用私募制度。其主要的原因在于前者的委托－代理问题比后者大。一般来说，代理链条越长，委托－代理问题越严重，制度效率越低。上市企业与未上市企业的委托－代理链条都可以抽象为：小股东－大股东－股东大会－董事会－企业经理－员工。但二者的内在特征却有很大差异。表现在“投票”的有效性以及是否存在内部人控制两个方面。对于股权分散的上市企业，小股东仅仅只能“用脚投票”，而且也容易存在内部人控制；而对于未上市企业来说，股权投资者基本上都能参与企业的重大决策，其典型的委托代理链条可以简约为“股东－员工”，因而其委托－代理问题不如上市公司那么严重。

**2. 总体一致的行为效应：上市目标与重构动力**

企业上市，是使企业股权增值的重要方法。企业上市的过程是一个重大的制度变革过程，其实施既需要庞大资金，也需要上市专业技能，更需要上市运作的人脉。在这三个方面都有优势的私募股权投资基金对促使企业上市是至关重要的。企业上市分为二板市场上市和主板市场上市，后者需要更长时间的培养。

在上市资源短缺的条件下，企业上市自然会呈现需求大于供给的情形。股权持有者可能会产生股权转让的需求。股权转让市场分为两种情况，一是分散交易的私密市场，一种是类似于 OTC 的集中交易市场。中国产权市场要求国有股权必须进场交易，具有比国外 OTC 市场更高的交易效率。

股权转让的另一动因是企业重构，企业重构的动因则是企业价值的增加，即股权价值的增加。所谓企业重构是企业重组和企业收缩的双向调整过程。广义企业重构是不一定涉及控制权的重构，狭义企业重构则是涉及企业控制权的重构。

安永会计师事务所于 2008 年公布的一项调查结果显示，私募股权投资基金的投资使得受资企业具有更高的且可持续的成长性。在全球前 100 名私募股权投资基金的退出案例中，私募股权投资基金所投资的各种规模的公司的企业价值复合年增长率均高于同期相同规模的上市公司企业价值的复合年增长率。

### （二）企业可能面临的风险

尽管股性合约总体上使投融资双方的目标函数趋于一致，但由于投融资双方在主观目标、权力安排、客观实力等方面存在差异，运营函数甚至绩效函数必然存在差异。特别由于作为基金的投资者拥有丰富的经验、专业化的技能和广泛的人脉，是合约中的优势方，容易产生损害融资方的可能。所以，私募股权基金与企业之间所签订的协议，在给企业带来融资和超融资收益的同时，也给企业带来某些潜在风险。协议中的以下条款容易给企业带来风险。

**1. 决策权条款与不当干预**

私募股权投资基金要求在合约中规定方方面面的条款，以在信息不对称的条件下保障私募股权投资基金的权益。其中有可能对企业产生的风险的部分条款如下。

①进入董事会的权利。投资者可以在被投资企业占有一定董事会席位的权利。

②保护性条款。即企业必须得到一定数量的股权支持，才可以决策投资与否。

③清算权条款。清算有两种情况，自行清算和破产清算。前者指企业业绩没有达到一定标准时，董事会研究决定企业解散；后者是指企业资不抵债时企业被迫解散。对于前者，投资者也有可能利用“回购清算权”作为手中的砝码，与企业家进行磋商与谈判，软性地将企业的更多控制权转移到自己手中；对于后者，投资者可以通过优先清算权（Preferred Liquidation）实现自己的利益。

④经营不善时的控制权转移条款，也可以称作企业下降条款。该条款规定，若被投资企业的会计报表抑或财务数据下降到了一定数值，企业就应当将其控制权包括董事会控制权转移给私募股权基金。

⑤附带的限制性条款，普通优先股是以放弃投票权为代价的，而可转换优先股则附有表决权，这使私募投资人拥有同普通股股东一样的权利，并拥有控制权，这一机制可以为融资企业高管的报酬、分发红利、调整可转换比例、更换高管等补救措施提供有效的保证。另外，私募投资人往往在企业董事会中会占有一席，并对包括企业出售资产、股权、关联交易等重大事项享有一票否决的权利。

因私募投资人往往入股后处于小股东地位，并不参与融资企业实际经营管理，其与融资企业之间在信息上是不对称的。因此，除上述条款外，私募投资人也会根据具体情形在协议中设置反稀释权、跟卖权、知情权等条款保护其利益。

尽管投资者未必想介入企业的经营管理，但决策权保证条款有时也容易使投资者对企业实施不当干预。当投融双方利益一致，基金管理方产生了认知错误，从而产生错误干预的情况；当投融资双方利益不一致时，基金管理方作出不利于企业的决策，从而产生过度干预的情况。

**2. 强制“赎售”条款给企业带来的压力**

赎售条款是赎回条款和强制原有股东卖出股份的权利的合称。这两种情况都会给企业带来雪上加霜的损失。

强制赎回条款是私募投资人入股融资企业后的风险控制手段之一。如果融资企业没有达到经营预期，无法上市，也没有实现股权转让，则私募投资人要求融资企业原股东或管理层在一定期限以一定条件回购私募投资人的股份。

一般来说，清算价格是下列价格中较高的一个：一是投资者持有的企业的最近股份的净资产；二是原始购买价格加上承诺但尚未支付的红利。如果企业现金不足以支付回购总价，那么剩余的部分可以自动转化成一年到期的利息可以商定的商业票据。①

赎回权增强了私募股权基金的清算权，能够灵活地要求偿付，它的优越性在于超越了债务合同仅在不能按期支付而发生违约时才会清算的情况，企业不能强制私募股权基金行使赎回权，从而增强了灵活性，但却给企业带来了较强的不确定性。

强制出售条款是指强制原有股东卖出股份的权利（Drag-along Right）。如果被投资企业在一个约定的期限内没有上市，投资商有权要求原有股东和自己一起向第三方转让股份，原有股东必须按投资商与第三方谈好的价格和条件按与投资商在被投资企业中的股份比例向第三方转让股份。

股票被回购的权利（Redemption Option）和强制原有股东卖出股份的权利（Drag-along Right）可以保障投资者在被投资企业无法如期上市时，有其他的退出途径。这些条款将在企业经营不善时，给企业带来更大的压力。

**3. 估值调整协议下的赌博性风险**

估值调整机制（Adjustment Valuation Mechanism，AVM），也称业绩奖惩条款、对赌条款、对赌协议，所谓对赌条款，是指在私募股权投资中，投资方与创

① 赎回权一般是附加在证券之上，但是在中国的制度环境下，存在屈指可数的证券可以附加赎回权，因此导致私募股权投资缺乏赎回权的使用，降低了私募股权投资的效率。而在美国，78.7%的私募股权投资金融契约中含有赎回权条款，它的期限一般是5年。

始股东或管理层在条款清单（Term Sheet）及其他协议中双方对于未来不确定情况的一种约定：如果约定的条件出现，私募投资人可以行使一种估值调整权利；如果约定的条件不出现，融资企业则行使一种权利。该机制的实质是期权的一种形式。由于结果是不确定的，与赌博有一些相似之处，因此被形象地称为“对赌”。

具体来说，一般认为，对赌条款的出现，是缘于投资方对目标企业了解不充分（信息不对称造成的）以及未来经营成果的不确定性，然后双方共同商定一个暂时的中间目标，先按照这个中间目标给目标企业估值。一定时间后（一年或者几年）如果目标企业经营业绩非常出色，投资方就适当调高投资的价格；反过来如果目标企业经营非常糟糕，投资方就适当调低收购价格。而这种调高或调低投资价格，通常是以双方股权的变化来实现的。因此，对赌中，双方赌的是目标企业未来一定时期的经营业绩，而筹码则是双方各自所持有的股权。

（1）对赌协议成败的部分案例。

对赌条款的设计，可以有效保护私募投资人利益。但如果企业对该机制不够熟悉，或对未来情况估计不足，或者协议缺乏范围限定，则可能给企业带来巨大损失。表9是部分带有股权附加条件而导致企业失败的案例。

**表9　带有股权附加条件私募股权投资案例**

| 投资概述 | 股权设计 | 附加条件 | 对赌结果 |
|---|---|---|---|
| 1997年底华平注资1100万美元入股亚信，取得少数股权。 | 11% | 如果亚信未能实现约定的增长目标，华平持有的股权比例自动升至22% | 亚信未能实现约定的增长目标，华平持有的股权比例自动升至22% |
| 2005年初，摩根斯坦利及鼎晖以5000万美元认购上海永乐家用电器少数股权。 | 27.31% | 若2007年（可延至2008年或2009年）净利润高于7.5亿元，外方将向中方转让4697.38万股；如果净利润不高于6.75亿元，中方将向外方转让4697.38万股；如果净利润不高于6亿元，中方向外方转让9394.76万股。 | 永乐未能完成目标，导致控制权旁落，最终被国美电器并购。 |

企业要减少对赌协议所带来的损失，订立对赌协议时应当采取以下措施。

（2）预防损失的措施。

对赌协议的本意不是为了赌博，也不是为了借机损害对方，而是为了弥补先于现实估值的偏差，实现双赢。既然如此，如何依据现实指标而调整先期的估值才是问题的根本。好的估值调整协议是能促使企业赌赢的估值调整协议，企业赌赢就意味着“双赢”。

①设计企业的“保底条款”。由于分段投资等制度设计，企业难以通过“引股”的方式实施欺诈，即“恶意引股”；但投资方可能通过对赌条款而让企业掉入陷阱，即“恶意入股”。所以，对赌条款应具有规避“恶意入股”的功能。“保底条款”就是设定惩罚企业的上限。其中创始股东保留绝对的控股权是至关重要的。北京动向陈义红与摩根斯坦利 2006 年 5 月签订的对赌条款即是一典型的例子，就是将摩根股份的变化的上限限制在 40% 以内。现该公司已如期在港交所公开上市。

②设计重复博弈结构的对赌条款。企业表现的“波动性”是重复博弈结构的依据。蒙牛与英联所签订的对赌条款就是包含 2002 ~ 2003 年、2003 ~ 2006 年两个阶段的双层博弈结构，尽管首次博弈蒙牛输了，但在本质上英联也“输了”。好在通过二次博弈的机会，蒙牛达到了获胜的目标，但在本质上英联也“赢了”。

③指标结构化，刚柔相济。对赌条款的业绩标准较多使用的是财务指标（盈利水平）。从已有的案例情况来看，在外资并购时，我国企业在对赌协议中约定的盈利水平过高，对企业管理层的压力过大。这样有时会迫使管理层作出高风险的非理性决策，导致企业的业绩进一步恶化。可以在协议条款中多设计一些盈利水平之外的柔性指标（非财务指标）作为评价标准。事实上，外国对赌协议业绩指标还包括市场份额、专利，甚至更多的非绩效指标。

④对赌条款明细化。对赌条款的歧义也是导致企业对赌风险增加的原因。国际企业之间的对赌甚之。因而明晰对赌条款十分重要。具体来说，一是说明适用什么会计标准和审计机构。比如国际会计准则还是境内会计准则？二是细化估计企业未来情景，不可简单、笼统和过于乐观。三是要包含除外责任。即要进一步明晰导致未满足预期的原因，甚至在有些原因下要由投资方承担责任。

## 四　结论

企业融资结构理论的主要内容不能仅仅简单归结为在不同生命阶段确定股性

和债性比例。其核心内容及其深化含义包括两个层面，一是处于不同生命周期的企业其融资结构权重不同。不仅如此，企业采取私募融资的时候，一般可以通过基金制度来降低投资者风险；二是投资者风险平衡制度效率的高低既取决于制度参与者素质的高低，又取决于制度前提的状况。这决定了一方面投融资双方应当对制度本身有不断深化的理解，比如，对私募股权投资基金制度来说，融资者要明晰基金制度的双刃效应并提升规避的能力；另一方面政府应当要么改善低效制度的前提条件，要么紧缩低效制度的比例，或者说扩张高效制度的比例，比如在股票市场低效的条件下，政府应支持企业采用私募股权投资基金融资制度，降低公募发行的比例。

## 参考文献


Berger A. N. , LJ dell G. F. , "The Economics of Small Business Finance: The Roles of Private Equity and Debt Markets In The Financial Growth Cycle", *Journal of Banking and Finance*, 1998, 22.

Lakshmi Shyam-sunder, Stewart C. Myers, "Testing Static Tradeoff Against Pecking Order Models of Capital Structure", *Journal of Financial Economics*, 1999, 51.

S. Myers, "Determinants of Corporate Borrowing", *Journal of Financial Economics*, 1977, 9.

J. Scott, "Bankruptcy, Secured Debt, and Optimal Structure", *Journal of Finance*, 1977, 32.

Sheridan Titman, Roberto Wessels, "The Determinants of Capital Structure Choice", *The Journal of Finance*, 1988, 1.

郭鹏飞、孙培源：《资本结构的行业特征：基于中国上市公司的实证研究》，《经济研究》2003 年第 5 期。

孙永祥：《所有权、融资结构与公司治理机制》，《经济研究》2001 年第 1 期。

曹和平主编《中国产权市场发展报告（2008～2009）》，社会科学文献出版社，2009。

# 前沿理论篇

FRONTIERS OF RESEARCH

# 基金资本市场链的机理与效应

## ——基于股权基金与证券基金的比较

何小锋　窦尔翔　康从升 *

## 一　引言

### （一）背景与意义

以资本市场中的公开性、合约性质、投资者组织性等三大要素为矩阵维度，资本市场体系可以细化为八个资本子市场。股权投资基金资本市场与证券投资基

* 何小锋，北京大学经济学院金融学教授、博导，研究方向：投资银行、资产证券化、私募股权投资基金；窦尔翔，经济学博士，北京大学软件与微电子学院金融信息工程系副教授，研究方向：价值理论、金融发展、产业金融与投资银行；康从升，北京大学软件与微电子学院金融信息工程系研究生，中国教育金融网助理研究员，研究方向：金融发展、公司理财、金融衍生品、教育金融工程。

金资本市场是两个重要的资本市场。这两个市场在基金形成、投资性质方面存在明显的差异，从而导致其对资本市场与实体经济的影响效果不同。

风险投资于21世纪初期在国内资本市场迅速兴盛，创业板也在前几年推出。2006年以来，股权投资基金在中国资本市场方兴未艾，其发展之迅速、影响之大引发从监管层到平民百姓的特别关注和思考。股权投资基金在中国的实践已经取得了较为丰富的成果，一线操作者积累了丰富的经验。但目前缺少对股权投资基金深度探讨的理论成果和书面资料。

有趣的是，股权投资基金兴盛的大背景恰巧是由美国次贷危机引发的全球性金融经济危机。股权投资基金与金融危机会存在什么样的联系？是它引发了金融经济危机、加重了已经存在的金融经济危机，还是具有缓解金融经济危机的功能？

基金作为一种集合理财的金融制度已经随着证券投资基金、风险投资基金的概念和实践而被人们所认识。基金金融经济效应的研究也取得了相当丰富的成果。基金分为证券投资基金，股权投资基金（包括风险投资基金），对冲基金。关于不同基金产业链特征及其金融经济效应的比较研究尚有待进一步加深。

事实上，不同基金，尤其是股权投资基金与证券投资基金之间存在不同的资本链机理，因而会造成其对经济发展的不同影响模式。研究二者的不同，有助于发挥各自的优势。

### （二）文献综述

与本文主题比较接近的文献，主要有如下几类。

第一类，谈基金的一般作用，或者谈产业结构的优化升级，而没有将基金与产业结构的优化结合起来分析。

有关产业结构优化研究方面，1998年李悦教授主编的《产业经济学》第五章第二节，专门论述了产业结构调整目标，提出协调化和高度化的辩证统一是产业结构的调整目标。其后，李悦教授又与孔令丞博士合作发表了《产业结构升级方向研究》，进一步论证了协调化和高度化的统一，也是产业结构优化升级的方向。在上述成果的基础上，孔令丞博士在《论中国产业结构优化升级》一文中，综合运用了技术创新理论、系统理论、灰色理论和产业经济理论等多种理论有机结合，来研究产业结构优化升级。

姚德文博士在《产业结构优化升级的制度分析》一文中，引入新制度经济学的思路，就产业结构升级与财产制度、金融制度、人口流迁制度等的关系进行了深入探讨，支持产业结构优化升级的研究转到以市场调节产业结构的思路上来，认为政府应该转换行政与经济管理职能，为产业发展塑造完善的财产制度、金融制度、人口流迁制度，而一个不完善的市场体系制度将使之赢得增长而失去结构，或者赢得结构而失去增长。

就证券基金的作用而言，杨学兵博士在《中国证券投资基金绩效及其经济效应研究》中，就中国证券投资基金的绩效与经济效应进行了理论分析与实证分析，就经济效应而言，主要分析了其与国民经济总量、金融业、资本市场、公司治理的相互效应，而未就证券投资基金与产业结构优化的关系进行分析。

梁风波博士在《我国证券投资基金市场功能与绩效研究》中分析了证券基金的功能、业绩评价理论与实证；认为证券基金的功能主要体现在：专业理财提升投资能力、拓宽资金融通渠道、促进证券市场稳定三个方面，而其并没有专门就证券投资基金与产业结构优化的关系进行探讨。

第二类，将金融体系与产业结构优化升级联系起来分析，讨论其相互关系，主要是论述金融体系对产业结构优化升级的作用。

张梅博士《中国金融发展的产业升级研究》对金融中介与产业结构升级进行了实证检验，以 1985～2004 年的数据为例，将产业结构升级优化率设为第二、三产业增加值和与 GDP 的比率，然后与中长期贷款融资率、股票融资率，分别进行了协整检验，发现，产业结构升级优化率与中长期贷款融资率之间存在至少一个协整方程，而产业结构优化升级率与股票融资率之间不存在协整方程，即股票融资并不是产业结构优化升级的格兰杰原因。

姚德文博士在《产业结构优化升级的制度分析》一文中“金融制度与产业结构优化升级”一章对金融体系促进产业结构优化的途径进行了分析，比较了银行主导型、市场主导型金融制度在促进产业结构优化方面的异同，并进行了实证检验。

韩惠敏博士在《产业结构调整中的金融支持研究》一文中，杨国辉博士在《中国金融对产业结构升级调整的影响研究》一文中，也各自对金融体系与产业结构优化的关系提出了独到的见解。

上述文献对金融体系与产业结构优化的关系问题，特别是金融体系促进产业结构优化的原因与机理，进行了细致的探讨；但是，其属于中观层次的探讨，将金融体系视为一个整体，至多细化到商业银行、政策性银行、资本市场等层面，来探讨其与产业结构优化升级的关系，而没有专门就基金（资本市场中的更细化的主体）与产业结构升级的关系进行分析。

第三类，有些文献对基金与产业结构的优化做了一定程度的结合，但是对于二者的内在联系仍然挖掘得不够深入。没有把握住基金对产业结构优化的促进作用从而对经济发展的促进作用这个链条来进行详尽的阐述。

向吉英博士在《经济转型期产业成长与产业投资基金研究》一文中就产业投资基金这一具有过渡性质的金融形态对产业成长的促进作用进行了分析。

欧培彬博士在《产业投资基金支持文化产业发展研究》一文中对产业投资基金在文化产业这一特殊产业发展中的作用进行了论述。

并没有文献就一般意义上的股权基金①对产业结构优化的促进作用进行详细论述。

证券投资基金方面，未见有文献就基金与产业结构优化的关系进行探讨。

本文将重点探讨基金资本链的形成机理以及两种基金形成的金融资本如何促进实体资本的形成，如何影响企业治理结构，如何促进产业结构的优化，如何有利于经济的稳定发展。

## 二　基金资本市场链的逻辑差异

### （一）基金资本市场链差异

基金本身就是一个资本市场链，这可以从基金的运作过程来理解。首先是基金形成环节，发行基金份额的过程就是资本形成的过程。根据受众对象的多少和基金份额的标准化程度，基金发行可以采取私募方式，也可以采取公募方式；根据基金份额是否可以随时入市和下市，基金有开放式和封闭式之分。前者的特点是基金总额可能不够稳定，容易形成对基金经理的压力。后者的特点则基本相

① 指本文定义的包括天使投资者、风险投资、私募股权基金、并购基金在内的广义股权基金。

反。其次是基金资本的投资环节。根据投资对象，大致可以将基金分为证券投资基金、股权投资基金。[①] 证券投资基金主要投资于证券，股权投资基金主要投资于股权。再次，广义资本市场链还包括了金融资本与实体资本的对接链模式。狭义基金资本市场主要强调基金形成环节和运用环节。广义资本市场链则进一步探讨资本运用过程中，金融资本与实体资本之间的对接模式（见图 1）。

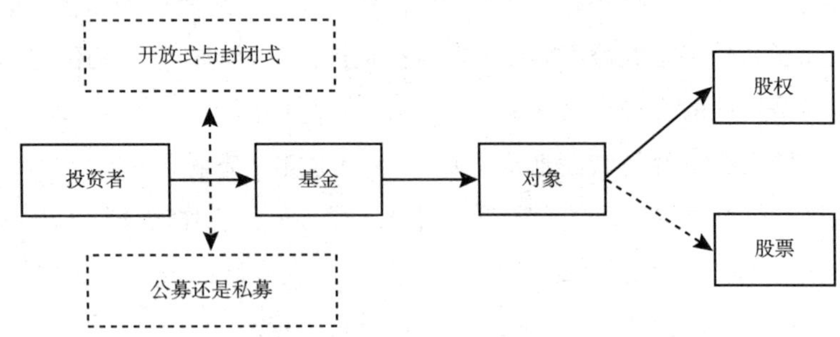


**图 1　股权投资基金于证券投资基金的资本市场链**

## （二）金融资本与实体资本对接模式差异

股权投资基金资本市场链与证券投资基金资本市场链所具有的金融资本与实体资本的对接模式具有本质的不同，从而所产生的金融市场对经济发展的作用路径和效果存在显著的不同。

股权投资基金生态链下，股权投资本身可以同时产生三大并列效应：资本市场效应、企业治理效应、产业结构效应，从而最终影响经济发展模式（见图 2）。股权投资基金投资于企业未上市股权，现金流直接进入企业资产负债表。这将产生三个后果：一是股权的买卖实际上是企业发行股权的行为，获得的是金融资本。这种交易行为所牵涉的各类关系的总和创造了一级资本市场。所以，私募股权投资基金投资的过程就是创造一级资本市场的过程。二是股权投资直接改变了企业的股权结构，从而改变了企业的治理结构。三是股权投资使企业获得了现金流增量，从而增加了企业的货币资本，这必然使产业结构发生变化。如果增量资

① 根据投资手法，在这两种基金之外，还有一种叫做对冲基金。主要是运用对未来预期价格的不同，买卖双方在现期形成一致的未来执行价格，从而利用市场真实价格与既定价格之间的差异获利。此处不是我们理论的重点。

本较小，这个变化可能只是量变，如果增量资本较大，或者出现累积性增量，则可能使产业结构发生本质性变化。

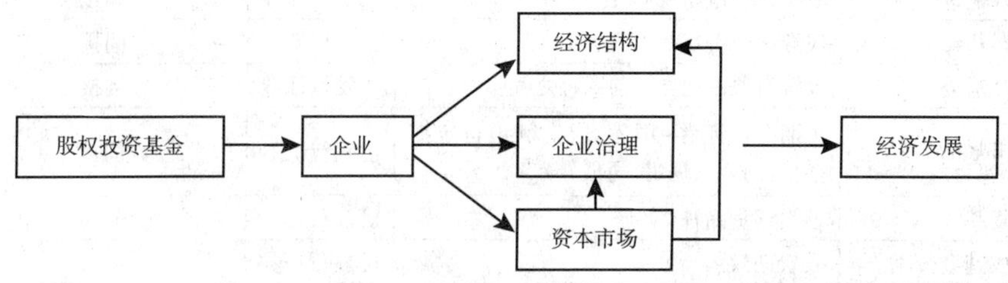


**图 2　股权投资基金资本市场链促进经济发展的路径与模式**

股权投资尽管也可能不是“发行性投资”，而是“流通性投资”，即有可能是第二个股权投资基金接手了第一个股权投资基金的情况，但由于股权转让往往发生在股权退出的时候，这不是我们强调的重点。股权退出的形式有转让、上市和清算，那么只要有股权退出，即“流通性投资”，必然曾经发生过“发行性投资”。我们强调的是“发行性投资”。

经济发展，首先表现为企业货币资本的增大，甚至经济结构的优化，也离不开资本市场的支持。股权投资则使得资本市场与企业治理结构的变化、经济结构的变化同时发生。所以，股权投资也叫做“直接投资”，具有使资本市场、企业治理、经济结构同时发生变化的“三位一体”效应。

证券投资基金资本市场链下，资本促进经济发展的路径和模式则具有显著的差异（如图 3 所示）。

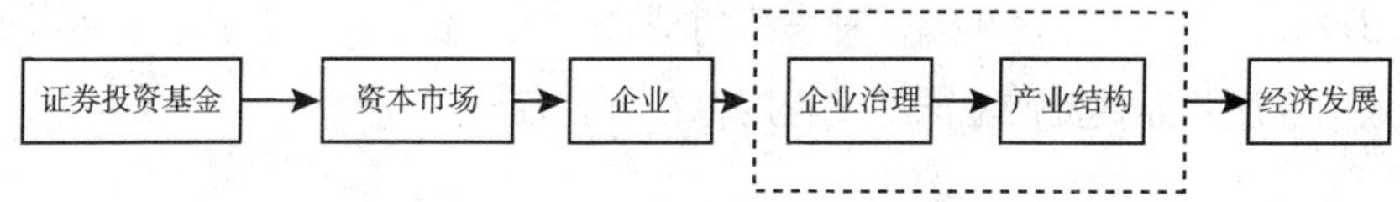


**图 3　证券投资基金资本市场链促进经济发展的路径与模式**

证券投资基金首先投资于二级资本市场，然后才通过某种机制影响到企业的治理结构，进而影响到企业的治理结构，从而达到对经济发展的影响。证券投资基金的对象十分广泛（如表 1 所示），而不同的投资对象对实体经济的影响模式也存在一定差异。

表1　证券投资基金投资对象分析

| 证券投资基金类别 | 投资对象 | 本质 | 作用于实体经济的形式 |
|---|---|---|---|
| 股票基金 | 股票投资占60%以上 | 已发行证券 | 间接 |
| 债券基金 | 债券投资占80%以上 | 已发行证券 | 间接 |
| 混合基金 | 投资对象占比介于前两种之间 | 已发行证券 | 间接 |
| 货币基金 | 短期有价证券（国库券、大额银行定期存单、商业票据、公司债券） | 已发行证券 | 间接 |
| 期货基金 | 各类期货品种 | 已发行证券 | 间接 |
| 期权基金 | 股票期权 | 已发行证券 | 间接 |
| QDII基金 | 从事境外有价证券投资 | 已发行证券 | 间接 |
| 认股权证基金 | 股本认股权证、备兑权证 | 已发行证券 | 间接 |

由于证券投资基金投资于已发行的证券，如果说证券投资基金对实体经济有影响，那么种种影响也是间接的、相对缓慢的。比如，投资于股票，则有利于该只股票价格的上涨，有利于该企业增发股票。债券基金则因为促进了债券的预期流动性而有利于债券的发行。期货价格可能既有利于发现实物的价格，也有利于稳定实物的价格。比如粮食期货市场可以避免“谷贱伤农”，从而达到稳定农产品价格的效果。总之，尽管证券投资基金由于投资对象的差别而在促进金融资本与实体资本的方式上有一定的差别，但这种差别在一定程度上只是量上的，其本质上则是相同的。

## 三　资产泡沫易生程度的差异

如果股权投资基金和证券投资基金可以看做两种资本市场链的话，那么股权资本市场和证券资本市场则是两种链条的最后一个环节。这两个资本市场由于投资对象的性质差异，资产泡沫易生程度存在显著差异。

### （一）股权资本市场资产泡沫易生程度特征

股权资本市场投资于实体资产，实体资产的需求分为消费性需求和生产性需求。这两种需求都具有约束性和相对稳定性，因而其价格产生泡沫的可能性较小。这是因为，假定资源约束程度没有发生很大变化，在一定的经济发展阶段，由于人们的消费观念和消费模式相对稳定，因而人们对最终消费品的消费质量和数量需求是相对稳定的。那么，生产终极消费品的生产性需求是相对稳定的；从相反的顺序来看，随着社会分工的国际化，在若干年内，国家之间的分工具有相对稳定性，一国的产业结构也具有相对稳定性，从而导致其产出商品的结构具有相对稳定性。稳定性的本质是供求的稳定，这将会导致价格的相对稳定，从而资产的泡沫程度不会太高。

当资源稀缺性发生变化时，股权资本市场可能会发生价格的相对波动，总体来看，资源的稀缺程度呈现逐步增强的趋势，这会促使商品价格的上涨。如果这种上涨基本反映了商品稀缺性的话，资产价格总体上不易产生泡沫。

但如果人为地制造自然资源的稀缺，那么，不仅资源本身的价格容易产生泡沫，而且其下游商品都会随之产生泡沫，这叫做“泡沫的传递”。人为增大资源稀缺性的方法很多，其中一种是通过私募股权投资增加对某种资源的持有量和控制权，这会在一定程度上既减小了某种资源的供给量，也增大了其需求量，容易在一定时点上推高该种资源的价格而形成价格泡沫。目前国际市场上，主要是通过战略储备的方法低价购进矿产资源。其实，也可以通过股权投资来控制价格。

对于下游商品的垄断主要是对终端商品生产的垄断而不是对中间商品的垄断。中间商品是半成品，主要依赖于下游市场的约束，而下游市场往往不容易控制而导致产能过剩。通过股权投资垄断市场是一个有力的工具。比如，新加坡国有投资公司“淡马锡控股”的跨公司的股权架构使其有能力垄断市场和操纵定价。2007 年 11 月 19 日，印尼国家反垄断机构“商业竞争监督委员会”裁定，淡马锡触犯了当地的反垄断条例，并指出淡马锡同时拥有印尼两大电信公司，即“印尼流动电信公司”（Telkomsel）和“印尼卫星公司”（Indosat）的股权是违法的，并下令淡马锡必须在两年内，脱售其中一家公司的股权。这个案例表明股权投资控制市场从而控制价格的重要性。

股权资本市场不容易通过股权二级市场使资产发生泡沫，这主要是由于股权标的的标准性差，因而造成股权交易具有私人资本市场的性质。

### （二）证券市场资产泡沫易生程度特征

泡沫是指在一个连续金融运作中，一种或一系列资产价格突然上升，随着最初的价格上升，人们产生远期价格继续上升的预期，从而吸引新的买者[①]。

① 《新帕尔格雷夫货币与金融大辞典》，1992。

证券资产是非实体资产，其供求不受实际消费和生产消费的约束。证券的需求本质上取决于人们对其货币要求权的预期。由于人们相信可以通过发布利好消息、操纵股票价格等手段获利，股票容易在一个阶段持续上升。特别是由于股票价格指数总体上处于上升趋势的事实，更加激励了投机者高价持有股票的行为。简而言之，股票市场是一个虚拟经济市场，其资产价格容易因为“博傻”行为而在一定时间持续上升。

尽管投资收益不仅仅来自于资本利得，还来自于股利的发放。但任何股利政策所产生的“非泡沫效应”都终将被资本利得所引发的泡沫效应所覆盖。比如，如果说证券市场所有的上市公司都有稳定的股利政策，风险厌恶者偏好于长久持有股票，但风险偏好者会为了更高更快的收益而采取频繁的买卖炒作，从而可能使股票价格不稳定。如果说证券市场所有的投资者都没有稳定的鼓励政策，甚至长期不派红利，企业因此而有更低成本的融资条件，有利于企业的积累和投资。因而可能使股票价格持续合理增高。这种基于企业内在价值的持续增长会降低风险偏好者的投资风险，反而会激发投资者的更大冒险行为。

## 四　增值功能与利益保护能力的差异

上文研究表明，股权投资基金中的资本市场不易产生泡沫，而证券投资基金中的资本市场容易发生泡沫。正因为如此，股权投资者更多地依赖于股权退出时的内在价值。股票投资者更多依赖于股票价格的上涨。

### （一）股权投资与超越“用手投票”

用手投票一词来源于股市。在股份公司中，产权是明晰的，投资者以其投入资本的比重，参与公司的利润分配，享有所有者权益；以其股权比重，通过公司股东代表大会、董事会，参与公司的重要决策，其中包括选择经理层，这就是所谓的“用手投票”。

投票反映的是一种自主选择的权力。股权投资则不仅仅要对投资对象进行尽职调查，而且在选择行为发生之后，还要为公司提供一系列的增值服务，主要表现在以下六个方面（何毅，2007）。

一是优化企业治理结构。股权投资基金往往是战略投资者。成为股东后实现产权多元化，进而建立具有制衡机制的治理结构。在我国，国有企业面临改制重组的任务，需要引进投资者实现股权多元；而民营企业需要解决家族治理向科学管理的转轨，引入基金这样的机构投资人十分必要。而股权投资基金坚持“以人为本”的投资原则，更关注管理团队与企业利益的紧密性，所以基金在进入企业时强调经营者和技术骨干的股份安排，用以吸引和稳定企业人才，并确保团队价值和股东价值一致化。

二是制定发展战略。制定清晰科学的战略，通过产融结合的方式加速企业成长，是基金投资遵循的基本思路。基金在进入企业以后，根据企业的所在行业、主营业务和优势分析，特别是能结合资本市场的需求，帮助企业制定更加清晰科学的发展战略。

三是提升管理水平。股权投资基金区别于证券投资基金的一点在于，从业人员大多数具备自身产业运营经验，熟悉实业企业的管理和运作。因而股权投资基金能帮助企业通过完善制度、加强内控、规范操作、人才支持等方面工作，系统全面地提升企业管理运营水平。

四是优化资产财务。股权投资基金提供股本投资，能够降低企业资产负债率，优化财务结构，同时基金的进入往往伴随对企业原有业务和资产的梳理，通过资产架构重组使得企业资产更精良，核心竞争力更突出。在股权投资基金的项目尽职阶段，对企业建立符合政策法规的财务资产制度也能发挥重要引导作用。

五是整合发展资源。股权投资基金拥有资金和资源双重优势，能够为被投资企业提供丰富的发展资源。通过嫁接政府、市场、公共关系、合作伙伴、技术创新等发展资源，为企业创造更加有利的经营环境，加快企业成长步伐。

六是实施资本运作。基金投资企业后，在股东分工上各有侧重，原有股东主要负责产业经营，基金股东负责资本运作。基金通过收购兼并、产业整合来提升企业行业地位；并发挥专业优势，设计投资框架、重组方案和上市架构，组织中介机构提供专业服务，并协助企业在上市发行阶段提高企业定价能力。

### （二）股票投资与“用脚投票”的失灵

“用脚投票”（Voting by Foot），最早是由美国经济学家蒂伯特（Charles Tiebout）提出的，是指在人口流动不受限制、存在大量辖区政府、各辖区政府税收体制相同、辖区间无利益外溢、信息完备等假设条件下，由于各辖区政府提供的公共产品和税负组合不尽相同，所以各地居民可以根据各地方政府提供的公共产品和税负的组合，来自由选择那些最能满足自己偏好的地方定居。居民们可以从不能满足其偏好的地区迁出，而迁入可以满足其偏好的地区居住。形象地说，居民们通过“用脚投票”，在选择能满足其偏好的公共产品与税负的组合时，展现了其偏好并作出了选择哪个政府的决定。现在通常用来比喻对某事的失望或抵触，从而选择离开或者放弃。用于股市，表明投资者拥有另一种选择权，即卖掉其持有的公司股票。

但由于委托－代理问题的存在，往往会存在大股东侵占小股东利益、内部人控制等问题。投资人无法达到“用手投票”的程度。一个可能的选择是投资人转而采取“用脚投票”策略。理论上讲，“用脚投票”是上市公司市场约束的表现。当股东对上市公司前景不看好时，会在市场上抛售股票，从而造成股票价格下跌，进而直接反映出了公司经营不佳的信息。

股东“用脚投票”的有效性要求股票的市场价值是公司内在价值的反映。但如果股票市场价值不能反映股票内在价值，“用脚投票”的有效性就会大打折扣，我国就存在这种情况。股票的价格上涨主要以题材、朦胧的信息作为手段，而不是以对业绩及汇报的预期为主。一个比较明显的例子是一些业绩较差的上市公司，其价格不但没有下跌，反而大幅上涨。比如ST股票由于注入了资产重组的概念而价格大涨，使得业绩很好的上市公司都自愧不如。另外，机构投资者和“庄家”还利用中小投资者的“羊群效应”而迷惑中小投资者，牺牲其利益。因此，在投资者买卖股票的决策和公司业绩与发展前景没有直接关联的情况下，指望“用脚投票”形成对上市公司经理人员行为形成有效约束是不现实的，我们可以称这种现象为“用脚投票”机制的失灵（霍伟东等，2005）。

## 五 结论：大力发展股权投资基金

### （一）两类基金的比较

分析可见，股权投资基金与证券投资基金的相同点表现为其“基金”属性，即二者都是一种基金资本制度。基金具有“集合投资、委托理财、组合投资”的共同特征。“集合性质”使得投资于某一个对象的投资者增多，即便投资对象失败，每一个投资者所承担的失败份额也较低，投资者抗风险能力较强。组合投资则降低了集合投资者所面临的市场（系统）风险。而委托理财在本质上则通过代理人的专业知识降低了投资者的认知风险（见图4）。风险分散表现为整体系统风险的下降、投资者系统风险的下降、认知风险的下降。

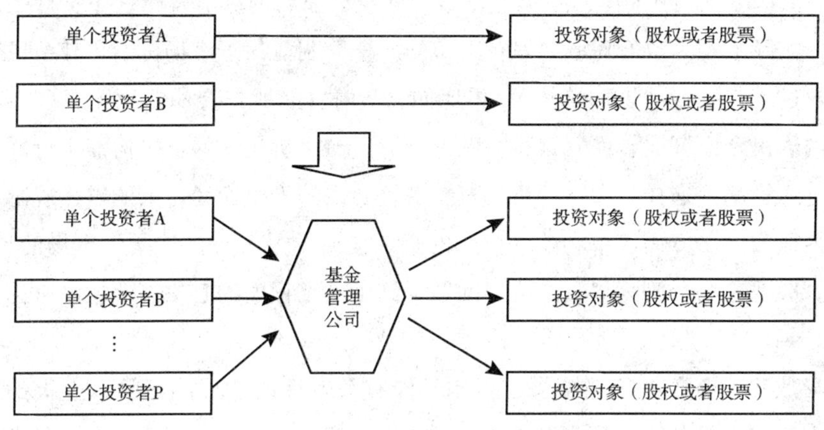


**图4　基金机制的形成及其效应**

私募股权投资基金与证券投资基金在资本对接模式、资产泡沫易生程度、是否提供增值服务以及对投资者利益的保护等方面存在显著差异（见表2）。

**表2　股权投资基金与证券投资基金的差异**

| 不同的方面 | 股权投资基金 | 证券投资基金 |
|---|---|---|
| 金融资本与实体资本对接模式 | 总体来说是横向对接 | 总体来说是纵向对接 |
| 资本市场泡沫易生程度 | 比较弱 | 比较强 |
| 增值服务与利益保护 | 强 | 弱 |

## （二）制度环境与股权投资基金的发展

证券投资基金的缺陷由其自身和制度环境两种因素造成，有效的办法是改善证券投资基金的制度环境。然而，制度环境的本质是“制度”，而且是一个“制度束”。即便是单个制度的变化比较容易，“制度束”的整体同向变化也是一个非常偶然的情形，也就是说，“制度束”的变化往往有一个缓慢的过程。

导致我国证券市场泡沫易生的主要制度环境问题是政府行为的扭曲。经济转轨中，我国政府在股市中具有市场建设者、市场维护者、市场最大股东等多重身份，政府在既当裁判、又当运动员，纵向的行政手段取代横向的价格机制，使得政府的行为发生扭曲。比如，政府管制股票的发行。股票发行优先考虑国有企业，并对股票发行主体、发行规模、发行价格、发行时间、发行程序实行严格的控制，实际上是以政府对股票发行上市的严格管制取代了市场机制。其结果会导致企业过度包装与“逆向选择”。再比如，政府管制股票交易。我国股票市场仅对国内居民全面开放，而对银行、国有企业、储蓄机构、保险机构等实行严格的市场进入管制。这样，大量的机构资金缺乏合法的入市途径，只能以违规游资形式进入股市，一方面使市场缺乏稳定的资金供给，另一方面加剧了市场的波动。还有，股票市场分割。尽管全流通问题得到了一定程度的解决，但还没有达到理想的结果。

导致我国证券市场“投票”机制不能有效发挥的主要问题除以上提到的一些因素诸如市场分割等问题以外，主要还有①监事会事中和事后的作用难以发挥，这与其成员来源于企业职工和股东有关。②经理人市场缺乏竞争。③董事会内部人控制。④对经营者激励不足与激励不当同时并存。

在交易制度改良的情况下，两种基金均衡发展。但证券投资基金制度环境中的“制度束”的改善是一个缓慢的过程。在此情况下，发展我国股权投资基金制度，是对我国长期以来资本市场偏好于公共资本市场的不均衡状况的改善。

目前的情况是，私募股权资本市场正处于发育时期，制度环境不成熟，发育程度、规模均有较大空间；证券投资基金发育相较而言比较成熟。在此条件下，发挥股权市场的作用可以健全资本市场的功能。

**参考文献**

何毅：《股权投资基金重在增值服务》，2007 年 9 月 4 日《中国证券报》。

吴晓灵：《发展股权投资基金　促进中国经济转型》，2008 年 11 月 8 日《21 世纪经济报道》。

张梅：《中国金融发展的产业升级研究》，中国科学院上海冶金研究所；材料物理与化学（专业）复旦大学，博士论文，2006 年度。

普华永道：《我国私募基金发展面临严峻挑战》，2008 年 10 月 31 日《中国会计报》

《中信证券私人股权基金专刊》，2009 年 4 月 2 日，总第 39 期。

贝恩调研：《私募股权基金对中国经济的影响》，《商学院》2010 年 2～3 月合刊。

李学锋、刘洋：《场外交易市场、私募股权基金与中小企业融资——基于博弈论的分析》，《南方金融》2009 年第 6 期。

李勇五、马丽、武宏波：《发展私募股权基金支持经济发展和产业转型的探索——山西案例》，《华北金融》2009 年第 13 期。

郎咸平：《谨慎度过 2010 年防止因投资环境恶化而制造资产泡沫》，《经理人》2010 年第 2 期。

霍伟东等：《为什么在中国股市上“用手投票”和“用脚投票”都失灵?》，《中国经济评论》2005 年第 9 期。

# 试论私募股权投资的宏观风险问题

## ——从银行业与保险业的实践探讨建立分散风险投资组合的重要性

赵　鹏*

## 一　引言

所谓试论，就是因为没有把握把这个问题说清楚。在全球范围内，从没有对私募股权投资的风险作出公认的科学结论，私募也就被普遍认为是回报高，但隐秘性强同时风险大的另类投资。原因很多，首先是信息的缺乏。相对于公开市场投资，私募股权的进入价格、持有估价和退出价格都没有公开信息和行业共同遵守的计算方法。其次是超长的投资周期。一般超过 12 年的融资投资周期使得宏观地完整地观察一个基金或者投资变得困难，很多观察和结论只能局限在一个时间段，不可避免地存在偏差或者错误。最后，私募股权投资涉及的利益方很多，多数人都是主动而非被动行为人如投资人、管理人、企业主、退出购买方等等，而各方在整体投资活动中的参与加大了投资项目的不确定性，使得不同风险因素夹杂在一起，难以量化分析。

对于单一私募股权投资，无论是直接投资还是投资于基金，各种关于如何科学分析、睿智判断、尽职调查、规避风险的论述林林总总，虽然质量不一，但无论如何这方面的论述还是很丰富的。但是，这些分析都是从微观层面具体分析案例，而对于私募股权投资作为一个资产类别（asset class）而具有的风险特性的论述，尤其在中文资料中，可谓凤毛麟角。今天人们都在关注某一个投资赚了几倍或者血本无回等个别问题。这如同在赌场中玩轮盘赌，只是在考虑接下来的一

* 赵鹏，法学博士，现任职瑞士基金管理公司合众集团（Partners Group）北京代表处总监。

局在哪儿下注而不考虑整个赌局的输赢概率。这对于中国正在兴起的私募股权投资管理人，如养老基金、大型银行、保险公司、大型国企资产管理部门等是不利的。在管理巨大的国家财富的时候，管理人不但要在单一投资上尽职，同时也要从宏观角度考虑如何理解风险从而控制风险。这个问题绝不能忽视，金融危机爆发后我们已经看到无数因为对资产配置风险不够理解而导致彻底失败的例证。中国的资产管理人应该引以为戒，借鉴他山之石，创立世界一流的资产管理人品牌。

从全球角度，对于私募股权投资的风险防范具有公认的政策性规定的产业只有两个：银行业和保险业。而这两者又历来是私募股权最大的投资人之一。根据EVCA的统计，在2008年，欧洲所有私募股权基金的融资中，至少6.7%来源于银行，6.6%来源于保险公司；而在金融危机前的2007年，两者分别贡献11.5%和8.1%。在中国，国务院已经原则同意各保险公司投放不低于2000亿元在私人投资中，而银行业虽然还没有打开这扇大门，但中国银行的海外分支等已经开始了这方面的尝试，国内部分一旦开放，银行业的巨大资源潜力可想而知。所以，透过这两个领域的国际通行做法来研究风险问题意义现实而重大。值得一提的是，根据经验，虽然最大的私募股权投资机构养老基金（2008年贡献欧洲全部融资总额的25.1%），一般不受政策性要求，但其董事会或投委会在决定多少比例的资产投向私募股权基金时，最重要的考量就是风险系数，而其可以借鉴的最主要指标就是银行和保险公司的做法。

## 二　银行业——巴塞尔二期协议和资本要求指导（CRD）

巴塞尔二期协议是由巴塞尔银行业监管委员会制定的银行自律条款和规章。由于其广泛的影响，虽然对非协议国没有强制约束力，但世界各国银行都愿意贴上其满足巴塞尔资本充足率的标签。而世界闻名的巴塞尔协议要求的8%资本充足率和我们这里的话题紧密相关。资本充足率是指资本净值总额与加权风险资产总额的比例。资本充足率反映商业银行在存款人和债权人的资产遭到损失之前，该银行能以自有资本承担损失的程度。规定该项指标的目的在于抑制风险资产的过度膨胀，保护存款人和其他债权人的利益，保证银行等金融机构正常运营和发展。我们必须完全理解资本充足率的计算方法才能理解其与私募股权投资之间的关系①。

我们使用下面的简单化的例子：

首先，资本充足率=资产净值总额/加权风险资产总值。假设一家银行有如下资产：现金10，政府债券15，抵押贷款20，其他贷款50，其他资产5，总计资产100。同时，该银行接受存款95（即欠存款人95），那么它的资产净值总额就是100-95=5。现在我们计算加权风险资产总额。简单假设，现金和政府债券没有风险，所以权数为0，抵押贷款风险不太大，权数设为50%，其他资产风险较大，权数设为100%。我们计算加权风险资产总值为：10（现金）×0+15（政府债券）×0+20（抵押贷款）×50%+50（其他贷款）×100%+5（其他资产）×100%=65。这样该银行的资本充足率就是5/65=7.69%。

进一步讲，如果该银行希望达到8%的资本充足率，应该怎么办？最简单的方法就是少拥有一些权数高的资产，多占有现金。比如减少数量为3的其他资产，变成现金，那么该银行的资本充足率就变成了5/62=8.06%。问题就解决了。

所以我们可以得到一个简单结论，为了保持合格的资本充足率，商业银行要放弃一些高权数投资。而权数低的资产一般讲回报也低，权数高的资产类别从历史角度看回报也高。这就是银行资产管理人面临的两难困境。当银行业考虑这个问题的时候，关于私募股权投资内在风险的问题也就提上日程。到底私募股权投资具有多大的风险？到底要施加多大的权数于私募股权投资资产？

巴塞尔二期协议对私人股权施加的权数是400%，一个相当高的数字。同样使用上面的经调整的例子，其他条件不变，如果我们把数量为1的现金投入到私人股权，同时使用400%的巴塞尔权数，那么该银行的资本充足率就由8.06%降低为7.58%。高权数资产对于整个资产组合的影响可见一斑。

有趣的是，在巴塞尔二期协议中，对于股权投资的权数只明确了两种划分：私募股权和公开上市股权投资，私募股权投资权数是400%，公开上市股权投资权数是300%。其中区别应该是因为公开市场的流动性和对上市公司的监管适当降低了后者的风险度。而在随后欧盟各国为了实施巴塞尔二期协议而制定的资产要求指导

① 我们这里只讨论国际较通用的巴塞尔式资本充足率计算方法。中国商业银行现使用违约风险暴露（EAD）×12.5倍的方法计算加权风险值，虽然方法迥异但风险加权的概念相同。我们这里不讨论中国商业银行的现行做法。

（CRD）中，该指导对股权资产的风险权数作出了有趣的调整，即单一私募股权投资的权数为370%，公开上市股权资产权数为290%，另外CRD规定“分散的私募股权投资组合”的风险权数为190%，只是单一私募股权的风险权数的一半（见表1）。这是一个非常值得注意的现象，是欧洲私募股权投资监管历程上的一个巨大进步。

**表1　巴塞尔二期协议**

| | 巴塞尔二期协议要求（Basel Ⅱ） | 资本要求指导（CRD） |
|---|---|---|
| 公开上市股权投资权数 | 300% | 290% |
| 私人股权投资权数 | 400% | 370% |
| 充分分散私人股权投资权数 | （无规定，应适用400%） | 190% |

其实在这个细微的变化背后，欧洲的学术界和产业界经过了深刻的探讨和辩论。论证的核心问题就是分散的私募股权投资组合的风险是否低于单一私募股权投资。本文的重点也是讨论这个问题，在给出肯定答案的同时，笔者也希望论证分散的私募投资组合的回报更加稳定，优质的组合回报从概率上讲甚至高于优质的单一私募股权投资。笔者接下来先介绍保险业在这个问题上的态度，此后在集中论述风险的比较。

## 三　保险业——欧美日等地区和国家的实践与经验

对于保险业投资私募股权，其首先要考量的是强制的资本充足率。保险业的资本充足率计算方法和银行业差别很大，但宗旨相似，都是为了防止过多地投资高风险产业，建立适当的资本缓冲带，保护保单持有人或者储户的应得利益不受损害。中国从2008年起推行偿付能力指标，但这个指标不涉及对保险公司持有不同种类资产的风险。在中国，保险业投资于私募股权的管理细则还在酝酿中，初稿里还没有涉及这样的资本要求问题，只是对保险公司的整体偿付能力提出了要求。可以讲中国保险业对私募股权投资的风险评估是一个空白，但肯定会在不久的将来得到填充。

从国际上看，美国20年前就开始推广保险业的风险考量资本框架，就是要求保险业在计算自身偿付和整体资产水平的时候，对不同类别的资产用不同的风险系数。而如同很多发源于美国的监管创新一样，风险考量资本框架也是雷声大雨点小，没有成为普遍接受的具有约束力的规定。在欧洲，首先提出的泛欧洲保险公司偿付能力指导虽然比较模糊，但是正在得到不断改进。目前，2007 年欧盟委员会提出的偿付能力二期指导与以前相比有了很多进步，尤其是对私人股权投资的强制性资本提出了比较明确的要求，值得注意和研究。

首先，强制性资本的概念在美欧并不新鲜，是指监管当局为了保护保险单持有人的合法利益能够得到偿付而强行规定的保险公司资本充足量。比如保险公司作出了一项私人股权投资，有可能投资失败而全部投资需要注销，也有可能部分损失，可是另一边持保人的保险损失需要偿付，那只有要求保险公司在投资时不能全部投出，留出一部分作为损失缓冲，以用作保单理赔使用。概念大概如此，但是具体计算却很复杂，不是我们这里论述的重点。在这个正在讨论的偿付能力二期指导草稿中，对于股权投资，建议的强制性资本比率为 25% ~45%，即若投资于流动性强的公开上市股权该指标只需要达到 25%，而投资于私募股权该指标最多需要达到 45%。

在瑞士私募股权产业发展的进程中有一段相关的历史。20 世纪 90 年代末到 21 世纪初的几年里，当瑞士规模巨大的保险公司如 Swiss RE 等纷纷考虑投资于私募股权基金的时候，监管当局曾在较长的时间里要求它们达到 45% 的强制性资本。这个要求引起很大的争议，因为它意味着保险公司投资私募的能力大打折扣。一段时间里，保险公司联合如合众集团等大型基金管理人，向监管当局通过学术和实践数据证明了私募股权投资，尤其是分散风险的私募股权投资的风险系数比人们想象的低很多。这个证明过程很复杂，除了从经验角度进行大量分析举例以外，从数量计算上最终归结到股权投资的净值针对市场指标的标准方差（standard deviation）——公开上市股权常以此来衡量个股的风险性。开始的时候，由于使用的是公开股票市场的历史数据，发现列举的私募股权投资组合和股票市场的偏离，也就是标准方差很大，但这个方法被证明不合理。因为股票市场的整体波动相对较大，而私募股权投资的估值相对稳定，以不变的和变化的比较，不变的反而显示出变化，主要是看哪一个被认为是恒量。通过比较，私募股权投资的稳定估值的优势更加明显了。

最终，瑞士当局采用了几个完全由私募股权基金组成的全球指数，对比单一私募股权投资组合，发现标准方差很小，而这种方法感觉更加合理，从而同意了改变计算方法。最终结果是瑞士决定，鉴于私募股权投资的稳定性，如果所投资的私募股权是"充分分散投资组合"的话，只需要22.5%的强制性资本。因为多数保险公司通过基金管理人投资，它们的投资都符合"充分分散"的要求，因此释放出大量的资本用于私募股权领域，促成了瑞士私募股权投资业的蓬勃发展。这一切归功于关于分散投资组合的风险论定，相信偿付能力二期指导的成形过程中，也会充分考虑这个问题，就像银行业中所做的一样；而最终很有可能对于分散投资组合的待遇达到一种介于25% ~45%的水平。

在日本，自20世纪70年代以来，随着保险业的迅速成长和日本金融自由化的不断发展，日本保险监管当局对保险资金运用的规定经历了多次调整，不断扩大保险资金的投资领域。1980年，日本允许保险公司投资于外国有价证券，同时规定投资海外有价证券的数额不得超过保险公司总资产的10%，1986年进一步将上述限制放宽到30%，今天，具体的限额要求是上市公司股票最高投资比率为30%，非上市公司股票为30%，房地产为20%，抵押贷款为50%，非抵押或担保贷款为30%。从日本更加简单化的规定中我们至少可以看出，私人股权的风险没有被放大化，而是被认为和公开股票市场投资相同。这是值得借鉴的一种看法。

接下来，我们充分讨论分散风险投资组合问题。对这个问题的理解决定了中国的大型基金管理人应该如何看待私募投资风险问题。

## 四　分散风险的投资组合——整体风险的降低和回报的提升可以兼得

有很多人认为，分散投资无非是把鸡蛋放到不同的篮子里，但最终投资回报也就是不高不低，凑个平均数。事实上，即使不能说这个说法完全错误，至少是很不全面和深入。欧洲学者Tom Weidig领衔，与其他一些学者和专业人士合作，以VentureOne提供的风险投资基金数据为基础，做了大量关于私募股权基金历史上回报的计算①，计算出历史上欧洲的风险投资直投项目里，12%左右的个体投资取得10倍以上回报，同时大约30%以投资全部损失（资不抵债而破产）而

① 参见："The Risk Profiles of Private Equity Funds-of-Funds"，"Risk Model for Venture Capital Funds"，"The Risk Profiles of Private Equity"，均由Weidig领衔或独自撰写；同时参见由Christian Diller和Ivan Herger撰写的"Assessing the Risk of Private Equity Fund"。

告终。前者诱人，后者骇人。人们都希望（同时很多人很自信）自己的投资成为本垒打，但数据表明，本垒打的可能性远远低于彻底失败。在自信的同时，投资管理人应该自省和自知。

那么不直接投资于单一项目而投资于单一基金是否就安妥了呢？当然是有所帮助。但是，同样的研究显示大约24%的欧洲风险投资基金最终取得不高于1倍的回报，就是说整体基金没有赚钱或者是赔了钱；同时1.5%的基金取得10倍以上的回报。同样表明取得全垒打的微小可能性。人们总是听到10倍20倍赚钱的例子，而忽视了百倍的没有这么幸运的例子。

那么投资于真正可以说做到分散投资的组合基金（也称基金中基金）的结果又如何呢？上述的研究成果同时显示，组合基金的回报为0或者负值（就是赔钱）的可能性为0。就是说，历史数据显示，所有的组合基金都能为投资人取得回报。那么是不是向人们想象的那样，组合基金的回报较低，就是求个稳妥呢？下面表格里的数据统计告诉我们完全不同的事实。这个统计是上述两位学者随机选择在欧洲和美国的各20个基金以及20个组合基金进行的历史数据比较。从IRR上，我们看到，尤其是在后期买断类（Buyouts）基金中，组合基金的平均回报明显高于单个基金。同时，从标准方差和Sharpe系数来看，组合基金的风险小得多，回报/风险比率更加合理。在风险基金中，这些结论也完全成立（见表2）。

**表2　风险投资基金与后期买断基金在美国与欧洲的对比**

| | | 风险投资基金 | | 后期买断基金 | |
|---|---|---|---|---|---|
| | | 单个基金 | 组合基金 | 单个基金 | 组合基金 |
| 美国 | 平均IRR | 21.32 | 21.40 | 10.83 | 15.29 |
| | 中间IRR值 | 8.37 | 16.14 | 8.54 | 14.03 |
| | 标准方差 | 54.57 | 15.64 | 26.19 | 7.72 |
| | 回报/风险系数 | 0.39 | 1.37 | 0.41 | 1.98 |
| 欧洲 | 平均IRR | 8.82 | 9.12 | 13.71 | 15.82 |
| | 中间IRR值 | 4.35 | 8.15 | 10.27 | 14.91 |
| | 标准方差 | 27.47 | 5.53 | 20.97 | 5.27 |
| | 回报/风险系数 | 0.32 | 1.65 | 0.65 | 3.00 |

图1对单个买断基金和组合买断基金的回报作出更加形象的比较。图1是20家组合基金与单个基金的IRR示意。柱体越高，说明发生的次数越多；柱体越

靠右，说明回报越高。其中浅色代表组合基金，深色代表单个基金。首先看深色的柱体，分布在图表的两端，各有一个，说明一些单个基金或者赔钱很厉害，每年赔30%以上；或者赚钱很多，每年50%以上的IRR。中间部分相对平稳，但我们看到很多深色是在10% IRR以下。反观浅色柱体，没有两端的极端现象，大部分例子都在10% ~20%之间，这段回报出现的柱体远远高于深色。这就是说投资组合基金，得到稳定而相对高的回报的可能性之大。

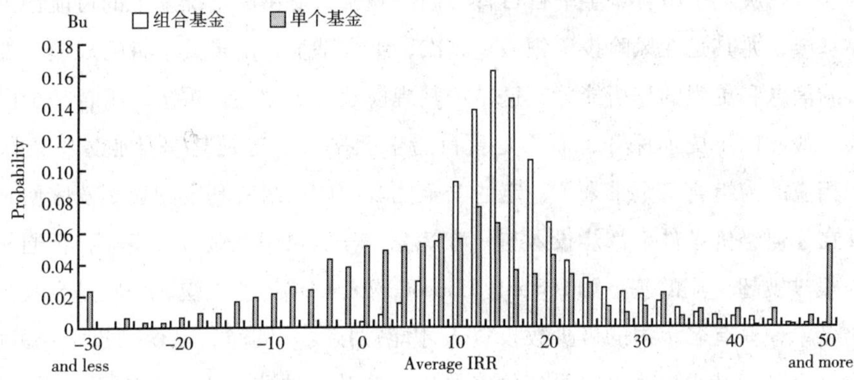


**图1　20家单个买断基金和组合买断基金与单个基金的IRR示意**

我们再看下面关于风险投资基金的统计（见图2）。同样的方法，只是研究标的由买断类基金变成了风险投资类基金。这里的例子更明显——深色完全占据两端极端的例子，而很多深色的回报低于10%。浅色最低从0开始，一直分布到最右端，尤其是10% IRR以上的例子里，浅色明显占据上风。我们由此可以得到同样的结论。

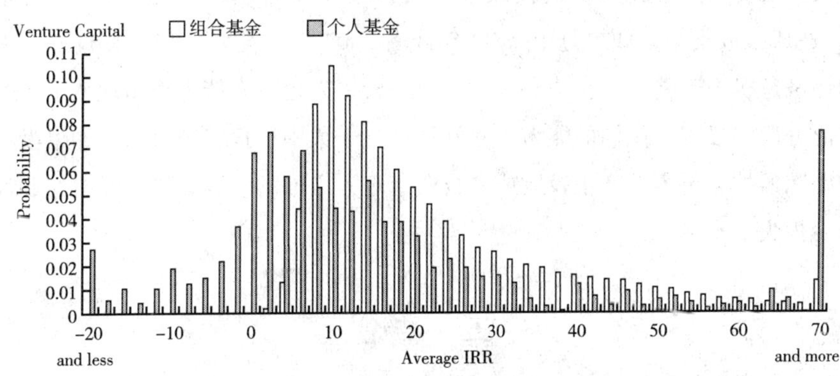


**图2　20家风险投资基金IRR示意**

所以，我们从科学的历史数据统计得出结论，组合基金所投资的分散风险私募股权组合在规避风险的同时，可以得到更高的回报。而这并不是个别现象，而是普遍现象。

那么这是为什么呢？这不是简单的谁更聪明或者更走运而挑到好基金的问题，而是具有深层次的结构性原因。首先，能够设立组合基金的管理人一般都已经具有长时间的投资经验，这同几个创业人或者天使投资人临时组合到一起有区别。这也就决定了组合基金中盲目冒险而没有实力支持的情况发生的可能性少于单一基金，尤其是在风险投资领域。其次，组合基金，由于其本身的规模，拥有更多的信息和更强的分析能力，这是由其规模效应决定的。再次，组合基金的管理人一般倾向于更加保守，而不是盲目追求全垒打。这是其本身业务特点决定的，相应的为组合基金带来了一定的安全性。最后，组合基金的规模效应使它们能够在任何经济条件下都能投入与一流基金——想象一下短短几年前，普通的投资人很难被超一流的基金如 Doughty Hanson 或者 CD&R 所接受，一些基金甚至有一个名单，只有名单内的极少数投资人才能被接受。同时，在谈判投资条款时，组合基金基于其规模，可以得到更多的优惠条款，这些是小投资人无法设想的。种种因素作用在一起，造成了组合基金相对于单一基金的机制性优势。

有的投资人认为，既然分散投资有这些优势，为什么我就不能自己将鸡蛋分成多份，而投入到不同的篮子里呢？这样当然是有所帮助。但是，很多投资人由于自身背景和思维特性，总是倾向于选择同质类型的基金，结果是即使投入不同的基金，这些基金对风险的抵抗性是相似的，并没有起到分散风险的作用。同时，很多投资人需要在短期内投放基金（区别于组合基金可能 4～5 年的投资期），造成投放集中，如果赶上 2000 年或者 2007 年的高峰年份，其投资会在其后的经济危机中遭受巨大打击。另外，单一投资人也没有能力作出地域上和类型上广泛分散的投资，他们的能力和喜好往往过于集中。投资结束后，如果没有定期的跟踪监控，更容易产生投资或者投资管理人方面的问题，无法及时控制风险和减少损失。

## 五　结论

对于中国正在迅速成长的私募股权投资管理人来讲，无论是养老基金、保险公司、银行还是各个地方政府的引导基金，分析私募股权投资的内在风险都是一件必须做而且一定要做好的事情。全球范围内的银行业和保险业在长期实践的基础之上已经得出了结论并且付诸实施，那就是认可和通过规定来鼓励投资于分散风险的投资组合。中国的基金管理人也应该摒弃只求全垒打的机会主义做法，从建立长久稳定的投资组合的角度出发，分析市场中的多元机会和风险，审慎选择投资机会，对所管理的资产负责。

# 私募股权基金的基金与金融机构的资金配置

李连发*

## 一　引言

2005年11月国家发展改革委等十部委联合发布《创业投资企业管理暂行办法》（以下简称《办法》），主要目的是为促进创业投资企业发展，规范其投资运作，鼓励其增加对中小企业特别是中小高新技术企业的投资。本文中涉及的创业投资企业、创业企业和创业投资的概念与《办法》一致。根据《办法》第二条，创业投资企业指在中华人民共和国境内注册设立的主要从事创业投资的企业组织。创业投资的定义是向未上市成长性企业进行股权投资，以期所投资未上市成长性企业发育成熟或相对成熟后主要通过股权转让获得资本增值收益的投资方式。创业企业的定义是在中华人民共和国境内注册设立的处于创建或重建过程中的成长性企业，但不含已经在公开市场上市的企业。

不难发现，《办法》所指的创业企业就是未上市成长性企业。出台《办法》就是为解决这些企业股权融资的困难。《办法》出台不久，在2006年2月14日发布的《国务院关于实施〈国家中长期科学和技术发展规划纲要〉若干配套政策的通知》中，国家金融主管部门达成共识，明确了“支持保险公司投资创业投资企业”和“允许证券公司开展创业投资业务”，这表明主管部门允许金融机构参与创业投资企业和开展创业投资业务的政策取向。

国内的创业投资企业（又称风险投资企业）是私募股权投资基金的一种。私募股权投资基金（Private Equity，英文简称PE）以非公开方式募集资金，然

---

* 李连发，北京大学经济学院金融系副教授，国家发展与改革委员会产业投资基金研究课题组专家。

后投资于未上市企业的股权，并通过企业上市或股权转让等方式退出盈利。其中，投资规模较小、处于发展初期的中小型企业的基金又称创业投资基金（Venture Capital Fund）。本文根据《办法》将创业投资基金统称为创业投资企业。

2007年以来，国际私募股权投资基金行业出现了有史以来最大的波动。国外少数私募股权投资基金投资住房抵押贷款支持证券和商业房地产导致相关基金的清算（比如，凯雷资本公司），并通过信贷纽带影响到相关的金融机构（比如，贝尔斯登）。在美国次贷危机的背景下，杠杆率过高的私募股权投资基金也不同程度遇到了困难。但这些瑕疵还是难以掩盖这些年来私募股权投资基金所取得的巨大成功。

根据Lerner和Gurung（2008），自1970～2007年，据不完全统计，全世界共进行了21397起未上市成长性企业股权的交易，价值3.6万亿美元。从交易量来看，75%的交易发生在2001年以后。从专利申报情况来看，这些企业的创新活动得到显著的提升。这是股权投资促进经济增长的最有力和全面的证据。从就业情况来看，这些企业在股权被基金收购后的两年内就业下降了7%，但在随后的时间内其他领域的就业机会将有所增加。

私募股权投资基金的发展从来没有像现在这样受到关注和考验。国外金融机构将投资未上市成长性企业股权视为其资金运用的一种有效方式，通过出资私募股权投资基金为未上市成长性企业提供股权融资。国外金融机构近年来积极参与私募股权投资基金，在基金实际募集资金和投资总额当中已经占据相当的份额。根据欧洲创业投资协会（EVCA）统计，1998～2002年期间，私募股权投资基金的资金来源结构如下：欧洲股权投资基金的资金有22%来自于养老基金，24%来自于银行，12%来自于保险公司，6%来自于政府机构，9%来自于基金的基金，6%来自于个人投资者，基金的自身盈利占5%，资本市场占1%，其他资金来源占15%。

经政府特别批准后，国内部分金融机构已经进行了股权投资的实际操作。国家开发金融机构、全国社会保障基金、中国人寿保险（集团）有限公司都已经直接作为出资人参与了中比基金、中瑞基金、渤海产业投资基金等。中信证券和中金公司两家证券公司已经被批准在其资本金的一定比例范围之内可从事直接股权投资。与此同时，国内其他金融机构都表现出参与股权投资的意愿和兴趣。

虽然金融机构支持创业投资的政策取向明确，但是由于对金融机构参与创业投资企业和开展创业投资业务的风险把握不到位，国内金融机构、保险公司、证券公司等金融机构（除个别特批案例以外）实际上没有参与创业投资企业，也没有开展创业投资业务。金融机构在未上市成长性企业股权融资过程中基本上没有发挥作用。本文从信息不对称角度分析私募股权投资基金的基本功能及其实现方式，进而归纳私募股权基金投资者主要来源及其与金融机构资金运用的关系，建议允许金融机构投资以创业投资企业为对象的“基金的基金”（FOF）。

本文的第二部分从信息不对称角度对私募股权投资基金的功能进行分析。第三部分简要介绍私募股权投资基金资金筹集和国内外金融机构参与私募股权投资基金的基本情况。第四部分分析现阶段国内金融机构支持未上市成长性企业进行股权融资的途径。第五部分给出了一个简单的模型。最后部分得出结论。

## 二　私募股权投资基金作为金融中介的功能：信息不对称角度

国外私募股权投资基金在过去 30 年内迅速发展。私募股权投资基金一方面为企业提供资金，以资本拉动企业增长，一方面改善企业的公司治理，引入合理的激励机制。私募股权投资基金的兴起以西方国家发达的证券市场和长期的股权运作实践为基础，它的理念和运作方式值得研究。

投资私募股权投资基金的主要原因是其高额的投资回报。私募股权投资基金的预期投资收益率通常比股票市场的预期投资收益率高 5% 左右。从 2003 年至 2006 年 4 年间，美国和欧洲私募股权投资收益率高达 20% 和 26%，其中，基础设施类私募股权基金的收益率相对低一些，但可满足一部分机构投资者如保险公司对长期稳定收益投资回报的需求。此外，投资于私募股权基金可以实现机构投资者的多样化投资组合，分散投资风险。

在神秘的光环之下，私募股权投资基金无非是一种金融中介。和其他的金融中介一样，私募股权投资基金必然具备一些独特的经济功能。金融中介最传统的形式就是金融机构信贷，金融中介活动的回报就是金融机构的净利息收入（利息收入与利息支出的差额）。20 世纪 80 年代以来，随着金融自由化进程的加速，越来越多的金融机构从事传统的金融中介业务，传统信贷业务在负债和投资方面的优势逐渐消失，金融机构的利息净收入显著下降。关于金融中介，经济学家有两种观点。Eugene F. Fama（1980）认为，金融中介是普通的投资组合管理者，没有什么特别的地方。

现在大部分经济学家持不同的观点。美国哥伦比亚大学教授 Frederic S. Mishkin 在他的一本著名的教科书中详细论述了金融中介的独特性。Mishkin 教授认为：金融中介是克服信息不对称问题的专家。在传统的信贷业务中，资金提供方作为外部人不完全了解需要资金企业的情况，而资金需求方出于自身利益的考虑，通常也不会将自己的情况完整地披露给金融机构。金融机构将闲置资金与实体经济当中各种各样的投资项目相结合，提高资金使用效率，为资金提供者带来更高的回报。除了交易成本外，金融机构必须降低由于信息不对称所带来的损失。金融机构通过事前对企业的财务状况进行审查（screening）、在事后对企业的经营情况进行监督（monitoring）、要求借款人提供足够的抵押等方式，克服资金供需双方之间的逆向选择和道德风险问题。

私募股权投资基金一方面作为中介将资金从成熟投资者转移到有利可图的投资项目，一方面也同样要防止信息不对称问题所带来的损失。即使是一流的私募股权投资基金，在投资过程中如果不解决好逆向选择和道德风险的问题，损失也将是巨大的。为此，在投资之前，基金要对被投资的企业进行非常细致的尽职调查，审查的标准非常挑剔，每一百家可能被投资的企业当中往往仅投资一到二家。在投资发生之后，基金要向企业董事会派出代表，甚至直接出任高级管理职位。基金的代表监督企业的日常活动，防止企业从事对出资人不利的经营活动。不少基金还和被投资企业高级管理人员签订"对赌协议"，如果被投资企业业绩没有达到约定的要求，利益就要受到损失。私募股权投资基金采取的风险防范措施还有许多，在此不再列举。总的来说，私募股权投资基金采取各种各样的措施，就是要将信息不对称问题所带来的损失控制到最少。

与传统的信贷型金融中介业务不同，私募股权投资基金从事的是股权型中介业务。股权投资中涉及信息不对称问题比债权投资复杂许多，处理起来成本要高许多。这种复杂程度的差异直接影响到世界各国的金融结构。金融结构理论认为，这是企业外部融资以债权融资为主的原因所在。私募股权投资基金敢于涉及股权融资的中介业务有以下原因：第一，从设计上来看，基金控制逆向选择和道德风险问题的措施非常细致到位。从尽职调查的详细程度，到对企业内部治理的全面控制，到对企业管理层的认真挑选和激励，到对企业经营管理情况和产品销售情况的全面密切跟踪和“对赌协议”的实施，私募股权投资基金比从事债权融资的金融中介要做得好许多，当然成本也高许多。第二，面对较高的操作成本，收购未上市成长性企业股权的时候，私募股权投资基金对收购价格有严格的要求，不会超过市盈率5~6倍。股权的收购价格太高意味着退出时盈利的概率下降。第三，私募股权投资基金注意提升企业的内在价值。与债权融资中介不同，私募股权投资基金关注如何实现企业的市场价值，关注所有可能提高企业市场价值的渠道和措施。这也是最具争议的地方。几乎所有的私募股权投资基金都会声称自己为企业提供增值服务，但也有不少市场人士认为这是一个美好的幻想。特别是当私募股权投资基金不是企业的控股股东的时候，市场人士通常不相信基金可能给企业带来市场价值的额外增值。第四，私募股权投资基金是投资金融机构的客户，拥有比较通畅的上市渠道，比较容易为未上市成长性企业争取到较高的股票估值。当基金以市盈率5~6倍的价格收购未上市成长性企业股权，再以20~50倍市盈率出售这些股票的时候，其收益可想而知。第五，私募股权投资基金运用资金杠杆来大幅提升其投资的收益。当然，这也是一把“双刃剑”，在目前美国次贷危机的背景下，过分依靠贷款不是一件好事情。但在大部分时候，杠杆的运用为基金带来了高额的回报。所有这些都使私募股权投资基金大胆从事股权融资中介业务，将解决股权融资中高度复杂的信息不对称问题变成有利可图的事情。

## 三　私募股权投资基金的资金募集和金融机构的参与

私募股权投资基金和对冲基金不同。对冲基金在债券市场、外汇市场、股票市场、商品市场以及金融衍生品市场等金融市场上进行买卖，通过不同金融市场之间的套利行为，实现盈利。私募股权投资基金与对冲基金不同。私募股权投资基金以非公开方式募集资金，然后投资于未上市成长性企业的股权，并通过企业上市或股权转让等方式退出盈利。

如果把创业投资企业作为私募股权投资基金的发端，最早有组织的私募股权投资基金应该是成立于1946年的美国ARD公司。以并购为主要业务的私募股权投资基金则兴起于20世纪80年代。尽管历史不长，但PE发展迅猛，目前已成为全球机构投资者不可或缺的投资盈利工具，成为多层次资本市场中的重要环节。2006 年全球私募股权投资基金筹集资金总额达 4320 亿美元。其中，美国约有 1800 余家私募股权投资基金，管理投资规模 6700 亿美元；欧洲有 1100 家，规模约 2000 亿欧元；亚洲私募股权投资基金管理投资规模 1600 亿美元。如果考虑到在杠杆并购中，自有资金借助财务杠杆可以实现 3 ~ 4 倍的放大，全球私募股权投资基金可以动用的资金将高达近 5 万亿美元，是不能低估的一股金融力量。

在美国次贷危机爆发及随后的信贷市场紧缩等不利环境下，2007 年全球私募股权市场仍然保持快速增长的势头，募资额达 3800 亿美元，仅比 2006 年略有下降；投资额达 1300 亿美元，比 2006 年增长了 23%。

国外私募股权投资基金的投资者大体上分为七类：①养老基金。美国的养老基金是美国私募股权投资基金最大的投资者，其投资总额占私募股权投资基金募集资金总数的 50% 以上。养老基金的特点是资金数量大、周转周期长，可以用于长期投资，但对于投资的回报率和安全性有较高的要求。②商业金融机构。国外商业金融机构投资私募股权基金十分普遍，投资方式通常分为直接投资和间接投资两种。一是金融机构作为有限合伙人（LP）直接投资私募股权投资基金。投资能力较强、投资团队较大的大金融机构多采取直接投资方式；二是通过投资 FOF 间接投资私募股权基金，投资实力较弱的中小金融机构多采取间接投资方式。金融机构通过投资于 FOF 间接进行私募股权投资，可以实现投资组合高度多样化，金融机构若投资于单只基金，则要求基金的投资项目多样化以规避投资风险。③投资金融机构。投资金融机构可以通过成立私募股权资本管理公司扮演管理人的角色，也可以自己扮演出资人的角色。高盛公司旗下的高盛私募股权投资集团（Private Equity Group，简称 GSPEG）提供三方面服务：出资组建私募股权投资基金、直接投资于企业、为私募股权投资基金各方提供资金和解决方案。④保险公司。保险公司是私募股权投资基金的主要出资者之一。德国私募股权投资公司 2007 年的募集增长 48%，总规模达到 42 亿欧元，其中保险公司的出资约占 1/4。⑤企业。这类投资者包括淡马锡控股（Temasek Holdings）、科威特中国投资公司（Kuwait China Investment Company）、英国联邦投资集团（CDC Group）等，也有分布于各个领域的公司和企业，包括诺基亚、英特尔、IBM、迪斯尼、McGraw-Hill 等国际知名大公司。⑥非营利基金会。国外的非营利型基金会将闲置的资金用于投资，以实现投资的保值增值，从而更有效地完成基金会建立的初始目标。美国哈佛大学、斯坦福大学和耶鲁大学的大学基金会的年平均收益率可以达到30%以上。⑦基金的基金（FOF）。私募股权基金的基金（FOF）是投资于私募股权基金组合的基金。基金的基金是20世纪90年代在美国开始出现并迅速发展的。FOF一般不直接投资企业股权，而是通过持有多支私募股权基金的份额，进行多样化组合投资，以有效分散投资风险。

国内主要金融机构参与私募股权投资基金的方式和程度差异较大。分类来说，①商业金融机构和政策性金融机构。国内商业金融机构还没有直接成为PE的出资人，不过有些金融机构已经成为股权投资基金的托管金融机构。在政策性金融机构当中，国家开发金融机构已经在投资PE方面做了许多尝试。②全国社会保障基金和保险公司。全国社会保障基金2006年年报显示，社保基金投资渤海产业投资基金10亿元，占社保基金投资总额的0.35%。全国社会保障基金投资中比股权基金不到4年的时间，获得近7倍账面回报。在保险公司中，已经涉足私募股权领域的是中国人寿保险（集团）有限公司。2006年12月，中国人寿保险（集团）公司、中国人寿保险股份有限公司共同出资10亿元参与发起成立渤海产业基金，基金以封闭方式运作，存续期15年。基金首期规模为60.8亿元。③证券公司。2007年，中国证券业监督委员会批准了中国国际金融有限公司和中信证券有限公司这两家公司，可以运用自有资本在规定的比例（15%）内直接投资未上市成长性企业的股权。此外，证券公司可为私募股权投资基金提供业务范围之内的咨询和其他服务。

## 四　金融机构通过FOF间接投资未上市成长性企业股权

现阶段国内创业投资行业发展有四个主要特点。

第一，未上市成长性企业微观基础较好。我国的上市企业仅占企业总数的一小部分，绝大部分企业都是未上市成长性企业。这些企业随着我国经济的快速增长，面临着前所未有的两大机遇。一方面，在经济全球化的背景下，我国企业在全球经济分工格局中的地位日益提高。正如哈尔滨泰富电气、无锡尚德、赛维LDK和天合光能等企业所展现的那样，我国企业利用自身的成本优势和市场优势将为全球提供一个非常具有竞争力的制造业平台。另一方面，我国人均收入水平不断提高，国内市场将成为一个规模迅速扩大、对海内外企业充满吸引力的市场。正如如家快捷、新东方、橡果国际等企业所展示的那样，只要能为中国的消费者提供最好的服务，企业增长空间巨大。我国的未上市成长性企业的股权资源正日益成为国内外投资者所追逐的稀缺资源。

第二，国内创业投资企业特殊风险（firm-specific risk）较大。一部分创业投资企业对股权投资和资本市场运作经验不足，缺乏解决股权投资当中信息不对称问题的有效方法，少部分创业投资企业运作不规范。

第三，金融机构自身缺乏管理股权投资的经验和人才，对创业投资企业和创业投资业务了解不够。

第四，国内创业投资企业不能和国外私募股权投资基金一样得到金融资金的支持，监管政策缺乏弹性。在目前的监管规定下，商业金融机构即使运用代客理财的资金也难以顺利地投资未上市成长性企业股权。这样的监管政策既不利于金融机构提高资金利用的效率和综合收益，又不利于国内产业的发展。许多宝贵的未上市成长性企业股权资源以低廉的价格流失到外资的手中。这一问题的严重程度已经影响到国家的产业安全，亦引起了国家有关主管部门的高度重视。

考虑到现阶段国内的条件，金融机构投资未上市成长性企业的具体运作方式可以是，金融机构作为“基金的基金”的出资人将资金提供给 FOF，FOF 将募集到的基金投资到经选择的创业投资企业中去，这些创业投资企业再分别按照商业原则投资未上市成长性企业股权。目前我国已有数百家创业投资企业在各级备案管理部门登记备案，这些创业投资企业大部分都可作为“基金的基金”的投资对象。

这样，金融机构就能趋利避害，既能通过投资国内创业投资企业，分享未上市成长性企业高速增长的红利，又能通过多样化投资规避个别创业投资企业的特殊风险。作为 FOF 的出资人，金融机构需要具备理解风险和承受风险的能力，但是金融机构不需要成为解决创业投资企业与未上市成长性企业之间信息不对称问题的专家。对于创业投资企业来说，金融机构资金的介入不仅解决这些创业投资企业的规模瓶颈，而且提升了这些企业优化投资业绩的内在动力。更主要的是，通过创业投资企业的积极催化和拉动，更多的未上市成长性企业可以通过股权融资的方式得到金融支持，从而促进投资、就业和经济的持续增长。

从信息不对称角度来说，金融机构通过投资“基金的基金”支持未上市成长性企业进行股权融资涉及三个层次的信息不对称问题。首先，金融机构与“基金的基金”之间。金融机构需要考虑自己与所投资的 FOF 之间的信息不对称问题。而 FOF 的治理结构比较简单，信息不对称问题相对来说容易解决。其次，“基金的基金”与创业投资企业之间。FOF 的主要任务是考察所投资的创业投资企业的投资业绩和投资能力，确保这些创业投资企业能够集中精力解决股权投资当中的信息不对称问题。最后，创业投资企业与未上市成长性企业之间。FOF 所投资的创业投资企业是否投资未上市成长性企业的股权，首先要看未上市成长性企业的基本面能否保证资金的回报。企业或者项目本身的回报太低，不足以弥补交易成本和其他可能损失，创业投资企业就不应该投资。创业投资企业是否投资未上市成长性企业的股权，还要考虑能否降低由于信息不对称所带来的损失。私募股权投资控制风险的手段和措施不少，如果运用得当，能够较好地降低由于信息不对称所带来的损失。但是，动机问题最为关键。国内创业投资企业是否会主动地运用好各种风险防范手段比这些手段本身更重要。

通过在金融机构与直接产生效益的未上市成长性企业之间加入创业投资企业和“基金的基金”，信息不对称问题被分解了，由金融机构、“基金的基金”、创业投资企业和未上市成长性企业共同解决。金融机构作为出资人解决相对简单的信息不对称问题。这样安排的代价是金融机构须支付“基金的基金”的费用，减少了金融机构的收益。

## 五　FOF 投资与金融机构管理的一个模型

以下将运用一个简单的模型，分析金融机构投资 FOF 对金融机构运行稳健性的影响。假定金融机构投资私募股权 FOF 的不良投资回收率（Recovery Rate）为0%，违约损失（Loss Given Default，LGD）为 100%。将金融机构私募股权 FOF 投资规模作为横轴，私募股权 FOF 投资所带来的损失作为纵轴。私募股权 FOF 投资规模越大，损失越大。这种关系在图 1 上反映为向上倾斜的直线 $RR$，直线的斜率反映投资的边际不良投资比率 $\beta$（$0<\beta<1$）。本文在事后意义上用已实现的损失与投资的边际比率来计算边际不良投资比率。投资规模为零时，实际损失为零。更为准确的理解是，$\beta$ 是平均意义上的正常的损失水平，每期实际投资的投资比率会围绕着这个平均水平波动。具体到某一特定时期时，不良投资比

率可能低于正常水平，也可能高于正常水平。*RR* 的形式为：

$$l_t = \beta F_t \tag{1}$$

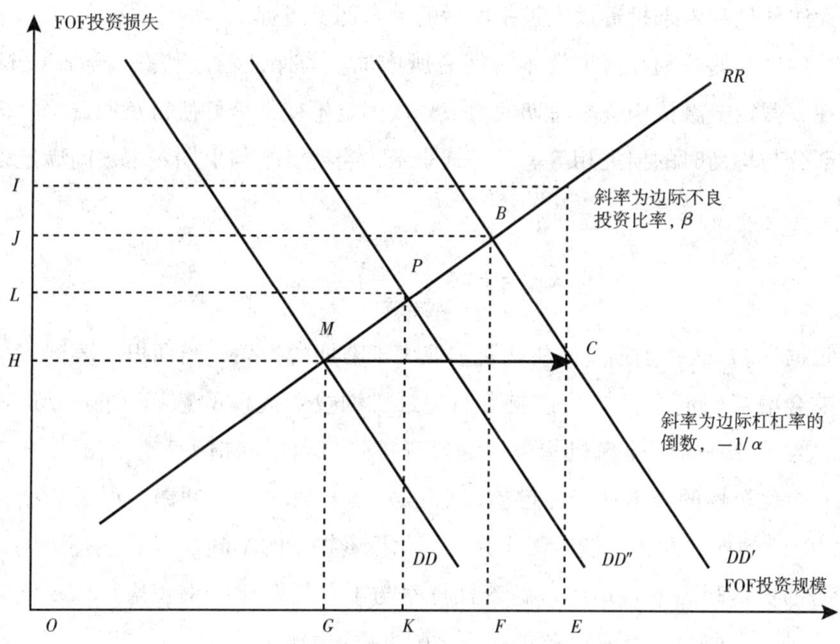


**图 1　金融机构投资 FOF 与资本扩张的关系**

给定金融机构的资本状况 $\kappa_t$ 和金融机构的杠杆率（投资规模与金融机构资本的比率），金融机构对私募股权 FOF 的需求是一条向下倾斜的直线 *DD*，投资损失越大，金融机构资本能够支持的私募股权 FOF 投资越少。这条直线的斜率为负，表示的是金融机构边际杠杆率的倒数 $-1/\alpha$（$\alpha>1$）。*DD* 的形式为：

$$l_t = \kappa_t - F_t/\alpha \tag{2}$$

第 $t$ 期的资本是冲销第 $t-1$ 期 FOF 投资损失基础上形成的，在 FOF 投资之前需要对当期损失计提 100% 的损失准备。杠杆率背后是金融机构对风险的偏好，金融机构越偏好风险，对风险的忍受度越大，杠杆率越高。对（2）式中投资损失的理解是：金融机构具有不完全的预见性（imperfect foresight）。如果当期不良投资比率低于历史平均水平，金融机构在选择当期 FOF 投资时能够完全准确地预见到当期投资的损失。出现投资损失可能偏低的原因不是因为金融机构低估了损失和风险，或者对风险的忍受度突然变大（与金融机构杠杆率背后的微观动机相区别）。金融机构所具有的不完全预见性与金融机构对风险的偏好无关，金融机构存在近视（myopic）的现象（对眼前的对象看得清楚），缺乏远见，无法预见到未来投资过度扩张以后的动态调整过程。

金融机构的盈利性保证资本每期有所增加。为保证稳定状态（steady state）的存在，假定金融机构资本每期的增值幅度固定不变，恰好使得每期资本的自动增值部分与均衡时的损失相等。用等式表示，当期资本与上期资本之间满足以下关系：

$$\kappa_{i+1} = \left(1 + \frac{\alpha\beta}{1 + \alpha\beta}\right)\kappa_t - \lambda_t \tag{3}$$

根据（3）式，当期金融机构资本取决于上期的损失，当期损失要到下期才会影响金融机构资本，却会影响当期金融机构投资规模的选择。将（2）式和（3）式结合在一起，金融机构当期的投资扩张与当期的损失和上期的损失都有关系；金融机构的资本（经过增值以后）先将上期的损失冲销，再为当期损失提取100%的损失准备，然后再作为杠杆化投资扩张的基础。（3）式还表明，稳定状态的资本利润率（ROE）随着杠杆率与不良投资比率乘积增加而提高，但不会超过1。过高的ROE在此被视为金融机构脆弱性的信号。

假定FOF的供给是完全有弹性的，均衡的投资规模由需求确定。在实际损失处于正常水平的情况下，两条曲线的交点$M$给出了稳定状态的投资损失$OH$和投资规模$OG$（分别为稳定状态资本的函数）。通过（1）式、（2）式和（3）式，可以得出均衡投资损失与投资规模分别为：

$$\bar{F} = \frac{\alpha\kappa}{1 + \alpha\beta}; \qquad \bar{l} = \frac{\alpha\beta\kappa}{1 + \alpha\beta} \tag{4}$$

在均衡状态，其他条件不变，边际的不良投资比率越大，$RR$曲线的斜率越陡，同样多的金融机构资本能够支持的均衡投资越少，均衡损失越大；其他金融机构资本不变，金融机构杠杠率越大，$DD$的斜率越平缓，金融机构的均衡FOF投资越多，均衡的损失越大。

在实际损失处于正常水平的前提下，不论金融机构资本处于何种水平，对应的均衡始终存在。如果金融机构资本被增加到原来的$x$倍，对应的均衡金融机构FOF投资和损失都会增加为原来水平的$x$倍。分析中抽象掉了资本与ROE的关

盘点年度资讯　预测时代前程

社会科学文献出版社

# 2010年版皮书

权威·前沿·原创

社会科学文献出版社
SOCIAL SCIENCES ACADEMIC PRESS (CHINA)

**权威分析　专家解读　机构预测**

# 社会科学文献出版社 **“皮书系列”**

“皮书系列”是社会科学文献出版社近十年来连续推出的大型系列图书，由一系列权威研究报告组成，在每年的岁末年初对每一年度有关中国与世界的经济、社会、文化、法治、国际形势、区域等各个领域的现状和发展态势进行分析和预测，年出版百余种。

该系列图书的作者以中国社会科学院的专家为主，多为国内一流研究机构的一流专家，他们的看法和观点体现和反映了对中国与世界的现实和未来最高水平的解读与分析，具有不容置疑的权威性。

2010年起，皮书系列随书附赠产品将从原先的电子光盘改为更具价值的皮书数据库阅读卡。读者可以凭借附赠的阅读卡获得皮书数据库高价值的免费阅读服务。

**皮书是非常珍贵实用的资讯，对社会各个阶层、各种职业的人士都能提供有益的帮助，适宜各级党政部门决策人员、科研机构研究人员、企事业单位领导、管理工作者、媒体记者、国外驻华商社和使领事馆工作人员，以及关注中国和世界经济、社会形势的各界人士阅读。**

## 法律声明

“皮书系列”（含蓝皮书、绿皮书、黄皮书）为社会科学文献出版社按年份出版的品牌图书。社会科学文献出版社拥有该系列图书的专有出版权和网络传播权，其LOGO（ ）与“经济蓝皮书”、“社会蓝皮书”等皮书名称已在中华人民共和国工商行政管理总局商标局登记注册，社会科学文献出版社合法拥有其商标专用权，任何复制、摹仿或以其他方式侵害（ ）和“经济蓝皮书”、“社会蓝皮书”等皮书名称商标专有权的行为均属于侵权行为，社会科学文献出版社将采取法律手段追究其法律责任，维护合法权益。

欢迎社会各界人士对侵犯社会科学文献出版社上述权利的违法行为进行举报。电话：010-58137737。

**社会科学文献出版社**

**法律顾问：北京市大成律师事务所**

## 1. 经济蓝皮书

**2010年中国经济形势分析与预测**

陈佳贵　李　扬　主编　　2009年12月出版　　49.00元

▲　本书为“总理基金项目”，由中国社会科学院副院长、经济学部主任陈佳贵及中国社会科学院副院长李扬担任主编，中国社会科学院经济研究所所长刘树成、数量经济与技术经济研究所所长汪同三任副主编，联合国内权威专家学者共同编写，深度解析了全球金融危机背景下2009年中国经济的发展，并在此基础上对2010年中国的经济形势作出科学的预测。

## 2. 社会蓝皮书

**2010年中国社会形势分析与预测**

汝　信　陆学艺　李培林　主编　　2009年12月出版　　49.00元

▲　中国社会科学院核心学术品牌之一，荟萃国内主要学术单位的多名社会学学者的原创成果。以社会学的视角来分析2009年中国的社会发展问题，并在此基础上，针对未来可能出现的社会热点、焦点问题作出科学的预测，并提供相应的对策建议。

## 3. 文化蓝皮书

**2010年中国文化产业发展报告**

张晓明　胡惠林　章建刚　主编　　2010年4月出版　　59.00元

▲　本书由中国社会科学院文化研究中心与文化部、上海交通大学国家文化产业创新与发展研究基地共同编写，内容上涵盖了我国的文化产业分析及政策分析。既有全国文化产业发展的宏观分析，又有文化产业内不同行业的年度发展分析，是研究我国文化发展问题的难得的年度报告。

## 4. 经济信息绿皮书

**中国与世界经济发展报告（2010）**

王长胜　主编　　2010年1月出版　　65.00元

▲　本书由国家信息中心主编。全书论述在全球金融危机演变的背景下中国及世界经济发展问题，高屋建瓴，从宏观角度及全球经济一体化的背景考虑我国经济发展的定位、战略目标、战略重点、战略对策等深层次问题。

## 5. 世界经济黄皮书

**2010年世界经济形势分析与预测**

王洛林　张宇燕　主编　　2009年12月出版　　49.00元

▲　本书由中国社会科学院世界经济与政治研究所编写，中国社会科学院特邀顾问、研究生院教授王洛林及中国社会科学院世界经济与政治研究所副所长李向阳两位作为本书主编。本书从2009年世界经济发展的现状出发，对2010年世界经济形势发展形势作出预测和分析。

## 6. 国际形势黄皮书

**全球政治与安全报告（2010）**

李慎明　王逸舟　主编　　2009年12月出版　　49.00元

▲　本书由中国社会科学院的相关学者专家编写，着眼于国际关系发展的全局，对2009年国际关系发展的新的动态作出研究与分析，并对2010年国际关系可能出现的新的重大动态作出前瞻性的分析与预测。

## 7. 欧洲蓝皮书

**欧洲发展报告（2009～2010）**

周　弘　主编　　2010年2月出版　　49.00元

▲　本书由中国社会科学院欧洲研究所及中国欧洲学会联合编写，从政治、经济、法制进程、社会文化和国际关系以及国别等角度，对欧洲的年度发展形势作出全面的分析与论述。本书对研究欧洲问题的学者和需要了解欧洲的读者有重要的参考意义。

## 8. 亚太蓝皮书

**亚太地区发展报告（2010）**

李向阳　主编　　2010年4月出版　　69.00元

▲　本书由中国社会科学院亚洲太平洋研究所的专家学者编写，本书从经济、政治与社会、国际关系等角度系统地论述了2009年亚太地区发生的重大事件，并在此基础上对2010年亚太地区的发展作出科学的展望。

## 9. 农村经济绿皮书

**中国农村经济形势分析与预测（2009～2010）**

中国社会科学院农村发展研究所 国家统计局农村社会经济调查司 著

2010年4月出版　49.00元

▲ 农村经济发展及研究的两大权威部门联合，针对2009年中国农业和农村发展和运行状况加以调查，系统分析农村发展中存在的各种社会问题，对社会各界关注的热点和难点问题进行科学分析，并在此基础上对2010年中国农村经济发展趋势提供了科学的预测。

## 10. 人口与劳动绿皮书

**中国人口与劳动问题报告No.11**

蔡　昉　主编　2010年7月出版　49.00元（估）

▲ 本书关注中国当前人口的总量与增量情况，在人口学预测的基础上，研究我国人口总量及劳动力人口的数量与结构问题，提出随着“人口红利”的消失，我国劳动力供给方面可能带来的一些重要变化。本书对关心我国经济发展动力以及就业研究的人群有重要的参考意义。

## 11. 环境绿皮书

**中国环境发展报告（2010）**

杨东平　主编　2010年3月出版　59.00元

▲ 本书由“自然之友”组织编写，汇集了学者、记者、环保人士等众多视角，考察中国年度的环境发展态势，附加经典案例分析，并提供翔实的环境保护资料索引。本书可供研究环境发展领域的学者进行研究参考，也适合对资源环境感兴趣的一般人群进行阅读。

## 12. 旅游绿皮书

**2010年中国旅游发展分析与预测**

张广瑞　刘德谦　宋　瑞　主编　2010年4月出版　59.00元

▲ 本书由中国社会科学院旅游研究中心组织编写，内容涉及2009年度我国旅游业发展的状况及未来发展态势。本书深入分析旅游业相关的各类因素的影响状况，并对旅游业的热点问题进行分析，提供其产业运行方面的深入思考。

## 13. 教育蓝皮书

中国教育发展报告（2010）

杨东平　主编　　2010年3月出版　　55.00元

▲　本书由著名教育学家杨东平任主编，代表了中国教育的国际视野和专家立场，对于我国当前的教育改革进行了专业性的研究与分析，对关系我国教育发展的人群有重要的参考意义。本书同时推出英文版，是皮书系列中首批“走出去”的皮书。

## 14. 法治蓝皮书

中国法治发展报告No.8（2010）

李　林　主编　　2010年2月出版　　65.00元

▲　中国社会科学院法学研究所主创，对中国年度法治现状和法治进程进行客观的记述、分析、评价和预测。总结回顾了2009年我国法治发展所取得的一系列进步，并在此基础上，对接下来2010年我国法治发展情况进行了科学的探讨。

## 15. 就业蓝皮书

2010年中国大学生就业报告

麦可斯研究院　编著　王伯庆　主审

2010年6月出版　　98.00元

▲　这是一份基于科学的数据调查、借助于统计学和劳动经济学的科学体系来研究高等教育的全新报告，也是一个结果导向的评价系统。本书供高校的各级管理者、各级政府的教育管理官员、高等教育的研究者和招募大学毕业生的企业参考使用，对于高考生和求职的大学生而言也是一本了解就业市场的重要参考书。

## 16. 区域蓝皮书

中国区域经济发展报告（2009～2010）

戚本超　景体华　主编　　2010年3月出版　　69.00元

▲　由北京市社会科学院、河北省社会科学院、上海社会科学院、广东省社会科学院等单位的专家联手编写，是对中国区域经济最全面、最深入的分析和预测。内容上涉及我国区域发展领域的新近动态，并提供2010年我国各个不同区域发展的科学预测。

## 17. 长三角蓝皮书

### 2010年率先转型中的长三角

左学余　主编　　2010年5月出版　　59.00元

▲　上海社会科学院、江苏省社会科学院、浙江省社会科学院强强联合，共同发布《长三角蓝皮书》，对中国最具活力和竞争力的长三角地区的经济、社会发展进行全面解读与预测。

## 18. 东北蓝皮书

### 中国东北地区发展报告（2010）

辽宁省社会科学院等　主编　　2010年9月出版　　69.00元（估）

▲　本书由东北地区的社会科学院联合编写，汇集了吉林、辽宁、黑龙江和内蒙古社会科学界学者的研究成果，同时也汇集了东北地区有关部门和院校专家的一些理论思考和理论探索。本书是顺应东北地区振兴战略形势而推出的一本蓝皮书，对东北地区的发展状况及态势提供了科学的分析与预测。

## 19. 中部蓝皮书

### 中国中部地区发展报告（2010）

张　锐　林宪斋　主编　　2010年1月出版　　59.00元

▲　本书由中部六省社会科学院联合编创，在承接东部产业结构升级，迎来发展良机的背景下，对中部地区2009年经济、社会发展状况进行了分析，并对2010年我国中部地区各省市的发展作出科学的展望。

## 20. 西部蓝皮书

### 中国西部经济发展报告（2010）

姚慧琴　主编　　2010年7月出版　　79.00元（估）

▲　本书由教育部人文社会科学重点研究基地——西北大学中国西部经济发展研究中心组织编写，汇集全国长期研究西部经济发展问题的众多专家学者的研究成果，对国家实施西部大开发战略进行了动态跟踪，并对西部经济发展中的重大理论与现实问题进行了深度分析。

## 21. 城市竞争力蓝皮书

**中国城市竞争力报告No.8（2010）**

倪鹏飞　主编　　2010年5月出版　　65.00元

▲　本书由著名城市经济学家倪鹏飞担任主编，汇集了众多研究城市经济问题的专家、学者关于城市竞争力方面的最新研究成果。本书评述客观、内容丰富，基于详尽的基础数据，科学构建各项指标，对各级政府、有关研究机构、社会公众具有重要的决策参考及借鉴意义。

## 22. 中国省域竞争力蓝皮书

**中国省域经济综合竞争力发展报告（2008～2009）**

李建平　李闽榕　高燕京　主编　　2010年2月出版　　258.00元

▲　本书在科学界定省域经济综合竞争力的基础上，紧密跟踪前沿研究动态，利用科学的指标体系及数学模型，深入分析当前我国省域经济综合竞争力的特点、变化趋势及动因，对我国31个省市区综合经济竞争力进行了比较分析。

## 23. 金融蓝皮书

**中国金融发展报告（2010）**

李　扬　王国刚　主编　　2010年5月出版　　79.00元

▲　本书由中国社会科学院副院长李扬担任主编，从多个方面对中国金融业总体发展状况进行分析和预测。本书对2009年我国的金融领域发生的各个重大事件进行了评述，对金融领域内研究及工作人群具有重要的参考和借鉴意义。

## 24. 房地产蓝皮书

**中国房地产发展报告No.7**

潘家华　李景国　主编　　2010年5月出版　　55.00元

▲　本书由中国社会科学院组织编写，汇集了众多研究城市房地产经济的专家学者关于城市房地产方面研究的最新成果。本书秉承客观公正、科学中立的宗旨和原则，追踪我国房地产市场的最新资讯，并对未来房地产市场发展的态势进行了深度分析。

# 经济类

**经济蓝皮书**
2010年中国经济形势分析与预测
著(编)者：陈佳贵　李　扬　2009年12月出版/定价：49.00元

**经济蓝皮书春季号**
中国经济前景分析——2010年春季报告
著(编)者：陈佳贵　李　杨　2010年4月出版/定价：49.00元

**经济信息绿皮书**
中国与世界经济发展报告(2010)
著(编)者：王长胜　2010年1月出版/定价：65.00元

**宏观经济蓝皮书**
中国经济增长报告（2009～2010）
著(编)者：张　华　刘霞辉　2010年3月出版/定价：69.00元

**农村经济绿皮书**
中国农村经济形势分析与预测（2009～2010）
著(编)者：中国社会科学院农村发展研究所
国家统计局农村社会经济调查司
2010年4月出版/定价：49.00元

**民营经济蓝皮书**
中国民营经济发展报告（2009～2010）
著(编)者：黄孟复　2010年7月出版/估价：69.00元

**发展和改革蓝皮书**
中国经济发展和体制改革发展报告（2010）
著(编)者：邹东涛　欧阳日辉　2010年10月出版/估价：98.00元

**城乡创新发展蓝皮书**
城乡一体化发展报告（2010）
著(编)者：傅崇兰　2010年10月出版/估价：58.00元

**城市蓝皮书**
中国城市发展报告No.3（2010）
著(编)者：潘家华　2010年7月出版/估价：78.00元

**城市竞争力蓝皮书**
中国城市竞争力报告No.8（2010）
著(编)者：倪鹏飞　2010年5月出版/定价：65.00元

**省域竞争力蓝皮书**
中国省域经济综合竞争力发展报告（2008～2009）
著(编)者：李建平　李闽榕　高燕京
2010年2月出版/定价：258.00元

**企业蓝皮书**
中国企业竞争力报告(2010)
著(编)者：金培　2010年11月出版/估价：69.00元

**民营企业蓝皮书**
中国民营企业竞争力报告No.6(2010)
著(编)者：刘迎秋、徐志祥　2010年11月出版/估价：59.00元

**中国总部经济蓝皮书**
中国总部经济发展报告（2009～2010）
著(编)者：赵弘　2009年10月出版/定价：55.00元

**金融中心蓝皮书**
中国金融中心发展报告（2010）
著(编)者：王力　2010年10月出版/估价：58.00元

**就业蓝皮书**
中国大学生就业报告（2010）
著(编)者：麦可思研究院　2010年6月出版/定价：98.00元

**人才蓝皮书**
中国人才发展报告（2010）
著(编)者：潘晨光　2010年6月出版/定价：79.00元

**人口与劳动绿皮书**
中国人口与劳动问题报告No.11（2010）
著(编)者：蔡昉　2010年7月出版/估价：49.00元

**商业蓝皮书**
中国商业发展报告（2009～2010）
著(编)者：荆林波　2010年4月出版/定价：85.00元

**商品市场蓝皮书**
中国商品市场竞争力报告（2010）
著(编)者：荆林波　2010年10月出版/估价：59.00元

# 社会类

**社会蓝皮书**
2010年中国社会形势分析与预测
著(编)者：汝　信　陆学艺　李培林　2009年12月出版/定价：49.00元

**社会保障绿皮书**
中国社会保障发展报告 No.4（2010）
著(编)者，陈佳贵　王延中　2010年4月出版/定价：59.00元

**老年蓝皮书**
中国老年发展报告（2010）
著(编)者：田雪原　2010年10月出版 / 估价：58.00元

**教育蓝皮书**
中国教育发展报告（2010）
著(编)者：杨东平　2010年3月出版 / 定价：55.00元

**环境绿皮书**
中国环境发展报告（2010）
著(编)者：杨东平　2010年3月出版 / 定价：59.00元

**气候变化绿皮书**
应对气候变化报告（2010）
著(编)者：王伟光　郑国光　2010年10月出版 / 估价：68.00元

**民族蓝皮书**
中国民族发展报告No.2（2010）
著(编)者：郝时远　王希恩　2010年8月出版 / 估价：59.00元

**宗教蓝皮书**
中国宗教报告（2010）
著(编)者：金泽　邱永辉　2010年7月出版 / 估价：59.00元

**法治蓝皮书**
中国法治发展报告No.8（2010）
著(编)者：李林　2010年2月出版 / 定价：65.00元

**妇女绿皮书**
中国性别平等与妇女发展报告（2009～2010）
著(编)者：蒋永平　姜秀花　2010年8月出版 / 估价：79.00元

**妇女发展蓝皮书**
中国妇女发展报告（2009~2010）：妇女与传媒
著(编)者：王金玲　2010年8月出版 / 估价：59.00元

**妇女生活蓝皮书**
2009～2010年：中国女性生活状况报告
著(编)者：韩湘景　2010年8月出版 / 估价：49.00元

**妇女教育蓝皮书**
中国妇女教育发展报告（2009～2010）
著(编)者：宋胜菊　2010年8月出版 / 估价：68.00元

**中国政府创新蓝皮书**
科学发展观与政府创新
著(编)者：俞可平　2010年11月出版 / 估价：78.00元

**电子政务蓝皮书**
中国电子政务发展报告（2010）
著(编)者：王长胜　刘晓平　2010年4月出版 / 定价：59.00元

**创新蓝皮书**
创新型国家建设报告（2010）
著(编)者：詹正茂　2010年8月出版 / 估价：79.00元

**民间组织蓝皮书**
中国民间组织报告（2009～2010）
著(编)者：黄晓勇　2009年12月出版 / 定价：59.00元

**企业公民蓝皮书**
中国企业公民报告（2010）
著(编)者：王再文　2010年7月出版 / 估价：58.00元

**企业社会责任蓝皮书**
中国企业社会责任研究报告（2010）
著(编)者：陈佳贵　2010年10月出版 / 估价：59.00元

**慈善蓝皮书**
中国慈善发展报告（2010）
著(编)者：杨团　2010年8月出版 / 估价：59.00元

## 文化类

**文化蓝皮书**
中国文化产业发展报告（2010）
著(编)者：张晓明　胡惠林　章建刚　2010年4月出版 / 定价：59.00元

**公共文化蓝皮书**
中国公共文化服务发展报告（2010）
著(编)者：张晓明　2010年10月出版 / 估价：59.00元

**文化创新蓝皮书**
中国文化创新发展报告（2010）
著(编)者：于平　傅才武
2009年12月出版 / 定价：98.00元

**文化遗产蓝皮书**
中国文化遗产事业发展报告（2010）
著(编)者：刘世锦　林家彬　苏杨
2010年11月出版 / 估价：69.00元

**科学传播蓝皮书**
中国科学传播报告（2010）
著(编)者：詹正茂　2010年8月出版 / 估价：79.00元

**传媒蓝皮书**
2010年：中国传媒产业发展报告
著(编)者：崔保国　2010年4月出版 / 定价：79.00元

# 区域类

区域蓝皮书
中国区域经济发展报告（2009～2010）
著(编)者：戚本超　景体华　2010年3月出版 / 定价：69.00元

北京蓝皮书
北京经济发展报告（2009～2010）
著(编)者：梅松　2010年4月出版 / 定价：49.00元

北京蓝皮书
北京社会发展报告（2009～2010）
著(编)者：戴建中　2010年7月出版 / 估价：49.00元

北京蓝皮书
北京文化发展报告（2009～2010）
著(编)者：张泉　2010年4月出版 / 定价：49.00元

北京蓝皮书
北京城乡发展报告（2009～2010）
著(编)者：黄序　2010年4月出版 / 定价：49.00元

北京蓝皮书
北京公共服务发展报告（2009～2010）
著(编)者：张耘　2010年1月出版 / 定价：58.00元

北京蓝皮书
中国社区发展报告（2009～2010）
著(编)者：于燕燕　2010年8月出版 / 估价：59.00元

上海蓝皮书
上海经济发展报告（2010）
著(编)者：屠启宇　沈开艳　2010年2月出版 / 定价：59.00元

上海蓝皮书
上海社会发展报告（2010）
著(编)者：卢汉龙　2010年2月出版 / 定价：69.00元

上海蓝皮书
上海文化发展报告（2010）
著(编)者：叶　辛　蒯大申　2010年2月出版 / 定价：49.00元

上海蓝皮书
上海资源环境发展报告（2010）
著(编)者：周冯琦　2010年2月出版 / 定价：69.00元

广州蓝皮书
中国广州经济发展报告（2010）
著(编)者：李江涛　朱名宏　2010年8月出版 / 估价：59.00元

广州蓝皮书
中国广州社会发展报告（2010）
著(编)者：涂成林　2010年8月出版 / 估价：49.00元

广州蓝皮书
中国广州文化发展报告（2009～2010）
著(编)者：王晓玲　2010年8月出版 / 估价：59.00元

广州蓝皮书
中国广州科技发展报告（2010）
著(编)者：涂成林　2010年8月出版 / 估价：49.00元

广州蓝皮书
中国广州城市建设发展报告（2010）
著(编)者：涂成林　2010年7月出版 / 估价：49.00元

广州蓝皮书
中国广州创意产业发展报告(2010)
著(编)者：卢一先　范旭　舒扬　2010年7月出版 / 估价：65.00元

广州蓝皮书
中国广州汽车产业发展报告（2010）
著(编)者：李江涛　2010年9月出版 / 估价：49.00元

深圳蓝皮书
深圳经济发展报告（2010）
著(编)者：乐正　2010年3月出版 /定价：59.00元

深圳蓝皮书
深圳社会发展报告（2010）
著(编)者：乐正　祖玉琴　2010年5月出版 / 定价：69.00元

深圳蓝皮书
深圳劳动关系发展报告（2010）
著(编)者：汤庭芬　2010年5月出版 / 定价：69.00元

经济特区蓝皮书
中国经济特区发展报告（2010）
著(编)者：钟坚　2010年6月出版 / 定价：85.00元

河南经济蓝皮书
2010年河南经济形势分析与预测
著(编)者：刘永奇 河南省统计局　2010年3月出版 / 定价：49.00元

河南蓝皮书
2010年河南社会形势分析与预测
著(编)者：林宪斋　赵保佑　2010年1月出版 / 定价：59.00元

**河南蓝皮书**
河南文化发展报告（2010）
著(编)者：张　锐　2010年2月出版 / 定价：49.00元

**河南蓝皮书**
河南城市改革发展报告（2010）
著(编)者：林宪斋　喻新安　王建国　2010年1月出版 / 定价：49.00元

**陕西蓝皮书**
陕西经济发展报告（2010）
著(编)者：杨尚勤　裴成荣　2010年4月出版 / 定价：49.00元

**陕西蓝皮书**
陕西社会发展报告（2010）
著(编)者：杨尚勤　石英　江波　2010年5月出版 / 定价：65.00元

**陕西蓝皮书**
陕西文化发展报告（2010）
著(编)者：杨尚勤　石英　王长青　2010年4月出版 / 定价：55.00元

**四川蓝皮书**
2010年四川经济形势分析与预测
著(编)者：侯水平　2010年8月出版 / 估价：55.00元

**四川蓝皮书**
四川文化产业发展报告（2010）
著(编)者：侯水平　2010年7月出版 / 估价：59.00元

**武汉蓝皮书**
武汉经济社会发展报告（2010）
著(编)者：刘志辉　2010年5月出版 / 定价：49.00元

**武汉城市圈蓝皮书**
武汉城市圈经济社会发展报告（2009～2010）
著(编)者：肖安民　2010年7月出版 / 定价：69.00元

**武汉城市圈蓝皮书**
武汉城市圈房地产发展报告（2009～2010）
著(编)者：王涛　2010年8月出版 / 估价：89.00元

**郑州蓝皮书**
郑州文化发展报告（2010）
著(编)者：窦志力　2010年8月出版 / 估价：49.00元

**浙江服务业蓝皮书**
2009浙江省服务业发展报告
著(编)者：浙江省发展和改革委员会　2010年8月出版 / 估价：68.00元

**温州蓝皮书**
2010年温州经济社会发展形势分析与预测
著(编)者：王春光　余浩　2010年2月出版 / 定价：69.00元

**海南蓝皮书**
海南经济发展报告（2010）
著(编)者：刘仁伍　2010年8月出版 / 估价：49.00 元

**辽宁蓝皮书**
2010年辽宁经济社会形势分析与预测
著(编)者：曹晓峰　张　晶　张卓民　2010年1月出版 / 定价：69.00元

**东北蓝皮书**
中国东北地区发展报告（2010）
著(编)者：辽宁省社科院　等　2010年9月出版 / 估价：69.00元

**环渤海蓝皮书**
环渤海区域经济发展报告（2010）
著(编)者：周立群　2010年8月出版 / 估价：59.00元

**长三角蓝皮书**
2010年率先转型中的长三角
著(编)者：左学余　2010年5月出版 / 定价：59.00元

**珠三角蓝皮书**
珠三角发展报告（2010）
著(编)者：中山大学港澳珠三角研究中心　2010年8月出版 / 估价：59.00

**中部蓝皮书**
中国中部地区发展报告（2010）
著(编)者：张　锐　林宪斋　2010年1月出版 / 定价：59.00元

**西部蓝皮书**
中国西部经济发展报告（2010）
著(编)者：姚慧琴　2010年7月出版 / 估价：79.00元

**长株潭城市群蓝皮书**
长株潭城市群发展报告（2010）
著(编)者：张萍　2010年8月出版 / 估价：69.00元

**泛北部湾蓝皮书**
泛北部湾合作发展报告（2010）
著(编)者：古小松　2010年8月出版 / 估价：65.00元

**福建经济竞争力蓝皮书**
福建经济综合竞争力报告（2009～2010）
著(编)者：王秉安、罗海成　2010年9月出版 / 估价：49.00元

**环海峡经济区蓝皮书**
环海峡经济区发展报告（2010）
著(编)者：李闽榕、王秉安　2010年9月出版 / 估价：49.00元

**海峡西岸蓝皮书**
海峡西岸经济区发展报告(2010)
著(编)者：叶飞文　2010年9月出版 / 估价：49.00元

**香港蓝皮书**
香港经贸发展报告（2010）
著(编)者：荆林波　2010年8月出版 / 估价：49.00元

**澳门蓝皮书**
澳门经济社会发展报告（2009～2010）
著(编)者：郝雨凡　吴志良　2010年3月出版 / 定价：59.00元

**台湾蓝皮书**
台湾经贸发展报告（2010）
著(编)者：荆林波　2010年8月出版 / 估价：49.00元

# 行业类

**住房绿皮书**
中国住房发展报告（2009～2010）
著(编)者：倪鹏飞　2009年12月出版 / 定价：69.00元

**房地产蓝皮书**
中国房地产发展报告NO.7
著(编)者：潘家华　李景国　2010年5月出版 / 定价：55.00元

**汽车蓝皮书**
中国汽车产业发展报告（2010）
著(编)者：国务院发展研究中心产业经济研究部
中国汽车工程学会　大众汽车集团（中国）
2010年7月出版 / 估价：59.00元

**医疗卫生绿皮书**
中国医疗卫生发展报告（2010）
著(编)者：张文鸣　2010年11月出版 / 估价：68.00元

**食品药品蓝皮书**
食品药品安全与监管政策研究报告（2010）
著(编)者：唐民皓
2010年5月出版 / 定价：69.00元

**金融蓝皮书**
中国金融发展报告（2010）
著(编)者：李扬　王国刚　2010年5月出版 / 定价：79.00元

**金融蓝皮书**
中国商业银行竞争力报告（2010）
著(编)者：王松奇　2010年8月出版 / 估价：49.00元

**金融蓝皮书**
中国金融生态报告（2010）
著(编)者：李扬　2010年8月出版 / 估价：49.00元

**金融蓝皮书**
中国理财产品分析与评价报告（2010）
著(编)者：殷剑峰　2010年8月出版 / 估价：59.00元

**产权市场蓝皮书**
中国产权市场发展报告（2009～2010）
著(编)者：曹和平　2010年8月出版 / 估价：59.00元

**资本市场蓝皮书**
中国场外交易市场发展报告（2009～2010）
著(编)者：高峦　2009年12月出版 / 定价：69.00元

**财经蓝皮书**
中国服务业发展报告NO.8
著(编)者：裴长洪　2010年1月出版 / 定价：59.00元

**旅游绿皮书**
2010年中国旅游发展分析与预测
著(编)者：张广瑞　刘德谦　宋瑞　2010年4月出版 / 定价：59.00元

**交通运输蓝皮书**
中国交通运输业发展报告（2010）
著(编)者：中国民生银行交通金融事业部课题组
2010年7月出版 / 定价：59.00元

**体育产业蓝皮书**
中国体育产业发展报告（2009～2010）
著(编)者：中国体育产业研究中心
2011年2月出版 / 估价：69.00元

**餐饮蓝皮书**
中国餐饮产业发展报告（2010）
著(编)者：杨柳　2010年6月出版 / 定价：59.00元

**循环经济蓝皮书**
中国循环经济发展报告（2009～2010）
著(编)者：解振华　2010年7月出版 / 估价：79.00元

**会展经济蓝皮书**
中国会展经济发展报告（2010）
著(编)者：王方华　过聚荣　2010年7月出版 / 估价：55.00元

**商会蓝皮书**
中国商会发展报告（2009～2010）
著(编)者：黄孟复　2010年9月出版 / 估价：98.00元

**传媒蓝皮书**
2010年：中国传媒产业发展报告
著(编)者：崔保国　2010年4月出版 / 定价：79.00元

**广告主蓝皮书**
中国广告主营销传播趋势报告（2009～2010）
著(编)者：黄升民　杜国清　2010年8月出版 / 估价：68.00元

**能源蓝皮书**
中国能源发展报告（2010）
著(编)者：崔民选　2010年4月出版 / 定价：79.00元

**煤炭蓝皮书**
中国煤炭工业发展报告（2010）
著(编)者：岳福斌　2010年9月出版 / 估价：50.00元

**电力蓝皮书**
中国电力工业发展报告（2010）
著(编)者：张安华　2010年10月出版 / 估价：58.00元

**农业竞争力蓝皮书**
中国农业竞争力发展报告（2009～2010）
著(编)者：郑传芳　2010年9月出版 / 估价：89.00元

**林业竞争力蓝皮书**
中国林业竞争力发展报告（2009～2010）
著(编)者：郑传芳　2010年9月出版 / 估价：89.00元

**茶叶产业蓝皮书**
中国茶叶产业发展报告（2010）
著(编)者：荆林波　2010年8月出版 / 估价：49.00元

**测绘蓝皮书**
中国测绘发展研究报告（2010）
著(编)者：徐永清　2010年8月出版 / 估价：58.00元

# 国际类

**世界经济黄皮书**
2010年世界经济形势分析与预测
著(编)者：王洛林　张宇燕　2009年12月出版 / 定价：49.00元

**国际形势黄皮书**
全球政治与安全报告（2010）
著(编)者：李慎明　王逸舟　2009年12月出版 / 定价：49.00元

**世界社会主义黄皮书**
世界社会主义跟踪研究报告（2009～2010）
著(编)者：李慎明　2010年2月出版 / 定价：89.00元

**上海合作组织黄皮书**
上海合作组织发展报告（2010）
著(编)者：吴恩远　吴宏伟　2010年6月出版 / 定价：49.00元

**美国蓝皮书**
美国发展报告（2010）
著(编)者：黄平　2010年8月出版 / 估价：79.00元

**欧洲蓝皮书**
欧洲发展报告（2009～2010）
著(编)者：周弘　2010年2月出版 / 定价：49.00元

**亚太蓝皮书**
亚太地区发展报告（2010）
著(编)者：李向阳　2010年4月出版 / 定价：69.00元

**中东非洲黄皮书**
中东非洲发展报告No.12（2009～2010）
著(编)者：杨光　2010年4月出版 / 定价：49.00元

**拉美黄皮书**
拉丁美洲和加勒比发展报告（2009～2010）
著(编)者：苏振兴　2010年3月出版 / 定价：69.00元

**俄罗斯东欧中亚黄皮书**
俄罗斯东欧中亚国家发展报告（2010）
著(编)者：吴恩远　2010年6月出版 / 定价：59.00元

**日本蓝皮书**
日本发展报告（2010）
著(编)者：李薇　2010年5月出版 / 定价：69.00元

**日本经济蓝皮书**
日本经济与中日经贸关系发展报告（2010）
著(编)者：王洛林　2010年6月出版 / 定价：69.00元

**韩国蓝皮书**
韩国发展报告（2010）
著(编)者：牛林杰　刘宝全　2010年7月出版 / 定价：59.00元

**越南蓝皮书**
越南国情报告（2010）
著(编)者：古小松　2010年 6 月出版 / 定价：49.00元

注：2010年起，每册皮书将附赠100元的皮书数据库阅读卡。

# 创社科经典　出传世文献

## 社会科学文献出版社

SSAP

SOCIAL SCIENCES ACADEMIC PRESS(CHINA)

社会科学文献出版社成立于1985年，是直属于中国社会科学院的人文社会科学专业学术出版机构。

成立以来，特别是1998年实施第二次创业以来，依托于中国社会科学院丰厚的学术出版和专家学者两大资源，坚持“创社科经典，出传世文献”的出版理念和“权威、前沿、原创”的产品定位，走学术产品的系列化、规模化、市场化经营道路，取得了令人瞩目的成绩，销售收入等主要效益指标取得了年平均增长20%以上的发展速度，先后策划出版了著名的图书品牌和学术品牌“皮书”系列、获得国家图书奖和“五个一工程奖”的《世界沧桑150年——<共产党宣言>发表以来世界发生的主要变化》、《甲骨学一百年》、《二十世纪中国民俗学经典》以及“全球化译丛”、“经济研究文库”、“社会理论译丛”等一大批既有学术影响又有市场价值的系列图书，使社会科学文献出版社的知名度和美誉度日益提高，确立了人文社会科学著作出版的权威地位。

基于人才的优势和创新的理念，通过准确的市场定位和科学的发展规划，社会科学文献出版社在选题策划、主题出版与主题营销、品牌推广、数字出版等方面取得了领先，虽然目前还不能称为大社、强社，但对专业学术出版的坚持与执着以及先进的经营理念和科学的管理方式已经使社会科学文献出版社具备了现代企业快速发展与大规模成长的条件。在新的发展时期，社会科学文献出版社结合社会的需求、自身的条件以及行业的发展，提出了新的创业目标，那就是：精心打造人文社会科学成果推广平台，发展成为一家集图书、期刊、声像电子和网络出版物为一体，面向高端读者和用户，具备独特竞争力的人文社会科学内容资源供应商。

规划皮书行业标准，引领皮书出版潮流
发布皮书重要资讯，打造皮书服务平台

中国皮书网
www.pishu.cn

皮书博客
blog.sina.com.cn/pishu

中国皮书网全新改版，增值服务大众

请到各地书店皮书专架/专柜购买，也可办理邮购

咨询/邮购电话：010-59367028 邮箱：duzhe@ssap.cn
邮购地址：北京市西城区北三环中路甲29号院3号楼华龙大厦13层学术传播中心
邮　　编：100029
银行户名：社会科学文献出版社发行部
开户银行：工商银行北京东四南支行
账　　号：0200001009066109151
网上书店　电话：010-59367070　QQ：168316188
网　　址：www.ssap.com.cn;www.pishu.cn

联、边际不良投资比率与 FOF 投资规模之间的关联，换回的好处是可以用图 1 中简单的直线图分析解释问题。

假定第 $t$ 期金融机构部门处于均衡状态，金融机构资本为 $\kappa$。现考察第 $t+1$ 期金融机构资本因外部原因而增加，（3）式右边额外地增加了（$x-1$）$\kappa$ 的情况，资本由 $\kappa$ 增加为 $x\kappa$，$x>1$。需求曲线 $DD$ 向右移动到曲线 $DD'$（RR 不因资本增加而移动）。当实际损失处于正常水平时，均衡点从原来的 $M$ 点移到了 $B$ 点，对应的投资规模为 $OF$（大于 $OG$），投资损失为 $OJ$（大于 $OH$）。资本增加以后的均衡投资和损失分别为：

$$F_{t+1} = \frac{\alpha x \kappa}{1+\alpha\beta} = xF_t; \qquad l_{t+1} = \frac{\alpha\beta x\kappa}{1+\alpha\beta} = xl_t \tag{5}$$

当 $t+1$ 期实际损失（在投资扩张所需要的短暂时间内）处于偏低水平的时候，假定短期内（在 $t+1$ 期）边际不良投资比率为零（现实当中也是极有可能）。同样是金融机构资本增加导致投资需求曲线由 $DD$ 移到 $DD'$ 时，给定偏低的投资损失，金融机构资本增加以后可以支持更多的［相对与被正确估计的金融机构损失所对应的金融机构投资 $OF$（$F_{t+1}$）而言］金融机构投资 $OE$（$\tilde{F}_{t+1}$），$OE$ 大于 $OF$ 的部分就是金融机构投资 $FOF$ 的过度扩张。对应地，可以推导出金融机构投资 $FOF$ 扩张的程度为：

$$\tilde{F}_{t+1} - F_{t+1} = \frac{\alpha^2\beta(x-1)\kappa}{1+\alpha\beta} \tag{6}$$

（6）式在新增资本（$x-1$）$\kappa$ 在稳定状态下所支持的投资基础上又乘了一个倍数 $\alpha\beta$。给定其他条件不变，金融机构资本的 ROE 越高，FOF 投资规模越是大于合理的 FOF 投资规模。因此，金融机构投资 FOF 的合理规模应该与合理的 ROE 相一致。

## 六　结论

私募股权投资的对象主要是未上市成长性企业，普通合伙人（GP）与这些企业之间的信息不对称问题突出，股权流动性一般较差，股权特有（firm-specific）的异质风险（idiosyncratic risk）较大。承担这些风险的机构（PE）一般具有特殊的能力来处理复杂的信息不对称问题，能很好地承担流动性风险

（不会因为股权一时不能转让而出现问题），对非系统风险的把握也需要专门的能力。金融机构投资私募的 FOF 将企业的异质风险凸化（平均化），但并不能从根本上消除信息不对称问题和流动性差的问题。全球金融危机的教训之一，是不能简单地将风险平均化理解为风险的减少。

金融机构抵御风险的能力可以分为两个层次：一是资本所体现的财务实力；二是风险管理能力，包括风险管理战略和风险偏好、风险管理组织体系、风险管理政策和流程、风险管理的工具和方法（中国银监会课题组，2010）。美国 2010 年 7 月 15 日颁布的金融监管改革法案，被称为“大萧条”以后最严厉的金融改革法案。根据该法案，在自营交易方面，允许银行投资私募股权，但资金规模不得高于自身一级资本的 3%。这一规定既考虑了银行的财务实力（资本对私募股权规模的限制），又考虑了银行的风险管理能力（没有完全禁止银行投资私募股权）。中国的监管者可以部分地借鉴这种做法。

本文分析金融机构通过投资基金的基金投资未上市股权所涉及的信息不对称、资本缓冲、风险管理和适度投资规模等问题。投资未上市股权所带来的信息不对称问题和流动性风险不会因投资基金的基金而缓解，投资基金的基金将减少金融机构所承担的未上市成长性企业特有的异质风险。投资未上市股权不会改变金融机构由于不完全预见性所带来的投资规模扩张。金融机构需要做好充分的准备，准备充足的资本缓冲，具备更强的风险管理能力。

## 参考文献

Fama, Eugene, “Banking and the theory of finance”, *Journal of Monetary Economics* 10, 10 – 19.

Lerner, Josh and A. Gurung, 2008, “The global economic impact of private equity report 2008”, World Economic Forum USA Inc.

Mishkin, Frederic S. and S. G. Eakins, 2001, “Financial markets and institutions”, Pearson Education, Inc.

李连发：《美国次贷危机中金融机构与私募股权投资基金的关系》，《当代金融家》2008 年第 4 期。

李连发、李波：《私募股权投资基金：理论与案例》，中国发展出版社，2008。

中国银监会课题组：《商业金融机构资本监管制度改革（一）：修补新资本协议漏洞扩大资本覆盖风险范围》，《中国金融》2010 年第 1 期。

# 私有股权投资与美国高科技企业发展

李智　雷震*

美国私有股权（Venture Capital and Private Equity）对技术创新、公司治理结构的改进、就业机会的增加、个人资产和企业利润的增长发挥了至关重要的作用。私有股权基金已经成为创业公司、未上市的中小企业、陷入财务困境的非上市公司，以及寻求收购的上市公司的重要资金来源。在过去的30年里，私有股权是发展最快的融资市场。美国私有股权投资从1984年的67亿美元增长到2000年的1773亿美元。2007年美国私有股权的融资总额达到5180亿美元。典型的私有股权投资常以30%～40%的自有资金和60%～70%的举债融资进行杠杆收购。以此计算的话，2007年美国私有股权基金大约转化为10000亿美元的杠杆收购购买力。私有股权投资市场已经成为继银行信贷和公开股票市场融资之外的第三大融资市场，对全球经济产生着不可或缺的影响。

## 一　美国私有股权（PE）市场的发展

### （一）私有股权的概念

美国全国风险投资协会和美国两家最重要的研究机构 Venture Economics 与 Venture One 将其定义为所有的风险投资（VC）、管理层收购（MBO），以及夹层投资。美国联邦银行监管条例给出的定义是：业务方向为投资于金融或非金融公司的股权、资产或其他所有者权益，并且将在未来出售或以其他方式处置的，不直接经营任何商业或工业业务，最长持续不超过15年的金融工具。哈佛大学的 Josh Lerner 则认为私有股权就是指那些提供给高风险、并潜在高收益的项目股权

* 李智，宾夕法尼亚州立大学博士；雷震，宾夕法尼亚州立大学助理教授。

资本，市场投资主体在按资决策前执行慎重的调查并在投资后保留强有力的影响来保护自己的权益价值。

以上不同的定义从不同的角度描述了私有股权的属性。一般来讲，私有股权投资是指那些对私有股权进行的权益投资，在交易实施过程中，附带考虑将来的退出机制，如通过上市、并购或管理层回购等方式，出售持股获利。按照投资阶段，私有股权投资可以划分为风险投资、发展资本、并购基金、夹层资本、重振资本、Pre-IPO 资本、上市后私募投资、不良债权（Distressed Debt）等。

### （二）PE 发展初期（1946～1969 年）

私有股权基金始于第二次世界大战之后。1946 年，世界上第一个私有股权投资公司——美国研究发展公司（ARD）成立，从此私有股权投资开始专业化和制度化。其创办人的主要目标是为缺乏资金支持的新企业和小型企业提供一个便利的融资渠道。他们发现国家的财富集中在金融机构里，但小企业的主要资金来源却是私人投资者。因此，他们希望能够建立一个私人投资机构，吸引机构投资者。同时，他们也希望这样一个私人投资机构能够为小企业提供管理经验和技术。但起初的 ARD 并没有引起机构投资者太大的兴趣，其筹措的资金总量也并没有达到预期的标准。直到美国小企业投资法案的出台前，没有第二家类似的公司成立。

为了克服高技术创新型企业资金不足的障碍，美国国会通过了小企业投资法案（Small Business Investment Act），规定由小企业管理局审查和核发许可的小企业投资公司可以从联邦政府获得非常优惠的信贷支持，这极大地刺激了美国私有股权投资基金的发展。美国小企业局批准成立的很多小企业投资公司，这些公司对资金进行管理，选择企业进行风险投资，它们可以从小企业局得到贷款和税收上的优惠。同时，它们在选择投资企业时，受到小企业局对企业规模和投资回报等方面的限制。

进入 20 世纪 60 年代，相当一批由私有股权投资基金投资的公司获得成长并上市。到 1968 年，受私有股权投资基金资助的公司成功上市的数目已逾千家。

### （三）20 世纪 70 年代有限合伙人制度的产生

60 年代末，很多风险基金投资的创业公司成功上市。基金管理人获得了丰富的经验，但报酬并不高。他们寻求提高报酬的契机促使了有限合伙人制度的产生。职业基金管理人成为一般合伙人，管理以有限责任合伙人入股的投资基金，不仅收取固定的管理费，而且从利润中提成。

1973 年，随着风险投资企业的增加，为首的风险资本家成立了“国家风险资本协会（NVCA）”，NVCA 成为风险资本业的行业组织。1974 年风险资本投资因股市下滑而暂时退潮，经济不景气使小企业 IPO 几乎消失，风险投资失去了退出渠道。

70 年代中后期，创业企业的资金问题受到关注。美国政府通过了一系列监管和税收法案来鼓励对小企业投资，其中最具意义的是允许养老基金投资于中小企业股票。这一方面使中小企业更容易上市，因而为风险基金提供了高回报的退出机制；同时养老基金也可以作为机构投资人以有限责任合伙人的方式加入私有股权投资基金，使大量的资本得以流入。到了 1978 年，风险资本基金迎来了首个大的募集年，募集了 7.5 亿美元，基金数量也大幅增加。

### （四）1980 年以来的迅速增长

至 20 世纪 80 年代，私有股权投资基金业继续高速成长，此时机构投资人尤其是养老基金取代个人和家庭投资人成为私有股权资本的主要来源。1981 年推出的经济复兴税法（ERTA），将资本利得最高税率从 28% 降到 20%，使得高风险投资更具吸引力，同时也带来了杠杆收购的兴起。1980 ~ 1989 年期间，私有股权业每年投资认购增长 24 亿美元，到 1989 年为 219 亿美元。1983 ~ 1984 年的股票牛市驱动了私有股权投资者的获利退出。1983 年中期，在美国前财长 William E. Simon 用 100 万美元并购 8000 万美元的 Gibson 贺卡公司 16 个月之后，IPO 首发获得 2.9 亿美元，Simon 赚了约 6600 万美元，由此吸引了媒体的关注。1979 ~ 1989 年间，个案金额超过 2.5 亿美元的杠杆收购案例超过 2000 宗，联邦快递、苹果公司、思科、通用电气、微软和爱维斯都因为私有股权或风险基金而成长。

到了 90 年代，私有股权开始注重吸引管理层和股东，大企业也愿意与其合作。私有股权的投资者越来越重视被兼并企业的长期发展，并购使用的杠杆较少。80 年代的杠杆比例是购买价的 85% ~ 95%，90 年代仅为 20%，21 世纪初是 40%，私有股权基金更倾向于资本支出，并给管理层予激励保持长期价值。随着

私有股权的成熟，投资者的基础也扎实了。90 年代初期，私有股权基金有限合伙投资者的非正式网络组织“机构有限合伙协会”（ILPA）成立了，这个保护私有股权投资者的组织有 200 个团体会员，分布在 10 个国家。2007 年底，“机构有限合伙协会”成员管理的总资产超过 5 万亿美元，私有股权投资资本认购超过 850 亿美元。

## 二　私有股权基金的运作

### （一）管理模式

私有股权基金主要有公司式、契约式和有限合伙制三种组织形式，选择不同的组织形式，其目的都是为了提高处理投资者和基金管理人之间委托关系的效率。但在实际中，各种组织模式并非界限分明，而且由于各国的法律规定并不一致，私有股权基金的设立和组织管理模式界定也不完全一样，不同的组织模式往往同时存在。

公司式私有股权基金属于股份制投资公司，由具有共同投资目标的投资者组成，设有董事会和股东大会，按照股份制公司来进行运作和管理。依照美国 1958 年通过的《小企业投资法》设立的私有股权基金，就是公司模式。公司模式的私有股权基金在美国经历了 20 世纪 50 年代和 60 年代的兴盛，70 年代和 80 年代开始衰落，现在多出现于较小规模的风险投资公司中。其缺点在于双重征税，既要缴纳各种公司税费，也要缴纳分红个人所得税。

契约式私有股权基金作为一种代理投资制度，根据国家有关信托契约关系的法规建立，通过发行收益凭证来募集资金，反映资金管理人、基金托管人与投资人之间的契约关系。Gompers 和 Lerner 认为投资者与基金管理人之间的契约是处理代理问题的一种有效方法，投资者与基金管理人订立契约时，往往要求基金管理人具有甄选高质量可投资项目的能力和为项目增值的能力。美国一些大型的多元化金融机构下设的直接投资部所拥有并管理的基金，多属于此种类型，如摩根斯坦利亚洲、高盛亚洲、花旗资本等。

有限合伙制私有股权基金的发起人通常为基金管理人，作为一般合伙人，负责基金的运作，并对合伙基金负无限责任；所有的投资者都是有限合伙人，只对

出资部分承担责任。根据美国的法律，这类私募可以同时享有有限责任制和合伙人制的税收优惠。在美国，多数风险投资基金、收购基金和对冲基金都是采用这种模式。一些专门的独立投资基金如黑石、凯雷、KKR 机构等均采用此种类型。此种组织管理模式在实际操作中也更专业化、规范化。

### （二）融资

私有股权基金对投资者的范围和资格有一定要求，关键是要求其具有较强的风险识别能力和风险承受力。美国的私有股权基金资金来源日益多元化，其融资来源主要有养老金、捐赠基金、保险公司、商业银行、高资本净值的个人或家族公司等。其中以机构投资者为主，个人所占比例一般不超过 10%。公司养老基金和公共养老基金在私有股权资本市场的投资增长速度很快，其势头已经超过了私有资本对私有股权资本的投资，是私有股权资本最大的投资者，大约占了资本来源的 40% ~50%。有些私有股权基金发展到一定规模时，也会在公开市场上市募集资金，例如全球第二大私募基金公司美国黑石集团在 2007 年完成了 IPO，在纽约交易所成功上市。

私有股权投资基金的融资策略大致可以分为股权融资和债务融资，不同的私有股权投资基金偏好不同的融资策略。创业投资基金的资金一般是其合伙人的股本，而收购基金经常会采用一定程度的杠杆，即向银行或者其他机构借债。私有股权投资基金的股权融资能力与其一般合伙人的能力息息相关，而其权益资本的实际提供者则是其有限合伙。基金管理人的首期业绩将成为投资者衡量其业务能力的依据。如果基金管理人参与投资组合的企业失败过多，其声誉将受损，这将导致其很难再募集到资金或加入其他的创业投资机构。因此，历史业绩与声誉成为投资者选择基金管理人的主要依据。

### （三）投资策略

私有股权基金管理人会根据企业的基本情况对投资项目进行筛选，主要的评估因素包括创业企业家的背景和经验、管理层的能力以及对创业项目的承诺、潜在的市场规模以及产品的市场适应性、技术水平及其技术保护等。另外基金的需求、信用市场状况等宏观因素也会对私募基金的投资产生影响。当私有股权资本投入创业企业之后，基金管理人和创业企业经营管理层之间就形成“委托 - 代理”关系。

由于私有股权资本所投资企业多处初创和发展阶段，资产透明度低，缺乏生产经营的历史记录和市场上可以观测的信息，企业家也有可能产生滥用资本、过度投资等严重的“道德风险”行为，从而威胁到基金管理人的利益，所以需要对投资项目进行管理和培育。在参与程度较高的投资项目中，私募基金管理人甚至可以直接参与管理，影响、主导和控制创业企业的董事会，其意见对创业企业的决策将具有决定性的影响。

私募基金到某一特定时点，便会选择退出，以实现目标收益，留给其他投资人继续投资。退出方式包括 IPO 和出售等。一些学者从私有股权投资基金的退出收益、退出成本、退出的时效性以及现金偏好、退出价格、退出程序的复杂性、退出市场的容量、内部控制权激励效应等方面对退出方式进行了比较，发现 IPO 是最理想的退出方式，其价值最大，大约是出售公司所得收益的五倍。

### （四）法律框架与监管

美国《统一有限合伙法》将有限合伙的概念和有关制度进行了明确和统一。有限合伙制私有股权基金正是建立在这一制度基础之上，并充分利用和发挥了该制度的优势。

有限合伙制私有股权基金由有限合伙人和一般合伙人组成。私有股权基金往往由基金管理人出资一定比例，成为拥有绝对控制权的一般合伙人。在私有股权投资基金的运作中，一般合伙人负责寻找投资机会并做投资决定，可以说私有股权投资基金运作的成败与一般合伙人的能力密切相关。有限合伙人则主要是养老基金、金融投资机构以及富有的个人投资者，对于他们而言直接投资私人企业存在很大的困难，因为既很难对目标企业有全面而细致的了解，也缺乏足够的人力资源和经验对投资后的企业进行深度监控。而当其参与到私有股权基金中来，则有专业的投资团队作为一般合伙人为其寻找投资机会、进行投资并赚取高额的投资回报。

在法律结构关系上，有限合伙人由于不参加管理，处于弱势地位，因此只负有限责任；一般合伙人参加管理经营，在操作过程中具有主动性，因此承担无限责任。有限合伙的这种设计合理地协调了有限合伙人和普通合伙人的权利和义务。有限合伙人出资额通常可占到99%，收益占70%～80%，而普通合伙人出资额仅占1%，收益却占到20%甚至更高。如此便使得双方的利益与责任紧密联系，从而提高了基金运作的绩效。

美国对私有股权基金的监管，重点是对投资者的规范，包括对投资者人数及投资者资格的规定。美国的《投资公司法》和《证券法》对私有股权基金的投资者作了严格的规定：个人投资者的年收入至少要在20万美元以上，或者包括配偶在内的收入高于30万美元，同时要拥有500万美元以上的资产；而机构投资者的门槛是净资产100万美元以上。其次是对私募基金发行与广告的监管。养老金法案（ERISA）确立了"谨慎投资者原则"，多数私有股权基金都接受养老金的投资，也受该法案管辖。美国《银行控股公司法》，则将银行控股公司对单一私有股权基金的投资比例限制在25%以下（可行使投票权的份额须低于5%）。

## 三 私有股权与高科技企业融资

### （一）高科技企业的发展与资本需求

高科技企业发展的总体特点决定了其融资方式的选择。成功的高科技企业发展较快，对资金的需求较为频繁，早期的利润难以跟上企业发展的需求，这就需要保持融资渠道的畅通和融资成本的低廉。由于政府资助资金和从母体转化给企业的资金量一般较小，且获取的偶然性较大，一般只能用于周转资金，不作为常规融资的渠道。同时，这些企业发展初期资产规模较小，其资产形态有很大一部分以无形资产入股，难以评估，因此难以达到商业银行贷款的抵押要求。高科技企业较大的经营风险，以及未来发展的不确定性，也使得融资成本不会很低。因此，私有股权投资是高科技企业创业和成长阶段最重要的融资渠道。

在高技术企业的创业阶段存在大量的不确定性因素，会面临技术、产品市场、企业管理等多方面的风险，项目的失败率通常很高。大多金融资本的所有者或代理人始终把金融资本的安全性置于首要的地位。因此，一方面投资者不愿意将资本投入需要很长时间才可能有投资回报的高新技术项目；而另一方面高新技术企业发展的特点又恰恰是只有投入长期资本，高新技术的产业化才能有实质性进展，同时项目前景不一定就是阳光灿烂，这使得投资者与创业者很难达成交易。此时，创业者也可能会请求银行给予贷款，但成功的可能性较小。即使能得到此类贷款，也大都是短期借款，且数额不大。而且企业太年轻，更不能满足发行股票并上市进行融资，因此，在该阶段，企业资金的来源主要是风险资本。

企业进入成长阶段以后，需要的资金远比创业阶段更多。此时，企业的自我资金积累较少，必须再度融资才能满足企业经营的需要。但在这种情况下，由于企业的盈利状况并不太理想，且企业规模偏小，市场风险和经营风险还没有释放完毕，企业的经营状况仍不能达到发行股票进行融资的要求，而银行等金融机构的资本，由于企业的风险仍然较大，企业可提供的担保抵押的固定资产少而不愿介入。因此，本阶段最主要的资金来源仍然为追求高收益、高风险的风险资本。

高科技企业发展较为成熟以后，已较为充分展现其发展潜力，此时所需的资金量极大，为了股票能顺利上市，也会利用私有股权资本进行资金的筹措。例如，股票上市前，为增加企业的价值，需要资金对企业进行改造。这种资金可分为过桥融资（Bridge Financing）、杠杆融资（Leverage Financing）和再生融资（Turn Around Financing）。前两者的目的在于提供资金使企业整体水平有所上升，提高企业的价值或进行财务结构的改善以利于股票上市。后者的目的是在高新技术企业面临较大的危机需要重整企业时提供资金支持。

### （二）高科技企业融资的政策支持

美国高科技企业的发展不能忽略政策在风险投资和扶助创业方面的作用。第二次世界大战结束后，当时的美国并没有一个完善的法律和监管框架来保证创业企业能够在获取重要经济资源，如资本、人才、政府采购等方面同大企业公平竞争。为此，美国政府于 1953 年正式通过并颁布了《小企业法》，其目的在于，为创业企业创造一个公平竞争的条件，鼓励小企业的创办与发展，并依据该法设立了小企业管理局。其主要使命就是“通过扶持、指导、协助及保护小企业的利益，及通过帮助家庭和企业致力于自然灾害后的恢复，来维系并加强国民经济”。

高科技企业在创业的过程中，资金是其首要的难题。美国政府先后进行了几次立法努力，通过政府的引导，放松对融资渠道的管制，鼓励社会资金对高技术企业进行投资。以 1958 年的《小企业投资法》为依据，在小企业管理局的监管下，创设了一批“小企业投资公司”。小企业投资公司向小企业提供贷款、可转化债券、股权投资三种融资方式。资金来源除了自有资本外，还可以通过发行小企业管理局担保的组合债券向社会公众融资，最高融资额可达到自有资本额的3倍。这些优惠条件，使各地纷纷设立小企业投资公司。1980年的《小企业投资激励法案》创制了“企业发展公司”的投资机构。但是，有学者认为“国会1980年的立法，在给企业发展公司的左手松绑的同时又（通过制定额外的规则）收回了它的右手”，因此企业发展公司并没有成为主流的风险投资模式。1996年的《全国证券市场改进法案》给予为小企业提供财务和管理帮助的投资公司以豁免资格。不过，法案要求，得到豁免的公司所在地的州必须有针对这类公司的专门立法，使这部法律的实际意义大打折扣，法案所规定的对风险投资机构的豁免，实际上只有理论上的意义。

另外，相关的法律为高科技企业股权的非公开交易提供了制度保障，其中针对小额发行和私募发行豁免的法律主要有《A条例》、《D条例》和《规则144A》。《A条例》主要规定了小额普通证券公开发行的注册豁免。要符合这一豁免，最重要的是发行规模——任何12个月内的发行额不得超过150万美元。另外，《A条例》还提出了一些程序方面的规定和所谓的“好家伙”原则。1982年，美国证监会迈出了简化和统一私募发行和小额发行豁免制度的关键性步骤，制定具有划时代意义的《D条例》，给出了三种可获得注册豁免的证券发行情形，小额发行豁免、小额发行和私募发行的混合豁免和私募发行的豁免，提供了注册豁免的“安全港”。《D条例》要求获得豁免注册的证券是“受限制的证券”，从而在一年内无法转让，这就降低了该证券的吸引力。为解决这一问题，加速金融自由化，美国证监会于1990年4月发布了《规则144A》，为私募发行的证券豁免注册提供了另一个非排他性的“安全港”。

除了建立有利于高技术企业融资的法律框架外，美国政府也从其他方面不断完善私有股权基金的投资环境。其一是1971年纳斯达克创业板资本市场的创建。创业板资本市场的建立，为高技术企业上市直接融资创造了便利条件，也为私有股权投资提供了一个稳妥、安全的退出路径，降低了投资风险，缩短了投资回报周期，从而提高了私有股权投资的积极性。其二是1985年对于《统一有限合伙法》的修改，更为清晰地界定了有限合伙人的责任范围。有限合伙既具备传统合伙企业易于组织、所受监管较为宽松的优势，又有股份公司能为投资人提供的安全保障。今天美国的私有股权基金大多采取这一组织形式，从事杠杆收购、风险投资、对冲基金等。其三，1978年，美国劳工部对1974年《雇员退休收入保障法》中关于养老基金经理人的“审慎人原则”做了解释，允许养老基金经理把庞大基金的一小部分投资于传统高安全级别证券之外的其他“选择性资产”，包括风险投资。同年，投资收益所得税由49%降低到28%，并在1981年进一步降低到20%。这两件事被视为拓宽私有股权资本来源的重要法律事件。在1978年，新增加的私有股权资本达到当时创记录的6亿美元，相当于之前9年的总和。

### （三）私有股权基金对高科技企业的投资偏好

美国目前有600多家专业私有股权投资管理公司，管理着超过500亿美元的私有投资基金，是当今世界私有投资业最为发达的国家。美国的私有股权投资与其他国家相比更明显地集中于高科技行业，在计算机软硬件、生物技术、医药、通信等行业的投资占其总投资的90%左右，一方面因为高新技术开发成功将获取高报酬，另一方面也反映了私有股权资本对高新技术的独特的专业判断能力。另外，美国私有股权投资主要集中于企业的成长阶段和扩充阶段。美国私有股权投资协会（NVCA）的统计表明，约有80%的私有股权投资基金投在这两个阶段，仅有4%左右投在创建阶段，另有14%左右投资于成熟阶段。

美国私有股权基金的投资偏好，首先，与政府的税收和相关政策有关。如前文所述，美国政府为鼓励高科技企业发展以及资金流向高科技企业，曾经出台一些税收优惠政策和法律法规，刺激了创新以及高科技产业的发展，并带动了私有股权资本对相关公司的投资和扶持。其次，私有股权资本投资者的终极目的不是长期投资于创业公司，而是通过投资、管理等中长期活动实现资金的迅速增值，并寻找机会套现。美国纳斯达克市场为高科技企业提供了上市融资的机会，间接刺激了美国私有股权资本投资者投资于高科技企业。再次，美国文化中的冒险精神和社会对创业的提倡与鼓励，对于高科技公司的发展是有利的。而且，美国拥有硅谷等高科技产业带，又聚集了全世界风险投资的高级人才，这为高科技企业和私有股权基金的发展提供了最佳的社会环境，并使两者能够得到最佳的结合。

## 四　美国私有股权基金对高科技企业发展的影响

私有股权基金对高科技企业的投资目的是要通过扶持其迅速成长，然后从中成功退出，一次性获得高额回报，同时也帮助企业实现其商业价值。在这一过程中，除了高科技企业自身技术或服务的竞争优势，私有股权基金的支持和监督管理也是重要保障。

### （一）资金支持

资金是高科技企业的血液，私有股权基金的作用就是随时为快速成长的高科技企业提供足够的资本，保证其发展。这也是私有股权基金对企业提供的最基本的增值服务。

私有股权基金在确认创业企业商业计划书的价值后，可以提供启动资金。这次投资主要是考察创业企业商业计划书内容的可行性，如是否按计划开展研发或产品生产，管理团队运行效率，等等。首次融资一般由一家风险投资公司单独进行。

为了降低投资风险，私募基金通常根据企业的发展目标，分段投资。所投资金一般仅够企业实现当期目标。如果企业没有达到预期目标而又将资金用尽，私有股权基金便会做阶段性评价，决定是否继续投资或者退出。当企业前一阶段运营正常并达到预期目标后，私有股权基金将一次或者多次追加投资以帮助企业快速成长。当私有股权基金完成首次融资后，就将马上考虑再融资的安排。再融资可以是一家私有股权基金的单独融资，也可能是多家私有股权基金的联合投资。如果单独投资，私有股权基金将调整其内部的投资组合，准备足够的资本金；或者开展新一轮的筹资活动募集第二轮基金。如果采用联合投资，私有股权基金将寻找合作伙伴并作相应的股权安排，等等。

私有股权基金具有资金放大的功能。主要表现在两个方面：一个是对于社会资本、产业资本的放大功能；另一个是对于企业筹集更多资金、促进企业发展方面的资金放大功能。首先风险投资机构通过广泛筹集并合理利用政府投资、民间投资、国际投资、个人投资等，将分散的资金积少成多地集中起来形成多元化的集资网络系统，为企业提供稳定的资金来源。其次对于企业而言，由于私有股权基金的进入，可以让其他的股东更有信心支持企业，与此同时也会使企业对其他资本产生吸引力，增加企业可能的资本来源渠道。

### （二）创造良好发展环境

成功的私有股权基金拥有以往成功的融资、管理和退出安排的经验，给现在所投资的高技术企业创造一个良好的发展环境。私有股权基金会充分利用自己的影响力和在业界的良好声誉、关系网为现在的创业企业创造各种优惠和捷径。

透过私有股权基金的影响力和一些关系网，一些优秀的中介服务机构，如投资银行、律师事务所、仲裁机构、会计师事务所、资产评估机构、科技中介机构、信托投资公司等将会很乐意为高科技企业提供优质服务，甚至是以较低的价格提供服务。因此，私有股权基金的影响力和经验将帮助创业企业快速地找到适合自己的服务机构，并享受到优质甚至优先的服务。

有成功的私有股权基金支持的高科技企业一般会被市场认为是“未来的明星”，因此会提升企业“预期”市场竞争力。许多企业的上下游企业也会考虑给予更多的让利或者延期付款优惠，等等。同时，高科技企业的新产品也容易被市场认可，降低进入市场的障碍和风险。因为私有股权基金对所投行业一般很熟悉，他们甚至可以为初创的高科技企业建议诸如设备购买、技术引进等渠道，利用他们的市场经验为企业提供便利。

由成功私有股权基金管理的高科技企业在IPO时更容易为金融机构接受，因而能够吸引更多的金融机构帮助承销股票，或者获得更高的IPO价格。当高科技企业需要在银行贷款的时候，能够比较容易获得银行的支持。

### （三）监督管理

私有股权基金与其他投资形式的另一个本质区别在于，风险投资公司会深层次地介入所投资企业的管理。私有股权基金无论投资额多少，在高科技企业所占股份大小如何，一般都会要求在董事会占有重要的席位甚至拥有否决权以便能随时介入所投资企业的管理和对重要决策施加影响。私有股权基金对企业的管理可以从多方面得到体现。

战略决策指导。私有股权基金由于有丰富的投资经验，而且同时经营多个项目，因此对行业发展和外部环境有更深的理解。他们会对企业的发展战略提供良好的建议和指导，如制定公司战略规划、愿景设计、行业分析等等。

管理团队重组。当企业的运营偏离商业计划书或者出现较大的失误，私有股权基金将马上施压重组管理团队，或者建议新的管理人员加入。例如，让原管理者让位，聘用新的管理人员。有时在高科技企业的种子期，私有股权基金会帮助组建管理团队，甚至直接派员进行管理直到新的管理团队组建完成为止。

财务监控。财务指标是私有股权基金评价高科技企业运营状况的重要手段。私有股权基金一般要求企业每月甚者每周提供一份财务报表以便随时了解企业的经营状况。而这些数据也是作为私有股权基金预警指标的重要组成部分。例如：在美国常用的“零现金日”警戒（Zero Cash Date）。当一个企业的财务报告显示其现金只够维持公司运转 9 个月的时候，私有股权基金就需要考虑是继续投资还是要将这家企业出售。当企业经营遭遇失败的时候，财务监控也是私有股权基金采取资产保全的重要保证。

核心竞争力保护。高科技企业因其独特的技术或者商业模式而使其具有很高的潜在的商业价值。私有股权基金的一项重要任务就是保证这些核心竞争力不会因为员工的流动而流失甚至被竞争对手拷贝。因此，私有股权基金会帮助企业设计员工股权安排以激励和留住关键员工，并为未来吸引新的重要成员加盟打下基础；与员工签订合同对新的研究成果、专利等的归属作出定义；当市场上出现有巨大竞争性的企业和产品时，如何采取打压、收购等行动以保证所投资企业的竞争优势；以及参与设计公司保密条款；等等。由于私有股权基金在管理这些问题时已经驾轻就熟，经验丰富，可以通过套用以往的股权安排模式或者合同范本稍加修改后移植到新的企业使用，或者迅速调动资金采取行动。

危机管理。当高科技企业出现重大险情的时候，如技术失败、市场失误、重要员工离职，等等，私有股权基金会立即进行干预，甚至会自己派出人员接管企业，以防事态恶化；或者保护企业留存资产以便对其资本退出作出安排。危机管理是一般中小企业的致命打击，而高科技企业则因为较少有这方面经验而容易因此遭遇失败。但私有股权基金长期在高风险的投资行业中运营，对各种危机的经历和应对能力都更丰富。因此，私有股权基金在危机管理方面会给予企业重要支持。

## 参考文献


Allen N. Berger, Gregory F. Udell, "The Economics of Small Business Finance: the Roles of Private Equity and Debt Markets in the Financial Growth Cycle". *Journal of Banking and Finance*, 2998, 22: 613 –673.

Bob Zinder, "How Venture Capital Works". *Harvard Business Review*, 1998, 76 (6): 131 –139.

Geoffrey Wood, Mike Wright, "Private Equity: a Review and Synthesis". *International Journal of Management Reviews*, 2009, 11 (4): 361 –380.

George W. Fenn, Nellie Liang, Stephen Prowse, "The Private Equity Market: an Overview". *Financial Markets, Institutions and Instruments*, 1997, 6 (4): 1 –105.

Josh Lerner, Antoinette Schoar, "The Illiquidity Puzzle: Theory and Evidence from Private Equity". *Journal of Financial Economics*, 2004, 72: 3 –40.

Mike Wright, Kevin Amess, Charlie Weir, Sourafel Girma, "Private Equity and Corporate Governance: Retrospect and Prospect". *Corporate Governance: an International Review*, 2009, 17 (3): 353 –375.

Scott Sharabura, "Private Equity: Past, Present, and Future". GE Capital Speaker Discusses New Trends in Asset Class. Speech to GSB 2/13/2002. Accessed May 22, 2008.

# 美国金融监管改革对私募基金业的影响和启示

张莹 刘进*

## 一 美国基金业监管思路及监管框架

### （一）概述

投资基金是他人财产的专业管理者，通常是在公开其投资目标和策略的基础上，投资于相应的金融产品。投资基金可分为公募基金和私募基金。公募基金在世界各国采取的形式各不相同，如美国是注册的共同基金（在《1940 年投资公司法》下注册）。私募基金通常指那些不需要按照《1940 年投资公司法》注册的基金。与在公开市场交易的公募基金相比，私募基金通常可以提供更高的回报，而且某些回报与公开市场并无关联。此外，私募基金的补偿和业绩是基于“绝对回报”，也就是说，不管市场周期上升还是下降私募基金都应可以赚取收益。

私募基金传统上一般分为私募股权投资基金和私募证券投资基金（也被称为对冲基金）。两者之间的基本差别是所投资资产的性质和流动性不同。

私募股权投资基金投资于未公开上市公司的股份，其投资因缺少公开交易市场，一般难以快速变现。因此，这些基金一般会设置 10 年左右的存续期，而且通常不将私募股权投资转让的收益用于再投资。此外，私募股权投资基金通常是“承诺资本”式的基金，投资者向基金承诺一定的出资额，管理人按照基金对外

---

* 张莹女士是美国艾金·岗波律师事务所主管大中华区投资基金及金融业务的合伙人。刘进先生是美国艾金·岗波律师事务所驻北京代表处基金业务法律顾问。本文仅代表作者本人的观点，不代表其所在机构的意见。本文仅供信息参考之用，不得解释为法律意见或作类似使用。更新日期为 2010 年 8 月 27 日。

投资的需要向投资者召款要求其实际出资。

与此相比，对冲基金通常投资于公开的证券市场以及其他流动性资产。投资者可以每隔一段时间按照公允市场价值，赎回他们在基金中的投资，就此而言，对冲基金是一种“开放式”基金。不过，对冲基金通常会设置“锁定期”，要求投资者在锁定期内不得赎回。锁定期通常是一年，但也有两年甚至三年的锁定期。在锁定期之后，在基金中的投资通常可以按季度赎回。

## （二）美国基金业的监管思路

### 1. 保护小型投资者

美国基金业监管的核心理念是：政府应当监管金融机构与普通公众间的交易，以保护普通公众免受欺诈和蒙受损失。2008 年金融危机后，美国金融监管改革又将保持金融体系的稳定作为整个金融监管制度的基石。按照 2010 年《多德 - 弗兰克华尔街改革和消费者保护法》（以下简称《多德 - 弗兰克法》），执行这一美国金融监管目标的是所有的联邦金融监管机构。

### 2. 联邦监管与地方监管不相重复

首先，投资基金（以及基金管理人）必须按照特定的州法在某个州内设立，其设立依据是该州的公司法、合伙企业法或信托法。也就是说，投资基金可以根据其组建所在州的法律采取公司、有限合伙或信托的方式设立。

此外，在管理人和投资者的关系（或管理人针对投资者的行为）方面，联邦和州两级都有相应的规定。联邦法律是基于国会规范州际商务往来的权力。因此，它们一般适用于募集和管理涉及多个州投资者资金的基金和基金管理人。在 1997 年之前，基金管理人直接受到美国联邦（SEC）以及该基金管理人开展业务所在州的证监会的监管。这给基金管理人带来很大的合规负担，也造成了一定的混乱。

1996 年《全国证券市场促进法》（NSMIA）确立了一个新的监管框架，要求基金管理人自己选择是在联邦注册还是在州内注册。一般而言，较大的基金管理人（例如，管理的净资产至少在 2500 万美元的基金管理人）在 SEC 注册，而较小的基金管理人在各州注册。对于在 SEC 注册的基金管理人，各州仍然可以要求其提交报告等，但一般不得对基金管理人进行检查，因为此项监管措施已由 SEC 行使。

此外，各州的“蓝天法”，规定了证券（基金）发行的州注册以及经纪交易商注册的制度，以此保护居于本州内的投资者。

## （三）对于基金及基金管理人的监管法律框架

**1. 主要的联邦法律**

涉及投资基金的主要的联邦法律包括：《1933 年证券法》（*Securities Act of 1933*）、《1940 年投资公司法》（*Investment Company Act of 1940*）、《1940 年投资顾问法》（*Investment Advisers Act of 1940*）和《1934 年证券交易法》（*Securities Exchange Act of 1934*），在利用商品期货交易时，还会涉及《商品交易法》（*Commodity Exchange Act*）。

《1933 年证券法》约束证券的发行与销售。在证券法下，投资基金的发行和销售需要注册和提交招股说明书。进行公募的成本很高，除非基金管理人可以获得“私募发行豁免”。但是其发行仍受限于证券法下反欺诈/反欺骗的规定。

《1940 年投资公司法》对符合“投资公司”定义并且不能获得任何豁免和例外的发行人作出复杂的操作要求，包括公司治理要求（需要董事会或受托人监督该基金）、赎回条款、投资限制（例如对使用杠杆融资的限制）、对关联交易的限制、详尽的定期监管报告的要求等。

《1940 年投资顾问法》建立了投资顾问（即通过提供证券的投资咨询赚取收益者）的注册和监管制度。这是一个与《1940 年投资公司法》相伴而生的监管法律，两者都是在美国大萧条时期通过的。

《1934 年证券交易法》侧重于对已发行尚未偿还证券的交易的监管。它涵盖了①参与证券交易过程的各个不同群体，例如经纪交易商和结算代理人，②不同的交易市场，例如交易所和全国市场体系。

**2. 美国基金业监管框架的共性**

上述法律规定内部结构是有共性的，均遵循以下思路并包括以下关键要素。

首先，从政策角度界定和限制法规覆盖范围。

其次，对于在法律定义范围内的各主体均适用反欺诈规则。

再次，确立注册监管制度，对于与公众交易，并因此需要受到比反欺诈规则更多约束的主体进行注册监管。这通常要求某些主体获得监管机关的牌照或注册，并遵守相关披露要求。例如，1933 年证券法下的招募说明书，以及《1940

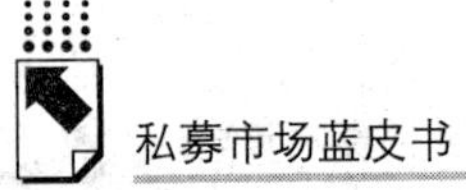



年投资顾问法》下的 ADV 表格。

又次，基于公共政策因素或管辖因素的考量，对一些在法律覆盖范围内的主体豁免注册。例如：就某些管理人而言，其规模很小，应当在州内注册而非在联邦注册。又如对某些只与“合格”投资人打交道的管理人而言，反欺诈法的规定已足以保护这种“合格”投资人的利益，因此该基金或基金管理人可以豁免注册。

最后，规定了注册后的持续性监管，包括定期向监管机构提交文件的规则，向投资者披露的规则，以及具体行为规则（例如合规、广告限制、对政治捐款的限制）。

上述法律规定大多具有共同的内部结构，反映了前述的基金业的监管思路，即侧重于保护小型投资者。因此，如果某些基金管理人和基金已经受到其他法律的监管，或是它们仅与某些成熟的投资者和机构投资者交易，它们可以取得豁免注册的资格并免于受到 SEC 的全面监管。当然，不管是否豁免注册，所有基金管理人和基金都应受限于反欺诈/反欺骗的规定。

可见，对于投资基金而言，如果某支基金是注册的基金，它将受限于《投资公司法》下一系列治理、收费（例如可以向基金的投资人收取的费用）、合规、信息披露和利益冲突的规则。这些监管要求可能影响投资基金的收益，并且消耗大量的资源。因此，有些投资基金更倾向于避免《投资公司法》的监管。如果投资基金不参与公开发行而且仅有某些特定的投资者参与，它就属于“投资公司”的例外规定，也就不再受该法的监管。最通常的例外是第 3（c）（1）和第 3（c）（7）的例外规定。符合这两类例外规定的投资基金通常叫做“私募基金”。

对于基金管理人而言，他们需要考虑《1940 年投资顾问法》的规定，包括是否必须注册、是否属于《1940 年投资顾问法》的监管范围、是否符合例外或豁免的规定。通常，如果一个管理人可以选择通过满足《1940 年投资顾问法》的豁免要求而不去注册。例如在《多德 - 弗兰克法》对该规则进行修改之前，如果他们仅有 15 个以下的客户，并且不以投资顾问的身份开展公开业务，就符合豁免注册的要求（尽管仍应遵守《1940 年投资顾问法》下的反欺诈规定）。这就是最经常被使用也最具争议的“私募基金投资顾问”豁免。根据下面的讨论，这一豁免为 1990 年代后期以来的私募股权投资基金和对冲基金的爆炸性增长作出了贡献。但该项豁免被《多德－弗兰克法》废除。

需要澄清的是，这并不是说私募投资基金或它们的管理人不受监管。它们受一些自律组织，例如全国证券交易商协会、全国期货协会的监管，以及财政部的反洗钱规则、美国证券法中的某些反欺诈条款、财政部的各种大额账户报告制度、证监会和商品期货交易委员会的限制等等。

例如，反洗钱法案和规则。2001 年“9·11”事件后通过的《爱国者法》(*The USA Patriot Act*)，要求所有的金融机构，包括投资基金和基金管理人，执行查明和防范洗钱活动的程序。

隐私保护规则。投资基金管理人需要注意遵守要求他们保护与投资者相关的隐私信息的联邦规则。他们必须采取相应的对策和程序保护潜在的和现有投资者的特定个人信息。

当然还有税法，还有对投资基金的服务提供者进行规范的法律也需要考虑。最后需要特别注意的是适用于某一投资人的专项法律，如美国有适用于养老基金的法律。

**3. 基金业监管框架的变革以及 SEC 先前的尝试**

如前所述，美国对于投资基金行业的监管框架是建立在注册、注册后的持续性监管，以及注册豁免基础上的。就投资顾问而言（私募基金行业的主要参与者和监管对象），在 SEC 注册后的监管包括三个方面。

信息披露和公开报告要求（例如向 SEC 提交 ADV 表格以及每年向客户提供手册）；

对管理客户资金行为准则的限制或要求（包括合规政策、广告限制、对政治捐款的限制）；

记录保存要求。

如前所述，注册的投资顾问和豁免注册的投资顾问都应受到《1940 年投资顾问法》下反欺诈条款的限制。《1940 年投资顾问法》通常禁止欺诈和欺骗性的行为，禁止与客户交易，禁止同时担任交易方及其经纪人两方的投资顾问。

大多数私募基金管理人基于“私募基金投资顾问豁免”免于向 SEC 注册。豁免注册带来的更低的合规费用以及更高的灵活性，以及美国前总统小布什时期的税收优惠政策使得私募基金在规模和影响上的急剧增长（主要发生在 1998 ~ 2008 年）。SEC 在 2000 年代初至中期对大量基金管理人豁免注册的情形深感担忧，因为豁免注册导致SEC对基金管理人的业务状况以及相关的风险知之甚少。SEC于2003年对对冲基金行业进行了一项全面的调查，这是SEC迄今为止对私募基金行业所作的最为全面的调查报告。

SEC 2003年报告发布后，出现了《1940年投资顾问法》出台后最为强烈的加强监管呼声。最为大胆而且最重要的加强监管尝试是SEC于2004年颁布的一项新的规则，结果会导致几乎所有的对冲基金管理人都需向SEC注册。SEC试图通过重新定义对冲基金管理人的“客户”，也就是将一支基金的每个投资人计算为基金管理人的一个“客户”，从而将对冲基金管理人纳入注册范围。在此之前，一支基金一般算作一个客户。因此，只要某个基金管理人在任何12个月的期间内同时管理的基金不超过15支，它都可以依据“私募基金投资顾问豁免”的规定免予向SEC注册。SEC的新规定要求绝大多数的对冲基金管理人注册。实际上，这一新规定导致了对冲基金管理人的第一波注册潮。

私募股权投资基金行业通过成功的游说，使SEC将需要注册的基金管理人管理下的私募基金定义为不包括锁定期在两年以上的基金，从而使私募股权投资基金行业取得了豁免注册资格。私募股权投资基金行业游说的理由是，它们通常作为长期投资者投资于未上市公司，并改善被投资公司的管理和运营，使其为社会和相关经济部门创造更多的价值，并且创造就业机会。私募股权投资基金行业成功地使其与对冲基金行业区别开来——对冲基金通常买卖的是股票和债务工具，利用很少投资者能理解的复杂的交易技巧，并且向投资者提供很少的信息披露，因此，对于投资者甚至监管者而言，很难对对冲基金的风险控制和利益冲突规则感到满意。

对冲基金管理人提起了针对SEC的诉讼，认为SEC没有权力发布这样的规则。2006年，哥伦比亚特区联邦巡回上诉法院裁定SEC的规则超出其监管权限，指出上述变更须经国会立法修改法律。根据法院这一裁定，很多对冲基金管理人停止申请注册，或撤回了注册。私募基金行业继续保持了快速增长。回顾过去，法院的判决反映了当时业界的普遍看法，那就是相信市场的力量可以保持金融市场和金融服务业的安全平稳发展。换句话说，市场调节是比行政管制更有效的办法。

众所周知，2008年的金融危机给投资者造成了巨大的损失，资产价值大幅缩水，大量基金清盘，麦道夫欺诈案这样一些举世震惊的骗局被揭穿。不可避免地，市场的力量已不再那么受信任，主张加强政府对金融领域的监管的政策思想逐渐占据上风。总之，金融危机为各监管机构做那些过去想做而不能做的事情提供了一个很好的理由。

## 二　美国金融监管改革

### （一）新的《私募基金投资顾问注册法》

2010 年 7 月 21 日，美国总统奥巴马正式签署了《多德 - 弗兰克法》，其中包括 2010 年《私募基金投资顾问注册法》（以下简称《新注册法》）。与美国众议院和参议院先前通过的草案类似，《新注册法》将：①要求很多目前豁免注册的投资顾问按照《1940 年投资顾问法》的要求，向 SEC 注册；②要求目前向 SEC 注册的很多其他投资顾问转为在州注册；以及③扩大管理私募基金的投资顾问的报告义务。上述投资顾问注册规定同样适用于很多非美国投资顾问。值得注意的是，《新注册法》的绝大部分要求将在该法颁布一年后才实施。

**1. 注册**

按照现行法律，如果一个投资顾问①在任何 12 个月的期间内，客户少于 15 名；②不担任“注册投资公司”或“企业发展公司”的投资顾问；以及③不以“投资顾问”的名义出现在公众面前，该投资顾问可被豁免按照《1940 年投资顾问法》注册。目前大部分对冲基金和私募股权投资基金的管理人利用上述规定豁免注册。根据新《新注册法》，这些豁免将被废除。取而代之的是仅对非美国投资顾问实施的更小范围的豁免（如下所述）。因此，大量的对冲基金和私募股权投资基金的投资顾问将被要求按照《1940 年投资顾问法》注册。

此外，如投资顾问仅在某一州内提供咨询，而其客户是“私募基金”，《新注册法》将取消对该投资顾问的注册豁免。如果私募基金的投资顾问已经按照“美国商品期货交易委员会”的要求注册为商品交易顾问，而该投资顾问随后主要从事与证券有关的咨询，该类投资顾问也不再享受豁免注册。私募基金按照《新注册法》的规定被定义为包括《1940 年投资公司法》（以下简称《投资公司法》）下根据 3（c）（1）或 3（c）（7）条款不被视为投资公司的基金。这一定义包括大部分的对冲基金和私募股权投资基金。

然而，《新注册法》将豁免，或要求SEC颁布规则豁免下列投资顾问的注册义务：①仅以创业投资基金（按照SEC的定义）为客户的投资顾问（简称“创业投资豁免”）；②仅以私募基金为客户，且其管理下的全部在美资产低于1.5亿美元的投资顾问（简称“1.5亿美元豁免”）；以及③仅向持牌的小型商业投资公司（不含注册为“企业发展公司”的公司）提供投资咨询的投资顾问。获得“创业投资豁免”或“1.5亿美元豁免”的投资顾问也应遵守记录保存要求，并按照SEC的要求提交报告。先前参议院草案中建议的针对私募股权投资基金投资顾问的豁免，并未出现在最终颁布的法律文本中。

《新注册法》对投资顾问的定义不包括家族办公室。SEC被要求对“家族办公室”作出定义，确定家族办公室的类型范围，并与过去的实践以及特定的不追溯条款保持一致。

**2. 非美国投资顾问的有限豁免**

《新注册法》规定，符合下列条件的非美国投资顾问可以享受豁免：①在美国没有营业场所，②受托管理的位于美国的客户或投资人的资产少于2500万美元或SEC规定的更高金额，③在美国私募基金的客户或投资人不足15名，④不以“投资顾问”的名义出现在美国公众面前。在统计上述的“15名”客户或投资人时，需将离岸基金中的美国投资人统计在内，因此，与现行法律给予许多外国基金管理人的豁免相比，新的规定豁免范围更加狭窄。尽管SEC可能会继续适用“Unibanco”原则，即通常不要求非美国注册人在和他们的非美国客户打交道时遵守大多数的监管要求，但预计将会对这些涉及离岸基金的原则作出某些调整。

**3. 有关SEC注册门槛的修订**

现行法律通常禁止所管理的资产低于2500万美元的投资顾问向SEC注册。《新注册法》对那些管理的资产在2500万美元至1亿美元范围内的投资顾问新设置了一个门槛。具体而言，该法规定具有下列情形的投资顾问不得向SEC注册：①该投资顾问被其主营业地所在州的证监委要求注册为投资顾问，而且一旦注册，将受该州的证监委的审查，②受托管理的资产在2500万美元至1亿美元（或SEC规定的更高金额）之间，除非该投资顾问是基于《投资公司法》注册的投资公司的顾问，或者基于《投资公司法》注册为“企业发展公司”（且该公司未放弃此项选择）的顾问。如果投资顾问会被要求在15个以上的州进行注册，则该投资顾问可以选择根据《新注册法》第203条的规定向SEC注册。

**4. 报告义务的扩展**

注册的投资顾问必须遵守向SEC和其他第三方的额外的报告、记录保存和信息披露要求。《新注册法》赋予了SEC广泛的权力，如SEC有权按照“对于公共利益或投资者保护，或为了金融稳定监督理事会（简称“理事会”）评估系统性风险而言是必要的”这一标准，要求注册的投资顾问保存记录，向SEC提交报告，并将这些报告的内容提供给理事会和其他承担系统性风险监管责任的机构。这些记录和报告的内容包括：①受托管理的资产总额，②杠杆的使用（包括资产负债表外的杠杆），③交易对手的信用风险敞口，④交易和持仓情况，⑤基金的估值政策和做法，⑥持有的资产类别，⑦给予某些投资顾问优惠权利或资格的补充安排或补充协议，⑧交易做法，以及⑨在SEC与理事会协商后，根据“对于公共利益，或投资者保护，或系统性风险评估而言是必要或适当的”这一标准要求的任何其他信息。SEC可以针对不同类别的私募基金的投资顾问要求提交不同的报告。SEC还可将其搜集的信息与理事会共享，但不必向公众披露《新注册法》下要求的任何报告或信息。

私募基金的注册投资顾问必须保存它提供咨询的所有私募基金的记录，并使这些私募基金的记录可供SEC查询。SEC有权对注册的投资顾问进行全面检查，以评估其发现的系统性风险。但是，SEC应当根据特定私募基金的规模、管理方式和投资策略等因素确定其系统性风险水平，并相应提供注册和检查的程序。

SEC还有权要求未在SEC注册的投资顾问向SEC提交报告。如上所述，使用“创业投资豁免”或“1.5亿美元豁免”的投资顾问将有报告义务，报告的内容《新注册法》未作规定。此外，《投资顾问法》第204条（b）（5）款，经《新注册法》修订后，要求SEC制定相关规则要求私募基金的各个投资顾问按照“SEC认为对于公共利益或投资者保护，或为了理事会评估系统性风险而言是必要的”这一标准，向SEC提交报告。与《新注册法》的其他条款不同的是，本条款的适用范围并不仅限于注册投资顾问。

**5. 对“合格投资者”标准和“合格客户”标准的调整**

《新注册法》要求SEC：①对衡量自然人合格投资者的净资产标准作出调整（现在的规定是个人或与配偶累计超过100万美元），《新注册法》实施后合格投资者的标准将不再包含自然人常住住所的价值；②在《新注册法》实施四年后提高现行的100万美元的净资产标准；③审核适用于自然人的“合格投资者”定义；以及④随后每隔四年审核适用于自然人的“合格投资者”标准（1933年《证券法》A条例下的规则215）。

《新注册法》也要求SEC在该法实施后一年内，并且以后每隔五年，基于通货膨胀调整规则205-3下的“合格客户”标准。

**6. 进一步调研**

《新注册法》也要求SEC开展如下研究：①向公众或SEC和美国金融业监管局进行实时卖空报告的可行性、成本和收益，包括采取汇总记录带的形式；②当前卖空交易的状态，着重未能提交相关报告的情况；③构成合格投资者的财务及其他标准；④私募基金自律组织的建立；⑤《新注册法》下SEC的托管条款的合规成本。

**7. 总结**

作为对2007~2010年金融危机和经济衰退的回应，《多德-弗兰克法》作出了美国自大萧条以来最彻底的金融监管变革，但它并未从基础上改变对私募基金及其管理人的监管框架。《新注册法》仍然遵从了上述监管思路。改变的是对下列事项的政策性判断：①基于对过去20年私募基金发展的考察，判定谁应获得SEC注册制度的豁免，②为了更好地理解市场及风险，并且更加有效地防范“系统性风险”，监管机构应当有权获得哪些额外的报告或信息。

尽管《新注册法》作出的新规定一年后才生效实施，未注册的私募基金投资顾问现在应该考虑为遵守有关规定投入资源。特别是被要求在SEC注册的投资顾问应该考虑：①委任或者决定谁将履行首席合规官的职责；②审查现有披露文件，确定在注册时还需要哪些其他文件；③进行合规风险评估；④如有必要，审查和修改现有合规政策和程序，以确保所需合规机制的到位（包括代理投票、利益冲突手册、托管和信息安全手册）。

此外，由于SEC注册要求的改变，有些投资顾问将在各州注册，这就要求这些投资顾问遵守各州的法规。目前在SEC注册，管理的资产少于1亿美元的投资顾问，应该开始考虑各州和SEC规则的差别，包括相关证券考试要求。改为在州注册的投资顾问应考虑在一年的过渡期之前开始启动注册程序，以避免注册进程延迟。

### （二）《多德－弗兰克法》下的沃克尔规则

除上述《新注册法》的监管变革外，《多德－弗兰克法》下的沃克尔规则也将对私募基金行业造成较大的影响。沃克尔规则主要包括如下方面的内容。

**1. 适用范围**

沃克尔规则禁止特定的银行机构从事①坐盘交易，②发起成立对冲基金或私募股权基金，或者在对冲基金或私募股权基金内购买或持有任何股权、合伙权益或其他所有权益，但可以有某些例外情形。沃克尔规则适用于经过保险的存款机构、控制经过保险的存款机构的公司、根据《1978 年国际银行业法》第 8 条当做银行控股公司对待的公司以及该等公司的子公司（分别被称为“银行机构”），其中包括此前为证券机构后来转化为银行控股公司之后又转化为金融控股公司的，例如摩根斯坦利和高盛。但是，沃克尔规则不适用于未直接或间接受控于根据美国联邦或其一个或几个州的法律成立的银行机构、而且其活动“完全发生在美国境外的”非美国的银行组织。沃克尔规则不适用于受监管的非银行机构，但沃克尔规则对受监管的非银行机构从事坐盘交易设置了额外的资本金要求以及额外的金额限制规定（今后将制定相关的规则和条例）。

**2. 发起和投资于私募股权基金及对冲基金**

沃克尔规则禁止银行机构发起对冲基金或私募股权基金或购买或持有其中的“任何股权、合伙或其他权益”。关于坐盘交易，它同样对拥有、收购或发起对冲基金或私募股权基金的受监管的非银行机构进行坐盘交易设置了额外的资本金要求以及额外的金额限制规定。根据沃克尔规则，发起一支基金的定义是从事下列任何一项活动：①担任该基金的普通合伙人、管理层或受托人；②选择或控制了该基金董事、受托人或管理层的大多数，或该基金大多数董事、受托人或管理层是由其员工、高级职员、董事或代理担任的；或③在公司事务、营销、推广或其他方面与该基金共用相同的或基本相同的名称。“发起”的定义不包括担任对冲基金或私募股权基金的投资顾问（但是银行机构如果担任此项职责，则将受限于《联邦储备法》第 23A 条和第 23B 条的约束，具体见下文所述）。

“私募股权基金”和“对冲基金”的定义分别是：“一个性质为投资公司，但是根据《1940 年投资公司法》第 3（c）（1）款或第 3（c）（7）款的规定而豁免注册的发行人”，以及由“适当的联邦银行业有关部门（即适当的联邦银行

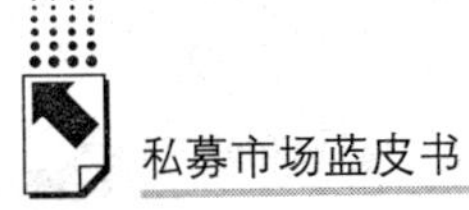


业监管机构、SEC或CFTC）共同认定的”一支“类似的”基金。

根据沃克尔规则，允许银行机构在下列情形下组织、发起和发售对冲基金和私募股权基金。

——银行机构提供真实的信托、受信或投资顾问服务。

——仅为提供上述服务之目的而组织和发售基金，且仅面向那些使用这些服务的银行机构的客户。

——银行机构未在基金中购买或持有任何股权或其他权益，为建立基金或进行最低限度投资除外，但这两项例外情形的限制条件是：①在最迟不超过基金成立1年之后，银行机构拥有该基金的比例不超过该基金总权益的3%；②对于该银行机构而言，其对基金的投资无足轻重（由监管部门确定），而且，所有该等投资的累计金额不超过该银行机构一级资本金的3%。

——该银行机构及其关联方遵守《联邦储备法》第23A条和第23B条的规定。

——该银行机构未在公司事务、营销、推广或其他方面与该基金共用相同的或基本相同的名称。

——除直接向基金提供咨询的董事或雇员以外，该银行机构的其他董事或雇员均未在该基金中持有任何权益。

——该银行机构以书面方式向投资人披露，该基金的任何损失将完全由投资人而非该银行机构承担。

**3. 冲突和风险**

在下列情形下，对相关交易或发起对冲基金或私募股权基金的允许将不再有效：①涉及或导致银行机构与其客户、顾客或交易对手方之间的重大利益冲突，②直接或间接导致在高风险资产或高风险交易策略方面的重大风险敞口，③对该银行机构的安全和完好存在构成威胁，或④对美国的金融稳定构成威胁。预计将会制定有关规则，进一步明确这些冲突和风险的具体内容。

**4.《联邦储备法》第23A条和第23B条的合规**

沃克尔规则禁止对冲基金或私募股权基金与直接或间接担任该基金的投资管理人、投资顾问或发起人的银行机构、或那些在其从事真实的信托、受信或投资顾问业务过程中作为一项被允许的活动而组织和发售基金的银行机构之间进行特定的“关联交易”。

关联交易的情形包括：

——向基金提供贷款或信用；

——购买或投资于基金发行的证券；

——向基金收购资产（包括可回购的资产）；

——接受基金发行的证券作为向任何第三方提供贷款或信用的担保；

——以基金的名义签发保函、承兑函或信用证。

沃克尔规则还要求该等银行机构遵守《联邦储备法》第23B条的规定，即被保险的存款机构与其关联方之间的所有交易均应当按照正常交易条件进行，或者是以更有利于被保险的存款机构的条件进行。因此，不属于“关联交易”范围内的交易（实际上就是未被允许的交易）需要采用市场条件，即向非关联的第三方所提供的交易条件。

尽管第23A条禁止关联交易，但是美联储可能会允许银行机构或非银行金融机构与其管理、发起或提供咨询服务的对冲基金或私募股权基金之间进行“机构经纪交易”，前提是美联储认为该等交易符合上述银行机构或非银行金融机构的“安全可靠运营条件”。即使有任何机构经纪交易被豁免于上述的“关联交易”禁令，并不能免除对其适用第23B条的相关规定。

**5. 实施条例的制定**

在沃克尔规则颁布之后的6个月内，委员会将研究并提出有关落实沃克尔规则的建议（其中将涉及利益冲突、金融稳定、最大限度降低风险以及根据该规则进行特定资产剥离的最佳时机等问题）。在此之后的9个月内，联邦金融主管部门、证券和商品监管部门将发布有关落实沃克尔规则的具体规定。而这些规定将在①正式办法颁布后的12个月，或②颁布沃克尔规则2年后生效（以其中较早的日期为准）。

**6. 剥离不合规投资及交易活动**

银行机构或受监管的非银行金融机构需要在①沃克尔规则生效日（最晚不会超过颁布后的4年时间）或②它成为银行机构或受监管的非银行机构之日（以这两个日期当中的较晚日期为准）的2年内达到沃克尔规则的要求。美联储可以通过制定规则的方式延长上述的2年过渡期，每次可延长1年，最多可以延长3年（即，从颁布沃克尔规则之日起7年时间），前提是美联储认为这样的延期符合沃克尔规则的目的，而且无损于公共利益。

## （三）新的金融监管格局下私募基金行业的发展

市场自身的调节以及金融危机之后的金融监管改革，都在影响着今天的私募基金业。在市场方面，投资者和基金管理人之间的博弈正向着对投资人有利的方向发展，并且越来越多的投资者要求审核基金管理人的业绩记录、合规及基金治理情况。在监管方面，大型银行在私募基金业中扮演的角色因沃克尔规则变得不清晰，大量的基金管理人办理注册预计在未来几年会改变基金行业的格局。

**1. 私募股权投资基金募资环境的改变**

总体而言，在金融危机后，募资环境已变得非常困难并仍将持续很长一段时间。一方面公共养老金、捐赠基金、基金会和家族办公室仍然是私募股权投资基金业的重要资金来源，但它们自身也受到一定的资本限制。这主要是因为金融危机后，它们很少能从已经进行的私募股权投资中变现或退出，这些投资者面临着现金流的压力，很难再向私募股权投资基金增加新的投资。

另一方面，机构投资者普遍认为，未来几年为投资于经济周期的低点提供了绝佳的机会。在此背景下，一些机构投资者近来提高了自己的战略配置政策中私募股权投资基金的占比，以期在私募股权投资基金行业保持活跃并利用经济周期的低点。另外，投资者对不良资产投资以及侧重于新兴市场（美国之外）投资的基金越来越感兴趣。最后，投资者更加密切关注风险调整回报以及当前收益。

此外，由于信贷紧缩，投资者开始怀疑他们先前几年投资的私募基金的投资步伐能否继续（例如，目前因为缺乏信贷融资/杠杆，好的投资项目并不多。因此，私募股权投资基金还能像以前几年那样投得那么快吗？如果不会投得那么快，在该基金中的承诺出资可能会被要求“锁定”更长的时间）。这导致投资者在选择新的私募股权投资基金时变得更加慎重。大量的投资者开始侧重于中型市场策略（杠杆/信贷不再是关键因素）和基础设施策略（一般会产生稳定的现金流）的基金。

**2. 对冲基金行业的变化**

典型的对冲基金在2008年经历了18%的下降，以及20%～30%的赎回。然而，2009年大部分幸存的对冲基金达到了危机前的高水位线，整个行业取得了两位数的正回报。基金管理人已经精简，整个行业变得稳固，投资者重新认识到对冲基金能够提供比私募股权投资基金更快的投资回报。这部分是因为在机构投资者的另类资产配置中，对冲基金提供了比私募股权投资基金更高的流动性，能够更好地满足投资者对流动性的需求，尤其是在投资者面临流动性危机的时候［这是因为在典型的对冲基金中，投资者在初期的锁定期（通常是1年）之后，可以每季度或每半年赎回］。不过，机构投资者更加注重巩固它们对于业绩良好的对冲基金管理人的投资。

**3. 不断变化和不确定的监管态度**

从基金管理人的角度看，很多私募股权投资基金和对冲基金经理人今后将不得不向SEC注册并处于SEC的持续监管之下。SEC的监管作用增强。事实上，金融监管改革后，政府监管在各个方面都会有所增强。像FINRA这样的自律组织能否在促进行业自律方面相应的承担更大的责任仍有待观察。

但金融集团的作用仍不清楚。金融集团的崛起是1940年法案（《投资顾问法》和《投资公司法》）实施后基金行业最为显著的变化之一。当时，绝大多数的基金管理人都是小实体，通常是合伙企业。同一批人既拥有基金管理公司，又掌控其日常运营。因不符合监管规定而遭受的任何罚款将直接影响到基金管理人，甚至可能使其终止业务。

与之相反，近10年来，许多基金管理公司都是由银行、保险公司或经纪交易商持有。通常基金管理公司只是某个大型集团的一小部分，只是一个子公司或只是一个利润点。在这类集团中，利益冲突很普遍。不同的业务线——资产管理、募资、大宗经纪、投资银行、承销等，通常需遵守不同程度的受托义务并受到不同层次的监管。因此，大型金融集团内部不同业务线之间的合规文化差异很大。该集团的高级管理层可能没有意识到基金的管理和运作是受到严格的受托义务约束以及严格监管的，尤其是涉及管理投资者的资金的时候。有时一项监管罚款，甚至是数百万美元的罚款，可能都不会让这样的集团觉得有多严重。因此，这类金融集团的合规文化，可能不足以解决大量的利益冲突，以及对投资者承担的受托义务方面存在的问题。

沃克尔规则试图通过在一般情况下禁止银行机构投资或发起对冲基金或私募股权投资基金解决上述问题。当然很多细节问题还有待相关监管机构，尤其是美联储制定具体的规定。所以新的监管规则将如何重塑私募基金行业仍有待观察。目前的情况是像高盛、摩根斯坦利这样的大型银行集团都在准备分拆其私募股权投资基金和对冲基金业务部门。

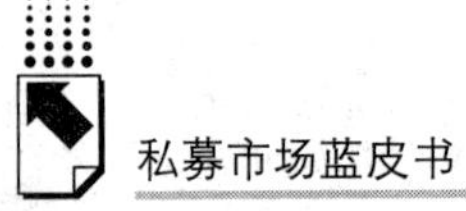


总体而言，未来将影响私募基金行业的主要变化可以概括如下。

（1）大量私募股权投资基金和对冲基金管理人将不得不向 SEC 注册，并受到 SEC 的持续监管。创业投资基金管理人继续享有豁免注册的资格。

（2）对冲基金的注册被搁置。

（3）基金管理人将被要求符合很多新的报告要求，例如管理资产的总额、杠杆、补充协议以及估价方法。

（4）《多德－弗兰克法》下新的监管将侧重于系统性风险（影响大型管理公司）和高管薪酬机制（基金管理人一直在小心地维护）的监管。

税收改革（即收益分成的性质认定）也将对私募基金行业的运营及其薪酬体制产生实质性的影响。各监管机关之间的有效协调也非常重要，否则，私募基金业将可能会受到重复甚至是混乱的监管，这必将阻碍行业的发展。监管机关应侧重于规范信息披露和解决利益冲突。目前的高盛案已经显示出加强这方面监管的重要性。

## 三　美国金融监管改革对国内私募股权投资基金行业监管的借鉴

美国的金融监管改革，以及金融危机以来国际私募股权投资基金业出现的新的发展趋势，对国内私募股权投资基金行业的监管有重要的借鉴意义。

### （一）健全“私募”的基础性规范

目前，有关部门正在起草《股权投资基金管理办法》，部分地方政府也出台了鼓励私募股权投资基金发展的优惠政策。但随着实践的发展，“私募”基础性规范的缺失导致的不良影响，已经或将会逐步显现。因此，我们建议在鼓励私募股权投资基金发展的同时，对于达到一定条件的私募股权投资基金及其管理机构逐步规范。

2005 年《公司法》和《证券法》的修订，首次在中国法律层面确立了非公开发行（私募）的原则性规范。但在目前中国法律环境中，有限合伙制私募股权投资基金的合伙企业权益或份额、信托制私募股权投资基金的信托份额都不构成《证券法》下的证券，也不受《证券法》及相关证券发行规则的约束。

因此，中国缺乏“私募”的基础性规范，私募股权投资基金的募集设立须依照其组织性质（如公司制、有限合伙制、信托制）援引各自的法律规定（如《公司法》、《合伙企业法》等），没有统一的“私募”发行规范。关于“私募”的一系列基础性问题，在目前的中国法律环境中仍无法找到答案。

## （二）采取分类/差别监管的方式

### 1. 对基金的监管

建议针对股权投资基金的不同类别和性质采取分类、差别监管。发改委和其他相关监管机构着重监管的应是各级政府贯彻国家产业发展方针和政策而安排的政府投资的基金，即国有性质基金投资人投资设立的基金。对于市场化运作的私募股权投资基金，应当采取“软监管”的模式，即政府监管、行业和企业自律、社会监督相结合，以行业自律为主。

（1）对各级政府贯彻国家产业发展方针和政策而安排的政府投资的产业投资基金，应实行核准制或审批制。对这类基金的募集方式、基金管理人的资质、信息披露等应当有严格的监管。

（2）监管机构可针对资本数额达到一定规模的基金（如规模在10亿元以上的基金，以下简称“规模较大基金”）制定一般性的《股权投资基金管理办法》，对其募集与设立、投资运作、基金管理人选聘、监督管理等作出规定，对该等基金的设立实施备案制。

（3）大型国有企业、金融机构、社会保障基金、企业年金和住房公积金等机构投资者（以下简称“特定机构投资者”）投资基金的，由该特定机构投资者的监督管理部门制定相应规定。

（4）依据相关监管机构的规定设立的基金管理机构募集和设立基金由相关监管机构监管。如信托公司、保险资产管理公司、券商直投下设立的投资子公司等基金管理机构的相关监管机构已经发布或可能发布上述机构募集和设立基金的办法。

（5）对部分规模较小、完全市场化运作的基金设置监管豁免或排除规定。参照欧美等国家的成熟立法案例，建议划定一定的监管门槛，对符合一定条件的基金管理机构予以豁免或不予规定，由其他基本的民商事法律，如《公司法》、《合伙企业法》等规范。具体区分的标准可以是“基金投资者不超过#个”、“基

金资本规模在#亿元以下”等条件。

**2. 对基金管理人的监管**

与对基金的监管类似，建议采取分类、差别监管。

（1）对于“客户人数较多”和“管理基金数量超过一定规模”且以基金管理公司名义行事，或符合类似要求的“较大规模的基金管理机构”，相关监管机构可以要求其符合一定的资质条件，可以要求其到发改委或其他相关监管机构备案。

（2）相关监管机构可以对受托管理“特定机构投资者”投资的基金或特定类型的基金（如产业投资基金、基础设施基金）的基金管理机构作出特殊规定，如要求具备更高的条件或履行核准设立程序。

（3）相关监管机构可以对“特定机构投资者”投资设立基金管理机构作出特殊规定。

（4）对符合一定条件的基金管理机构设置监管豁免或排除规定。参照欧美等国家的成熟立法例，建议划定一定的监管门槛，对符合一定条件的基金管理机构予以豁免或不予规定，由其他基本的民商事法律，如《公司法》、《合伙企业法》等规范。具体区分的标准可以是“在一定期限内客户数目少于#个”、“未以基金管理机构的身份出现在公众面前”等条件。

## （三）加强行业自律

尽管私募股权投资基金行业应当监管，有些对基金管理人注册监管的要求确实有其合理性和必要性，但私募股权投资基金存在的本质属性在于：它面向有能力识别控制风险及承担损失的合格投资者，这些合格投资者相对于公募市场中的中小投资者而言，有更强的风险识别控制能力和承担损失的能力，并不是监管机构保护的重点。因此，对于面向特定投资者的私募基金给予一定程度监管豁免，既保障了投资者的利益，又促进了融资的效率。

例如，在起草《股权投资基金管理办法》时，可以参考上述“分类/差别监管”的论述设置一定的“监管豁免”条件。此外，对于基金与基金管理人的监管是分开的，对二者应采取不同的监管态度和标准，对基金管理人的监管才是监管的重心所在。监管机构需要考虑每个监管规则是出于什么样的目的，能否达到这一目的。例如对于基金管理人的信息披露和报告要求，是为了使监管机构掌握足够的信息，以监测和评估私募基金行业的风险，增强其风险控制和危机处理能力。如果将同样的规则用于基金本身，就需要考虑是否也能实现同样的目的，否则可能矫枉过正，“为了监管而监管”。

因此，“私募”属性决定了私募股权投资基金行业是一个国家有限监管的行业，应更多发挥行业自律的作用。国家在出台各类鼓励私募股权投资基金发展的优惠政策的同时，建立和完善自律组织、逐步形成自律文化、积累中国私募股权投资基金行业的良好经验并逐渐总结出中国特色的最佳实践做法，同样是非常重要的。

# 中国私募的探索与实践

洪　宏*

私募基金（PE）是近年来中国经济企业界最为关注的热点，也是目前被中国经济发展推到最前沿的融投资方式和手段。私募基金就其本质来看属于金融投资也就是投资银行业务的范畴。但是从私募基金、资产证券化和资产并购等投行业务角度上讲，私募基金、资产证券化与并购等业务在金融投资领域内一直为较高端的业务。与之相对应的资本市场、金融衍生工具以及场外交易等构成了一个相对完整的理论和实务操作体系。私募基金近年来在中国出现了迅猛的发展趋势，所占金融投资总量比越来越大。但是私募基金由于在中国刚刚开始，在理论、实务操作条件上存在着一定变化和综合性难度以及一定的风险。

20世纪80年代初，美国私募股权基金的规模只有67亿美元。经过多年的发展，2006年，美国私募股权基金的规模已经高达4500亿美元，在22年的时间里增长了66倍。成为继商业银行、证券市场之后的第三条投融资通道。直到2009年美国次贷危机所引起的全球性金融危机发生后，美国与世界各国政府才真正开始关注和重视金融自由市场下的制度约束以及道德重建等问题。

2007年中国的经济总量超过德国成为全球第三的经济大国。这一经济地位，要求我国尽快发展私募股权基金，为我国的产业整合开辟新的融资通道。私募基金必将成为中国经济实现可持续发展、产业转型和企业超越发展的主要手段和力量，中国在自身大力发展私募基金产业的同时也要密切关注其所存在的问题、风险与防范。

## 一　关于私募基金

私募基金 Private Equity（简称“PE”）在中国通常称为私募股权投资，从投

---

* 洪宏，中国农工民主党员，中国经济社会理事，泰银矿业基金创始人、首席合伙人，中国产权与PE市场发展研究机构特约研究员。

资方式角度看，私募股权是指通过私募形式对特定企业，即非上市企业进行的权益性投资，在交易实施过程中同时考虑了将来的退出机制，即通过上市、并购、出让或管理层回购等方式，出售持股权益而获利。私募的概念一般是相对于公募而言，只是融资形式和融资方式上的差异，以是否向社会特定公众募集与公开发行证券募集的区别，界定为公募和私募。金融市场中常说的“私募基金”或“地下基金”，是一种非公开宣传的，私下向特定投资人募集资金进行的一种集合投资。

私募基金的基本方式有三种，一是基于签订委托投资合同的契约型信托性质的集合投资基金，二是基于共同出资入股成立股份公司或有限责任公司的公司型集合投资基金，三是基于出资人与管理人的约定共同发起成立有限合伙制的合作型集合投资基金。

另外，私募基金投资仍可按上述定义。广义的私募股权投资为涵盖企业首次公开发行前各阶段的权益投资，即对处于种子期、初创期、发展期、扩展期、成熟期和各个时期企业所进行的投资，相关资本按照投资阶段可划分为创业投资、发展资本、并购基金、夹层资本、重振资本、上市资本，以及其他如上市后私募投资、不良债权和不动产投资，等等。

私募基金投资的种类根据投资阶段和方式不同，可分为风险投资基金、收购基金和直接投资基金等几类。其中，风险投资基金主要投资于成长性企业，待企业升值或上市时再出售而获利。收购基金则专注于收购成熟企业，通过企业重组而改善经营，使其增值后再出售或者上市而获利。

## 二　私募基金的主要特征与优势

私募基金的主要特点在资金募集上，主要通过非公开方式面向少数机构投资者或个人募集，它的销售和赎回都是基金管理人通过私下与投资者协商进行的。不涉及公开市场的操作，无需披露交易细节。多采取权益型投资方式，绝少涉及债权投资。私募基金比较偏向于已形成一定规模和产生稳定现金流的成形企业，这一点与风险投资 VC 有明显区别。私募基金投资期限，一般可达 3 ~ 5 年或更长，属于中长期投资。因此，也存在资本的流动性差的问题，到目前为止，中国还没有一个专门为私募基金而设定现成的交易市场供非上市公司的股权出让方与

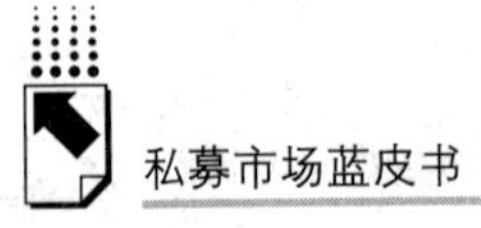


购买方直接达成交易。

私募资金来源也较为广泛，除了外资“地下钱庄”的资金将是我国私募股权基金的重要来源，其他还有如个人、风险基金、杠杆并购基金、战略投资者、养老基金、保险公司等。目前国内外私募投资机构多采取有限合伙制的形式，这种企业组织形式有很好的投资管理效率，并避免了双重征税的弊端。投资退出渠道多样化，有 IPO、售出、兼并收购、标的公司管理层回购，等等。

私募基金将是中国未来资本市场的重要参与者，因为私募基金与公募相比一般具有以下几个方面的特征和优势。

（1）私募基金通过非公开方式募集资金。

（2）在募集对象上，私募基金的对象只是少数特定的投资者，圈子虽小门槛却不低。

（3）和公募基金严格的信息披露要求不同，私募基金这方面的要求低得多，加之政府监管也相应比较宽松，因此私募基金的投资更具隐蔽性，运作也更为灵活，相应获得高收益回报的机会也更大。

（4）私募基金面向少数特定的投资者，其投资目标可能更具有针对性，可根据客户的特殊需求提供度身定做的投资服务产品。

（5）私募基金所需的各种手续和文件较少，受到的限制也较少，一般法规要求不如公募基金严格详细，因而更具有灵活性。

（6）在信息披露方面，私募基金不必像公募基金那样定期披露详细的投资组合，一般只需半年或一年内私下公布投资组合及收益即可，政府对其监管远比公募宽松，因而它的投资更具有隐蔽性。

## 三　私募基金在中国

中国改革开放后，随着经济发展的不断深化，私募基金也伴随着中国金融资本市场产生和金融投资行业的发展而发展。实际上，中国私募基金短暂的发展历程大致可分为三个阶段。

第一阶段是 1990 年 12 月深圳、上海证券交易所双双挂牌之日起，标志着中国资本市场的诞生。证券业的发展涵盖了早期的私募基金的基本业务。1999 年国际金融公司（IFC）入股上海银行可认为初步具备了 PE 特点，不过业界大多认为，这是中国内地第一起典型的 PE 案例。

第二阶段是自 2001 年 4 月颁布《信托法》后，私募基金与信托公司合作推出诸多信托合作计划，标志着中国私募基金正式阳光化的运作。同期北京市政府也颁布了，针对北京中关村高新技术产业园区发展所制定的《有限合伙管理办法》。从而使中国私募基金的发展，以风险投资的方式达到了一个前所未有的高潮。2002 年中国已完成的风险投资金额仅有 4.18 亿美元，到了 2004 年完成的风险投资金额已经达到 12.7 亿美元，其中外资已经成为我国风险投资事业发展的重要力量。

第三阶段是 2007 年 6 月 1 日中国颁布了《有限合伙法》开始建立有限合伙制企业，从而真正推动了中国私募基金国际化、规模化发展的进程。2006 年 12 月 30 日，国务院特批的中国首支私募股权性质的产业基金——渤海产业基金在天津发起设立，基金总规模 200 亿元，首期募集 60.80 亿元，它是中国本土私募股权基金发展的一个里程碑。目前，国家发改委正在审批设立 4 支私募股权基金：广东核电新能源基金、上海金融基金、山西煤炭基金及四川绵阳高技术基金，为能源、创新型制造业和高科技产业提供金融支持，其中每支基金融资规模约为 200 亿元。国家发改委正在酝酿修改产业基金管理办法，解决产业基金发展进程中面临的问题。

私募股权基金在中国的建立和迅猛发展，将为我国产业整合提供源源不断的资金，彻底化解我国产业整合的资金难题。随着产业整合资金渠道的建立，必将迎来我国产业整合蓬勃发展的一个新时代。

## 四　发展私募基金的作用和意义

从西方发达国家的经验来看，无论是哪一个工业化国家，都曾经多次发生过大规模的产业整合。由于市场经济国家奉行“自由化竞争”的宏观经济管理理念，在工业化早期，各国的产业结构也呈现一种规模小、布局散乱的特点。今天，西方国家成熟的经济产业结构是通过无数次产业整合形成的结果。在整个 20 世纪，美国发生了多次大规模的产业整合，杠杆收购、垃圾债券、私募基金等新型的融资方式为美国的产业整合提供了源源不断的非常充沛的资金，为美国经济的发展奠定了坚实的基础。

中国加入 WTO 组织已经六年多了，中国经济已融入了世界经济体系。产业整合是经济发展的必然规律，在自由、开放的经济环境中，均是由本国或外国资本来整合的。在过去的几年，外国资本已经介入了整合我国产业的行动，尤其是外国私募基金，由于其资金规模非常庞大，2006 年全球私募股权基金募集资金 2150 亿美元，其中超过 1500 亿美元用于产业整合。同一年中，全球私募股权基金的投资总额达到了 7380 亿美元，比 2005 年增长了一倍。其中，单笔超过 100 亿美元的私募股权交易达到 9 个。

目前，黑石、KKR、凯雷、贝恩、阿波罗、德州太平洋、安石等私募股权基金都已经在中国展开了企业收购行动，如：2005 年，全球著名的金融资本凯雷投资集团试图动用 3. 75 亿美元收购中国工程机械行业的龙头企业徐工机械 85% 的股份；2006 年，英国安石基金及其关联人联合动用人民币 8. 22 亿元收购北京国际信托投资公司 54. 29% 的股份；2007 年，美国黑石集团动用 6 亿美元收购中国化工新材料龙头企业蓝星集团 20% 的股权。

中国企业自身的资本规模都非常弱小，迫切需要金融机构和私募基金资本的大力支持，才能顺利完成产业结构的调整、转型和由本土资本控股的骨干企业。没有金融机构和私募基金巨额资本的支持，中国产业结构的调整、转型就会受制于境外资本，并失去产业控制权。企业规模越大，规模经济效应就越明显，成本的分摊就越低。中国企业要参与全球竞争，首先要在规模上与跨国公司具有可比性。规模效应是构成企业核心竞争力的关键要素。例如，美国汽车制造行业的通用汽车公司 2006 年的销售收入 2073 亿美元，折合成人民币约为 15568 亿元；美国石油行业的雪佛龙公司 2006 年的销售收入 2005 亿美元，折合成人民币约为 15057 亿元。2006 年末，国资委直属的中央企业 161 家，全年实现销售收入 81369 亿元，平均每家国有央企的年销售收入只有 505 亿元，只相当于通用汽车公司的 3. 24%，不到其 1/30 的规模。

但是，近年来中国政府一直不断采取积极宽松的金融货币政策，大力扶持各不同成分的经济体做大做强，鼓励扶持各类大型企业参与国际化竞争，中国民营资本和私募基金也得到空前的发展，展现出了从未有过的活力。2010 年 8 月 2 日浙江吉利控股集团以 18 亿美元全额收购了美国福特旗下沃尔沃轿车的全部股份，由此可以证明，中国本土私募基金在国际经济体系中同样存在广阔的发展前景。

## 五　私募基金的操作

### （一）私募基金的融资

首先，对引资企业来说，私募股权融资不仅有投资期长、增加资本金等好处，还可能给企业带来管理、技术、市场和其他需要的专业技能。如果投资者是大型知名企业或著名金融机构，他们的名望和资源在企业未来上市时还有利于提高上市的股价、改善二级市场的表现。其次，相对于波动大、难以预测的公开市场而言，股权投资资本市场是更稳定的融资来源。最后，在引进私募股权投资的过程中，可以对竞争者保密，因为信息披露仅限于投资者而不必像上市那样需要公之于众，这是非常重要的。

企业可以选择金融投资者或战略投资者进行合作，但企业应该了解金融投资者和战略投资者的特点和利弊，以及他们对投资对象的不同要求，并结合自身的情况来选择合适的投资者。战略投资者是引资企业的相同或相关行业的企业。如果引资企业希望在降低财务风险的同时，获得投资者在公司管理或技术上的支持，通常会选择战略投资者。这有利于提高公司的资信度和行业地位，同时可以获得技术、产品、上下游业务或其他方面的互补，以提高公司的盈利和盈利增长能力。而且，企业未来有进一步的资金需求时，战略投资者有能力进一步提供资金。战略投资者通常比金融投资者的投资期限更长，因为战略投资者进行的任何股权投资必须符合其整体发展战略，是出于对生产、成本、市场等方面的综合考虑，而不仅仅着眼于短期的财务回报。

### （二）私募基金投资运作的基本要求

战略投资者对所投资企业有以下三个方面的不同要求。

①对公司的控制权；②投资回报的重要性（相对于市场份额等其他长期战略的考虑）；③产出的要求（时间长短、方式）。

多数金融投资者仅仅出资，除了在董事会层面上参与企业的重大战略决策外，一般不参与企业的日常管理和经营，也不太可能成为潜在的竞争者。一旦投资，金融投资者对自己的投资就很难控制，因此挑选出管理好、成长性高和拥有值得信赖的管理团队的投资对象就十分关键。在中国，很多外国投资基金往往要求自己选派合资公司的财务总监，以保障自己对企业真实财务状况的了解。金融投资者关注投资的中期（通常3~5年）回报，以上市为主要退出机制。唯有如此，他们管理的资金才有流动性。所以在选择投资对象时，他们就会考查企业3~5年后的业绩能否达到上市要求，其股权结构适合在哪个市场上市，而他们在金融方面的经验和网络也有利于公司未来的上市。

由于私募股权投资期限长、流动性低，投资者为了控制风险通常对投资对象提出以下要求：①优质的管理，对不参与企业管理的金融投资者来说尤其重要。至少有2~3年的经营记录、有巨大的潜在市场和潜在的成长性、并有令人信服的发展战略计划。投资者关心盈利的“增长”，高增长才有高回报，因此对企业的发展计划特别关心。②行业和企业规模（如销售额）的要求。投资者对行业和规模的侧重各有不同，金融投资者会从投资组合分散风险的角度来考察一项投资对其投资组合的意义。多数私募股权投资者不会投资他们不了解的行业。③估值和预期投资回报的要求。由于不像在公开市场那么容易退出，私募股权投资者对预期投资回报的要求比较高，至少高于投资于其同行业上市公司的回报率，而且期望对中国等新兴市场的投资有“中国风险溢价”，要求25%~30%的投资回报率是很常见的。3~7年后上市的可能性，这是主要的退出机制。另外，投资者还要进行法律方面的调查，了解企业是否涉及纠纷或诉讼、土地和房产的产权是否完整、商标专利权的期限等问题。很多引资企业是新兴企业，经常存在一些法律问题，双方在项目考查过程中会逐步清理并解决这些问题。投资方案设计达成一致后签署法律文件。投资方案设计包括估值定价、董事会席位、否决权和其他公司治理问题、退出策略、确定合同条款清单并提交投资委员会审批等步骤。由于投资方和引资方的出发点和利益不同、税收考虑不同，双方经常在估值和合同条款清单的谈判中产生分歧，解决这些分歧的技术要求高，所以不仅需要谈判技巧，还需要会计师和律师的协助。退出策略是投资者在开始筛选企业时就十分注意的因素，包括上市、出让、股票回购、卖出期权等方式。其中上市是投资回报最高的退出方式，上市的收益来源是企业的盈利和资本利得。由于国内股票市场规模较小、上市周期长、难度大，很多外资基金都会在海外注册一家公司来控股合资公司，以便将来以海外注册的公司作为主体在海外上市。

### （三）私募基金投资偏好及关注因素

海外投资基金投资偏好，往往看重行业发展前景和企业在行业中的地位，投资是战略性的长期回报；风险投资机构投资偏好，追求资本增值的最大化，他们最终目的是被投资企业通过上市、转让或并购的方式在资本市场退出；产业投资机构（部分行业基金）投资偏好，希望被投资企业能与自身的主业融合或互补，形成协同效应；大型企业集团投资偏好，往往是为了其产业结构调整的需要。

对创业者来说，选择一个有发展潜力的领域，能吸引风险投资商的目光。但如今风险投资商的投资行为日趋理性，除了关注创业者的创业领域，创业者的个人素质也是考察重点。一般来说，创业者要具有以下“特征”才容易受到风险投资商的青睐。出色的个人条件。在风险投资商的眼里，创业者的个人素质尤为重要。他们认为，外在因素的可变性太大，唯有创业者的个人品质这样的内在素质是难以在短时间内改变的，它对创业企业能否获得成功起着决定性作用。一般来说，风险投资商在挑选投资对象时，除了关注创业者手中的技术外，还看重其创新意识、敬业精神、诚信程度、合作交往能力、应变决断能力等“软因素”，足够的盈利能力。风险投资商是商人，他们投资是因为创业者的企业能赚钱。因此，创业者的技术必须是市场所需要的，而且有足够的盈利能力，才能引起风险投资商的兴趣。风险投资商会对投资项目进行详细而周密的调查与评估，包括创业企业的总体状况及发展规划、企业所在行业的情况、竞争对手的分析、企业管理方面的调查、市场销售分析、财务分析等。最后，还要看企业的管理规范和业绩。

### （四）私募基金的投资方向

私募股权基金越来越倾向新兴传统行业，风险投资一直是在高风险中追求高回报，“与风险共舞”是风险投资与生俱来的本性。然而现在风险投资却纷纷转向那些没有什么风险的传统业务领域，这让很多创业者颇为迷惑。“如家”属于传统行业，但是采用了更多现代科技的手段以及连锁经营的模式，属于“新兴传统产业”。“与高科技行业相比，传统行业发展时间长，市场广，技术稳定，效益可以预测”，专家指出，“因此，当风险资本介入以后，引入一些新的业务模式、营销手段或是管理模式，包括互联网技术的应用，就很容易把市场做大，而风险却近乎为零”。风险资本参与的传统行业，大多由于种种因素进入新的增长期，具有高成长性。其中最重要的一类，就是能够为国内新兴中产阶层所接受和消费的产品。中国中产阶层的崛起，导致消费者从必须的消费品转换到一个可以有选择性的消费，有相当多的消费品都呈现高速增长的情形。目前私募基金似乎更看好能源、基础设施、旅游、政府支持项目、医疗机构等投资，而曾经很被看好的生物医药则需要根据具体项目来定。近年来矿产资源领域一直被投资者所高度关注，资源与资本可以形成最完美的结合，二者同样能产生高额投资回报，属于典型的"三高型"投资范畴。如：2008 在中国西北甘肃组建成立的泰银矿业基金 TYPE，定位在以西部矿产资源储备丰富的黄金为主要投资目标，通过传统方式的开采生产，注入扩充资源储备和扩大生产规模所需资本，寻求在资本市场退出效益最大化的利益空间。

## （五）私募基金融资解决方案和基本程序

私募融资解决方案内容：①寻找合适的战略投资者。企业在海外私募过程中应尽量寻找和自己业务或者行业有相通之处的海外战略投资者，可以根据企业的具体情况，在全世界为其选择合适的战略投资者。②企业改制建议：海外风险投资者在进入到企业前，对企业有一个基本的要求。将根据企业的情况和战略投资者的相关要求来制订详细的改制方案，对管理层进行全面的辅导，以保证公司能符合海外战略投资者的要求。③企业融资方案制订：每个海外风险私募基金的运作风格各不相同，将根据海外基金的具体情况为企业制定切实可行的融资方案。④企业融资文件撰写：完善的商业计划书是成功融资的关键一项内容。⑤企业融资谈判。企业进行推介和路演，投资者信息收集反馈，并及时优化融资方案，参与融资谈判，起草融资协议及其他相关文件。企业后续融资跟踪尽职调查阶段，融资方案的设计和选择阶段，融资方案执行和修正阶段，进行符合海外投资者的要求的前期准备工作，包括资产重组、规范治理结构、进行系统性战略咨询等工作；协调会计师事物所、资产评估机构和律师事务所等中介机构的工作；完善商业计划书；海外投资者广泛的接触和洽谈；项目推介/路演；投资者信息收集反馈；完善、优化融资方案；与意向投资者沟通，初步选择海外战略投资者；融资谈判阶段首轮融资谈判；确定入围海外战略投资者；后续融资谈判；指导相关中介机构完成评估、验证、审记、法律等方面的事项；起草融资协议和其他相关文件；签署融资协议。

### （六）私募融资策略与相关注意事项

企业私募融资的关键不仅仅是短期引进资金。我们认为：以透明化的资讯披露原则，建立双方了解、信任关系；以市场化的科学测算原则，对股价进行估值；以开放化的友好保密原则，考量双方企业文化、人力资源、价值观；管理层偏好、管理理念、风险防范；以节约化的产业运营原则，降低融资成本、合理避税；合理策划未来财务规划、资产负债、收益分配；以理性化的公允对价原则，选择最优融资进入模式、搭建完善的公司治理结构、重整资产（扩张、紧缩）、为后期不断成功融资、健康可持续产业发展奠定基础为最终的目标。私募融资的考量核心：项目的选择和资金的选择是私募投、融资的核心。资金的选择：基金的相关信息；基金的投资风格；基金的投资方式；基金的退出方式。

私募基金进行投融资服务收取费用的标准通常是：专业机构向客户预先收取一定的专业服务费（管理费），数额因投融资机构声誉和项目融资难度不同而有较大差异，一般在融资总额的1.5%～3%，此项费用需在融资实现前支付；融资实现后再按资金规模收取一定的佣金，大约在1.5%～2%。融资实现前，融资方一般要支付10万～50万元的保证金（履约金）。而融资实现的速度则与项目难度和资金需求规模有关，一般至少在1～3个月；资金回收年限也根据具体情况三方协商约定。但由于私募基金的快速回报要求，通常最长不超过5年，一般在2年左右。企业使用私募基金的利率远远高于银行贷款，不同地区、不同时期、不同领域的利率有一定区别：在银行贷款供给正常时，这个利率一般在10%～20%之间，东部沿海略高于西部地区；但碰到当前银根紧缩、企业资金面普遍趋紧的情况，私募基金利率就会明显趋升，据了解，在江浙地区，个案甚至高达40%～50%；另外，与实业投资相比，一般投向证券领域的私募基金利率会偏高些。

### （七）私募基金投资流程

以世界银行集团所属国际金融公司（IFC）为例，一般机构典型投资流程如下：向国际金融公司申请融资没有统 的格式。建立新企业或扩展现有的企业均可直接与国际金融公司取得联系。最好的方法是先阅读有关材料，之后呈交投资建议书。投资建议书可向国际金融公司行业部门局或向位于华盛顿总部的国际金

融公司地区部提交，也可向距离拟议项目所在地最近的国际金融公司驻当地办公室提交投资建议书。项目评估在取得初步联系和经国际金融公司初步审议后，国际金融公司可能进而要求公司企业提供详细的可行性研究报告或经营计划，以决定是否评估项目。典型的情况是，项目评估小组由一位具备财经专长和了解项目所在国情况的投资官员和一位具备相关技术专长的工程师及一位环保专家组成。小组负责从技术、资金、经济和环保方面评估项目。这一进程涉及专家小组对拟议的项目作实地访问和与项目主办单位作深入的讨论。回到总部后，小组向国际金融公司相关部门的高级主管提交建议报告。如果在部门一级批准为项目提供融资，国际金融公司法律部在外部法律专家的协助之下（如有必要）起草相关法律文件。与公司和其他相关方面（诸如政府部门或金融机构）就存在的问题进行谈判。对外公布：在向国际金融公司董事会提交拟议的投资项目之前，向公众通报项目的主要情况，也公布对项目所作的环保审议报告。董事会审批向国际金融公司董事会提交项目，由董事会审议所建议的投资。国际金融公司通过鼓励其他机构向项目投资来动员或募集更多的资金。法律上的承诺：如果董事会批准为项目投资，如果先前谈判的细节已落至实处，国际金融公司与项目公司签署这一交易的文本，在法律上作出了承诺。拨付资金：根据所有各方签署的法律承诺书中的条件来拨付资金。项目监督：一旦拨付资金后，国际金融公司将密切监督它的投资运行情况，定期与项目管理单位进行磋商，派出现场专家小组实地访问项目公司。同时要求项目公司提供关于项目进展情况的季报，以及可能严重影响投资企业的所有因素的情况，包括提交由独立公共注册会计师审计过的年度财务报表。终结：当全部偿还投资或当国际金融公司通过出售其股权而退出投资项目后，国际金融公司正式合上项目账本。

### （八）私募基金的盈利模式

私募股权基金投资过程可涉及创业资本投资或杠杆买断交易活动。由证券经纪行或创业公司组织的创业资本投资合伙人有限公司，为新创立公司或正处于成长初期的公司或正处于产品或服务开发早期的公司筹集所需资金。合伙人一般以资金换取公司的股本权益，数目有限的合伙人从公司所赚利润中获取收益。假如公司经营成功并取得上市资格，数目有限的合伙人便可通过向公众出售所持有的私募股份，把投资和利润套现。进行杠杆买断交易的经理人利用借贷资金购入某公司的拥有权。在多数情况下，目标公司的资产会被作为收购贷款的抵押品。管理层可运用这一技巧取得控制权，把公司从公众公司转为私营公司。在差不多所有的杠杆买断交易中，公众投资者都能取得高于现行价的溢价。

私人股权投资基金的完美闭环操作，是以股权投资方式进入企业，以其专业技能帮助企业提升内在价值，并实现成功上市；最终在合适时机以股权转让、售卖等方式退出企业，从而获得原始投资的高倍增值。大多私募股权基金以优先股（或可转债）入股，通过事先约定的固定分红来保障最低的投资回报，并且在企业清算时有优先于普通股的分配权（中国的《公司法》尚未明确优先股的地位，投资者无法以优先股入资）。另外，国外私募股权融资的常见条款还包括卖出选择权和转股条款等。卖出选择权要求引资企业如果未在约定的时间上市，必须以约定价格回购引资形成的那部分股权，否则投资者有权出售公司，这将迫使经营者为上市而努力。转股条款是指投资者可以在上市时将优先股按一定比率转换成普通股，同享上市的成果。私人股权投资基金行业唯一的考核指标就是投资回报率，上一轮的投资业绩对基金的下一轮融资起决定性作用。在中国，投资的回报率基本要求在25%～30%。如果到不了这个水平，境外资金就失去流入的动力了。

### （九）私募基金投资障碍

中国高速成长的经济和不断完善的投资环境，无疑是私募基金投资中国的巨大驱动力，不利因素有：①国内的退出机制仍不理想，没有创业板，全流通亦有待解决。②近日外管局出台的两个文件（11号文和29号文）对离岸资本运作、红筹上市等国外退出方式有负面影响。目前国内私募基金投资套牢的案例不少。③国内有些行业对外资及私人资本投资比例亦有限制。④在法律环境方面，目前《公司法》有些规定对私募投资不利，比如对外投资比例设限，双重征税，有限合伙制的缺失等。⑤国内诚信体系不健全，诚信意识有待完善。

估值困难，是私人股权投资基金投资中国企业的又一个障碍。对于国有企业来说，主要担心之一是国有资产流失。民营企业自然不存在这个问题，但中国市场缺乏透明度，财务、数据等信息都不规范，对民企的价值评估也很困难。在华平入股亚信的案例中，华平注资1100万美元之初，占有11%股权；但随后亚信未能实现约定的增长目标，由此付出的代价是华平持有的股权比例自动升至

22%——虽然华平“赢”了，但这并不是它所愿意看到的结果。之所以采用动态价值评估作为激励手段，是因为在中国，靠“看住企业”不是办法，整个团队只有不到十个人而管理数亿美元资金的私人股权投资基金者比比皆是。

## （十）私募基金投资风险分析

以地产行业为例，私募基金投资中国的风险分析：有外资投行房地产分析师指出，与境内开发商不同，国外投资者在中国投资地产市场，除了要面对普遍的市场风险即开发风险外，还有许多必须考虑的额外因素。开发风险主要来自于国内地产市场信息的透明度不够。虽然2002年7月生效的《招标拍卖挂牌出让国有土地使用权规定》指明，大多数商业用地必须公开拍卖。但一些准备扩大在华投资组合的欧美大型机构投资者，如美国Hines、Lowe企业集团、Lend Lease房地产投资公司和摩根斯坦利房地产基金等仍然认为，当地既得利益者仍会力图保护其在不透明的房地产市场所享有的优势。一些境外投资者担心，本地开发商会与当地政府共同策划，将地价人为抬高，以对付外来竞争者。第一中国房地产发展集团有限公司的经验说明了问题的存在。首先，在项目地块的购买过程当中，往往涉及动迁的问题。有时项目已经被批准，却不能立即拿到土地使用证，或者收购合作载体时无法同时获得土地。其次，地块的价值和政府的规划要求在整个过程中起着至关重要的作用，项目规划不但要符合政府各种各样的规划要求，更严重的是动迁费用成了土地价值的决定因素。

还有一些有别于国内开发商的额外投资风险。比如资金的变现、退出、出境等基金风险；比如汇兑风险，境外投资者需考虑5年之后能否用人民币把产品卖出去，再按原来那个比较合算的比率兑换；还有税收方面，许多投资者都可能遇到有关税法的政策变动，这会对投资者的利益产生重大的影响。总而言之，具体的市场参数、经济的多变性、政局的稳定性、外汇波动与资本返还等都会成为影响境外投资者的因素。

## （十一）私募股权投资监管及风险控制

一般来说，一个私募投资基金所投资的项目，10个中间大概有一半左右是正常经营，即不亏本。另外有2~3家企业经营不善，甚至只能关门，而最终10家企业中间只有2家左右可以达到这些基金所要求的高额回报超过20%。但是在中国，这种做法也正在被调整，一方面投资的风险大大降低，尤其是那些投资于企业扩张期的私募基金；但是另一方面，如果投资回报超过5倍以上，这个项目就算非常成功了。但是，这种项目投资周期大大缩短，一般3、5年左右就可此退出。所以投资者一般不会一次性注入所有投资，而是采取分期投入方式，每次投资以企业达到事先设定的目标为前提。实施积极有效的监管是降低投资风险的必要手段，但需要人力和财力的投入，会增加投资者的成本，因此不同的基金会决定恰当的监管程度，包括采取有效的报告制度和监控制度、参与重大决策、进行战略指导等。投资者还会利用其网络和渠道帮助合资公司进入新市场、寻找战略伙伴以发挥协同效应、降低成本等方式来提高收益。另外，为满足引资企业未来公开发行或国际并购的要求，投资者会帮其建立合适的管理体系和法律构架。

## 六　结论

综上所述，私募股权基金在中国正式运行历史非常短暂，属于起步阶段。还未形成一整套符合中国国情且与之完全匹配的行业政策法规、理论体系、标准规范、制度流程、专项市场以及链式服务支撑体系，还处在初期的探索和尝试阶段。中国本土私募相比境外私募基金无论是资本规模、还是在专业程度与经验上都无法与之抗衡。在全球经济一体化的今天，本土私募面临着非常难得的历史性发展机遇，同时也将面临巨大的挑战。如能充分发挥好自身地域和各项有利资源优势，准确把握行业切入点，私募投资首先应在作“对”的基础上再“做好、做强、做大”，逐步与国际资本市场进行有效接轨，从而带动整体产业结构的调整与转型，最终实现民族资本国际化、品牌化、规模化的可持续发展。

# 私募股权投资与传统证券投资的异同

刘汉兴 李 文*

众所周知，在现代经济活动中，企业获得信贷和融资是对其进入市场和保持高成长的最重要的因素之一。然而，由于企业和公司发展初期的高度不确定性，公司和企业财务信息的不对性和代理成本等因素以及所伴随的信贷风险，传统银行业通常并不乐意给小公司和刚刚成立的公司融资和贷款。私募股权投资给企业融资填补了这一空白，给新创的中小企业提供了资金供给，是发展壮大企业的一种渠道。

在1999年到2009年的过去十年里，中国年均GDP增长率达到了10.0%以上，经济增长有目共睹并逐步成为国际经济新势力的杰出代表。中国经济基本面的长期利好，成就了包括创业投资在内等诸多行业的迅猛发展。根据清科研究中心数据显示，从1999年到2009年，中国创业投资快速成长，年复合增长率达到了12.4%，其行业走势与GDP增长呈现高度正相关性。在全球范围内，私募股权基金已经成为了企业并购交易的主要力量，而中国也正在迎来一个金融资本的整合时代。2006年，中国发生了凯雷收购徐工和高盛收购双汇两起标志性私募收购案例。在国际私募股权投资基金巨头攻城略地的同时，本土私募股权投资基金亦开始迅速崛起。

2009年，全球经济仍未完全走出阴霾，严重受创的境外有限合伙人（LP）趋于谨慎，致使外币基金募集极为艰难；而国内经济企稳向好趋势明显，中央及各地方政府频出新政，创投环境日益改善，人民币基金LP资源问题逐步缓解，创业板尘埃落定，境内资本市场退出渠道重启，在众多积极因素的推动之下，人民币基金热潮涌动，取代美元基金成为中国创投市场上募集的主力军已是不争的

---

* 刘汉兴，大汉基金管理公司（美国）总裁兼投资总监，北京大学商学院/国泰君安金融学院客座教授，中财集团金融衍生产品期货研究所首席顾问；李文，民生银行私人部副总裁，博士。

事实，这与十年前外资主导的局面相去甚远。在2009年，已有多支由国外基金公司成立的私募股权投资基金在中国陆续开张。2009年8月，由大中华国际集团（中国）有限公司和香港上市的宝福集团发起投资的，上海汇通天下股权投资有限公司正式成立，这是上海乃至中国首个获批的外资股权投资企业，与资深投资团队合作，专业从事股权投资、资金管理、金融咨询服务等业务领域，涉及VC、PE及并购等多个方向。汇通天下在成立同时，正式发起汇通天下股权投资基金，首期规模为20亿元。该基金将采取定向募集设立方式，主投中国Pre-IPO市场。2009年9月，湖北省高新技术产业投资公司、东湖高新区管委会将与日本大和SMBC签订合作协议，共同设立一支创业投资引导基金，面向湖北省高新技术产业进行投资。湖北省创业投资同业公会副主任郭华介绍，这将是湖北省首支有外资成分的创投基金。日本大和SMBC是日本第二大证券公司——大和证券集团旗下的一家大型投资银行，有25年私募股权投资历史。2010年6月，又一家知名的跨国PE落地成都，英飞尼迪（Infinity）宣布完成与成都市政府人民币合资基金的设立工作，规模达2亿元。该基金将主要用于投资双方在清洁技术、信息技术、农业和技术孵化器领域的项目。外来PE/VC加速落地四川，增强四川创投业的竞争力。2010年1月，外资PE机构凯雷集团将在中国北京设立50亿元的基金，这是至今为止最大规模的人民币私募股权投资基金。凯雷集团总共拥有28支不同类型的基金，管理着超过248亿美元的资产。自1987年创立以来，已经投资130亿美元，主要在亚洲、欧洲和北美用于公司并购、房产以及创业投资等。

2009年，中国创投市场新募基金数共计94支，是2002年新募基金数量的2.76倍；新增可投资于中国内地的资金额为58.56亿美元，是2002年新募资金额的4.51倍。从新募基金个数来看，2009年新募集的94支基金中，人民币基金共有84支，占比达到89.4%，较2008年全年75.9%的占比增加13.5个百分点；外币基金10支，占比仅有10.6%。从募资金额来看，人民币基金募资金额为35.67亿美元，占总数的60.9%，较2008年全年32.0%的占比大幅上升28.9个百分点；外币基金募资金额为22.89亿美元，占募资总额的39.1%。

随着中国企业经营和发展理念的不断提升，对股权运作的本质有更加清晰的理解，私募股权投资基金与中国企业的发展将日益紧密地联系在一起，私募股权投资基金对中国经济增长将发挥不可忽视的作用。

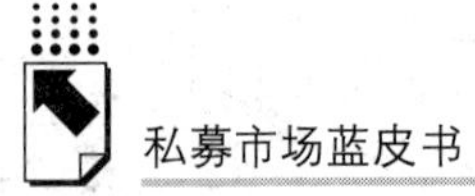



本文将解析私募股权投资的定义、投资市场、投资风格和范畴、投资交易结构和操作、资金退出策略，分析其与传统证券投资的异同。

## 一 全球资产管理业

在现代西方资本市场，由于流动性好的原因，传统证券投资所包括的范围和投资的领域非常广，以此设计的投资策略也各色各样、五花八门，而又非常丰富，给机构投资者和个人投资者很大的选择空间，由于很多投资策略的相关性并不高，对投资者的投资组合起到分散风险和提高投资回报效益的作用。投资的证券包括从在股票交易所交易的单一公司股票，到中央政府和地方政府发行的债券，从各国的货币交易到大宗商品期货，从公司债券到房屋抵押贷款债券，几乎无所不包，无所不能交易和投资。总之，只要某一证券有价值和价格的日常波动，投资者就可以投资和交易以求获益。

众所周知，全球金融证券市场是一种多因素和非常复杂的风险组成的，每一个因素有自己相应的风险溢价，并没有一个单一的投资策略可以跨越整个“风险因素空间”。因此，投资者希望获得与不同的风险因素水平相对应的风险溢价，就需要采用各种不同的投资策略和风险管理水平。老练的投资者，如家族投资基金、捐赠基金和养老基金，似乎已经认识到这一事实，其投资组合就包括共同基金、对冲基金以及私募股权基金，以多样化分散投资组合的总体风险。共同基金一般只采用买进并长期持有的投资策略，投资于标准资产类别，包括交易所交易的股票和债券，并有助于捕捉风险溢价与股市风险、利率风险、公司信贷违约风险等。但他们对于捕捉与动态交易策略有关的风险溢价或基于价差的投资策略，不是非常有帮助的。这是对冲基金进入投资舞台的理由。与共同基金所不同的是，对冲基金不是和被动的评估基准作对比，不是以大市指数回报为基准，更多追求的是绝对投资效益，因此可以按照更灵活的投资策略操作。此外，对冲基金还可以同时做多和做空证券，进行相对价值投资，因此，对冲基金可以赌不同股票市值大小利差或价值与生长利差等。因此，对冲基金可以提供所面临的风险因素，传统的只能做多头的投资策略所不能提供的风险窗口类别。由于金融市场没有“免费的午餐”，就出现了与不同的对冲基金策略相应的风险种类和性质的问题。这是一个极具挑战性的任务，对冲基金所面临的复杂性的投资策略和有限的资产仓位披露要求。广泛出现在投资市场的对冲基金策略，学术界已经探讨得比较多，我们目前的知识更新仅限于两种投资策略的风险："趋势跟随"投资策略和"风险套利或反转"投资策略。这两项研究都发现，对冲基金策略的收益和风险特征是非线性的，并同时强调分析对冲基金时，必须考虑到像期权一样的固有收益特征。

经过几十年的发展，在全球资产管理业里，除了对冲基金外，有许多类型的各类投资基金，把对冲基金和其他不同类型的基金更准确地放在一个更广泛的资产管理范围内来考虑，来定义其他一些类型的基金，这是一个好主意。从事证券投资和基金管理主要包括以下几大类。

（1）共同基金。

（2）对冲基金。

（3）私募股权基金。

（4）政府部门和公司企业的退休和养老基金。

（5）大学和其他非营利机构的馈赠基金。

（6）家族投资基金。

在中国，私募基金经常和股权基金混淆在一起。在这里，我们要厘清两个基本的概念，私募与公募、股权和股票。另外，同样我们也要搞清PE基金与内地所称的"私募基金"的区别，国内的私募基金主要是用来区别于共同基金（mutual funds）等公募基金的。私募和公募指的是基金募集资金方式的不同，私募是通过非银行和证券系统募集所需的资金，而公募是通过银行和证券系统募集所需的资金，其产品发行需要证监会的审批，而PE和VC指的是基金所投资的资产范畴，私募基金可以是PE和VC，也可以投资二级市场的基金，如对冲基金等，所以如上所述，PE和VC基金主要以私募形式投资于未上市的公司股权，而我们所说的"私募基金"则主要是指通过私募形式，向投资者筹集资金，进行资产管理并投资于未上市的公司和证券市场（多为二级市场）的基金。同样，股权基金既可以是私募的，也可以说公募的，主要取决于募集资金的方式和管道。

如前所述，传统资产管理业主要包括这六种基金，前三种是直接进行投资的，包括二级市场和一级市场，后三种是通过前三种基金进行投资活动的，他们自己并不直接买卖和交易证券。和私募股权基金相对应，传统证券投资的范畴包括共同基金和对冲基金两种，下面我们将依次详细解释和探讨这三种基金。

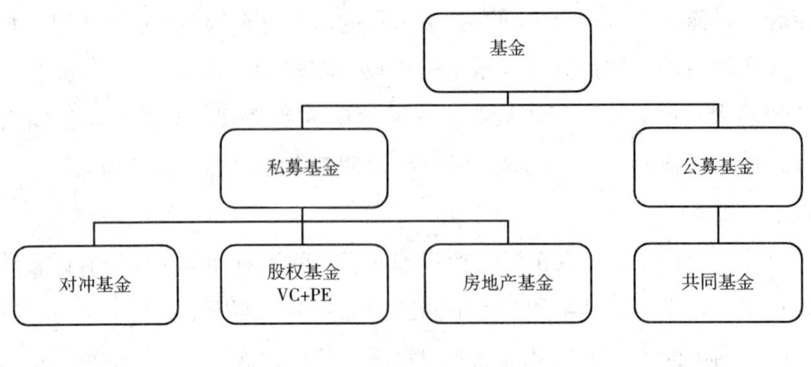


**图1　基金结构**

## 二　私募股权投资

私募股权投资（Private Equity 或 PE）是把资金投资到还没有在股票交易所里公开交易的公司和企业或是买下在股票交易所里公开交易的公司和企业以便使其成为私有公司和企业的一种投资方式。按所投资公司发展时间段的不同，私募股权投资最广泛采用的投资策略根据投资公司的成长过程不同，可分为创业投资（Venture Capital 或 VC）、成长投资（Growth Capital）、次级债券投资（Mezzanine Capital）、杠杆兼并（Leveraged Buyouts or LBO）和不良资产投资（Distressed Investments and Special Situations），等等。这是广义的私募股权投资定义，而狭义的私募股权投资只包括四个投资领域和策略，并不包括创业投资（Venture Capital）。

PE 与 VC 虽然都是对上市前企业的投资，但是两者在投资阶段、投资规模、投资理念和投资特点等方面有很大的不同。主要区别如下：很多传统上的 VC 机构现在也介入 PE 业务，而许多传统上被认为专做 PE 业务的机构也参与 VC 项目，也就是说 PE 与 VC 只是概念上的一个区分，在实际业务中两者界限越来越模糊。比如著名的 PE 机构如凯雷（Carlyle）也涉及 VC 业务，其投资的携程网、聚众传媒等便是 VC 形式的投资。

中国资本市场中的 PE：如以狭义 PE 概念衡量，即把 VC 排除在外，则如前面所述，中国内地出现 PE 投资是很晚的事情。1999 年国际金融公司（IFC）入股上海银行可认为初步具备了 PE 特点，不过业界大多认为，中国内地第一起典型的 PE 案例，是 2004 年 6 月美国著名的新桥资本（New bridge Capital），以 12.53 亿元从深圳市政府手中收购深圳发展银行的 17.89% 的控股股权，这也是国际并购基金在中国的第一起重大投资案例，同时也借此产生了第一家被国际并购基金控制的中国商业银行。由此发端，很多相似的 PE 案例接踵而来，PE 投资市场渐趋活跃。2004 年末，美国华平投资集团等机构，联手收购哈药集团 55% 股权，创下第一宗国际并购基金收购大型国企案例；进入 2005 年后，PE 领域更是欣欣向荣，不断爆出重大的投资案例，其特点是国际著名 PE 机构与国内金融巨头联姻，其投资规模之大让人咋舌。首先是 2005 年第三季度，国际著名 PE 机构参与了中行、建行等商业银行的引资工作，然后在 2005 年 9 月 9 日，凯雷投资集团对太平洋人寿 4 亿美元投资议案已经获得太平洋保险集团董事会通过，凯雷因此将获得太平洋人寿 24.975% 的股权。这也是迄今为止中国最大的 PE 交易。另外，凯雷集团收购徐工机械绝对控股权的谈判也进入收尾期，有望成为第一起国际并购基金获大型国企绝对控股权案例，尽管最后中国政府并没有批准这一收购案。此外，国内大型企业频频在海外进行并购活动，也有 PE 的影子。如联想以 12.5 亿美元高价并购 IBM 的 PC 部门，便有 3 家 PE 基金向联想注资 3.5 亿美元。此前海尔宣布以 12.8 亿美元，竞购美国老牌家电业者美泰克（Maytag），以海尔为首的收购团队也包括两家 PE 基金。在中国，PE 基金投资比较关注新兴私营企业，由于后者的成长速度很快，而且股权干净，无历史遗留问题，但一般缺乏银行资金支持，从而成为 PE 基金垂青的目标。同时，有些 PE 基金也参与国企改革，对改善国企的公司治理结构和资本结构，引入国外先进的经营管理理念，提升国企国际化进程作出了很大的贡献。

目前在国内活跃的大型 PE 投资机构，绝大部分是国外的 PE 基金，国内相关的机构仍非常少，只有中金直接投资部演变而来的鼎晖（CDH）和联想旗下的弘毅投资等少数几家。这一方面由于 PE 概念进入中国比较晚，另一方面 PE 投资一般需要雄厚的资金实力，相对于国外 PE 动辄一个项目投资几亿美金，国内大多数企业或个人只能自愧弗如，鲜有能力涉足。现在国内活跃的 PE 投资机构大致可以归为以下几类：一是专门的独立投资基金，如 The Carlyle Group，3i Group etc；二是大型的多元化金融机构下设的直接投资部，如 Morgan Stanley Asia，JP Morgan Partners，Goldman Sachs Asia，CITIC Capital etc；三是中外合资产业投资基金的法规出台后，新成立的私募股权投资基金，如弘毅投资，申滨投资等；四是大型企业的投资基金，服务于其集团的发展战略和投资组合以及相关的行业，如 GE Capital 等；五是国家主权基金和其他，如 Temasek，中投公司（CIC），GIC 和近年来活跃的中东主权基金等，新加坡的 Sesdaq 即属此类。

## （一）PE 投资基金的主要特点

（1）在资金募集上，主要通过非公开方式面向少数机构投资者或个人募集，它的销售和赎回都是基金管理人通过私下与投资者协商进行的。另外在投资方式上也是以私募形式进行，绝少涉及公开市场的操作，一般无需披露交易细节。

（2）多采取权益型投资方式，绝少涉及债权投资。PE 投资机构也因此对被投资企业的决策管理享有一定的表决权。反映在投资工具上，多采用普通股或者可转让优先股，以及可转债的工具形式。

（3）一般投资于私有公司即非上市企业，绝少投资于已公开发行公司，不会涉及要约收购义务。

（4）比较偏向于已形成一定规模和产生稳定现金流的成形企业，这一点与 VC 有明显区别。

（5）投资期限较长，一般可达 3～5 年或更长，属于中长期投资。

（6）流动性差，没有现成的市场，供非上市公司的股权出让方与购买方直接达成交易。

（7）资金来源广泛，如富有的个人、风险基金、杠杆并购基金、战略投资者、养老基金、保险公司等。

（8）PE 投资机构多采取有限合伙制，这种企业组织形式有很好的投资管理效率，并避免了双重征税的弊端。

（9）投资退出渠道多样化，有 IPO、售出（Trade Sale）、兼并收购（M&A）、标的公司管理层回购等等。

## （二）PE 投资在中国发展壮大的驱动力

近几年，中国本土私募股权基金以惊人的速度获得了巨大的发展。当然，中国高速成长的经济和不断完善的投资环境，无疑是 PE 投资中国的巨大驱动力，这主要表现在以下几个方面：①中国作为“金砖四国”（BRICs，即巴西、俄罗斯、印度和中国英文首写字母连写而成）之一，持续、高速增长的经济蕴藏了巨大的投资机会，特别是中国在2008年全球金融和经济危机过后，推出一系列政策扶植和发展新兴产业和龙头产业，像高科技、生物医药、物联网、现代物流业和现代服务业等。②基础设施建设逐步完善，全国信息化程度提高，大大改善了投资的硬件环境。③法律体制逐步健全：《公司法》、《合伙人法》和《证券法》的修订，创业投资相关法律的制订等。④加入WTO后更多行业将向外资私人资本部分全面开放，如零售业、金融业和电信业等。⑤资本市场的不断健全：中小企业板和创业板的设立，股改全流通的实现都给私募股权投资的退出提供了合法的机制。⑥国企改制，国退民进，国家鼓励中小国企实施MBO为PE提供了巨大机会。

当然，中国还是发展中国家，和西方金融体系及发展水平相比还有一定的距离，西方近两百年发展成的现代金融体系在中国不可能一朝一夕就能完成，不利因素有：①国内的退出机制仍不够理想，创业板在2009年10月开始运作后，还有200~300家企业等待上市，以现在的上市速度，至少要两年才能把现有的公司安排上市，全流通解决后，市场的资金显得不是很充裕。②近日外管局出台的两个文件（11号文和29号文）对离岸资本运作、红筹上市等国外退出方式有负面影响。目前国内PE基金投资套牢的案例不少，怎样给私募股权基金建立一条合理的退出途径，包括股权交易市场等，仍需重视。③国内有些行业对外资及私人资本投资比例亦有很大的限制，使拥有外资背景的基金投资可投资的行业和公司大受限制。④在法律环境方面，目前《公司法》有些规定对PE投资不利，比如对外投资比例设限、双重征税、有限合伙制的缺失等。⑤国内诚信和信誉体系不健全，诚信意识有待完善。

### （三）私募股权产业投资

目前中国的产业投资主要有两类：一类是时下备受媒体关注的创业投资，以风险投资公司为代表的投资主体所关注的高风险、高回报投资；另一类是产业投资机构一直密切关注的传统产业投资，其目标是风险性较小、收益稳定的基础设施建设等投资。

对于中国企业，尤其是中小企业来讲，产业投资的方式更有效地促进了投资者与经营者的合作关系，投资者在寻求与自己主业融合或互补，形成协同效用的道路上，将更关注企业的经营现状和长远利益，致力于改善企业治理结构，使企业的长足发展得到保证，相对于管理薄弱的企业更是有着“扶上马，送一程”的作用。

戏称中国产业投资是寂寞的，是基于产业投资整体运作状态而言。由于前一类的创业投资处于“高处不胜寒”的领域，“两高”的追逐，市场的炒作，跟进者的盲从，企业的焦躁，将创业投资冲顶直至云霄，使其战战兢兢，唯恐一不小心跌落下来，鼻青脸肿，或有性命之忧；后一类传统投资则有着“知音少，弦断有谁听”的孤独，因其一直试图在平滑、温和中寻求业务的稳健增长和资本的快速积累，不事张扬的个性，使得该类产业投资在相当长的一段时间内，处于被忽视、忽略的角落，缺少强有力的支持。

中国市场化的进程，将不良资产处置的中国金融业最后一次资本盛宴摆在了市场前沿，产业投资机构凭借对某些产业、行业的深入研究和敏锐嗅觉，参与了部分不良资产处置，由于政策运作不透明、信息不对称等原因，迄今为止成功的例子还不多。因此产业投资之于不良资产处置，就像山谷里的野百合一样，只在某一处绽放自己的春天。

对于产业投资来讲，寂寞的同义词是进取。积极向上的产业投资机构在提高自己核心竞争力的同时，为了避免短期的“急功近利”行为，使产业投资更具有可持续性，从而加大力度来对市场资本需求进行细分，挑剔得近乎苛刻地选择投资目标。

在投资选择上，产业投资机构首要关注的目标是企业，企业的领导者，其次才是行业等其他要素。

产业政策投资对中小企业融资的作用，往往表现为政策性支持融资。财政援助与税收优惠是世界各国政府扶持和保护中小企业的普遍做法。政府的政策虽然不能代替市场自身的资源配置，但有效的引导加上适度的扶持可以发挥政府财政资金的杠杆作用，引导商业性资金的介入，从而要相当程度上起到减轻企业负担、优化产业结构、促进中小企业良性发展的效果。为帮助中小企业解决资金匮乏的难题，各国各地区（包括我国）经常根据特定目标制定各种扶持政策和资金援助计划。

政府为中小企业提供的资金援助包括财政补贴、贴息贷款、优惠贷款等几种形式。财政补贴即直接提供资金资助；贴息贷款则由政府给予中小企业贷款的利息补贴。贴息贷款能以较少的财政资金带动较多的社会资金参与对中小企业的援助，因此尤其适合资金缺乏的发展中国家。其具体做法是：对中小企业的自由贷款高出市场平均利率的部分予以补贴或给予中小企业最难获得的长期贷款以贴息。为推进特定目的而实施的财政援助政策属于一事一时的临时性措施，同时纳入政府年度财政支出预算中，因此能比税收制度更直接、更鲜明地体现政府意图，是政府对中小企业的一种直接援助。虽然，税收优惠与财政援助在表面上看来并不一样，但是在本质上都是政府对企业采取的财力资助政策，有利于中小企业资金的积累和成长。

除了税收政策、支出政策，政府采购也是支持中小企业发展的重要财税政策，在许多国家甚至是最重要的政策。如：美国规定政府采购合同的一定比例要安排给中小企业，并通过拆分采购合同的方式，让中小企业有机会参与政府采购市场。我国政府采购开展时间不长，经验不多，目前正在积极研究如何通过政府采购来支持中小企业的发展。《中小企业促进法》第 34 条规定“政府采购应当优先安排向中小企业购买商品或者服务”。《政府采购法》第九条规定“政府采购应当有助于实现国家的经济和社会发展政策目标，包括保护环境，扶持不发达地区和少数民族地区，促进中小企业发展”。

我国财政部作为政府采购监督管理部门，2003 年积极采取措施，全面贯彻两部法律的规定，调查研究如何通过政府采购政策和措施促进中小企业发展的途径。目前财政部已与国家发展改革委共同组成课题组，开展对中小企业范围、行业分布、经营特点、产品质量等方面的研究，力争摸清情况后，制定《政府采购促进中小企业发展的实施办法》，鼓励中小企业积极参与政府采购。

### （四）中国私募股权投资（PE）业务展望

处于工业化转型期高速发展和城市化过程的中国经济和不断完善的投资环境，为 PE 提供了广阔的舞台。尤其在以下几个领域，PE 更加有用武之地：①为日益活跃的中小企业、民营企业的并购、扩展提供资金。②内地企业境内境外公开上市前的 Pre-IPO 支持。③银行及公司重组。④近 10 万个国企的改革，国企民营化将是未来 PE 的关注点。PE 基金有望从以前被动的少数股权投资进入到购买控制权阶段，甚至是 100% 买断。华平对哈药的投资，以及凯雷集团谈判收购徐工机械，都是顺应了这一新趋势。⑤跨国境的收购兼并。随着国内企业的壮大和国际化意愿的日益强烈，越来越多的国内企业将走出国门进行境外收购兼并，

而这也为 PE 基金提供了广阔的业务机会。⑥其他领域如不良资产处理，房地产投资等也为 PE 提供了绝好的机会。

## （五）私募股权投资的分类

如上所述，广义私募股权投资包括创业投资（Venture Capital），成长投资（Growth Capital），次级证券和债券投资（Mezzanine Capital），杠杆兼并（Leveraged Buyouts or LBO），以及不良资产和特殊情况投资（Distressed Investments and Special Situations），等等。下面我们将逐一叙述。

创业投资简称创投（Venture Capital），风险投资基金又叫创业基金，是当今世界上广泛流行的一种新型投资机构。它以一定的方式吸收机构和个人的资金，投向那些不具备上市资格的中小企业和新兴企业，尤其是高新技术企业。

成长投资（Growth Capital），成长投资是指私募股权投资中，通常以小股东的形式投资于一些相对成熟的公司和企业，这些公司和企业寻求资本以求业务扩张或重组业务，进入新市场或通过融资以完成重大的企业兼并所需的资金，而不变更企业的控制权。

不良资产投资（Distressed Investments and Special Situations）指的是投资于经济和财务拮据公司的股票或债券的一大类投资策略。

杠杆兼并（Leveraged Buyouts or LBO）指的是收购者或融资担保人（financial sponsor）达成收购协议，而本身不用承担收购所需的全部资金。要做到这一点，收购者将提高发行收购债券，完成收购并使上市公司私有化，并最终期望收购目标公司能产生足够的现金流支付债券本金和利息。在杠杆收购中，融资担保人发行的收购债券往往是无追索权的，如果这一项投资有损失的话，投资者也无权索取融资担保人管理的其他投资。因此，杠杆收购交易的金融财务结构对基金的有限合伙人具有特别吸引力，从而允许他们从金融杠杆中获益，但又极大地限制了这一杠杆追索权的程度。这种融资结构以两种方式放大了融资担保人杠杆收购所带来的效益：①投资者本身只需要提供杠杆收购所需的一部分资金而已，②只要对资产收益率超过了债务成本，投资者的回报将由于杠杆效应而得到提高。

各种各样的投资者都求助于融资担保人，期待能给公司创造和管理层或公司运营同样多的价值。特别是，公司的债券持有者，部分基于融资担保人与他们的长期合作关系和良好的商业信誉，愿意以银行贷款，高收益债券和夹层资本，扩大信贷和融资规模。

次级债券投资（Mezzanine Capital）是指次级债券或优先股股票（Preferred Equity）的投资，这类资产的信贷级别介于普通债券和股权之间，往往代表了公司大多数的次级资本结构部分，但比公司普通股高级的公司证券。这种融资形式经常被私募股权投资者所使用，以减少所需的股本融资而促成杠杆收购或公司重大扩张计划。次级债券资本常常是由无法进入高收益垃圾债券市场的较小公司使用，可以让这些公司获得超出传统的贷款人通过银行贷款愿意提供的额外资金数量和借款。为了补偿增加的融资风险，次级债券持有人要求获得比有担保或其他较高级的贷款人更高的投资回报。

次级投资（Secondary Investments）指的是在现有的私募股权资产所做的投资。这些交易涉及出售私募股权基金中的股份或者从现有的机构投资者手中购买的这些私人拥有的公司的直投投资组合。根据这些特性，私募股权资产的流动性相对较差，较适合购买和持有的长期投资者。次级投资给金融机构投资者提供了改进资产投资组合多样化的能力，特别是投资者对投资这类资产是新手或不是很熟悉的话。典型的次级投资也具有不同的现金流，减少投资新的私募股权基金所需的学习成本和时间。而且次级投资常常通过第三方基金进行，投资构造类似于复合私募股权基金，虽然许多大型金融机构投资者通过次级投资交易购买了私募股权基金的股份。私募股权基金投资的卖方不仅出售了该基金的投资，而且包括他们对基金剩余的、没有着落的承诺的资金。

## 三　传统证券投资与私募基金的异同

如上所述，在基金管理业里，直接从事证券投资的基金除了前面所讲的私募股权投资基金外，主要还包括共同基金、对冲基金和退休金及养老金基金几大类，下面将分别叙述。

### （一）共同基金（Mutual fund）

到2007年底，美国共同基金管理的总资产是12万亿美元，是全球最大的共同基金业，占全球共同基金业总资产26.2万亿美元的大约46%。在2007年，美国有大约600个共同基金家族。激烈竞争的基金管理市场阻止任何一个或一组基金公司独霸和主导整个市场。前25大共同基金所管理的总资产占市场的份额从1985年的78%，下降到2007年的71%。

**1. 共同基金受到了一系列特别的监管，例如会计、税收法规。因此，共同基金投资公司是受监管的**

更具体地说，他们受1940年和1970年投资公司行为法监管。1940年法令规定了基金业务运作的很多方面，包括财务报表、投资目标、雇员、债务、人员和基金管理人等。而1970年的法令规定了共同基金销售费用（即销售负荷，特别是最大的销售负荷）和其他费用。在美国，与大多数其他类型的商业实体不一样，没有对共同基金的收入直接征税，只要基金把90%的收入分配给它们的股东和基金满足国内税收法某些多样化的要求。此外，该类收入往往是不变的，因为它通过向股东配发股息来减免税收。共同基金给股东分配免税市政债券的收入是免税的。应征税的分配可以是普通的收入或资本收益，这取决于如何获得这些基金分配，净亏损并不分配。我们关注的主要一点是，共同基金是受到严紧管制的实体，事实上，对冲基金并非如此，是基本上不受监管的。

**2. 共同基金主要有两种：封闭式和开放式**

开放式共同基金投资公司，不断推出新的基金股权向公众开放投资，并随时准备赎回流通股的净资产价值（资产净值）基金。从这个意义上讲，该基金管理公司是作为唯一的做市商的股份公司。他们每天出售或买回基金的股份。共同基金以基金每股资产净值出售其股权，这被视为基金投资的价值。它的计算方式是将所有基金投资的价值，减去任何负债（如费用等）除以总流通股数量。

请注意，开放式共同基金不能在二级市场直接交易。基金的价值是由投资公司（共同基金公司）确定，并要求以本公司股份的资产净值买卖。

投资公司经营的开放式基金，通过向股东筹集资金，按照规定的一套投资目标和策略，并投资到一组资产。共同基金通过出售基金的股权来筹集资金，就像任何其他类型的公司可以向公众出售本身的股票一样。然后共同基金把他们收到来自出售其股份的资金，连同以前的投资资金，用来购买各种投资工具，如股票、债券和货币市场工具。他们从基金购买股权时，以现金换取基金的股份，股东获得基金的股权和实际上基金中每个证券的份额。对于大多数共同基金，股东可以在任何时候自由出售自己的股权，虽然共同基金份额的价格将每日波动，这取决于基金持有的证券的业绩。投资共同基金的好处包括基金的多样化和专业理财。共同基金提供多种选择，很好的流动性且很方便，但基金收取一定的费用并且往往需要最低的投资额。封闭式基金往往不正确地称为共同基金，但实际上是一个投资信托。全球有许多类型的共同基金，包括激进成长型基金、资产配置基金、平衡型基金、混合型基金、债券基金、资本增值基金、复制基金、封闭式基金、交叉基金、股票基金、衍生基金、全球基金、增长基金、成长和收入基金、收益型基金、指数基金、国际基金、货币市场基金、市政债券基金、最优惠利率基金、区域基金、行业基金、专用基金和免税债券基金，等等。

封闭式基金与开放式基金不同，前者可以在二级股票市场直接交易和买卖。这些基金与开放式基金有明显的区别，其工作流程如下。该基金发放有限数量的股票，并不赎回股票。相反，该公司发布有关其资产净值的信息，股票在二级市场或通过柜台市场交易。从这个意义上讲，投资者购买封闭式基金的股票，和出于类似的投资原因，以同样的方式购买公司股票完全一样。封闭式基金的一个重要特点是它们的市场价值和净资产价值可能有所不同，这是因为净资产值由基金投资值所确定，可能会和投资者愿意支付的每股基金价值有所不同，如果封闭式基金的市场价低于其净资产值，则被认为是折扣交易。

**3. 共同基金可以投资多种公开发行的证券**

最常见的有现金、股票、固定收益债券，包括政府的和公司的债券，等等，有上百个子类。例如，股票基金可以投资某一特定行业的股票，像技术股，原材料股和公用事业股，等等，分成不同投资风格的基金。这些就被称为行业基金。固定收益债券基金也可按风险分为投资高收益垃圾债券或投资级公司债券的基金，按债券发行人类型分为政府机构、企业，或地方市政府发行的公司债券基金，或按债券到期日分为短期或中长期债券基金。股票型基金和债券型基金都可以，主要是美国证券－国内基金、美国和外国证券－全球基金或主要外国证券－国际基金等。

大多数共同基金的投资组合是在职业基金管理人的监督下经常调整仓位的，预测基金投资者现金流，以及合适基金投资的未来表现和今后的绩效，并选择那些他或她认为将最接近该基金的投资目标说明的证券。共同基金由签有咨询合同的投资管理公司统一管理，公司可雇用或解雇一个基金经理。

**4. 私募股权投资与共同基金投资的异同**

私募股权投资基金是专门投资于成长中的中小型企业的法人股，未来通过这些企业的上市来实现退出并且盈利。而共同基金一般只投资交易所交易的证券，买卖证券都是在交易所或金融市场的柜台交易完成，投资标的也是已上市的证券。私募股权投资基金的流动性远没有共同基金好，前者可能把投资者的资金锁定5~10年，甚至更长的时间，而后者基本上可以随时清仓退还投资者的资金。

一般来说，私募基金是对应于公募的证券投资基金，主要是指募集资金的形式，公募是通过证监会批准、通过银行系统发行投资产品和募集资金，而私募是通过非银行系统发行投资产品和募集资金，像信托、券商和私下等途径。共同基金主要投资于各种流动性好的有价证券，通过低买高卖获取差价利润，而私募股权基金是专门投资于未上市的企业。

## （二）全球对冲基金业

对冲基金是一种对范围有限的投资者开放的投资基金，监管机构允许其进行比其他投资基金更广泛的投资活动，并按其投资经理的业绩支付费用。每个基金将拥有自己的投资策略，并确定投资的类型和投资的方法。对冲基金是一类投资范围广泛的投资资产类别，可投资于股权、企业债券和贷款、政府证券、商品和货币以及它们的各种衍生产品工具，等等。

自20世纪90年代初以来，对冲基金已成为越来越受欢迎的资产类别。在上世纪90年代起十多年间，伴随着全球对冲基金的快速增长，美国对冲基金业管理的资产总额也经历了成倍的增长，以平均每年超过20%的速度递增，在全球范围内对冲基金投资金额由1990年的约500亿美元，上升至2004年底约1万亿美元。据估计，在2008年8月对冲基金高峰时，全球整个行业大约有10000支积极管理的对冲基金，管理总资产更高达约29700亿美元。全球证券市场的规模与对冲基金净资产比显示，由于对冲基金使用杠杆并且一般撬动3~5倍资金，再加上对冲基金的很多投资策略是短中期的，所以这些资金的大量利用使他们在全球金融市场发挥更为重要的作用。据美国纽约证交所和交易所做市商估计，在2004~2010年期间，对冲基金的每日交易量往往占到交易所总交易量的一半以上，是金融市场的主要参与者，由此可见对冲基金对金融市场越来越重要的影响力。此外，对富裕的个人投资者和机构投资者而言，投资对冲基金甚至已成为其资产组合的重要组成部分。在股票所有市场环境下，包括牛市，熊市和震荡市，对冲基金这样的“资产类别”能提供优异的投资回报，从而可作为优异的、多样化的股票投资组合的一部分。

对冲基金的投资组合所管理的资金增长是因为许多华尔街的机构投资者在寻求不同于共同基金或其他投资方式的间接结果导致，不同于主流共同基金经理秉持的传统“购买和持有”的策略，对冲基金在股市下跌时也能盈利，而这种模式在一定程度上牺牲了共同基金，股市的下跌导致许多共同基金公司失去了大量的资本。

共同基金的表现通常是与股票指数相比较而言的，部分原因在于，共同基金一般采取长期持有所投资的股票仓位，预计股市将继续增长，从而期望从股票增长过程中盈利，但是这种期望未能在 20 世纪 90 年代后期到 21 世纪初期的十年出现，因此，在此期间许多共同基金公司给投资者带来了负的投资回报。而对冲基金就和共同基金就不同，即使在股市下跌时，对冲基金也能凭其独特的操作手段也给投资者继续生产正的绝对回报，因此越来越多的财务顾问和规划开始投资对冲基金。一项新的研究显示许多传统股票投资者无法认为牛市将持续下去，现在正在开始寻求其他方法的投资资产类别和领域，并期望能跑赢股市，对冲基金就是这样的一种投资领域。

对冲基金采用了一系列投资策略，其中一些使用杠杆和衍生工具，而另一些则较为保守，并且很少或根本没有利用杠杆。

（1）许多对冲基金的投资策略要求通过放空股票或其衍生产品，以减少投资组合的市场风险。

（2）许多对冲基金的投资策略，特别是那些相对价值的投资策略，其投资回报是不依赖于债券或股票市场走向的，这与传统的证券共同基金不一样，后者一般是 100% 依赖于市场风险来获利的。

（3）许多对冲基金的投资策略，特别是一些套利的策略，其策略的投资容量是有限的，其资本越多，他们可以成功地运用这些资金进行投资和所获得的回报就会逐渐减少。因此，许多成功的对冲基金经理限制他们所能接受的资金数额，以保证他们策略的投资回报不会因为资金的增加而下降。

这些对冲基金的投资回报在持续一段时间后都超过了标准的股票和债券指数回报，这种超出平均投资的回报水平是因为较少的投资波动率和超过股票损失的

风险较小。

对冲基金往往受到拥有更先进投资技术和老练投资者的青睐，他们经历和了解主要股票市场以往的各种波动形成，所以许多养老基金和私人银行越来越多地分配资产到对冲基金中，这就是为什么最近几年对冲基金在欧美得到快速发展的重要原因。大多数对冲基金是高度专业化的，依赖于特定的专门知识的基金经理或管理团队，而这些对冲基金经理通常是高度专业化、有纪律并且非常勤奋的。

对冲基金也是一个松散的集合体，没有严密的组织和机构，在最近的全球金融危机中，往往成为各方指责的对象和替罪羊。一些媒体不分青红皂白地把对冲基金描绘成金融市场的魔鬼，在社会上造成不良的影响，这就对对冲基金的发展造成负面的影响。但值得注意的是，很多评论家一致认为，对冲基金也会对全球经济产生有利的影响，对冲基金为金融市场提供流动资金，有助于更准确地发现资产的市场价格和推动金融创新。同样，美国联筹会前主席格林斯潘就十分关切地表示，过度监管对冲基金可能会降低市场流动性，这将对市场产生巨大的负面影响。

很多人往往把私募股权基金和对冲基金相混淆，但是，这两个形式的投资有一些关键方面的差异。私募基金投资公司的意图是在几年或更长时间内拥有和经营一家受投公司，目标是增加受投公司股值，使私募基金投资公司所持有的股票几倍或几十倍的增长。私募股权投资公司是在做投资，他们通过提高受投公司业务，管理，资本结构，聚拢受投公司周围的资源，并以其他方式加强其性能以及战略地位来创造价值。相比之下，对冲基金是一种松散定义的投资集合，比如像共同基金主要投资于公开交易的证券、货币或商品。大多数共同基金通常投资自己“特长”的证券，也就是说，希望先确保自己资本的安全，然后希望证券会升值。对冲基金可做空头寸，来赌公司的股票价格下降而获利，并采用许多更复杂的投资工具交易和投资策略，包括期货、期权、掉期和复杂衍生工具合约等。

## （三）退休金和养老金基金

养老金基金业是最大的一类资产管理业，在2007年底全球养老金基金业管理的总资产规模为28万亿美元。

养老退休基金实际上是一个机构组织对其雇员退休后经济上的安排，如一个大跨国公司对其过去、现在和未来的员工以及其高层管理人员的财务规定。虽然养老基金作为用于支付养老金款项的一项工具，也用于支付员工和管理人员一般的福利。

养老保险制度其主要目的是为了帮助家庭在生命周期中，实现生活资源的再分配，以徘徊一生消费生活水准。这是当收入枯竭时，通过从工作生活转移经济资源到退休后，从而使人依然可过上不错的生活。

退休基金的结构设计为全权信托，雇主公司将是托管财产者，其以前、现在和未来的员工将是全权信托的受益者，这些受益者统称为退休计划的成员。信托契约规定了在何种条件下，养老金贡献和/或其将以后要有的福利，通常这种信托条件被称为规则。当然，退休基金将被给予一定的权力，这与私人信托基金的受托人有所不同，私人信托基金的受托人没有被赋予这种权利。离岸退休基金的意思是如果受托人位于离岸中心，那么按法律中心所在地的法律管理，养恤基金将被视为注册在该中心。

退休养老基金是一家管理公司员工资产的投资公司，当雇员退休时以支付他们的生活所需。由雇主和雇员两方面对基金的捐款构成退休基金养老的资产。主要有两种类型的退休养老基金。

（1）已定义的退休金：这些基金管理他们的资产，根据界定支出退休金类型的一套准则，确定其投资回报目标，他们将支付给退休后的雇员。

（2）已定义的贡献：这些基金管理资产，按照一套既定雇主如何向基金所必须作出捐款的规则。

我们有两个原因提及养老基金。首先，它们是一种投资基金，因此，了解它们有助于减少对于什么是和什么不是养恤基金的误解；其次，养老基金是投资对冲基金的主要大型机构投资者。此外，在相当一些时间，养老金行业在世界各地已日益蓬勃发展，其结果深刻地影响了资本市场，这表现在机构投资者可以在几个方面影响资本市场工具的需求：通过节省储蓄增加总供给，通过影响个人的银行存款和证券投资组合之间的分配，并通过这些机构投资者本身的投资组合选择。

另一点，关系到对冲基金和养老基金的投资是需要金融创新的，金融创新过程一直是和养老基金发展密切相关的，发明和推广新的金融工具风险以及重新包装风险或投资返回流。

2008年的金融风暴迫使美国许多DB型的退休金基金从2008年下半年至2009年上半年对其投资政策、资产配置和投资管理的运作等进行了仔细的复审，之后对退休基金的风险控制进行了调整，主要包括在投资策略和资产配置上的重大改变。这些变化不仅对美国的资本市场，而且对全球的资本市场都会产生巨大的影响。

**1. 从“投资风险”转到“注资比率波动风险”**

在金融危机爆发之前，大部分退休基金在风险控制方面，都将其注意力集中于如何管理投资风险和投资回报，采取较为普遍的60/40或70/30股票与固定收入的资产配置。但金融海啸之后，加上美国退休金法方面的修改，迫使退休基金将风控的重点转移为有效的管理注资比率波动的风险。

美国大型DB型退休金进行的风险控制和资产配置的调整措施概括起来包括以下几个步骤：①对基金的资产/负债（Asset/Liability）进行重新分析和评估；②选出一个较为合适的指数；③构筑一个实施基金；④如果需要的话，更换或挑选新的基金经理；⑤对这些基金经理进行严格的监控和审核。

在对资产/负债进行重新分析和评估方面，退休基金对可能出现的许多不同的资产/负债情况进行预计，主要考虑其注资比率、资助基金企业的财务实力和向基金持续注资的能力等等。在新的资产/负债的分析中，重点是放在对负债及负债中内在的风险因素进行深入分析。因为市场暴跌造成许多退休基金注资比率急剧下降，使许多在金融风暴前注资盈余的退休基金骤然变为负有巨大注资赤字的退休基金。因此，他们不得不将基金的负债水平与基金的资产水平保持匹配的关系作为所有投资决定和风险控制的中心环节。此外，美国退休基金所使用的传统的资产/负债分析模型从基本上来讲是缺乏长期理念的。传统的模式只考虑终点的结果，而不考虑到达终点的过程和在这一过程中可能发生的各种情况，这种旧式的以一个单一的“注资－投资－回报”的程序来最大限度预计投资回报和避险范围的模式往往在市场发生不规律的巨变时失去效用。

新的模式不再过多依赖于纯数学式的风险模式，而将重点放在现实的经济环境中的各种因素的分析。最终，将其风险控制体制中“投资风险”重新定义为“注资比率风险”，而不是以前纯粹的“资产风险”。这一区别非常重要，表明美国的退休基金不再认为基金资产的价值能够真正反映退休基金本身的健康程度。此外，美国在2006年通过的《退休金保护法》和随之所带来的退休基金资产/

负债财会方面的改革，将退休基金的注资比率同资助基金的企业本身的财务实力更直接地连在一起。美国许多退休基金从以前以资产的投资回报所驱动的风险控制结构，开始转为使用以衡量退休基金本身注资比率波动风险的风险控制模式。

**2. 对投资的相应调整**

这种改变带来了投资上的相应调整。总体来讲，退休金开始放弃对长期投资回报的追求，而将重点放在如何提高注资水平，减少注资比率波动风险，从而使基金的资产同负债水平相匹配。许多退休基金开始在2008年下半年和2009年的前6个月减少对美国股票的资产配置，增加对固定收益产品的投资，当然，仍会继续保持对对冲基金、私募基金和其他另类投资产品的资产配置。相比之下，公共部门的退休金并不受制约企业退休金的法律的限制。因此，他们有更大的余地能够承受短期的市场波动性及较低的资产流通性。所以，公共退休基金的资产没有出现显著的减持股票和增持固定收益产品的现象，相反，还增加了对另类投资产品的投资以追求更高的投资回报。此外，公共退休金开始投资于由金融危机所触发的一些投机性的投资产品，包括在固定收益、二级私募基金和其他资产类的由金融危机所促发并突然出现的非常独特的投资机会。

在具体实施投资策略时，美国退休金抛弃原来的只将基金资产投资于十分有限的资产类别和另类投资范围之内的资产配置，因为这种做法不能满足退休基金在新的资本市场中更有效地进行风险管理的要求。因此，退休基金正在寻找一种新的投资模式，以便更集中地对构成投资风险的各种不同的因素从更为广泛的风险因素（Beta值）、基于投资管理技术的策略（如Beta值增强型投资产品、对冲基金和Alpha策略）、流动性风险及衍生品覆盖策略（Derivative Overlay）来进行风险管理和投机式的投资手段。现在这些投资类别包括共同基金、对冲基金和私募股权基金，等等。

在这种新的模式下，退休基金开始注重对其负债责任风险的对冲以及对投资回报更积极的追求和创造。在对冲负债风险方面，做法主要包括投资利率衍生品及投资于期权合同等衍生品以及长期债券。在有效创造投资回报方面，主要是在全球范围内进行分散投资，注重对绝对收益产品的配置，等等。具体的做法可分三个步骤。第一，将退休金资产目前所投资的固定收益产品部分重新配置于长期债券以减少资产与负债之间在期限上的失衡。第二，除了重新配置长期债券以外，将剩余的纯股票投资部分中的50%配置于绝对收益的投资策略，并将余下的

15%投资于其他可以产生高收益的另类投资产品。第三，除了以上在第二步骤中创造有效投资回报的措施外，再加上利率衍生品以完全消除资产与负债之间期限上的失衡。

在美国退休基金于金融风暴之后所采取的对注资比率波动风险进行有效控制的投资战略调整过程中，退休金的投资管理人需要面对三个关键的问题。第一，在投资回报方面，究竟有多少部分是要依赖于股票市场，有多少部分要依赖于积极的人为管理。第二，在避险方面，究竟基金需要从战略上和战术上对冲多少利率风险。第三，在选择和管理风险预算上如何在投资回报的创造和避险方面进行有机平衡，并是否需要通过更积极灵活的投资管理来实现。

相类似，大学和其他非营利机构的馈赠基金以及家族投资基金也是一种直接或者间接投资于其他基金的投资管理基金，和退休基金的不同之处是资金的来源不同，大学和其他非营利机构的馈赠基金的来源是校友或其他，而家族投资基金就是来源于一个或几个家族资产的集合。他们的投资模式很相似，只是对投资回报和风险要求各有不同。

如上所述，退休金和养老金基金并不直接进行投资，而是通过共同基金、对冲基金和私募股权基金进行投资。特别是最近几年，由于欧美股市的不景气，最近十年欧美股市的累计总投资回报是负的，这对于退休金和养老金基金是个巨大的挑战，因为他们要持续不断地支付退休者的需求。为此，退休金和养老金基金不得不寻找比股市更稳定、更高投资回报的资产类别，像对冲基金和私募股权基金。近年来，退休金和养老金基金不断增加在这两类资产的配置，以达到分散其投资组合风险的效果。

## 四　结束语

本文详细探讨和解析了基金管理业中最常见的几种基金类型，私募股权基金、共同基金、对冲基金、退休金和养老金基金的异同和区别。首先从私募股权投资的定义、其主要投资市场、投资风格和范畴、投资交易结构和操作、投资资金的流动性和投资资金退出策略等方面，分析了与传统证券投资，包括共同基金、对冲基金、退休金和养老金基金等几大传统证券投资的异同。一般来讲，私募股权投资基金是专门投资于成长中的中小型企业的法人股，未来通过这些企业的上市来实现退出并且盈利。而共同基金一般只投资交易所交易的证券，买卖证券都是在交易所或金融市场的柜台交易完成，投资标的也是已上市的证券。私募股权投资基金的流动性远没有共同基金和对冲基金好，前者可能把投资者的资金锁定5～10年，甚至更长的时间，而后两者基本上可以随时清仓退还投资者的资金。私募股权也不同于对冲基金，国内往往把私募股权基金和对冲基金相混淆。但是，这两个不同形式的投资有一些关键方面的差异。私募基金投资公司的意图是拥有和经营他们所投资的公司和企业几年或更长时间。私人股权投资公司通常通过提高业务水平、管理水平、改善资本结构以及战略计划，为他们所投资的公司创造新价值。他们的投资目标是以各种各样的方式加强企业资金使用效率，寻找适合于某一特定企业的发展方向，并为他们增值。相比之下，对冲基金是一种松散定义的投资集合，如零售共同基金一样，主要投资于公开交易的证券、货币或商品。同样，对冲基金和共同基金也有很大的不同，尽管大多数共同基金通常采用购买和持有的中长期投资策略投资证券，也就是说，实际上希望他们所投资和持有的证券会升值，而对冲基金可做空头寸，来赌公司的股票价格下降获利，一般对冲基金的投资组合和大市走向相关性很低，并采用许多更复杂的投资工具交易和投资策略，包括期货、期权、掉期和复杂衍生工具合约等。

# 私募股权基金投资者的权益保护及法律效力分析

刘晓彬*

私募股权基金（Private Equity Found），起源于美国，最早为1976年成立的KKR，经过30年的发展，在国外成为仅次于银行贷款和IPO的重要融资手段，目前已成为全球机构投资者不可或缺的投资盈利工具，成为多层次资本市场的重要环节。作为亚洲乃至世界上最大投资市场的中国，自然也就成为政府及业内人士关注的焦点。

在这一背景下，本文从操作的角度，探讨私募股权基金投资中的法律保护问题，虽然关于基金投资者的权益保护条款一般由专业人士完成，但作为要引入私募股权基金的企业家或私募股权基金的管理人，需要对这些条款及其合法性等问题有一定的了解，因为，在这些问题上，已经没有法律问题与商务问题之分，法律与商务在这里已经融合。

## 一　缘起

私募股权基金（PE）对目标企业的股权投资，与一般意义的股权投资有明显不同，虽然最终目的都是为了盈利，但一般意义的投资人初衷是“资合加人合”（有限责任公司）或“资合”（非上市的股份有限公司），目的在于合作，是“结婚”；而私募股权基金的投资是财务投资，目的在于在将来的某一个时间和条件下“套现”，关注的是何时“离婚”以及离婚后能得到多少财产，能不能顺利地得到？所以在私募股权基金对目标企业考察时，不仅要充分考虑到企业的

* 刘晓彬，北京市中伦文德律师事务所合伙人，中华全国律师协会会员，北京市律师协会信托法律事务委员会委员。

现有价值及未来价值，关注能够分得多少财产，还要关注在暂时的“婚姻”中与目标企业或原投资人达成一系列的保护性条款，确保将来得到足额的投资收益。基于这两方面的考虑，基金作为投资人一方面要通过各种办法来评估目标企业的财务状况、行业前景、管理团队等，另一方面就是在签署股权购买协议等法律文件中，提出诸多的保护性条款，来确保自己的权益不会被原股东及管理团队侵犯。

本文所指的私募股权基金包括内资基金与外资基金，投资的目标企业指内资未上市的有限责任公司和股份有限公司。

## 二　保护性条款一般包括的内容

这些保护性条款来源于成熟市场的股权投资协议范本，因私募股权基金发源于美国，最成熟的市场也在美国，因此，美国国家风险投资协会 2007 年 4 月更新的投资协议范本纷纷被参照和借鉴，主要包括以下条款。

### 1. 可转换优先股条款

优先股相对于普通股而言，主要指股权分红及剩余财产分配的权利优先于普通股。基金股东可通过事先约定的优先于原股东的股权分红来保障最低的投资回报，并且在企业清算时有优先于原股东的分配权，同时在股权升值时（如在公司首次公开发行股票时）又可将优先股转换为普通股。

### 2. 优先认购权

是指投资目标公司后，公司日后如再发行新股或可转换债时，优先权股东可以按原先持有的股份数量的一定比例优先于其他普通股股东进行认购的权利。设立优先认购权的目的是在公司有扩大总股本的融资行为时保障投资者的持股比例和权益不被摊薄。

### 3. 共同出售股权条款

在被投资的目标企业上市前，如果原有股东向第三方转让股份，基金股东有权按照拟卖股的股东与第三方达成的价格和协议，参与到这项交易中，按原股东和基金股东在被投资企业中当下的股权比例向第三方转让股权。

### 4. 回购条款

如果被投资企业在一个约定的期限内没有上市，被投资企业或原股东应该以一个约定的价格买回基金所持有的全部或部分的被投资企业的股权。

**5. 强制原股东卖出股份条款**

如果被投资企业在一个约定的期限内没有上市，基金有权要求原股东和自己一起向第三方转让股份，原股东必须按基金与第三方谈好的价格和条件按与基金在被投资企业中的股权比例向第三方转让股权。

**6. 反稀释条款（棘轮条款）**

一种用来确保原投资者利益的协定。比如规定当公司新增股的价格低于现有的优先股时，现有优先股在转换为普通股时的转换价格将调整为这一新的较低的股价，从而棘轮持股人的持股数将随之增加，以确保其原有投资的价值保持不变。一般情况下，为了避免对公司股权结构剧烈的冲击，优先股的转换价格是基于新增股数来调整的。

**7. 投票权条款**

投资协议中大都会对公司控制权的问题加以说明。虽然私募股权基金关注的只是公司的增值，其中的大多数并不寻求对公司的控制权，特别是在公司运营良好的时候，但他们会要求在公司出现严重问题的时候拥有控制和决策权，以便实现所投公司的持续增值。还有些基金投资者要求拥有一票否决权。

**8. 对赌条款**

如果企业实际经营业绩低于预测的经营业绩，投资者会要求原股东给予更多股份，以补偿投资者由于企业的实际价值降低所受的损失。相反，如果企业实际经营业绩高于预测的经营业绩，投资者会拿出相同股份奖励企业家或原股东。

**9. 陈述和保证条款**

基金最初的决定是基于企业提供的信息，主要包括公司资本结构、财务状况、重大合同和资产负债表。如果发现这些信息是不真实的，或保证人所承诺的事情发生了重大变化，企业必须向基金作出赔偿，基金投资人通常要求增加企业的股权作为赔偿。

## 三　对保护性条款的法律效力分析

因私募股权基金投资所得的权益主要是目标企业的股权，保护性条款的提出也仅仅围绕股权而设计。对这些条款的合法性分析，要考虑以下几个方面的问题。

**1. 企业股权包括哪些权利？可不可以进行交易和处分？**

以上九个条款无论是优先股条款、对赌条款以及投票权条款，其核心是股东通过事先签署协议的方式在一定条件成就时对股权进行处分，这样的协议安排是否合法？

《中华人民共和国公司法》第四条规定“公司股东依法享有资产收益、参与重大决策和选择管理者等权利”。由此可见，股权包括管理权、分红权、财产分配权等，是一项综合权利，同时，公司法又规定股权可以通过股东协议的方式对内、对外进行转让。以上九个保护性条款，没有违背公司法的强制性规定，股东可以在通过协议后进行交易，尽管是各种情况非常复杂的交易。

**2. 这些条款应记载于何处？是否必须写入公司章程并进行工商登记？**

以上九个条款可能会涉及原股东、管理层、目标企业，一般先是记载于股权购买协议（股东协议、投资协议）与管理人协议以及配套法律文件中。而章程针对公司而言，是公司的“宪法”，记载的内容应该是股东持股比例、公司治理结构以及股东处分股权的限制，具体而言，上述九项保护性条款中如涉及当事人都是公司股东的情况下，1~7 项除记载于股东协议中，还应该记载于公司章程中，并进行工商登记。通过这种登记的方式得到公开公示，最大限度内保证基金投资人的合法权益；8~9 项条款以及涉及其他诸如管理层、目标企业以及第三人的协议不应记载于章程之中。

问题是如果 1~7 项条款没有写入章程，没有进行工商登记，是否还具有法律效力？还是否受到法律的保护呢？笔者认为，我国目前公司法及配套文件中规定，公司设立、变更、终止登记不同于行政审批，只要当事人同意并记载于股东协议和其他法律文件中，依然合法有效，如果涉及外商投资等其他行政审批前置程序，那不是工商登记的问题，将在下文中论述。

**3. 如果基金是外资，以上条款是否必须进行行政审批？**

根据外资企业法的相关规定，外商投资必须经过商务部门以及其他部门的审批，以上条款必须得到批准，否则因违反国家法律的强制性规定无效，不受法律保护。

值得注意的是，如果是涉及外资的私募股权投资基金，要充分考虑到外商投资指导目录的规定，要考虑到投资行业是鼓励类、限制类还是禁止类，特别是对外资持股比例有一定比例限制的行业，在设计上述1、2、4、5、6、8、9项条款时要考虑到外方持股比例不能超出目录规定的比例，否则超出比例部分无法受到保护。

**4. 有的保护性条款触及了“同股同权”的原则，根据现有法律是否有效?**

可转换优先股条款（包括优先分红权、优先清算权）、优先认购权、投票权条款触及了传统的“同股同权”原则，以上条款要根据不同情况进行判断。

（1）优先分红权：根据《中华人民共和国公司法》第三十五条的规定，“股东按照实缴的出资比例分取红利；公司新增资本时，股东有权优先按照实缴的出资比例认缴出资。但是，全体股东约定不按照出资比例分取红利或者不按照出资比例优先认缴出资的除外”。可见，优先分红权没有法律限制，条款有效。

（2）优先清算权：根据《中华人民共和国公司法》第一百八十七条的规定，“公司财产在分别支付清算费用、职工的工资、社会保险费用和法定补偿金，缴纳所欠税款，清偿公司债务后的剩余财产，有限责任公司按照股东的出资比例分配，股份有限公司按照股东持有的股份比例分配”。由此可见，优先清算权条款受到法律限制，在设计此类条款中双方要对“清算”的含义进行明确的界定，争取在约定情形出现时行使优先权，以保证交易的公平。

（3）优先认购权：如前所述，根据《中华人民共和国公司法》第三十五条规定，公司股东可不按出资额认购增资，也可以优先认购增资。

（4）投票权条款：根据《中华人民共和国》第四十三条的规定，“股东会会议由股东按照出资比例行使表决权；但是，公司章程另有规定的除外”。可见，在有限责任公司中投票权条款有效，符合其任意性规定，在股份有限公司中，没有禁止性规定，因此同样适用股份有限公司。

**5. 有的保护性条款对原投资人处分股权进行了限制，条款是否有效**

共同出售股权条款、强制原有股东卖出股份条款对原股东向第三方转让股权时进行了权利限制，《公司法》没有对此种情况作出限制性的规定，原则上受到法律保护，但应注意的是，因根据民法权利义务相对性的原则，股东之间无法为第三方设定义务，所以共同出售股权的前提是第三方接受，如果第三方拒绝接受基金投资人的股权，则此条款难以奏效，要么谁也卖不成，要么基金的股权卖不出去或少卖，难以达到预期目的；强制原有股东卖出股份条款亦然：如果第三人拒绝接受原股东的股权，同样会遇到上述情形。

**6. 有的保护性条款基金股东无代价地取得原股东股权，强制交出股权，是否有悖于法律上的公平原则，是否会受到法律保护？**

反稀释条款、对赌条款、陈述和保证条款都可能使基金股东无偿取得对方股权，而不同程度上使对方股权比例降低，从而使原股东股权价值缩水，如何看待这一问题？

首先，这些约定不违背法律的禁止性规定，退一万步讲，即使达到法律认定“显失公平”情形，也是可撤销可变更条款，不会被认定为无效；另外，这些无偿取得，都是原股东承诺在先，而且是不同程度上的违约所付出的“违约金”，基金投资者一般不参与到目标企业的实际经营，在信息获取上有不对称，因此，这些条款不应会被认为是“显示公平”，应该受到法律的保护。

**7. 回购条款、对赌条款、陈述和保证条款如果交易对手是目标企业，条款是否有效**

因上述条款的共同特点是基金投资人可能会从对手手中无偿取得股权，而正常情况下股权交易的主体应该是企业股东，而不应该是企业，因为企业本身没有自己的“股权”，也没有资格取得自己的“股权”。企业只有通过减少注册资本的方式来回购股权，但一定要符合法律规定的条件。因此只有和基金签署回购条款是有效的，对赌条款、陈述和保证条款是不能和企业本身签署的，签署也是无效的。要注意的是，与目标企业签署股权回购条款，一定要注意条款的履行的可能性，如果要求公司通过减资回购股权时又不符合法律规定，则该条款无效，也就没有实际意义。

## 四　结语

综上所述，基金权益保护条款是“舶来品”，经过了市场的检验，在市场成熟的国家是完全合法的，得到了普遍的接受和认可，但由于我国私募股权市场形成较晚，又由于英美法系和大陆法系的基本原则、制度的差异，都会使这些条款产生“水土不服”的情况，相信我们的立法机关以及业内人士，会不断完善相应的立法和交易惯例，走出一条有中国特色的私募股权基金投资权益保护的路子。

# 市场实绩篇

MARKET PERFORMANCE

# 中国特色的创业投资发展之路

## ——基于深圳市创新投资集团实践的研究

格日勒图*

我国正处于经济结构调整的重要阶段，具有明显的“新兴+转轨”的经济特征。十七届三中全会提出深入贯彻落实科学发展观，保持经济金融和资本市场稳定，继续推动经济社会又好又快发展。因此，以科学发展观统领创业投资建设，加快推进创业投资民族品牌的崛起，就具有非常重要的意义。作为投融资体系的重要组成部分的创业投资行业还处于初级阶段，有必要深入研讨具有中国特色的创业投资之路，充分发挥本土创业投资在自主创新战略中的积极作用，为我国的国民经济发展服务。

## 一　创业投资的作用

20 世纪 70 年代末以来的经济改革大潮，推动了创业投资在我国的萌生和发

* 格日勒图，中山大学理论经济学博士后流动站、深圳市创新投资集团有限公司博士后工作站。

展。在过去的十多年间里，创业投资经历了各种坎坷，从无到有、从小到大、从区域到全国，得到了迅速的发展，在其发展过程中，对经济增长和企业的发展发挥了重要的作用。

**1. 促进中小企业发展，增加产出与就业**

创业投资的投资对象是中小企业，而对中小企业的支持就是对我国经济最有力的支持。在现代市场经济条件下，直接融资是将社会资金有效转化成中小企业长期投资、促进中小企业资本形成和资本扩张的便捷、高效方式。

**2. 支持自主创新，实现跨越式发展**

自主创新和科技成果转化是一种资本高度密集型活动，从基础研究、实验开发，再到成果转化，需要投入大量的资金。从发达国家的经验来看，科技产业、创业投资和资本市场的互动机制，不断发现并推动了新兴产业的蓬勃发展。高质量、高回报率的新兴企业经过创业投资的支持保持快速发展并成功上市，增加了资本市场的投资价值，形成了对场外资金流入资本市场的强大吸引力，也增加了自主创新和科技成果转化的成功率，极大地推动了经济实现跨越式发展。

**3. 推动新兴产业发展，优化经济结构**

高耗能、易污染、传统型产业占我国经济的主导地位，新兴产业在我国的资本市场上还没有得到足够的重视。我国的经济发展方式需要进行产业结构优化升级。创业投资以投向新兴产业为主，而我国传统性的企业大多面临转型升级，这就需要创业投资积极介入帮助企业实现转型升级的历史使命。创投的活跃，有利于中国经济现状和资本市场现状的改变。

**4. 促进投融资平台形成，实现资本聚集**

随着国有企业改革、社会保障制度改革不断深化，居民收入的不断增加和全社会投资意识的不断增强，相关市场主体的投融资需求缺乏便捷的渠道。通过政府引导，创业投资能够带动我国的民间资本投资于各个阶段各个行业的中小型企业，进而促进各类型市场主体资本相结合的投融资平台的形成。

**5. 降低金融系统风险，提升资源配置效率**

创业投资可以有效地降低金融系统风险。目前我国金融市场间接融资比例过高，金融体系缺乏弹性，不利于金融安全和经济安全。运用创业投资为企业进行直接融资，可以有效地在市场基础层面上降低金融系统风险，增强我国金融体系的弹性和活力，使金融资源配置更富有效率。

**6. 完善企业公司治理和激励约束机制，提高企业社会公信力和估值**

创业投资在为创新企业提供大量资金的同时，也促使其迅速建立健全适应市场需要的公司治理和激励约束机制。创业投资对企业形成的监督管理，会提高企业的社会公信力，进而提升投资者对企业价值的评估，这些因素逐渐转化成企业的竞争优势。

## 二　本土创投的主要投资方向

我国经济经过30多年的高速发展，已经到了一个重大转折时期。传统高消耗、易污染、低工资、低产出的增长方式已经难以为继。实现产业转型升级，发展资源节约、环境友好、以人为本的创新型经济，是中国经济可持续发展的必然选择。创业投资是由专业投资者投入到创新的、高成长的、核心能力强的企业中的一种与管理服务相结合的股权性资本。创业投资的这种内在属性，决定了它必然在国民经济转型升级、自主创新和科技成果转化中，在推动创业企业科学发展中发挥重要的作用。

经过十多年的发展，深创投已经成为目前国内规模最大、投资能力最强、最具影响力的本土创投机构，在内外资创投企业综合排名中连续两年（2008年、2009年）位列第一。所投资的企业中已有64家在全球16个资本市场上市，上市业绩雄居全国第一。在2009年，深创投一年内在国内外资本市场挂牌上市10家企业。根据清科集团统计，2009年共有77家VC/PE投资的中国企业在境内外IPO，深创投占12.9%，约占VC/PE行业IPO市场总量的1/8。在2010年上半年，深创投更是创造了不足6个月的时间内在国内外资本市场挂牌上市13家企业的IPO新纪录。根据清科集团统计，2010年上半年共有82家VC/PE投资的中国企业在境内外IPO，深创投约占VC/PE行业IPO市场总量的1/6。作为国内领先的创投机构，深创投主要的投资方向如下。

**1. 主要投资于中小企业，增加产出与就业，壮大主体经济的实力**

大企业是整个国民经济的支柱，而中小企业是国民经济的主体。中小企业在我国企业总数中占99%的比重，对总产值的贡献占60%，对就业的贡献占75%，对中小企业的支持就是对中国经济最有力的支持。

**2. 主要投资于创新型企业，不断优化经济结构，推动新兴产业发展**

目前，中国经济GDP约占世界总量的7%，却消耗了全球大约40%的水泥、30%的钢铁、25%的煤炭、17%的石油。截止到2010年6月，我国资本市场的现状为：中小板市场437家上市公司中，制造业企业占75%，而制造业企业中，纺织服装、造纸印刷、石化塑胶、金属非金属等高耗能、易污染行业占据了42%，占全部上市公司的32%。中小板市场上市公司的1/3是高耗能、易污染的行业。新兴产业比如社会服务、传播文化、信息技术占全部新上市公司比例为14%；创业板市场90家上市公司中，制造业企业占60%，而制造业企业当中，造纸印刷、石化塑胶、金属非金属等高耗能、易污染行业占据了33%，占全部上市公司的20%。创业板市场上市公司的1/5是高耗能、易污染的行业。新兴产业比如社会服务、传播文化、信息技术占全部新上市公司比例为36%。

高耗能、易污染、传统型产业仍占我国经济的主导地位，新兴产业还没有得到足够的重视。我国经济发展面临的重大挑战就是要进行产业结构优化升级。而创业投资主要以投资新兴产业为主，创投的活跃，有利于中国经济和资本市场现状的改变。

**3. 主要投资于初创期和成长期企业，着力解决未成熟企业的融资难和服务难问题**

由于国内金融市场发育不够充分，间接融资比例远大于直接融资，银行对中小企业贷款要求严格，中小企业普遍面临融资难和服务难的问题，阻碍了企业的进一步发展壮大。创投业的兴起，为中小企业的直接融资开启了新路，既缓解了企业融资难的问题，为企业提供多种多样的增值服务，又降低了金融业的系统风险。截止到2010年6月，深创投有82%的投资项目、73%的投资资金投向初创期和成长期企业。这些尚未成熟的中小企业不仅不会因为缺少资金而夭折，而且许多中小企业还从竞争中迅速脱颖而出，不断发展壮大，成为行业的龙头企业。

**4. 主要投资于转型升级企业，为企业持续发展助力**

企业的转型升级要想获得成功，需要满足以下条件：首先是转型的态度要坚决，不能动摇。其次是转型升级的大方向对头，不能决策失误。再次是转型升级的基础要夯实，转型前、转型中和转型后企业要有足够的盈利支撑。又次是转型升级的路径要正确，转型前后要有适当的连接。最后是要有创投的支持，不但要给企业资金的支持，更要有创投增资服务的支持，为转型企业的持续发展助力。

一般而言，企业的转型升级分为三类：一是企业自身产品转变。二是产品的升级换代，即由中档的产品，转型为高档的产品（在转型过程中一直获得创投的支持，这种情况比较多见）。三是经营模式的转型，即由原来比较传统的经营模式转变为很有生命力、很有特色的经营模式。

**5. 主要投资于高科技制造业，为民族经济挺起脊梁**

当今社会虽然已经进入信息时代、知识经济时代，IT 和互联网产业给人们的生活方式带来了很大的变化，但中国作为一个发展中大国，仍处于工业化时期，人们的基本生活质量还需要进一步提高，高科技特别是高科技制造业仍然处于国民经济的核心地位，是民族的栋梁产业。

作为本土创业投资机构，深创投始终具有使命感，勇于承担扶持民族栋梁产业发展的社会责任和发挥先导作用，深创投投资项目的选择坚持以高科技制造业为主，全力支持民族栋梁产业的不断夯实、升级、优化。在过去的十多年中，深创投无论是在投资项目数量还是在投资金额上，高科技企业都占到 75% 以上。

**6. 主要投资于“自我积累 + 烧钱”相结合的企业，不断推动企业成长模式的转变**

创业投资能够促进企业将产业经营与资本经营相结合，加快企业从间接融资为主转变为直接融资为主的成长模式的转变。通常来说，企业有三种成长模式，分别为自我积累为主、“烧钱”（短期内企业需要投入大量的资金，花钱像烧钱一样快）为主和“自我积累 + 烧钱”为主。我国企业过去大多以自我积累为主，目前正面临着一个重大的转变，即“自我积累 + 烧钱”相结合将成为企业主流成长模式。许多新型企业不“烧钱”就无法成长起来，还有一些企业虽然从发展现状上看不需要“烧钱”发展，但企业如转换发展方式或转换经营模式就可能缺钱，就可能需要“烧钱”。

**7. 主要投资于有资本运作愿望和前途的企业，促进诚信社会的建设**

当前，我国企业普遍面临比较严重的诚信问题，需要整个社会通过各种流程和中间环节消化由于诚信不足带来的交易成本问题。有资本运作愿望和前途的企业，创投机构投资后，通过促进其规范化运作，实现上市的目标，有利于形成诚信企业、诚信经济和诚信社会，通过持续不断的投资接力使企业继续做大做强。培养企业上市实质上就是培养企业诚信，具有非常重要的意义，能够实现强盛企业、诚信中国、创造利润等多方共赢，从而引导整个社会的诚信建设，造就规范诚信的现代型经济和企业群体。创投机构在这方面的先导作用非常明显。深创投所投资的企业，在投资前不少都存在财务会计混乱、隐藏利润、纳税不规范等诚信方面的问题，为实现企业上市，深创投积极帮助企业进行诚信建设，不断规范企业运作促进了全社会信用体系的完善。

## 三 本土创投的主要投资理念

我国经济的发展不能墨守成规，必须有创新的思维，领先的理念，本土创业投资在五个投资理念上发挥了非常大的作用。

**1. 宽容失败的理念**

创业投资和一般投资的第一个重大区别就是宽容失败，创投勇于冒险，敢于投资可能失败的项目。创投对失败比较宽容，只要不是因为道德的原因、不是因为“情况不明决心大”的原因导致的失败都不予以谴责；由于探索造成的失败，由于对中规中矩的反叛造成的失败，界定为中性。

失败是成功之母，第一次创业失败的企业家取得二次创业成功的可能性远高于首次创业成功的比例。企业创新则意味着失败率的增加，如果不能容忍失败就不可能产生真正的创新。而且创投的商业模式中，成功项目的收益可以覆盖失败项目的成本，因此从商业模式上可以对失败更宽容。创投也只有从失败中锤炼眼光，才能减少失败，持续不断地提高投资成功率。

**2. 溢价估值投资的理念**

创业投资和一般投资的第二个重大区别就是溢价估值投资。创业者在引进创业投资的时候，总是想多拿钱、少稀释股份。而从众多不同类型投资者的角度来讲，只有创投最大度，创投认为钱给少了可能干不成事，如果把企业家的股份稀释了可能影响其创业积极性。创投通过选择项目、选择优秀的企业家，并进行溢价估值投资，从投资方法上看非常创新，具有很强的前卫性和先导性。从深创投的实践上看，多数项目的投资金额大于创业者投资的金额且只占小股，多数投资价格在企业净资产的一倍溢价以上，最高的在 10 倍以上。

**3. 服务至上的理念**

建立全方位、全过程、全天候的投资后增值服务体系是创业投资发展的安身立命之本，是创业投资的核心竞争力。我国改革开放才 30 余年，中小企业的兴起才十多年，对于这些非常需要各种帮助的中小企业，创投机构更应该加大增值服务力度。

深创投对过去十多年的投资实践总结经验教训，发现投资失败的原因，一个原因是投资判断失误，另外一个原因就是因为投资后增值服务不到位。因此，深创投对投资经理的要求是 70% 的精力用作服务，30% 的精力做投资，服务是第一位的。深创投通过不断加强团队的专业化建设，总结提高服务战略、服务配套、服务水平，充分调动综合平台功能，广泛利用有利资源，建立与企业需求相适应的高端服务体系，增强公司的核心竞争力，全力以赴地做好推进资本运作、资源整合、监督管理、疑难杂症处理等增值服务，切实体现了以增值服务为核心的创业投资的先导性。

**4. 激励与约束相结合的理念**

企业管理主要分为三个层次，最高层次是战略管理，中间是激励和约束的管理，下层是成本管理。创投是最讲究激励和约束管理的。创投通过设计激励机制，可以以未来的盈利甚至是阶段性的成果作为对企业进行估值的依据，其目的就是最大限度地调动创业者和企业家的积极性和创造性。创投通过建立约束机制，即在投资时设计对赌条款，企业如果达不到预测的指标就要向创投补偿股份、补偿钱，对创投的股份进行回购等，目的是促使企业家诚信，做到对企业负责、对投资人负责、对社会负责。因此创投在激励和约束机制的设计上对国民经济、对企业管理具有非常明显的先导性作用。

**5. 勇于开拓的理念**

创业投资经常“吃第一只螃蟹”。创业投资首先是敢于投资新生事物，哪怕对企业的未来发展还看不清楚。其次是敢于开拓新的资本市场或者是进行资本运作的新举动，例如深创投帮助中国企业首次登陆了德国法兰克福交易所高级主板、韩国 KOSDAQ 和台湾兴柜市场。深创投投资的三诺电子是第一家在韩国 KOSDAQ 上市的中国企业；丰泉环保是第一家在德国法兰克福交易所高级主板上市的中国企业；天鹏盛是第一家在台湾上市的陆资企业；网讯是金融危机后欧洲资本市场第一家 IPO 的企业。再次是敢于把投资的新型企业推向市场。深创投投资的怡亚通是国内第一家上市的供应链企业，也是一家轻资产型企业，固定资产仅占总资产的 1.2% 左右；中青宝是国内第一家上市的网络游戏公司；乐视是国内第一家通过证监会创业板发审委上市审核的网络视频公司。

## 四 中国特色创业投资发展之路——以政府引导基金为核心的“国进民进”的经济增长新模式

深创投成功探索出了一条具有中国特色的创业投资发展之路，其一直倡导并首先实践的创业投资政府引导基金——“国进民进”的经济增长新模式已经形成了全国热潮。深创投在全国率先设立并管理了近40家政府引导性创投基金，形成了全国性的基金管理网络，探索出了一整套完整的管理理念、管理流程和管理方法，逐渐形成了创业投资的民族打法。

由于政府对企业的运作情况非常了解，且具有社会公信力和权威性，在经济发展中扮演着重要的角色。地方政府有出台优惠政策的积极性，通过设立引导基金推动创业投资的发展，进而引导当地中小企业将产业和资本结合起来发展壮大。创业投资政府引导基金的基本模式是政府出一部分钱，商业机构出一部分钱，共组一个基金，基金由专业的创投基金进行管理并进行投资，既体现了政府引导带动的意图，又落实了市场化运作的理念。国有和民营充分发挥各自的优势，在发展过程中互相学习，互补优势，相互融通。

深创投不断提升核心竞争力，坚持以管理政府引导基金进行网络布局。政府引导基金通过商业机制可以贯彻政府意图，主要具有“五个有利于”，一是有利于形成龙头企业，带动配套产业发展，这对发展区域经济非常重要。二是有利于形成创新型经济，优化当地产业结构。创业投资的宗旨一定是投向创新领域，当地创业投资基金活跃，其经济结构就好。三是有利于增加财政收入。通过企业的规范化运作，为政府增加财政收入。四是有利于形成资本运作氛围，造就上市公司群体。五是有利于形成投融资平台，实现资本聚集，形成投资拉动趋势。中国现在正在进行重大的转变，企业的融资由间接为主变成直接为主，企业的成长模式以前是自我积累为主，现在必须要向自我积累加烧钱为主转变，这需要规模很大的投资大军，要靠创业投资政府引导基金带动投资大军的产生。

## 五 创业投资的核心竞争力——增值服务是创投安身立命之本

深创投提出，建立全方位、全过程、全天候的投资后增值服务体系是创业投资发展的安身立命之本，是创业投资的核心竞争力。我国改革开放才 30 余年，中小企业的兴起才十多年，对于这些非常需要各种帮助的中小企业，实践中创投机构应该以服务为本。

深创投对过去十多年的投资实践总结经验教训，发现投资失败的原因，一个是投资判断失误，另外一个原因就是因为投资后增值服务不到位。因此，深创投对投资经理的要求是 70% 的精力用作服务，30% 的精力做投资，服务是第一位的。深创投不断加强团队的专业化建设，总结提高服务战略、服务配套、服务水平，充分调动综合平台功能，广泛利用有利资源，建立与企业需求相适应的高端服务体系，增强公司的核心竞争力，全力以赴的做好推进资本运作、资源整合、监督管理、疑难杂症处理等增值服务。

## 六　掌握了本土创业投资的规律——形成了行之有效的投资决策和风险控制体系

深创投提出，创业投资的科学决策需要拥有完善的投资决策和风险控制体系。在项目筛选、召开项目联合立项会、进行项目的尽职调查和听证、投资经理和风险控制部门各自向投资决策委员会提交独立的投资建议书和风险评估报告，并由投委会委员投票表决，2/3 以上的投委会委员同意后与项目方签订相关投资协议，进行持续的项目管理和增值服务，到最终的项目退出等过程中，整个科学决策体系最为重要的就是全程阳光化。坚持进行阳光化投资决策和风险控制，才能集众人之所长，“从群众中来，到群众中去”，充分发挥群众的智慧，真正做到科学决策。

相对于国外，我国的创投行业还处于发展初期，但是随着创业板的推出，随着我国企业宏观环境的进一步优化，随着国民经济的高速发展，我国的创投行业迎来了大发展的时期。正是由于这种民族打法的坚持和民族责任的弘扬，造就了本土创投的民族品牌，促进了深创投的全面发展。深创投人正在为成为国际金融投资界知名的中国民族品牌而努力奋斗！

# 私募股权募资、投资与退出分析

周立群　王 静*

私募股权投资（Private Equity）指以私募方式筹集资金，对非上市公司或上市公司进行股权投资的基金。对于未上市公司的股权投资通常流动性比较差，而且往往是长期投资。私募股权投资包括通常所说的投资早期和成长期企业的创业投资或叫风险投资（Venture Capital），投资扩展期的产业投资或直接投资（Direct Investment）、与管理层收购有关的投资（MBO/MBI—Management-Buy-out/In）、投资过渡期公司的过桥融资（Mezzanine/Bridge Financing）或 Pre-IPO 上市前融资。PE 可以向公司提供资本注入，通过识别并雇佣有才能的经理人或自己临时管理来帮助公司强化其管理结构，提高公司营运能力，向公司提供战略和营运服务，扩展公司关系网络。

2006 年 12 月 30 日，中国首支私募股权性质的产业基金——渤海产业基金在天津发起设立，它是中国本土私募股权基金发展的一个里程碑。渤海产业基金的设立，开创了我国直接投融资的新模式和新渠道，对于深化金融改革和促进我国经济发展具有重要意义：一是建立了符合国际惯例的基金运作模式，以出资人设立基金、基金管理人运作基金资产、基金托管人保管基金资产的运作架构，为制定私募股权基金管理办法和监管制度积累经验和创造条件；二是在搞好试点的基础上，进一步增设新的产业基金，有利于深化金融体制改革，扩大直接融资，改善资金使用结构，提高全社会资金使用效率；三是产业基金用于对优质企业的股权投资，有利于调整产业结构、转变经济增长方式。

私募股权投资与资本市场之间是相互辅助、相互促进发展的关系。多层次资本市场可以给 PE 提供发展的机会，PE 又会对多层次资本市场发展有促进作用。

---

* 周立群，南开大学经济学院院长，教授，博士生导师，兼任南开大学学位评定委员会委员、《南开经济研究》主编、教育部经济学教学指导委员会委员、天津市经济学学会副会长和秘书长、天津市经济体制改革研究会常务副会长；王静，南开大学经济学院经济研究所博士生。

表1　多层次资本市场与PE的机会

| 多层次资本市场 | PE的机会 |
| --- | --- |
| 主板 | 定向增发、并购重组，买壳上市、整体上市，引入战略投资者 |
| 中小板 | 资源丰富，IPO不确定性降低，发行PE高 |
| 创业板 | 资源丰富，进入门槛低，拓宽风险回报的组合 |
| 代办股份转让 | 多种投资种类，丰富退出机制，促进价格发现 |

表2　PE对多层次资本市场发展的作用

| PE | 多层次资本市场 |
| --- | --- |
| 改善结构 | 改善上市公司的上市结构；<br>改善上市公司治理结构，建立激励机制；<br>改善证券市场结构，形成多层次市场 |
| 完善功能 | 完善资源配置功能；<br>提高风险承担，满足高新技术产业发展；<br>体现为股东创造最大价值的现代企业功能 |
| 促进规范 | 强化优胜劣汰机制；<br>完善法人治理机制；<br>培育成熟的投资者群体和投资理念 |

私募股权投资的主要组织形式有三种：公司型、契约型和有限合伙型。①公司型私募股权基金。是按照《公司法》组建的投资基金，投资者购买公司股份成为股东，可以参加股东大会，行使表决权。公司设有董事会或理事会，董事会或理事会对股东大会负责，总经理对理事会或董事会负责。投资者的份额不能赎回，但可以转让。②契约型私募股权基金。是通过契约组建的集合代客理财形式。契约型私募股权投资基金是因当事人之间以专门的基金契约明确各自的权利义务而形成的私募基金。契约型私募股权投资基金法律关系的基本框架由两部分组成：基金持有人与基金管理人之间构成的信托关系和基金持有人与基金托管人构成的信托关系。③有限合伙型私募股权投资基金。有限合伙制是私募股权投资基金最常见的组织形式。有限合伙企业由普通合伙人GP（General Partner）和有限合伙人LP（Limited Partner）组成，普通合伙人对合伙企业债务承担无限连带责任，有限合伙人以其认缴的出资额为限对合伙企业债务承担责任的一种企业组织形式。有限合伙企业由两个以上50个以下合伙人设立，至少有一个普通合伙人。

私募股权投资基金采取的基本运作方式是，先低价买入企业的控股权，经过几年的运营和重组使其升值，再通过企业出售或上市来获利。募资、投资和退出是私募股权基金的三大运作步骤。

# 一　募资分析

## （一）私募股权投资募资渠道

目前，国内出现的 PE 投资主体有保险公司、信托公司、银行、证券公司等金融机构投资者，其他民营企业、上市公司等非金融机构和非营利机构，以及富裕家族、个人和国家的基金，其中机构投资者是资金的主要来源。投资主体既有境外投资者，也有境内投资者。

私募股权投资的市场构成体系见图 1。

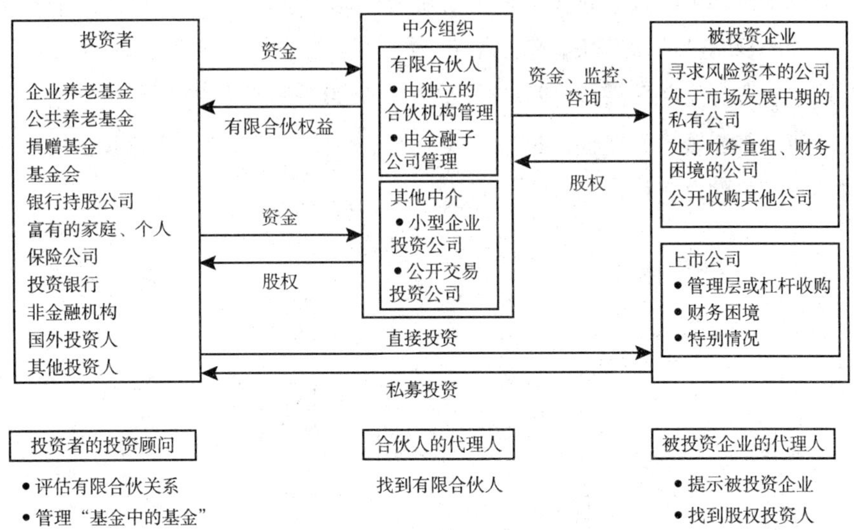


**图 1　私募股权投资的市场构成体系**

资料来源：Stefan Povaly, Private Equity Exits: An analysis of divestment process management in relation to leveraged buyouts, Austria, the University of St. Gallen, Graduate School of Business Administration, Economics, Law and Social Sciences (HSG), 2006: 149 - 158。

### （二）2009～2010年中国私募股权投资募资概况

根据中投集团2009年和2010年第一季度中国创业投资及私募股权投资市场募资统计分析报告，2009年全球经济尚未完全走出金融危机的阴影，境外出资人（LP）的资金匮乏和谨慎态度致使外币基金募集颇为艰难。相比之下，中国经济企稳向好趋势明显，中央及地方政府频出新政，创投环境日益改善，中国境内资本市场退出渠道重启，在众多积极因素推动之下，人民币基金热潮涌动，优势日益显现，逐渐打破了中国创投市场以美元基金为主导的传统格局。尤其是2009年10月份酝酿了10年的中国创业板顺利推出，助推人民币基金的发展再迈新台阶。然而，中国LP队伍依旧缺乏成熟的投资理念，这将成为中国人民币基金发展的主要制约因素。2010年第一季度，中国创业投资及私募股权投资市场基金募资活动保持活跃态势，首轮募资完成及开始募资基金数量出现上升。

#### 1. 募资总额和募资基金数

清科研究中心的调研结果显示，2010年第一季度针对中国内地地区新募集私募股权基金的资本总量持续保持增长态势。该季度共有17支可投资于中国内地的私募股权基金完成募集，资本总量为36.78亿美元。相对于2009年第四季度，该季度募资金额下降了49.4%；同比上年第一季度却增加了约5倍。由此可见，新募基金资本总量同比增长，表明了中国私募股权市场正逐步摆脱金融危机时期所面临的募资困境。

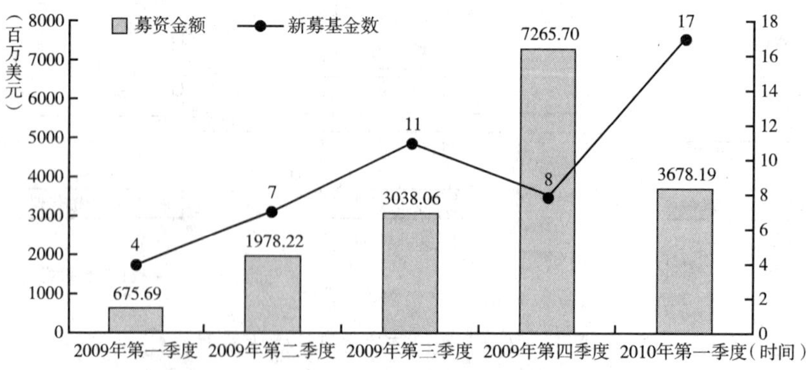


**图2　私募股权基金募资总量的季度环比比较**

资料来源：清科研究中心，2010年4月，www.zero2ipo.com.cn。

**2. 募资基金类型**

2009 年，在 30 支可投资中国内地的新募私募股权基金中，有 25 支属于成长基金，募资金额为 101.13 亿美元，占新募基金总数的 83.3% 和募资总额的 78.1%，在该年度新募基金中占据主导地位。在 2010 年第一季度新募股权基金的类别分布中，共有 13 支成长基金完成募集，募资金额为 14.55 亿美元，新募基金数和募资金额分别占该季度募资总量的 76.5% 和 39.6%。与 2009 年第四季度相比，该季度新募成长基金增加了 5 支，但新募资本量则下滑了 59.4%。另有两支并购基金完成募集，募资金额高达 12.91 亿美元，占该季度募资总额的 35.1%。

**3. 募资基金币种**

从新募基金个数来看，2009 年新募集的 94 支基金中，人民币基金共有 84 支，占比达到 89.4%；外币基金 10 支，占比仅有 10.6%。从募资金额来看，人民币基金募资金额为 35.67 亿美元，占总数的 60.9%；外币基金募资金额为 22.89 亿美元，占募资总额的 39.1%。2010 年第一季度有 14 支可投资于中国内地的私募股权基金为人民币基金，延续了上季度人民币基金主导市场的态势，有 3 支新设外币基金最终完成募集 18.35 亿美元，比上季度的 20.90 亿美元降低了 12.2%。

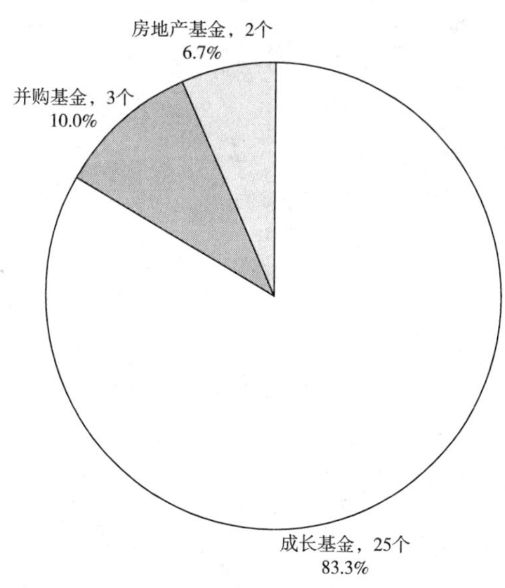


**图 3　2009 年私募股权基金新募基金类型统计（按基金数量）**

资料来源：清科研究中心，2010 年 1 月，www.zero2ipo.com.cn。

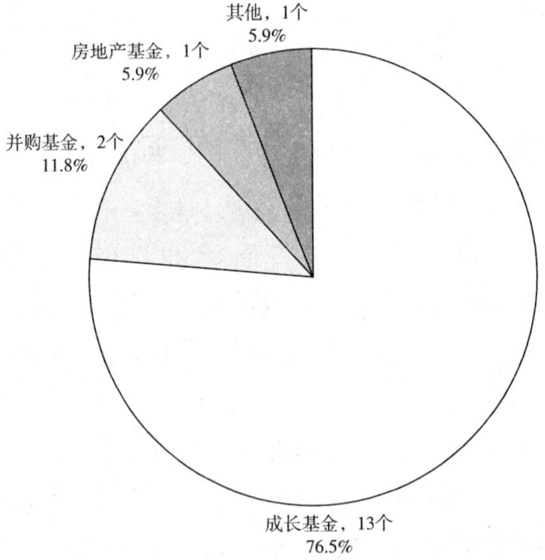


**图4　2010年第一季度新募集私募股权基金类型统计（按基金数量）**

资料来源：清科研究中心，2010年4月，www. zero2ipo. com. cn。

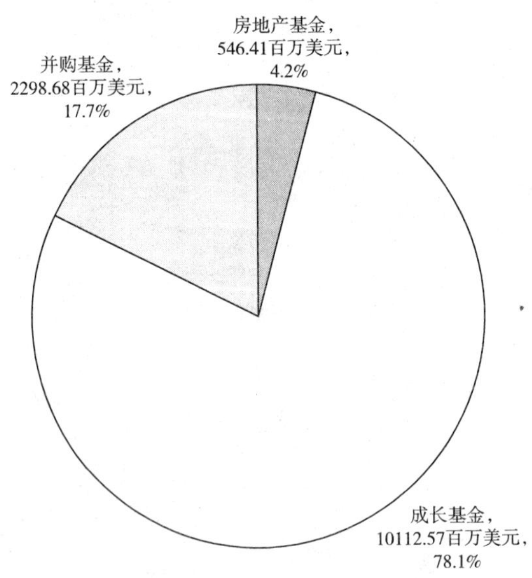


**图5　2009年私募股权基金新募基金类型统计（按募资金额）**

资料来源：清科研究中心，2010年1月，www. zero2ipo. com. cn。

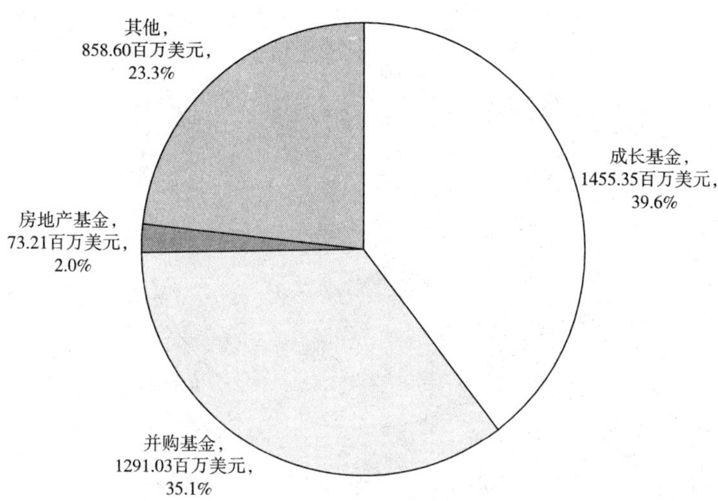


**图 6　2010 年第一季度新募集私募股权基金类型统计（按募资金额）**

资料来源：清科研究中心，2010 年 4 月，www. zero2ipo. com. cn。

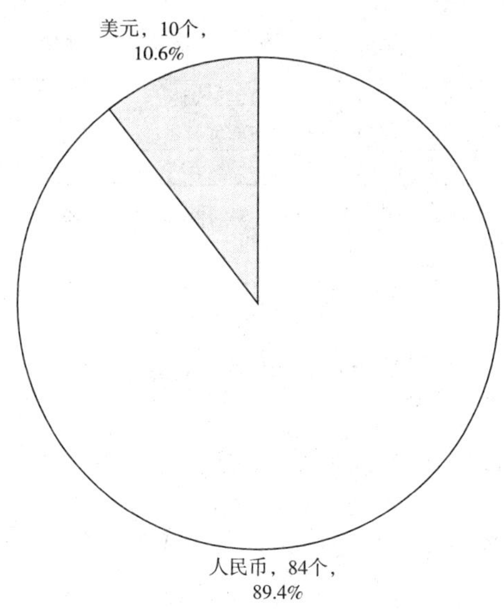


**图 7　2009 年新募基金币种分布（按数量）**

资料来源：清科研究中心，2010 年 4 月，www. zero2ipo. com. cn。

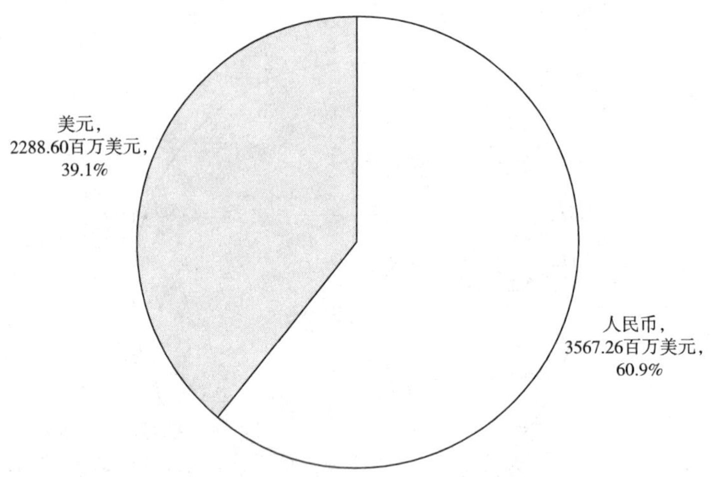


**图 8　2009 年新募基金币种分布（按金额）**

资料来源：清科研究中心，2010 年 4 月，www. zero2ipo. com. cn。

**表 3　2010 年第一季度新募集私募股权基金募资币种统计**

单位：%，百万美元

| 币　种 | 新募基金数 | 比例 | 新增资本量 | 比例 | 平均新增资本量（按增资机构） |
|---|---|---|---|---|---|
| 人民币 | 14 | 82.4 | 1843.05 | 50.1 | 131.65 |
| 外　币 | 3 | 17.6 | 1835.15 | 49.9 | 611.72 |
| 合　计 | 17 | 100.0 | 3678.20 | 100.0 | 216.36 |

资料来源：清科研究中心，2010 年 4 月，www. zero2ipo. com. cn。

## 二　投资分析

### （一）中国私募股权投资运作流程

具体而言，私募股权投资通常按照以下主要流程进行运作。

**1. 项目选择和可行性核查**

对于私募股权投资基金来说，选择投资的目标企业是整个基金投资行为的起点。对于一般的投资活动，资金对于企业的用处是相同的，所以要把资金投入到最赚钱的企业中；但私募股权投资基金投向企业的不仅仅是资金，还是一种和企业结成命运共同体的关系，因此，私募股权投资基金要把资金投入到它最能赚钱的行业中。

**2. 投资方案设计达成一致后签署法律文件**

投资方案设计包括估值定价、董事会席位、否决权和其他公司治理问题、退出策略、确定合同条款清单并提交投资委员会审批等步骤。由于投资方和被投资方的出发点和利益不同、税收考虑不同，双方经常在估值和合同条款清单的谈判中产生分歧，解决这些分歧的技术要求高，所以不仅需要谈判技巧，还需要会计师和律师的帮助。在妥善解决所有问题，达成一致后，签署相关法律文件。

**3. 投资管理与退出**

在私募股权投资机构实施投资后，就要按照投资协议约定办理相关工商变更登记，包括将其股东身份予以确认，将根据投资协议修改的公司章程予以备案等；同时召开新的股东会，选派出新的董事。私募股权投资机构所选派的董事按照公司章程的规定参与被投资企业的公司管理及相关公司事务的决策等。投资5~7年后，私募股权投资基金就要考虑从被投资企业退出了。一般来说，退出对于私募股权投资基金而言是投资的最后一个过程，也是体现投资成果的过程。私募股权投资基金通过从被投资企业的权益中退出，而实现投资收益。私募股权投资基金通常会在投资合同里就规定退出条件，以扫清日后私募股权投资基金退出的障碍。

**4. 监管**

投资者一般不会一次性注入所有投资，而是采取分期投入方式，每次投资以企业达到事先设定的目标为前提。实施积极有效的监管是降低投资风险的必要手段，但需要人力和财力的投入，会增加投资者的成本，因此不同的基金会决定恰当的监管程度，包括采取有效的报告制度和监控制度、参与重大决策、进行战略指导等。投资者还会利用其网络和渠道帮助合资公司进入新市场、寻找战略伙伴以发挥协同效应、降低成本等方式来提高收益。另外，为满足引资企业未来公开发行或国际并购的要求，投资者会帮其建立合适的管理体系和法律构架。

在私募股权投资前，对被投资企业的估值分析非常重要。估值分析的基本架构见图9。

### （二）私募股权投资的投资策略

私募股权投资的投资策略通常分为成长基金、并购重整基金、夹层基金等。

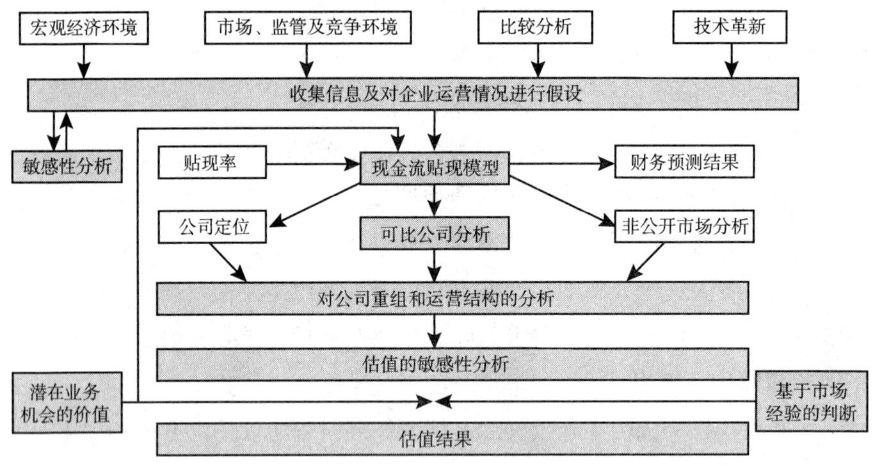


**图9　公司估值分析的基本架构**

**1. 成长基金（Growth Capital）**

基金投资于中后期的企业，投入的资本主要用于增加产量、销量以及研发新产品，从而提升利润空间。

**2. 并购基金（Buyout Fund）**

该基金的投资意在获得企业的控制权。并购基金包含多种形式，其中杠杆收购（Leveraged Buyout）频繁获得应用，MBO、MBI 便是其下的收购形式。相当大比例的私募股权基金投资于相对成熟的企业。这类投资可能包括帮助新股东融资以收购某企业、帮助企业融资以扩大规模或者是帮助企业进行资本重组以改善其营运的灵活性。并购基金通常掌握被投资企业的控制权，运用其企业运营经验和社会关系整合企业资源，提升企业价值，必要的时候可能更换企业管理层。并购基金涉及的资金规模较大，常达到 10 亿美元左右，甚至更多。

**3. 夹层基金（Mezzanine Fund）**

夹层融资是一种在风险和回报方面介于债权融资和股权融资之间的企业融资方式。此类基金投资者既受益于公司财务增长所带来的股权收益，同时也兼顾了次级债权收益。其投资工具通常为次级债、可转换债权和可转换优先股等金融工具的组合，其实质是一种附有权益认购权的无担保长期债务。夹层融资形式灵活，能够根据情况的变化作出调整，通常采用可转换公司债和可转换优先股等金融工具。夹层融资主要出现在已经完成初步股权融资，准备 IPO 的企业，手续相对简捷，投资决策相对迅速。

**4. 基金的基金（Fund of Funds）**

以其他基金作为投资对象的投资基金。

**5. PIPE**

投资于已上市公司股份，这种融资方式非常受欢迎，相对于二次发行等传统的融资手段，PIPE 的融资成本和融资效率要相对高一些。在 PIPE 发行中监管机构的审查更少一些，而且也不需要昂贵的路演，这使得获得资本的成本和时间都大大降低。PIPE 比较适合一些快速成长为中型企业的上市公司，他们没有时间和精力应付传统股权融资的复杂程序。

## （三）2009～2010 年中国私募股权投资概况

**1. 投资金额**

清科研究中心的调研结果显示，2009 年中国私募股权投资市场延续了 2008 年总体走势，投资案例数与投资金额持续下降。本年度披露的投资案例共 117 起，同比减少 24.5%，投资总额为 86.52 亿美元，同比减少 9.9%，是自 2006 年以来的最低水平。2010 年第一季度中国内地地区共有 36 起投资案例发生，投资总额为 9.72 亿美元，交易活跃度及交易总额延续了 2009 年以来的疲软态势。

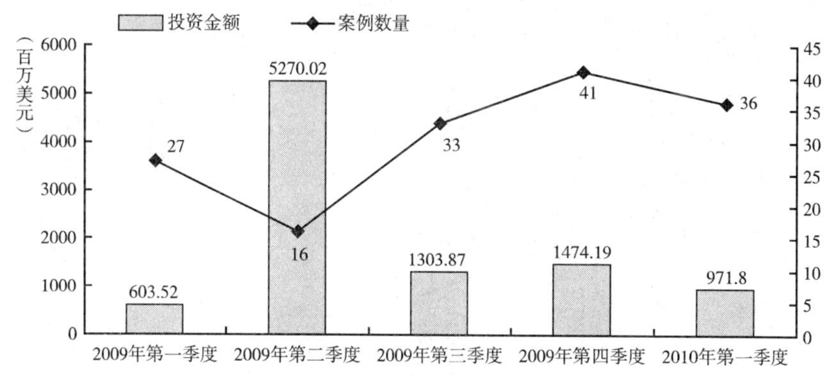


**图 10　投资总量的季度环比变化比较**

资料来源：清科研究中心，2010 年 4 月，www. zero2ipo. com. cn。

**2. 投资行业**

2009 年，传统行业的投资案例数居各行业首位，达 65 起，占比 55.6%。就总投资金额和平均投资金额来说，服务业表现不凡，总金额达 55.10 亿美元，占比

63.7%。2010年第一季度私募股权机构在科技行业多有斩获，前三名活跃的投资领域均为科技类。其中案例数最多的是IT行业，共有5起。在创业板推出等利好消息的刺激下，私募股权机构也在寻求除传统行业及服务行业以外的高成长行业进行拓宽。投资金额方面，机械制造行业拔得头筹，以3.86亿美元引领其他行业。

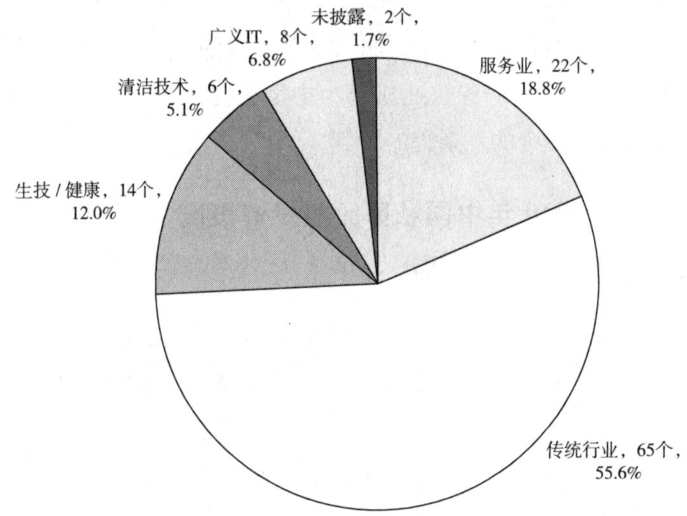


**图11　2009年私募股权投资行业分布总体分析（按案例数量）**

资料来源：清科研究中心，2010年1月，www.zero2ipo.com.cn。

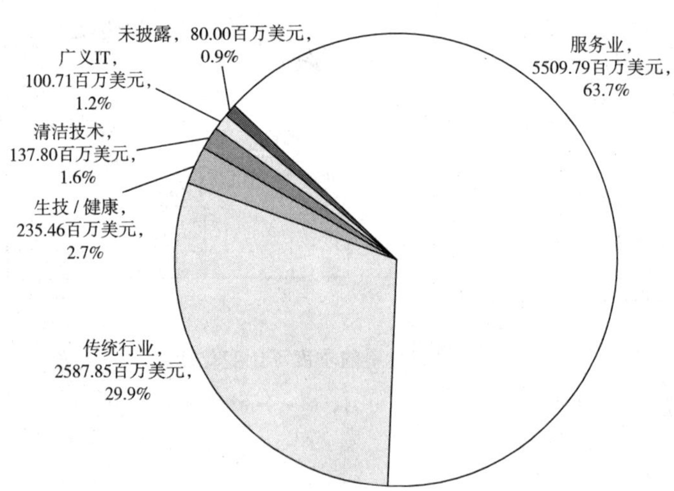


**图12　2009年私募股权投资行业分布总体分析（按投资金额）**

资料来源：清科研究中心，2010年1月，www.zero2ipo.com.cn。

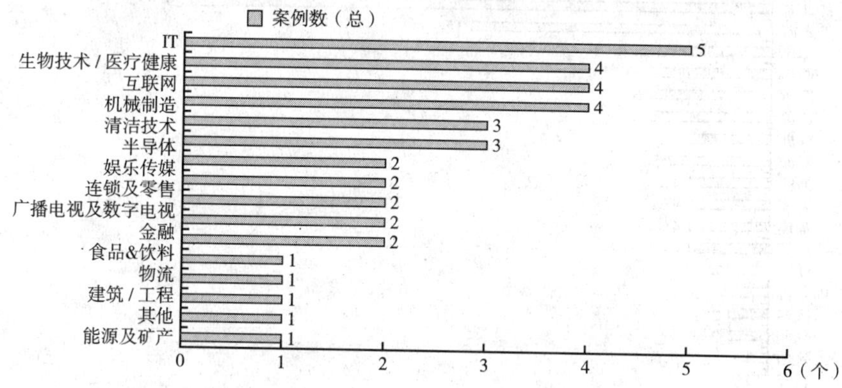


**图 13　第一季度中国私募股权投资市场一级行业投资分布**

资料来源：清科研究中心，2010 年 4 月，www. zero2ipo. com. cn。

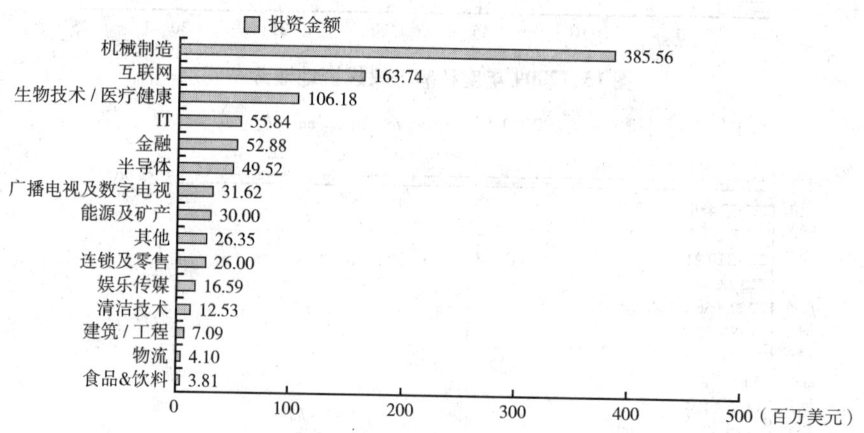


**图 14　第一季度中国私募股权投资市场一级行业投资分布**

资料来源：清科研究中心，2010 年 4 月，www. zero2ipo. com. cn。

### 3. 投资地域

2009 年私募股权基金的 117 起投资案例分布在 25 个省区市，其中，北京和上海的投资比较集中，其他地区的投资相对分散。2010 年第一季度私募股权基金的 36 起投资案例分布在 11 个省市。在投资案例数上，北京 12 起投资案例数，占已披露总投资案例数的 34. 3%，位居第一；上海有 7 起投资案例，占已披露总投资案例数的 20. 0%，主体仍然集中在北京和上海。

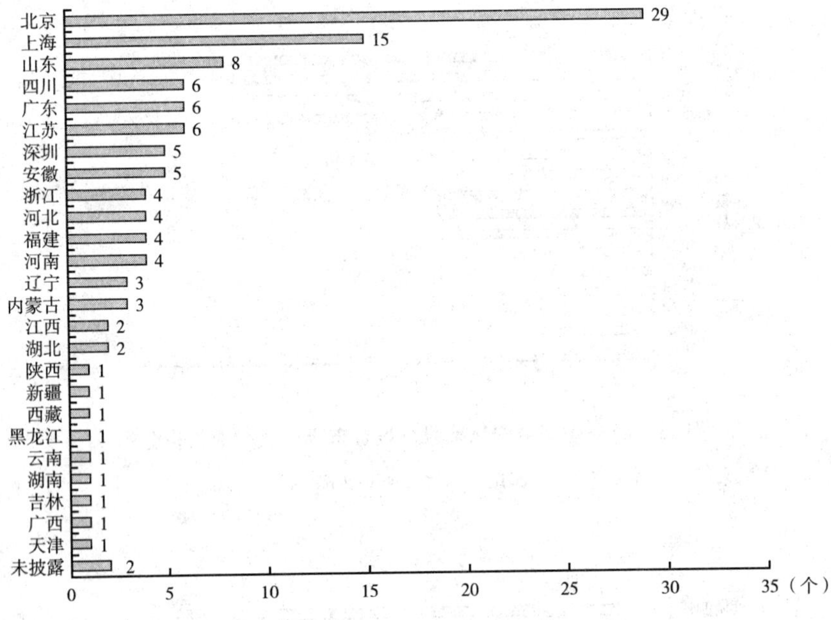


**图 15　2009 年度私募股权投资地域分布**

资料来源：清科研究中心，2010. 01，www. zero2ipo. com. cn。

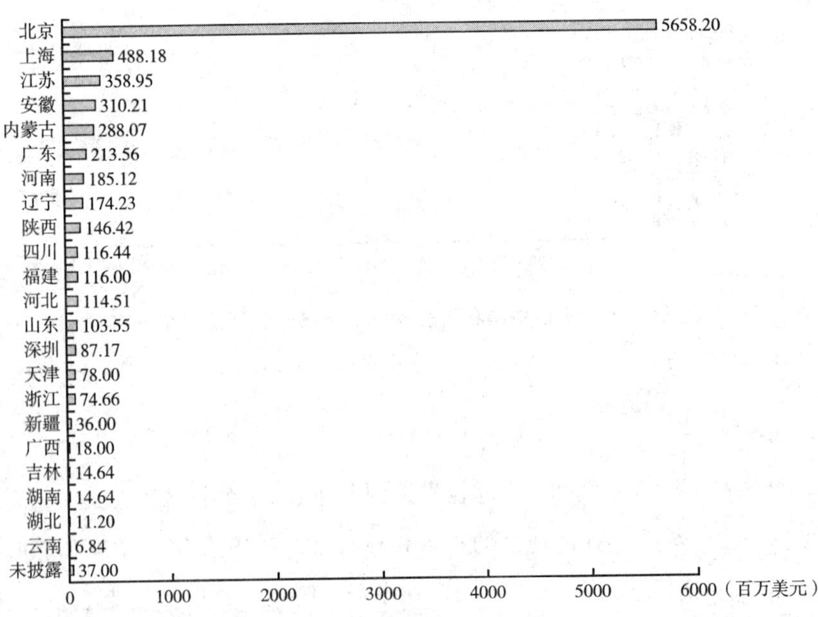


**图 16　2009 年度私募股权投资地域分布**

资料来源：清科研究中心，2010. 01，www. zero2ipo. com. cn。

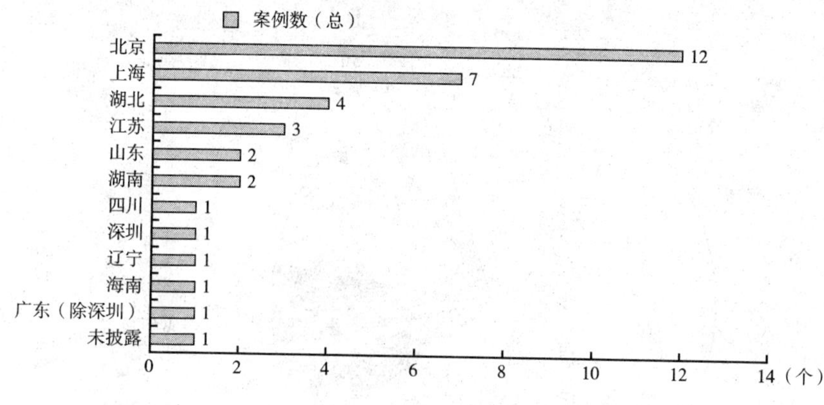


**图 17　2010 年第一季度投资地域分布**

资料来源：清科研究中心，2010 年 4 月，www. zero2ipo. com. cn。

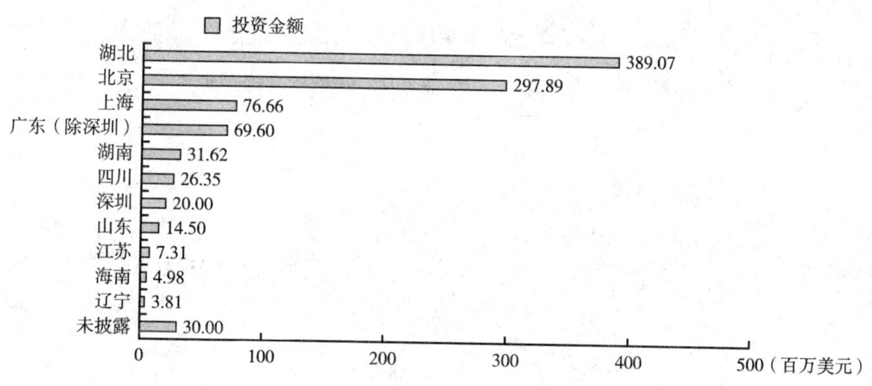


**图 18　2010 年第一季度投资地域分布**

资料来源：清科研究中心，2010 年 4 月，www. zero2ipo. com. cn。

### 4. 投资策略

2009 年中国私募股权基金的投资策略主要集中在成长资本和 PIPE，其中成长资本的投资案例最多，共有 82 起，占投资案例总数的 70. 1%，而 PIPE 涉及投资金额为 57. 67 亿美元，占投资总额的 66. 7%。2010 年第一季度共有 28 起成长资本投资案例发生，投资金额为 4. 64 亿美元，投资案例数和投资金额分别占本季度投资总量的 77. 8% 和 47. 7%。另外，共有 6 起 PIPE 类投资案例发生，占投资案例总数的 16. 7%，投资金额为 4. 89 亿美元，占投资总额的 50. 3%，领先于其他各类投资策略并与成长资本平分秋色。

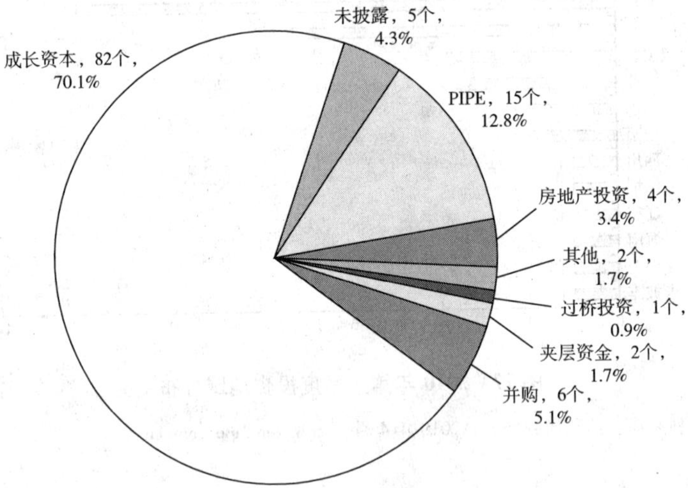


**图 19　2009 年度投资策略分布（按案例数量）**

资料来源：清科研究中心，2010 年 1 月，www. zero2ipo. com. cn。

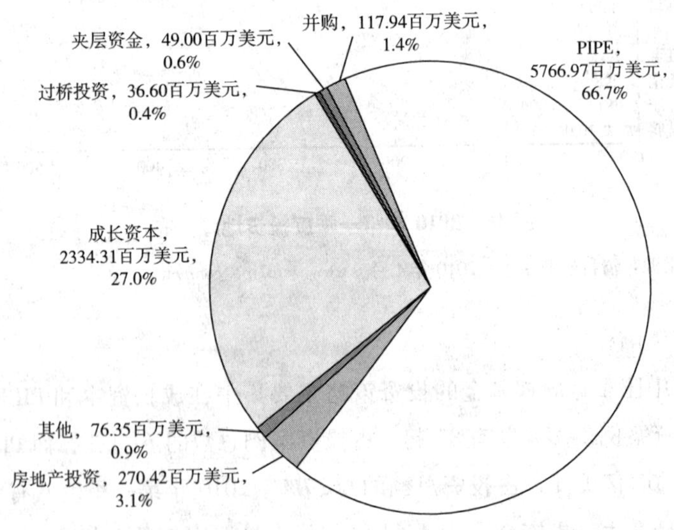


**图 20　2009 年度投资策略分布（按投资金额）**

资料来源：清科研究中心，2010 年 1 月，www. zero2ipo. com. cn。

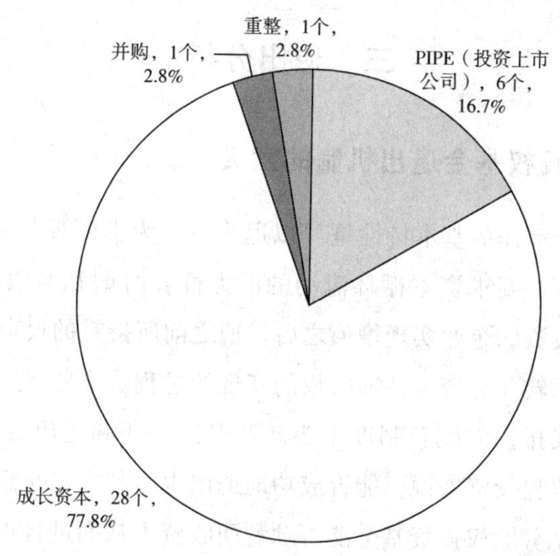


**图 21　2010 年第一季度投资策略分布（按案例数量）**

资料来源：清科研究中心，2010 年 4 月，www. zero2ipo. com. cn。

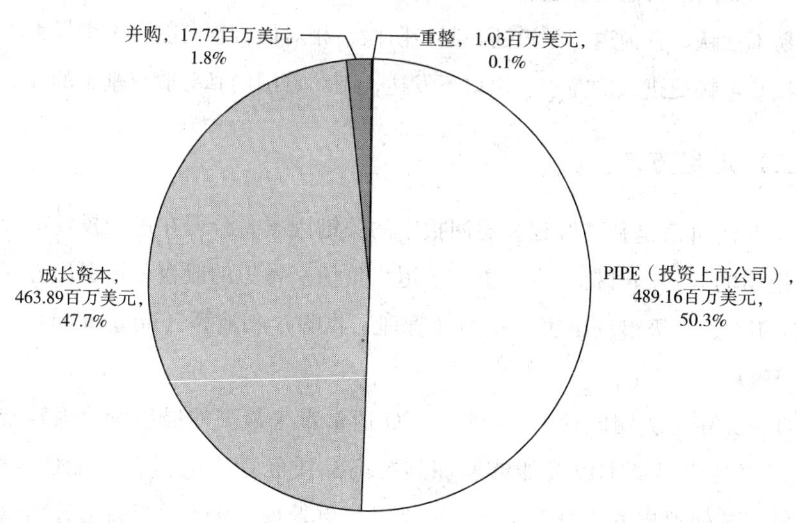


**图 22　2010 年第一季度投资策略分布（按投资金额）**

资料来源：清科研究中心，2010 年 4 月，www. zero2ipo. com. cn。

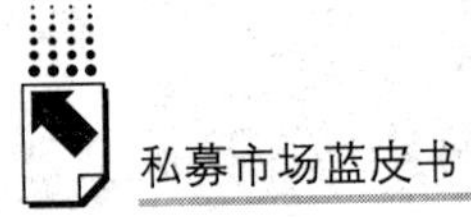


## 三 退出分析

### （一）私募股权基金退出机制的意义

私募股权基金运作的基本特性是“以退为进，为卖而买”，资产的流动性对基金运营至关重要，要求资本循环流动的活力性。所谓私募股权投资基金的退出，是指其在所投资的企业实现增值之后，把之前所持有的投资企业的股份部分或者完全减退从而转化为资金，即股权的变现的过程。当然在这一过程中还涉及相关的配套制度安排，而配套制度主要涉及退出场所和退出方式这两方面的问题。而对于私募股权投资来说，能否成功地退出也是其投资时候所考虑的最重要的环节，这涉及私募股权投资基金能否顺利回收资本从而进行再投资，而这一过程对于私募股权这个产业本身的健康发展也有至关重要的作用。在国外经过多年发展，已经形成了柜台交易、产权交易、并购市场、资产证券化和内部市场等无缝链接的资本市场，为私募股权基金发展提供了发达健全的退出渠道，营造了良好的市场环境。而国内目前的多层次资本市场发育不够，企业上市门槛高、道路狭窄，产权交易不活跃，其他退出渠道还在起步阶段，相对而言现有的资本市场无法满足私募股权基金畅捷进入的需求。出口不发达，制约着国内私募股权基金的发展。

### （二）退出方式

退出时的价值是私募股权公司回报中的关键因素，公司在进行投资前会认真考虑。退出的方式和时机基本上决定了退出价值。常见的股权公司退出方式有四条渠道：IPO、二级市场出售、MBO（管理层收购）和清算（liquidation）。

**1. IPO**

IPO 方式中，公司股权公开出售。IPO 通常带来最高的退出价值因其增长的流动性、更易获得资本以及能够雇佣到更高品质经理人的潜在可能性。然而，IPO 相较于其他退出方式更不灵活、更昂贵、更繁琐。IPO 对于高增长前景和有较长经营历史和规模的公司更适合。IPO 的时机是关键。

**2. 二级市场出售**

在二级市场出售中，指公司卖给其他投资者或另一公司（通常是同一行业中想要扩张市场份额的公司，出于战略原因）。从一个投资者到另一个投资者的二级市场出售更经常一些，特别是并购。VC 公司有时通过其他公司并购来退出。二级市场出售的退出价值小于 IPO 方式。

**3. MBO（管理层回购）**

在 MBO 中，管理层收购了公司，通常运用高杠杆。高杠杆限制了其灵活性。企业的经理和管理人员，通常对公司都非常了解，并有较强的经营管理能力，当企业发展到一定程度，资产规模、产品销路、财务状况都较好，但尚未达到公开上市的要求，企业的管理者充分相信企业未来的巨大潜力，这种情况下可以通过管理层回购私募股权投资基金持有的股权而使其实现退出。

**4. 清算**

目前在我国，私募股权投资的企业大多数都是未上市企业，所以其退出方式也表现出了大体的趋同性，主要是通过投资企业首次公开发行股份的方式即 IPO 方式退出，同时这种退出方式的投资回报相对来说也是最高的。但是这种退出方式受到很大的退出场所限制。国内目前来说主要的 IPO 场所是上海证券交易所的 A 股市场和深圳证券交易所的中小板上市，而境外 IPO 退出场所主要是香港主板及创业板市场、美国纽约证券交易所市场和纳斯达克市场、东京证券交易所的主板和 M 板市场以及新加坡证券交易市场等。但是目前来说国内的企业到国外上市程序复杂以及审批繁琐。但是国内的 IPO 退出市场如上所见，非常有限，并且我国对于中小企业来说只有深交所的中板市场，而没有创业板。而对于私募股权投资来说创业板市场无疑是最佳的退出选择场所。

在私募股权基金退出方面，2009 年共计有 80 起私募股权基金退出案例发生，较 2008 年全年增加了 56 起。IPO 退出仍是私募股权基金退出的主要方式，共有案例 71 起。其中来自深圳中小板、深圳创业板和香港主板的 IPO 有 56 起。2010 年第一季度共发生 15 起私募股权基金退出案例，较 2009 年第四季度的 53 起下挫了 71.7%。其中，IPO 退出依然是私募股权基金的主要退出方式，2010 年第一季度以 IPO 方式退出的交易共有 14 起，占退出案例总数的 93.3%。

## （三）退出行业

从退出行业来看，2009 年私募股权的退出行业分布呈多元化趋势，传统、服务、清洁技术等五个一级行业以及 40.4% 的二级行业都有涉及。2010 年第一

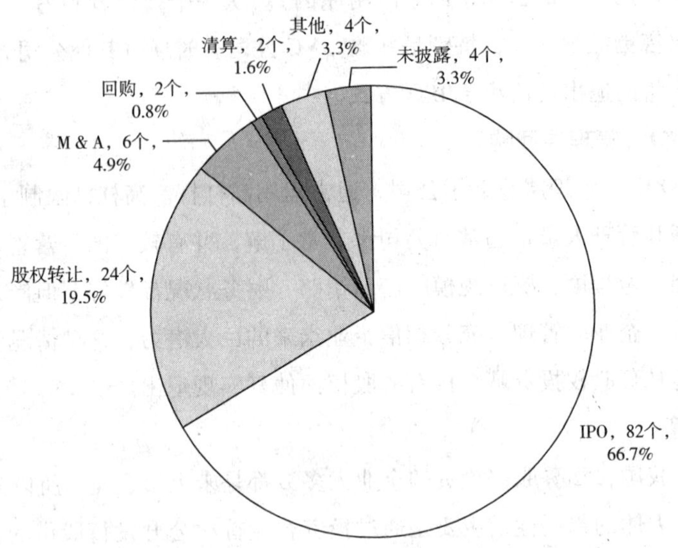


**图 23　2009 年创投市场退出方式分布（按数量）**

资料来源：清科研究中心，2010 年 4 月，www. zero2ipo. com. cn。

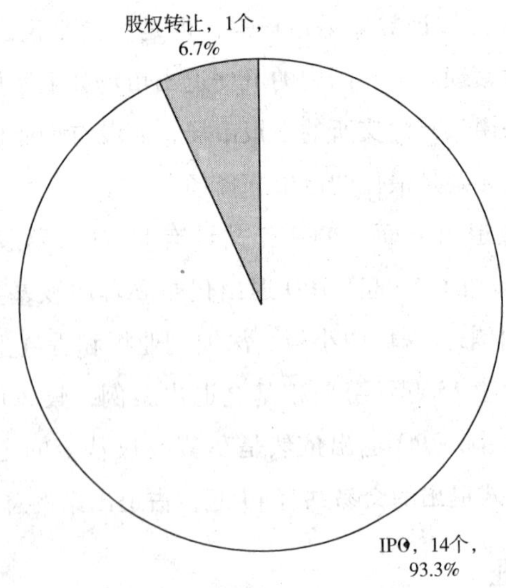


**图 24　2010 年第一季度私募股权投资退出方式分布（按笔数）**

资料来源：清科研究中心，2010 年 4 月，www. zero2ipo. com. cn。

季度的退出案例中，连锁及零售和生物技术/医疗健康均有3起发生，合计占退出总数的40.0%，而其他行业上市分布较为均匀。

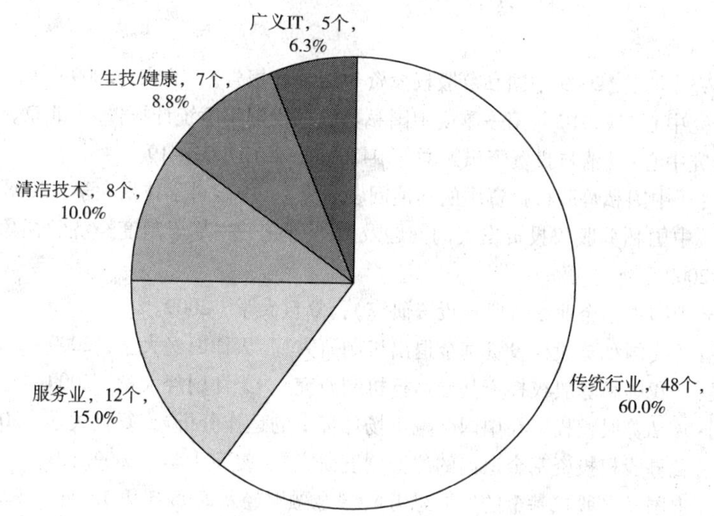


**图25　2009年中国私募股权基金退出行业分布**

资料来源：清科研究中心，2010年1月，www.zero2ipo.com.cn。

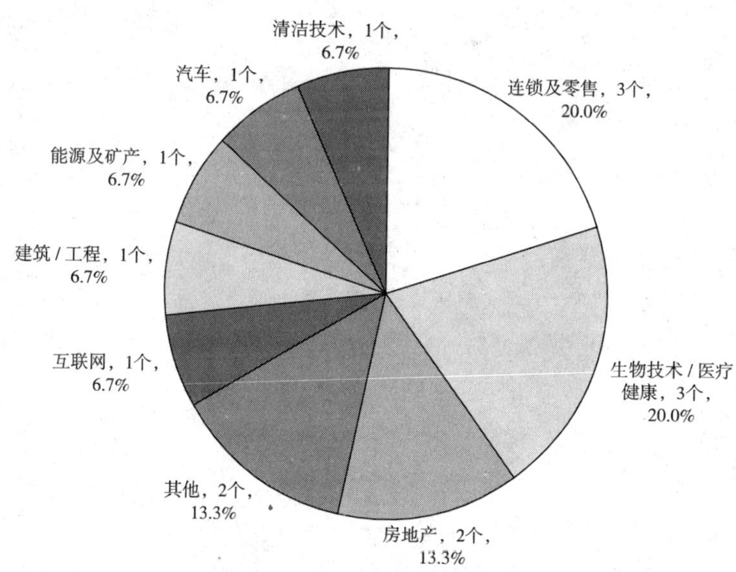


**图26　2010年第一季度私募股权投资退出行业分布（按笔数）**

资料来源：清科研究中心，2010年4月，www.zero2ipo.com.cn。

## 参考文献

清科研究中心：《2009 中国私募股权投资年度统计报告》，北京，2009。

清科研究中心：《2010 年第一季度中国私募股权投资年度统计报告》，北京，2009。

清科研究中心：《清科投资资讯》总第 0428 期，2010 - 03 - 19。

常忠义：《中国私募股权投资中的估值问题研究》，中国科学技术大学，2008。

李立：《中国私募股权投资发展的问题及对策研究——基于制度经济学视角的分析》，吉林大学，2009。

曹清：《中国中小企业私募股权投资研究》，复旦大学，2009。

王汉昆：《我国私募股权投资基金退出机制研究》，天津财经大学，2009。

聂毓晨：《我国私募股权投资基金运行机制研究》，天津财经大学，2009。

陈启明：《私募股权投资在中国金融市场环境下的运作分析》，复旦大学，2009。

印露：《私募股权投资基金退出的法律制度研究》，复旦大学，2009。

周玲：《中国私募股权基金的发展思考》，《金融财经》2008 年第 12 期。

卞华舵：《中国私募股权基金发展的问题与对策》，《卓越管理》2007 年第 7 期。

# 私人股权基金中基金概述

## ——私人股权基金（Private Equity Funds）定义的广泛外延

赵 鹏*

在我们探讨私人股权基金中基金之前，我们有必要简要阐述私人股权基金的职能与定义，这是因为基金中基金的运作是建立在其所投资的基金基础之上的。传统意义上的私人股权基金从私人市场融资，投资于非上市公司，通过效益增加和资本结构优化，最终实现上市套现或者转手出售套现。随着私人股权基金近年来的发展，其投资形式与内容也变得多样。最明显的例子就是上市私人股权基金（Listed Private Equity Funds）的出现与发展以及私人股权基金在债务投资上的参与。传统意义上人们或许认为私人股权基金远离公开股票市场，这实际上是不完全的理解。上市私人股权基金，如美国的 American Capital，Fortress，等等，直接从公开股票市场融资，所得投资主要用于私人股权投资。同时，私人股权基金常常将上市公司买断，通过对其私有化（最终可能再次上市）来创造价值。所以说私人股权基金投资实际上和公开股票市场是密不可分的。另外，即使如其名字显示，私人股权基金从事股权交易，越来越多的私人股权基金实际上参与到企业债权的交易之中。具体而言，在融资渠道上，一些国际上的私人股权基金通过公开债券市场融资，就是以出售公司债券的形式集资，所得款用于私人股权投资。另外，随着2008年金融危机的深化，银行放债收缩的结果是一些公司不得不向私人股权基金融资，而融资的形式就包括债权交易，如夹层贷款（Mezzanine）。私人股权基金也乐于投资债券，因为债权更安全，同时在目前的金融形势下可以取得丰厚的投资回报。综上所述，私人股权基金的定义不应该局

---

* 赵鹏，现任职瑞士基金管理公司合众集团（Partners Group）北京代表处总监。赵鹏在美国西北大学获得法学博士学位，持伊利诺斯州律师执照，同时拥有凯洛格（Kellogg）商学院工商管理硕士学位。

限于私募的形式和单单股权交易的内容。如果一定要给出一个定义或者界定，笔者认为私人股权基金是以私人投资公司权益（包括股权和债权，但主要是股权）为形式，以上市、下市、业绩增强、金融杠杆等为手段，以达到在中长期实现投资回报最大化目的的投资工具。我们应该广泛看待私人股权基金和投资，识别与理解其多样的形式。

多数现存的中国股票基金实际上是简单形式的共同基金，直接投资于股票和债券，并接受管理机构严格监管。在全球以及中国范围内，共同基金的规模远远大于私人股权基金。共同基金与私人股权基金最大的区别在于共同基金基本只投资于上市股票和公司及政府债券，其投资具有相当的流动性。另外一类重要的基金是对冲基金，因为中国不存在可以对冲风险的衍生物市场，所以中国没有真正意义上的对冲基金。在国际范围内，对冲基金在过去的几年是投资市场的主力，也在最近的金融风暴中受到重创，但值得注意的是一些大型对冲基金管理人近来积极参与私人股权投资，与私人股权基金竞争购买非上市公司股权或者买断上市公司。最突出的例子就是对冲基金 ESL 在 2004 年透过 K-Mart 收购上市公司 Sears，从而创建美国最大的商品零售网络，这些做法与私人股权基金投资毫无两样。在新兴市场如中国，由于机会的出现不够系统化，各种投资机构多采取机会主义做法，迎合多样的投资机会，而不局限于机械的市场定义，这也意味着私人股权基金在中国的发展可能出现更加丰富的形式，这也使这个市场更加充满活力。

## 一　私人股权基金中基金的定义

很多人熟悉所谓的“基金宝”产品，就是中国现有的股票投资基金，也就是简单形式的共同基金中基金。基金中基金实际上有多种形式，包括集合投资模式、共同基金中基金、对冲基金中基金、投资信托基金中基金以及私人股权基金中基金。各类基金中基金根据各自所投资的下线基金的性质而有所不同。由于私人股权投资在中国的发展相对较短，私人股权基金中基金在中国更是一种新兴商业模式。由于私人股权投资和公开市场股票投资存在相当大的差异，同时在全球的投资领域占有重要的一席之地，中国的投资人和基金管理人有必要了解私人股权基金中基金的功能、设立、内部治理和投资管理，这也是本文的初衷。

互联网词典 www. Wikipedia. com 如此定义基金中基金："基金中基金是一种投资于其他投资基金而并非直接持有股票、债券及其他有价证券的投资基金。这类投资又常被称为多经理人投资。www. VCExperts. com，是一家被业内人士广泛应用的私人股权及创投基金网站，为私人股权基金中基金给出这样一个更为具体而深入的描述："基金中基金将其获得的资产投资分配到选定的一组私人股权基金经理中，而这些下线私人股权基金再直接将这些资产投放出去。基金中基金是具有专长的私人股权投资者，它们和各基金已经拥有关系，可能为投资者提供投资者不能得到的投资于特定基金的途径。因为基金中基金将资产投入多个下线基金中，所以投资于基金中基金有利于分散私人股权投资的风险。"

## 二 私人股权基金中基金的现状

由于其业务与投资的隐秘性，很难精确地统计关于私人股权基金投资的数据，但全球范围内存在几家较为权威的相关信息咨询公司和网站。根据全球权威的另类投资信息网站 www. Preqin. com 的信息，在 2006 年的全球市场，由基金中基金投放市场的基金占到私人股权全部投资额的 14%。而根据 VentrueXpert 的不完全统计，2007 年全年，全球私人股权类基金共融资约 4200 亿美元，而其中基金中基金共融资超过 380 亿美元，占到 8% 以上。www. Preqin. com 同时列出了截止到 2006 年底世界上最大的 25 家私人股权基金中基金管理公司，名单见表 1。

**表 1　2006 年统计全球最大私人股权基金中基金管理公司**

单位：亿美元，个

| 排名 | 管理公司名称 | 管理基金总量 | 总部所在地 |
|---|---|---|---|
| 1 | AlpInvest Partners | 423 | 荷兰 |
| 2 | AXA Private Equity | 349 | 法国 |
| 3 | AIG Investments | 624 | 美国 |
| 4 | Goldman Sachs Private Equity Group | 240 | 美国 |
| 5 | Pantheon Ventures | 226 | 英国 |
| 6 | Pathway Capital Management | 206 | 美国 |
| 7 | Capital Dynamics | 200 | 瑞士 |
| 8 | Partners Group | 196 | 瑞士 |
| 9 | Lehman Brothers | 190 | 美国 |

续表 1

| 排名 | 管理公司名称 | 管理基金总量 | 总部所在地 |
|---|---|---|---|
| 10 | HarbourVest Partners | 178 | 美国 |
| 11 | PCG Asset Management | 150 | 美国 |
| 12 | Credit Suisse Customized Fund Investment Group | 140 | 美国 |
| 13 | Adams Street Partners | 120 | 美国 |
| 14 | Horizon21 Alternative Investments | 115 | 瑞士 |
| 15 | LGT Capital Partners | 109 | 瑞士 |
| 16 | Standard Life Investments | 93 | 英国 |
| 17 | Allianz Private Equity Partners | 79 | 德国 |
| 18 | Portfolio Advisors | 75 | 美国 |
| 19 | Commonfund Capital | 75 | 美国 |
| 20 | Horsley Bridge Partners | 71 | 美国 |
| 21 | SVG Capital | 70 | 英国 |
| 22 | European Investment Fund | 68 | 卢森堡 |
| 23 | Macquarie Funds Management Group | 61 | 澳大利亚 |
| 24 | Abbott Capital Management | 60 | 美国 |
| 25 | Natixis Private Equity | 57 | 法国 |

资料来源：www. Preqin. com。

图 1 显示近年来私人股权基金中基金的融资和新基金成立情况。整体来看，融资水平是和宏观经济水平紧密联系的。比如，2001 ~2003 年的相对低迷水平反映了泡沫破裂带来的经济动荡和衰退。虽然我们没有最新的数据，但是可以断言，最近由美国次贷危机为导火索引起的金融危机将在全球范围内影响私人股权基金中基金的融资情况。

虽然我们对全球宏观的融资情况有一定的掌握和判断，这并不意味着亚洲以及其他新兴市场不会走出一套独立的行情。当传统的重点投资领域和区域不能为投资人提供稳定与诱人的投资机会时，部分基金管理人，无论是养老基金还是政府基金，都会主动或者被迫考虑向新兴市场加大投资力度，即使这样做意味着更大的风险与不确定性。根据新兴市场私人股权协会（EMPEA）的调查，在 2006 ~2007 年的两年间，针对新兴市场投资的私人股权基金中基金融到了不少于 80 亿美元的资金，而之前，从 2000 年到 2005 年，融资总量仅仅只是 35 亿美元。Probitas Partners 的调查结果显示，在 2008 年一年，仅针对亚洲地区融资总额就

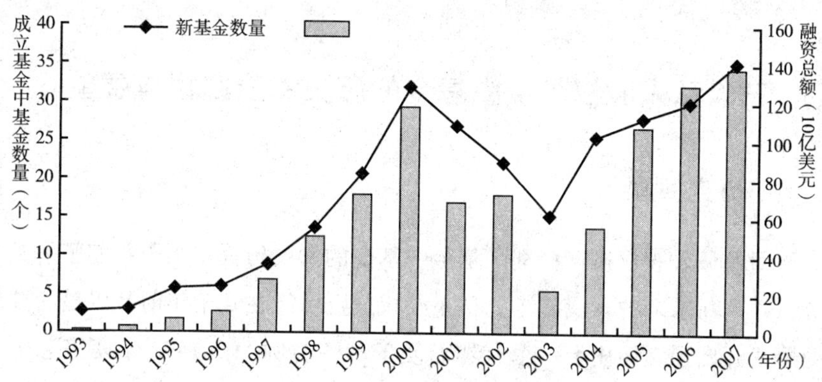


**图1　1993~2007年全球私人股权基金中基金融资情况（不包括独立账户投资）**

资料来源：VentureXpert。

超过了30亿美元。这个快速增长的趋势可能会在可见的未来得以保持。

中国的私人股权基金市场在近年得到长足发展，同时这种势头并没有因为国际金融危机的来临而出现明显衰退。国际知名的基金抢滩中国，Carlyle，Blackstone，J. C. Flower，Silver Lake，TPG，CD&R等，纷纷在短期内以各种形式参与到中国的私人股权投资之中。而对于中国的投资人和投资经理人，私人股权基金中基金却是一个比较陌生的概念。截至目前，并没有出现单纯针对中国投资的由国际经理人管理的私人股权基金中基金；所有这类投资都是通过针对亚洲或者新型市场的基金中基金完成。基金经理人这样的做法主要是为了保持一定的弹性以分摊风险，同时对中国本土市场的不完全了解也促使他们采取折中方案。但笔者相信，只针对中国的私人股权基金中基金会随着中国市场的完善和开放而出现，无论是以离岸基金还是以本土人民币基金的形式。目前，合众集团（Partners Group），HarbourVest，AlpInvest Partners等国际大型私人股权基金中基金都在中国开展业务，积极争取发起自己的基金中基金或者扩大其在华投资份额。同时，更加蓬勃发展的将是本土经理人推出的人民币基金中基金——目前受到国家大力扶植的产业或者地区基金就是这个行列的先行者。可以预见，随着中国的中央及地方财政力量的增强以及私人投资者阶层的浮现与成熟，本土基金中基金会大量涌现，它们将成为传统银行融资方式的有效补充，为产业和地方的经济发展注入活力。

## 三 私人股权基金中基金的历史发展回顾与展望

### （一）历史回顾①

简要回顾私人股权投资特别是基金中基金的发展历程有利于我们了解其特点和优势，并判断未来的发展趋势。私人股权投资可能在几千年前就以最简单的商业资助形式开始了。历史上一个有趣而便于理解的例子是1492年西班牙的女王伊莎贝拉一世资助探险家哥伦布去探索未知的海外领域。女王资助哥伦布船只、人力与给养，而哥伦布要和女王分享他海外探险的收获——香料、丝绸以及黄金。这种投资与收益的模式虽然存在了很久很久，但是以一种机构化的形式出现却只是起源于20世纪。1946年，美国研究与发展公司（ARD）由Goerge Doriot，J. H. Whitney和Jock Whitney合伙发起并首次以投资和收益作为公司目的。这是可以考证的私人股权基金的起源。

开始的时候，私人股权基金慢速但是稳步地发展了30多年。Kleiner Perkins在1972年融到了它的第一个，总额为850万美元的风险投资基金；KKR在1977年完成了其第一笔买断投资；而1978年美国立法将投资所得收入税从49.5%降到28%，为私人股权投资的发展提供了政策保证和收益促进。今天全球最大的投资管理人Adams Street的前身于1976年发起了第一个风险投资基金中基金——总额6000万美元的“机构风险投资基金”。期间，多数基金中基金都有定向的投资人和投资项目，管理的结构类似于今天的独立账户，基金经理更像投资人的代理，没有太多的自主权。

从20世纪80年代开始，Harbour Vest，Pantheon Ventures，Grove Street Advisors等经理人开始了成规模的基金中基金的融资与投资。在1990年当年，基金中基金得到了总额大约5.6亿美元的投资，这个数字在2000年时达到了280亿美元。基金中基金正式成为私人股权投资领域不可或缺的组成部分。

在20世纪90年代后期，一些经理人纷纷推出创新性产品和投资结构。1998年，Grove Street Advisors首次为美国加州公务员养老基金设计了独立账户产品，

① 本节内容参见《私人股权基金中基金经理人指南》一书，出版商：PEI，2008。

用来满足大投资人的特殊要求；瑞士的 Partners Group 推出了以债权形式融资的基金中基金——Princess Private Equity Holdings Ltd，满足不同风险要求的客户需求；同样在 1999 年，Private Equity Holding AG 作为公开上市的基金中基金开始在瑞士股票交易市场交易，更多的投资人可以通过这个平台投资与私人股权市场。

最近的 10 来年，伴随私人股权投资的整体发展，基金中基金也迎来了黄金发展期，主要表现在投资总额的迅速增加（参见图 1）和大规模独立账户的出现。关于前者，除了投资总额绝对值的增加之外，基金中基金的融资渠道进一步扩宽，比如在 2007 年，Convesus，Lehman 和 HarbourVest 先后推出产品从欧洲和美国的公开市场融资；关于后者，在 2003 年，美国加州教师养老基金向全球招标管理其总额 1 亿美元的新兴市场投资独立账户；2006 年，美国加州公务员养老基金征求基金管理人投标，管理其针对新兴市场，中型买断交易以及环保科技的独立账户。

### （二）未来趋势

全球范围内，如同这场经济危机中的任何其他金融机构一样，私人股权基金中基金目前也受到一定影响。融资总额下降、债务杠杆缺乏、投资回报降低、投资人更加挑剔、种种问题也在困扰基金经理人。有人甚至质疑基金中基金存在的意义。笔者认为，基金中基金作为一种长期存在的金融机构，对于市场整体风险的分担、资金的合理配置、投资质量的监控都起到了相当的作用。更重要的是，发达市场的最终投资人，如养老基金、保险公司、政府财政等，长期依赖基金中基金（尤其在私人股权领域）来完成它们的投资。简单讲，这种习惯力量是不容易在短期得到整体改变的。在中国这样的新兴市场，基金中基金可以更多地起到规避风险、有效投资、促进投资管理水平，加强供求双方沟通的积极作用。私人股权基金中基金，随着中国私人股权投资的发展，必然迎来难得的机遇。

## 四　私人股权基金中基金的投资模式

图 2 说明基金中基金的三种最主要投资模式。

基金投资：这是最传统也是最主要的投资模式。基金中基金选择一系列基金

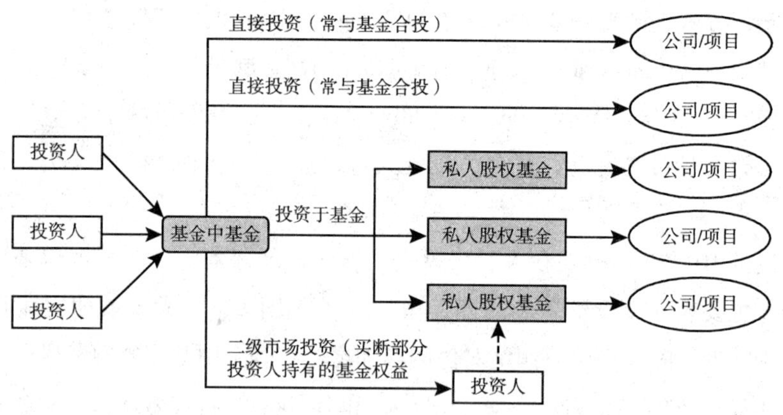


**图2　私人股权基金中基金投资结构示意**

组合（依据基金规模和风险承担能力不同，大概在 10 ~ 20 个基金之间），不定量的投资于这些下线基金。基金组合在盈利后，提取管理费和效益提成（一般是人们常说的 2/20），然后将投入及盈利返还给基金中基金；基金中基金再在此基础之上，收取其管理费和效益提成（一般是 1% ~ 1.5% 的管理费加 10% 的提成），剩余部分返还给投资人。如果没有盈利，下线基金以及基金中基金都只能收取管理费而不收取效益提成。这种投资的最大特点就是双层收费，投资人的回报相应降低。

二级市场投资：基金中基金凭借其对市场内投资人和基金的了解，有时候可以购买一些投资人在基金中已经持有的投资份额。在今天的全球经济条件下，二级市场投资异常火爆。比如说，一家美国的养老基金在过去的好年份里，大量投资了一些基金；而如今由于在股票市场的巨亏，它会急需现金回笼，以满足政府对其资本充足率的要求。这种情况下，它只能出售未到期的基金投资份额。也许它花了 1 亿美元购买一个基金 10% 的份额，现在这些钱已经被投放出去可还没有产生盈利，该养老基金想中途放弃这个投资，而基金没有义务在基金到期前（也许是 10 年、12 年或更长）返还任何投资，那么该养老基金的唯一出路就是向第三方出售它的投资，也就是等待别人的赎买。可以想象，这个赎买人有很强的谈判空间，也许花 7000 万美元就可以买下如今价值超过 1 亿美元的资产。基金中基金之所以能大量参与这种投资，是因为这类赎买情况基本都是秘密进行（没有养老基金愿意让市场知道它赔了钱，而不得不再赚钱来补亏），只有市场内的少数长期可信赖投资人能得到这种机会；同时由于基金中基金无时无刻不在监督分析自己的大量投资，它们对单独基金内投资的当前价值最为了解。在购买了出售方的份额后，基金中基金完全代替出售方来承担在基金中的一切权利与义务。

直接投资：直接投资应该是由基金层面完成，为什么基金中基金能够参与呢？直接投资从经济角度讲最受基金中基金投资人欢迎，因为这种投资里，只有基金中基金收取管理费和效益分成，更高的基金层次收费完全被避免。那么重要的问题就是两个：基金中基金从哪里得到这些直接投资机会和如何保证这些投资会成功。要知道基金中基金主要是金融投资人，没有寻找并且分析具体投资项目的能力。这两个问题从下线基金身上找到答案。首先，大型基金中基金会“要求”其投资的下线基金与其分享一些投资机会。这种要求不是法律意义上的权利和义务，而实际是一种利益交换。基金如果想从基金中基金持续地得到投资，必须给予其一些特别照顾。有时候由于项目规模过大，下线基金也需要其他投资人的参与来共同完成投资。其次，由于基金中基金会要求和基金共同投资于这些机会，它们不需要做太多的尽职调查和回报分析，因为下线基金在这方面更为专业，而它们决定投资这个举动就证明这个机会应该是好机会。

当前，由于金融危机造成投资额萎缩，基金投资量不可避免地减少，基金中基金更多地投入于二级市场投资和直接投资，以利用其他投资人急于套现的窘况取得更高的盈利。但是应该指出，基金投资永远是基金中基金的业务主体，没有一定量的基金投资，基金中基金既不能了解市场发展以取得二级投资机会，也会失去与基金交涉的能力，得不到直接投资的机会。尤其是随着市场的成熟，中国的投资人也会切身感受到不同基金之间收益的巨大差距，理解分散风险与挑选最佳基金的重要作用。

### （一）基金中基金在投资中起到的功能

为什么人们要通过基金中基金投资私人股权呢？基金中基金在这里主要发挥四个作用：优质基金选择、分散风险、集合投资规模以及加强投资人沟通。

### （二）下线基金选择

私人股权投资和其他公开市场投资具有很大的区别。因为没有公开市场和公开的信息渠道，投资条款都是经过私人协商决定，而信息拥有的不对称可能导致投资人或者付出不必要的代价，或者投资于效益不佳的基金。基金中基金凭借其对市场内各基金和基金经理人的长期了解，以及对纷繁的市场外界条件的理解和分析，可以协助投资人选择最适合的基金。

**1. 分析回报**

任何投资人最关心的当然是回报。任何基金和基金经理人都会宣称可以带给投资人丰厚的回报，但是回顾历史，不同基金的投资回报大不相同。图 3 说明截至 2007 年中期，以欧洲的买断基金收益为例，以 3 年、5 年和 10 年投资期为限，最为盈利的 25% 的基金总能给出 30% 上下的年毛回报，而最差的 25% 的基金平均年亏损 6% ~8% 。

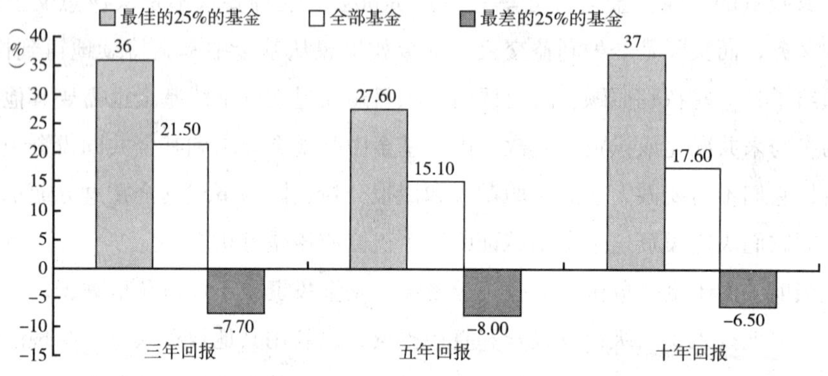


**图 3　欧洲买断基金收益比较（依据 2007 年 6 月 30 日数据）**

虽然投资于有知名度的国际基金可以适当增强信心，但是国际基金也许存在高门槛或者没有适合当地投资的项目，所以不是任何国际大型基金的任意一个旗下基金都有高回报保证。在分析回报时，很多复杂的情况需要考虑，比如已实现回报与未兑现投资。最重要的衡量基金的指标就是它在过去的投资回报率。这里有几个问题，这些由基金自己计算和提供的数据是否可信？私人股权基金的重要特点就是其私密性极高，很多数据不对外公开，也不经过有资历的会计师事务所审核（也有一些例外）。即使我们假设基金 100% 准确真实地报告其回报，这个回报数据里也大有学问，一些基金使用毛回报率，一些使用净回报率，一些使用投资人所得纯回报率，不是所有人都能分析这其中的区别。更加复杂的是，许多基金在报告回报率的时候，将自己作出的但是还没有退出的投资计算在内，而由于私人股权投资的长期性，这种投资的比率惊人的高。这种情况下，基金一般会按照自己的方式报告投资现价值（以投资成本或者市场替代价格等），这种报告需要细致的具体分析来决定其是否合理，而不能单纯盲信。这种种关于回报数据的分析，需要专业团队在大量的数据基础之上完成。

**2. 分析风险**

任何投资都具有不可回避的风险因素。基金中基金凭借其资源优势和对各个基金和基金经理人的长期关系，具体分析一个基金投资成功的可能性以及面临的风险。应该看到，任何关于回报的分析都是预测与判断，而投资人多采取过分乐观的态度而忽视可能存在的风险。基金中基金凭借其充分的市场信息和专业化的团队，可以从以下几个方面分析风险因素：①宏观经济风险：一个投资团队总有自身的局限性。比如说，一个好的亚洲投资团队只有在亚洲会如鱼得水，他们从自身利益出发会对亚洲机会总是作出过于乐观的分析，以吸引投资人。这种情形对于特长团队，比如单纯针对一个产业或者不良资产投资的团队同样有效。而任何地域或者产业的投资都具有必然的周期性，今天的成功绝对不代表下一个基金的成功。基金中基金在这种情况下，从第三者的角度可以作出更加客观而冷静的判断，回避一些问题地域及投资领域。②投资团队的稳定性：一个私人股权公司本身没有什么资产（不计算其所融的资金），其所宝贵的就是专业的投资团队。这些专业人士的跳槽率较高，是否能够长期而投入地服务于基金是不确定的。同时很多新兴的基金拥有明星团队，却没有在一起合作工作的经验。他们能否默契合作取得效益需要分析与判断。③未来的投资机会：过去的投资记录归根到底属于过去，在未来的日子里，该基金能否继续得到优质投资机会要看基金管理人的战略、人脉关系和所属领域地域发展前景。基金中基金的团队可以根据其经验与专长对此进行细致分析，以尽早发现存在的风险。

**3. 进入更多基金**

单一投资人的能力与精力有限，只能集中于几个基金，而更多更好的投资机会随时涌现。这种情况下，基金中基金紧跟市场动向，了解最新基金，了解最佳投资机会，并且在第一时间冲上去投资。在市场条件好的时候，一些下线基金会选择有长期合作关系的大型投资人，而拒绝小投资人；基金中基金可以利用小投资人的集合优势争取更多的投资机会。

**4. 谈判优惠投资条件**

普通投资人投资于私人股权基金，一般在投资条款上局限于所谓的2/20 费用与提成安排。实际上，各私人股权基金都会为大规模或者战略投资人提供更好的条款，例如费用减免、提成减少以及可选择单个项目投资，等等。基金中基金不但常常是大投资人，同时很多时候被认为是战略投资人，因为它们提升基金的知名度，同时可能带来一些投资机会，所以经常基金中基金可以得到所谓的“最惠国待遇”。通过基金中基金投资，投资人从经济角度也可以受惠。

### （三）分散风险

在投资于私人股权基金时，投资人要了解几个层次上的风险：①地域市场风险：过去的两年里，比如说，专注于俄罗斯和巴西的基金非常受欢迎，可是最近的金融风暴中，这两个地区很受打击，相应投资的状况可想而知。这种地域风险很多时候是不可预见的，只有通过分散投资适当规避。②产业风险：很多基金投资于特定的领域，如绿色能源、房地产等。任何产业都有周期，过多地暴露于一个产业的内在风险对于投资人来讲是不明智的。③金融风险：一些基金在投资时大量依赖银行贷款来取得高回报，这种战略的问题已经在这次金融风暴中一览无遗。但完全不使用金融杠杆就会造成回报下降。这中间的平衡是基金中基金能产生的重要作用之一。④基金自身风险：一个基金就是一个公司，如果人员发生重大调整，关联公司出现问题，公司决策发生错误，等等，很容易就造成该公司的衰落或者倒闭。是将鸡蛋都放在一个篮子里，还是分散在若干篮子里，这个道理不需赘述。总之，基金中基金通过分散投资于多个基金，达到风险的分散。

### （四）集合投资规模

100 个小投资人不可能得到 1 个大投资人的待遇。但小投资人联合起来，通过基金中基金，可以产生巨大的集合优势。关于这个问题在上面已有一些阐述。另外由于其集合规模而产生的优势，就是在长期的大范围投资过程中，基金中基金积累了大量的关于各个基金的原始数据和交易信息，这些数据和信息对于新的投资决策十分重要，可以帮助他们发现新的投资是被高估还是低估。这种优势也是个人投资者所不具备的。

### （五）加强与投资人的沟通

私人股权基金就像是个黑匣子，人们很少看到它内部的操作，而私人股权基金，根据基金法律文件，也不需要透露更多的关于其运作方式与投资决策的信息。所以大多数投资人只能采取被动的方式，在投资后“敬候佳音”，等待简单的年终报表。而基金中基金，由于其主要向投资人负责，更乐于将其从下线基金中获得的信息（由于它的能力与专业性，基金中基金可以获得并消化更多的信息）充分转达给投资人。同时基金中基金会采取非常对读者友善的报告方式，让它要传递的关于基金投资的信息简单明了。投资人也可以就基金中基金如何向其汇报提出要求，以便利自己的资本管理。简言之，由于基金中基金这一层服务机构的存在，投资人可以得到更多的服务。

## 五　基金中基金投资的缺点及对此的回应

**1. 双层收费**

这是人们对基金中基金投资的最大诟病。但是，我们在上面阐述了基金中基金在整个投资过程中带来的价值，这些价值是不应该被忽视的。基金中基金在成熟的欧美市场的长期存在本身就说明了其价值得到市场认可。

**2. 投资人能力提升的缺失**

一些投资人认为投资于基金中基金加大了他们和基金之间的距离，因此他们不能从基金投资中学习投资知识，提升自身能力，最终自行投资。这种说法似是而非，因为基金本身没有义务教授投资知识，却会千方百计阻止投资人成为其竞争对手，所以即使直接投资于基金，并不能保证得到投资方面的更多信息和培训。虽然学习投资知识是任何投资人的理想，但绝大多数投资人最终还是要依靠专业基金管理人来理财，这点已经被历史证明。

**3. 缺乏对基金管理人的理解和对所做投资的掌控**

的确，这里的大多活动都由基金中基金完成，但是私人股权基金的一个本质特点就是投资人（一般以有限合伙人的身份投资）不干预基金的投资和公司的治理。任何这方面过多的要求都是不切实际的。

**4. 基金中基金的一般投资流程**

图 4 显示的是一般的基金中基金在投资决策时采取的步骤，其核心内容就是体现投资机会的来源广泛和投资决策的审慎。

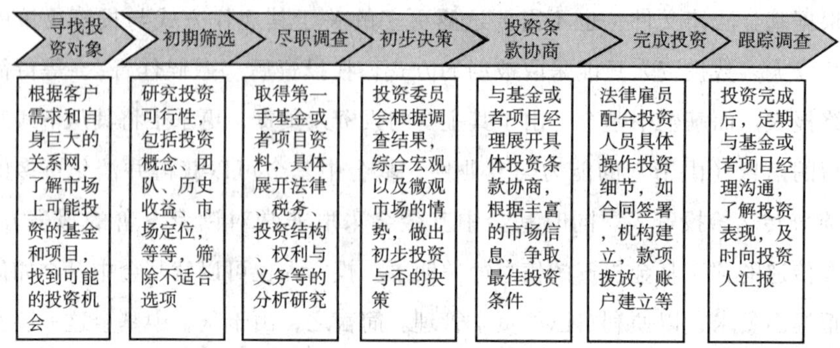


**图 4　私人股权基金中基金投资流程示意**

## 六　基金中基金的投资策略

下面我们具体探讨基金中基金一般采取的投资策略。

### （一）宏观分析研究

这个过程和其他投资策略一样，首先体现的是对风险的判断和分担。成熟的基金中基金多数会将投资进行量化分配，其考量的分类包括：基金管理人、基金成熟时间、投资领域以及投资地域。

**1. 基金管理人**

我们已经讨论过选择不同的基金管理人分散投资的重要意义，这里不需赘述。

**2. 基金成熟时间**

当一个基金中基金开始投资的时候，它会面临很多的基金选择，而这些基金有的是新兴基金，有的有了一到两年历史，但仍然在融资阶段，同时，基金中基金会有大概两到四年时间来完成投资过程，这就决定了它可以选择不同成熟时间的基金。基金的成熟时间是指该基金大量进行投资的年份，这个年份很重要，因为从历史的角度看，不同年份投资的项目产生的回报差别很大，主要是因为市场对一份投资的估价可能过高，也可能过低，同时在推出投资时，市场情况不同决定了回报不同。然而这在投资时是无法预测和判断的，只能由时间来证明。最好的规避买高卖低的方法就是将投资分散于三到四年间。同时，这样操作也可以得到投资于更好的基金的机会，因为这样的机会会随着时间而涌现。

**3. 投资领域**

一些基金中基金本身确定行业领域，如专注于欧洲增长型投资的基金，也有一些是全方位投资基金中基金，这种情况下，管理人就可以将资本分散投入于不同的工业领域和不同的投资阶段。不同的工业领域便于理解，不同的投资阶段主要指创投基金、买断基金、不良资产投资、增长型投资，等等。一些基金中基金会避免这种全方位基金，因为它们认为这过于分散精力，使基金中基金丧失集合优势；而一些基金中基金认为这样可以产生很好的分散风险的效果。这个问题尚无定论。

**4. 投资地域**

基金中基金可以提供给投资人的一个重要优势就是帮助他们进入世界范围内任何地区的基金，这对单一投资人来讲是极难做到的。因此很多时候基金中基金需要分析一个新兴地区在一个特定时间的投资机会。大概需要考量的因素包括以下方面：公开市场退出机制是否完善，法律权利与义务是否受到尊重，会计以及税收是否存在障碍，当地文化是否接受私人股权投资，投资机会是否充分及持续，当地投资人阶层是否成熟，等等。

## （二）微观分析研究

基金中基金在投资决策时不但对各基金的历史研究有极强的针对性和时效性，同时即使在投资完成后，仍然跟踪其效益与业务开展情况，以期随时发现问题，尽量纠正，并且随时提供附加价值。

**1. 历史研究**

最重要的对于基金的评估指标就是它们在过去的投资回报历史。我们已经探讨过，这些回报数据需要有洞察力的深入研究才能得出确切的结论。同时，一个全球知名的基金公司不一定在每个特定领域都能给出满意的回报，如新兴市场和不良资产投资领域，这种情况下，要客观地对号分析，而不能一概而论。

**2. 投资前分析**

在具体完成一笔投资前，基金中基金会对当前投资的基金作具体分析，如配备人员、投资机会、市场情况、竞争情况，等等。这些分析只针对该基金有效，

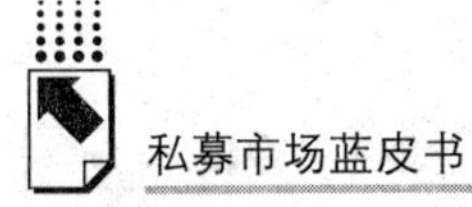



而不可以用对于该基金公司整体的认识来替代。

**3. 投资后分析**

在投资完成后，基金中基金紧密跟踪该基金的运作情况，定期和基金管理人保持沟通、了解情况、提供帮助。基金中基金在这里所发挥的价值也是巨大的。首先，及时跟踪投资情况，可以了解基金可能的要求资本金时间，以便及时和投资人沟通；其次，由于基金中基金的大量投资，它们对于一项投资可能拥有和基金管理人不同的看法，虽然它们不可以改变基金管理人的决定，但多数基金管理人愿意倾听基金中基金的意见，以规避风险；最后，基金中基金经常会向基金管理人介绍投资机会，这些机会都是从其他基金处得来，如共同投资机会（Club Deals），这样，基金中基金进一步向下线基金提供价值。

## 七　基金中基金投资的特殊形式——独立账户投资

我们已经谈过，基金中基金投资的一个重要作用就是为投资人打开通向多领域和多地域投资的大门。可是我们也可以分析，这种投资对于投资人来讲仍然很被动——投资人必须接受一个基金中基金既有的投资策略而不能去主动选择。正是由于这个缺陷，一种弥补之的投资方式应运而生——独立账户投资。

设想这样一个场景可以帮助我们理解这种投资。一个巨大的养老基金日益发现投资于新兴市场的重要性。它希望适量投资于中国、印度、俄罗斯和巴西（所谓的“金砖四国”）。怎么达到这个目的呢？市场上可以选择的针对新兴市场的基金基本上不会提供和该养老基金目的完全一致的投资组合，即投资中国的基金不一定会投资印度，而俄罗斯和巴西迥然不同的条件决定一个基金很难同时投资于这两个国家。所以如果要涵盖这四个国家的投资，同时分散风险，那么该养老基金需要投资于十个以上的基金。这就意味着要做大量的调研和尽职调查。可是该养老基金很可能不具备这样的人力资源，而更为有效的方式是将这个任务交给基金中基金完成。

基金中基金做这个工作的优势在于，在长期投资的过程中，它们和大量的基金发生联系，进而了解各基金的特点和质量，可以列出长长的候选基金名单以供选择。同时，基金中基金拥有大量的专业人士，可以针对客户的具体需要分析和选择投资组合。另外，基于其人力优势，基金中基金可以向客户随时提供关于该客户独立账户的信息和资料，客户不需要担心向十个二十个基金收集投资信息，了解投资动向。客户可以期待在每个季度末，甚至如果需要，每个月末从基金中基金处得到一份详尽的报告，从而完全掌控自己的投资收益情况。值得注意的是，大多数的独立账户投资都是由账户管理人全权完成，任何投资，只要是在该独立账户预先设定的投资范畴之内，账户管理人不需要投资人的批准，可以独立决策和实施。这是为了保证投资决策的专业性、独立性和高效性不打折扣，而且多数投资人认可这种方式，因为他们完全信任账户管理人。

我们有必要将独立账户投资同另外一种商业模式——非全权代理咨询业务作一个比较。这些咨询机构提供所谓投资决策外包服务，具体讲就是协助投资人分析投资策略，对投资对象进行尽职调查，以及提供后台办公室服务等。全球范围内，重要的这类机构包括 Cambridge Associates，Alpha Investment Consulting，Hewitt Associates，等等。这种咨询服务理论上应该达到和独立账户投资相同的目的——帮助投资人选择最佳投资和顺利完成投资过程。但在具体操作上，咨询业务只对投资人的内部人员操作进行补充，而不取代他们，具体的投资工作还是由投资人内部完成；相比较而言，独立账户业务管理人全权负责管理投资人基金，完成从分析到决策到实施的一条龙服务，而且由于管理人实际掌控资金，也要对基金的合法合理使用负责。不同的责任和劳动量当然决定了不同的费用：独立账户管理人大多收取 1% 以上的年管理费和 10% 左右的效益分成，而咨询机构一般只收取 0.25% 的年管理费。

独立账户投资由于其自身的灵活性而受到一些投资人的欢迎。一些大型投资人在使用大量的非全权代理咨询机构的同时，也大量使用独立账户。在 2006 年，加州公务员养老基金为了覆盖更多的特殊投资领域，公开招募了 6 个独立账户管理人，负责不同领域的投资。在对投资人的争夺日趋激烈的今天，个性化的定制服务已经成为一个方向，可以想象，独立账户投资会为更多投资人所选择。

## 基金中基金在亚洲与中国的兴起和发展状况①

亚洲与中国作为最重要的新兴市场，近几年受到全球私人股权基金的追捧，基金中基金也伴随着这种趋势在这里开枝散叶。根据新兴市场私人股权协会的不

① 本节内容参见《私人股权基金中基金经理人指南》一书，出版商：PEI，2008。

完全统计，在2006~2007年两年，针对新兴市场的基金中基金共融资约80亿美元，而从2000年到2005年，这个数字总共不超过35亿美元。同时，私人股权基金在亚洲的大量涌现也为基金中基金在该地区变得异常活跃提供了条件。据估计，大约有1000个私人股权投资管理人活跃在亚洲这个日益成熟的资本交易舞台上。

在亚洲私人股权基金中基金的发展历史中，可考的第一个这类基金中基金是1994年的Pantheon Asia Fund I，融资额为6700万美元。1996年，HarvourVest在香港开办办公室，从事亚洲投资业务。早期的这类基金都是以美元等国际硬通货为使用货币。第一个使用亚洲当地货币的基金是2002年的A. I. CAPITAL Japan I，共融得相当于1.2亿美元的投资。今天，活跃在亚洲的大型基金中基金管理人包括Adam Street Partners，HarbourVest Partners，汇丰，AXA Private Equity，Morgon Stanley，Partners Group（合众集团）以及高盛。

亚洲的基金中基金投资方兴未艾。这是由供求两方面原因造成的。一方面市场需求很大。随着中国、印度以及越南等新兴市场的兴起，亚洲地区的国民生产总值增长率在全世界一直名列前茅。即使在今天金融危机的阴影下，亚洲在可预见未来的增长仍然远远超出世界其他地区；同时中国的强烈经济刺激计划会向该地区的发展带来新鲜血液。所以很多国际投资人，在看到日益衰老的欧洲和深不见底的美国以后，只能转向亚洲。另一方面，亚洲私人股权投资的不完全成熟的特色决定了基金中基金投资是不多的选择之一。对于一般的中小型投资人，由于没有准确可信的市场信息，没有完善而经过时间考验的市场框架，没有可以信赖的市场接入人的介绍，很难直接找到合适的基金管理人。值得注意的是，虽然一些国际大型基金在亚洲设有分公司以及针对亚洲的基金，由于这些公司内部的合伙人制度和它们在亚洲拓展业务时对当地合作伙伴的依赖，使用这些国际基金名字的亚洲基金并不一定带来相应的投资质量以及回报的保证。很多投资人盲目跟随大品牌，发现其收益与期待存在差距。在这两个因素的作用下，通过对当地市场更加了解的国际基金中基金投资，可以减少投资风险，避免一些摩擦。

麦肯锡曾经作过一个研究报告，表明国际金融体系里的更多话语权正在从传统意义上的资金管理人手里转向石油输出国家、亚洲的中央银行们以及亚洲的对冲和私人股权基金。这些新兴的资本主人在2006年底共掌控大约8.4万亿美元的资产，而到2012年这个数字会增长到超过20万亿美元。我们不得不承认，正在发展的这场金融危机在改变一些既有的假设与预期，但是不可否认的是亚洲在金融领域的兴起与逐渐成熟强大。2007年10月，花旗银行访问了50个美国和欧洲的重要养老基金等最终投资组织的负责人，发现其中75%计划在未来3年加大对私人股权投资的份额分配，平均从4%增长到6.3%，要知道这意味着4000亿美元的新鲜血液将被投向私人股权基金以及基金中基金。亚洲的私人股权基金中基金受益于投资人对私人股权投资的日益青睐和对亚洲的逐渐熟悉与投入，并迎来一轮新的大发展。

前文已经就私人股权基金中基金在中国的发展作出了简要叙述，我们看到随着私人股权投资的发展，不但一些国际知名的基金中基金管理人在探索中国市场，同时国内的一些业内人士也在考虑成立中国本土的基金中基金。国外管理人拥有长期操作的历史记录、经验和庞大的融资及投资关系网络，但是面临一些法律和制度上的障碍，比如作为境外机构难以在中国融资和投资；而国内的潜在基金中基金管理人拥有一些本土优势，如内资身份和政府关系，但是缺少资本管理所必需的历史记录和管理经验，而后者尤甚。但毋庸置疑的是，目前的阶段，中国的整体私人股权基金投资处于长期成长期前的一个爆发期，各种投资机构和投资模式正在接受市场的初步检验。这是一个对业内人士来讲不可多得的历史性机遇，会产生一批弄潮儿，而谁会最终胜出，不但要看其投资决策的成败与否，也要依赖其商业模式是否能够持久，是否能够体现各方的长久利益。从这个角度考虑，研究世界先进的私人股权基金中基金的运作与投资是非常重要的，它会向我们昭示中国这个市场发展的前景和必经之路。

# 外国 PE 募集设立人民币基金的三种模式

邹　菁*

## 一　背景介绍

中国多层次资本市场的不断发展和完善对于本土私募股权基金（PE）的成长与壮大有着直接意义。在国资创投、民营 PE、政府引导基金（FOF）的募集案例风起云涌之时，外国私募股权机构（下称“外国 PE”）也正努力探索着募集设立人民币基金的途径。

迄今为止，已有多个外国 PE 凭借《外商投资创业投资企业管理规定》（下称“《外资创投管理规定》”）① 成功实现了人民币基金的募集和运作。随着《合伙企业法》② 配套行政法规《外国企业或者个人在中国境内设立合伙企业管理办法》③（下称“《合伙管理办法》”）、《外商投资合伙企业登记管理规定》④ 的出台及生效，外国 PE 将逐渐过渡到以外商投资合伙企业的模式来募集设立人民币基金。

## 二　外国 PE 离岸管理模式

自 2006 年 9 月 8 日国务院六部委联合发布《关于外国投资者并购境内企业

---

* 邹菁，国浩律师集团事务所合伙人。

① 《外资创投管理规定》由中华人民共和国对外贸易经济合作部第十一次部务会议于 2002 年 10 月 31 日审议通过，自 2003 年 3 月 1 日起施行。

② 《合伙企业法》由中华人民共和国第十届全国人民代表大会常务委员会第二十三次会议于 2006 年 8 月 27 日修订通过，自 2007 年 6 月 1 日起施行。

③ 《管理办法》由国务院第七十七次常务会议于 2009 年 8 月 19 日通过，自 2010 年 3 月 1 日起施行。

④ 《外商投资合伙企业登记管理规定》由中华人民共和国国家工商行政管理总局于 2010 年 1 月 29 日通过，自 2010 年 3 月 1 日起施行。

的规定》(下称“10 号文”)之前，外国 PE 在中国市场通常采用“两头在外，一头在内”模式进行投资和管理，即募集资金、项目投资和获利退出在境外，投资管理在境内。其具体做法如图 1 所示。

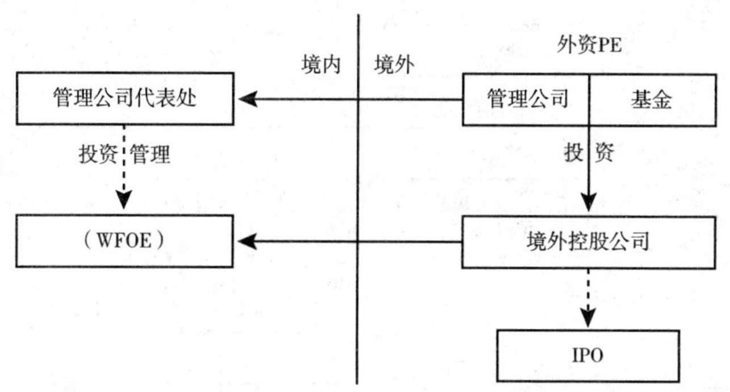


**图 1　外国 PE 离岸管理模式—结构**

(1) 外国 PE 在境内设立管理公司代表处，负责寻找境内优质项目；

(2) 外国 PE 要求境内公司搭建境外架构并投资其境外控股公司；

(3) 外国 PE 通过代表处管理境外控股公司在境内的全资子公司 (WFOE) 及其他相关公司和资产；

(4) 境外控股公司实现海外上市，同时外国 PE 在海外资本市场实现退出。

## 三　外国 PE 募集设立人民币基金的模式

### (一) 纯人民币基金模式

《合伙企业法》第一百零八条规定，“外国企业或者个人在中国境内设立合伙企业的管理办法由国务院规定”。因此，《合伙企业法》不适用于外国企业或者个人直接在中国境内设立合伙企业，有限合伙人和普通合伙人仅能由国内法人和自然人担任。外资募集人民币基金需要先由外国 PE 设立外商独资企业实现普通合伙人 (GP) 的本土化，再引入国内投资人组建私募股权基金。这类基金是纯人民币基金，普通合伙人 (GP) 和有限合伙人 (LP) 均为国内主体，故其法律地位与国内的民营私募股权基金没有差异。

外国PE拟设立本土有限合伙企业型私募股权基金必须解决两个问题，一是要设立本土的中国企业法人作为普通合伙人（GP），二是要引入本土的投资人即有限合伙人（LP）。（见图2）

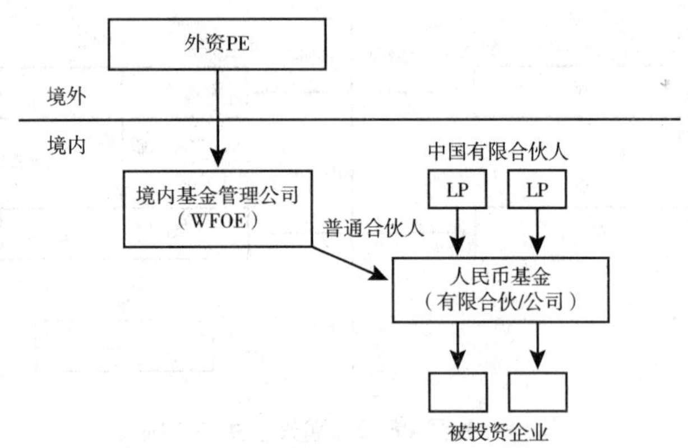


**图2　纯人民币基金模式—结构**

**1. 设立外商独资企业（WFOE）实现普通合伙人的本土化**

外商独资企业从法律形态上是有限责任公司，《合伙企业法》对于有限责任公司可否成为普通合伙人无禁止性规定，其第三条规定，“国有独资公司、国有企业、上市公司以及公益性的事业单位、社会团体不得成为普通合伙人”。因此，有限责任公司可以成为有限合伙的普通合伙人。据此，目前有部分外国PE根据《外资创投管理规定》设立外商投资创投企业，也有的仅仅设立了一般性质的外商投资咨询类企业作为本土有限合伙制基金的普通合伙人（GP）。当然，设立中外合资或中外合作的有限责任公司作为有限合伙制基金的普通合伙人（GP）也是外资基金解决普通合伙人（GP）身份本土化的一种选择，但外商独资企业是更为普遍的一种模式。

为吸引境外股权投资资本，鼓励外国投资者设立境内股权投资管理公司，各地纷纷推出相关政策。以上海浦东新区为例，《浦东新区促进股权投资企业和股权投资管理企业发展的实施办法》①、《上海市浦东新区设立外商投资股权管理企

① 《浦东新区促进股权投资企业和股权投资管理企业发展的实施办法》由浦东新区政府于2009年3月25日发布，自发布之日起生效至2010年12月31日。

业试行办法》① 等相关规定②，以管理人员工薪补贴、办公用房补贴等形式给予股权投资管理企业政策优惠。但是如果外国 PE 设立的外商独资企业不是股权管理类企业，则无法享受相关优惠政策。

**2. 引入本土投资人作为有限合伙人（LP）**

中国的有限合伙制私募股权基金发展刚刚起步，尚未形成一个成熟的有限合伙人（LP）群体。目前外资基金募集设立的人民币基金已引入的本土有限合伙人（LP）形式包括：政府财政（引导基金）、国有企业、上市公司、民营企业、富裕的个人投资者和社保基金（养老基金）。银行和保险机构投资私募股权基金尚未得到法律许可，证券公司目前已获准，今后必将成为私募股权基金的重要来源。

**3. 设立程序创新**

无须商务主管部门的审批，可直接申请设立登记。

## （二）非法人型中外合作基金（CJV 模式）

外国 PE 在国内募集人民币基金采用的另一种模式为非法人型中外合作股权基金（CJV）模式，也即募集一部分外币，募集一部分人民币，共同组合成中外合作股权基金。

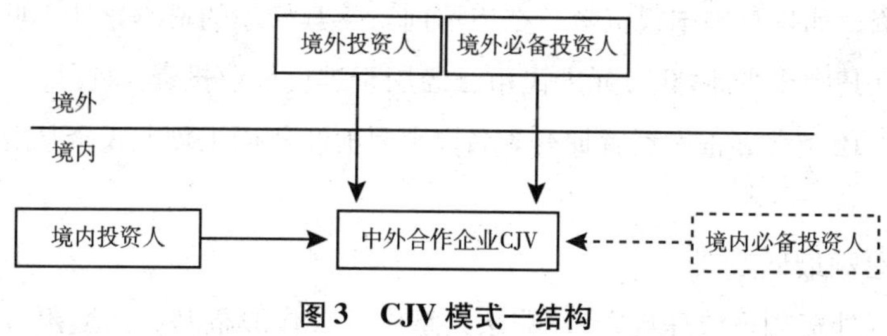


**图 3　CJV 模式—结构**

**1. 非法人型中外合作基金的募集设立**

（1）非法人型是主要形式。

非法人型中外合作基金募集设立的法律依据是《外资创投管理规定》。根据

① 《上海市浦东新区设立外商投资股权管理企业试行办法》由浦东新区政府于 2009 年 6 月 2 日公布，自发布之日起生效至 2010 年 6 月 30 日。

② 相关政策还有 2008 年 8 月 11 日发布的《关于本市股权投资企业工商登记等事项的通知》（沪金融办通［2008］）3 号）、2008 年 12 月 13 日发布的《关于浦东新区促进股权投资企业和股权投资管理企业发展意见》。

该规定，外商投资创业投资企业可以采取非法人型组织形式，也可以采取公司制组织形式。由于公司制创投企业存在双重征税的问题，同时中外合作方式允许由中外各方通过契约约定各自的权利义务，普通合伙人（GP）和有限合伙人（LP）的游戏规则得以合法存在，故非法人型中外合作企业的组织形式是目前为止外资创投企业落地中国的主要形式。

（2）必备投资者类同普通合伙人。

根据《外资创投管理规定》，非法人型中外合作基金因采取非法人型组织形式，需要对创投企业的债务承担连带责任。同时，"非法人型创投企业的投资者也可以在创投企业合同中约定在非法人型创投企业资产不足以清偿该债务时由必备投资者承担连带责任，其他投资者以其认缴的出资额为限承担责任"。这类似于《合伙企业法》规定的"有限合伙企业由普通合伙人（GP）和有限合伙人（LP）组成，普通合伙人（GP）对合伙企业债务承担无限连带责任，有限合伙人（LP）以其认缴的出资额为限对合伙企业债务承担责任"。

（3）必备投资者可以是中方或者是外方。

根据《外资创投管理规定》，必备投资者如果是外国投资者，则要求在申请前三年其管理的资本累计不低于1亿美元，且其中至少5000万美元已经用于进行创业投资；如果是中国投资者，在申请前三年其管理的资本累计不低于1亿元人民币，且其中至少5000万元人民币已经用于进行创业投资。此外，《外资创投管理规定》还要求必备投资者拥有3名以上具有3年以上创业投资从业经验的专业管理人员。

（4）总额最低限额。

根据《外资创投管理规定》，非法人型中外合作股权基金认缴出资总额的最低限额为1000万美元，其中必备投资者不得低于投资总额的1%，其他投资者的最低认缴出资额不得低于100万美元。如果是公司制创投企业，投资者认缴资本总额的最低限额为500万美元，其必备投资者不得低于投资总额的30%。

（5）审批权限。

《商务部关于外商投资创业投资企业、创业投资管理企业审批事项的通知》（商资函［2009］9号）规定，资本总额1亿美元以下的（含1亿美元）外资创投企业的设立由省级商务主管部门和国家级经济技术开发区依法负责审核、管理。对于资本总额超过1亿美元的外资创投企业的设立，由省级商务主管部门完成初审后报商务部审查，同时经科学技术部同意后，方可批准并颁发《外商投资企业批准证书》。

**2. 非法人型中外合作股权基金的对外投资**

（1）被投资的企业是外商投资企业。

根据《外资创投管理规定》，非法人型中外合作股权基金的境内投资比照执行《指导外商投资方向规定》和《外商投资产业指导目录》的规定。同时，中外合作股权基金所投资的企业，将根据实际外方投资比例确定是否享有外商投资企业的待遇。即，如果被投资的企业中所有外方投资者联合投资的比例总和不低于 25%，则该企业将享受外商投资企业有关优惠待遇；如果低于 25% 的，则不享受外商投资企业优惠待遇。从该规定看，外资创投企业与外商投资性公司类似，是特殊的外商投资企业，其虽是在中国设立的企业，但由于其特殊的设立目的和经营范围，故其再投资的企业仍被认为是外商投资的企业。就这一点而言，与纯人民币基金在投资领域的广泛度上有所差异。

（2）对外投资需先备案再登记。

根据《外资创投管理规定》，外资创投企业投资鼓励类和允许类企业，需要向外经贸部门备案；投资限制类企业，需向省级外经贸主管部门提出申请。当地外经贸部门应在完成备案审核手续后，向所投资企业颁发外商投资企业批准证书。此备案程序以及所颁发的批准证书与一般意义上外国企业投资境内企业的审批程序并颁发批准证书是否有区别，该法规未有进一步解释，有待于实践中进一步释明，但备案程序有可能使非法人型中外合作基金（CJV）在与纯人民币基金竞争项目时缺少时间上的优势。

上述程序规定区别于《关于外商投资举办投资性公司的规定》，投资性公司投资设立企业，需要按外商投资企业的审批权限及审批程序另行报批，要求是“审批”而非仅“备案”。

上述程序规定也区别于《关于外商投资企业境内投资的暂行规定》，一般外商投资企业境内再投资境内企业，如在鼓励类或允许类领域投资，可直接向登记机关提出申请；如在限制类领域投资的，则应向省级审批机关提出审批申请，取得批准证书后再向登记机关申请变更登记。

**3. 非法人型中外合作基金（CJV）的企业所得税**

《关于外商投资创业投资公司缴纳企业所得税有关税收问题的通知》（国税

发［2003］61号）规定，组建为非法人的创投企业，可由投资各方分别申报缴纳企业所得税（25%）；也可以由创投企业申请，经当地税务机关批准，统一依照税法的规定，申报缴纳企业所得税。

非法人创投企业投资各方采取分别申报缴纳企业所得税的，对外方投资者应按在我国境内设立机构、场所的外国公司，计算缴纳企业所得税。但非法人创投企业没有设立创投经营管理机构，不直接从事创业投资管理、咨询等业务，而是将其日常投资经营权授予一家创业投资管理企业或另一家创投企业进行管理运作的，对此类创投企业的外方，可按在我国境内没有设立机构、场所的外国企业，申报缴纳企业所得税。根据《企业所得税法》和《所得税法条例》的相关规定，此类外方应缴纳的所得税税率为10%。如果外方来自于与我国签署了双边税收协定的国家或地区（如香港、巴巴多斯、毛里求斯等），预提税的比例还可降至5%，充分享受税收优惠。

**4. 募集案例**

目前已有多个外币基金以这种中外合作基金的方式落地中国，例如，在德同资本与苏州工业园区共同设立了非法人型的长三角中外合作创业投资企业，首期募资约2.5亿元，其中苏州园区FOF出资1亿元，作为基金管理人的GP亦有少量出资，其余部分由德同资本在境外募集。此外还有软银中国公司，也与苏州工业园合作设立了非法人型中外合作软库博辰基金，规模也是2.5亿元。

非法人型中外合作基金（CJV）的组织形式依托国外LP的募资渠道，并结合少量国内人民币基金，以契约作为规范管理人和投资人之间权利义务的法则，在中国法律框架下，最大限度地塑造了与外国PE最常使用的有限合伙制相类似的结构，在外商投资有限合伙相关规定出台之前是国外PE进入中国募集人民币基金的主要途径之一。

### （三）外商投资合伙企业型

投资界对于《合伙企业法》第一百零八条所规定的“外国企业或者个人在中国境内设立合伙企业的管理办法由国务院规定”应该是盼望多时了。国务院于2009年11月25日终于发布了《合伙企业法》的配套行政法规《合伙管理办法》，该《合伙管理办法》允许两个以上外国企业或者个人在中国境内设立合伙企业，或外国企业或者个人与中国的自然人、法人和其他组织在中国境内设立合伙企业。此后，国家工商行政管理总局又于 2010 年 1 月 29 日通过了《外商投资合伙企业登记管理规定》，进一步明确了外商投资合伙企业的注册流程。这些法律规定的生效与实施给人民币基金带来一种崭新的设立方式。

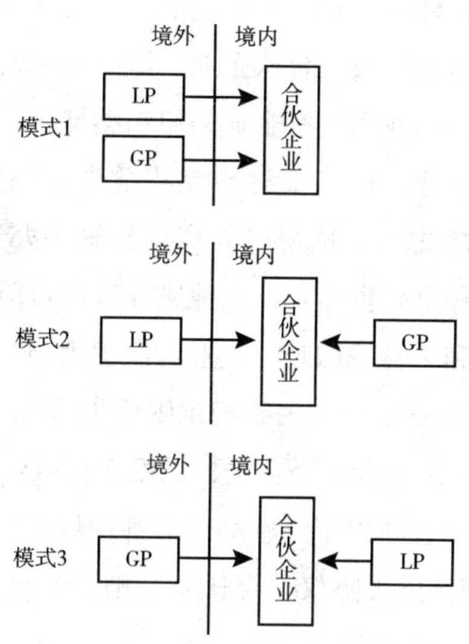


**图 4　外商投资合伙型—结构**

**1. 设立程序创新：无须商务主管部门的审批，可直接申请设立登记**

根据中国现行的外商投资管理法律规定，设立“三资”企业（以中外合资经营、中外合作经营以及外商独资经营方式设立外商投资企业）需要经过商务主管部门的批准。对于常规性企业审批，商务部有权审批投资总额 1 亿美元以上的鼓励类、允许类项目，以及 5000 万美元以上的限制类项目。除此之外，由省、市级商务主管部门进行审批。

而依据《合伙管理办法》第五条的规定，外国企业或者个人在中国境内设立合伙企业，应直接向国务院工商行政管理部门授权的地方工商行政管理部门（以下称“企业登记机关”）申请设立登记。企业登记机关予以登记的，应当同时将有关登记信息向同级商务主管部门通报。

相比而言，外商投资性公司和外商投资创业企业也需要经过相应的商务主管部门的审批通过，方可在企业登记机关进行设立登记。外商投资合伙企业在设立程序上将大大突破现有的程序规定。

**2. 企业组织类型创新：全外资型合伙企业**

依据《合伙管理办法》的规定，外国企业或者个人在中国境内设立合伙企业包括两种情形：一是两个以上外国企业或者个人共同设立合伙企业，合伙人全部为外国企业或者个人，即全外资型合伙企业；二是外国企业或者个人与中国的自然人、法人和其他组织共同设立合伙企业，即中外合资型合伙企业。合伙企业是一种非法人型的企业，从我国现有企业的组织类型看，后一种企业类型非常类似于中外合作非法人型企业（CJV），这也是当前许多外资私募股权基金在《合伙管理办法》生效和实施之前，依据《外资创投管理办法》设立合资人民币基金的一种路径。而前一种全外资型合伙企业则在我国目前已有的企业类型中难觅踪迹，它的诞生将更新和丰富我国现有企业的组织类型。

**3. 投资型外商投资合伙企业如另有规定则优先适用**

《合伙管理办法》作为《合伙企业法》的配套行政法规，对外国企业或者个人在中国境内设立合伙企业作出了一些必要的管理规定。但有关外商投资合伙企业的形式、设立的条件、合伙协议、合伙企业财产、合伙事务执行、入伙、退伙、解散、清算等事项，还均依照《合伙企业法》的规定办理。对于外商投资合伙企业的呼吁主要来自投资界，而作为国际私募股权基金通行的一种组织类型，中国尚未出台对于私募股权基金的专门规定，故立法者在这个问题上作了一个弹性规定，即国家对外国企业或者个人在中国境内设立以投资为主要业务的合伙企业另有规定的，依照其规定。

**4. 外资结汇问题及 QFLP 制度尚不明朗**

外商投资合伙企业设立的便捷是否也可以同时带来对外汇使用规定上的接轨，是接下来投资机构所面临的另外一个问题。根据国家外汇管理局 2008 年 8 月发布的《关于完善外商投资企业外汇资本金支付结汇管理有关业务操作问题的通知》（汇综发［2008］142 号）第三条的规定，“外商投资企业资本金结汇所得人民币资金，应当在政府审批部门批准的经营范围内使用，除另有规定外，结汇所得人民币资金不得用于境内股权投资”。对外资私募股权基金而言，政府若能借鉴证券市场 QFII 制度，赋予境外机构投资者 QFLP（合格境外有限合伙人）地位，是其突破“142 号文”的希望所在，这一提法在业界也有颇高呼声。其具体做法是通过对境外机构投资者的资格审批，由外管局批准额度的方式进行外汇资金的监管，将国外资本转化为人民币资金，投资于国内私募股权市场。在上海的试点方案中，作为一支人民币基金发起人的外资 GP（普通合伙人）和外资 LP（有限合伙人），其一次性换汇额度累计不得超过该人民币基金总规模的50%，其中 GP 换汇额度上限为5%。① 因此，外商设立人民币基金的问题有待于各部门之间的共同协商和推进。

**5. 募集案例**

2010 年 3 月 3 日，国内首家合伙制外资股权投资企业——凯雷复星股权投资企业根据《合伙管理办法》率先落户上海，对于外资合伙私募股权基金直接落地境内具有标志性意义。作为国内首家从事股权投资的合伙制外商投资企业拥有的两个合伙人，一个为全球最大的私人股权投资企业之一的凯雷投资集团，一个系国内最大的综合类民营企业复星集团，凯雷复星的认缴出资额为 1 亿美元，两个合伙人各出资 50%，共同组建、管理具有联合品牌的基金公司，该基金将投资受益于中国成长型机会的行业和企业。

综上所述，在纯人民币基金募集尚有难度，国内 LP 尚待培育和发展的背景下，采用外商投资有限合伙的模式，同时借助国内外 LP 的募资渠道和管理团队，将成为未来国外 PE 进入中国募集人民币基金的主要途径。

① 胡中彬：《力推 QFLP 制度　上海试点仍存悬念》，2010 年 3 月 27 日《经济观察报》，http://www.cnstock.com/index/gdbb/201003/446635.htm。

# 私募股权基金中基金在中国的发展

邓　旭*

随着私募股权（PE）基金在世界的蓬勃发展，私募股权基金中基金（PEFOF）已成为世界PE基金产业链条上的重要一环，并取得巨大的成功。中国经济的高速发展吸引了世界顶尖PE基金的注意，并通过设立PEFOF来规避中国人民币基金的政策限制，推动了中国PE基金的发展。与此同时，中国特色的PEFOF——政府引导基金也开始发展，但中国真正市场化的PEFOF还未起步，而且在发展PEFOF过程中尚存在一些问题，为此，中国需采取适当措施以推进在PE基金产业链上具有重要作用的PEFOF发展。

## 一　私募股权基金中基金（PEFOF）概览

### （一）私募股权基金中基金（PEFOF）的内涵

私募股权（Private Equity，简称PE）是相对于公开上市发行来说的，特指那些非上市公司的权益资本和上市公司的非公开交易的权益资本（未在股票交易所登记或因其他规定不能公开上市交易的股票）。根据美国风险投资协会（NVCA）和美国两家最重要的研究机构Venture Economics与Venture One对私募股权基金投资的范畴界定，所有的风险投资（VC）、管理层收购（MBO）、夹层投资（Mezzanine Investment）、基金中基金（Foud of Fonds）均属于私募股权投资。

* 邓旭，高级经济师，哲学学士、经济学博士、工商管理博士。现任中国日出投资集团有限公司董事长、日出投资集团公司总经理兼党委书记，北京大学光华管理学院中央企业整体上市课题组成员。

根据国际上对私募股权基金中基金（即 Private Equity Fund of Funds（PEFOF））的定义，PEFOF 是通过对 PE 基金进行投资，从而对 PE 投资的项目公司间接进行投资的基金。PEFOF 可按照其投资对象特点进行分类，有的 FOF 专门投资于中等规模的收购（Buy-out）基金，有的主要投资于小规模基金，有的投资于特定产业的 PE 基金。当然，也有的 PEFOF 将部分投资用于直接投资，一般的策略是对所投资的 PE 基金的投资项目进行跟投。

PEFOF 的投资者可以按照投资基金是否新设分为两类：在 PE 基金募集时直接加入成为投资者的称为一级投资者或初级投资者，在某个基金募集完成后通过购买现有 LP 权益而成为该基金投资者的称为二级投资者。

## （二）PEFOF 在 PE 基金中的作用

PEFOF 同一般 PE 基金投资标的通常是项目或公司的不同之处在于，PEFOF 是通过募集各类投资者的资金、再投资到特定类型的 PE 基金中而不是直接投向特定的项目或公司。实际上，PEFOF 在 PE 基金中具有双重身份角色，对于投资者（LPFOF）而言，PEFOF 类似于 PE 基金角色，但对于所投资的 PE 基金而言又是 LPPE 的角色，其作用类似于投资者和 PE 基金 GPPE 的中介，如图 1 所示。

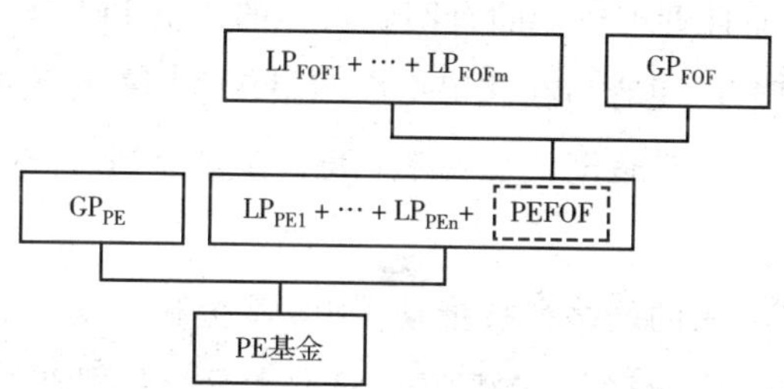


**图 1　PEFOF 和 PE 基金的关系**

正是 PEFOF 的这种中介角色，使一些机构投资者可以借助 PEFOF 的资源与优秀的 PE 基金建立长期、良好的投资关系，而对于 PE 机构而言，则通过 PEFOF 可以直接获得大量的所需募集的资金。显然，由于 PEFOF 既为投资者提供了一种新的投资模式，也为 PE 机构增加了重要的募资渠道，从而使资本和管理得到完美的结合。因此，PEFOF 出现后便迅速获得了投资者和 GP 的认同，在客观上促进了 PE 市场的发展。

## （三）世界 PEFOF 的发展历程

相对于已有近 70 年历史的 PE 基金而言，PEFOF 仅有近 40 年的历史——世界上第一支 PEFOF 于 1970 年代初期成立。当时由于 PE 基金逐渐增多，其高回报率引起了一些大的机构投资者的兴趣，但这些机构投资者面对众多的 PE 基金，缺乏必要的专业经验参与到合适的优质基金中去，由此 PEFOF 就真正产生了。刚开始的 PEFOF 通常向大的单一机构投资者募资，因此被称为“专账（Separate Account）FOF”，当时的 Adam Street（曾用名 Brison）、Crossroads Harbour Vest 等 PEFOF 机构拥有稀缺的但对众多 GP 团队很熟悉的调研人才，因此为一些大的机构投资者同时进入多个 PE 基金提供了高效渠道。尽管当时针对大机构投资者设立的“专账 FOF”因为保密协议而无法有效统计，但总体而言，在 PEFOF 发展的前 20 年里，其在整个 PE 资本市场中的规模和比重都还比较小。

随着 PE 基金的发展，到了 1990 年代，面向相对于大的机构投资者而言资金实力较小投资者募集的 PEFOF 开始出现，并于 1992 年募集金额第一次超过 10 亿美元。相对于专账 PEFOF，集资 PEFOF 面对众多话语权较低的投资者，PEFOF 管理团队对投资者的定价权得到了提升，之前对大型投资人的管理费折扣也逐渐被取消，而且管理较少的有明确目标的集资 PEFOF，比之前管理多个目标各异的专账 PEFOF 更容易在获得更高回报率的同时做大基金规模。在这种背景下，集资 PEFOF 开始逐渐代替专账 FOF，在整个 PE 资本市场中的规模和比重也开始变得较为显著。

1990 年代中期开始的网络科技推动了 PE 基金和 PEFOF 的高速发展，北美和西欧的 PE/VC 年募集金额从 1995 年的 53 亿美元增长到 2000 年的 306 亿美元，而 PEFOF 则从 2. 3 亿美元增长到 29. 7 亿美元。网络科技泡沫破灭之后，PEFOF 行业出现了洗牌，高点募集的或者缺乏长期稳定业绩的 PEFOF 被淘汰，而少数如 HarbourVest、Adams Street、Horsley Bridge、Pantheon 这样有近 20 年稳定回报历史，而且和 GP 团队有着长久合作关系的 PEFOF 仍然逆势发展。那些缺乏历史积淀的 PEFOF 则通过依靠更加细分市场，形成差异化竞争（如采取聚焦某一行业、地域或投资周期，并寻找有相应需求的投资人等措施）而获得了发展，这种差异化竞争也逐渐成为 PEFOF 市场的主格调。另外，还有些 PEFOF 通过集合若干细分行业的 FOF，给予投资人更多的选择和组合；而投资门槛更低的 FOF

产品（每份仅25万美元）也开始受到许多私人银行的推崇。同时，一度被集资FOF取代的专账FOF产品需求也重新抬头：大型机构投资人对投资大型PE虽已轻车熟路，但对于一些细分投资市场的机会仍然希望外包给对那一领域更为专业的FOF，如CalPERS通过投资Grove Street Advisors来进入早期VC市场、CalSTRS通过投资INVESCO来进入新型国家市场都是当时的著名案例。

截至2007年底，美国市场PEFOF募集金额从1996年以来平均年增长超过120亿美元，欧洲年增长也超过40亿美元。目前美国所有的PE投资中，差不多有15%～20%的钱来自于PEFOF。而欧美私募股权投资领域知名的PEFOF主要有Horsley Bridge、Singular Guff、Grove Street Advisor等，这些PEFOF通过投资专注于中国内地的VC/PE基金而日益为中国投资者熟知，如赛富、光速创投、DCM、金沙江创投等众多知名创投基金就有来自Horsley Bridge的投资。

## 二　世界PEFOF蓬勃发展的原因

### （一）PEFOF较低的投资门槛有利于更多的投资者参与

私募股权是一种高风险投资，募集对象必须是合格的投资人，即有一定风险承受能力的机构和自然人。在美国，大部分私募股权基金只对机构投资者以及富豪开放，合格的PE基金投资者通常被要求有100万美元的净财富，有证明的20万美元个人年收入或者30万美元的夫妻共同收入且这种收入水平会有持续的预期，而其投资的最低门槛更是高达500万～1000万美元，如果要在10支以上的基金中进行分散投资，那么投资者最少需要0.5亿～1亿美元的资金，这对于单个投资者而言是难以承受的。而PEFOF则可以帮助资金有限的机构和个人在投资多个PE基金的同时避免高额资金门槛，如在欧洲在FOF的投资者中有75%的投资者资产规模是在100万美元以下，而在美国现在25万美元也可以投资PEFOF。显然，这种较PE更低的投资门槛便于更多的投资者参与，从而更有利于推动PEFOF的快速发展。

### （二）为普通投资者提供了享受专家投资服务的机会

私募股权投资是一个专业性很强的领域，能否挑选到一个优秀的PE基金管

理人取决于其对PE基金管理人一整套严格的筛选和管理流程的有效性，其中涉及许多工作，比如，首先要调查的是PE管理团队的成员背景、以往业绩、团队稳定性、擅长领域以及监督激励机制等最基本的东西；其次，要看PE团队的投资理念和流程，包括其失败和成功案例；再次，须对PE基金的项目源和项目储备，以及其所处行业和地域进行详尽、真实的调查；又次，须了解这个PE基金的其他投资者，因为主要投资者的组成、背景、投资风格、所拥有资源等都会对基金的运作直接造成影响；最后，PE基金的投资量吞吐能力、退出渠道、发展潜力以及未来是否有增值合作的空间，等等。这些工作并不是一个普通的投资者能完成的，而经验丰富的PEFOF的管理人不但可以为投资者提供包括业绩考查、基金选择等方面重要的专业知识和见解，还能提供包括凭借其敏锐的洞察力，用一个经过时间考验、有原则的甄选过程来选择基金，并代表投资者对投资条款进行谈判，利用其专门的资源来监控所投资基金的进展，清算股票红利、全面报告基金状况等服务。因此，PEFOF为普通投资者提供了享受专家投资的机会而受到投资者的认可。

### （三）为普通投资者提供了投资优秀PE基金、发现新兴潜力PE基金的可能

尽管PE基金已经取得很大发展，但投资PE基金在某种程度上还是一个相当封闭的圈子，要么是因为业内优秀基金不对公众开放，要么因为其要求投入的最低资本金太高，当然也许是两者兼而有之，许多投资者，尤其是刚接触PE基金投资的投资者，一般难有机会投资行业内优秀的PE基金。实际上，当一个成熟的拥有良好业绩表现的PE管理人推出一项新基金时，一般都会对以前的投资者给予优先分配，也可能分出一部分给一些选定的、可以为基金管理人提供诸如新的投资机会之类的增值服务或者行业专业知识的战略投资者，而且常常会很快得到其原有投资者和战略投资者的超额认购，这使得老投资者或战略投资者有机会对其热捧，而新投资者却常常被拒之门外。由于PEFOF的管理人活跃在PE的圈子里，与这些基金之间业已建立了良好的关系，或者作为战略投资者能够为PE基金管理人带来价值而较易成为优秀PE基金的投资者。另外，PEFOF对有发展前途的PE基金也有着敏锐的洞察力，可利用其所具有的专业知识和洞察力为投资者提供发现有可能成为优秀PE基金的机会。特别是在新兴市场经济国

家，本土 PE 基金有其特有优势，投资者通过 PEFOF 进入比直接进入节省时间和成本，能够抓住稍纵即逝的市场机会。

## （四）投资 PEFOF 与直接投资 PE 基金相比具有风险更低的优势

尽管一支 PE 基金一般也会同时投资于数个项目，但 PEFOF 可通过投资多个 PE 基金在更多的项目和更广阔的地域、行业、投资策略、投资阶段、管理者等方面进行风险分散，如 PEFOF 的管理人可通过选择不同的投资策略（风险投资基金、并购基金、夹层基金、不良债权基金等），或者投资于不同的行业（制造业、技术、医疗保健、消费品等），或者不同投资阶段（种子期、初创期、发展期、扩展期、成熟期和 Pre-IPO 期等）的基金来进行广泛的多样化投资，从而避免投资于单一基金所带来的风险。Weidig、Kemmerer 和 Born（2004）通过对直接投资、PE 基金投资和 PEFOF 投资的收益与风险数据研究显示，投资于单支 PE 基金风险要低于直接投资于企业，而投资 PEFOF 的风险则要明显小于投资单支基金。而根据 Thomson Venture Economics 记录的美国收购基金历史数据整理显示，PEFOF 的内部回报率（IRR）波动率随着基金数量增加而降低①（如图 2 所示），因此，投资 PEFOF 比投资 PE 基金具有更低的风险。

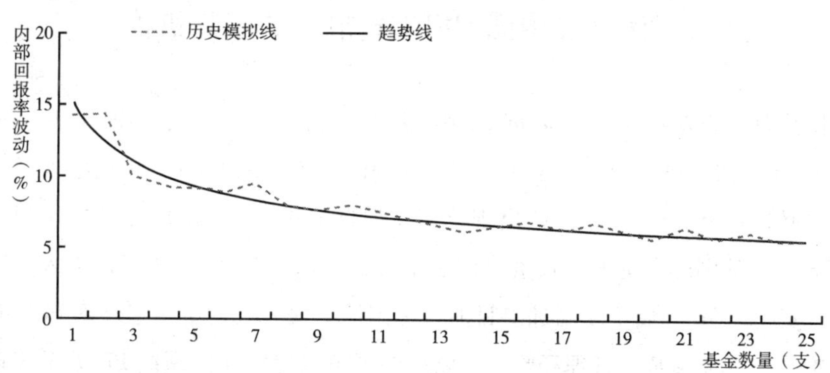


图 2　随着基金数量增加而降低的 PEFOF 的内部回报率（IRR）波动率

## （五）投资 PEFOF 能获得比 PE 基金平均收益率更高的回报

在投资回报方面，从历史收益上看，平均的私募股权基金收益与最好的私募

① “A Guide to Private Equity Fund of Funds Managers”, *Private Equity International*, p. 26.

股权基金收益相去甚远。据有关统计数据显示，PE 投资行业的高回报基本集中在排名前 25% 的基金中，如全美排名前 25% 的基金的回报率是 30.2%，而风险基本由排名靠后的 PE 基金承担。由于优秀的 PE 基金往往相对封闭而将新投资者、小投资者拒之门外，长期活跃于 PE 领域且同优秀 PE 基金管理人保持良好关系的 PEFOF 管理人通常有机会进入顶级 PE 基金而分享其投资收益，因此，PEFOF 一般远高于 PE 基金行业的平均投资回报率，这为资金量不足的投资者创造了获得高收益的机会；另外，PEFOF 为有效降低风险而选择多支不同风格的 PE 基金进行组合投资的策略也有利于其比其他投资方式在低风险的情况下获得更高的投资回报。如，截至 2009 年 5 月 31 日，PEFOF 赛富资本在中国投资的年内部回报率就高达 79%。

当然，尽管 PEFOF 具备诸多优点，但实际操作中这些优点不一定能得到充分体现。事实上，PEFOF 也无法完全避免私募股权投资领域的高风险，同时也会受到经济周期、宏观经济环境的影响，要保证一个稳定的高收益也同样具有较高难度。但是，PEFOF 在分散风险、便捷投资等方面的作用是毋庸置疑的，也因此受到众多投资者的青睐。

## 三　活跃在中国 PEFOF 市场的国际机构

据清科集团发布的《Fund of Funds 专题研究报告》显示：PEFOF 基金虽然于 1990 年代初就进入亚洲，但包括中国在内的整个亚洲 PEFOF 市场的发展速度非常缓慢，直至 2005 年才开始出现改观，如自 1992 年到 2005 年，在中国从事 PEFOF 业务的国际私募股权投资机构屈指可数，而在 2005 年之后，进入中国市场的外资 PEFOF 开始不断增加。目前在中国设立代表处的十多家外资 PEFOF 多拥有雄厚的资金及基金管理经验，且以在中国市场上活跃的顶级 PE 基金管理人为主要投资目标，但迄今国内市场还未出现真正意义上的市场化本土 PEFOF 的身影。目前部分活跃在中国 PEFOF 市场的国际机构情况如下。

**1. 磐石基金（Pantheon Pussell PE）**

磐石基金创立于 1982 年，总部位于英国伦敦，是全球领先的专门投资 PE 基金中基金，也是最早在亚洲从事 FOF 业务的全球性基金之一，其旗下管理资金达 200 亿美元，在世界范围内投资了约 700 支 PE 基金。磐石基金在亚洲的投资历史超过20年，投资金额20多亿美元，其中接近30%的资金投资于中国。2009年9月，磐石投资募集规模超过30亿元人民币的国内首支民生产业基金。

**2. 艾德维克资产管理公司（Adveq Management AG）**

艾德维克是首批在中国积极进行投资的FOF之一，自1998年以来就一直在中国通过投资PE基金支持高速增长的公司，到目前为止，已在中国投资了20支PE基金，并已通过这些基金投资了超过230家公司，投资总金额超过15亿元。2008年，艾德维克与上海浦东区政府签订了合作在中国建立人民币面向全国的FOF谅解备忘录；2009年12月，艾德维克控股和大连联合控股决定合作成立一家核心业务在中国境内的人民币PEFOF并提供相关服务。

**3. 璞玉基金（Jade Alternative Investment Advisors）**

作为第一家专注于中国内地的PEFOF，2005年，璞玉基金在上海成立专注于中国内地PE基金的璞玉投资管理公司（Jade Alternative Investment Advisors），并于2007年完成中国首支独立的PEFOF璞玉价值基金的第一轮募集，基金总规模为1.5亿~2亿美元，拟投资8~12家扩展期基金、并购基金以及成长型早期基金，每家的投资额在500万~2500万美元，地域上则会覆盖国内大多数地区。

**4. 合众集团（Partners Group）**

于1996年在瑞士成立，是目前全球前三位的另类投资资产管理公司（Alternative Asset Management Company）。公司70%的资产投资于私募股权，同时也投资于私募债务、房地产、能源以及基础设施。合众集团自2003年开始投资中国市场，曾考察300多支活跃于中国市场的PE基金，并对其中60多支PE基金进行了详细的尽职调查，目前已投资鼎晖、弘毅、今日资本、软银中国、联创、赛伯乐等在中国的PE基金。合众集团同时也进行直投并获得成功，如与凯雷集团共同投资的中国森林控股集团于2009年12月在香港成功上市。

**5. 尚高资本**

尚高资本是一家拥有多元战略的PE基金，管理的资产及已确认投入的资金合计约为80亿美元。尚高资本专注投资于基金中基金、包括“金砖四国”（巴西、俄罗斯、印度和中国）在内的新兴市场，并关注小规模的并购机遇。尚高“金砖四国”基金专注于投资巴西、俄罗斯、印度和中国最好等级的投资基金，主要投资目标是印度和中国。2005年4月尚高资本募集尚高一期“金砖四国”基金（BRICPE）6.1亿美元；2007年12月募集尚高二期“金砖四国”基金10

亿美元。目前已成功投资中国境内软银中国、智龙基金、中信资本、德同资本等PE基金。

**6. 霍斯利·布里奇合伙公司（Horsley Bridge Partners）**

该公司位于美国旧金山，主要业务是将企业和政府部门的养老金投资于风险投资公司。该公司1997年涉足亚洲市场，自2000年设立第二支基金Horsley Bridge International Ⅱ开始，在中国投资份额逐渐提升，已投资赛富亚洲投资基金、光速创投基金、金沙江创投基金等。

**7. Squadran Capital**

总部位于香港的Squadron Capital投资活动专注于亚太地区，现有的资产管理总规模已超过10亿美元。在2006年之前长达20多年的投资历史中所服务的对象仅限于Robert Mille家族，从2006年起，Squadron Capital吸收了来自欧洲、美国、中东等第三方的投资人，募集成立了投资亚太地区的基金。Squadran Capital于2008年2月完成一支3亿美元FOF基金的募集，在亚太地区的14家PE基金管理公司中筛选出70%进行投资，已注资中国的弘毅投资、澳大利亚的并购基金Archer Capital和印度的Avigo等，并于2008年5月发起募集一支以中国及印度地区PE基金为投资对象的PEFOF，规模达4亿美元。

## 四　中国本土PEFOF的发展

### （一）中国本土PEFOF发展进程

随着中国私募股权投资市场的快速发展，外资PEFOF已频现国内市场，但真正称得上是本土市场化的PEFOF尚未出现。目前国内的PEFOF大多数是类似“专账FOF”的政府引导基金，是一种“有中国特色的本土准PEFOF”，主要任务是发挥引导作用，即指政府资金不以营利为目的，以舍弃部分或全部商业利益的方式，吸引专业化投资机构及其管理团队共同设立创业投资基金，使政府资金产生放大效应，再全部或部分投资于政府希望投资的领域和阶段。另外，全国社保基金也已投资了包括鼎晖、弘毅在内的6支基金，承诺投资PE资金近90亿元，实际投资50亿元，目前正在研究直接组建FOF。中国本土PEFOF发展进程如表1所示。

表1 中国本土 PEFOF 发展进程

| 日期 | PEFOF 发展进程 |
|---|---|
| 2005 年 | 国家发改委等十部委发布《创业投资企业管理暂行办法》,明确国家和地方政府可以设立创业投资引导基金,引导民间资金进入创投业 |
| 2006 年 11 月 | 璞玉投资管理顾问公司宣布发起大陆第一支 FOF——璞玉价值基金。其所投资的直投基金预计 8 ~ 12 家,投资额在 500 万 ~ 2500 万美元 |
| 2007 年 6 月 1 日 | 修订版《合伙企业法》正式生效,为有限合伙制 VC/PE 和 PEFOF 奠定了法律基础 |
| 2007 年 7 月 | 财政部、科技部发布《科技型中小企业创业投资引导基金管理暂行办法》规定,引导基金将针对创业投资企业、创投管理企业、具有投资功能的中小企业服务机构、初创期科技型中小企业等四类支持对象,采取阶段参股、跟进投资、风险补助和投资保障等四大引导方式 |
| 2007 年末、2008 年初至今 | 众多政府引导基金风起云涌,迄今已有数十家政府引导基金成立 |
| 2009 年 9 月 | 北京股权投资发展基金管理有限公司成立,成为全国第一家致力于 PEFOF 的公司 |
| 2009 年 12 月 | 北京艾德维克控股(Adveq Holding)与大连联合控股有限公司宣布计划在中国共同成立一家投资管理公司,成为中国首家非政府类的私募股权 FOF 投资公司 |

## (二)政府引导基金发展情况

截止到2009年底,全国包括地级市在内的省市已设立了数十家政府引导基金,政府所出的资金已超过200亿元。其中省市级政府引导基金见表2,地市级政府引导基金见表3。

表2 中国省级政府引导基金(部分)设立情况

单位:亿元

| 基金名称 | 成立时间 | 出资方 | 规模 | 投资范围 |
|---|---|---|---|---|
| 新疆自治区科技风险投资基金 | 2006 年 9 月 | 新疆自治区政府 | — | 新疆 |
| 吉林省创业投资引导基金 | 2007 年 12 月 | 吉林省政府、国家开发银行 | 10 | 吉林 |
| 陕西省创业投资引导基金 | 2008 年 12 月 | 陕西省政府、国家开发银行 | 10 | 陕西 |
| 湖北省创业投资引导基金 | 2008 年 12 月 | 湖北省政府 | 6 | 湖北 |
| 北京市中小企业创业投资引导基金 | 2008 年 7 月 | 北京市政府、启迪创业投资有限公司、深圳市创新投资集团有限公司、北京晨光创业投资有限公司、中国银河投资管理有限公司、张江汉世纪创业投资有限公司 | 8 | 北京 |

续表 2

| 基金名称 | 成立时间 | 出资方 | 规模 | 投资范围 |
|---|---|---|---|---|
| 重庆市科技创业风险投资引导基金 | 2008 年 8 月 | 重庆市政府 | 10 | 重庆市 |
| 山西省创业风险投资引导基金 | 2008 年 8 月 | 山西省政府、国家开发银行 | 8 | 山　西 |
| 创业投资基金 | 2009 年 1 月 | 中央财政、北京、上海、深圳、安徽、湖南、重庆、吉林等七省政府 | — | 全　国 |
| 河北省创业投资引导基金 | 2009 年 1 月 | 河北省政府 | 1 | 河　北 |
| 浙江省创业投资引导基金 | 2009 年 3 月 | 浙江省财务开发公司 | 5 | 浙　江 |
| 福建省创业投资资金 | 2009 年 6 月 | 福建省政府 | 6 | 福　建 |
| 山东省省级创业投资引导基金 | 2009 年 7 月 | 山东省政府 | 10 | 山　东 |
| 安徽省创业投资引导基金 | 2009 年 8 月 | 安徽省政府 | 10 | 安　徽 |
| 北京股权投资发展基金 | 2009 年 9 月 | 北京市政府 | 50 | 北　京 |

**表 3　中国地市级政府引导基金（部分）设立情况**

单位：亿元

| 基金名称 | 成立时间 | 出资方 | 规模 | 投资范围 |
|---|---|---|---|---|
| 上海浦东新区创业风险投资引导基金 | 2006 年 1 月 | 上海浦东新区政府 | 10 | 上　海<br>浦东新区 |
| 北京市海淀区创业投资引导基金 | 2006 年 9 月 | 北京海淀区政府 | 5 | 北　京<br>海淀区 |
| 苏州工业园区创业投资引导基金 | 2006 年 9 月 | 中新苏州工业园区创业投资有限公司、国家开发银行 | 10 | 全　国 |
| 扬州市创业投资引导基金 | 2007 年 9 月 | 扬州市政府 | 1 | 扬　州 |
| 西湖区中小企业产业引导基金 | 2007 年 9 月 | 西湖区政府 | 2.5 | 西湖区 |
| 天津滨海新区创业风险投资引导基金 | 2007 年 12 月 | 天津渤海新区管委会、国家开发银行 | 20 | 天　津<br>渤海新区 |
| 西安高新区创业投资引导基金 | 2008 年 5 月 | 西安市政府 | 6 | 西　安 |
| 苏州吴中国发创业投资基金 | 2008 年 7 月 | 苏州吴中区政府、苏州市国发创业投资控股有限公司、苏州吴中创业投资有限公司、苏州双冠创业投资有限公司、苏州南亚集团、苏州第一建筑有限公司、沧浪建设集团 | 3 | 苏　州 |

续表 3

| 基金名称 | 成立时间 | 出资方 | 规模 | 投资范围 |
|---|---|---|---|---|
| 成都银科创业投资公司 | 2009 年 3 月 | 中国进出口银行、成都高新投资集团有限公司、成都投资控股集团有限公司 | 15 | 全　国 |
| 珠海创投引导基金 | 2009 年 3 月 | 珠海市政府 | 1 | 珠　海 |
| 江苏省宿迁市创业投资引导基金 | 2009 年 6 月 | 江苏省宿迁市政府 | 1 | 宿迁市 |
| 杭州经济技术开发区创业投资引导基金 | 2009 年 7 月 | 杭州经济技术开发区管委会 | 2 | 开发区 |
| 江苏省泗洪县创投引导基金 | 2009 年 9 月 | 江苏省泗洪县政府 | 1 | 泗洪县 |

政府设置引导基金的主要目的是带动民间资金投资创业企业。根据目前的操作情况来看，政府引导基金的直接放大效应大多在 3 倍左右，就是政府出 1 元，创投和其他民间机构配投 3 元；另外，对于融资创业企业而言，由于政府引导基金所参股的创投公司投资后所带来的创业企业价值提升更有利于从银行获得更大比例的贷款，因此，政府引导基金的引导作用呈乘数效应增长。以北京市 2008 年设立的政府引导基金为例，截至 2009 年 5 月，已选定 9 家合作创投机构设立 9 家参股创投企业，引导基金出资 3. 8 亿元，带动 11. 4 亿元社会资金，共 15. 2 亿元资金投向中小企业，引导基金作用初步显现。

## （三）政府引导基金的运作模式总结

总结现阶段已成立的数十家政府引导基金的运作模式，基本情况如下。

**1. 政府引导基金的设立模式**

从全国各地实际发展情况看，政府主导设立引导基金主要有三种模式。其一是地方政府通过财政出资设立创业投资引导基金，代表机构如中关村创业投资引导基金、浦东新区创业风险投资引导基金、重庆市科技创业风险投资引导基金等；其二是地方政府通过联合国家开发银行或进出口银行设立创业投资引导基金，代表机构为苏州工业园区创业投资引导基金、天津滨海新区创业风险投资引导基金、山西省创业风险投资引导基金等；其三是注资发挥创业投资引导基金作用的政府主导型创业投资机构（VC），代表机构如上海创业投资有限公司、深圳市创新投资集团、北京股权投资发展基金管理有限公司等。

**2. 政府引导基金的管理模式**

从目前设立的政府引导基金来看，政府引导基金的管理模式有两种：一是采用自我管理模式，即政府组建管理团队来管理创业投资引导基金；二是委托管理模式，即政府将创业投资引导基金作为一个“壳公司”委托给一家专业的管理公司来管理，即基金公司和基金管理方（通常是民间或外资 PE 机构）是两个独立的法人主体，政府不涉足基金投资决策，但要求政府引导基金的管理方承诺财政出资能够保本，并支付一定的固定收益。第一种模式是一种传统的国有企业管理模式，即政府出资，然后再由政府派人进行管理，第二种模式是一种市场化的基金管理模式。目前政府引导基金多是以第一种方式进行管理。

**3. 各地政府引导基金与创投机构（VC）的合作模式**

各地政府引导基金与创投机构（VC）合作的模式主要有四种：第一种是优先股的概念，在参与分红的基础上，保证政府引导基金的本金安全；第二种是政府的出资可以承担风险和参与分红；第三种是如果没有回购，政府就和 VC 共担风险，既承担风险，也承担收益。另外还有一种模式是跟进投资，即政府引导基金按一定比例跟投。

**4. 政府引导基金的分红机制**

目前市场上政府引导基金的分红机制有三种，第一种是不参与分红，只要保证本金和利息的安全就可以了；第二种是可以承担风险，也参与分红；第三种是承担风险，参与分红，但分红比实际出资应分的比例低一些。

## 五　中国发展市场化的 PEFOF 存在的问题及对策建议

目前，中国市场上虽然外资 PEFOF 已频繁出现，且在不断增加当中，但由于 PEFOF 发展中遇到的法律法规不健全、本土基金管理人相对较少等诸多问题，现阶段中国除了各地政府纷纷成立的引导基金外，真正意义上的本土纯市场化的 PEFOF 尚鲜有身影。为了推进中国市场化 PEFOF 的发展，针对现阶段发展 PEFOF 存在的问题，可从以下几个方面着手。

### （一）法律法规的缺位使 PEFOF 快速发展缺乏政策基础，应加快建立和完善促进 PE 基金和 PEFOF 发展的相关法律法规

PEFOF 的发展依附于 PE 基金的发展，而 PE 基金作为一种金融组织形式，本身需要良好的法律体系和资本文化的支撑，才能在投资者和管理人之间建立富有效率的平衡机制，也才能使 PE 基金较好地发展。但是，迄今国内 PE 基金的有关法律法规尚存在很多缺陷。如 PE 基金的整个过程有四个环节：注册和发起、集资、投资、退出。虽然目前已经解决了注册发起的市场化问题，但政府至今还没有出台相应的税务配套政策。另外，目前国内的 PEFOF 主要是政府引导基金与外资合资成立人民币基金，虽然已有一些成功案例，如，苏州创业投资集团有限公司是国内较早的市场化 PEFOF，并先后和智基创投、德同资本、软银中国等多家外资基金管理人合资设立了人民币基金，但这种由本土 PEFOF 与外资基金管理人合资设立人民币基金的方式在操作层面上仍然遇到了难题。如，合资基金的外资进入中国因受到外汇管理局的管制，同时合资基金所投资的项目因被视为外资，不但要受到《外商投资产业指导目录》的限制，还要经过商务部门审批，这些情况对合资基金的顺畅运作产生了一定的障碍。实际上，尽管目前有天津、上海、北京等几个城市对非政府引导基金的中外合资 PE 有所放开，但相关的配套法规仍处于缺位状态。此外，在退出方面，由于合资基金到目前为止还少有项目退出案例，未来会遇到何种监管问题目前仍是未知数。

面对目前中国股权投资基金行业彷徨发展的现状，国家应及早明确 PE 基金的立法基础、监管思路，确立 PE 基金监管框架，出台更为完善的税收政策，成立全国性私募股权基金行业协会，并应尽早对外资基金管理人参与设立人民币基金的相关法律法规条例进行重新界定，尽量解决因政策、法律或法规的不完善而造成的投资监管缺失问题，逐步减少无法可依、无例可循的尴尬局面，以促进 PE 基金和 PEFOF 的健康快速发展。

### （二）政府引导基金的行政和地域色彩使其引导作用具有一定的局限性，应加强政府引导基金的市场化功能

目前各地风起云涌的政府引导基金，貌似 PEFOF，却徒具 PEFOF 之形，难有 PEFOF 之实，主要体现在：①尽管目前少数地方的政府引导基金采用的是将

引导基金作为一个“壳公司”委托给一家专业的管理公司来管理，政府不涉足基金投资决策，但大多数地方政府引导基金采用的仍是政府组建管理团队来管理引导基金的自我管理模式。尽管自我管理模式可以很好地贯彻政府的意图，是一种相对比较稳妥的方式，但这种方式很难解决 PEFOF 所必需的高度市场化运作机制和激励约束机制等问题，特别是容易产生来自于政府的基金管理人员的权力寻租风险和管理风险，进而制约政府引导基金对创业投资引导和推动作用的发挥；②由于政府引导基金的出资者基本上都是地方财政或国有独资企业，设立引导基金的主要诉求是吸引外来资本到当地投资，不但对投资区域、投资行业、退出优先级等有限制，而且常常不以赢利为目的，从而致使多数政府引导基金本质上只是地方政府为吸引外部资金到当地投资的优惠政策的一个组成部分，局限性比较明显。实际上，尽管目前国内已经成立了数十家引导基金，且资金规模已超过 200 亿元，但是，一些地方的政府引导基金由于行政色彩较浓，致使成立一年多后引导民间资本参与的目的不能完全实现，或者成立很长一段时间后因当地没有合适的项目而处于空转状态。总之，现阶段，不少地方政府引导基金的运作机制与充分市场化的 FOF 相去甚远，不能充分发挥其引导作用。

为此，政府引导基金应该逐渐向市场化运作转换。首先应该委托符合资质条件的管理机构负责引导基金的日常管理与运作事务，这既有利于政府引导基金引导作用的发挥，又有利于管理引导基金的这些机构在积累了一定的管理经验后，尝试管理更多的引导基金，甚至管理引导基金之外的其他 PE 基金，走向更加市场化的道路，这无疑也是政府引导基金对我国培养更多合格 GP 所作出的贡献。其次，政府引导基金应取消投资区域、行业等的限制，防止在本地缺乏优质企业和优质项目情况下导致基金管理公司空转而使政府引导基金引导作用被架空的情况出现。当然，为了使税收留在当地，可对政府引导基金实行本土注册制，这样就可以保障当地的税收收入。

### （三）缺乏优秀的实力型基金管理团队（GP）已成为 PEFOF 发展的瓶颈，应为涌现更多的优秀 PE 基金管理团队创造政策条件

PEFOF 的出现在某种意义上标志着 PE 行业的逐渐成熟，而作为投资 PE 基金的 PEFOF，需要有足够多的合格 PE 基金管理人可供选择。中国 PE 行业经过多年的发展，特别是 2007 年修订后的《合伙企业法》实施以来，市场上大约有

数百家活跃的私募股权基金管理人，但是应该看到，这些基金管理人当中，外资身份占绝对主导，而市场中绝大多数本土管理团队还属于临时组建的“精英团队”，既没有经历足够的市场检验，也没有形成足够强大的品牌，短时间内尚难获得 PEFOF 投资者的足够信任，这已经成为中国本土 PEFOF 发展的瓶颈。

实际上，尽管作为基金中基金，PEFOF 处于 PE 基金金字塔的顶端，具有风险分散、提供投资渠道、投资顶级基金的优势，但这些优势的实现在一定程度上依赖于 PEFOF 管理人（GPFOF）的素质和其对外部资源的利用。为此，政府可考虑建立 QFGP（合格境外普通合伙人）制度，逐渐允许部分蜚声全球、拥有丰富投资中国企业经验的外资基金管理公司上岸，在华成立合资基金管理公司面向境内有限合伙人设立的人民币基金，以便于合资基金管理公司的中方股东通过学习境外基金管理团队的成功经验而更快地成长；同时，政府也应允许国内大型金融机构，如，银行、综合实力排名靠前的证券公司和信托公司发起和设立人民币基金，便于尽快培养出更多有品牌的本土基金管理机构来。毕竟，没有一批成熟的 PE 管理队伍，也就没有 PEFOF 的生长土壤；只有有了足够多的优秀的 PE 基金管理团队，PEFOF 才具备大踏步发展的空间。

### （四）成熟合格的 LPFOF 较少，阻滞了 PEFOF 大踏步发展，应逐渐放宽目前受限的一些机构投资者成为 LPFOF 的条件，培育足够多的成熟 LPFOF

欧美国家的 PEFOF 之所以能够得到快速发展，原因之一就是其合格的 LP 比较多，如，在美国，包括大学基金、养老基金、一些公益基金以及资产管理公司和家族企业所设立的基金如福特基金等管理着大笔资产需要保值增值，这些机构都是成熟合格的潜在 LPFOF。而与欧美等国家和地区相比，由于国家政策的制约，迄今我国本土 PEFOF 的资金来源比较单一，主要集中在政府引导基金和少数企业资金，而目前国内政策允许的合格机构投资者，只有全国社保基金、国家开发银行等少数机构，而拥有庞大资金存量和投资能力的企业年金、商业银行、保险公司、证券公司、信托公司等大型机构投资者尚无法大规模进入 PEFOF 领域，致使我国符合政策条件参与 PEFOF 的国内机构投资者严重匮乏。另外，据招商银行和全球知名咨询公司贝恩公司 2009 年联合发布的《2009 中国私人财富报告》显示，中国个人持有可投资资产达 1000 万元人民币以上的高净值人群将达到32万人，其持有的可投资资产规模将超过9万亿元人民币，尽管理论上这些人都是潜在的LPFOF，但由于投资者和基金管理人之间还缺乏良好的互信关系，以至于许多基金管理人最痛苦的不是投资而是募资。据统计，到2009年6月底止，国内活跃的基金总计有568支，总计金额3095亿美元，其中324支是外资基金，而美元基金是2954亿美元，从这个数据可以看出，95%以上还是美元基金，人民币基金还是少数，其主要原因就在于机构投资者和个人投资者比较少，尤其是成熟、合格的LP比较少。由于足够多的成熟机构投资者群体成为LPFOF是PEFOF发展壮大的前提条件，显然目前成熟合格的LPFOF较少已成为PEFOF发展的瓶颈，阻滞了PEFOF大踏步发展。

为了促进中国市场PEFOF基金快速发展，一方面，政府有关部门应该尽快考虑对符合条件的金融机构和公共资金有限度地开闸放水，允许它们把可投资资产的一部分（比如初期可以比照社保不超过10%）投入PEFOF中，以缓解PEFOF合格投资者（LPFOF）稀缺的困境，使它们成为推动中国人民币PE基金健康发展的中坚力量；另一方面政府应尽快建立QFLP（合格境外有限合伙人）制度，允许符合条件的境外资金在法律允许范围内作为LP参与PF基金的设立。当然，在目前国内PE基金监管制度缺位的情况下，部分金融界人士担心推行QFLP制度可能会成为境外热钱涌入的"秘道"，因此，拟建立的QFLP制度可借鉴QFII制度对投资金额和领域的严格限制和监管并专款专用的特点，在制度设计时设置特殊的限制条件加以解决，如，以QFLP身份进入中国的资金必须用于投资实体企业，且所获得盈利的一定比例也只能用于投资实体企业，等等。实际上，这些机构投资者成为LPFOF，也有利于带动其他投资者积极参与投资PEFOF。

### （五）相对较少的退出渠道降低了投资者成为LPFOF的积极性，各地产权交易所可建立PE基金二级市场，拓展PEFOF投资者的退出渠道

私募股权基金投资的目的是盈利而不是取得企业控制权，是通过给被投资对象提供增值服务而提升企业价值，并通过适当的方式退出以获取超额投资回报，因而私募股权基金的存续期都比较长，一般都在5年以上。正因如此，许多投资者常把投资于PE基金的PEFOF当成非流动性投资，特别是在目前，由于我国资

本市场结构不完善，国内 PEFOF 除了通过 PE 基金所投公司的上市和并购实现退出以外，尚缺少其他退出渠道，其结果势必造成 PEFOF 难以吸引更多的投资者积极参与。实际上，国际市场上有相当一部分机构投资者支持 PE 二级市场交易的行为，其中有 1/3 机构投资者通过 PE 基金二级市场购买股权，而 1/5 的机构投资者通过 PE 基金二级市场出售权益，而且在这个交易中，二级基金的价格十分坚挺。正因如此，国际上 PE 基金二级市场早已拥有庞大的规模，而且每年的增幅超过 10%，有时甚至远超过这个数值。

为了增加 PEFOF 投资者（LPFOF）所投资金的流动性，中国国内各地产权交易所可探索建立 PEFOF 投资者的交易市场作为 PEFOF 投资者的退出渠道之一，以便于 PEFOF 投资者由于某种原因希望退出时在具有盈利的条件下实现提前退出，从而达到吸引更多投资者参与 PEFOF 的目的。

**参考文献**

Weidig T. , Kemmerer A. , Born B. ,“The Risk Profile of Private Equity Funds of Funds”, *The Journal of Alternative Investments* [J]. Spring 2005.

Private Equity Intelligence. The 2008 Preqin Fund of Funds Review [R]. 2008.

李清芬:《基金中基金:资产管理的独特机制》,《证券市场导报》2003 年 12 月号。

高杨:《PE 基金中基金，投资私募股权基金新渠道逐渐兴起》,《证券市场周刊》2007 年第 48 期。

何小锋、胡渊:《金融机构投资私募股权“基金中基金”》,《改革与战略》2008 年第 12 期。

清科集团:《2010 年 FOF 专题报告》, 2010 年 2 月。

刘泓毅、何莎莎:《对话邱崑：FOF 的魅力》,《投资与合作》2009 年第 1 期。

何野:《FOF 撬动市场的杠杆》,《投资与合作》2009 年第 8 期。

畅言:《PEFOF、QFLP 现身中国私募股权市场》,《资本市场》2010 年第 5 期。

周扬:《500 亿社保基金将投资市场化 PE》,《21 世纪经济报道》2008 年 5 月 7 日。

李海芳:《产权市场的创业投资引导基金服务模式研究》,《产权导刊》2010 年第 4 期。

# 市场沿革及文献篇

MARKET EVOLUTION AND LITERATURE REVIEW

# 私募股权投资小史

杨大勇　于　婧*

## 一　私募股权投资简介

私募股权投资（Private Equity，简称“PE”）的定义可以从两方面来考虑。首先，是最基本的定义，即私募股权投资，是指投资于非上市股权，或者上市公司非公开交易股权的一种投资方式。其次，从投资方式的角度看，私募股权投资是指通过私募形式对私有企业（即非上市企业）进行的权益性投资，在交易实施过程中同时考虑了将来的退出机制，即通过上市、并购或管理层回购等方式，以出售持股的方式获利。

* 杨大勇，中国人民大学产业经济学博士，中国消费金融论坛秘书长；于婧，中央财经大学硕士生。

私募股权可以从广义和狭义两个方面来理解。广义的私募股权投资业包含两大子行业——杠杆收购以及风险投资，这两个子行业相互促进、平衡增长。广义的私募股权投资涵盖了对企业首次公开发行前各阶段的权益投资，即对处于种子期、初创期、发展期、扩展期、成熟期和 Pre-IPO 等各个时期企业所进行的投资，相关资本按照投资阶段可划分为创业投资（Venture Capital）、发展资本（Development Capital）、并购基金（Buyout/Buyin Fund）、夹层资本（Mezzanine Capital）、重振资本（Turnaround），Pre-IPO 资本（如 Bridge Finance），以及上市后私募投资（Private Investment in Public Equity，即 PIPE）、不良债权（Distressed Debt）和不动产投资（Real Estate），等等。狭义的 PE 主要指对已经形成一定规模并产生稳定现金流的成熟企业的私募股权投资部分。一般指创业投资后期的私募股权投资部分，而这其中并购基金和夹层资本在资金规模上占最大的一部分（在中国的私募股权投资主要是指这一类投资）。

一般来说，私募股权投资的资金来源分为两种形式：一是向社会不特定公众募集；二是非公开发行方式，即向有风险辨别和承受能力的机构或个人募集资金。由于私募股权投资的风险较大，并且信息披露不充分，因此往往采取非公开募集的形式。近年来，出于对流动性、透明度和募集资金的考虑，上市的私募股权投资基金的数量有所增多，例如，2007 年 6 月 22 日在纽交所上市的黑石集团即为上市的私募股权投资基金。

由于私募股权投资基金的投资方向是企业股权而不是股票市场，也就是说它购买的是股权而不是公司股票，因此私募股权投资的这个性质客观上决定了其具有较长的投资回报周期。从国外私募股权投资基金的发展来看，私募股权投资公司主要有两类公司，第一类是独立的公司，其主要组织形式是有限合伙制；另一类称为“创新子公司”，即金融公共机构（如证券公司、银行等）的内部私募股权投资部门或子公司。

20 世纪 80 年代私募股权投资逐步发展于西方国家，期间虽受到 2000 年“网络泡沫”的影响，但一直保持持续稳定发展。近年来，私募股权投资业务在我国逐渐兴起，市场前景广阔。

根据美国凯雷投资公司对私募股权投资基金合伙人和投资银行的私募股权投资部门或子公司的业绩研究表明，美国和欧洲的主要私募股权投资基金在近 20 年的投资表现中优于 3 年期、5 年期、10 年期以及 15 年期的主要证券指数[1]。英国风险投资协会的调查报告也显示了英国的业绩表现优于总体养老基金资产业绩和3年期、5年期以及10年期的主要证券指数。从国外对私募股权投资基金的绩效研究来看，影响PE业绩的主要因素是投资期的公司债券收益水平、投资期的股票市场收益、投资项目的期限、基金的规模大小以及基金管理人的经验。私募股权投资基金之所以能获取较高的收益，主要原因在于私募股权投资基金的投资运作方式，该方式不仅给企业提供货币资本，同时还提供企业家才能这个生产要素，并成功地将资本与企业家才能这两项生产要素有机地结合了起来。

## 二 私募股权发展历史

20世纪中叶开始，私募股权投资在其发展的历史中同样不可避免地经历了繁荣与衰退周期。现代的私募股权投资业起源于1946年，其后经历的三个经济繁荣期记录了私募股权投资业发展的四个阶段。第一阶段：1946~1981年，私募股权投资的发展初期。此时私募股权投资数量相对较少，仅有几家企业尝试性地涉足该领域，包括投资者在内，整个社会对其的了解非常有限。第二阶段：1982~1993年，首个繁荣与衰退周期（第一次繁荣高潮出现在此时期）；该期间大量高风险债券参与了杠杆收购，同时，RJR纳贝斯克公司也在进行大量的收购活动。随后，在20世纪80年代末和90年代初，由于激烈的竞争以及盲目的扩大投资，杠杆收购业出现危机濒临崩溃。第三阶段：1992~2002年，二次繁荣与衰退周期（第二个繁荣高潮出现在此时期）；在此期间储蓄和贷款危机出现，社会上不断爆出内幕交易丑闻，房地产市场崩溃，大部分西方国家经济最终于90年代初期进入大萧条时期。而此时，大量机构性私募股权投资公司出现，在1999年到2000年间出现的网络经济泡沫的共同作用下，大规模的收购风靡一时。然而网络经济泡沫的破灭使得私募股权投资再度陷入低迷。第四阶段：2003~2007年，第三次繁荣与衰退周期（第三个繁荣高潮出现在此时期）；在利率调低、保护投资业转向规范化的共同作用下，私募股权市场逐渐走出网络经济泡沫崩溃的阴影，杠杆收购再次达到了空前的规模。2007年，黑石集团的首次公开招股标

---

① 陈国强、袁洪泉：《私募股权投资业务发展》，《商业银行》，2008，第51~54页。

志着机构性私募股权投资公司正式登上历史舞台。

在美国，私募股权投资的起步要早于欧洲。直到在20世纪90年代中期，随着欧洲对机构投资者监管的逐渐放开，成熟的欧洲私募股权投资市场才逐步出现。

### （一）私募股权投资的初期历史

随着工业革命的进行，风险投资者的收购业务一直在进行，并有少数投资者参与到私人控股公司的投资活动中。19世纪50年代，伦敦以及巴黎的商人开始为工业企业提供资金。在1854年，Jacob，Isaac Pereire 联手 Jay Cooke 共同创立了最著名的动产信贷银行，该银行还曾为美国的横贯大陆铁路的修建筹资。随后，J. Pierpont Morgan 的 JP 摩根公司在美国为修建公路和建立其他工业公司筹资。从某种意义来说，历史上第一次真正意义上的收购案例是1901年 J. Pierpont Morgan 从 Andrew Carnegie 和 Henry Phipps 的手中以4.8亿美元收购了美国卡内基钢铁公司。

20世纪30年代，在格拉斯－斯蒂格尔法和其他规范的框架下，美国银行受到了结构性的限制。因此，私有商业银行并未在美国出现，这种情况在发达国家也很鲜见。著名的经济学家 Lester Thurow 反对美国当时既有的金融监管框架，鼓励商业银行的出现。在当时，美国投资银行的业务仅仅局限于咨询、处理并购交易以及股票和证券的配售业务。不久后，投资银行各项业务进入正轨，随后成为独立的企业形式存在。

20世纪上半叶，私募股权投资主要由富商和具有财力的家族控制。Vanderbilts，Whitneys，Rockefellers 以及 Warburgs 都是当时著名的私有公司投资者。1938年，Eric M. Warburg 成立了 E. M. Warburg & Co（Warburg Pincus 的前身），该公司主要投资于杠杆收购和风险投资两部分，是当时私有投资公司的代表之一。

然而，直到第二次世界大战结束之后全世界仍然没有出现一家现今意义上的私募股权投资公司。直到1946年，两家风险投资公司的成立——American Research and Development Corporation（ARDC）和 J. H. Whitney & Company，标志着私募股权投资公司的出现，至此，私募股权投资公司正式走上历史舞台。ARDC 公司由“风险投资之父”Georges Doriot，Ralph Flanders 和 Karl Compton 共同创建。该公司主要用来支持并鼓励由“第二次世界大战”退役的老兵所投资经营的私人投资部门。ARDC 的建立之所以具有如此重要的地位主要原因在于它是历史上第一个不是通过家族筹资建立的机构性私募股权投资公司，尽管其中也有一些声名显赫的家族参与投资。在 1957 年，ARDC 公司将 70 万美元投资于 Digital Equipment Corporation（DEC），到了 1968 年，该公司上市后的市值估价已经增长为 3.55 亿美元，该案例被誉为首个风险投资成功的案例。随后，ARDC 公司又相继在各地建立了多家风险投资公司，其中包括，Greylock Partners（1965 年由 Charlie Waite 和 Bill Elfers 建立）、Morgan、Holland Ventures 以及 Flagship Ventures 的前身（1982 年由 James Morgan 建立）。1972 年，在投资了超过 150 家公司后，即将退休的 Doriot 将 ARDC 公司和 Textron 公司合并。John Hay Whitney 和 Benno Schmidt 创立了 J. H. Whitney & Company。自 20 世纪 30 年代开始 Whitney 就开始进行风险投资，并在 1933 年建立了 Pioneer Pictures 公司，同时，获得了 Technicolor Corporation 的 15% 的股利。Whitney 最著名的一项投资是对 Florida Foods Corporation 的投资，该公司自主研发了一种专为美国军方提供营养的食品，随后其旗下的 Minute Maid 橘汁也十分畅销，在 1960 年的时候该公司被可口可乐公司收购。J. H. Whitney & Company 致力于投资杠杆收购交易并且在 2005 年投资 7.5 亿美元创立了自己的第六个机构性私募股权基金。

第二次世界大战之前，风险投资（最初为发展行业投资）主要为富商和具有财力的家族所有。但是，1958 年通过的小企业投资法案却将风险投资推进了一个全新的阶段——专业化管理的阶段。该法案自 1958 年起允许美国中小企业发展署（Small Business Administration，SBA）为私有的小企业投资公司颁发执照，为美国的小型企业融资和管理提供帮助。从此，小型企业也逐渐进入风险投资领域。

### （二）私募股权发展初期

20 世纪 60 ~ 70 年代，大多数风险投资的公司仅仅将投资重点锁定在建立公司和扩大公司的项目上，却忽略了在其他领域的投资。后来，风险投资者们开始在电子、医疗医药以及数字进程技术等领域寻找投资突破口，不断寻找投资契机。经过不断的探索与研究，他们开始进入这些领域并进行投资，在经过不断的发展与完善后，风险投资在这些项目上取得了令人瞩目的成就，逐渐地风险投资几乎成为技术融资的代名词。

到了20世纪60年代，一直沿用至今的私募形式——私募股权投资基金产生。私募股权投资基金是指投资公司召集一定数额的合作伙伴，这些合作伙伴大多为某些领域的专家或是高级管理人员，他们既为基金的运作提供专业性的指导和意见同时也是基金的投资者和合作者。这种合作形式一直沿用至今并对现今的基金业的发展有着深远的影响。

### （三）私募股权的第一个繁荣与衰退周期（1982～1993年）

私募股权的第一个繁荣时期是以1982年吉布森礼品公司的成功并购为标志的。与此同时，股票市场的交易空前活跃，投资者的热情空前高涨，也吸引了大批量的投资者参与到私募股权的投资中。吉布森礼品公司投资的成功引起了众多媒体的广泛关注，人们开始关注杠杆收购的首个繁荣时期的到来。据统计，在1979～1989年间，总共有超过2000个杠杆收购的成功案例，总额达到2.5亿美元[①]。表1表明了该时期内著名的收购案例。

**表1　1982～1993年间著名的收购案例**

| 年份 | 公司名称 |
|---|---|
| 1984 | Malone & Hyde, Wometco Enterprises |
| 1985 | Beatrice Companies, Sterling Jewelers |
| 1986 | Revco Drug Stores, Safeway |
| 1987 | Southland Corporation |
| 1988 | BlackRock, Federated Department Stores, Marvel Entertainment, Uniroyal Goodrich Tire Company |
| 1989 | Hospital Corporation of America |

资料来源：Private equity in the 1980s，http：//en. wikipedia. org/wiki/Private_ equity_ in_ the_ 1980s。

20世纪80年代，杠杆收购成功案例接踵而至，但是在众多的杠杆收购案例中仍不乏失败的案例。可是这些都没能阻挡众多投资者对其的投资热情和偏爱，

① Opler，T. and Titman，S.，"The determinants of leveraged buyout activity：Free cash flow vs. financial distress costs，" *Journal of Finance*，1993.

人们对风险投资的前景极为看好。另外，随着投资市场的发展，投资者逐渐发现了股权投资市场中新的发展空间。例如，1982 年，美国风险投资基金公司成立，该公司是最先将投资重点放在二级市场的投资公司，以投资于现有的私募股权基金为主营业务来赚取利益。两年后，1984 年，First Reserve 公司成立，这是第一家将能源作为投资领域的私募股权公司。

由于在 20 世纪 70 年代到 80 年代初，私募股权业获得了快速的发展并为众多投资者带来了巨额的高于预期的资本利得。因此，越来越多的投资者开始进入该领域并以在短期内获得较大收益为目标。到 80 年代末，已有超过 650 家私募股权投资公司，由于当时并没有规范的行业准入原则，因此投资公司鱼龙混杂，规模以及实力良莠不齐，在一定程度上造成了私募股权市场的盲目性扩张。这种盲目性的扩张带来了私募股权投资市场的“冬天”。在 10 年间，整体私募股权行业的资本收益仅仅上涨了 11%（仅从 280 亿美元增值到 310 亿美元）①。至此，私募股权产业的发展由于利润的大幅减少而受挫，各风险投资公司相继出现亏损。除了私募股权市场中竞争激烈这一因素，其他诸多因素也在影响着该行业的收益，例如，在 80 年代中期，股票初级市场遇冷；1987 年股票交易市场崩溃；外国投资公司的大量涌入（其中以日、韩的公司为主）。这些因素都造成了私募股权市场的暂时性低迷。

为了应对这些变化，许多私募股权公司开始计划关闭一些国内的公司来规避风险和损失。同时，投资公司逐渐将投资重点由初期的扩大和建立公司转移到投资已具有一定规模的公司上。大多数的风险投资公司仍然选择投资收购科技领域相关的公司，但却是选择投资于已经初具规模的公司。

虽然私募股权业在其第一个繁荣时期内经历了低利润的低谷时期，但是新兴的风险投资导向已在逐步形成。

### （四）私募股权的第二个繁荣与衰退周期（1992 ~ 2002 年）

1992 ~ 2002 年的这十年中，私募股权投资业经历了大繁荣时期。在此期间内，私募股权业成为投资业中的佼佼者，它的发展超过了同期的任何一个投资种类。私募股权投资公司的规模也在不断扩大，其投资规模由 1992 年的 208 亿美

① Pollack, Andrew, “Venture Capital Loses Its Vigor”, *New York Times*, October 8, 1989.

元增长到2000年的3057亿美元①。

20世纪80年代，私募股权投资业成为很有争议的行业，通常与公司并购、恶意收购、资产剥离、裁员以及公司倒闭等联系在一起。然而，自90年代开始，人们又开始对私募股权有了重新的认识。大多私募股权投资者更为关注投资的长期收益以及所投资公司的长期效益。另外，私募股权公司更多地将投资重点放在资本支出上并为建立长期价值提供管理激励。在此期间，杠杆收购也开始复苏。随着私募股权市场的成熟，其中的投资者也在逐渐走向成熟。在90年代初，机构有限合伙人协会（Institutional Limited Partner Association，ILPA）成立，其建立的最初目的是作为私募股权基金的有限合伙人的联络组织。但后来，该协会发展成为正式的组织机构，包括了来自10个国家的200多名会员。截至2007年末，机构有限合伙人协会会员所拥有的总资产已超过5万亿美元。

至此，1995年开始出现的互联网泡沫对私募股权市场的影响不得不提。1995~2001年间，在欧美及亚洲多个国家的股票市场中，与科技及新兴的互联网相关企业股价高速上升，在2000年3月10日纳斯达克指数到达5132.52的最高点时达到顶峰。股价的飙升以及买家的炒作，深深地吸引了风险投资者们的目光，他们不再像往常一样谨小慎微，而是选择让很多竞争者进入，再由市场决定胜出者以此来降低风险。与此同时，1998~1999年的低利率也在某种程度上帮助了启动资金总额的增长。然而，股市泡沫最终导致了许多公司被严重高估。2000年3月，以技术股为主的纳斯达克指数攀升到5048.62（当天曾出现的最高点为5132.52），此时网络泡沫达到最高点，此后指数便开始下跌直至泡沫全速消退。3月13日，大规模的初始批量卖单的处理引发了抛售的连锁反应，风险投资者纷纷开始清盘。网络泡沫虽然消退，但其对风险投资市场的影响是不可估量的，整个市场因大量投资公司的倒闭以及退出而再次陷入低迷。同样，杠杆收购作为风险投资的一部分也经历了暴跌时期。1996~2000年，投资于杠杆收购的公司在电子信息技术部门进行了大量的投资并获取了数目可观的利润，然而这一切在2001年成为历史。这一年，至少27家主要的电子信息技术公司宣布申请破产保护，杠杆收购也因此被迫停止。此时，在泡沫破灭后幸存的风险投资者开

① Thomson Financial's VentureXpert database for Commitments. Searching "All Private Equity Funds" (Venture Capital, Buyout and Mezzanine).

始关注私募股权的二手交易市场。二手市场的交易量在十年间已由最初的2%攀升至5%①。许多著名的金融投资机构（例如，Deutsche Bank，Abbey National，UBS AG）将直接投资组合卖出转而进入私募股权二手交易市场。表2说明了该时期内著名的并购案例。

**表2　20世纪90年代中期著名的并购案例**

| 年份 | 公司名称 |
| --- | --- |
| 1997 | Duane Reade, Sealy Corporation, KinderCare Learning Centers, J. Crew |
| 1998 | Domino's Pizza, Regal Entertainment Group, Oxford Health Plans |
| 2000 | Petco |

资料来源：Private equity in the 1990s，http：//en. wikipedia. org/wiki/Private_ equity_ in_ the_ 1990s。

## （五）私募股权的第三个繁荣与衰退周期——私募股权的黄金时期（2003～2007年）

随着网络泡沫在2002年的结束，由于在电子信息技术公司投资的损失严重，2003年前半年，整个私募股权投资业处在恢复期，整个恢复期持续了近五年。在这五年中，利率的下调、宽松的借款管制以及对上市公司监管的变化等原因为私募股权投资公司的恢复提供了良好的环境和机遇。2002年，通过了萨班斯－奥克斯利法案、公众公司会计改革以及投资者保护法案，这些法案构成了一个崭新的全面的规章制度体系，为保护上市公司利益提供了可靠的依据。由于当时大多数风险投资者着眼于短期收益而不是长期的价值创造，因此许多上市公司的高层发现遵照萨班斯－奥克斯利法案的要求将会给他们带来额外的成本，同时，在公司内部官僚主义日益显现。萨班斯－奥克斯利法案并没有取得预期的效果，相反，与日俱增的税收遵从成本使得风险投资者不再投资于新兴公司以助其上市而是大大地降低对其的投资并将上市作为退出投资的机会。于是，风险投资者不得不依靠将投资转卖给战略买家来退出投资。

2002年，利率的下调降低了借款成本从而提高了私募股权公司为大额并购

① Vaughn，Hope and Barrett，Ross. "Secondary Private Equity Funds：The Perfect Storm-An Opportunity in Adversity"，*Columbia Strategy*，2003.

融资的能力。低利率促使风险投资者转投高收益债券和杠杆贷款市场，使其更方便地提供债务融资收购。

2002 年末至 2003 年初，Dex Media 的两阶段收购的成功标志着杠杆收购再次成为创造高额利润的途径。凯雷投资集团与 Welsh Carson Anderson & Stowe 公司联合其他私人投资者以 75 亿美元收购了 QwestDex 公司。这是自 1989 年来的第三大公司收购成功案例。截至 2005 年，大型收购再次成为普遍的投资形式。与以往不同的是，大型收购的杠杆水平以及融资条件之高连市场观察家们都为之震撼。2005 年里，多个收购案例的成功将私募股权业的发展带入了另一个繁盛时期。2006 年，新的最大额收购记录重新被改写并不断地被刷新。此外，不仅仅是美国私募股权市场迎来了又一个收购繁荣的时期，欧洲、亚太地区等工业化国家的收购上限记录也持续被打破。2006 年一年，美国私募股权公司斥资 3750 亿美元收购了 654 家美国公司，交易水平及规模为 2003 年的 18 倍①。

至此，私募股权投资业已经向世人展示了它的独特魅力，并同时吸引着更多的投资者参与其中。随着世界经济的转好，私募股权投资也在一步步朝着规范化、法制化、合理化的方向发展。然而，各国的私募股权投资市场的发展并非同步，并具有各自的特点。表 3 展示了这个时期内著名的并购案例。

**表 3　2003～2007 年间著名的收购案例**

| 年份 | 公司名称 |
|---|---|
| 2004 | Dollarama, Toys "R" Us |
| 2005 | The Hertz Corporation, Metro-Goldwyn-Mayer, SunGard, Georgia-Pacific Corp |
| 2006 | Albertson's, Equity Office Properties, Freescale Semiconductor, GMAC, HCA, Kinder Morgan, Harrah's Entertainment, TDC A/S, Sabre Holdings, Travelport |
| 2007 | Alliance Boots, Biomet, Chrysler, First Data, TXU |

资料来源：Private equity in the 2000s, http://en.wikipedia.org/wiki/Private-equity-in-the-2000s。

## 三　国外私募股权投资的发展历史及现今概况

据统计，1988 年时全球私募基金仅 1373 家，资产规模不足 420 亿美元，到

① Samuelson, Robert J. "The Private Equity Boom". *The Washington Post*, March 15, 2007.

2003年底，全球私募基金的数量已超过8000家，资产规模近1万亿美元，在这15年中，私募股权投资基金数量增加近7倍，资产规模增加约25倍。2007年，新募集资金额超过5430亿美元，新募集基金中规模比较大的主要集中于不良债权、基础设施、并购、自然资源和次级债等类型①。截至2007年，全球私募基金管理的资产金额已经从2003年的1万亿美元发展到2007年的2万多亿美元，并预计，在未来5～7年中，全球私募基金管理的资产规模将达到5万亿美元的规模②。

虽然目前全球私募股权基金的规模与股票市场相比还比较小，但由于私募股权基金具有简单有效的所有权商业模式，并能够为投资者带来较多的投资机会，因此必有广阔的发展空间。

## （一）国外新兴市场发展历史及现今概况

新兴市场（Emerging Market）指的是发展中国家的股票市场。按照国际金融公司的权威定义，只要一个国家或地区的人均国民生产总值（GNP）没有达到世界银行划定的高收入国家水平，那么这个国家或地区的股市就是新兴市场。有的国家，尽管经济发展水平和人均GNP水平已进入高收入国家的行列，但由于其股市发展滞后，市场机制不成熟，仍被认为是新兴市场。

新兴市场由于其自身的特点而具有六大特征：①高成长与高回报；②分散化投资；③反经济周期的特性；④市场规模普遍偏小；⑤投机者和追涨杀跌的投资者占多数，这种投资者结构的一个直接后果就是西方经典的股票估值技术在新兴市场常常不适用，股票的定价通常取决于投资者的情绪；⑥新兴市场的投资者普遍不成熟。然而，新兴市场却在推动经济发展、促进资金的横向融通和经济的横向联系以及提高资源配置的总体效益中起到了促进作用。同时，新兴市场也扩大了投资的选择范围，适应了投资者多样性的投资动机、交易动机和利益的需求，一般来说能为投资者提供获得较高收益的可能性。如今，新兴市场的迅速崛起，吸引了大量的私募股权基金的投资。根据新兴市场私募股权协会的统计（见表4），2007年新兴市场204支股权基金共募集592亿美元，比2006年募集的332亿美

① 资料来源：Van Hedge Fund Advisors公司数据报告。
② 资料来源：Intelligence Ltd. 公司统计结果。

元增长了78%。平均新募集基金规模也明显增长，2007年基金平均募集规模为4.26亿美元，比2006年2.72亿美元的平均水平大幅增长，主要集中于资源、技术、基础设施和农业类的基金。

**表4 2003～2007年新兴市场私募股权基金募集的资金情况**

单位：百万美元

| 年份 | 新兴亚洲 | 中欧与东欧俄罗斯 | 拉美及加勒比 | 撒哈拉以南非洲 | 中东 | 其他新兴地区 | 总额 |
|---|---|---|---|---|---|---|---|
| 2003 | 2200 | 406 | 417 | 350* | | 116 | 3489 |
| 2004 | 2800 | 1777 | 714 | 545* | | 618 | 6454 |
| 2005 | 15446 | 2711 | 1272 | 791 | 1915 | 3630 | 25765 |
| 2006 | 19386 | 3272 | 2656 | 2353 | 2946 | 2580 | 33193 |
| 2007 | 28668 | 14629 | 4419 | 2349 | 5027 | 4077 | 59161 |

*非洲和中东在2003年和2004年的数据为合并数据。

资料来源：新兴市场私募股权协会（Emerging Markets Private Equity，EMPEA）。

## （二）西方国家私募股权基金机构的概况

从目前发展状况来看，私募股权基金机构主要分为两类，即私募股权投资基金公司和金融投资机构（如投资银行、商业银行）的私募股权投资部门或子公司，相比较而言通常前者发展速度较快。目前在美国，华尔街增长势头最迅猛的机构投资公司管理的资金已超过3000亿美元。以美林证券为例，其股权市场包括全球现金股权交易、全球股权相关产品、全球股权融资服务、全球私募股权、战略风险管理和其他股权市场。2006年，美林证券投资的中国工商银行、三井住友金融集团以及2007年的直接投资业务均收益颇丰。另一家机构投资公司——摩根斯坦利，2005～2007年资产管理规模也呈逐年增加之势。1993年，摩根斯坦利开始在中国进行长期直接投资业务；于2007年，设立了亚洲直接投资部。迄今已在中国对多家企业进行了成功的投资，其中包括平安保险、南孚电池、蒙牛乳业，恒安国际、永乐家电、山水水泥、百丽国际等多家行业龙头企业，这些企业都是在国内乃至全球同行业中的佼佼者。

由于实行混业经营，国外银行可以进行直接投资也可以直接成立基金进行投资，近年来银行的股权投资发展速度较快，以应对证券脱媒现象。美国银行的股权投资主要包括直接投资、公司投资和战略投资。例如，花旗集团设有另类投资部，管理包括五个资产类别的多种产品：私募证券、对冲基金、房地产、结构式产品和管理期货，并发展成为世界最大的另类资产管理机构之一。渣打银行私人股权投资业务在2006年也有强劲的表现，运营收入大幅提高，主要来源于结构性金融交易的高分红、私人股权投资收入和债务性证券处置的增长。渣打银行还计划扩张私人直接投资业务，到2011年时在亚洲掌管的私人直接投资业务规模达到100亿美元。

## 四 我国私募股权投资的发展历史及现今概况

我国私募股权投资业务开展较晚，资本市场发展还不成熟，但从市场发展来看，目前我国的私募股权投资业务已经过了启蒙阶段，进入初级发展阶段。

1999~2006年，中国私募股权投资业务的开展，主要以国外的金融投资机构为主导。1999年国际金融公司入股上海银行初具私募股权投资特征；2002年，摩根斯坦利、香港鼎晖、英国英联3家公司共同投资蒙牛；2004年6月，美国著名的新桥资本收购深圳发展银行17.89%的控股股权；进入2005年后，美国华平投资集团等机构联手收购哈药集团55%的股权；与此同时，淡马锡、橡树资本、高盛、凯雷集团、KKR等国际著名私募股权投资机构相继参与了中行、建行、工行、民生、太平洋人寿、平安保险等商业银行和保险公司的引资工作，均获得了巨额的投资回报。而这一阶段，国内相关的私募股权投资机构较少，只有中金直接投资部演变而来的鼎晖投资和联想旗下的弘毅投资等少数几家。

随着中国股票市场股权分置改革的进行、国内A股市场的火热、新《合伙企业法》的正式实施、相关税收优惠政策的出台、创业板推出的呼声较高以及有关M&A政策等一系列的因素推动，加上国外私募股权投资机构高收益的示范效应，促使我国本土私募股权投资基金设立加速。继2006年底中国第一支产业投资基金——渤海产业基金获准成立之后，2007年，第二批总规模为560亿元人民币的产业投资基金相继获批，其中包括：广东核电新能源基金、上海金融基金、山西能源基金、四川绵阳高科基金以及中新高科产业投资基金。根据清科研究中心的统计，2007 年共有 12 支本土新私募股权基金成立，占亚洲新私募股权基金数量的 18.8%，共募集 37.30 亿美元，比 2006 年的 15.17 亿美元增长了 145.9%，占亚洲新募集资金的 10.5%。

目前，我国的私募股权投资主要集中在传统行业，约占总投资额的 65.0%，其次是广义的 IT 业和服务业，份额分别为 15.4% 和 10.6%。在投资策略上，2009 年中国私募股权投资策略呈现多样化，成长资本占主导，过桥资金、收购和 PIPE 类的投资增多（见图 1）。从收益上看，目前无论是国内的私募股权投资，还是国外的私募股权投资，在中国市场上所获得的回报率均高于国际平均水平。

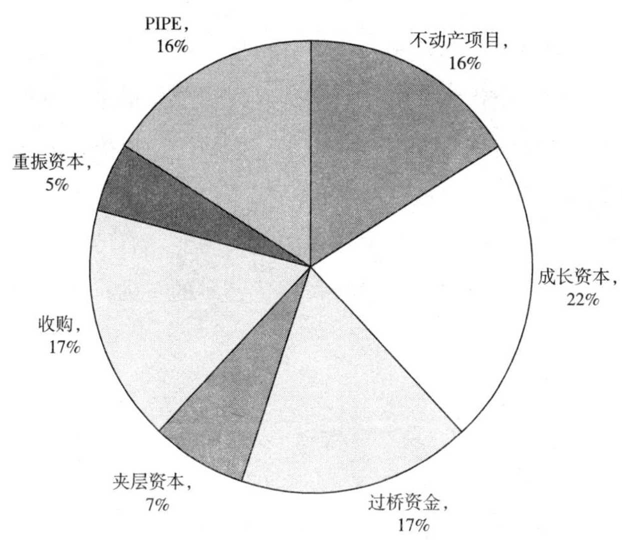


**图 1　2009 年中国私募股权基金投资主要策略**

资料来源：中国创业投资暨私募股权投资数据库。

目前，中国私募股权投资还正处于培育阶段，政策发展还不是很完善，在现有法律框架下，国内的私募股权基金主要有四种形式：第一种是通过信托计划形成的契约型私人股权投资；第二种是国家发改委特批的公司型产业基金；第三种是有限合伙公司；第四种是各种类型的创业投资公司以及投资顾问公司等。国内各类金融机构都在以不同的方式逐步参与私募股权投资业务。在过去的几年里，社保基金也进行了私募活动，参与多个私募投资项目并获得高收益。此后，越来越多的投资形式加入了私募股权投资的行列：2006 年，保险公司可以试点投资基础设施项目和通过私募方式投资产业基金；2007 年，券商直投基金开闸放水；2008 年，银监会出台了《信托公司私人股权投资信托业务操作指引（征求意见稿)》，表明了银监会支持和鼓励信托公司做私人股权投资；近几年来，商业银行也一直尝试借道混业经营来进行直接股权投资或尝试通过间接方式进行私募股权投资。随着中国经济结构性的调整和资本市场的发展逐步成熟，有越来越多的机构将参与中国的私募股权活动，中国私募股权市场将更显活跃。

## 五 小结

无论是已发展并具有相当规模的西方私募股权投资市场还是仍处在初级发展阶段的我国私募股权投资市场，其市场潜力和发展前景都是不可估量的。曾经的光辉历史指导着现今的发展，同时，它也是一面镜子使得投资者在过去的失败与教训中借鉴宝贵的经验。私募股权投资的历史不仅仅记录了一种投资形式形成的历程，更是人类在价值创造方面探索过程的真实写照。有历史，才会有发展，私募股权投资的发展历史为其当今的发展奠定了坚实的基础，在今后的发展过程中还会创造一个又一个辉煌。

# 私募股权基金组织制度之辩：公司制 Vs. 有限合伙制

李寿双*

国内对私募股权基金的组织制度，是采取公司制，还是采取合伙制，一直争论不休。究竟是公司制好，还是合伙制（指有限合伙制，下同）好，抑或有其他更好的制度安排，成了基金设立工作首先要考虑和抉择的头等难题。我个人认为，任何一个企业制度安排，核心都在于处理好投资人和管理人这两者的利益及利益冲突，分解开来，就是要解决投资人安全和收益保障；投资人和管理人的角色定位；管理人的约束和激励。哪一个制度能够很好地解决这三个问题，就能够产生比较好的制度效益。

就私募股权基金而言，其有别于普通商业实体在于业务本身的特殊要求，这里有三个非常重要的假定，第一个是投资人有委托他人管理资金的需要；第二个是管理人相对于投资人，在投资方面有比较优势，简单讲，就是管理人能够做得比投资人更好，所以才要收管理费和收益分成；第三个假定，是与第二个相关联的，如果管理人能够发挥他们的比较优势，那么必须保证管理人有独立决策的空间，而不能受命于投资人或其他任何人，否则的话，投资人也没必要让管理人管钱，同时还要付不菲的管理费和收益分成。

基于前述的“三个问题”和“三个假定”，我们来判断一下，对于设立一个私募股权基金而言，到底是公司制好，还是合伙制好？

第一个问题，从投资人的安全保障方面看，无论公司制还是有限合伙制，都可以保障投资人可以受到有限责任的保护，这点并无实质性差异，实际上，有限合伙制脱胎于普通合伙制而独立存在的一个很重要的原因，就在于实现对投资人

* 李寿双，大成律师事务所高级合伙人。

的有限责任保护。但在有限合伙制度下，有限责任是有前提的，那就是，投资人不得参与合伙事务执行，否则会被追究无限责任。乍看起来，这点似乎有点令人担心，但实际上，公司法下，有限责任都是可以突破的，那就是撕破公司面纱的做法。如果严格比较起来，有限合伙制下投资人的“活动范围”更为狭窄，公司制下，股东的活动范围则较为宽泛。但如果加上合伙制下管理人需要承担无限连带责任这个砝码，在投资人保护方面，合伙制可能略占上风。当然，实践中广泛存在管理人以一个有限责任公司出现规避无限责任的问题，但毕竟从制度上，投资人可以要求管理人直接以自然人出现并承担无限责任。从收益方面看，公司制中，投资人依靠分红和股份的转卖，而合伙制依靠分红和合伙权益的转卖，方式上二者并无分别，特别是考虑到像黑石这样的合伙制实体也开始上市，因此，转卖的难易程度（流动性）上也更加趋近。反过来看国内，合伙制是不能上市的，但单纯的投资公司也不能上市，所以二者也无差异。唯一的差异在税负上。实际上，有限合伙制，包括很多其他的制度创新，如 REITs 等，在美国的出现，其根本动力就在于税收筹划的目的，可以说，美国的制度创新很大程度上都是基于税法的制度逃逸。反观国内，目前对发改委备案的创投公司，税收方面倍加照顾，最高可免 70% 所得税。同时，特别重要的一点，如果股东是一个公司，那么，从目标公司分得的红利是无需重复纳税的，这点在企业所得税法上已经明确。而对自然人而言，无论是公司制，还是合伙制，都是要缴纳个人所得税的。所以在这种税收非中性政策潮流下，不少人认为，合伙制在税收上也并无优势可言。但实际上并非如此，假定是一个自然人投资者，采取有限合伙制，实际上，最后缴纳的就是一次个人所得税，但对于一个公司制基金而言，仍需考虑公司层面的所得税的多余税负，虽然符合条件的创投公司可免大部分甚至全部税收，但仍然是有条件的，而且这个条件并非那么容易达到。如果投资人是一个公司，乍看起来，税负区别并不明显，因为投资人从公司制基金里面取得的回报并无重复纳税之虞，但这种判断忽视了一个问题，公司不过是一个载体，除非是一个全民所有而大家都不会主张所有权的国企，最终的利益仍然是回到自然人那里的，那么，最终仍然难逃重复纳税的紧箍咒。因此，无论如何算计，有限合伙制作为一个税收透明体，还是比公司制更具优势。

第二个问题是投资人和管理人的角色定位问题。在这点上，中国法律下公司制和有限合伙制是有明显的高下之别的。我们的公司法是股东中心主义的公司法，基本上，公司法的制度安排都是围绕如何保障和实现股东权益和权力而展开的。股东会是最高权力机构，股东委派董事形成董事会，董事会又任命经理进行日常经营活动。这是一个非常明显的金字塔式的权力结构，同时，我们的公司法还明确划分了股东会、董事会和经理层的权责范围。在这种制度安排下，对于私募股权基金而言，会出现两个致命的问题，一个是经理层只是庞大的公司帝国中王权（股东）和相权（董事会）之下的“吏”，其听命于上级而且随时有丢官之虞，必然产生一个唯上而不唯事的文化。这点是政治体制的翻版，我国在做公司法引进时，已经受到强大政治文化的影响，改变了西方公司法下的权力分立格局。所以我们会看到，在一个公司制基金里面，会存在更多的公司政治。虽然不能说公司制基金中，管理层不能有所作为，但毕竟管理层会或者不得不按照上面的意志做事，这样是有违管理人独立决策假定的。再一个致命性问题在于，公司制给股东（投资人）干预管理层决策提供了坚实而便捷的合法通道，使得投资人有动力也有能力去干预管理层的活动，这与管理层独立假定不合，而且必然容易起纷争。这点上，有限合伙制是反其道而行之，从法律上堵死了投资人干预管理人决策的通道，如果强行越界，会受到“无限责任”的恐怖袭击。这一点可谓是有限合伙制与私募股权基金需求契合的最关键点，特别是考虑到我国目前市场环境下，从制度上隔离投资人和管理人，尤为重要。笔者也注意到，实践中合伙制基金广泛采用的决策委员会的做法，但决策委员会意在建立重大决策的集体判断的科学机制，而并不是复制一个投资人控制的通道，并不会从根本上改变合伙制内部的权力格局。笔者也注意到，在公司制基金中采取的不设经理层，而将管理职能委托出去的做法。这实际上是试图通过契约来厘清投资人和管理人的角色定位，但总不如法定方式来得牢固可靠，契约是易变的，而且很大程度上依赖于契约委托方的自治；此外，即便采取契约方式，也无法改变公司制下重大决策权仍留在股东会和董事会的权力分配格局，因为这是法定的结构。因此，综合来看，从投资人和管理人的角色定位这一点出发，有限合伙制明显优于公司制。

最后我们来看管理人的约束与激励。从约束的角度看，合伙制可以采取契约的方法，对管理人的行为作各种限定。但正如上文所说，契约不如法律来得牢靠，况且，在公司制下，权力的重心在投资人那边，无论如何，在约束这一点上，合伙制比公司制肯定是略逊一筹的。但合伙制下，管理人要以身家性命对风险兜底，这种约束恐怕是最有力的。当然，约束不是目的，而只是防范风险的手段。而激励则不然，在我国的企业制度下，解决得最差的问题就是激励问题。且不说国有企业制度下普遍的激励不到位及由此产生的逼良为娼等恶果，就算是在一个民营公司里面，无论是通过股权激励、期权激励，还是奖金、分红权等，都始终无法完全实现恰当激励的目标。为实现激励而创造的制度五花八门，绩效考核的配套机制也层出不穷，但始终无法掌握激励适当的平衡度，管理层总觉得为公司赚了很多钱而没得到合适回报，从而会有动力侵夺公司商业机会等；投资人（股东）总觉得我出钱你打工，为什么还总是不知足。这种内在张力始终无法很好消除，而这种张力的存在构成对事业前进的最大阻力。反过来，我们看到合伙制中采取了一个非常简单奇妙的办法解决了这个问题，那就是带有神秘色彩的“二八定律”。管理人的激励定格在20%的收益分成，并成为一个国际惯例，投资人和管理人在“二八定律”面前实现了平衡，消除了张力，复杂的激励问题迎刃而解，这真可以说是造物主赐予的智慧。对激励问题的成功解决，可以说是有限合伙制对整个企业制度的一大贡献。

综合比较下来，笔者个人认为，在中国法律下，有限合伙制，从总体上是远优于公司制的，它很好地解决了投资人安全和收益保障、投资人和管理人角色定位和管理人激励约束这三个企业制度的核心问题，特别是符合私募股权基金的内在需求，因此，才得以在国际范围内成为私募股权基金的主流模式。但有些人可能会问，为什么有限合伙制明显占优，却仍然存在如此大的选择困难和纷繁争议呢?

这里有两个问题需要注意。一个是合伙制在我国发展时间不长，一方面社会公众对这一新兴制度还没有达到足够的熟悉程度，也没有建立起足够的信心，需要不断的实践尝试和反馈，才能不断熟悉和习惯。反过来看，1993年我国刚开始引入公司这个东西到现在，中间又经历过多少曲折?! 另一方面，合伙制在我国的发展，目前还受到这样那样非理性的限制，相反，公司制基金却为监管层宠爱有加，更有监管层关键人士力挺，这成了大家揣摩监管层态度，甚至成了大家视有限合伙为畏途的重要原因之一。

需要指出的另一个重要问题是，在大家热议公司制和合伙制的时候，在监管层力挺公司制的时候，实际上，忽略了一个特别重要的问题，那就是我们中国法律下的公司，与英美公司法下的公司，基本上是两个概念，此“公司”非彼“公司”。从国际范围来看，确实也存在大量公司制的私募股权基金。但英美公司法下的公司，与有限合伙制，如果仔细比较的话，并无根本性差异。就连根本性的公司权力结构上，英美公司法和公司实践中，坚持董事会中心主义，股东和董事会分立得比较清楚，甚至在美国公司实践中，直到金融危机之后的最近一段时间，才开始考虑允许股东有提名董事的权力，很多公司的 by-law 里面，是限制股东委派和更换董事的。反观我国，虽然公司法历经修改，已经趋近于商业化，但总体上，还是借鉴适用于工业化早期的国外公司法做法并混杂了计划经济思维和特殊的政治控制土壤的产物。我们的公司法从根本上，缺乏私募股权基金所需的各种制度安排，相反，过于僵化的法定性要求，基本上扼杀了试图在中国公司法下构建完美的私募股权基金制度的雄心。举一个非常简单的例子，比如，在私募股权基金中广泛采取的承诺制，在英美公司法授权资本制下，是非常容易实现的，但在我国公司法下，虽然不无空间，但首期 20% 出资和 2 年内交齐（投资公司最长 5 年）的限制，还是会构成障碍的。另外，更为重要的是，在公司的权力结构上的自上而下的权力金字塔，与英美公司内部的三权分立，是有天壤之别的。如果忽视中国公司法和英美法系公司法这一重大差异而妄言公司制和合伙制的比较，必定会出现南辕北辙的逻辑混乱。

从制度比较的方面，笔者坚信，在我国特定的制度环境下，有限合伙，虽然也存在这样那样的问题，但总体而言是比较适合，或相较公司制是更合适的私募股权基金发展的组织制度。随着私募股权实践的不断试错和正负反馈，随着监管层面回归政策中性的科学轨道，有限合伙有望在中国成为私募股权基金主流的组织制度选择。

# 清代账局经营之道暨对我国小额信贷公司的启迪

周建波　何亦曾 *

## 一　理论回顾

前人针对信用风险这一问题作了很多研究，提出了很多理论。这里列出来三个，分别是马克思的银行信用及其危机理论，海曼·明斯基的金融脆弱性假说和信息经济学的相关解释。

### （一）马克思的银行信用及其危机理论

在《资本论》中，马克思花了大量篇幅来阐述信用问题。他认为，从经济角度来说，信用是一种借贷行为，是以归还为条件的单方面价值让渡。“这个运动，一般来说，就是贷和借的运动，即货币和商品的只是有条件的让渡的这种独特形式的运动。”① 从这段话中不难看出，信用是价值运动的特殊方式，是社会产品分配和交换的特定方式。在马克思看来，“信用制度按其本性是永远不能脱离货币这个基础的”。②

马克思认为，信用的出现从以下三个方面节约了货币：第一，信用使得“相当大一部分交易完全用不着货币”。第二，流通手段的流通加速了。信用一方面通过银行的业务技术在流通商品不变的情况下用较少的货币完成同样的服务，另一方面“又会加速商品形态变化的速度，从而加速货币流通的速度”。第三，纸币代替了金币。不止如此，“由于信用流通或商品形态变化的

* 周建波，北京大学经济学院副教授；何亦曾，学而思教育集团管理人员。

① 马克思：《资本论》第 3 卷，人民出版社，1975。

② 马克思：《资本论》第 3 卷，人民出版社，1975。

各个阶段，进而资本形态变化的各个阶段加快了，从而整个再生产过程也加快了”。①

针对货币运动的独立存在，即市场经济中反映社会经济矛盾的货币危机存在的必然性，马克思是这样阐述的：“一旦劳动的性质表现为商品的货币存在，从而表现为一个处于现实生产之外的东西，独立的货币危机或作为现实危机尖锐化的货币危机，就是不可避免的。另一方面也很清楚，只要银行的信用没有动摇，银行在这样的情况下通过增加信用货币就会缓解恐慌，但通过收缩信用货币就会加剧恐慌。”②

### （二）海曼·明斯基的金融脆弱性假说

1982 年，在《金融体系内在脆弱性假说》一书中，海曼·明斯基对金融脆弱性作出解释，提出了著名的“金融脆弱性假说”。在他看来，私人信用创造机构，特别是商业银行和其他相关贷款人经历周期性经济金融危机和破产风险的根本原因是它们的自身属性。他认为融资行为有三种类型：第一是抵补性的借款企业（Hedge-Financed Firm），其预期现金流入大于债务总额，同时每一期的预期现金流入也大于到期债务本息；第二是投机性的借款企业（Speculative-Financed Firm），其预期现金流入在总量上大于债务额，但在借款后的某一段时间，其现金流入小于债务本息，但大于债务利息，直到一定时期后，企业的预期收入才可以偿还前期所欠的本金和之后的本息；第三被称为“庞兹”借款企业（Ponzi Finance Firms），其预期收入在总量上大于债务额，但直到最后一期，该企业的现金流入才可以抵补前期的债务和该期的本金之和。同投机性的借款企业相比较，“庞兹”借款企业承担的不确定性风险更大，必须不断借新债才能维持正常运营。

根据这一分类，海曼·明斯基认为在经济运行过程中金融脆弱性的形成主要是因为以下两方面因素：第一，商业周期使得企业举高债经营，抵补性的借款企业减少，而投机性的借款企业和“庞兹”借款企业增加，从而加大金融风险；第二，市场主体的投资方向和盈利状况随着外部环境变化，引起银行的信贷量和

---

① 马克思：《资本论》第 3 卷，人民出版社，1975。

② 马克思、恩格斯：《马克思恩格斯全集》，人民出版社，1975。

信贷结构的变动。比如，在经济高涨期，借款需求巨大，假如个别银行不能提供充足贷款，它就会失去顾客，这样就会造成每家银行都不顾及累积性影响而向顾客提供大量贷款，从而容易导致金融脆弱性的发生。

### （三）信息经济学的相关解释

信息经济学是起源于20世纪40年代的学科，它有两大分支，分别是以弗里兹·马克卢普和马克·尤里·波拉特为创始人的宏观信息经济学和以斯蒂格勒和阿罗为最早研究者的微观信息经济学。

在微观信息经济学中，银行经营不稳定通常被认为是借贷双方信息不对称的结果。因为信息不对称的存在，银行难以鉴别客户的信息，从而产生了金融市场的内在脆弱性。根据信息经济学的理论，在信息不对称的情况下容易产生“逆向选择”、“道德风险”和银行挤兑等金融风险。

“逆向选择”，指的是信用等级越差的客户，越有可能取得贷款，信用等级越好的客户，反而很难获得贷款。之所以会发生这种情况，是因为在借贷市场上，银行面对的是诸多风险大小不一样的客户，很多时候银行无法确定项目投资的风险和成本，这些时候银行就只能根据企业平均风险状况来决定贷款利率。结果就造成那些风险较低的客户由于借款成本高于预计水平而退出市场，留下来的就是那些风险较高的客户。这种现象的发生会降低金融市场的资源配置效率。

“道德风险”，指的是由于客户的不道德行为而使金融机构蒙受利益损失的风险。它主要分为三种类型：第一，是银行对存款人的道德风险，例如，银行管理层因为偏好高风险的贷款项目失败而导致存款蒙受巨大损失；第二，是管理者对其所有者的道德风险，比如，“内部人”控制、利用信息优势获取私人利益；第三，是客户对银行的道德风险，比如，企业不按照银行的相关规定项目投资，而以各种方式恶意逃债等。

银行挤兑风险。银行要保持稳健经营，一个很重要的前提就是客户的信心。客户只有在不同的时间去提款，才能使银行一直保持自身的资产流动性，一旦出现突发事件导致客户对银行失去信心，纷纷在同一时刻提取现金，那么对于每一个客户而言，理性的选择就是在银行还未倒闭之前加入提款行列，最后的结果就将是储户和银行双方的损失。

上述三个理论是针对金融机构面对的信用风险所作出的解释。马克思的信用危机理论从信用制度本身入手，揭示了信用危机可能造成的后果；海曼·明斯基的理论从企业角度出发，对金融体系内在的脆弱性和风险作出解释；而信息经济学中则是以信息不对称为突破口，从借贷双方出发解释金融机构的风险。这些理论可以帮助我们很好地认识金融机构所面对的信用风险，对于本文后面要阐述的账局以及小额信贷公司的经营风险有相似之处，同时，这些理论对于我们研究账局的衰弱也有很大的启迪作用。

对于账局的研究，笔者主要侧重在它的经营手段方面。正如题中所说，我们希望从账局经营业务、放贷标准、处理信用风险的手段等方面出发，研究账局的经营之道，从而类比当下我国的一些小额信贷公司在经营过程中所面对的问题。研究方法上主要是以搜集史料为主，适当穿插一些数据图表，希望能够得出一些新的结论。

## 二　账局的产生和发展

明清时期，随着商品经济货币化的发展，工商业者对资金的要求日益迫切，“盖各行店铺自本者十不一二，全恃借贷流通”，[①] 在这种仅仅依靠自有资本不能满足日益发展的贸易的情况下，于是专门为工商业者提供信贷支持的账局应运而生。

所谓账局，即放账之局，兼营吸收存款，是以经营存放款为主要业务的金融机构。账局亦称“账庄”，“账”或写作“帐”。见之于档案的最早一家账局是山西汾阳商人王庭荣于乾隆元年在张家口开设的祥发永账局，资本银4万两，然后向京城、天津一带的北方城市发展。由于账局放京债，而京债是被禁止的，所以早期的北京账局属于地下经营，不一定见于朝廷档案。这就说明，账局的产生最迟不晚于乾隆元年，甚至还在此前。

账局的产生，是由两个历史原因造成的。

一是借贷利率的降低，使得工商业者在还上利息后还有客观的剩余，这就使得工商业有了利用借贷资金进行运营的可能。中国古代的信贷机构，无论是以质押、抵押为特征的典当，还是以信用放款为特征的信贷（当然，在明以前的金

① 王茂荫：《王茂荫集·请筹通商以安民业折》，中国档案出版社，2005。

融机构中，建立在质押、抵押基础上的典当由于能够有效地降低风险，因而在当时的金融业中居于绝对主流地位），普遍具有高利贷的性质，需要借贷者支付高昂的利息，这是由当时生产力的落后，资金供应的严重不足决定的。明代以后，中国金融业获得较大发展，竞争日趋激烈，使得借贷利息出现了普遍下降的趋势。例如，明王朝曾明确规定，对典当与放债月息超过 3 分者，予以治罪，说明当时信贷利息月息超过 3 分者较为普遍。而入清之后，信贷月息过 3 分者已经少见。到了清初，江苏吴江县的典铺规定：典当物价值“十两以上者，每月一分五起息；一两以上者，每月二分起息；一两以下，每月三分起息”。（图 1）① 就是说，借贷额越高，所支付的利息率越低，为大额借贷提供了更为优惠的条件。既有借贷利息的普遍下降，又有对大额借贷的特殊优惠，就使得工商业有了利用借贷资金进行运营的可能。同时，金融业内部的激烈竞争，也迫使借贷资金去寻找新的借贷对象，创造商机，从而找到新的发展之路，账局因此应运而生。

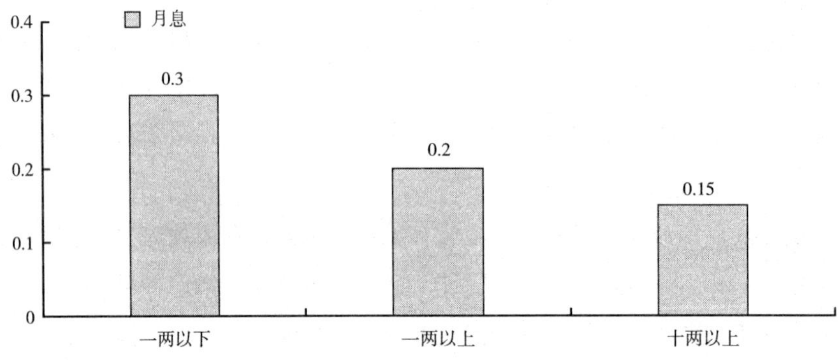


**图 1　典当物月息**

二是中国北方地区远距离贸易的商业特点促进了专门向工商业者放款的账局的产生。明清时期的中国，其北方商贸，主要以张家口为中心，以对俄蒙贸易为主要内容。由于汉蒙贸易、中俄贸易牵涉民族团结和国家安全，清政府规定凡前往恰克图贸易的华商，必须先向张家口关监督提出申请，由张家口关监督转呈清廷理藩院审查，审查批准之后颁发“信票”，持此信票才能前往恰克图进行

---

① 《吴兴旧闻》卷二。

贸易。这样，张家口便成为中俄贸易中华商必须停留的地方。然而，当时中俄贸易的发生地——恰克图远在中亚腹地，距张家口有1500公里之遥，由张家口至恰克图，每一往返，仅途中运输就需时至少半年，如果再加上从中国腹地组织货源，或将俄国货物在中国腹地销售，以及其间的运输过程，这必然带来垫支资本的增加。在传统的金融机构——典当无法满足抵押品有限的贸易商对资金的巨大需求的情况下，账局这一专门向工商业者进行信用贷款的金融机构应运而生。

账局在北京、张家口、保定、天津、多伦及太原、汾州等地的不断设立，为工商业发展解决了资本不足的困难，受到社会舆论的称赞，认为京城“银钱所以不穷，尤藉账局为接济”。由于账局适应了商品经济发展的需要，因此发展相当迅速。咸丰三年（1853年），京城共有账局268家，其中，晋商开设210家，顺天府商人开设47家，江苏、浙江、安徽、陕西商人开设的总共11家，从业人员“统计不下万人”，“向来纹银交易盈千累万。”①

为何经济发达的江南地区没有产生新型信贷机构——账局？物竞天择，适者生存，这主要是因为南方的金融业状况可以满足社会的需求，因而没有进一步创新的动力。首先，从地理条件来讲，江南水系发达，交通便利，商品运程比北方短，对融资的需求远没有北方那么强烈，当然利润也远没有具有相当垄断性质的对俄、蒙贸易那么高。其次，南方人口密集，经济发达，典当铺众多，即使工商业遇到资本困难也基本上可由典当铺解决。明清时期，江南地区的粮商、棉商、丝商在稻谷、棉花、蚕丝收获季节大量上市，需要收购的时候，由于资本不足，遂向典当铺借贷，以稻谷、棉花、蚕丝等做质押，反复借贷，反复质押，用一分资本做几分资本的买卖。乾隆十二年（1747年），清监察御史汤聘奏道：“近闻民间典当，竟有收当米谷之事，子息取轻，抬来甚众，囤积甚多。在典当不过多中射利，而奸商刁贩，遂恃有典当通融，无不乘贱收买。即如一人仅有本银千两，买米谷若干，随向典铺质银七八百两，飞即又买米谷，又质银五六百两不等。随收随典，辗转翻腾，约计一分本银，非买至四五分银数之米谷不止。迨至来春及夏末秋初，青黄不接，米价势必高昂，伊等收明子母，陆续取赎，陆续取粜……典商囤户，坐享厚利。”“盖囤当之弊，江浙尤甚。而囤当之物，并不独

① 清档，翰林院侍读学士宝钧咸丰三年三月十四日奏折。

米谷也。每年遇蚕丝告成，及秋底棉花成熟，此等商户，一如收当米谷之法，恣胆张罗，竟以小民衣食之计，止以供奸商网利之图。”① 作为政府官员，汤聘显然是从典商囤积居奇，抬高粮价，影响社会安定的角度来分析问题的，但这可以向我们传递一条信息，即商人通过这一方法突破典当质押品不足的限制，以便取得更多的货币。此外，来广州贸易的外商也给华商贷款。“近来内地行店民人，多有向夷商借本贸贩，冀沾余润。应如该督所请，令借领资本之行商人等，据实首明，勒限清还，免其提究。”在这种情况下，南方地区也没有出现专门为工商业者贷款的金融机构——账局的必要性了。

## 三　账局的经营之道

作为专门向工商业者进行的以无抵押借款或很少抵押为特征的金融机构，做的是信用贷款，它不是建立在工商业者的有形资产——房子、珠宝等抵押的基础上，而是建立在对他的无形资产——信誉、经营能力等信任的基础上的，这就对账局的经营能力，包括对经济发展的预测能力，对不同行业利润率的判断能力，对该地域工商业者信息的搜集、判断能力，对恶意抵赖现象的处理能力等提出了相当高的要求。

经营账局的人往往是工商业者的背景出身，这是由账局本身的经营性质所决定的。要做好对几乎无抵押、担保的工商业者的信用放款，避免出现大规模的呆账，就要求账局的经营者能够识别、选择有水平的工商业者，制定降低经营风险的制度安排以及妥善处理恶意抵赖现象。而对于工商业者背景出身的账局经营者而言，首先，长期从事工商业的经历（甚至经营账局的同时仍不放弃其他领域的商品的贩卖），使得账局商人对影响工商业发展的环境因素，诸如政治环境、经济环境、文化环境、自然环境、技术环境、人口环境等的变化非常敏感，这对指导账局正确地放贷——大放还是小放？继续放贷还是回笼资金？等等，都很有好处。其次，长期从事工商业者的经历，使账局商人了解作为一个好的商人必须具备的素质是什么？最容易犯的错误是什么？如何纠正这些错误等，这对其识别、选择放贷的对象很有帮助。最后，账局在很长时期内不在外地设分庄，这使

① 汤聘：《请禁囤当米谷疏》，乾隆十二年，《皇清奏议》卷四五。

其对当地的工商业者的各方面情况，包括他们的产品采自何方、成本如何，影响因素有哪些；产品销向何方，价格如何，影响因素有哪些；经营者的管理水平、经营能力，身体素质如何等非常熟悉，因而敢于在没有抵押品的情况下进行信用放款。

（1）关于账局的借贷对象，主要是工商业者，此外还有以下两类：一是印局、当铺、钱庄等金融机构。这类金融机构虽然本身也在从事借贷，但因为自身资本额较小，往往需要账局为其提供融资，以维持正常运转。咸丰年间侍读学士宝钧在奏折《奏为安戢商民纾物力固民心敬陈管见事》中便指出，“缘京师之交易由于钱店，钱店之懋迁半出帐局”。[①] 因此，当账局因某种原因抽回资金时，便会导致此类机构的经营中断，“由是各行商贾无所通挪，遂不得已而闭肆”。二是朝廷和各级官员。关于朝廷向账局借款，咸丰年间御史宋延春等上奏折《奏报筹借商银请敕部派员劝谕事》，里面就谈到“遴泒公正司员，密传行帐局各商，剀切劝谕，令其自行呈明成本多寡，每家认借若干，无论数万两以至数十万两，均有户部发给堂印官票，并准酌量加给息银，一俟军务完竣，即行照数发还”,[②] 通过向账局借款，以充盈部库，筹拨兵饷，等到各地的盐课关税都收齐后再予以返还。

（2）关于账局的放款期限，对账局状况颇为留意的清廷官员王茂荫有详细的记述：“闻账局自来借贷，多以一年为期。五六月间，各路货物到京，借者尤多。每逢到期，将本利全数措齐，送到局中，谓之本利见面。账局看后，将利收起，令借者更换一券，仍将本银持归，每年如此。”[③]

从这一记载中可以看出：第一，账局借贷以经营商业者为主要对象，因此，每在“各路货物到京”时，“借者尤多”。由这一事例，可见账局与商业经营之间有着直接的联系。第二，由于账局借贷与商业经营密切相关，而商业经营因受季节的限制，有着淡旺季的差别，账局借贷也因此有了淡旺之期，例如京城，即以五六月间为账局借贷的高峰。第三，账局借贷期限，多以一年为期，以适应当时一般的商业经营周转需要，如果到期后欲继续借贷，也须“将本利全数措齐”，

① 清档，翰林院侍读学士宝钧咸丰三年三月十四日奏折。

② 清档，御史宋延春咸丰三年六月二十九日奏折。

③ 王茂荫：《王侍郎奏议》卷3。

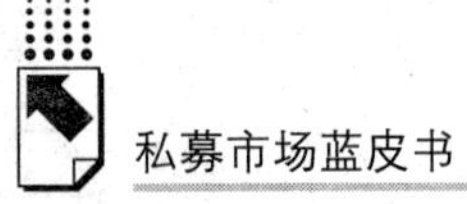



待账局确认其偿贷能力之后，再重新办理借贷手续，开始新一轮的借贷关系。

（3）关于账局的利率，显然比传统的金融机构典当高得多。这是因为，典当是质押放款，经营风险低；账局是信用放款，经营风险高，因而账局的利率中必须有弥补这一高风险的内容。关于账局对工商业放款的利率情况，史料中反映不多，但有大量的官员借贷的记载，可帮助我们对账局利率的情况略窥一二。

官员借贷是凭其官缺为依据的，没有抵押和担保。李燧在《晋游日记》中详细记载了账局对官员放债收费的细目，“汾（州）平（阳）两郡，多以贸易为生。利之十倍者，无如放官债。富人携资入都，开设账局，遇选人借债者，必先讲扣头。如九扣，则名曰一千，实九百也。以缺之远近，定扣之多少，自八九至四五不等，甚至有倒二八扣者。扣之外，复加月利三分。以母权子，三月后则子又生子矣。滚利累算，以数百金，未几而积至盈万”。[①] 按照上述记载，账局的收费分为三层：一层是借款先讲扣头，并按官缺距京城之远近定扣头的多少，近者扣头少，远者扣头多，有九扣、八扣、六七扣、四五扣，甚至倒二八扣不等，借银一千两，实则只付给九百，或六七百，或二百，这就是所谓“创立短票名色”；二层是要按名义借银数，支付三分或四分的月息；三层是三个月或六个月“转票”收复利，即驴打滚利。在这种多重盘剥之下，“迟至三四年，千金之本，算至二三十倍”。[②]

由此可见，账局对候选官吏放账，收费是大大超过典当铺的，是账局利之十倍的生意。虽然账局放款的名义利率和典当相差无几，但加上“扣头”，无疑就大大高于典当了。当然，账局给工商业者的放款利率不会这样高，这是因为工商业者的生产和流通的周期性短，一般以一年为限，再加上有比较稳定的市场，因而账局对工商业者的放款风险低，自然利率也要大大低于对官员放款。

（4）在防止借款人恶意躲债方面，账局在追款方面是不惜血本的。比如，为了向借贷的官员及达官贵人索债，账局甚至有“潜赴外省官员任所索欠者”，使欠债官员体面丧失，甚至曾发生官员无力偿还被逼自杀的事件。针对这一情况，嘉庆二十年（1815 年），御史巴龄阿奏请严禁私放官债，仁宗谕内阁[③]：

---

① 李燧：《晋游日记》卷三。

② 刘荫枢：《请严利债之禁疏》，《皇清奏议》卷二三。

③ 《清仁宗实录》卷三〇八嘉庆二十年七月丁酉。

“候补候选官员在京借用重利私账，及放债之徒勒措盘剥，本干例禁，着步军统领、顺天府五城各衙门严行查禁。如有违例私设账局者，即行拿究。其潜赴外省官员任所索欠者，该督抚访闻，一并查参究治。”

尽管当局明令禁止商人违例私设账局，但账局仍在发展。道光十三年（1833年）署归绥道珠澜曾被“京中债主代州人张姓借端挟制”,① 这里的“京中债主”即为开账局者。十六年江宁知府善庆欠京债达银5万余两，债主是北京恒太成账局。两江总督陶澍和江苏巡抚林则徐奉旨审理此案，并从北京提取恒太成账局的王允恭、张克昌到江苏审讯，最后以“审明知府善庆不善经理，所派家人复被账局滚剥”上报，“善庆照约束不严例降一级调用”。②

当然，对于实在还不上债的，账局也不一味索债。比如，当时官员向账局借债有“三不还”之说，这正是账局业务中有风险投资因素的反映。“放京债者山西人居多，折扣最甚，然旧例未到任丁艰者不还，革职不还，身故不还。”以故诗称：“借债商量折扣间，新番转票旧当删。凭他随任山西老，成例犹遵三不还。”③

（5）账局放官债之外，也收存官吏存款。嘉庆十三年（1808年）十一月，刑部左侍郎广兴被革职处死，在查抄其家时，发现有“存放账局银三万七千两”，由盛师曾、盛时彦代广兴寄存，并查出“存银取利确据”。④

## 四　账局的作用及其局限性

账局的设立，解决了工商业发展过程中资本不足的困难，在促进生产发展上有着明显的社会作用。

咸丰三年（1853年），太平军举兵北伐，矛头直指清朝都城北京。太平军兴起后一直所向披靡，故其北伐立即引起京师震动。在这种情况下，为了减少借贷风险，京津地区的账局纷纷止贷不放，抽回资金。账局的歇业，立即引起连锁反应，对工商业的打击十分严重。根据当时的记载来看，如“臣等查京城之大，商贾

① 《清宣宗实录》卷二八七，道光十六年八月甲戌。

② 《清宣宗实录》卷二九〇，道光十六年十月戊午。

③ 《清代北京竹枝词》，北京古籍出版社，1982。

④ 刘荫枢：《请严利债之禁疏》，《皇清奏议》卷二三。

云集其最便于民者有二：曰会兑局，曰印（帐）局。内外所以无滞，全赖会兑局为流通；银钱所以不穷，尤藉印（帐）局为接济。"① "查京师地方，五方杂处，商贾云集，各铺户藉资余利，买卖可以流通；军民偶有匮乏，日用以之接济，是以全赖印（帐）句之周转，实为不可缺少之事。近日在京开设印（帐）句之人，皆止帐不放，以致商贾乏本经营，不能获利，关闭者不少；旗民无处融通，生计攸关，竭蹶者居多。"② "贫穷之人原无资本，惟赖印局挪钱，以资生理"。但"印局之资本全靠帐局"，"帐局不发本，则印局竭其源；印局竭其源，则有民失其业。"③ 账局的歇业，不仅使得账局帮伙"万人者已成无业之民"，还间接导致赖账局资金运营的其他店铺相继歇业，"各店铺中帮伙，小者数人，多者数十人，一店歇业，而此数人、数十人即成无业之民。是帐局一收，而失业之民将不可数计也。"

账局不仅仅在京城工商业作用如此，在其他地方也是一样。天津，河海两路俱通，舟楫而利往来，是百货云集，四方辐辏，有"米行、油行、布行、纸行、糖行、竹行、木行、猪行、牛行、羊行、杂货行、扛夫行"等十三行。扛夫约有二万余人，"俱因商贾聚集，货物腾涌，日从事肩挑背负，足以自食其力"。"今闻贼匪直逼天津，商旅逃散"，此等人皆已失业。长芦盐商是天津一大商旅，长芦盐销往直隶、河南两省，"近年银价递增，商力本形疲累，惟借银钱帐局通挪周转。自今春以来，账局多半停歇，商人挪借无门，领引交课益多竭蹶"。"津郡放账之家多已关闭歇业，商人无可通融，悉皆束手无策"。

尽管账局在社会经济中有着这么重要的作用，它也是有很多不完善的地方。

第一，账局的资本太少，直到清末每家账局的平均资本只两万多两，而且过于依赖私票。咸丰年间侍读学士宝钧在奏折《奏为安戢商民纾物力固民心敬陈管见事》中描述，"账局之放贷全赖私票……近来钱账各局因钱店多有关闭，相戒不出私票，而钱店亦相率效尤。虽蒙谕肯，准用私票，而若辈心怀疑虑，仍复固结不解，由是各行商贾无所通挪，遂不得已而闭肆。"同当时京城的一些大西商"大都世业相承，历有年所。平时安享重利，偶有事端，遂藉口歇业，坐拥厚资"的情况相比，账局的歇业是因为自身资本力量不足，故在面对一些突发

① 清档，大学士祁鸿藻等咸丰三年七月初九日奏折。

② 清档，戴金等咸丰三年五月二十日奏折。

③ 清档，通政使司副使董瀛山咸丰三年三月四日奏折。

事件时候就显得力不从心了。

第二，账局的地理位置分布狭小，主要集中在华北地区，为工商业服务的力量不足。

第三，账局经营的金融业务不完善，只有存放款业务，而没有汇兑业务，为跨地域经营的工商业服务的功能不完整。这固然与只设在一城一地没有分支机构有关，也是与当时国内通信条件的制约有关（民间无传递书信的组织），而随着科学技术的发展，交通、通信的进步，市场竞争的激烈，包括工商业市场的竞争和金融业自身的竞争，账局本身也要发生变化，或者走向以抵押贷款为特征的商业银行，或者走向以信用贷款为特征的投资银行。

正因为账局本身有着这些缺陷，所以在金融业激烈的竞争面前，最后也避免不了消亡的命运。道光初年，票号开始产生，由于票号开展的汇兑业务适应了当时商业经营的需要，且资本雄厚，所以虽家数不多，却影响巨大，使账局原有的金融地位遭到削弱。而且，票号发展之后，逐渐涉足存放款业务。一些旧有的金融机构，例如钱庄，也纷纷开展存放款业务，遂形成了存放款市场的争雄形势，账局作为市场借贷中心的局面，一去再不复返。另外，中国进入近代社会以后，社会动乱日益频繁，即使作为京畿之地，也难以避免动乱的波及，所以，账局虽大多集中于以北京为中心的北方地区，却也无法摆脱社会动乱的影响。先是庚子事变，八国联军侵入北京，大肆进行掳掠。剧烈的社会动荡，不仅使京、津地区工商业遭受重创，当地账局也几乎全部倒闭，事变后得以复业的也远不及以前。再加上清末经济危机，新式银行加入竞争，账局的生存条件更加恶化，日益走向衰败。[①] 接着，民国元年（1912 年），袁世凯为攫夺辛亥革命果实，策动“北京兵变”，纵兵抢掠。北洋军阀的胡作非为，使北京市面再受重创，更加速了账局的衰败，又一批账局因此歇业。到 1913 年，北京账局只有 8 家还在维持运营，在金融业的影响已微乎其微。[②]

## 五　对我国小额信贷公司的启迪

小额信贷是以个人或家庭为核心的经营类贷款，其主要的服务对象为广大工

① 清度支部档案，金融货币类，宣统三年卷，号 17、81。

② 《新北京指南》第二编上，第十一类银钱业，民国三年版。

商个体户、小作坊、小业主，贷款的金额一般为1000元以上，20万元以下。从某种意义上说，经营小额信贷的公司同清代的账局有着类似之处，因此在经营手段上，也有可以借鉴的地方。

## （一）我国小额信贷公司的现状

2005年5月31日，中国人民银行在小额信贷试点工作会议上确定山西等省份为小额信贷试点地区，规定小额信贷公司只贷不存，放开利率，70%以上贷款用于三农和禁止跨区域经营。2005年12月，“晋源泰”和“日升隆”两家小额信贷公司在山西省平遥县成立，标志着商业性小额信贷公司在我国的正式成立。自成立以来，它们在促进当地经济发展、引导和规范民间资金等方面发挥了积极作用，截至2008年1月，“晋源泰”和“日升隆”分别实现利润164.9万元和114.3万元。[①] 继山西平遥和贵州江口小额信贷公司之后，2006年1月18日，四川广元小额信贷公司成立，随后在2006年10月，也有融丰小额信贷公司正式营业。目前在我国小额信贷公司还处于试点阶段，在许多方面，比如，体制设计、公司运营和风险监控上存在很多亟须改进的地方，因此小额信贷公司面临着一系列的金融和经营风险，主要表现在以下三个方面：①客户的信用风险。当前我国处于政治经济的双重转轨时期，不排除客户出于自身利益考虑，作出完全违反自身道德，欺骗交易方，不履行合约的行为，这对很多刚起步的小额信贷公司来说是致命的。②市场的风险。一方面是价格杠杆的引导，当市场供给增加时，价格下降，因此对于卖方而言，很有可能无法获得预期收益乃至亏本，从而导致不能及时还款；另一方面则是利率的影响。我国法律规定的小额信贷利率在基准利率的0.9~4倍间波动，因此中国人民银行利率水平的变化将直接影响小额信贷公司的贷款利率和盈利状况。一旦中国人民银行利率水平发生变化，就可能造成小额信贷公司的市场风险。而当管理者没能及时判断出利率走势，不确定应该扩大还是收缩贷款量的话，市场风险会变得很难预测。③公司的操作风险。同银行等一般的金融机构相比较，小额信贷公司的操作风险要高很多，因为小额信贷是一种以城乡低收入阶层为服务对象的小规模的金融服务方式，无论是针对贫困农户

---

① 郭保民：《壮大小额贷款组织，拓展民间融资渠道——山西省平遥县小额贷款公司运行一年调查与思考》，《中国金融》2007年第6期。

还是微型企业，都需要信贷员对客户和其所处的环境有全面的了解，而目前很多小额信贷公司都不具备这种能力。不仅是因为小额信贷工作量大、准确性难以把握，同时也跟信贷人员自身的素质和对风险管理的认识不足有很大的关系。

### （二）账局的经营管理模式对降低风险的启示

要降低客户的信用风险，关键是要正确地识别和选择合适的客户。在账局的经营过程中，之所以敢在没有任何抵押品的情况下进行信用贷款，关键是它对客户的各方面情况都很清楚。早在两千多年前，经商鼻祖白圭就从商者的素质上提出了要求。他说，“吾治生产，犹伊尹、吕尚之谋，孙吴用兵，商鞅行法是也。是故其智不足与权变，勇不足以决断，仁不能以取予，疆不能有所守，虽欲学吾术，终不告之矣。”① 这里的“智”是要求商人具备客观分析形势，及时采取正确的经营策略的智慧；“勇”是要求商人行动果敢，勇于决策；“仁”是要求商人对待客户、下属、供应商等要舍得施与；“强”是要求商人具有坚强的意志和毅力。根据白圭提出的“智、勇、仁、强”四项从商标准，分析一个人的从商经历，大致可以判断出他的经营能力、管理水平等，这对信贷机构识别、挑选贷款人很有帮助。

要降低市场的风险，账局给我们提供了一个好的手段，就是缩短放款的期限。“闻账局自来借贷，多以一年为期。五六月间，各路货物到京，借者尤多。每逢到期，将本利全数措齐，送到局中，谓之本利见面。账局看后，将利收起，令借者更换一券，仍将本银持归，每年如此。”这是说，账局借贷期限，多以一年为期，这是因为当时的工商业者经营的商品基本是农产品或农产品的粗加工，受季节性的影响比较大，因而账局对工商业的放款多以一年为期，以适应当时一般的商业经营周转需要。如果到期后欲继续借贷，也须“将本利全数措齐”，待账局确认其偿贷能力之后，再重新办理借贷手续，开始新一轮的借贷关系。与此类似，现在的小额信贷公司面对的很多小农产业，同样受自然和气候影响比较大，在这方面就可以通过缩短放款期限，尽可能地减少这方面的违约概率和损失。

要降低公司的操作风险，主要还是要提高信贷公司从业人员的素质，制定有

① 司马迁：《史记·货殖列传》，岳麓书社，2005。

效降低信贷风险的制度安排。前面说到，账局的经营者往往自身就有着长期从事工商业的经历，而正是因为这个经历让他们对于环境因素十分敏感，对客户的选择也很有眼光和远见。相比之下，当今金融业的从业人员多是金融、财务、会计专业出身，对于商业运作以及影响商业发展的环境因素，诸如政治环境、经济环境、文化环境、自然环境、技术环境、人口环境等的变化了解不深，这是不利于公司业务开展的。因此，作为信贷公司的工作人员，尤其是信贷人员，不能仅仅了解自己的业务，还要了解商业规律，尤其是商品价格变化规律，这有利于培养银行人员的大局观，有助于提高信贷效率，降低信贷风险。另外，信贷公司很有必要从企业中选拔一批员工，并吸收有实力的企业成为股东，这不仅仅是改善公司法人治理结构的需要，更是使员工更好地了解企业，做到“知己知彼”的需要，这对信贷人员提高识人、选人能力很有帮助。

所以，对于当下的小额信贷公司而言，亟须完善相关的风险控制机制。账局的经营手段为其提供了一个很好的参考：无论是识别和选择合适的客户，缩短放款期限或者是提升信贷人员素质，都能帮助信贷公司在一定程度上减少风险，从而能够更好地经营信贷业务。

## 参考文献

马克思：《资本论》第3卷，人民出版社，1975。

马克思、恩格斯：《马克思恩格斯全集》，人民出版社，1975。

焦瑾璞、杨骏：《小额信贷和农村金融》，中国金融出版社，2006。

清档，翰林院侍读学士宝钧咸丰三年三月十四日奏折。

清档，大学士祁鸿藻等咸丰三年七月初九日奏折。

清档，戴金等咸丰三年五月二十日奏折。

清档，御史宋延春咸丰三年六月二十九日奏折。

清档，通政使司副使董瀛山咸丰三年三月四日奏折。

李燧：《晋游日记》卷三。

王茂荫：《王侍郎奏议》卷三。

# 私募股权研究文献的综述

于　婧　孟祥轶*

## 一　私募股权投资存在原因的文献研究

Allen and Santomero（1998）等认为金融中介通过分工、专门金融技术、规模经济和范围经济等降低了交易成本。对于单个投资者而言，由于投资所伴随的巨大风险和不确定性，使得投资者需要支付更高的搜寻、评估、核实与监督成本。私募股权投资基金作为一种集合投资方式，能够将交易成本在众多投资者之间分担，并且能够使投资者分享规模经济和范围经济的好处。相对于直接投资，投资者利用金融中介进行投资能够获得交易成本分担机制带来的好处，提高投资效率，这是私募股权投资基金存在的最基本原因之一。

## 二　私募股权投资相关法律、法规与政策的研究

通过对德国与美国私募股权资本市场的比较，Oliver Pfirrmann，Udo Wupperfeld和Lerner在研究私募股权投资资本筹集与政策、法律之间的关系中发现，美国私募股权资本筹资市场之所以活跃的原因在于直接和间接的政策推动。然而，这也是德国私募股权基金发展的三个障碍之一。Lerner指出，相关法规政策的变动会对私募股权投资承负资本的增加产生巨大影响，与此同时，基金业绩是影响私募股权投资机构筹集新基金能力的重要因素。Cumming和MacIntosh（2002）认为，在法律体系比较完善的国家，基金管理人更喜欢投资于高科技中小企业，而且在退出时更倾向于选择IPO模式，以获得较高的收益。Cumming（2004）等人进一步研究了法律体系对治理结构的影响。在法律体系相对完善的

* 于婧，中央财经大学硕士生；孟祥轶，中央财经大学中国公共财政与公共政策研究院助理教授。

市场中，融资资金能快速获得，从而也相应缩短了筛选项目的周期。Lerner 和 Schoar（2005）认为在法律体系不完善的环境下，基金管理人更倾向于对被投资企业控股。这说明法律体系直接影响了基金管理人和被投资企业在交易契约中的股权配置。Kaplan 等人（2003）以投资者和被投资企业的契约为研究对象，发现现金流控制权（the Rights Over Cash Flows）以及其他控制权、流动性和董事会席位都会随着法律体系的改变而改变。作者发现，美国的各类融资契约结构在不同的制度环境下都表现出了一定的有效性。Djankov（2003）认为，好的法律制度是指有利于经济增长并且能保护知识产权的法律体系。法律体系的不完善常常导致私人盗用或者政府以合法形式“巧取豪夺”企业的专利。La Porta（1999）认为法律对投资者利益的保护程度也影响了企业外部融资的广度和深度。如果一国能够很好地保护投资者的利益，则融资价格会降低，减少的融资价格会鼓励企业家和基金管理者寻找更多的外部融资渠道。作者通过比较 49 个国家的股票市场规模、上市公司的数量、以 IPO 模式退出的企业数量以及债权规模，发现对投资者利益保护程度高的国家，其金融市场的广度和深度也更大。La Porta（1999）从 27 个富裕国家选取了企业样本，研究结果表明对投资者利益的保护程度越高，则托滨 Q 指数越大。此外，所有权和企业估值价值之间的相关度在保护程度差的国家比较明显，反之，在富裕国家并不明显。从企业层面来看，影响 PE 产业发展的因素可以分为内部因素和外部因素。内部因素主要有创业企业的专有特性、创新能力和研发支出、历史业绩和业内声誉，外部因素则主要是指一国的综合环境，包括法律和金融体系、社会制度和文化，其中，法律是否完善直接影响了 PE 产业的发展。

张明（2008）运用案例分析法，对境外私募股权基金如何突破中国政府对外资投资于特定行业的限制以及资本项目管制进行了剖析，指出行业管制和资本项目管制并没有发挥有效作用，中国政府应该加强真正意义上的战略性行业的管制，尤其是不要轻易放松对资本流出的管制。艾小乐（2008）认为，对外资并购投资的规范性文件仅是部门规章，效率低下，应该上升到法律层面。卞华舵（2007）认为，国内目前对于发展私募股权基金的鼓励性政策不多，障碍性政策较多，比如，双重征税的问题还没有彻底解决，《商业银行法》和《保险法》限制金融资本进入私募股权基金市场；金融分业经营也使得许多成熟稳定的资金不能进入这一领域。吴晓灵（在 2007 年中国私募股本市场国际研讨会上的演讲）

认为，目前制约中国PE产业的因素主要有以下几个：一是政府监管，政府监管主要表现在三个方面，即投资人资格、注册以及大额交易的监管；二是双重征税问题；三是PE产业的退出渠道有限；四是企业的股权登记托管。而这四个问题的解决还要依靠政府通过制定法律政策来规范。

## 三　私募股权投资中的委托－代理关系相关文献研究

许多文献对信息不对称与金融中介机构存在性之间的关系进行了讨论。例如，Leland and Pyle（1977）是最早将信息不对称引入对金融中介存在性的研究中的经典文献，他们认为交易成本涵盖的范围太广了，它不能成为唯一的原因，金融市场中存在的信息不对称所导致的逆向选择和道德风险会使金融市场失灵，信息不对称应该成为解释金融中介存在性的一个基本原因。Diamond（1984）认为金融中介是通过充当被委托的监督者来克服信息不对称问题的。私募股权投资中存在严重的信息不对称，该问题贯穿于投资前的项目选择和投资后的监督控制各个环节中。私募股权投资基金作为专业化的投资中介，能够有效地解决信息不对称引发的逆向选择与道德风险。要减少信息不对称则要求投资者必须采取措施加强投资前的尽职调查和投资后的监督控制。这些活动如果由多个投资者分别进行，则可能存在重复行动导致调查和监督行为的过度产生，这一方面造成对社会资源的浪费；另一方面则会由于免费搭车现象的存在而不能有效地激励投资者进行调查和监督，导致效率低下。而私募股权投资基金的管理人通常由对特定行业富有相当专业知识和经验的产业界和金融界的精英组成，他们所拥有的专业技能与经验积累使他们在选择、管理、监督所投资企业方面具有比较优势，因此他们在信息生产与处理上的优势使得他们能够成为投资者的代理人。他们通过投资前对企业进行深入的考察和投资后的监督控制，可以缩小信息差距，并且可以利用自身的信息优势和规模效应降低监督成本。

Sahlman（1990）率先对美国私募股权资本有限合伙制的运作进行了系统的研究，其研究主要包括有限合伙制的法律结构及管理中的一些问题。他指出，之所以有限合伙制成为美国20世纪80年代后私募股权投资机构典型的组织形式，与一些免税实体采用有限合伙制的私募股权投资机构的组织形式是密不可分的，该形式可以保持这些机构投资者的免税地位。研究还表明有限合伙制的有限合伙契约能够对私募股权投资家起到很有效的激励与约束作用，这在一定程度上能够解决私募股权投资家和私募股权投资者之间严重的信息不对称问题。然而，Jeffer J. Trester（1998）认为在签订有限合伙契约时企业家和投资人之间信息是对称的，签订协议后信息不对称才发生。Mull Frederick Hobert 提出了私募股权基金的理论模型，即私募股权投资基金作为金融中介，介入其所投资的项目来发挥其减少信息不对称、降低风险、降低自身经营高风险项目代理成本的作用。

制度、文化和政治等因素导致了综合环境的差异，因此各国所面临的风险以及采用的风险控制模式也会不同。Ried（1998）指出风险资本投资中最大的风险莫过于委托人－代理人风险。Can Kut 等人（Can Kut et. al，2007）认为委托人－代理人问题实际上是因为基金管理者和企业经理人之间缺乏透明度和信息不对称所致。为了解决这个问题，基金管理者选择最优契约以保证代理人和委托人利益的一致性。CanKut 等人将 PE 融资过程中可能遇到的风险分为五种，即投资前评估风险、委托－代理风险、被投资企业内部风险、投资组合风险与宏观风险。对于基金管理者而言，三种类型的风险尤为重要，即信息不对称所导致的代理风险、证券投资组合管理风险和宏观类风险。其中信息不对称是指代理人比委托人拥有更多的关于企业的信息。Promio&Wright（2004）指出信息不对称主要表现在三个方面：一是信息差距（无论是否影响基金管理者和企业家的决策）；二是对企业经理人有利的信息不对称；三是对基金管理者有利的信息不对称。Gompers（1995）认为三种机制可以降低融资过程中的委托人－代理人风险：一是融资契约（Financing Contract）；二是辛迪加投资（Syndication of Investment）；三是分阶段融资（Incremental Financing/Stage Financing）。Gom-pers&Lerner（1996）根据“契约成本”理论试图找出影响设计融资交易结构的决定因素。根据该理论，投资者需要权衡谈判成本、执行成本以及限制机会主义成本。只有当限制机会主义的利益高于成本时，双方才会制定相应的限制条款。Gompers&Lerner（1996）通过比较分析 140 份契约协议，发现企业所处的发展阶段、企业类型、基金规模、企业支出对业绩的弹性等因素都影响了代理成本。企业的发展阶段越处于早期，信息不对称程度越高，委托－代理风险越大。此外，随着基金规模和支出对业绩敏感度的提高，代理成本也会提高。Gompers 等人的研究表明交易结构中的制约条款可以降低代理成本。William（2001）研究了企业经理人和基金管理者在契约中如何配置风险、收益以及股权，他认为控制权和责任的分配主要取决于以下几个因素：一是企业家的经验和声誉；二是投资吸引力；三是公司的发展阶段；四是契约双方的投资技巧；五是风险资本市场的总体情况。

辛迪加投资是风险资本家常用的另外一种风险控制机制（Gompers，1995）。基金管理者通过和其他投资者联合投资，分散投资风险，从而减少了信息不对称所引起的逆向选择问题。参与企业日常经营管理的投资者会利用这种信息优势，高估企业在下一轮融资中的价格。基金管理者会权衡潜在的代理成本、监管成本和控制成本。潜在的代理成本越高，监管力度越大越有效，缩短融资周期的可能性越大，从而能有效防止企业家投资于注定要失败的项目。根据代理成本理论，一些因素会影响代理成本。随后，Sahlman（1990）指出分阶段投资也是一种有效的监督机制。Compers（1997）从 Venture Economics 数据库中随机选取了从 1961 年 1 月至 1992 年 7 月的 794 支风险基金，运用道德风险模型对这些数据进行了实证检验，结果发现除了企业的发展阶段以外，上述因素都对企业的融资周期有影响。这个实证结果进一步证明了分阶段融资可以有效控制代理成本。他认为将被投资企业的所有权和控制权相分离，也可以降低代理成本。基金管理者经常面临一个困境：利用股权激励企业经理人的同时，企业经理人凭借持有的股权和在企业内部的位置存在隐瞒信息的可能。为了解决这个问题，基金管理者通常会制定契约制约经理人的控制权。这些控制权通常包括：董事会席位、重大决策表决权、禁止资产出售、控制权转让的限制、企业重大支出限制、发行新证券的限制、强制赎回等权利。

事实上，在私募股权基金融资过程中存在双重委托－代理问题，一是投资者和私募股权基金管理人之间的委托－代理问题；二是基金管理人和被投资企业经理人之间的委托－代理问题。从目前的文献来看，大部分学者主要研究了基金管理人和企业经理人之间的委托－代理风险，少数学者探讨了投资者和风险资本家的委托－代理问题。

吕厚军（2007）研究私募股权基金管理人和被投资企业经理人之间的关系，认为基金管理人与企业经理人之间存在双向代理特征，指出创业企业家作为委托人、基金管理人作为代理人这种反向代理关系中基金管理人可能会给创业企业家带来的各种道德风险和逆向选择，并对投资契约、声誉市场、联合投资等治理机制进行了研究。如前所述，委托人－代理人问题产生的根本原因是信息不对称。

与基金管理人相比，企业经理人对本企业和项目掌握的信息更丰富，因此在没有机制约束的情况下，会利用这种信息优势谋求个人或企业的私利。从这个角度讲，只有尽量降低信息不对称的程度，才能减少这种代理成本。从国内学者的研究来看，主要还是集中在对国外文献的讨论，对我国私募股权基金在实际操作中的风险控制问题则很少进行实证研究。

## 四　私募股权投资影响因素文献研究

Kenney（2000）以历史的方法研究了硅谷发展成为一个成功典范性的私募股权投资世界领地的过程。研究发现除了该地区所具备的技术、人才和文化的优势，私募股权投资这一支持体系才是硅谷成为私募股权投资世界集散中心的重要保证。同时他指出，美国私募股权投资制度的变迁、有限合伙私募股权投资制度建立之前的各个发展阶段与早期的公司制私募股权投资企业的典型代表 American Research and Development Corporation（ARDC）和小企业投资公司（SBIC）有着密不可分的关系。SBIC 的发展为有限合伙制的建立和发展奠定了坚实的基础并起到了很好的过渡作用。在有限合伙成为主导形式之后仍然作为有限合伙制的补充形式发挥着其独特的作用。

Acs&Audretsch（1994）指出宏观经济因素的变动对企业的创业活动有着深刻的影响，比如 GDP 和贷款利率。GDP 的增长不仅提高了对创业资本的需求，而且给企业提供了更多的融资渠道，给投资者创造了更好的投资环境，这些都促使创业资本金供给的增加。从这个角度讲，GDP 的增长和 PE 产业的发展具有正相关的关系。此外，贷款利率反映了债务市场的广度和深度以及内在的风险溢价。高利率意味着借贷环境风险较高，贷款渠道有限，创业企业通过债权市场获取投资资金的渠道较少，企业面临着较高的风险溢价。一国的实际贷款利率反映了持有货币的机会成本和获得资金的实际成本。较高的贷款利率意味着提供资本的机会成本较高，因此，无论是机构投资者还是个人投资者，都会尽量避免承担创业资本的投资风险，从而导致创业资本供给的减少。Gompers&Lerner（1998）通过研究美国 PE 基金的融资过程，指出影响 PE 产业发展的因素有资本收益税、养老金基金规模、GDP 增长率、股票市场收益率、研发支出、公司业绩和声誉等。其中 GDP 增长率对 VC 产业的影响很大，而 IPO 对 PE 的影响并不明显。此外，一国的经济状况也会影响 PE 市场的发展。Jeng&Wells（2000）以 21 个国家 10 年内的面板数据为样本，对影响 PE 产业发展的因素进行了实证分析，比如 IPO、劳动力市场的流动性、财务报告标准、私人养老金基金、GDP 增长率、市场资本化程度、政府政策等。市场资本化程度反映了股权资本市场的综合广度、深度以及流动性，市场资本化程度的提高意味着市场流动性的增强和投资综合环境的改善，而股权市场资本化的提高则表明 PE 资金供给量的增加，从这个角度讲，资本市场的流动性影响了 PE 产业的发展，流动性较差的市场给企业提供的融资渠道也较少。与 Gompers&Lerner（1998）的结论相矛盾的是，Jeng&Wells 指出 IPO 退出模式是推动创业投资活动的主要动力，政府政策对 PE 的影响主要体现在监管和投资政策上。GDP 增长率和市场资本化以及财务报告标准对 PE 产业的影响并不显著。值得注意的是，不少学者探讨了法律对 PE 产业发展的影响。Megginson（2004）提出 PE 产业的发展取决于一国基础制度，比如政治制度、创新环境、文化体系等，其中法律体系对 PE 的影响更为显著。

## 五　私募股权投资中声誉对私募股权基金影响的相关文献研究

Cem Demiroglu 和 Christopher M. James（2010）的研究说明私募股权公司的声誉在杠杆收购融资中有着重要作用。研究中以美国 1997 年 1 月 1 日到 2007 年 8 月 15 日期间的 180 个上市公司收购下市的案例为依据，研究者发现在信用风险利差相对较低、贷款标准较低的情况下，信誉良好的收购公司在市场中更受青睐，收购成功几率更高。同时，研究发现信誉良好的公司在取得银行和机构贷款时，其利差也相对较低，还款期限更长。另外，信誉与收购杠杆成正相关；同样的，杠杆与收购价格也呈显著的正相关。之所以声誉与杠杆收购的结构相关不仅仅是因为其能更好地掌握并利用市场时机，也是因为良好的信誉可以大大降低杠杆收购债务的成本。Gompers（1997）指出，在信息条件的约束下，私募股权投资基金管理者在投资的初期基于建立声誉的目的更愿意接受较低的报酬。Black（1998）和 Gilson（1998）都在其研究中强调高信誉的私募股权投资管理者能为企业提供更优质的服务，同时也能够吸引更多优秀的管理人员、优质的证券承销商以及供货商等，以此降低企业的上市成本和经营成本，从而获得更高的投资回报。

## 六 私募股权投资退出机制相关文献研究

美国创业资本市场的快速发展还在于有一个稳定的和高利润的退出机制。在一个流动性较强的市场，投资者的退出渠道越多，投资动力就越大，PE 产业发展就更加迅速。缺乏退出渠道尤其是对于初级股权市场而言阻碍了 PE 产业的发展。Ritter（1998）研究 IPO 退出模式对于促进创业资本发展的作用，他认为风险资本家之所以喜欢对企业投资，是因为通过 IPO 成功退出能获得较高回报。Ritter 认为美国市场上 IPO 的空间很大，有助于培养创业企业并且给企业提供资金。Black 和 Gilson（1998）通过检验日本、德国和美国的资本市场结构，发现是否存在一个积极的 IPO 市场对于风险资本产业的成长非常关键，IPO 给投资者提供了一条快速的高收益的退出渠道。此外，他们控制权的收回是企业家支持 IPO 方式退出的一条主要原因。因为 IPO 分散了企业的股权，企业家对企业的控制权得到了保障。在德国，PE 产业的融资资金主要来源于银行贷款，退出渠道因此限于股权回购和并购，这两种退出方式与 IPO 相比，投资者获得的收益较少。同样，日本的大部分融资渠道都是银行，和德国一样面临着退出渠道受限和控制权配置的问题。由于英国允许爱尔兰企业在英国股票市场上自由选择 IPO 方式退出，促使爱尔兰创业产业的兴起。同样，以色列创业产业的形成也得益于美国 NASDAQ 市场对创业企业设置的低门槛。通过对这几个国家的比较分析，他们认为，依靠成熟的 IPO 市场有助于提高一国创业资本产业。Jeng 和 Wells（2000）认为，退出机制对于 PE 产业的发展至关重要，IPO 是投资者考虑退出的首选模式，因为并购则意味着控制权的丧失。Armin（2001）引入产品市场分析其对风险资本的融资契约和退出战略的影响。当新产品完全是创新产品时，上市比并购可获取更多的收益。如果企业家在风险资本家退出后热衷于做一个独立的经理人以获得更多的个人利益，企业家会扭曲创新战略迫使风险资本以 IPO 模式退出。Cumming 和 Maclntosh（2002）比较分析美国和加拿大创业资本的退出机制，发现美国的创业市场更具有流动性，IPO 是收益最高的退出模式，其次是收购。作者指出全部退出（Full Exit，比如风险投资者在 IPO 后一年内退出，或者是并购退出和次级销售）的绩效不一定比部分退出（Partial Exit，比如在 IPO 后 3 到 5 年内退出）的高。当创业投资者（内部人）和购买者（外部人）之间的信息严重不对称时，创业者为了降低信息不对称的程度会选择部分退出。Andreas 和 Uwe（2001）的研究集中在两个方面，一是如何在 IPO 和并购之间有效选择；二是企业经理人和风险资本家之间如何设计融资契约。作者指出企业经理人和风险资本家之间的冲突不仅在于直接经济利益的分配，更重要的是退出模式的选择，因为退出模式也影响两者的经济利益。研究指出可以使用可转换证券（Convertible Securities，CS）避免这些利益冲突。上述学者的观点表明影响私募股权基金投资收益的核心因素是退出机制，因为不同的退出模式意味着投资者获得的收益不同。私募股权投资产业的退出问题主要涉及退出模式、退出时机以及退出程度等几方面。到目前为止，国内外学者的理论和实证研究主要是关于私募股权投资产业退出模式的且主要集中在 IPO 模式上，其他的退出模式（比如并购、清算等）的相关研究较少，关于退出时机和退出程度的研究也不多见。

范柏乃（2002）通过对浙江、上海、广东、北京等省市 30 家风险投资公司的 90 位高管进行问卷调研，结果发现与国外 IPO 为主流退出模式相反，我国风险投资最为现实的退出方式首先是企业并购，其次是创业板交易、回购和买壳上市。这与我国目前多层级的资本市场发育不够、企业市场门槛高、产权交易不活跃等因素有关。吴晓灵（在 2007 年中国私募股权市场国际研讨会上的演讲）认为，国内很多私募股权基金投资的企业绕到海外上市的动机是国内退出渠道有限。她开出了三个药方：一是建立多层级的场内市场；二是建立合格投资人的场外市场；三是尝试制定鼓励中资投资企业股权协议转让的外汇政策。

## 七　私募股权投资资本筹集影响因素相关文献研究

在对私募股权投资资本筹集影响因素的研究中，筹资阶段的研究主要集中在影响私募股权资本筹资量变动的参数上。在该方向的研究中，国内外学者主要是利用经济学的供求模型构建不同的私募股权投资资本供给与需求的模型来进行分析和研究的。在税率变化对私募股权投资资本供求的影响方面，James M. Poterba（1989）认为资本利得税率的降低对私募股权投资的影响不会通过对供给曲线的影响实现。税率的降低使得纳税投资者对投资的期望收益率降低。在创业家决策模型中，税率的降低对需求的影响很大，低税率会对管理人员和员工创业更有吸引力。管理人员的报酬主要来源于工资和奖金收入，这些报酬都是按照一般所得税率交税，但是作为创业家的报酬则主要来源于权益资本的增值，所以，税率的较低极大地刺激了创业热情。

Bernard S. Black（1998）和 Ronald J. Gilson（1999）对资本市场对私募股权投资资本筹集方面的影响都作了相对较深入的研究。研究指出，一个成熟的股票市场对于活跃的私募股权投资市场的存在有着至关重要的影响。在以股票市场为中心的目前的资本市场体系下，私募股权投资市场更有活力；在该市场中，私募股权投资资本提供者和企业家之间能建立一种在未来通过 IPO 使得企业家重新收回控制权的隐性契约，因为私募股权投资者可以在股票市场上通过公司上市实现退出。Gompers 和 Lerner（1998）则将影响私募股权投资资本量的供给因素和需求因素进行了进一步的区分。他们研究表明，私募股权投资的需求因素对私募股权投资资本筹集起着重要作用。通过构建供给和需求模型证明供给取决于私募股权投资的期望收益率，私募股权投资的价格对应的是私募股权投资的期望收益率，供给曲线斜率为正；由于私募股权价格上升则期望收益率随之上升，能达到期望收益率的企业数量随之减少，需求降低，因此，需求曲线的斜率为负。研究还表明，供给和需求的均衡决定了私募股权投资承负的资本额也决定了价格（即，期望收益率）。他们还指出 GDP 增长率和研发支出将会使私募股权活动更加活跃。

## 八　私募股权投资在中国发展的文献研究

迥然不同的历史背景、特殊的演进路线、尚未成熟的机构投资者、更严格的监管理念，使得中国的金融体系与欧美差异巨大。在欧美资本市场环境滋养下日益成长壮大的私募股权基金，在国内的金融环境中，直至 2007 年，依然是金融领域内的新兴事物，不论政府、机构还是专业人员都在摸索前行。

臧展（2009）通过研究与对比总结出我国私募股权投资的特点：①政府鼓励政策的累积效应显著。从 2005 年以来，我国私募股权投资机构数量逐年增加，2007 年达到有史以来最高的 383 家，这些都归于政策法规实施的积极效果。②本土私募股权投资虽然增长较快，但海外资本仍然占据半壁江山（见表 1）。③高新技术产业仍是投资重点，但传统行业也不断受宠。④公司制仍然是私募股权投资的主要组织形式，但合伙制比重越来越大。同时他也指出由于发展时间、发展规模以及相关法律法规政策的限制，我国私募股权投资在发展过程中仍然存在许多问题，例如，相关的税收问题。从私募股权投资税收的制度环境来看，仍然存在双重税收、税率不公平和税负过重等方面的问题。另外，我国私募股权投资行业虽然呈现百花齐放的格局，但是由于基金的设立分属于发改委、保监会、银监会、证监会、中国人民银行等几个审批部门管辖，因此处于群龙治水状态，不利于行业发展。与此同时，私募股权基金管理人的管理水平需要提升，道德风险问题较严重。由于私募股权投资近年来才在国内真正兴起，资金大多属于官方投资的性质，因此还缺乏具有国际水准的专业管理机构，也缺乏优秀的基金管理团队。同时，私募股权基金管理人缺少真正有效的外部监管，这很容易导致内幕交易、利润转移等违法行为。

**表1　2005～2008年新募集风险资本来源中外资本分布比例**

单位：%

| 年份 | 中国内地 | 海外资本 |
|---|---|---|
| 2008 | 48.16 | 51.84 |
| 2007 | 48.22 | 51.78 |
| 2006 | 34.92 | 65.08 |
| 2005 | 52.59 | 47.41 |

资料来源：2008年中国风险资本投资行业调研报告，中国风险投资研究网站。

郝博和付瑞琪（2009）在研究中表明私募股权本土化进程中的问题既是其自身发展尚不成熟所致，也在客观上受到外部环境的影响。从其自身的角度来看，资金规模较小，缺乏雄厚实力来支撑高风险、激活高收益，并在投资规模化和多元化上受限；存在高级专业人才缺失。私募股权本土化历史短暂，紧缺富于实战经验、独具投资发掘眼光并谙熟与各利益方动员协调之道的金融管理专业人才；投资理念滞后，本土私募通常不是通过项目培养来实现中长期价值增值，而是追逐拟上市公司来片面追求短期投机收益，缺乏核心竞争力使得可持续发展存在瓶颈；运作方式缺乏国情特色，本土私募过分集中于有限的高新技术领域，未能充分把握处于转型期的我国经济特色，忽视了通过优化配置和模式创新来盘活国内丰富的存量资源以实现风险可控下的更高收益。同时，私募股权本土化也缺乏良好的外部环境。法律法规不健全，2006 年修订的《合伙企业法》新增“有限合伙企业”规定，为私募股权合法化提供了理想组织形式，但仍缺少更具针对性的具体细节规范；政策监管限制，国内限制社保基金和保险公司等从事私募股权投资，使得私募本土化缺失真正注重中长期价值增值的机构投资者；退出机制不完善，国内多层次资本市场发育不足，企业上市门槛高，产权交易不活跃。创业板刚刚起步，资金退出难度大；缺乏本土化的专业服务机构，如注册会计师、律师事务所和投资银行机构；中小企业质量参差不齐，治理结构和内部管理薄弱，少数企业甚至以虚假信息取得投资或借助创投的名义取得各项税费优惠。

国内关于私募股权投资的研究大多以本国市场为立足点，主要集中在对私募股权投资发展过程中的问题，对美国、欧洲或者英国等私募股权投资产业市场的比较分析集中在委托－代理风险和退出模式上。然而，目前几乎没有文献研究中国国内 PE 产业市场的发展状况并且研究角度缺乏多元化。当然，我们应该知道学术研究和实务的发展是相辅相成的，国内研究水平总体不高的状态与国内私募股权基金只是刚刚起步也有关系。在 PE 产业融资过程中还有很多重要的问题，比如 PE 产业实际操作中会遇到的法律问题、PE 产业如何设立与被投资企业的交易结构、如何决定退出时机和退出程度、国内券商如何发展 PE 产业业务等，这些都是国内学者可以结合本国国情进一步充实的地方。

## 参考文献

艾小乐：《论外资并购与中国本土私募股权投资的发展》，《特区经济》2008 年第 3 期。

卞华舵：《中国私募股权基金发展的问题与对策》，《现代企业教育》2007 年第 10 期。

范柏乃：《我国风险投资退出机制的实证研究》，上海交通大学学报社科版，2002 年第 3 期。

郝博、付瑞琪，《私募股权本土化进程中的问题与对策》，《中国集体经济》2009 年第 2 期。

吕厚军：《私募股权基金治理中的反向代理问题研究》，《现代管理科学》2007 第 12 期。

臧展:《私募股权投资理论与中国的实践》,《经济理论与经济管理》2009 第 11 期。

张明:《境外私募股权基金是如何规避政府管制的》,《世界经济》2008 第 3 期。

周炜:《解读私募股权基金》,机械工业出版社,2007。

Armin Schwienbacher, "Innovation and Venture Capital Exits", Unpublished Working Paper, University of Namur, Belgium, 2001.

Black Bernard S. and Gilson Ronald J. (1999) "Does Venture Capital Need an Active Stock Market", *Journal of Applied Corporate Finance.*

Can Kut, Bengt Pramborg and Jan Smolarski, "Managing Financial Risk and Uncertainty: the Case of Venture Capital and Buy-out Funds", *Global Business and Organizational Excellence*, 2007.

Cumming, D. J. and Macintosh, J. G., "A Cross-country Comparison of Full and Partial Venture Capital Exits", *Journal of Banking and Finance*, 2003,

Cumming D. J., and Walz U., "Legality and Venture Governance around the World", 2004.

Demiroglu C. and James, C. M., "The Information Content of Bank Loan Covenants", *Review of Financial Studies*, 2010.

Diamond D. W., "Financial Intermediation and Delegated Monitoring", *Review of Economic Studies*, 1984.

Djankov S., Glaeser E., and Shleifer A., "the New Comparative Economics". Working Paper, *Harvard University Department of Economics*, 2003.

Gompers P., "Optimal Investment, Monitoring and the Staging of Venture Capital", *Journal of Finance*, 1995.

Gompers P. and Lerner J., "The Use of Covenants: an Empirical Analysis of Venture Capital Partnership Agreements", *Journal of Law and Economics*, 1996.

Jeffrey J. Trester, "Venture Capital Contracting Under Asymmetric Information", *Journal of Banking and Finance*, 1998.

Jeng L. A., and Wells P. C., "The Determinants of Venture Capital Fund Raising: Evidence across Countries", *Journal of Corporate Finance*, 2000.

Kaplan S. N., and Stromberg P., "Financial Contracting Theory Meets the Real World: An Empirical Analysis of Venture Capital Contracts", *Review of Economic Studies*, 2003.

Kennny M., "Understanding Silicon Valley: The Anatomy of an Entrepreneurial Region", Stanford University Press, 2000.

La Porta, Florencio Lopez de Silanes and Andrei Shleifer, "Corporate Ownership around the World", *Journal of Finance*, 1999.

Leland H. E., and Pyle D. H., "Informational Asymmetries, Financial Structure and Financial Intermediation", *The Journal of Finance*, *Vol.* 2, 1977.

Lerner J., and Schoar A., "The Illiquidity Puzzle: Evidence from Private Equity Partnerships", *Journal of Financial Economics*, 2004.

Megginson W. , "Evaluating Target Company Correctly", *Venture Capital Journal*, 1991.

Oliver Pfirrmann, Udo Wupperfeld, Joshua Lemer, "Venture Capital and New Technology Based Firms: an US-German Comparison", Heidelberg, 1997.

Porter J. , "Venture Capital and Capital Gains Taxation, Tax Policy and the Economy", MIT Press, 1989.

Sahlman, "Reputation in Private Equity Market", *Venture Capital Journal*, 1990.

# 机构介绍篇

INSTITUTIONS

## 中国 VC/PE 巡礼
## 机构介绍篇

清科集团清科研究中心*

（排名不分先后）

### 专题一：华登国际

* 清科研究中心，于2001年创立，致力于为众多的有限合伙人、VC/PE投资机构、战略投资者以及政府机构、律师事务所、会计师事务所、投资银行、研究机构等提供专业的信息、数据、研究和咨询服务。范围涉及创业投资、私募股权、新股上市、兼并收购以及TMT、传统行业、清洁技术、生技健康等行业市场研究。目前，清科研究中心已成为中国最专业权威的研究机构之一。

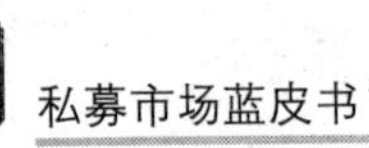



中文名称：华登太平洋创业投资管理有限公司（华登国际）

英文名称：Walden International（Walden）

资金总额：20 亿美元

成立时间：1987 年

## 一　机构简介

华登国际于 1987 年在美国成立，总部设于旧金山市，在硅谷以及亚洲各地设有投资机构。20 多年来，已经成为全球知名的国际风险投资机构。

华登国际目前管理着总共 20 亿美元的资本，其投资人包括了美国和亚洲地区最具影响力的投资机构、基金会以及个人。华登国际专注于投资在通信与电信、电子与数字消费品、软件与互联网服务、半导体产业链、新媒体技术与服务、新能源与资源、环保技术与服务等领域内表现杰出的专业团队和公司，并支持他们取得突出的竞争优势，成长为各自行业中的领先者。

自 20 世纪 90 年代初进入中国以来，华登国际一向以扶持中国的创业者们为荣。深信在中国改革开放与社会进步的大背景下，越来越多的创业者将会涌现，在从科技创新到传统变革的各个领域中缔造出更具活力与竞争力的商业形态，并且积极地参与到全球的合作与竞争中去。华登国际将继续运用他们的经验支持这些创业者准确地把握市场跳动的脉搏，以成熟的商业与金融技巧，将他们远大理想化作现实，并成为中国乃至世界经济成长的领航员。

华登国际的团队具有跨文化的背景以及丰富的投资、技术和管理经验，运用全球范围的金融与产业资源全力帮助创业团队成长为成熟和成功的企业。华登国际注重诚实和踏实的品质，并且鼓励在创业企业中形成多元、团结、创新和成长的工作氛围。

华登国际始终强调为投资人提供持久的丰硕回报。他们秉持长期合作、共享成长的精神，用努力的工作、长期积累的经验和对未来的把握，在创造新一代商业巨人的同时，为投资人创造财富。与此同时，华登国际也高度严肃地坚持社会责任感，通过他们的投资和管理活动，努力促进实现一个公平、环保和道德的社会。

## 二　投资组合分析

### 1. 按投资阶段分析

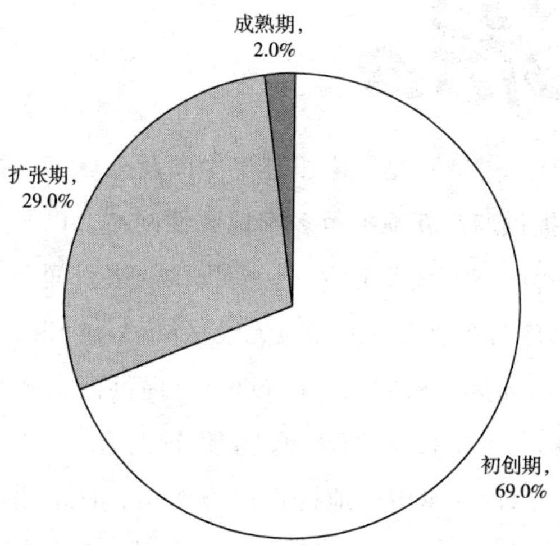


**图 1　华登国际投资的中国企业投资阶段统计**

资料来源：清科数据库，2009 年 12 月，www. zero2ipodb. com. cn。

### 2. 按投资行业分析

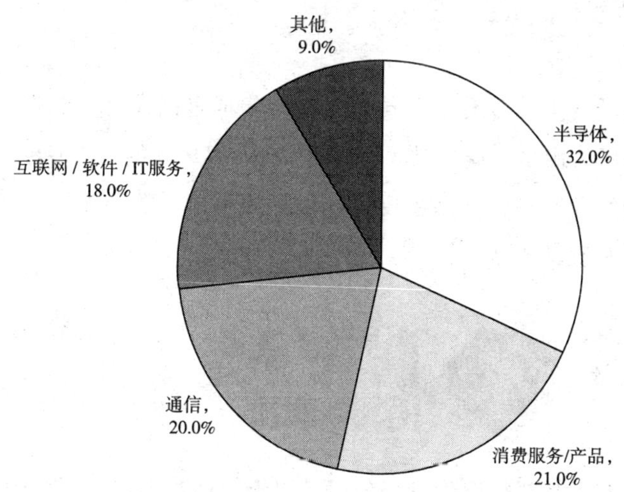


**图 2　华登国际投资的中国企业按行业统计**

资料来源：清科数据库，2009 年 12 月，www. zero2ipodb. com. cn。

## 三　典型案例

### 1. 新浪公司

新浪（NASDAQ：SINA）是一家服务于中国及全球华人社群的领先在线媒体及增值资讯服务提供商。新浪拥有多家地区性网站，以服务大中华地区与海外华人为己任，通过旗下五大业务主线：即提供网络新闻及内容服务的新浪网（SINA. com）、提供移动增值服务的新浪无线（SINA Mobile）、提供 Web 2.0 服务及游戏的新浪互动社区（SINA Community）、提供搜索及企业服务的新浪企业服务（SINA. net）以及提供网上购物服务的新浪电子商务（SINA E-Commerce），向广大用户提供包括地区性门户网站、移动增值服务、搜索引擎及目录索引、兴趣分类与社区建设型频道、免费及收费邮箱、博客、影音流媒体、网络游戏、分类信息、收费服务、电子商务和企业电子解决方案等在内的一系列服务。

### 2. 格科微电子 GALAXYCORE

格科微电子（上海）有限公司位于中国集成电路设计和制造中心上海浦东张江高科技园区，由多名硅谷技术专家于 2003 年 9 月创立，专注 CMOS 图像传感器的设计开发和销售，产品主要应用于拍照手机、数码相机、PC camera、监视摄像系统以及玩具产品等。

### 3. 福建海源 HYM 海源机械

福建海源自动化机械股份有限公司（以下简称“公司”）是国内领先的液压成型装备专业制造商，是“绿色”建材解决方案的提供者，为国内外建材厂商提供技术方案和核心装备。公司自成立以来，即专业从事于机电液一体化压制成

型装备及应用技术的自主创新，并始终围绕环保、节能、利废等“绿色”适用领域不断开发适应市场需求、具有前瞻性的高新技术产品，行业归属于“十一五”期间国家重点扶持的装备制造业。

**4. 高德软件** AutoNavi

高德是中国最大的导航地图软件公司，为主流汽车厂商、互联网和无线领域的客户提供覆盖广泛、数据精确丰富的电子地图和相关服务；为客户提供跨平台、跨媒体的位置服务解决方案，为上千家互联网门户网站提供地图数据及应用服务。

**5. 中芯国际** 

中芯国际集成电路制造有限公司（“中芯国际”，纽约证交所股票代码：SMI，香港联合交易所股票代码：981），是世界领先的集成电路芯片代工企业之一，也是中国内地规模最大、技术最先进的集成电路芯片代工企业。中芯国际向全球客户提供 0.35 微米到 45 纳米芯片代工与技术服务。中芯国际总部位于上海，在上海建有一座 300mm 芯片厂和三座 200mm 芯片厂。

## 四　管理团队

陈立武　创始人、董事长

王一敏　董事总经理

李文飚　董事总经理

黄　庆　风险合伙人

# 专题二：九鼎投资

中文名称：昆吾九鼎投资管理有限公司（九鼎投资）

英文名称：Kunwu Jiuding Capital Co.，Ltd.（Jiuding Capital）

资金总额：40 亿元

成立时间：2007 年 7 月

## 一　机构简介

昆吾九鼎投资管理有限公司（简称“九鼎投资”）是一家专注于私募股权投资及管理的专业投资机构。九鼎投资是中国起步较早、参照国际 PE 公司惯例设立、业务聚焦在中国本土、规范运作的专业投资公司，九鼎投资团队对中国本土化的股权投资业务有深刻理解和成功实践。

九鼎投资管理了正道九鼎、昆吾九鼎、夏启九鼎、商契九鼎等多期人民币基金。九鼎投资当前阶段专注于投资成长期和成熟期的未上市企业，重点投资消费品、医药医疗、农业等领域，已先后投资 14 家公司，其中 3 家已经上市。

九鼎投资有较为广泛的网络渠道，在福建、浙江、江苏、广东、四川、陕西、湖南、山东、广西、河南、辽宁等地设有分支机构或派驻有专门人员。九鼎投资希望以投资为纽带，以增值服务为手段，帮助被投资企业建立领先优势，最终实现企业和投资者共赢。

## 二　管理基金

**表 1　管理基金**

单位：百万元

| 序号 | 基金名称 | 募集时间 | 募集规模 |
|---|---|---|---|
| 1 | 北京正道九鼎创业投资有限责任公司 | 2007 年 4 月 | 170 |
| 2 | 上海昆吾九鼎投资发展中心（有限合伙） | 2007 年 11 月 | 300 |
| 3 | 北京夏启九鼎投资中心（有限合伙） | 2008 年 4 月 | 500 |
| 4 | 成都兴邦九鼎投资中心（有限合伙） | 2008 年 6 月 | 300 |
| 5 | 宝嘉九鼎投资管理中心（有限合伙） | 2009 年 8 月 | 500 |
| 6 | 北京商契九鼎投资中心（有限合伙） | 2009 年 5 月 | 310 |
| 7 | 国联昆吾九鼎（无锡）投资中心 | 2009 年 8 月 | 200 |
| 8 | 龙泰九鼎 | 2009 年 10 月 | 200 |
| 9 | 九鼎成长基金 | 2009 年 12 月 | 100 |

资料来源：清科数据库，2010 年 2 月，www.zero2ipodb.cn。

## 三　投资组合分析

### 1. 按行业

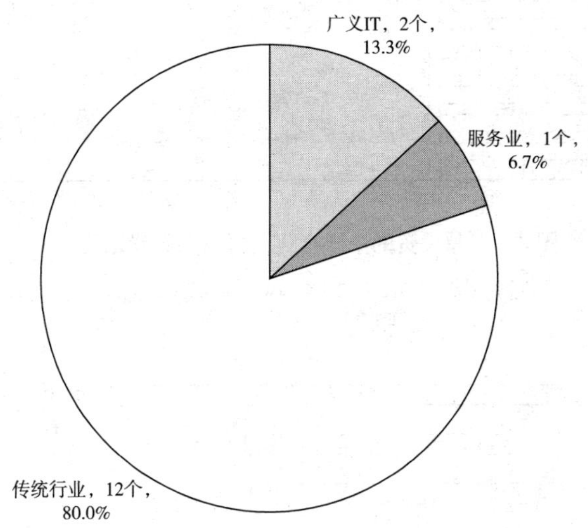


**图 1　九鼎投资的中国企业案例数量行业分布**

资料来源：清科数据库，2010 年 2 月，www. zero2ipodb. cn。

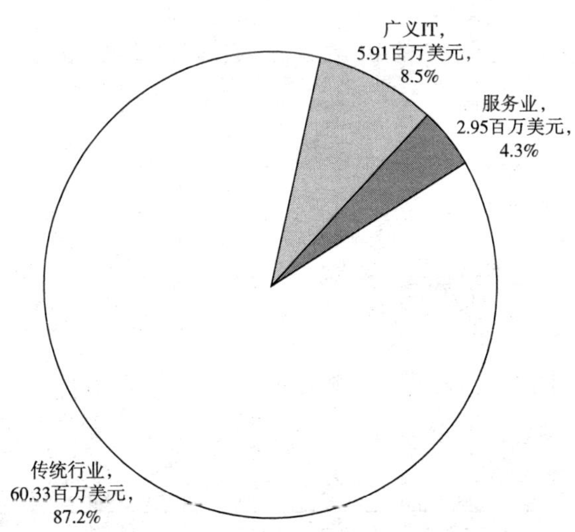


**图 2　九鼎投资的中国企业案例金额行业分布**

资料来源：清科数据库，2010 年 2 月，www. zero2ipodb. cn。

**2. 按地区**

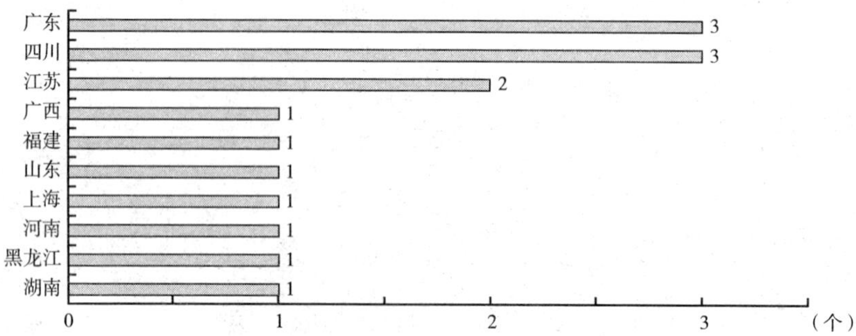


**图 3　九鼎投资的中国企业主要案例数量地区分布**

资料来源：清科数据库，2010 年 2 月，www. zero2ipodb. cn。

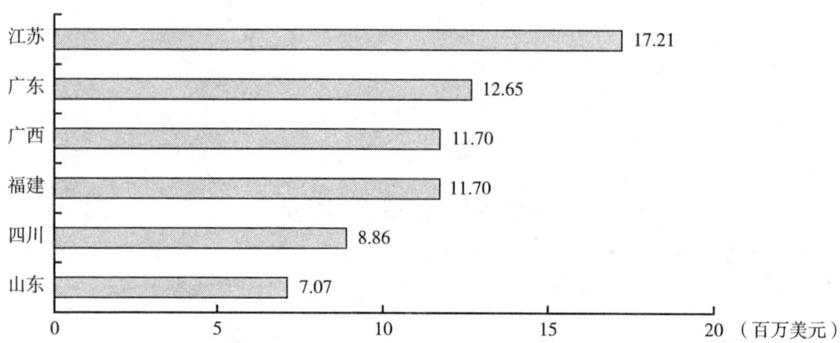


**图 4　九鼎投资的中国企业主要案例投资金额地区分布**

资料来源：清科数据库，2010 年 2 月，www. zero2ipodb. cn。

**3. 按阶段**

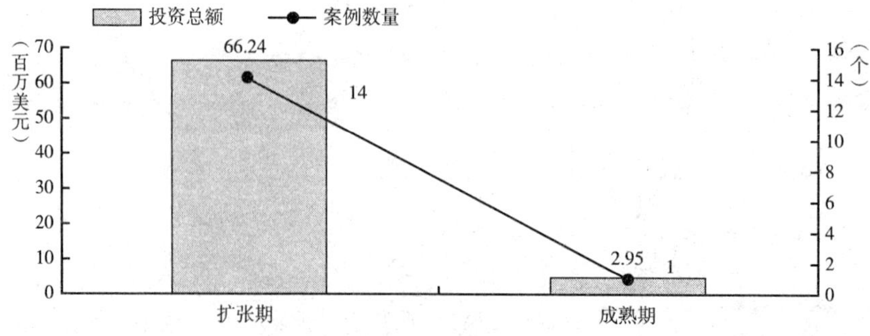


**图 5　九鼎投资的中国企业投资阶段统计**

资料来源：清科数据库，2010 年 2 月，www. zero2ipodb. cn。

**4. 按年份**

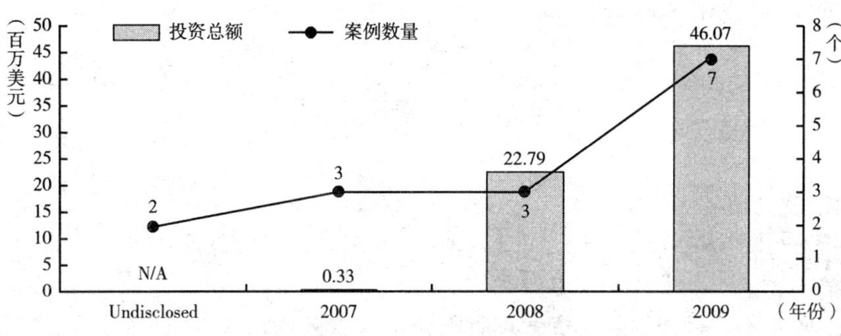


**图 6　九鼎投资的中国企业投资年份统计**

资料来源：清科数据库，2010 年 2 月，www. zero2ipodb. cn。

## 四　典型案例

**1. 四川吉峰农机连锁股份有限公司**

四川吉峰农机连锁股份有限公司（股票代码：300022. ChiNext）积极拓展产品经营范围，形成了涵盖传统农业装备、载货汽车、农用中小型工程机械、通用机电产品四大类农村机电产品资源体系。同时开展泵站、节水灌溉工程设计、设备供应、安装施工等业务。公司现有直营连锁卖场（店）70 余家，连锁店 500 多家，连锁网络已覆盖四川、重庆、贵州、广西、陕西、云南、江苏等省份。

**2. 成都金亚科技股份有限公司**

成都金亚科技股份有限公司（股票代码：300028）是数字电视设备的专业制造商和提供商。公司拥有多条进口高速贴片（SMT）组线及相配套的生产线和设备，数字机顶盒的年生产能力达到 300 万台。

## 五　管理团队

赵忠义　执行总裁、董事会秘书

黄晓捷　总裁

蔡　蕾　董事总经理

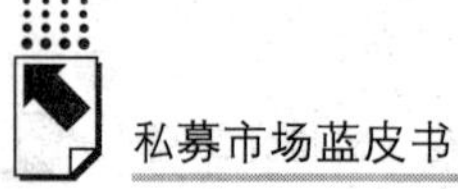



刘建平　执行总裁、投资二部总监

禹　勃　投资合伙人

## 专题三：青云创投

中文名称：青云创业投资管理有限公司（青云创投）

英文名称：Tsing Capital（ Tsing Capital）

资金总额：3 亿美元

成立时间：2001 年 7 月

### 一　机构简介

成立于 2001 年，青云创投是中国清洁技术风险投资领域的开创者和领先者，也是全球最早专注于清洁技术的创业投资机构之一。青云创投目前管理着总额 3 亿美元的中国环境基金系列，以及 5 亿元人民币的清洁技术基金。中国环境基金已成功投资江西塞维、南京中电光伏、东江环保、真明丽、挪宝新能源、嘉博文生物科技，天津国韵及汇能科技等多家知名清洁技术企业。青云创投以其先发优势与良好业绩而荣膺 2005 年全球清洁技术投资协会年度先锋奖、2008 年全球清洁技术投资协会年度领袖奖、2008VC/PE 中国绿色领袖大奖及 2008 年中国创业投资机构 20 强等国内外奖项；同时以其“利成于益”的投资理念和“三重底线”的投资实践，在风险投资界首获 2008 年度中国最佳企业公民成长大奖，2009 年再获中国优秀企业公民奖。

### 二　管理基金

**表 1　管理基金**

| 序号 | 基金名称 | 募集时间 | 募集规模(USMYM M) |
|---|---|---|---|
| 1 | 中国环境基金第一期 | 2002 年 | 13.00 |
| 2 | 中国环境基金第二期 | 2004 年 | 30.00 |
| 3 | 中国环境基金第三期 | 2008 年 12 月 | 250.00 |
| 4 | 义云清洁技术基金 | 2009 年 11 月 | RMB 350M |

资料来源：清科数据库，2009 年 12 月，www.zero2ipodb.com.cn。

## 三 投资组合

### 1. 按行业

**图 1 青云创投投资的中国企业案例数量行业分布**

资料来源：清科数据库，2009 年 12 月，www. zero2ipodb. com. cn。

**图 2 青云创投投资的中国企业案例金额行业分布**

资料来源：清科数据库，2009 年 12 月，www. zero2ipodb. com. cn。

**2. 按地区**

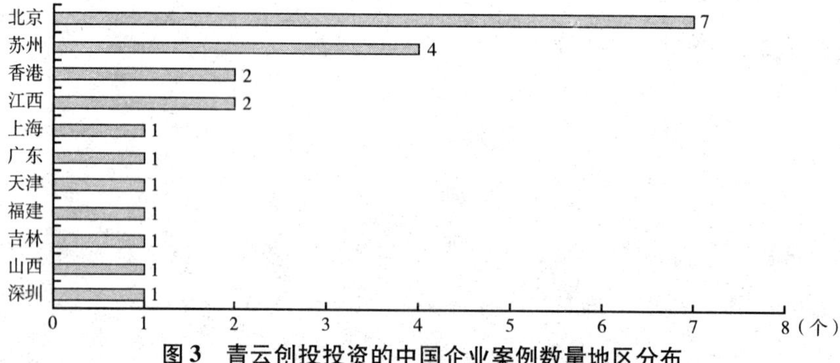


**图 3　青云创投投资的中国企业案例数量地区分布**

资料来源：清科数据库，2009 年 12 月，www. zero2ipodb. com. cn。

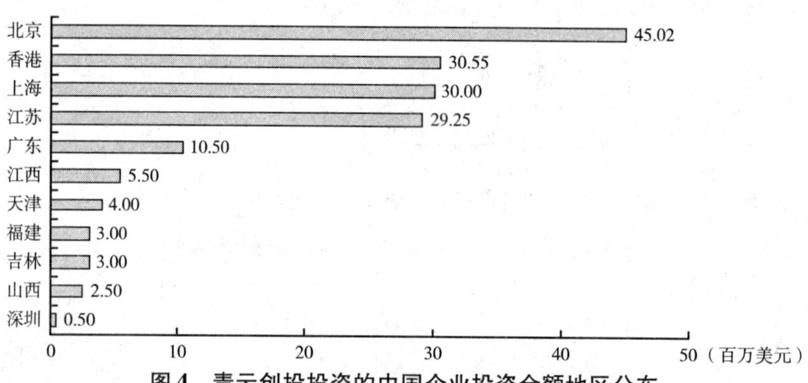


**图 4　青云创投投资的中国企业投资金额地区分布**

资料来源：清科数据库，2009 年 12 月，www. zero2ipodb. com. cn。

**3. 按投资阶段**

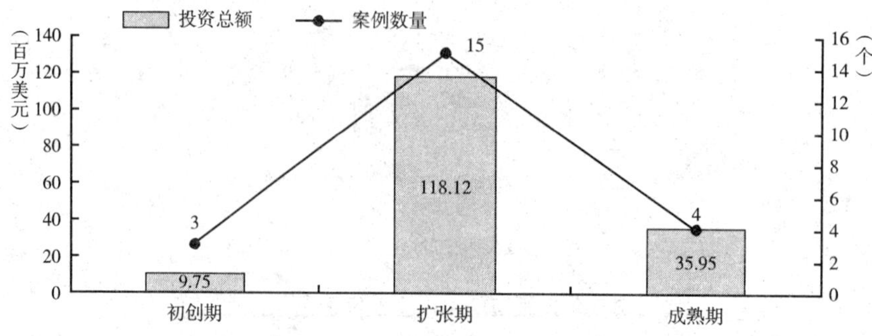


**图 5　青云创投投资的中国企业投资阶段统计**

资料来源：清科数据库，2009 年 12 月，www. zero2ipodb. com. cn。

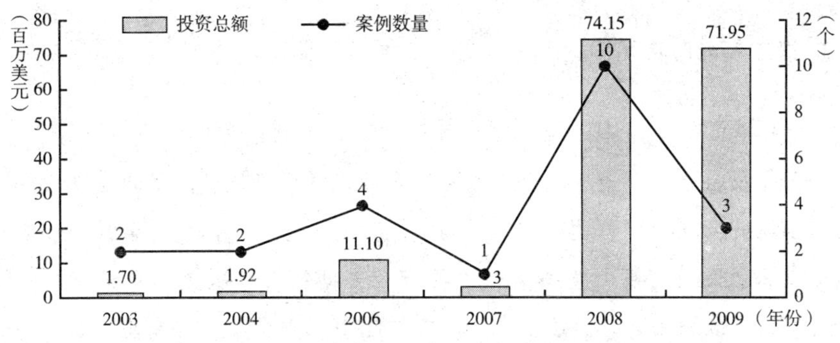


**图 6　青云创投投资的中国企业投资金额地区分布**

资料来源：清科数据库，2009 年 12 月，www. zero2ipodb. com. cn。

## 四　典型案例

### 1. 帅车

帅车（北京）旧机动车经纪有限公司（简称“帅车”）是中国第一家经商务部及国家工商总局联合批准的外资二手车连锁零售公司。SureAuto 致力于为中国客户提供透明的认证二手车交易环境及涵盖质量保修、金融服务、保险理赔等全价值链增值服务，公司以“Safety（安全）、Value（价值）、Image（品质）”为核心理念，在全面引入全球最成功的运营模式（美国 CarMax 二手车运营模式）基础上，为客户提供专业的车辆技术评估、透明的交易价格及交易流程，打造全新的汽车保值新概念。

### 2. 北京嘉博文生物科技有限公司

北京嘉博文生物科技有限公司（简称“嘉博文”）是 2001 年成立于中关村的中外合资企业。嘉博文是利用微生物技术致力于城市有机废弃物的治理，同时实现资源循环再利用的环保型高新技术企业。由公司自主研发的 BGB 微生物资源循环技术，是选取自然界生命活力和增殖能力强的天然复合微生物菌种，以餐厨垃圾、过期食品、罚没肉品、果蔬残渣等有机废弃物为培养基进行高温好氧发酵，产出高活菌、高蛋白、高能量的活性微生物菌群；以这些活性微生物菌群经过特殊加工而成的 BGB 微生物再生产品，应用在有机、绿色生态农业和畜禽、水产养殖业，实现资源循环再利用。BGB 微生物技术还能改善土壤、水质，减少面源污染，提升食品安全，促进城市管理和现代都市型农业的协同发展。

**3. 挪宝新能源集团** 

挪宝新能源集团是中国第一家在地源热泵领域集研发、咨询、设计、生产、销售、安装及服务为一身的大型外商独资企业；凭借其在新能源领域强大的研发实力和创新的合同能源管理模式，成为中国首屈一指的一体化综合性新能源解决方案提供商。集团为各类商用及民用客户（如博物馆、展览馆、学校、医院等公共建筑，高级酒店、办公楼、商场、大型超市和大型卖场等商业建筑，各类别墅、公寓、高档住宅小区等民用建筑）提供完全适合中国国情，集制冷、采暖、供生活热水于一体的高效节能、绿色环保的地源热泵中央空调系统。

**4. 北京三得普华科技** Sound 三得普华

从最初2003年成立，三得普华将自己定位为风电涡轮和风场无功补偿设备生产商。今天，三得普华在智能电网设备发展上独树一帜，尤其专注于“D-Facts”可变交流电传输和配给设备，以及电网监控设备。三得普华的不懈努力使他们成为金风750千瓦风电涡轮唯一低压补偿器供应商，并完成了多个使用高压补偿器的风场项目建设。

## 五　管理团队

叶　东　创始人、管理合伙人

介文治　合伙人

谭锐钊　合伙人

陈晓平　合伙人

朱　岩　合伙人

张立辉　总监

## 专题四：联想投资

LEGEND CAPITAL

中文名称：联想投资有限公司（联想投资）

英文名称：Legend Capital Limited（Legend Capital）

资金总额：7 亿美元

成立时间：2001 年 4 月

## 一　机构简介

联想投资是联想控股旗下独立的专业投资公司，于 2001 年 4 月成立。总部在北京，2003 年设立上海办事处。目前管理的基金规模逾 7 亿美元，重点投资于运作主体在中国及市场与中国相关的具有高成长潜力的中小创业企业。

联想投资关注早期风险投资（VC）和成长期投资（GC）机会。重点投资 IT 应用与服务、外包和专业服务、基础架构（系统、部件及材料）、消费产品与服务、健康服务、清洁技术、先进制造。以领投和联合领投为主。单笔投资规模为 500 万～2000 万美元。

目前投资的企业约 80 家。已成功上市或退出的有 21 家，包括卓越（被亚马逊收购）、中讯（0299. HK）、林洋新能源（NASDAQ：SOLF）、展讯通信（NASDAQ：SPRD）、中国阳光纸业（2002. HK）、文思信息（NYSE：VIT）、宇阳科技（0117. HK）、科大讯飞（002230. SZ）、星期六鞋业（002291. SZ）、匹克体育（01968. HK）等。

作为积极主动的投资者，联想投资通过帮助被投企业提高运作和管理等能力使其实现并保持高速、持续的发展，从而打造成功企业并获得投资收益。

## 二　管理基金

**表 1　管理基金**

| 序号 | 基金名称 | 募集时间 | 募集规模（USMYM M） | 已投资企业 |
|---|---|---|---|---|
| 1 | LC Fund No. 1 | 2001 年 4 月 | 35. 00 | 重庆宽带、上海华虹、科大讯飞（002230. SZ）、卓越网、中讯 |
| 2 | LC Fund No. 2 | 2003 年 12 月 | 78. 27 | 展讯（NASDAQ：SPRD）、文思（NYSE：VIT）、智联招聘等 |
| 3 | LC Fund Ⅲ, L. P. | 2006 年 4 月 | 170. 00 | 林洋太阳能（NASDAQ：SOLF）、阳光纸业（02002. HK）、星期六（002291. SZ）等 |
| 4 | LC Fund Ⅳ, L. P. | 2008 年 4 月 | 350. 00 | 金域检验、杭州先进太阳能、匹克运动（01968. HK）等 |
| 5 | 君联睿智（人民币基金） | 2009 年 9 月 | 6 亿元 | |

资料来源：清科数据库，2009 年 11 月，www. zero2ipodb. com. cn。

## 三 投资组合

联想投资共投资约 80 家公司。

### 1. 按行业

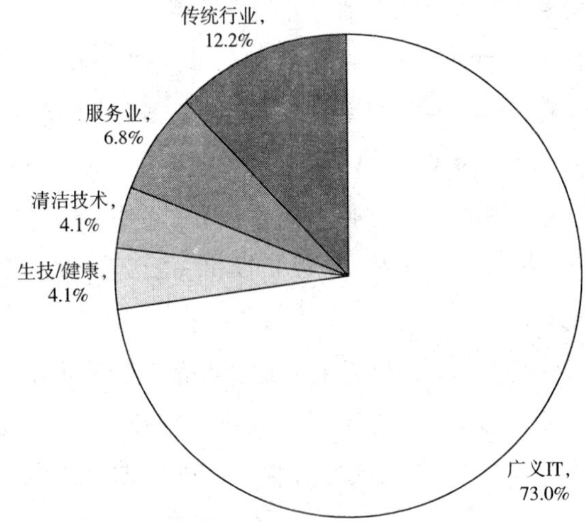


**图 1 联想投资投资案例数量行业分布**

资料来源：清科数据库，2009 年 11 月，www. zero2ipodb. com. cn。

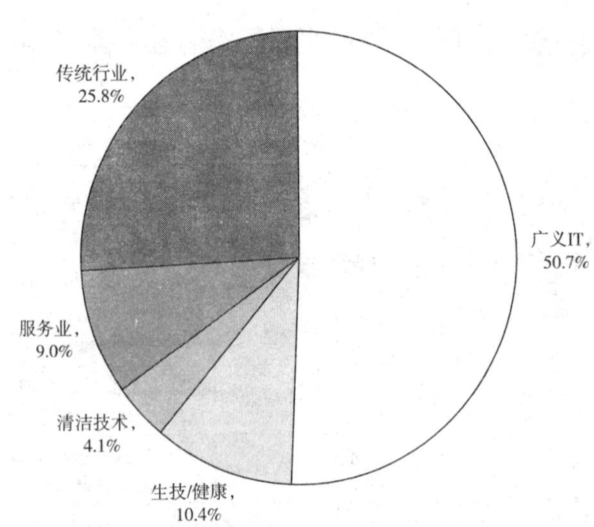


**图 2 联想投资投资金额行业分布**

资料来源：清科数据库，2009 年 11 月，www. zero2ipodb. com. cn。

## 2. 按地区

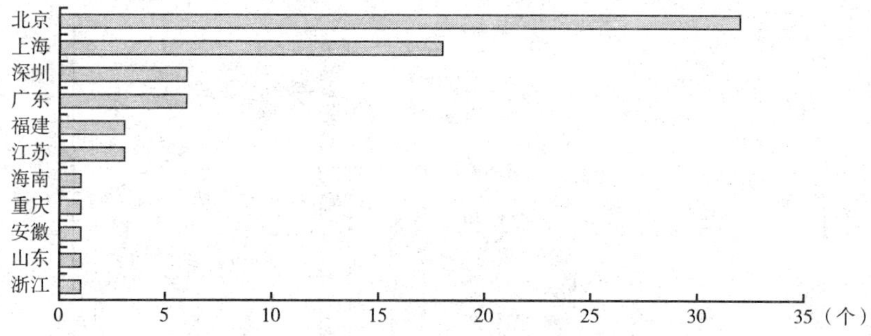


**图 3　联想投资的主要中国企业案例数量地区分布**

资料来源：清科数据库，2009 年 11 月，www. zero2ipodb. com. cn。

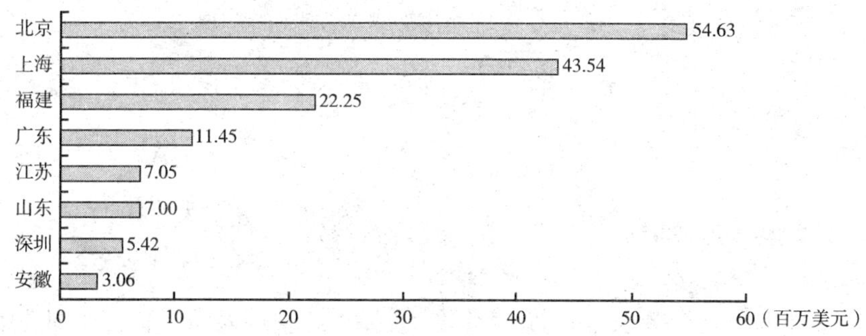


**图 4　联想投资的主要中国企来投资金额地区分布**

资料来源：清科数据库，2009 年 11 月，www. zero2ipodb. com. cn。

## 3. 按投资阶段

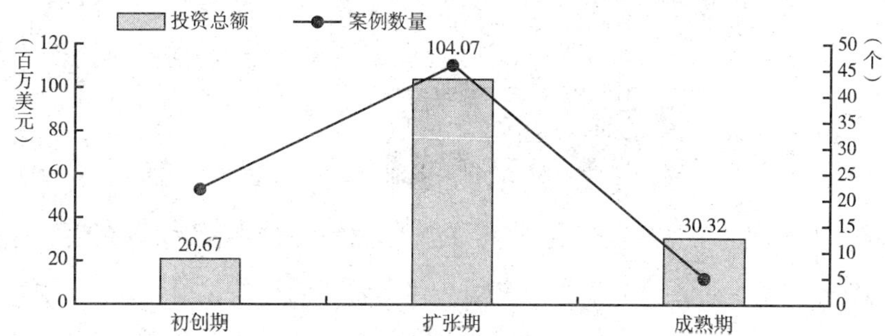


**图 5　联想投资的主要的中国企业投资阶段统计**

资料来源：清科数据库，2009 年 11 月，www. zero2ipodb. com. cn。

### 4. 按投资年份

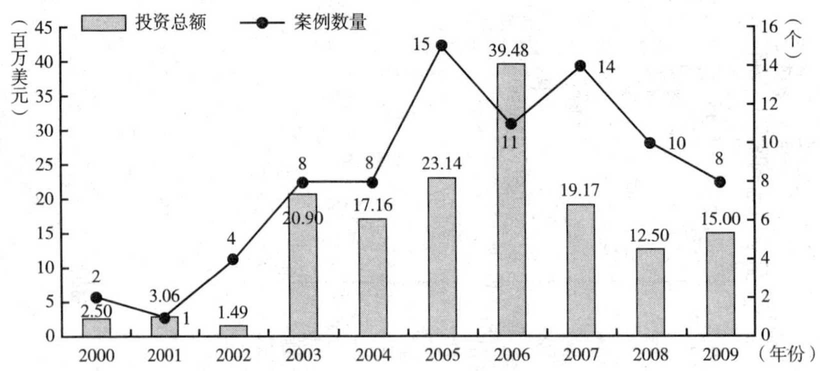


**图6　联想投资的中国的企业投资年份统计**

资料来源：清科数据库，2009 年 11 月，www. zero2ipodb. com. cn。

## 四　典型案例

### 1. 安徽科大讯飞信息科技股份有限公司

2001 年 8 月，联想投资投入 2533 万元入股安徽科大讯飞信息科技股份有限公司。该公司随后于 2002 年和 2005 年获得第二轮、第三轮融资。2008 年 5 月 12 日科大讯飞在深圳证券交易所上市，联想投资占其上市后总股份的 8. 21% 。目前，联想投资已实现部分退出，预计的回报率达到 15 倍。科大讯飞是国内最大的智能语音技术提供商，占有中文语音技术市场 60% 以上的市场份额。

### 2. 中讯软件集团

2003 年 3 月，联想投资斥资 2400 万港元投资中讯软件集团。在联想等投资者的助推下，中讯迅速做大。2003 年，中讯的营收同比增长了 36% ，达到 1. 145 亿港元。2004 年 4 月 30 日中讯在香港主板上市，联想投资获得 6. 5 倍的回报。中讯软件成立于 1995 年，专注软件外包行业，业务涉及证券、金融、保险、通信、流通、电子商务等应用领域。

## 五　管理团队

朱立南　总裁、董事总经理

沙重九　执行董事

陈　浩　董事总经理、投资总监

王能光　董事总经理、财务总监

欧阳翔宇　董事总经理

刘二海　董事总经理

李家庆　董事总经理、上海办公室主任

王俊峰　董事总经理

黄晓红　董事总经理

# 专题五：赛富投资

**SAIF Partners**

中文名称：赛富投资顾问有限公司（赛富）

英文名称：SAIF Partners（SAIF）

资金总额：22 亿美元

成立时间：2001 年

## 一　机构简介

赛富是一家领先的亚洲私人股权投资公司，总部设在香港，并在中国内地、印度及韩国设立了办事处。赛富目前管理资本超过了 22 亿美元。

赛富主要投资在以下几个增长行业：消费电子产品及服务、科技、媒体、电信、金融服务、医疗保健、交通、旅游业以及制造业。赛富投资重点区域包括中国、印度、韩国、中国香港和台湾。

赛富的投资人员分布在中国香港、中国内地（北京，上海，天津）、印度（海得拉巴，新德里），以及韩国（首尔）。作为积极的领头投资方，赛富和被投公司紧密合作，共同发展被投公司的业务，并通过收购寻求被投公司之间的合作。另外，赛富通过良好的公司治理和最佳管理实践来提高股东价值。

赛富的资深专业投资人员之间建立了深厚合作关系，赛富和所在投资地区的企业家、商界领袖及政府当局所建立了战略合作伙伴关系，二者是赛富成功的源泉。几乎所有资深专业投资人员都曾在投资地区居住过，并且他们的职业生涯主要在此度过。此外，他们在寻找投资机会、安排和谈判收购以及与和被投公司管理团队合作共事方面富有经验，可以最大限度地为股东创造投资回报。赛富已经形成了一个由投资专业人士组成的有凝聚力跨区域团队。他们拥有私人股本经验，既了解国际商业也熟悉地方经济。

## 二　管理基金

**表 1　管理基金**

单位：百万美元

| 序号 | 基金名称 | 成立时间 | 募集规模 | 已投资企业 |
|---|---|---|---|---|
| 1 | Softbank Asia Infrastructure Fund | 2001 年 | 404.00 | 盛大 |
| 2 | Softbank Asia Investment Fund II | 2005 年 | 643.00 | 橡果国际、完美时空、ATA |
| 3 | SAIF Partners III | 2007 年 3 月 | 1100.00 | 神州数码 |

资料来源：清科数据库，2009 年 11 月，www. zero2ipodb. cn。

## 三　投资组合

截至 2009 年 11 月，赛富共投资了 60 家公司，69 个案例。

**表 2　赛富投资的中国企业各行业案例数年份分布**

| 行业＼年份 | 2002 | 2003 | 2004 | 2005 | 2006 | 2007 | 2008 | 2009 | 总计 |
|---|---|---|---|---|---|---|---|---|---|
| 广义 IT | 1 | 4 | 7 | 9 | 11 | 3 | 3 | 0 | 38 |
| 生技/健康 | 0 | 0 | 0 | 0 | 1 | 0 | 2 | 1 | 4 |
| 清洁技术 | 0 | 0 | 0 | 0 | 0 | 1 | 0 | 0 | 1 |
| 服务业 | 0 | 0 | 1 | 2 | 6 | 1 | 3 | 1 | 14 |
| 传统行业 | 0 | 0 | 0 | 1 | 2 | 3 | 5 | 1 | 12 |

资料来源：清科数据库，2009 年 11 月，www. zero2ipodb. cn。

**1. 按行业**

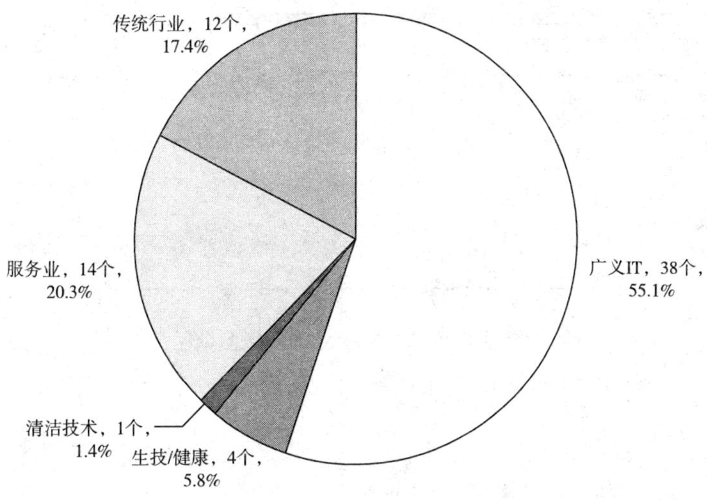


**图 1　赛富投资的中国企业案例数量行业分布**

资料来源：清科数据库，2009 年 11 月，www. zero2ipodb. cn。

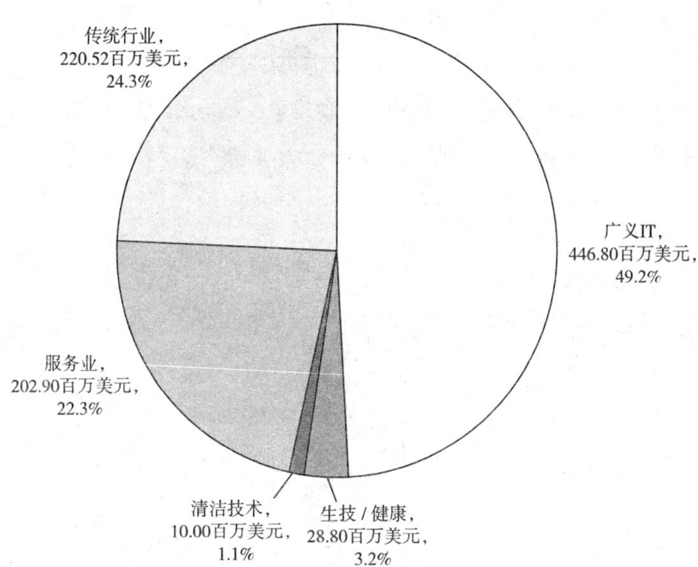


**图 2　赛富投资的中国企业案例金额行业分布**

资料来源：清科数据库，2009 年 11 月，www. zero2ipodb. cn。

**2. 按地区**

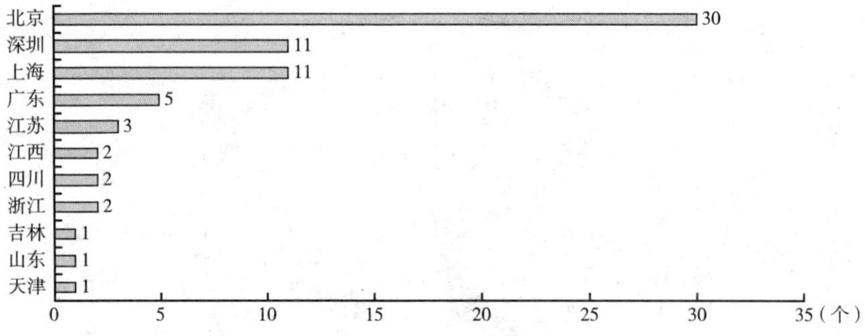


**图3 赛富投资的中国企业案例数量地区分布**

资料来源：清科数据库，2009 年 11 月，www. zero2ipodb. cn。

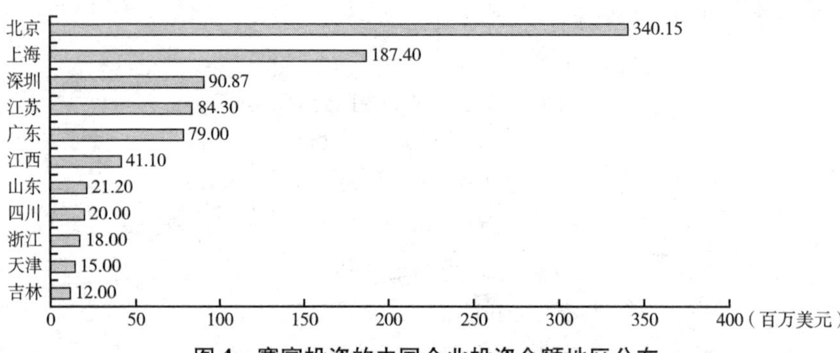


**图4 赛富投资的中国企业投资金额地区分布**

资料来源：清科数据库，2009 年 11 月，www. zero2ipodb. cn。

**3. 按投资阶段**

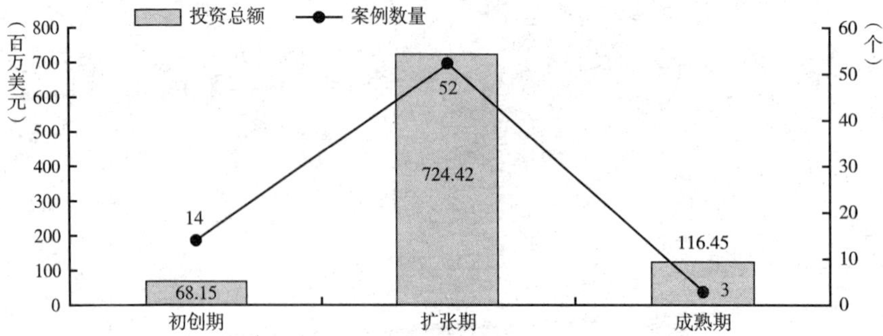


**图5 赛富投资的中国企业投资阶段统计**

资料来源：清科数据库，2009 年 11 月，www. zero2ipodb. cn。

#### 4. 按投资年份

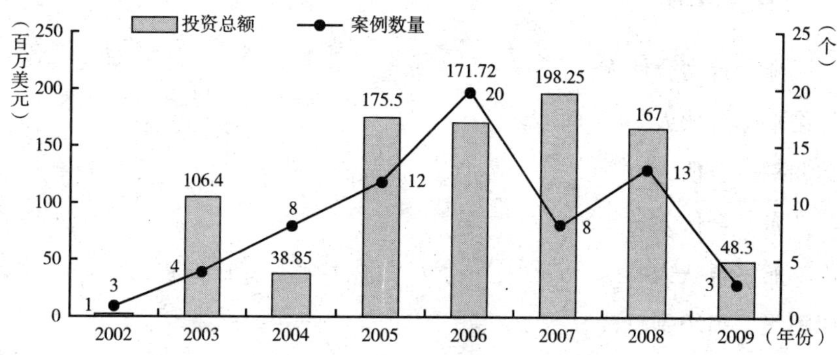


**图 6　赛富投资的中国企业投资年份统计**

资料来源：清科数据库，2009 年 11 月，www. zero2ipodb. cn。

## 四　典型案例

#### 1. 北京完美时空网络技术有限公司

2006 年 9 月，赛富向完美时空注资 700 万美元，持有其 35. 9% 的股份。2007 年 7 月，完美时空在纳斯达克证券交易所上市。

北京完美时空网络技术有限公司成立于 2004 年，专门从事网络游戏开发及运营，是集研发、运营、销售、服务于一体的网络游戏平台服务提供商。

#### 2. 橡果国际公司 橡果国际 www.chinadrtv.com

2005 年 1 月，赛富向橡果国际公司注资 4300 万美元，持有其 26. 3% 的股份。2007 年 5 月橡果国际在纽约证券交易所上市。

橡果国际公司成立于 1998 年，是主要从事产品研发、生产、营销策划、商品零售等业务的大型技工贸一体化企业。公司以电视、网络等多种媒体为推广手段，以计算机信息管理系统为辅助工具，成功创立起多媒体的商业推广平台。

## 五 管理团队

阎 焱 首席合伙人

吴俊平 合伙人

林和平 合伙人

羊 东 合伙人

徐 航 合伙人

唐鹏飞 高级副总裁

李 坚 高级副总裁

徐 哲 副总裁

赵延超 副总裁

# 专题六：弘毅投资

中文名称：北京弘毅投资顾问有限公司（弘毅投资）

英文名称：Hony Capital Ltd. （Hony Capital）

资金总额：200 亿元

成立时间：2003 年

## 一 机构简介

弘毅投资成立于2003 年，是联想控股有限公司成员企业中专事股权投资及管理业务的公司。

弘毅投资是中国起步较早、参照国际 PE 公司惯例设立、业务聚焦在中国本土规范运作的专业投资公司，弘毅投资团队对国际规范的基金组织管理模式有丰富经验，对中国本土化的基金投资业务有深刻理解和成功实践。

弘毅投资管理着一支人民币基金和四支美元基金共五支基金，总规模超过200亿元人民币。弘毅的人民币基金由联想控股作为发起人，全国社保基金作为主要投资人；弘毅的2008美元基金由来自美国、欧洲、亚洲、日本等全球著名投资机构共同投资组成。

2003年1月至今，弘毅投资已先后在金融、建材、医药、装备机械、消费品、连锁服务等多个行业进行了投资。随着投资业务的推进，弘毅投资将涉足更多的行业。

弘毅投资以“增值服务，价值创造”为核心理念，希望通过投资合作帮助企业建立在各自行业中的领先地位，最终实现社会、企业和投资者多方共赢。

## 二 管理基金

表1 管理基金

| 序号 | 基金名称 | 募集时间 | 募集规模 | 已投资企业 |
|---|---|---|---|---|
| 1 | Hony Fund I | 2003年12月 | 3800万美元 | 中国银行、中国玻璃、德农种业 |
| 2 | Hony Fund II | 2004年9月 | 8700万美元 | 科宝博洛尼、济南汽车配件、先声药业、林洋新能源、中联中科、巨石集团 |
| 3 | Hony Fund III | 2006年11月 | 5.8亿美元 | 巨石集团、石家庄制药、神州数码、龙浩、中彩股份、联诚金属、康臣药业、中国重金属、联想移动、巨石集团、华海医信、重庆商社新世纪百货 |
| 4 | Hony RMB I | 2008年6月 | 50亿元人民币 | 江苏新华书店 |
| 5 | Hony Capital 2008 | 2008年6月 | 13.98亿美元 | |

资料来源：清科数据库，2009年10月，www.zero2ipodb.cn。

## 三 投资组合

表2 弘毅投资投资的中国企业各行业案例数年份分布

| 行业＼年份 | 2003 | 2004 | 2005 | 2006 | 2007 | 2008 | 2009 | 总计 |
|---|---|---|---|---|---|---|---|---|
| 广义IT | 0 | 0 | 0 | 0 | 1 | 1 | 0 | 2 |
| 生技/健康 | 0 | 0 | 1 | 0 | 1 | 2 | 0 | 4 |
| 清洁技术 | 0 | 0 | 0 | 1 | 1 | 0 | 0 | 2 |
| 服务业 | 1 | 0 | 0 | 0 | 0 | 2 | 1 | 4 |
| 传统行业 | 0 | 2 | 2 | 3 | 1 | 3 | 0 | 11 |

资料来源：清科数据库，2009年10月，www.zero2ipodb.cn。

**1. 按行业分类**

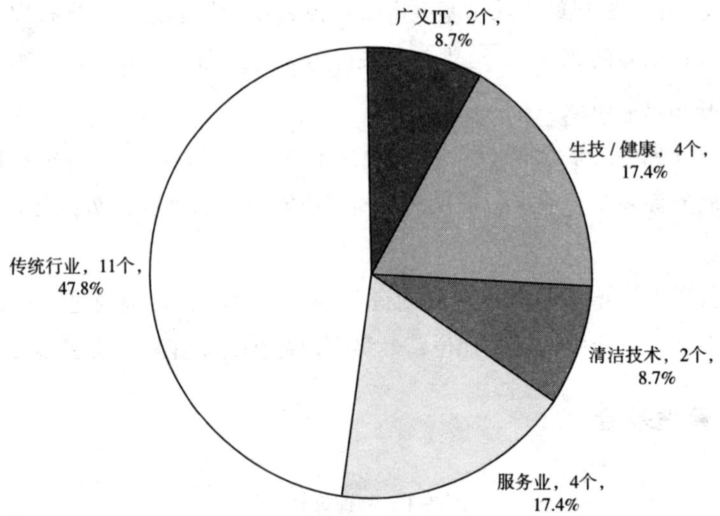


**图 1　弘毅投资投资的中国企业案例数量行业分布**

资料来源：清科数据库，2009 年 10 月，www. zero2ipodb. cn。

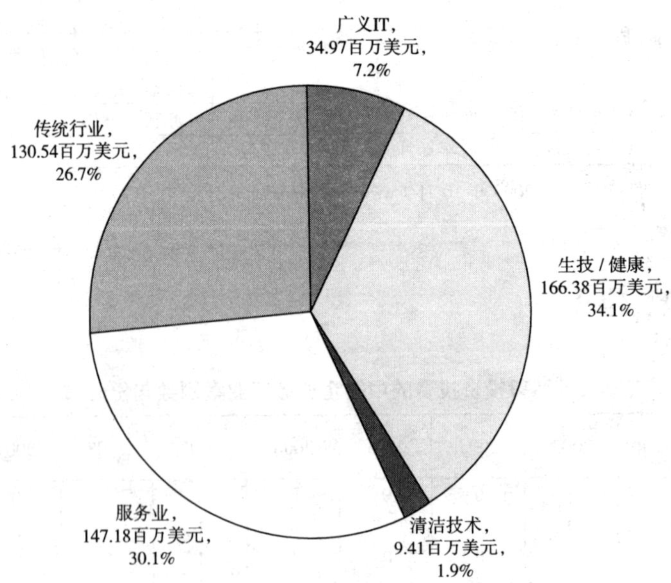


**图 2　弘毅投资投资的中国企业案例金额行业分布**

资料来源：清科数据库，2009 年 10 月，www. zero2ipodb. cn。

## 2. 按地区

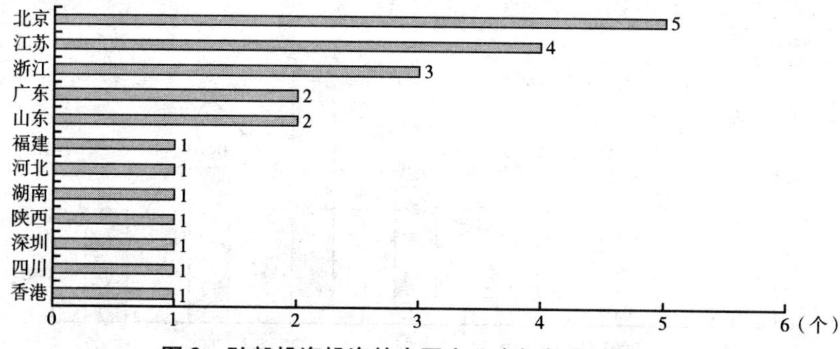


**图 3 弘毅投资投资的中国企业案例数量地区分布**

资料来源：清科数据库，2009 年 10 月，www. zero2ipodb. cn。

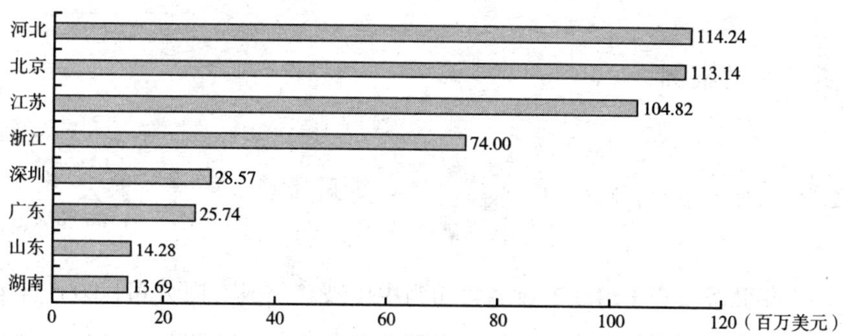


**图 4 弘毅投资投资的中国企业投资金额地区分布**

资料来源：清科数据库，2009 年 10 月，www. zero2ipodb. cn。

## 3. 按投资阶段

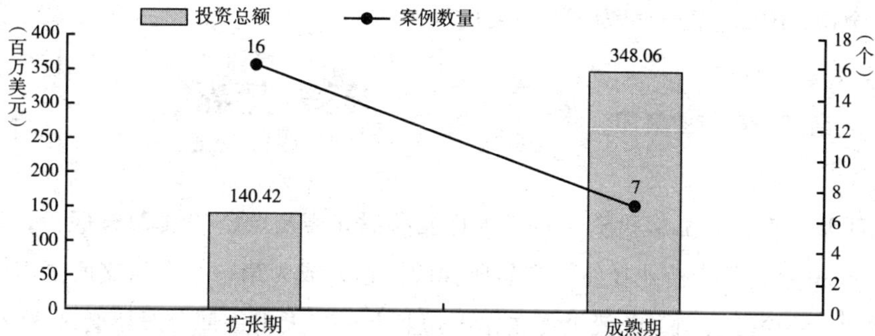


**图 5 弘毅投资投资的中国企业投资阶段统计**

资料来源：清科数据库，2009 年 10 月，www. zero2ipodb. cn。

**4. 按投资年份**

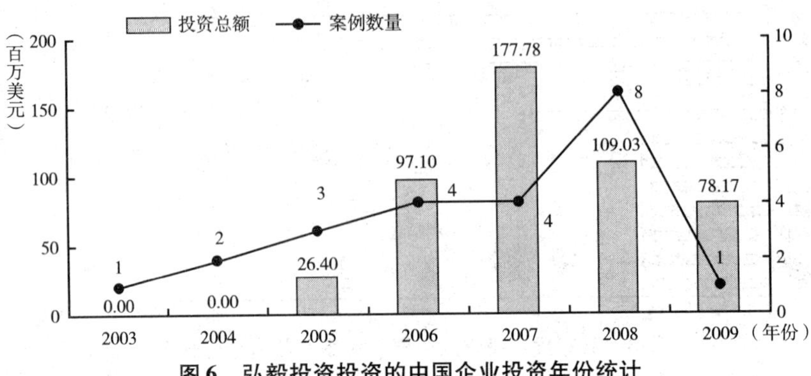


**图 6　弘毅投资投资的中国企业投资年份统计**

资料来源：清科数据库，2009 年 10 月，www. zero2ipodb. cn。

## 四　典型案例

**1. 中国玻璃控股有限公司**

2004 年弘毅投资重组江苏玻璃集团为中国玻璃控股有限公司，2005 年 6 月 23 日于香港联交所主板上市。之后在弘毅投资的指导下，2006 年初中国玻璃以 4. 16 亿元一举在国内收购了七家玻璃企业。

中国玻璃控股有限公司是目前中国最大的平板玻璃制造商，约近 1/3 的产品出口全球 80 多个国家和地区，是中国最具影响力的平板玻璃出口商。联想控股、皮尔金顿、国际金融公司为公司重要的股东。

**2. 南京先声药业集团**

2005 年 9 月，弘毅投资出资 2. 1 亿元参股先声药业，持其 31% 股份，2007 年 4 月 20 日，先声药业在纽约交易所挂牌上市，成为第一个在纽交所上市的中国化学生物医药公司。弘毅投资在先声药业上市当天出售部分股票套现 3300 万美元。在收回投资的同时仍持有 23% 的股票。

先声药业成立于 1995 年 3 月 28 日，至今已发展成为集生产、研发、销售为一体，拥有 6 家通过 GMP 认证的现代化药品生产企业，2 家全国性的药品营销企业、1 家药物研究院，拥有员工 3000 余人的新型药业集团。

## 五　管理团队

柳传志　董事长

朱立南　董事

赵令欢　总裁、董事总经理

王立界　董事总经理

王顺龙　董事总经理

邓喜红　董事总经理

邱中伟　董事总经理

宋　红　董事总经理

林　盛　董事总经理

郭　文　董事总经理

郭明磊　董事总经理

袁　兵　董事总经理

# 专题七：启明创投

中文名称：启明创投

英文名称：Qiming Venture Partners

资金总额：5.2 亿美元

成立时间：2006 年 6 月 7 日

## 一　机构简介

启明创投是一家专注于早期和发展阶段企业的风险投资机构，在中国的上海、香港以及美国的西雅图均设有办公室。目前启明创投已经跻身成为中国领先的风险投资机构，旗下管理资金总额超过5.2亿美元。

启明创投投资的企业都是各行业中引领新一代消费热潮的企业，其中包括信息科技行业、医疗保健、清洁能源和消费品行业。如今启明创投已经在上述行业中树立了良好的声誉。

启明创投的合伙人都是各行业的商业领袖，他们有着丰富的经营运作经验以及成功的企业投资业绩，其中就包括在中国和美国成功地运作了一些企业的IPO、兼并和收购交易。团队拥有超过30年的全球投资经验，超过20家所投企业在美国成功上市；在中国，团队的投资经验超过10年，投资总值超过了1.3亿美元，创造了超过4.5亿美元的价值，其中包括11个成功退出的案例，如UT斯达康、携程旅行网、香港德信。在专业的投资领域之外，启明创投的团队还拥有在市场领先企业超过50年的高管运营经验，是中国风投企业中最资深的前跨国企业高管团队，他们在思科、英特尔、微软和通用等企业的成功运营实践中起着举足轻重的作用。

启明创投非常热衷于协助投资的公司取得成功，企业家们还可以通过启明创投所投资的企业以及全球的网络来共享资源。在努力成为创业企业的首选投资者的同时，启明创投也会与中国其他领先的风险投资公司紧密合作，为年轻的中国企业提供其所需要的投资者价值。

## 二　管理基金

**表1　管理基金**

单位：百万美元

| 序号 | 基金名称 | 成立时间 | 募集规模 |
|---|---|---|---|
| 1 | 启明创投 | 2006年2月 | 200.00 |
| 2 | 启明创投Ⅱ | 2008年5月 | 320.00 |

资料来源：清科数据库，2009年11月，www.zero2ipodb.com.cn。

## 三　投资组合

启明创投共投资了38家公司。

表 2　启明创投投资的中国企业各行业案例数年份分布

| 行业＼年份 | 2006 | 2007 | 2008 | 2009 | 总计 |
| --- | --- | --- | --- | --- | --- |
| 广义 IT | 5 | 6 | 5 | 3 | 19 |
| 生技/健康 | 2 | 2 | 3 | 1 | 8 |
| 服务业 | 1 | 2 | 3 | 2 | 8 |
| 传统行业 | 0 | 2 | 1 | 0 | 3 |

资料来源：清科数据库，2009 年 11 月，www. zero2ipodb. com. cn。

**1. 按行业**

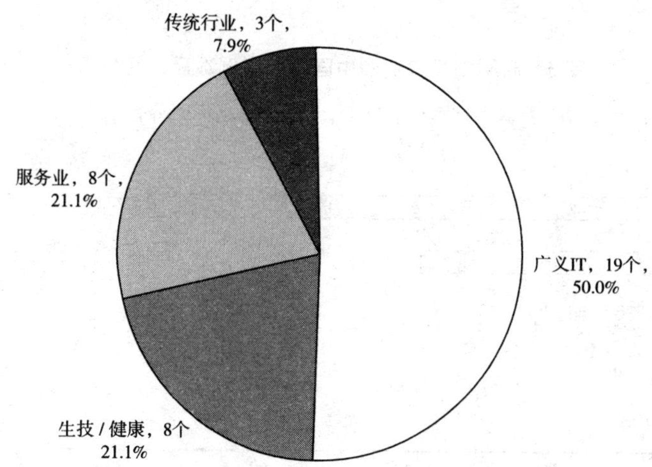


图 1　启明创投投资的中国企业案例数量行业分布

资料来源：清科数据库，2009 年 11 月，www. zero2ipodb. com. cn。

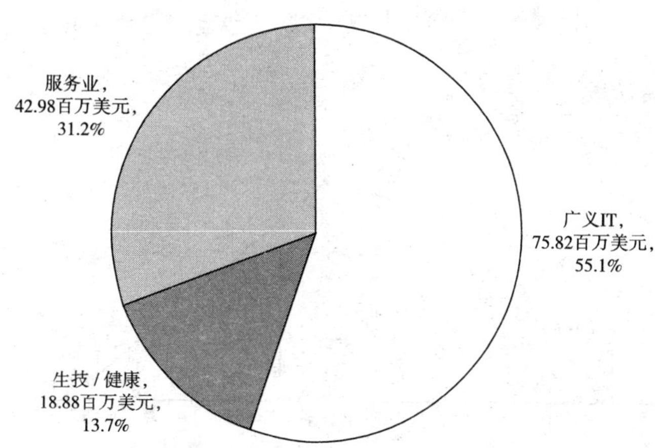


图 2　启明创投投资的中国企业案例金额行业分布

资料来源：清科数据库，2009 年 11 月，www. zero2ipodb. com. cn。

**2. 按地区**

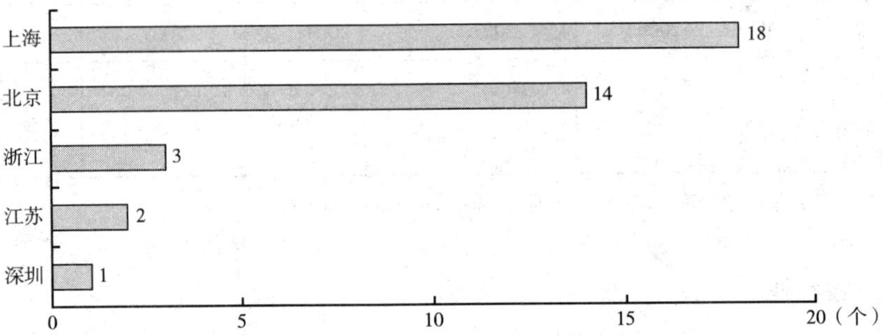


**图 3　启明创投投资的中国企业案例数量地区分布**

资料来源：清科数据库，2009 年 11 月，www. zero2ipodb. com. cn。

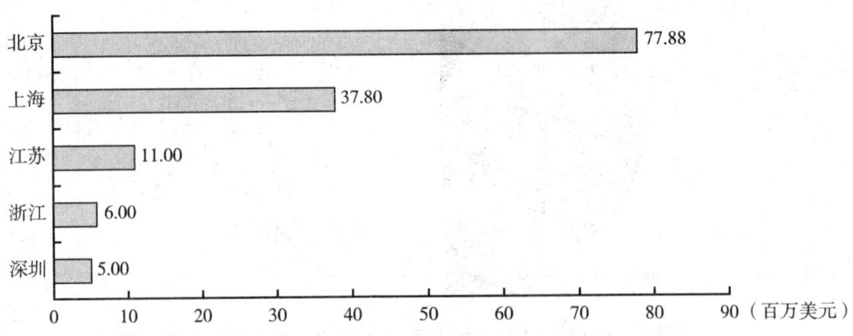


**图 4　启明创投投资的中国企业案例金额地区分布**

资料来源：清科数据库，2009 年 11 月，www. zero2ipodb. com. cn。

**3. 按投资阶段**

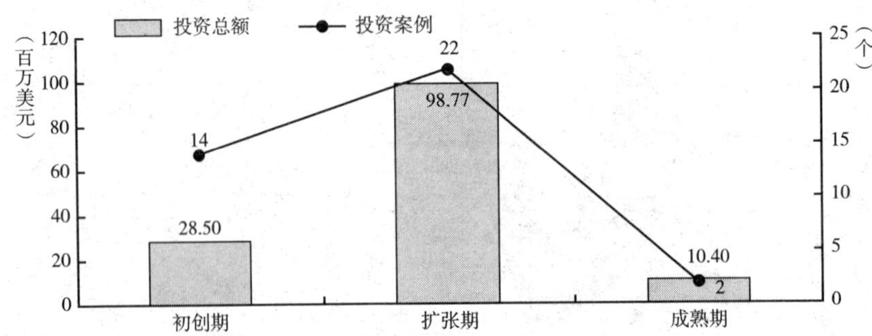


**图 5　启明创投投资的中国企业投资阶段统计**

资料来源：清科数据库，2009 年 11 月，www. zero2ipodb. com. cn。

**4. 按投资年份**

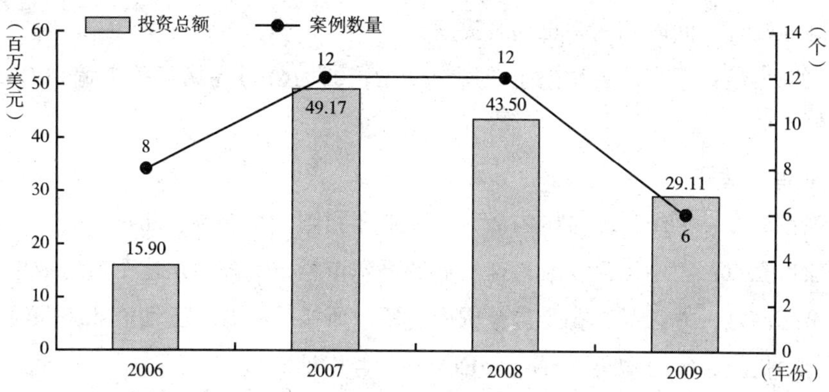


**图 6　启明创投投资的中国企业投资年份统计**

资料来源：清科数据库，2009 年 11 月，www. zero2ipodb. com. cn。

## 四　典型案例

**1. PPS. TV**

项目简介：PPS 是中国最大的流媒体 P2P 技术的提供商和服务商，总部位于上海。

项目亮点：①市场领先的流媒体 P2P 技术；②高速发展的中国互联网视频使用人群及其所带来的广告价值和其他商业价值；③公司在同类产品中拥有最大的用户基数和访问次数，在国内外用户群中已经具有相当的品牌认可度。

成长情况：①用户注册数量已经翻倍，目前是全国第一；②高速增长的广告收入和新的商业模式（网页游戏）使得公司已经越过了盈亏平衡点。

启明增值：①帮助获取国内外热点的正版内容；②向公司推荐市场营销的高端人才；③帮助公司建立正规的财务体系。

**2. 蓝汛通信技术**

项目简介：蓝汛是中国最大网络内容分发技术（CDN）提供商和服务商，总部位于北京。

项目亮点：①公司拥有市场领先的 CDN 技术和全国性的网络节点；②市场高速增长，尤其是视频网站和大型企业对 CDN 服务的需求；③公司与中国电信、联通、移动等上游企业有着长期稳定的合作关系。

成长情况：①公司可用的带宽量超过了400G；②公司大型企业用户的比例有很高地提升，同时毛利率也随之提高。

启明增值：①帮助公司向企业用户转型；②为公司寻找基于带宽和CDN的新增值业务。

**3. 世纪佳缘**

项目简介：世纪佳缘是国内最大在线婚恋网站，总部位于北京。

项目亮点：①中国巨大且高速发展的婚恋市场；②公司是这个市场中排名第一的婚恋网站，并且品牌在全国范围内为用户所接受；③线上增值业务和线下活动结合的模式；④公司与MSN和SINA进行合作推广。

成长情况：①注册用户和收入均超过80%的增长，公司转入盈利状态；②增值服务付费用户超过20万，广告收入较上年超过70万元每月。

启明增值：①帮公司寻找网站运营的高管；②帮助公司建立网络的营销和推广渠道。

**4. 泰格医疗**

项目简介：泰格是中国领先的临床医药研发外包服务提供商，总部位于杭州。

项目亮点：①全球临床医药研发外包向中国转移的趋势；②公司能提供包括医药临床实验、新药注册、技术开发和转移在内的全方位服务；③管理团队在该行业有超过15年的经验。

成长情况：①公司2009年第一季度的合同金额是上年同期的三倍；②公司1季度收入较上年增长135%。

启明增值：①帮助公司获取海外客户；②帮助公司建立正规的财务体系和ERP管理体系。

**5. 一嗨租车**

项目简介：一嗨租车是中国最大Hertz模式汽车租赁服务公司，总部位于上海。

项目亮点：①中国巨大的潜在汽车租赁市场；②公司是国内最大的Hertz模式汽车租赁服务公司；③管理团队在海外有10年的汽车租赁运营经验，并且拥有高度定制化的汽车调度系统使得车队使用率是同行业最高；④公司自驾业务完全实现在线预订。

成长情况：①车队规模超过800辆；②运营网点已经覆盖全国25个城市。

启明增值：①为公司推荐经验丰富的在线营销和运营管理人员；②帮助公司

进行第二轮融资。

**6. 联科药业**

项目简介：联科药业是中国领先的医药合同生产外包服务商，总部位于江苏。

项目亮点：①医药合同生产外包行业正不断的向中国转移；②公司是中国第一家能够系统的生产和市场推广生物制药的公司；③公司拥有获得 FDA 批准的 GMP 生产设施。

成长情况：①公司大部分新药生产通过了 FDA 认证；②与印度的 CRO 公司进行合作，大幅地降低了公司成本。

启明增值：①帮助公司在印度和欧洲推荐长期战略合作伙伴；②帮助公司进行第三轮融资。

**7. 摩尔庄园**

项目简介：摩尔庄园是国内最大的针对 4～14 岁儿童的在线虚拟社区，总部位于北京。

项目亮点：①互联网在国内家庭的普及，以及父母对儿童上网行为的重视日益增加；②公司是国内最大的真对 4～14 岁儿童在线虚拟社区的运营商；③公司网站运营的内容和口碑都得到行业以及父母的认可，并成为付费用户；④公司的团队是前腾讯的创业团队，在虚拟社区运营方面有着非常丰富的经验。

成长情况：①公司注册用户接近 2000 万，同时在线用户超过 50 万；②公司推出两款细分市场产品，进一步丰富了产品线。

启明增值：①帮助公司进行网络营销建立全国性的品牌；②推荐市场营销高管。

**8. Convenient Power**

项目简介：Convenient Power 是国际领先的手持设备无线充电技术和设备的提供商，总部位于香港。

项目亮点：①无线充电技术的趋势，巨大的潜在市场；②公司具有全球领先的无限充电技术，并且是市场的绝对先行者；③公司和诺基亚等国际手机生产商一起参与制定了无线充电技术标准的制定；④公司管理层在相关领域内都有超过 20 年的研发经验。

成长情况：①由公司创立的无线电源协会已经发展到 9 位成员，包括像诺基亚、飞利浦等世界知名的生产商；②原型产品已经通过实验室验证，准备进行批量生产测试。

启明增值：①为公司产品技术研发提供强大的资金支持；②帮助公司与其产业链的上下游大企业建立合作联系。

## 五　管理团队

邝子平　创始人、董事总经理

Gary Rieschel　创始人、董事总经理

甘剑平　董事总经理

John Zagula　董事总经理

董家骏　董事总经理

Robert Headley　董事总经理

梁颖宇　合伙人

童士豪　合伙人

胡旭波　合伙人

张　勇　合伙人

于　佳　执行董事

林志华　投资合伙人

黄　涛　副总裁

胡　斌　副总裁

# 专题八：达晨创投

中文名称：深圳市达晨创业投资有限公司（达晨创投）

英文名称：Shenzhen Fortune Venture Capital Co.，Ltd.（Fortune VC）

资金总额：30 亿元

成立时间：2000 年 4 月 19 日

## 一 机构简介

达晨创投是由湖南省广播电视产业中心发起设立的一家从事创业投资、股权投资的专门机构，于 2000 年 4 月 19 日在深圳市注册成立。目前，管理七期基金，受托管理资金近 30 亿元。自成立以来，达晨创投以其雄厚的资金实力、优良业绩和专业精神已发展成为中国 VC 界名列前茅的主流机构。过去 9 年间，达晨创投成功投资了 50 多家有潜力的优质企业（其中 15 家企业分别荣获 2007、2008、2009 年度“清科——中国最具投资价值企业 50 强”），并为企业提供了极具价值的增值服务，其中的“同洲电子”、拓维信息已在深圳中小板成功上市。

达晨创投的投资领域为文化传媒、消费服务、现代农业、节能环保；投资于技术或经营模式有创新并具有高成长潜力的创业型企业；对于具有良好业绩、具有一定规模和优秀管理队伍的企业，或是处在上市前期的企业，由项目公司核心团队持有公司控制性股份，在每个项目中原则上不超过 20%。投资处于涵盖成长期（70% ~80%）、中早期（10% ~15%）、PRE-IPO（10% ~15%）阶段的企业。一般投资额度为 500 万 ~5000 万元；投资企业期限一般不超过 5 年。

## 二 管理基金

表 1 管理基金

单位：百万元

| 序号 | 基金名称 | | 成立时间 | 募集规模 | 已投资企业 |
|---|---|---|---|---|---|
| 1 | 达晨创业 | | 2000 年 | 75.00 | 同洲电子、拓维信息、和而泰、福建圣农、华工百川等 |
| 2 | 达晨兴业 | | 2005 年 | 125.00 | 东方广视等 |
| 3 | 达晨成长 | | 2007 年 | 190.00 | 茁壮网络、网宿科技、华友钴业、瑞达信息、多喜爱等 |
| 4 | 达晨财信 | | 2006 年 | 200.00 | 福建圣农、亿纬电源、华工百川、武大有机硅、恒泰艾普、雅鹿集团等 |
| 5 | 达晨财富 | 达晨财富一期 | 2008 年 | 200.00 | 同望科技、现代后勤、好家庭、网宿科技二轮、武大有机硅二轮、太阳鸟等 |
| | | 达晨财富二期 | 2008 年 | 200.00 | |
| 6 | 达晨创富 | | 2009 年 | 467.00 | 瀚信通信、鼎识科技、金银岛、煌上煌、金凰珠宝、尚品宅配、豫园生物等（尚未投资完毕） |
| 7 | 达晨银雷 | 达晨银雷一期 | 2009 年 | 120.00 | |
| | | 达晨银雷二期 | 2009 年 | 180.00 | |

资料来源：清科数据库，2009 年 10 月，www.zero2ipodb.com.cn。

## 三 投资组合

达晨创投共投资了48家公司，51个案例。

**表2 达晨创投投资的中国企业各行业案例数年份分布**

| 行业＼年份 | 2001 | 2004 | 2005 | 2006 | 2007 | 2008 | 2009 | 总计 |
|---|---|---|---|---|---|---|---|---|
| 广义 IT | 4 | 1 | 0 | 1 | 6 | 7 | 5 | 24 |
| 生技/健康 | 1 | 0 | 0 | 0 | 1 | 0 | 0 | 2 |
| 清洁技术 | 0 | 0 | 0 | 1 | 0 | 0 | 1 | 2 |
| 服务业 | 0 | 0 | 0 | 0 | 0 | 4 | 1 | 5 |
| 传统行业 | 1 | 0 | 1 | 2 | 3 | 4 | 7 | 18 |

资料来源：清科数据库，2009年10月，www. zero2ipodb. com. cn。

### 1. 按行业

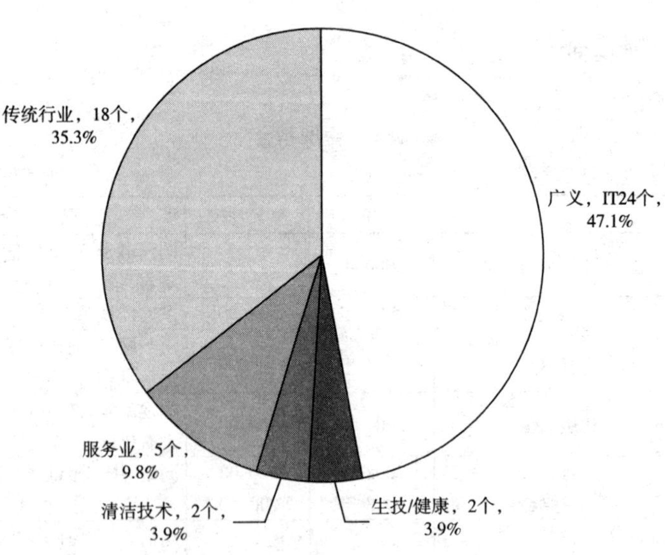


**图1 达晨创投投资的中国企业案例数量行业分布**

资料来源：清科数据库，2009年10月，www. zero2ipodb. com. cn。

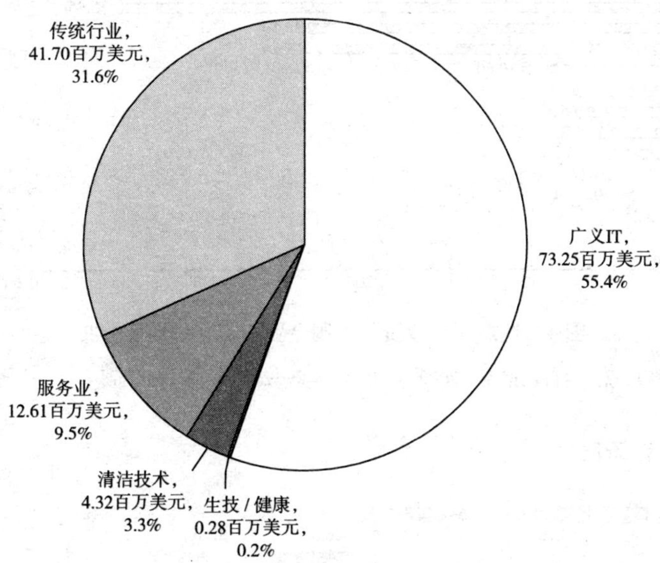


**图 2 达晨创投投资的中国企业案例金额行业分布**

资料来源：清科数据库，2009 年 10 月，www. zero2ipodb. com. cn。

## 2. 按地区

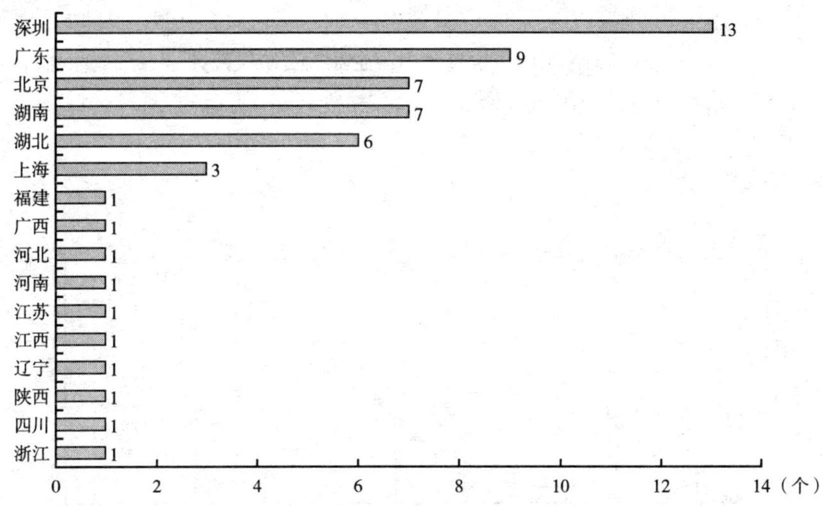


**图 3 达晨创投投资的中国企业主要案例数量地区分布**

资料来源：清科数据库，2009 年 10 月，www. zero2ipodb. com. cn。

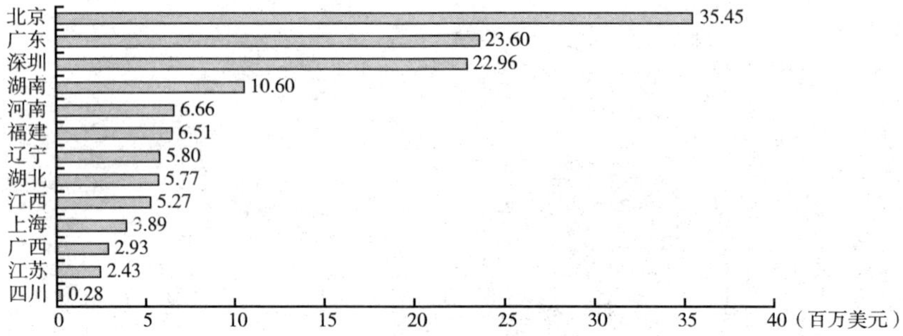


**图 4　达晨创投投资的中国企业投资金额地区分布**

资料来源：清科数据库，2009 年 10 月，www. zero2ipodb. com. cn。

### 3. 按投资阶段

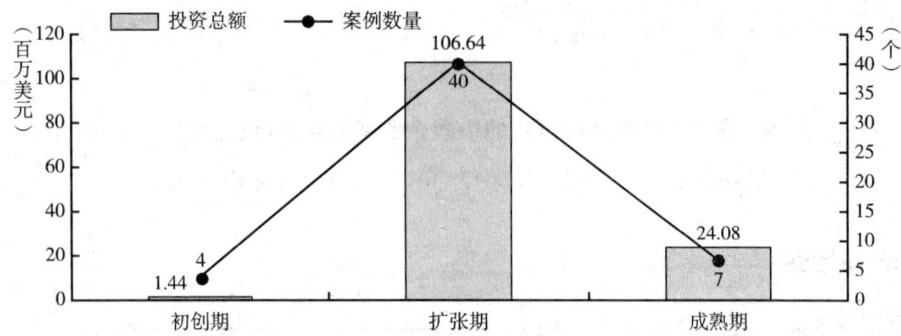


**图 5　达晨创投投资的中国企业投资阶段统计**

资料来源：清科数据库，2009 年 10 月，www. zero2ipodb. com. cn。

### 4. 按投资年份

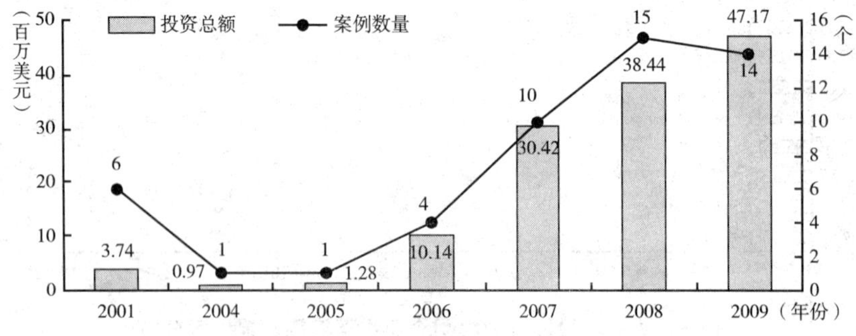


**图 6　达晨创投投资的中国企投资年份统计**

资料来源：清科数据库，2009 年 10 月，www. zero2ipodb. com. cn。

## 四 典型案例

### 1. 同洲电子

2001 年 2 月，达晨创投联合另外三家投资者向同洲电子注资。其中达晨注资 960 万元，持有同洲电子 10% 的股份。2006 年 6 月，同洲电子在深圳证券交易所上市，达晨创投获得了 30 倍的回报率。

同洲电子成立于 1994 年，是我国数字视讯龙头企业，致力于数字电视机顶盒、IPTV 机顶盒、交互数字电视系统、关键前端设备、核心软件、卫星通信、移动视讯、汽车电子、安防电子等数字视讯产品的研制、生产、销售。

### 2. 拓维信息系统股份有限公司

2001 年 4 月，达晨创投向湖南拓维信息系统股份有限公司注资 1480 万元，在拓维信息上市前持有其 28.7% 的股份。达晨创投是湖南电广传媒的全资子公司。2008 年 7 月，拓维信息在深圳证券交易所上市，达晨创投获得了接近 50 倍的回报率。

拓维信息成立于 1996 年，是一家软件服务和信息系统整合提供商。主要面向中国企业和移动终端用户提供行业软件开发及无线增值服务，用户遍及各电信运营商以及烟草、金融、政府和制造行业。

## 五 管理团队

刘 昼 创始合伙人、董事长、总裁

肖 冰 执行合伙人、总裁

邵红霞 合伙人、副总裁、董事会秘书

胡德华 合伙人、副总裁、总风控师

傅哲宽 投资总监

晏小平 投资总监

傅忠红 投资总监

梁国智 投资总监

# 专题九：招商局中国基金

中文名称：招商局中国基金有限公司（招商局中国基金）

英文名称：China Merchants China Direct Investments Ltd.（CMCDI）

资金总额：56974 万美元

成立时间：1993 年

## 一　机构简介

招商局中国基金是在香港联合交易所上市的投资公司，首期资本总额为 1 亿美元。公司的主要业务是在中国进行投资，其投资方式是直接参股中国高素质的投资项目，主要对象为非上市企业。公司投资于高科技项目，包括首次公开招股及上市前配股，但累计投资额将不超过 1000 万美元；还将不多于其资产净值 10% 的资金投资于中国概念股、H 股、B 股及在香港特别行政区上市公司的股票，这些公司的主要业务及收入必须是来自中华人民共和国（包括香港特别行政区）。

公司于 1993 年开始投资业务，至今投资组合中项目分布于金融服务业、文化传媒、工业制造、房地产及其他行业。

## 二　管理基金

表 1　管理基金

单位：百万美元

| 序号 | 基金名称 | 成立时间 | 基金规模 | 已投资企业 |
|---|---|---|---|---|
| 1 | 招商局中国基金 | 1993 年 | 569.74 | NBA 中国、银广传媒、金宝电子等 |

资料来源：清科数据库，2010 年 5 月，www.zero2ipodb.com.cn。

## 三　投资组合

### 1. 按行业

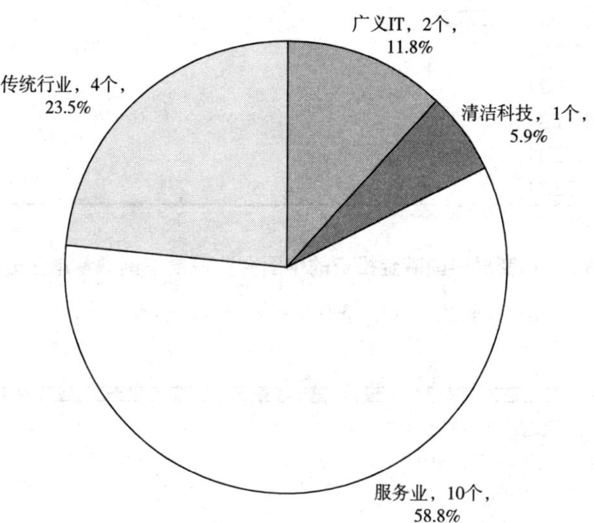


**图 1　招商局中国基金投资的中国企业案例数量行业分布**

资料来源：清科数据库，2010 年 5 月，www. zero2ipodb. com. cn。

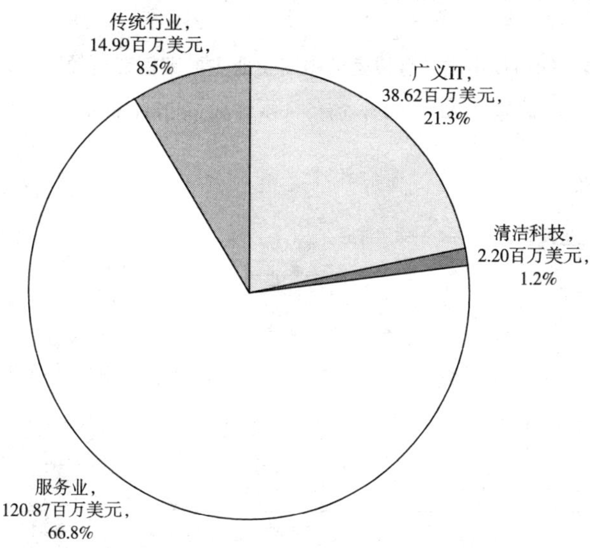


**图 2　招商局中国基金投资的中国企业案例金额行业分布**

资料来源：清科数据库，2010 年 5 月，www. zero2ipodb. com. cn。

## 2. 按地区

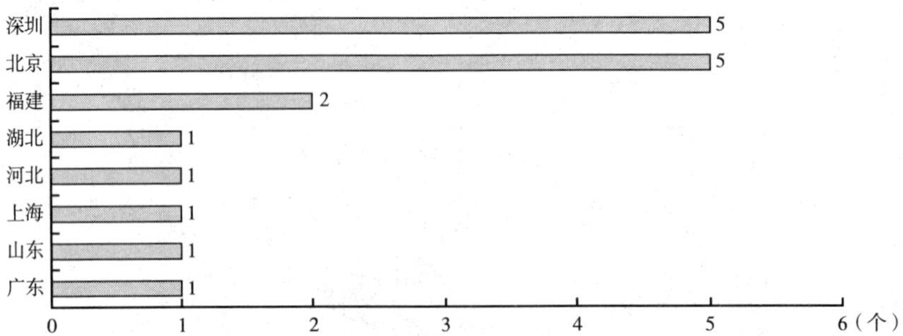


**图 3　招商局中国基金投资的中国企业主要案例数量地区分布**

资料来源：清科数据库，2010 年 5 月，www. zero2ipodb. com. cn。

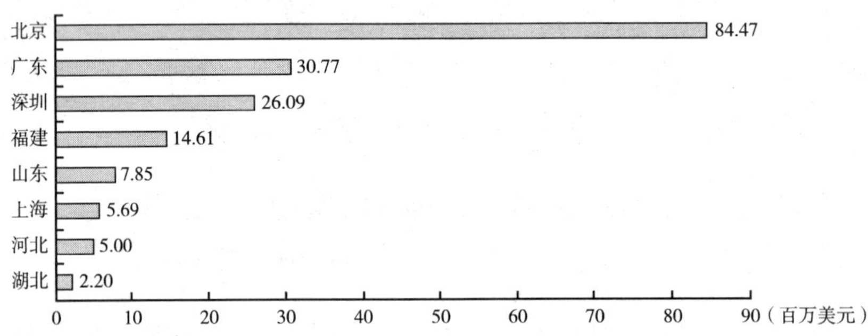


**图 4　招商局中国基金投资的中国企业主要案例资金额地区分布**

资料来源：清科数据库，2010 年 5 月，www. zero2ipodb. com. cn。

## 3. 按投资阶段

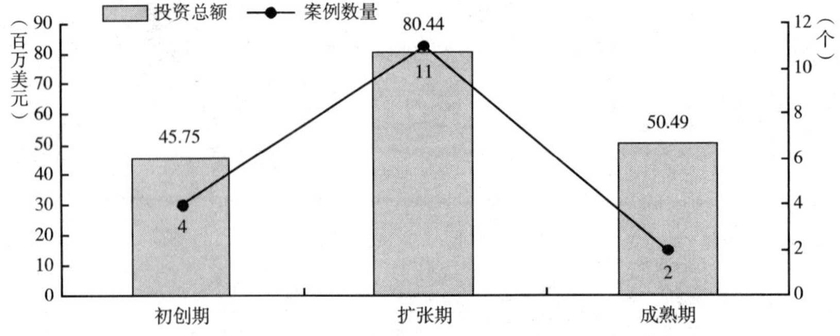


**图 5　招商局中国基金投资的中国企业投资阶段统计**

资料来源：清科数据库，2010 年 5 月，www. zero2ipodb. com. cn。

### 4. 按投资年份

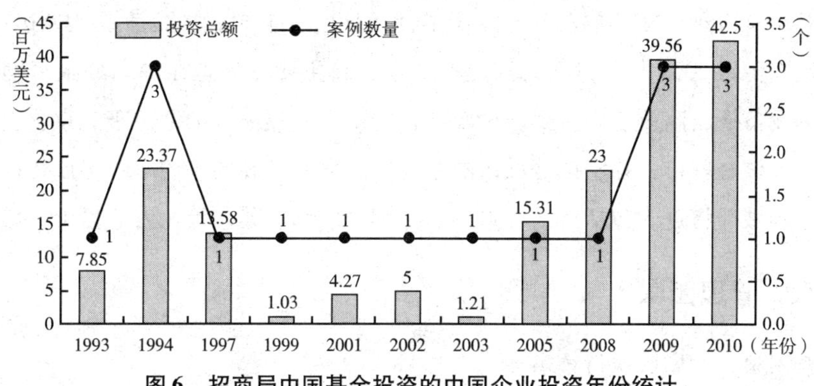


**图 6　招商局中国基金投资的中国企业投资年份统计**

资料来源：清科数据库，2010 年 5 月，www. zero2ipodb. com. cn。

## 四　典型案例

### 1. NBA 中国

2008 年 1 月，美国职业篮球会（NBA）在华子公司以 2.53 亿美元的价格，将手中 11% 的股份转让给了中国合作方及迪斯尼公司。其中，隶属于迪斯尼公司的体育电视网 ESPN 将持有 NBA 中国 5% 的股份；中国合作方将持有 NBA 中国 6% 的股份，这里面包括李嘉诚名下的基金会、中银集团、联想控股和招商局中国基金，其中招商局中国基金出资 2300 万美元。

早在 1987 年，NBA 就已经开始在中国推广。2008 年 1 月 15 日，NBA 宣布成立 NBA 中国公司，开拓中国市场的脚步明显加快。打造中国 NBA 球星、在中国举办 NBA 球赛、与各大商业企业合作以及各种媒体广告分成让 NBA 中国的收入十分可观，正当萧条横扫全美的时候，2008 年 NBA 却从中国卷走了 5000 万美元，并且这个数字正在逐年增长，2009 年 NBA 商品在中国的零售额较之上年增长了 60%，而到 2010 年这个数字会变成 70%。

### 2. 银广传媒　北京东方银广文化传媒有限公司

招商局中国基金于 2009 年 6 月第一次注资北京东方银广文化传媒有限公司（以

下简称“银广传媒”），注资4500万元。2010年2月，招商局中国基金再次向银广传媒注资3000万元。银广传媒已经开始运作上市计划，首选目的地为美国纳斯达克。

银广传媒2007年6月在北京注册成立，其主要业务是在中国的银行网点摆放视频设备播放商业广告。银广传媒项目的主要视频播放网络位于北京、上海及广州三大核心城市，并于该等城市的银行网点享有最高的签约率。银广传媒项目的业务领域即将进入包括济南、青岛、深圳、成都、苏州等在内的另十大城市。

## 五　管理团队

李引泉　主席、执行董事

洪小源　执行董事

诸立力　执行董事

周语菡　执行董事

谢如杰　执行董事

# 专题十：苏州创投

中文名称：苏州创业投资集团有限公司（苏州创投）

英文名称：Suzhou Ventures Group（Suzhou Ventures Group）

资金总额：120亿元

成立时间：2007年

## 一　机构简介

苏州创业投资集团前身是中新苏州工业园区创业投资有限公司（简称“中新创投”）。中新创投成立于2001年11月，注册资本为人民币17.3亿元，先后与台湾怡和创投集团合作设立了平行创业投资基金；与以色列Infinity合作设立了国内第一个中外合作非法人制创业投资企业——英菲尼迪-中新创投；与国家开发银行合作设立了国内第一个完全市场化运作的创投母基金——苏州工业园区创业投资引导基金有限公司。

2007 年 9 月 11 日，在中新创投已有业务框架基础上，重组成立了苏州创投集团。重组后的苏州创投集团注册资本人民币 30 亿元，下辖中新苏州工业园区创业投资有限公司、苏州工业园区银杏投资管理有限公司等股权投资平台；苏州融创担保投资有限公司、小额贷款公司等债权投资平台；苏州工业园区生物纳米科技发展有限公司、苏州工业园区银瑞资产管理有限公司等资产管理平台。

## 二 管理基金

**表 1 管理基金**

| 序号 | 基金名称 | 募集时间 | 募集规模 | 已投资企业(部分) |
|---|---|---|---|---|
| 1 | 中新创投 | 2001 年 11 月 | 17.30 亿元 | 常铝股份、云海金属、蜗牛电子、晶方半导体、沪士电子、神码 ITS、方正国际等 128 个项目 |
| 2 | 英菲尼迪 - 中新创投 | 2005 年 4 月 | 1000 万美元 | Teledata、Powerpaper、Mate、晶方半导体、真宽通信等 5 个项目 |
| 3 | 引导基金 | 2006 年 9 月 | 10 亿元 | 软库博辰、长三角创投、金沙江、北极光、华登国际、盘实、松禾等 16 支子基金 |
| 4 | 凯风基金 | 2006 年 10 月 | 1.2 亿元 | 儒豹科技、齐家网、同城网、若态科技、维林光电等 15 个项目 |
| 5 | 元风基金 | 2007 年 4 月 | 2.5 亿元 | 禾盛新材、中利科技、江南嘉捷等 11 个项目 |
| 6 | 华亿基金 | 2007 年 5 月 | 3.5 亿元 | Mangodsp、安康通、神码、Oberon Media、凯瑞生化等 7 个项目 |
| 7 | 常熟基金 | 2007 年 10 月 | 3.65 亿元 | 旺达纸业、萃隆铜业、百盛锆业等 3 个项目 |
| 8 | 原点创投 | 2008 年 3 月 | 1 亿元 | 手机百事通、为真医药、安脉医疗等 13 个项目 |
| 9 | 凯风进取 | 2009 年 7 月 | 1.85 亿元 | 青岛东软、海尔 IC、创达特等 6 个项目 |

资料来源：清科数据库，2010 年 5 月，www.zero2ipodb.com.cn。

## 三 投资组合

截至 2009 年底，苏州创投集团所管理的各支基金共投资子基金 16 支，投资金额近 10 亿元人民币，累计投资项目 189 个，投资金额累计达 48 亿元。189 个投资项目按照行业、地域、阶段分布如下。

**1. 按行业统计**

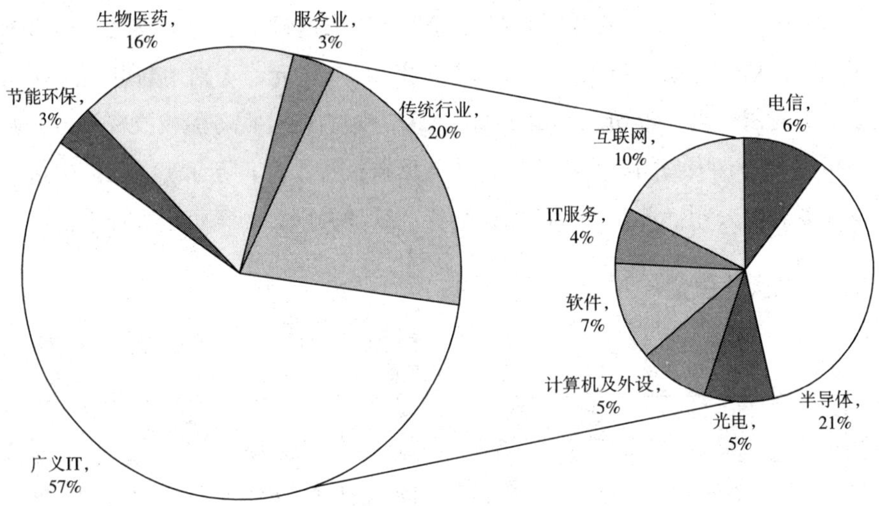


**图 1　苏州创投投资的案例数按行业分布**

资料来源：清科数据库，2010 年 5 月，www. zero2ipodb. com. cn。

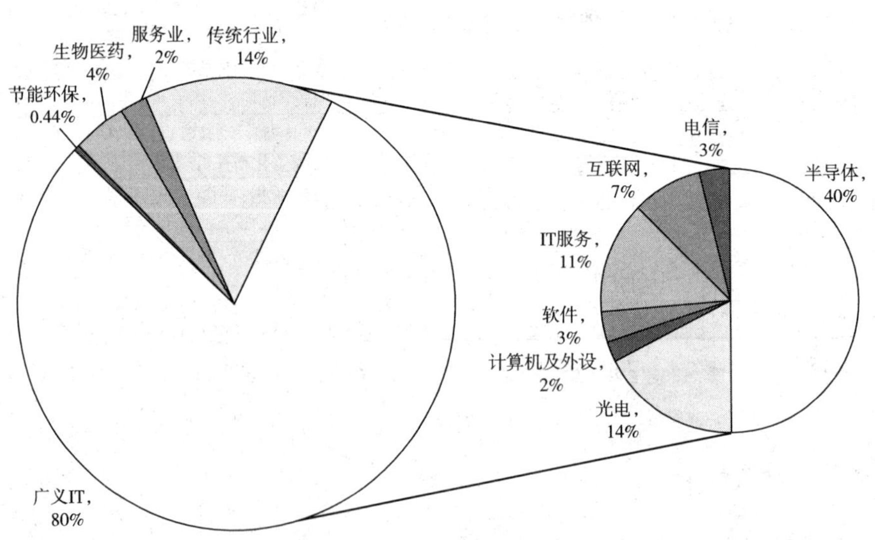


**图 2　苏州创投投资的案例金额按行业分布**

资料来源：清科数据库，2010 年 5 月，www. zero2ipodb. com. cn。

**2. 按地区统计**

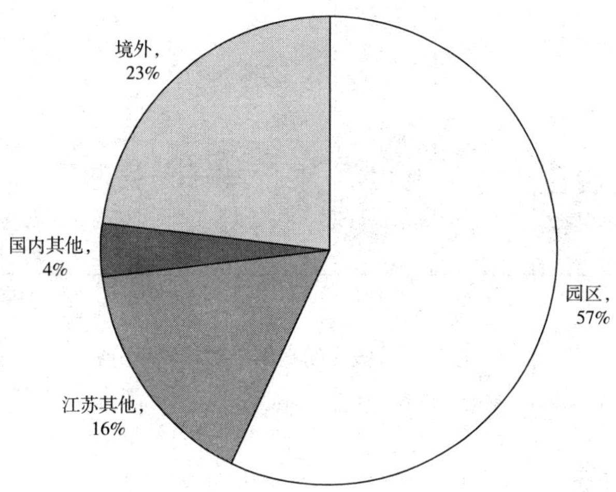


**图 3 苏州创投投资的案例数量按区域分布**

资料来源：清科数据库，2010 年 5 月，www. zero2ipodb. com. cn。

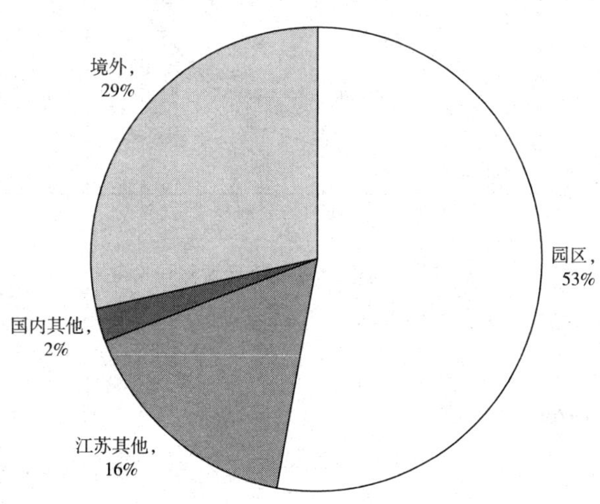


**图 4 苏州创投投资的案例金额按区域分布**

资料来源：清科数据库，2010 年 5 月，www. zero2ipodb. com. cn。

### 3. 按阶段统计

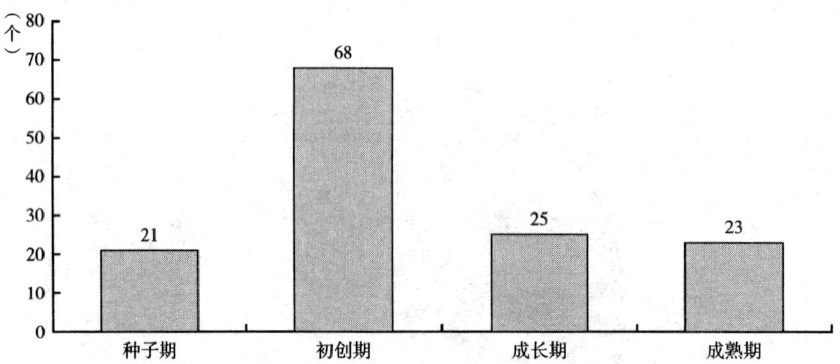


图 5 苏州创投投资的案例个数按阶段分布

资料来源：清科数据库，2010 年 5 月，www. zero2ipodb. com. cn。

### 4. 按投资年份

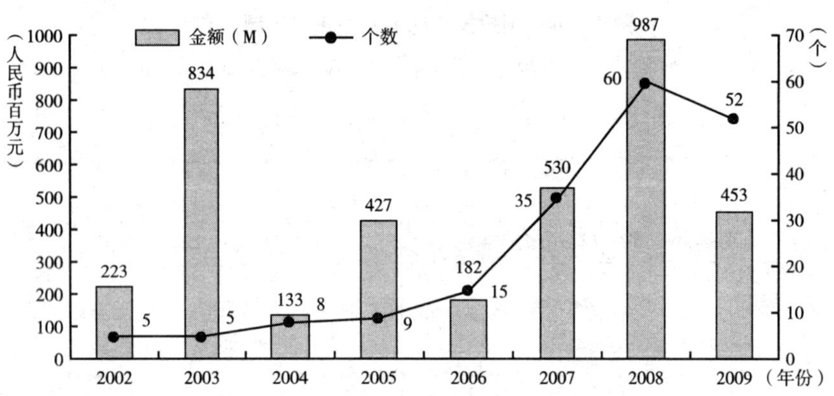


图 6 苏州创投投资的项目按年份分布

资料来源：清科数据库，2010 年 5 月，www. zero2ipodb. com. cn。

## 四 典型案例

### 1. 中利科技集团股份有限公司

中利科技集团是专业研制、开发新材料、新产品的国家高新技术企业，集团

下设：中利科技集团股份有限公司，江苏长飞中利光纤光缆有限公司，苏州科宝光电科技有限公司，常熟中联光电新材料有限公司，江苏中翼汽车新材料科技有限公司，上海交大中利光电技术研究中心等六个子公司、一个研究中心。

**2. 苏州禾盛新型材料股份有限公司**

苏州工业园区禾盛新型材料有限公司位于苏州工业园区，隶属于具有多年专业生产彩色钢板历史的苏州和昌集团，是一家现代化、高科技、专业化生产企业。

**3. 南京云海特种金属股份有限公司**

南京云海金属股份有限公司（002182. SZ），是碱金属及其合金的专业生产厂家，主要产品有镁合金、金属锶、中间合金和铝合金。2007 年 11 月 13 日，云海金属在深圳交易所挂牌上市。

**4. 江苏常铝铝业股份有限公司**

江苏常铝铝业股份有限公司（002160. SZ）是由常熟市铝箔厂发起设立并控股的股份有限公司，是国内专业生产铝箔、亲水涂层铝箔和铝板带材的铝加工企业，是江苏省首批 22 家重点民营科技企业和江苏省“十一五”期间重点培育发展的百家企业之一。公司具备从铝锭熔铸、热轧（含连铸连轧）、粗精轧、精整、热处理、涂复和剪切等铝加工及深加工生产设施。2007 年 8 月 21 日，公司在深圳证券交易所 A 股成功上市。

## 五　管理团队

林向红　董事长

姚　骅　常务副总裁

费建江　副总裁

茹华杰　副总裁

刘毓文　副总裁

盛　刚　副总裁

李　莹　财务总监

胡　冲　总裁助理

## 专题十一：新天域资本

中文名称：新天域资本（新天域）

英文名称：New Horizon Capital（New Horizon Capital）

机构类型：外资（有限合伙制）

成立时间：2005 年 6 月

### 一　机构简介

新天域资本成立于 2005 年，是一家专注于中国市场的私募股权投资基金。

新天域资本专注于产业基本面稳定并有较大增长潜力的投资项目。关注的重点行业包括制造业、新能源、生命科学/保健、消费品及服务行业。

新天域资本旗下目前有三支美元基金和一支人民币基金，基金总规模超过 14 亿美元，由来自美国、欧洲、亚洲、日本等全球 20 多家著名投资机构共同投资组成。

自 2005 年 6 月成立至今，新天域资本已先后在制造业、医药、IT、传媒、新能源、消费品、商业连锁等多个行业进行了超过 20 个项目的投资，并帮助被投资企业在中国 A 股市场和其他海外证券交易所成功上市。随着投资业务的推进，新天域的投资将涉足更多的行业。

新天域资本的管理公司是一支拥有广泛及深入的行业经验及丰富的国际规范基金管理经验的团队，对中国本土化的基金投资业务有深刻理解和成功实践。

新天域资本以“增值服务，价值创造”为核心理念，通过投资合作给企业

带来快速稳定的发展，保持企业在各自行业中的领先地位，给基金投资人带来丰厚的回报，同时也使当地政府受益，最终实现社会、企业和投资者多方共赢。

## 二　投资组合

自成立以来新天域共投资了 20 几家公司。

**表 1　新天域投资的中国企业各行业案例数年份分布**

| 行业＼年份 | 2006 | 2007 | 2008 | 2009 | 总计 |
|---|---|---|---|---|---|
| 广义 IT | 1 | 1 | 0 | 0 | 2 |
| 生技/健康 | 2 | 0 | 1 | 0 | 3 |
| 清洁技术 | 2 | 2 | 2 | 0 | 6 |
| 服务业 | 0 | 1 | 2 | 1 | 4 |
| 传统行业 | 4 | 2 | 3 | 2 | 11 |
| 其他 | 0 | 1 | 0 | 0 | 11 |

资料来源：清科数据库，2009 年 12 月，www. zero2ipodb. com. cn。

### 1. 按行业

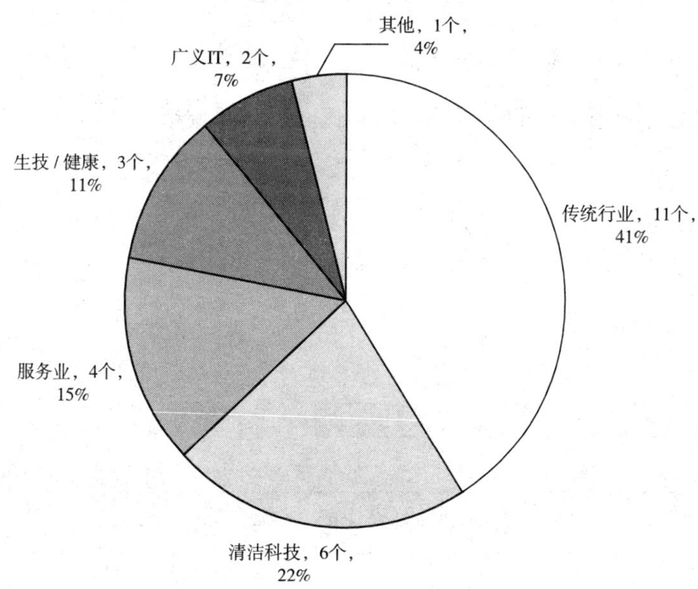


**图 1　新天域投资的中国企业案例数量行业分析**

资料来源：清科数据库，2009. 12，www. zero2ipodb. com. cn。

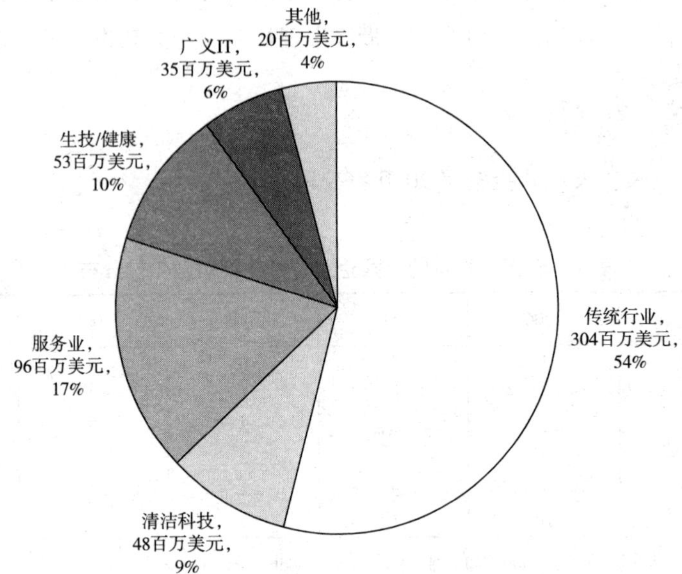


**图 2　新天域投资的中国企业案例金额行业分布**

资料来源：清科数据库，2009 年 12 月，www. zero2ipodb. com. cn。

### 2. 按区域

新天域资本的投资项目主要集中在中国二、三线城市。

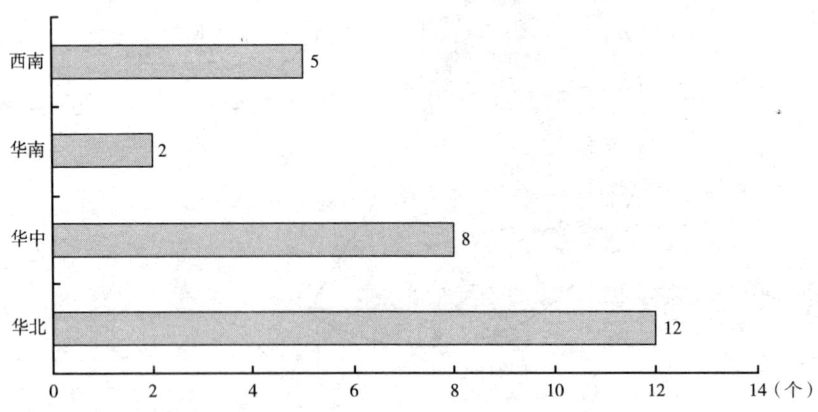


**图 3　新天域投资的中国企业案例数量区域分布**

资料来源：清科数据库，2009 年 12 月，www. zero2ipodb. com. cn。

### 3. 按投资阶段

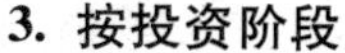

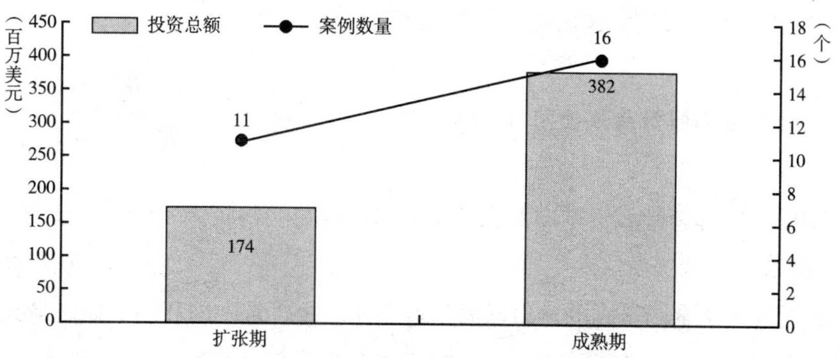


**图 4　新天域投资的中国企业投资阶段统计**

资料来源：清科数据库，2009 年 12 月，www. zero2ipodb. com. cn。

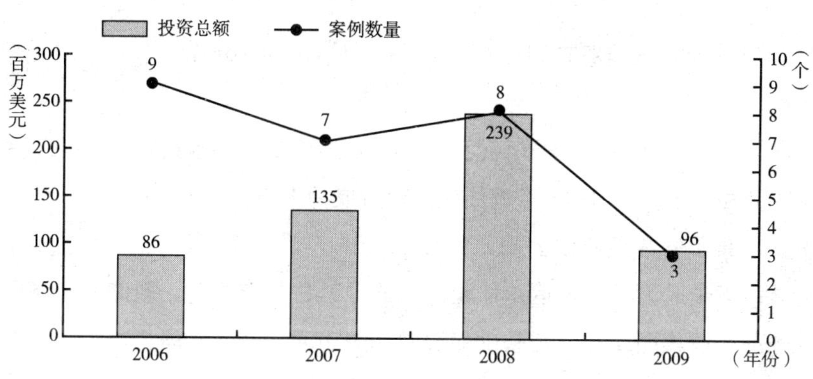


**图 5　新天域投资的中国企业投资年份统计**

资料来源：清科数据库，2009 年 12 月，www. zero2ipodb. com. cn。

## 三　典型案例

### 1. 河北梅花味精集团有限公司（www. meihuagrp. com）

2008 年 4 月新天域资本向河北梅花集团注资 9500 万美元，帮助企业继续扩大生产规模及加强研发力度。

梅花味精是从事玉米深加工的大型民营企业。公司创立于 2002 年，下设两个生产基地。公司的主导产品为味精、调味品、淀粉、玉米油、玉米纤维、酵母等10余种产品，目前是国内味精行业排名前列的企业。

**2. 北京金隅股份有限公司（www. bbmg. com. cn）**

2008年3月新天域资本向北京金隅股份有限公司注资5100万美元。2009年9月金隅股份在港交所成功上市。

金隅股份是全国最大的建筑材料生产企业之一，是中国环渤海地区最大的建筑材料生产企业。金隅股份充分利用自身独特的资源优势，以建材制造为主业，纵向延伸出房地产开发和不动产经营产业，相互支撑、相互促进，是中国大型建材生产企业中独一无二的具有上述完整的纵向一体化产业链结构的建材生产企业。

**3. 协鑫硅业科技控股有限公司（www. gcl-power. com）**

2008年6月新天域资本与其他私募股权投资机构一起投资了协鑫（集团）控股有限公司。公司于2009年7月在港交所成功上市。

协鑫（集团）控股有限公司是中国领先的多晶硅制造企业，经过多年的开拓与发展，逐步成为以煤电运一体化、新能源硅材料产业链、新能源装备制造为主营业务的企业集团，并依托基础能源向相关多元化产业发展，致力于打造集新材料、新能源、资源型与现代服务业为一体的产业平台。

**4. 喜得龙（中国）有限公司（www. xdlong. cn/）**

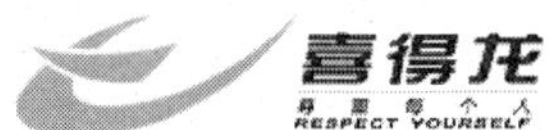


2009年8月，新天域资本向喜得龙旗下的一家鞋服产品生产及销售商Windrace（现更名为Exceed）注资3000万美元，并帮助其成功完成对美国上市公司2020 ChinaCap Acquiro（“2020”）的反向收购，于10月21日在纳斯达克正式挂牌交易。

Exceed在中国拥有“喜得龙”品牌并从事该品牌运动及休闲鞋、服装及配饰产品的设计、开发及批发业务。按销售收入计，集团是占中国市场份额最大的本土运动休闲服饰品牌之一。自2002年开始运营以来，集团在中国二、三线城市快速成长，已名列中国运动休闲服饰品牌前五名，建立了领先的市场地位。

## 四　管理团队

于剑鸣　执行合伙人

郭子德　董事总经理

孙　壮　执行董事

常运东　执行董事

张　杰　执行董事

# 专题十二：深圳创新投

中文名称：深圳市创新投资集团有限公司（深圳创新投）

英文名称：Shenzhen Capital Group Co. , Ltd. （SCG）

机构类型：本土（公司制）

成立时间：2002 年 10 月 15 日

## 一　机构简介

深圳市创新投资集团（简称“深圳创新投”）是以资本为主要联结纽带的母子公司为主体的大型投资企业集团。集团核心企业——深圳市创新投资集团有限公司的前身为深圳市政府于 1999 年 8 月 26 日发起设立的深圳市创新科技投资有限公司。

截至 2009 年 9 月深圳创新投累计投资 235 个项目，总投资额近 45 亿元，所投企业中已有 43 家企业在境内外上市。通过资金注入和增值服务，深圳创新投在十年间培育了潍柴动力、同洲电子、科陆电子、西部材料、远望谷等民族产业实力派企业和知名品牌。

深圳创新投以“诚笃、务实、创新、以人为本”为核心价值观，希望营造中小企业成长环境，塑造科技产业化机制，促进资本与科技产业相结合，成为具有国际影响力的创业投资集团。

## 二　管理基金

**表 1　深创投旗下管理基金**

| 基金名称 | 序号 | 基金名称 | 成立时间(年) |
|---|---|---|---|
| 政府引导基金 | 1 | 苏州基金 | 2007 |
| | 2 | 淄博基金 | 2007 |
| | 3 | 郑州基金 | 2007 |
| | 4 | 重庆基金 | 2007 |
| | 5 | 湘潭基金 | 2007 |
| | 6 | 南通基金 | 2007 |
| | 7 | 萍乡基金 | 2007 |
| | 8 | 天津基金 | 2008 |
| | 9 | 襄樊基金 | 2008 |
| | 10 | 西安基金 | 2008 |
| | 11 | 成都基金 | 2008 |
| | 12 | 常州武进基金 | 2008 |
| | 13 | 浙江长兴基金 | 2008 |
| | 14 | 深圳福田基金 | 2008 |
| | 15 | 深圳龙岗基金 | 2008 |
| | 16 | 成都科技局基金 | 2008 |
| | 17 | 潍坊基金 | 2008 |
| 中外合作基金 | 1 | 中新创业投资基金 | 2002 |
| | 2 | 深圳中新创业投资管理公司 | 2001 |
| | 3 | 中以基金 | 2008 |
| | 4 | 中日 CVI 基金 | 2001 |
| 受托管理基金 | 1 | 康沃基金 | 2007 |
| | 2 | 华恒创新基金 | 2007 |
| 战略合作基金 | 1 | 新金山基金 | 2006 |
| | 2 | 荣丰行基金 | 2006 |
| | 3 | 永盛基金 | 2006 |
| | 4 | 德荣基金 | 2006 |
| | 5 | 天富基金 | 2006 |
| | 6 | 新和基金 | 2006 |
| | 7 | 上海创新投资有限公司(上海创新基金) | 2002 |
| | 8 | 合肥创新投资有限公司(合肥创新基金) | 2002 |
| | 9 | 武汉鑫桥创新投资有限公司(武汉鑫桥基金) | 2003 |

续表 1

| 基金名称 | 序号 | 基金名称 | 成立时间(年) |
|---|---|---|---|
| 战略合作基金 | 10 | 威海创新投资有限公司(威海创新基金) | 2003 - 7 |
| | 11 | 江韬基金 | 2007 |
| | 12 | 鼎鑫基金 | 2007 |
| | 13 | 文泰基金 | 2007 |
| | 14 | 晨阳基金 | 2007 |
| | 15 | 春裕基金 | 2007 |
| | 16 | 银华基金 | 2007 |
| | 17 | 雅惘基金 | 2008 |
| | 18 | 领汇基金 | 2008 |
| | 19 | 深圳市瑞德海创新投资合伙企业 | 2008 |
| | 20 | 祥荣基金 | 2007 |
| | 21 | 百商基金 | 2008 |
| 信托投资基金 | 1 | 深国投·创新资本一号股权投资 | 2007 |

资料来源：清科数据库，2009 年 10 月，www. zero2ipodb. com. cn。

## 三 投资组合

### 1. 按行业分布

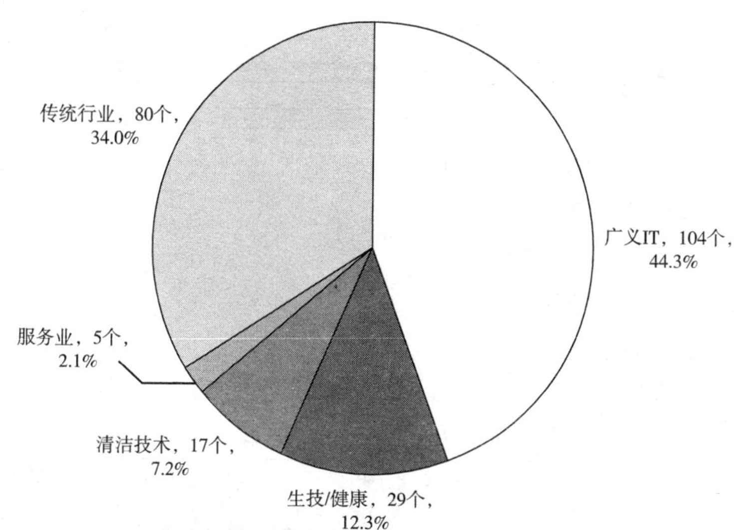


图 1 深圳创新投投资企业的案例数量行业分布（个）

资料来源：清科数据库，2009 年 10 月，www. zero2ipodb. com. cn。

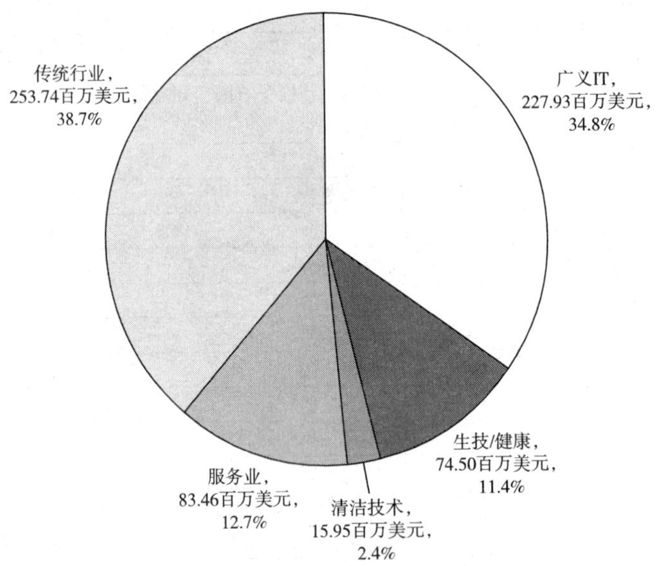


**图 2　深圳创新投投资企业的案例数量行业分布**

资料来源：清科数据库，2009 年 10 月，www. zero2ipodb. com. cn。

## 2. 按地区

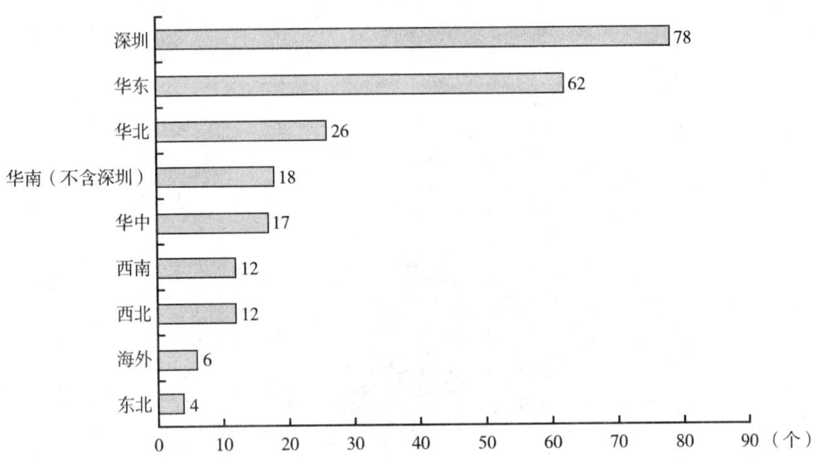


**图 3　深圳创新投投资企业的案例数量行业分布**

资料来源：清科数据库，2009 年 10 月，www. zero2ipodb. com. cn。

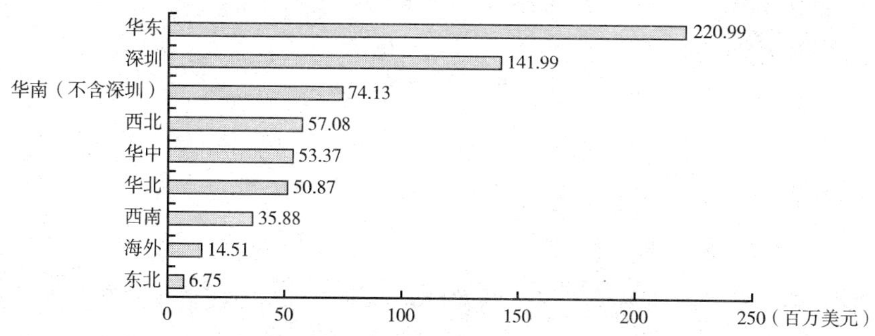


**图 4　深圳创新投投资企业的案例数量行业分布**

资料来源：清科数据库，2009 年 10 月，www. zero2ipodb. com. cn。

## 3. 按投资阶段

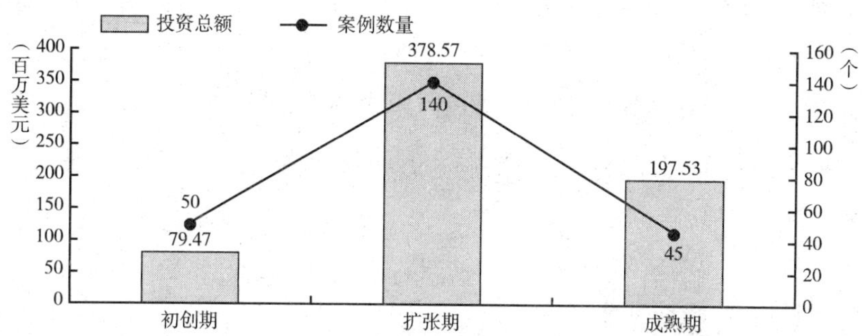


**图 5　深圳创新投投资企业的投资阶段统计**

资料来源：清科数据库，2009. 10 月，www. zero2ipodb. com. cn。

## 4. 按投资年份

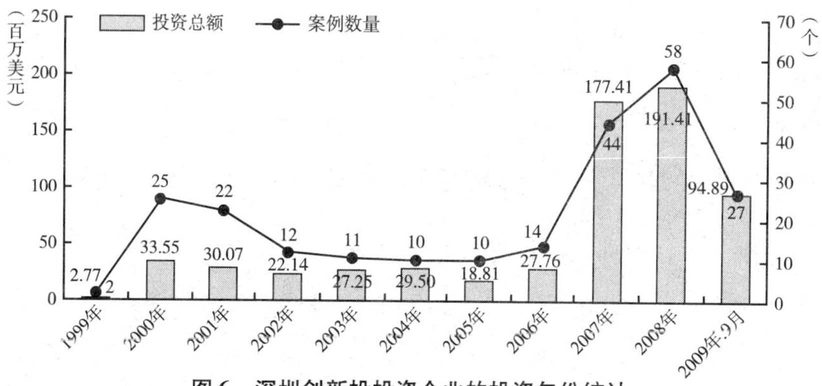


**图 6　深圳创新投投资企业的投资年份统计**

资料来源：清科数据库，2009 年 10 月，www. zero2ipodb. com. cn。

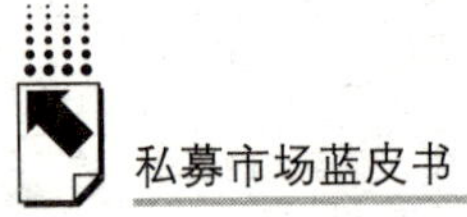



## 四　典型案例

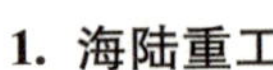

### 1. 海陆重工

2007 年 3 月，深圳创新投旗下国发创新资本向海陆重工注资 672 万元。2008 年 6 月 25 日海陆重工在深圳中小企业板挂牌上市（深市代码：002255）。上市后，业绩稳定增长，2009 年上半年公司实现营业收入 4.65 亿元，同比增长 35%，净利润 4450 万元。

海陆重工是节能环保设备及核电设备的专业生产企业，主要产品为余热锅炉、核电设备。产品广泛运用于钢铁、石油、化工、有色金属、电力、造纸、印染、玻璃、制酸、制碱等行业。公司是国内余热锅炉设计、制造的重要基地之一。该公司产品出口日本、苏丹、越南、阿尔日利亚、印尼、美国、加拿大、伊朗等多个国家和地区。

### 2. 潍柴动力

2002 年 12 月，深圳创新投向潍柴动力注资获得其 10% 的股份。2004 年 3 月 11 日潍柴动力在香港主板挂牌上市（代码：2338）。2007 年 4 月又合并吸纳湘火炬回归国内 A 股市场（股票代码：000338）。

潍柴动力是中国最大的汽车零部件企业集团。公司三大业务板块［动力总成（发动机、变速箱、车桥）、商用车、汽车零部件］，在国内各自细分市场均处优势地位。

### 3. 同洲电子

2001 年 2 月，深圳创新投联合达晨创投等四家机构向同洲电子注资，其中深圳创新投投资 768 万元。2006 年 6 月 27 日同洲电子在深圳中小企业板挂牌上市（代码：002052），深圳创新投的持股比例由上市前的 8% 变为 5.975%。同洲电子自上市以来成绩斐然，在金融危机中仍保持着强劲的发展势头。公司年报显示：2008 年实现营业收入 21.01 亿元，比上年同期增加

14.96%。

同洲电子致力于数字电视机顶盒、交互数字电视系统、集成电路、核心软件、卫星通信设备等数字视讯产品的研制、生产、销售。目前已成为中国内地第一大数字电视机顶盒制造商。

### 4. 远望谷

2003 年 4 月 8 日，深圳创新投向远望谷投资 1000 万元。2007 年 8 月 21 日远望谷在深圳中小板挂牌上市（深市代码：002161），深圳创新投的持股比例由上市前的 12.1% 变为 9.1%。上市以来，其股价一直保持着异常的抗“寒”能力，其业绩因为在铁路系统的寡头地位，而不断增长。远望谷发布的 2009 年上半年财报显示，上半年远望谷收入 8960 万元，同比增长 80.5%，实现净利润 2842 万元，增长 94%。

远望谷是一家从事微波射频识别技术研究和发展的高新技术企业。公司以新产品研发和市场营销为主要经营方向，是我国 RFID 行业龙头企业。

### 5. 三诺数码

由深圳创新投参与投资的三诺数码，于 2007 年 8 月 17 日在韩国 KOSDAQ 挂牌上市（股票代码：A900010），继而成为在韩国证券市场上市的首家外国企业，也是首家中国企业。三诺数码也在上市后连续四天以涨停板收市，市值在三天之内上涨了 109%。

三诺数码主营业务为数字多媒体音响产品的开发、生产和销售，是中国主要专业数字音频产品制造商。

### 6. 丰泉集团

由深圳创新投参与投资的丰泉集团，于 2007 年 7 月 6 日在德国法兰克福高级主板挂牌上市（股票代码：ZEF），这是法兰克福证交所主板市场迎来的第一家中国企业。上市两年来，丰泉集团持续成长发展，积极发挥上市公司的融资功能，加大资本运作力度，取得了较好的成果，创造了优良的经营业绩，体现出了

明显的成长性，并树立了良好的企业形象。

丰泉集团是中国环保产业骨干企业，以环保为主导产业，下属企业 17 家，同时开展税控电子、水电投资、机械制造、酒店业、地产业、矿山业、金融投资、进出口贸易等多元化经营。

**7. 齐心文具** COMIX 齐心

深圳创新投投资的齐心文具，于 2009 年 10 月 21 日在深圳证券交易所中小企业板挂牌上市（深市代码：002301）。

齐心文具是中国最大的办公文具制造商，主营产品包括文件管理用品、OA 办公设备、桌面文具和办公耗材等 1000 余种，是中国最大的办公文具（文件夹）制造商，在业内具有较高的品牌知名度。

**8. 匹克体育** PEAK

匹克体育于 2009 年 9 月 29 日在香港联交所主板挂牌上市（股票代码：01968. HK）。

匹克体育是中国知名的运动服装品牌企业。公司拥有标准化花园式生产基地近百亩，建筑面积 7 万多平方米，在国内外各大中城市拥有 4000 多个专卖店，业已建立起成熟的产销结合的品牌运营体系，出口业务遍及欧、美、亚、非、澳五大洲。

**9. 怡亚通** 怡亞通 Eternal Asia

深圳创新投投资的怡亚通，于 2007 年 11 月 13 日在深圳中小企业板上市（深市代码：002183）。

怡亚通是中国领先的专业供应链服务商。公司运用先进的信息技术，整合全球资源，融商流、物流、信息流、资金流于一体，搭建了全方位一站式供应链服务平台，专业承接企业非核心业务的外包——物流外包、商务外包、结算外包、信息系统及数据处理外包，提供以采购执行、分销执行为核心的多样化服务产品，包括进出口通关、供应商管理库存、虚拟生产、DC、国际物流等。

### 10. 网龙公司 

深圳创新投 2006 年初投资入股网龙公司，投入后半年网龙扭亏为盈，一年后利润猛增，最高峰时利润达 4 亿元。2007 年 11 月 2 日在香港创业板成功上市（股票代码为 8288）。

网龙公司是国内最早自主研发网络游戏并运营的领军企业之一。

### 11. 西部材料 

西部材料于 2007 年 8 月 10 日在深圳中小板挂牌上市（深市代码：002149）。

西部材料主要从事稀有金属复合材料加工，主导产品是钛/钢复合板，产品的主要用于电力烟气脱硫和化工设备。除稀有金属之外，公司还从事金属纤维等金属制品生产、贵金属制品生产，这些业务占公司主营业务收入的 33%。目前，公司在稀有金属复合材料行业中处于国内第一，世界第三的地位。

### 12. 科陆电子 科陆电子

深圳创新投投资的科陆电子于 2007 年 3 月 6 日在国内中小板挂牌上市（股票代码：002121）。2009 年上半年，公司实现营业收入 142530476.45 元，与上年同期相比增长了 5.10%；实现营业利润 23725560.59 元，与上年同期相比，上升了 122.99%；实现归属于母公司股东的净利润 26211683.50 元，与上年同期相比上升了 56.58%。

科陆电子是中国领先的电力设备与软件制造商，专业从事用电管理系统、电子式电能表、标准仪器仪表及软件产品的研发、制造及销售。

### 13. 中材科技股份有限公司 sinoma 中材科技股份有限公司 中材科技 Sinoma Science &Technology Co.Ltd

2001 年 10 月深圳创新投投资中材科技。后者于 2006 年 11 月 20 日在深圳中小板挂牌上市（股票代码：002080）。这是深圳创新投支持国有科研院所改制及产业化创新的典型成功案例。

中材科技是中国特种纤维复合材料行业唯一一家集研发设计、产品制造与销售、成套技术与装备于一体的国家级高新技术企业。

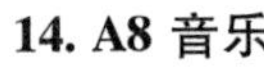

14. A8 音乐 

A8 音乐于 2008 年 6 月 12 日在香港联交所主板挂牌上市（股票代码：00800）。

A8 音乐是一家开拓性的、综合的数字音乐公司，向中国手机用户提供音乐内容与服务，是目前中国最大的电媒音乐服务商。

## 五　管理团队

靳海涛　董事长

李万寿　总裁

孙东升　副总裁

施安平　副总裁

刘荣志　财务总监

# 专题十三：海纳亚洲

中文名称：海纳亚洲创投基金（海纳亚洲）

英文名称：SIG Asia Investment LLLP（SAI）

资金总额：5 亿美元

成立时间：2004 年

## 一　机构简介

海纳亚洲是海纳国际集团（SIG）的全资子公司。SIG 是总部设于美国的大型金融服务公司，其员工超过 1400 人，在全球主要地区均设有分支机构。

SIG 致力于将其全球业务拓展到中国。作为这一进程的重要一步，SIG 授权 SAI 利用其自有资金在中国境内进行风险投资和私募股权投资等活动。

## 二　投资组合

### 1. 按行业统计

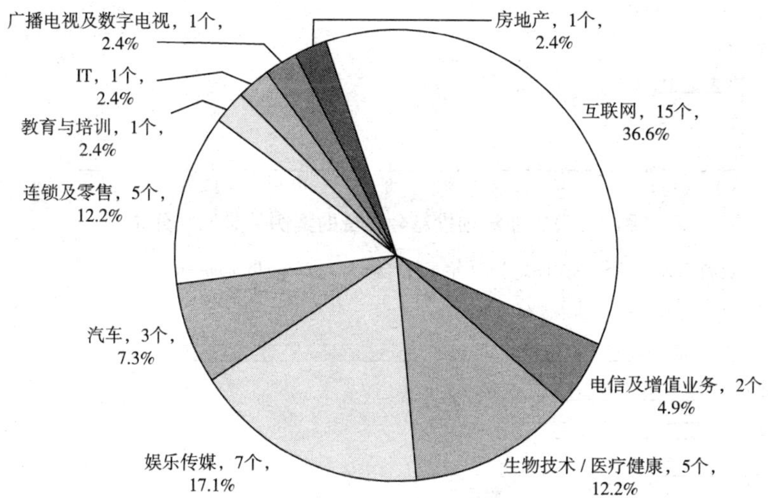


**图 1　海纳亚洲创基金投资的案例数按行业分布**

资料来源：清科数据库，2009 年 5 月；www. zero2ipodb. com. cn。

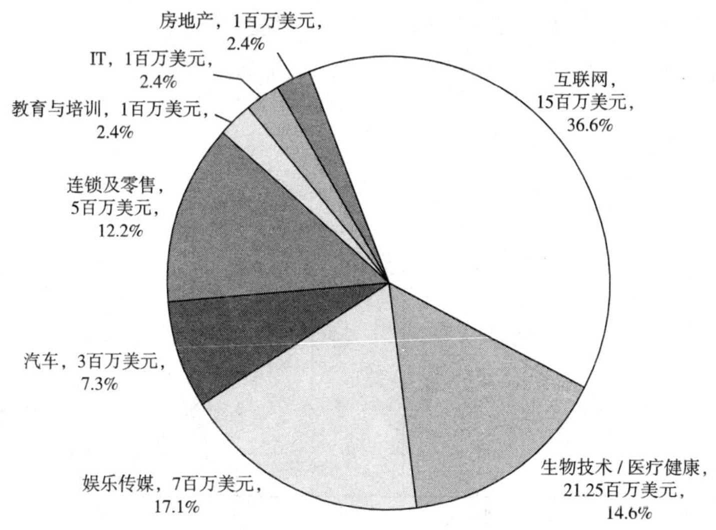


**图 2　海纳亚洲创投基金投资的案例金额按行业分布**

资料来源：清科数据库，2009 年 5 月；www. zero2ipodb. com. cn。

### 2. 按地区统计

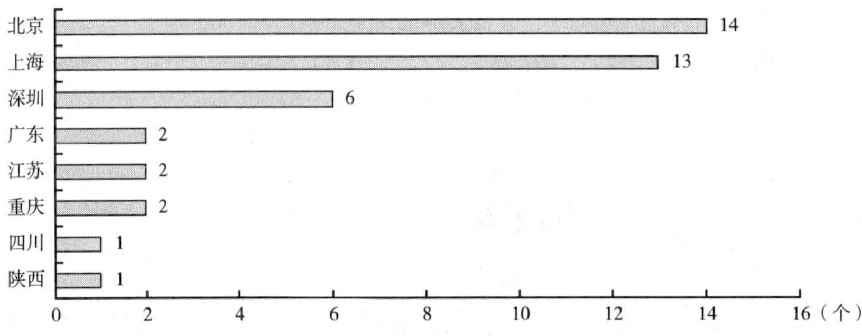


**图 3　海纳亚洲创投基金投资的案例数量地区分布**

资料来源：清科数据库，2009 年 5 月，www. zero2ipodb. com. cn。

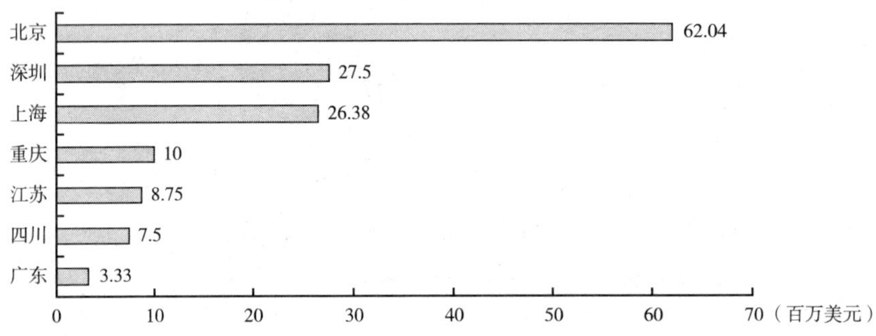


**图 4　海纳亚洲创投基金投资的案例地区分布**

资料来源：清科数据库，2009 年 5 月，www. zero2ipodb. com. cn。

### 3. 按阶段统计

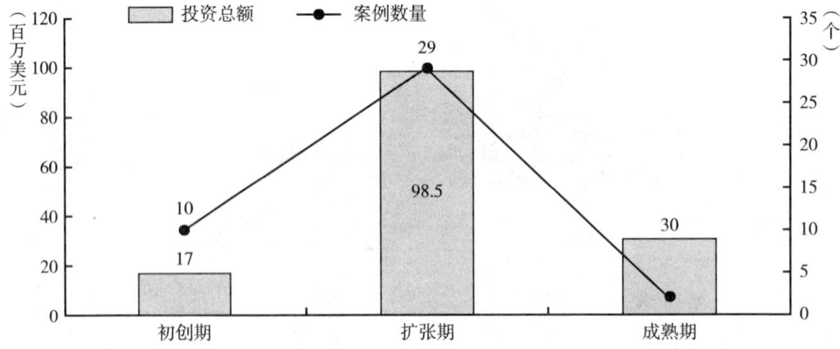


**图 5　海纳亚洲创投基金投资阶段统计**

资料来源：清科数据库，2009 年 5 月，www. zero2ipodb. com. cn。

**4. 按年份统计**

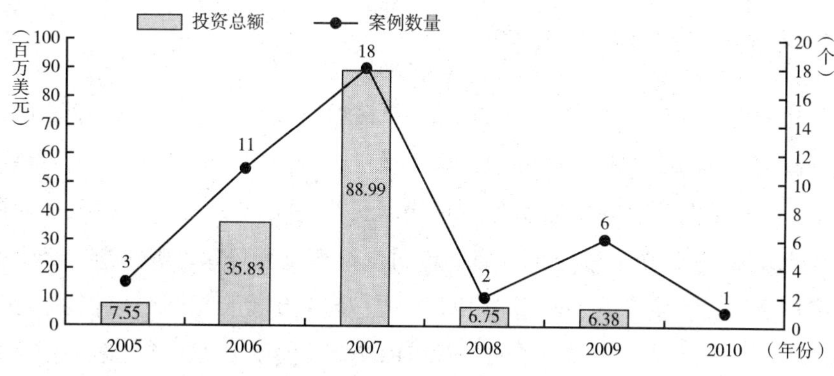


**图 6　海纳亚洲创意基金投资年份统计**

资料来源：清科数据库，2009 年 5 月，www. zero2ipodb. com. cn。

## 三　典型案例

### 1. 上海巨人网络科技有限公司

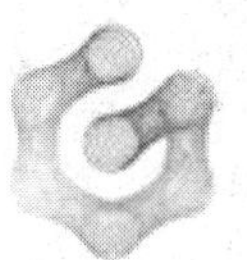


上海征途网络科技有限公司是一家以网络游戏为发展起点，集研发、运营、销售为一体的综合性网络娱乐企业。MMORPG 是由“上海征途网络”自主研发的第一款网络游戏。2007 年 10 月 16 日，上海征途网络科技有限公司正式更名为上海巨人网络科技有限公司，并于 2007 年 11 月 1 日顺利登陆纽约证券交易所，公司总市值达到 42 亿美元，成为在美国发行规模最大的中国民营企业。

### 2. 航美传媒集团

航美传媒（NASDAQ：AMCN）是专业经营机场及机载电视系统的传媒机构，打造了覆盖北京、上海、广州等全国 52 家主要机场和国航、东航、南航等 9 家航空公司机载电视系统的“中国航空数字媒体网”。航美传媒通过对航空传媒资源优势不断整合、扩张，紧紧锁定广告传递最佳时机、国内购买力决策主体和外国来华人员主要通道三个关键，利用飞机场候机区和飞机乘客区电视群，在人们接受信息的最佳时机，及时把电视节目送到目标受众眼前，成为在传播效果

上具有国际影响的中国传媒新势力。

### 3. 易居（中国）控股有限公司

易居中国（NYSE：EJ）成立于2000年，总部设在上海。2001～2006年间，易居中国共售出总面积达500万平方米的地产，交易价值达54亿美元。该公司在全国20座城市拥有1800名房地产销售人员。2006年，易居（中国）控股有限公司于3月28日在上海与瑞士信贷集团之崇德基金、DLJ房地产基金牵头的等四家国际著名投资公司正式签署协议引进2500万美元国际战略投资。是年，涉足二手房经纪业务，从一个单纯的营销代理企业发展成为一个以现代信息技术为依托，以营销代理、决策咨询、房产经纪为业务流，并覆盖中国各大城市房地产流通服务体系的国际企业。2007年8月8日，公司正式在美国纽约证券交易所挂牌交易，是中国第一支房地产经纪概念股。

### 4. 上海如家酒店连锁

如家酒店连锁（NASDAQ：HMIN），由首都旅游国际酒店集团、携程旅行服务公司共同投资组建。2006年10月在美国纳斯达克上市，成为中国酒店业海外上市第一股。如家现已拥有连锁酒店400多家，形成了业内的最大的连锁酒店网络体系。

## 四　管理团队

龚　挺　董事总经理

王　琼　董事总经理

朱忠远

徐炳东

李雪明

杜海涛

林　牤

洪亦修

史　晨

沈雨晗

# 专题十四：软银中国

中文名称：软银中国创业投资有限公司（软银中国）

英文名称：SB China Venture Capital（SBCVC）

机构类型：公司制

资金总额：8 亿美元

成立时间：2000 年

## 一　机构简介

软银中国创业投资有限公司（SBCVC）成立于 2000 年，是国内外知名的风险投资基金。软银中国致力于在中国（包括香港、澳门和台湾）协助优秀的创业者共同创建世界级的领先企业。

除资本支持之外，软银中国团队还依靠其在投资、运营方面的丰富经验，国际化的资源优势，帮助其投资的企业获得成功。投资领域涉及广义 IT（互联网、新媒体、电子商务、通信及信息技术）、清洁能源、医疗、新材料、消费与零售等行业中具有高成长潜质的企业。投资阶段包括早期、成长期和后期。

软银中国总部设在上海，在北京、苏州、天津、成都、深圳和台北均有办事机构。

## 二　管理基金

**表 1　管理基金**

单位：亿美元

| 序号 | 基金名称 | 募集时间 | 募集规模(RMB M) | 已投资企业 |
|---|---|---|---|---|
| 1 | SBCVC Fund Ⅰ | | 1 | |
| 2 | SBCVC Fund Ⅱ | 2006 年 5 月 | 2 | |
| 3 | SBCVC Fund Ⅲ | 2009 年 4 月 | 3.15 | |

资料来源：清科数据库，2010 年 5 月，www.zero2ipodb.com.cn。

## 三　投资组合

### 1. 按行业

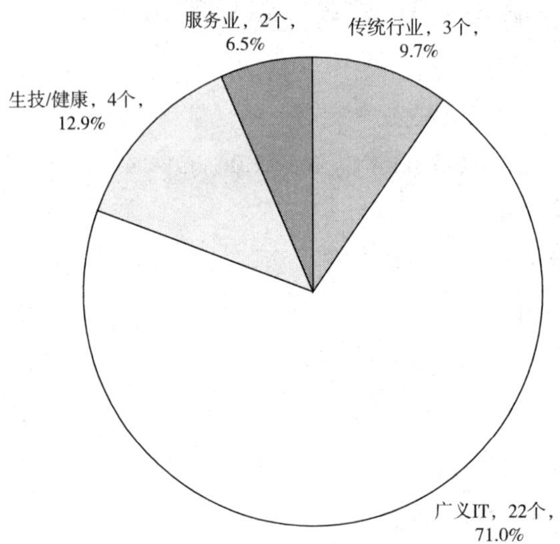


**图 1　软银中国投资案例数量按行业分布**

资料来源：清科数据库，2010 年 5 月，www. zero2ipodb. com. cn。

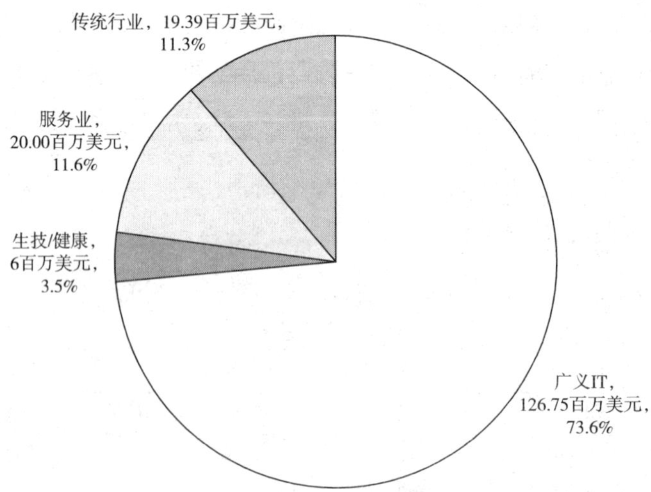


**图 2　软银中国投资金额按行业分布**

资料来源：清科数据库，2010 年 5 月，www. zero2ipodb. com. cn。

**2. 按地区**

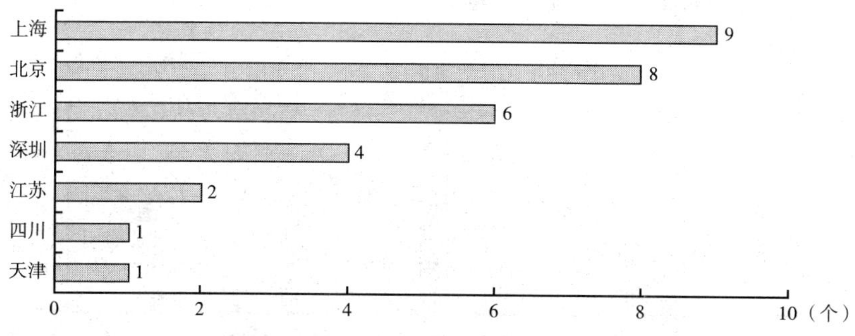


**图3 软银中国投资案例数量按行业分布**

资料来源：清科数据库，2010 年 5 月，www. zero2ipodb. com. cn。

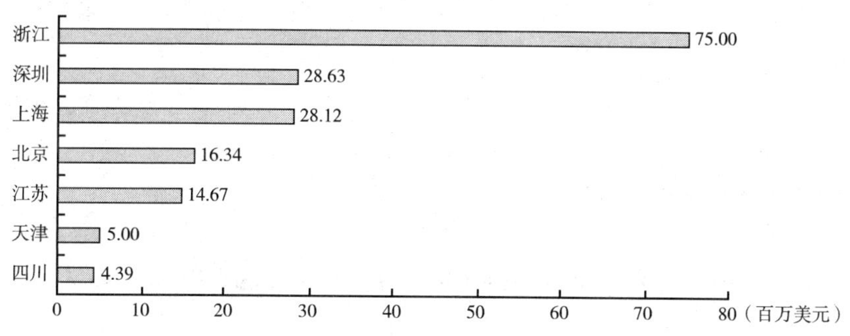


**图4 软银中国投资金额地区分布**

资料来源：清科数据库，2010 年 5 月，www. zero2ipodb. com. cn。

**3. 按阶段**

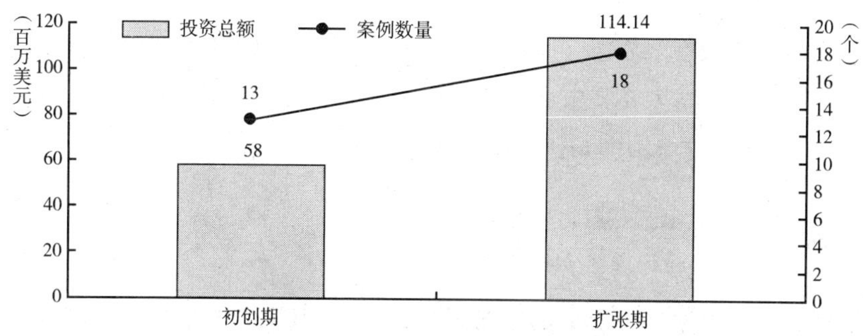


**图5 软银中国投资阶段统计**

资料来源：清科数据库，2010 年 5 月，www. zero2ipodb. com. cn。

#### 4. 按年份

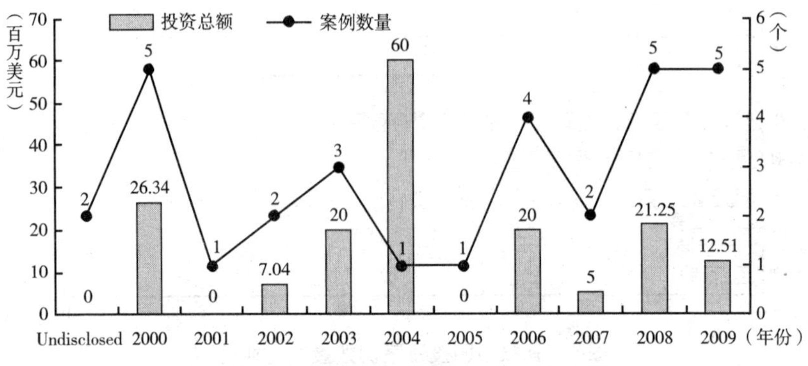


**图 6　软银中国投资的中国企业投资年份统计**

资料来源：清科数据库，2010 年 5 月，www. zero2ipodb. com. cn。

## 四　典型案例

#### 1. 阿里巴巴网络有限公司 

阿里巴巴网络有限公司（1688. HK）为全球领先的 B2B 电子商务公司，也是阿里巴巴集团的旗舰业务。阿里巴巴于 1999 年成立，通过旗下三个交易市场协助世界各地数以百万计的买家和供货商从事网上生意。三个交易市场形成一个拥有来自 240 多个国家和地区超过 4500 万名注册用户的网上社区。

#### 2. 分众传媒控股有限公司

分众传媒控股有限公司（Nasdaq：FMCN）是中国户外电视广告网络的创建者，致力于以数字技术在特定地点开发与运营面向特定人群的户外电视网络。于 2005 年 7 月 13 日在美国纳斯达克证券交易所上市。

#### 3. 携程旅行网

携程计算机技术（上海）有限公司（Nasdaq：CTRP）是中国领先的在线旅行服务公司。2003 年 12 月携程在美国 NASDAQ 上市，是目前国内第一家在美国上市的旅游公司，也是上海第一家在美国上市的公司。

## 五　管理团队

薛村禾　执行合伙人

宋安澜　主管合伙人

刘天民　主管合伙人

华　平　合伙人

# 专题十五：中信产业基金

中文名称：中信产业投资基金管理有限公司（中信产业基金）

英文名称：Citics Private Equity Funds Management Co. , Ltd. （CITIC PE）

资金总额：90 亿元

成立时间：2008 年 6 月

## 一　机构简介

中信产业投资基金管理有限公司（简称“中信产业基金”）是中国中信集团公司和中信证券股份有限公司从事 PE 基金管理业务的专业子公司，经国家发展和改革委员会批准于 2008 年 6 月设立。公司注册资本 1 亿元，中信证券以货币形式出资 6700 万元，占注册资本的 67%。经营范围包括：产业（股权）投资基金管理；发起设立产业（股权）投资基金；投资咨询。中信产业基金目前管理的第一支人民币基金——绵阳科技城产业投资基金，总规模 90 亿元。

## 二　管理基金

**表 1　中信产业基金旗下管理基金**

单位：亿元

| 序号 | 基金名称 | 募集时间 | 募集规模 | 已投资企业(部分) |
|---|---|---|---|---|
| 1 | 绵阳科技城产业投资基金 | 2010 年 1 月 | 90 | 西凤酒、快乐购 |
| 2 | 中信产业投资基金Ⅱ | 2010 年 4 月 | N/A | N/A |

资料来源：清科数据库，2010 年 5 月，www. zero2ipodb. com. cn。

## 三　投资组合

### 1. 按行业统计

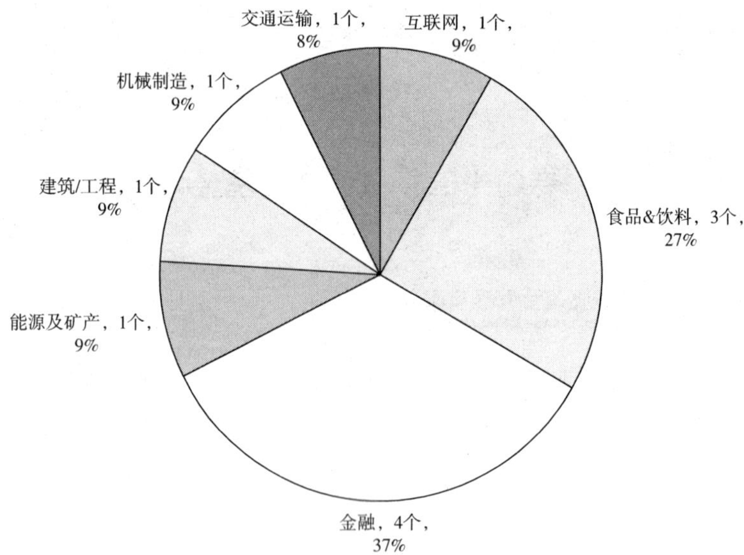


**图 1　中信产业基金投资的案例数按行业分布**

资料来源：清科数据库，2010 年 5 月，www. zero2ipodb. com. cn。

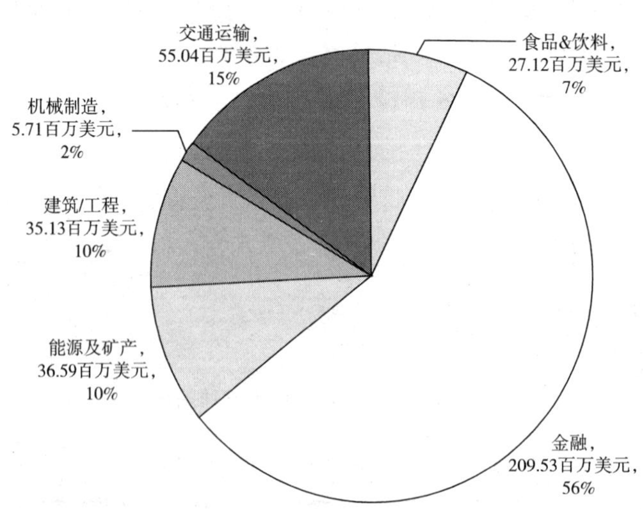


**图 2　中信产业基金投资的金额数按行业分布**

资料来源：清科数据库，2010 年 5 月，www. zero2ipodb. com. cn。

## 2. 按地区统计

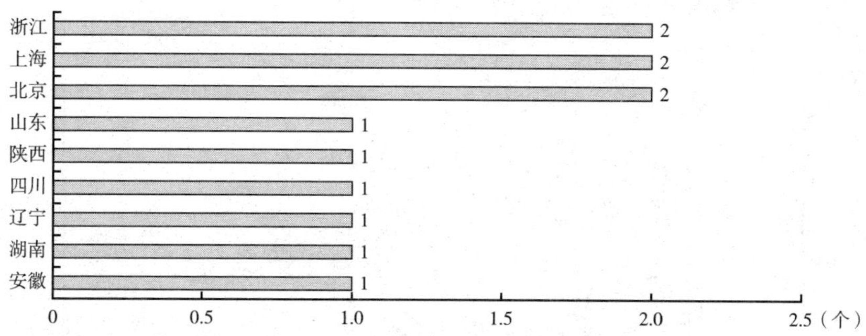


**图 3　中信产业基金投资的案例数量地区分布**

资料来源：清科数据库，2010 年 5 月，www. zero2ipodb. com. cn。

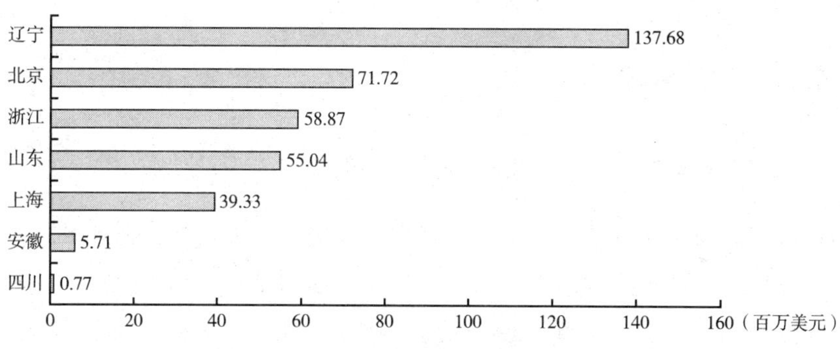


**图 4　中信产业基金投资的案例金额地区分布**

资料来源：清科数据库，2010 年 5 月，www. zero2ipodb. com. cn。

## 3. 按阶段统计

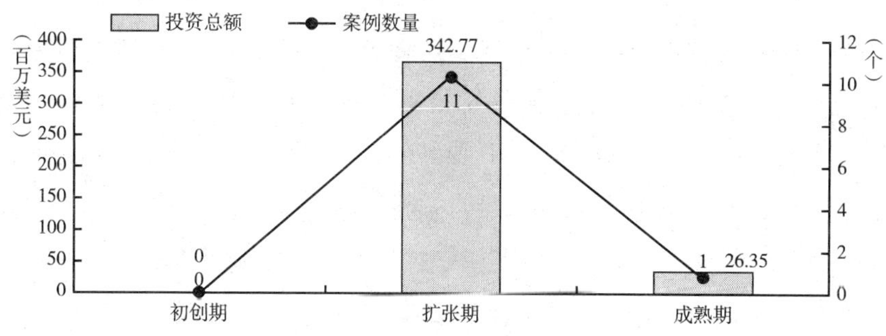


**图 5　中信产业基金投资阶段统计**

资料来源：清科数据库，2010 年 5 月，www. zero2ipodb. com. cn。

#### 4. 按年份统计

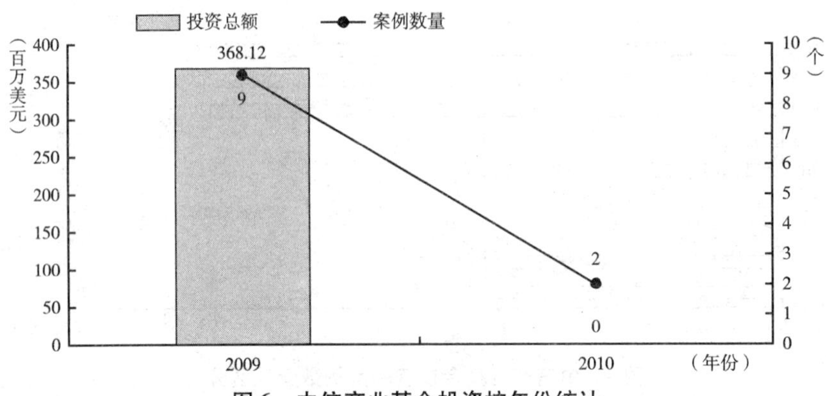


**图6 中信产业基金投资按年份统计**

资料来源：清科数据库，2010 年 5 月，www. zero2ipodb. com. cn。

## 四 典型案例

### 1. 上海万得信息技术股份有限公司 Wind資訊®

该公司是中国内地领先的金融数据、信息和软件服务企业。在金融财经数据领域，万得资讯已建成国内最完整、最准确的以金融证券数据为核心的大型金融工程和财经数据仓库，数据内容涵盖股票、基金、债券、外汇、保险、期货、金融衍生品、现货交易、宏观经济、财经新闻等领域。

### 2. 安徽盛运机械股份有限公司

安徽盛运机械股份有限公司主要生产“盛运”牌垃圾焚烧尾气处理设备、干法脱硫除尘一体化设备及各系列输送机械产品。目前公司总资产 63739 万元，拥有发明专利 4 项，实用新型专利 23 项。公司下设三个子公司和一个省级研发中心，即：安徽盛运环保设备有限公司、安徽盛运科技工程有限公司、北京中科欧特顿兰源环保科技有限公司和安徽盛运研发中心。目前，公司形成了输送机械产品和新型环保产品的设计开发、生产制造、销售服务一整套质量运行保证体系，公司产品应用于电力、矿山、冶金、建材、化工、交通、港口、粮食、轻工、市政环保工程等多种行业。

**3. 四川圣迪乐村集团**

圣迪乐村集团是四川铁骑力士集团控股的生物科技企业，主要从事绿色养殖、绿色蛋品和肉品生产及深加工等系列健康食品开发生产，并发展了旅游和职业教育培训等产业。拥有资产 1.5 亿多元，年销售规模 3.5 亿元。设有四川圣迪乐村生态食品有限公司、四川邛崃圣迪乐村生态食品有限公司、江西圣迪乐村生态食品有限公司等多家分公司。圣迪乐村集团在四川梓潼、四川邛崃、江西丰城、湖北襄樊等地建有大规模生产养殖基地，拥有蛋鸡规模 275 万只，是西部最大的高品蛋生产基地。

**4. 北京江河幕墙股份有限公司** JANGHO江河

北京江河幕墙股份有限公司（简称“江河幕墙”）是中国领先的幕墙系统整体解决方案提供者，集产品研发、工程设计、精密制造、安装施工、咨询服务、成品出口于一体。江河幕墙总部设在北京，注册资金逾 4 亿元，在全球建立了 20 多家分支机构，在中国北京、上海、广州以及中东等地设有一流的研发设计中心与生产基地。江河幕墙坚持专业化发展，依托技术领先、服务领先、品质领先、成本领先之竞争优势，深耕本土市场，同时坚持国际化经营战略，积极开拓以阿联酋为中心的中东市场，以及香港、澳门、新加坡、泰国、澳大利亚、新西兰等的泛东南亚市场。

## 五　管理团队

刘乐飞　董事长、CEO

吴亦兵　总裁

## 专题十六：永宣创投

中文名称：上海永宣创业投资管理有限公司（原上海联创投资管理有限公司）

英文名称：NewMargin Ventures（NewMargin）

机构类型：中国（有限合伙制）

资金总额：5.2 亿美元

成立时间：1999 年 7 月

## 一　机构简介

上海永宣创业投资管理有限公司前身为上海联创投资管理有限公司，成立于 1999 年 7 月。总部位于上海，并在北京、杭州、成都等地设有办事处。依托本地及国内政府的强力支持，上海永宣形成了自己独特的企业文化，拥有独立的决策机制，专业的管理方式以及无与伦比的团队合作精神。永宣的投资人众多，国内有上海联和投资有限公司和国家计委、国家经贸委、中国科学院科技促进经济基金委员会；海外投资者有新加坡政府投资公司、嘉里集团、K. Wah 集团、SUNeVision、JAFCO、摩托罗拉、阿尔卡特以及一些知名公司。

上海永宣是国内首家同时管理境内及离岸基金的风险投资管理公司，目前管理的基金规模大约为 5.2 亿美元。截至目前，已经投资了 65 家公司，投资额超过 2 亿美元。其中，已有 16 家投资组合公司在国内或境外成功上市。

## 二　管理基金

表 1　管理基金

单位：百万美元

| 序号 | 基金名称 | 募集时间(年) | 募集规模 |
|---|---|---|---|
| 1 | C Tech Fund | | 0.99 |
| 2 | T Tech Fund | | 0.05 |
| 3 | 上海联创创业投资有限公司 | 1999 | 36.24 |
| 4 | 上海联创永宣创业投资企业 | 2004 | 60.41 |
| 5 | NewMargin Growth Fund | 2007 | 330 |
| 6 | 上海联创永津股权投资企业 | 2009 | 73.13 |
| 7 | 杭州联创永津创业投资合伙企业 | 2009 | 29.25 |

资料来源：清科数据库，2010 年 5 月，www.zero2ipodb.com.cn。

## 三　投资组合

### 1. 按行业

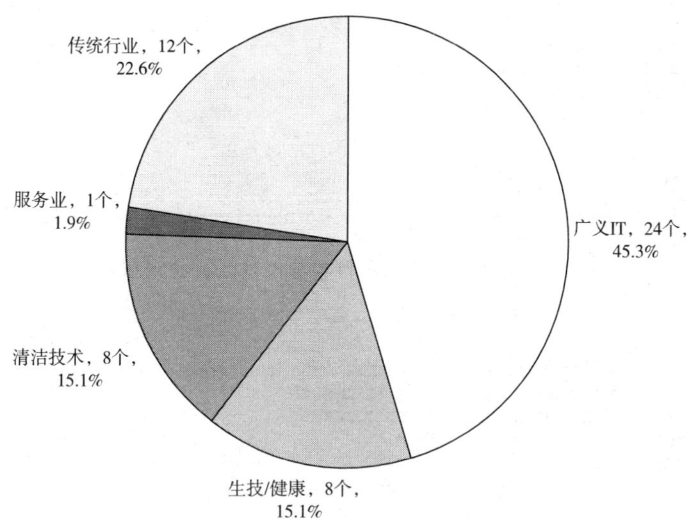


**图 1　上海永宣投资案例数量按行业分布**

资料来源：清科数据库，2010 年 5 月，www. zero2ipodb. com. cn。

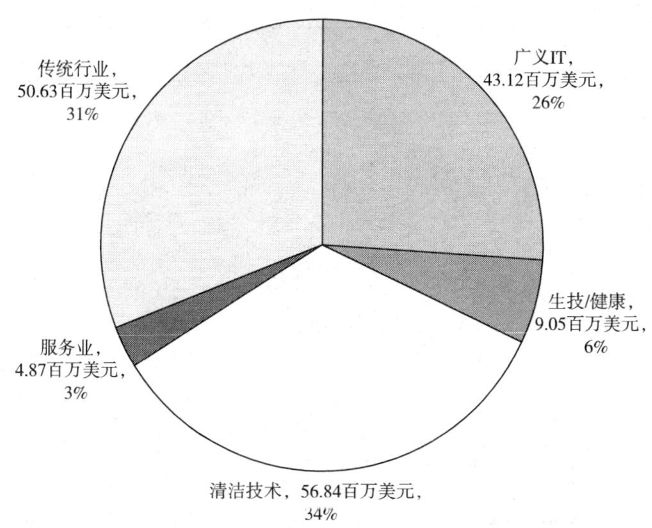


**图 2　上海永宣投资金额行业分布**

资料来源：清科数据库，2010 年 5 月，www. zero2ipodb. com. cn。

**2. 按地区**

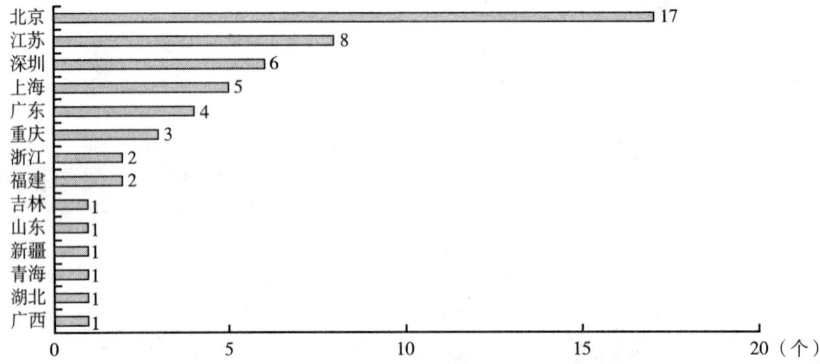


**图 3　上海永宣投资案例数量按地区行业分布**

资料来源：清科数据库，2010 年 5 月，www.zero2ipodb.com.cn。

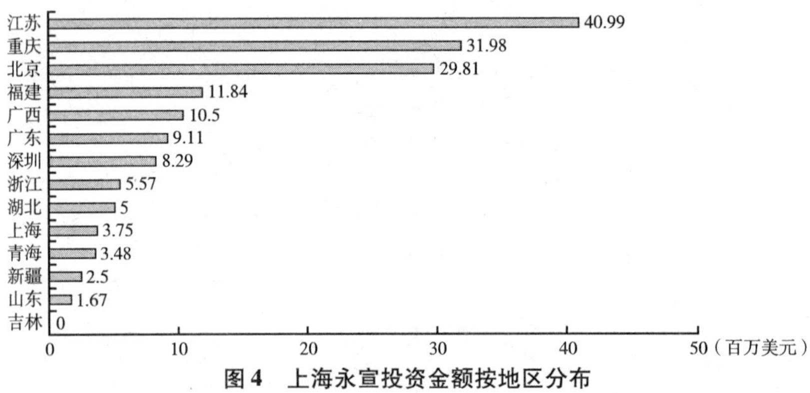


**图 4　上海永宣投资金额按地区分布**

资料来源：清科数据库，2010 年 5 月，www.zero2ipodb.com.cn。

**3. 按阶段**

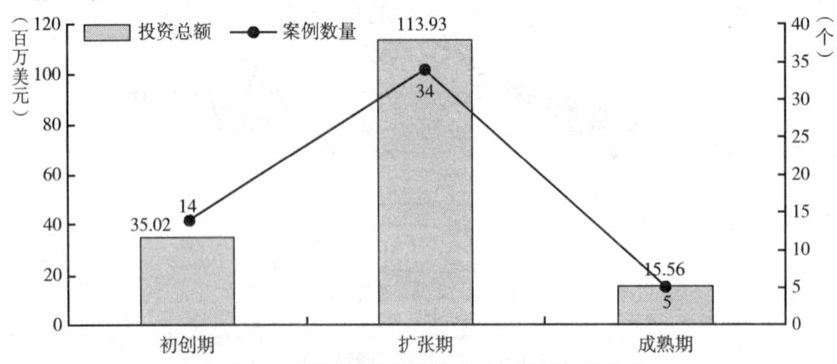


**图 5　上海永宣投资的中国企业按阶段分析**

资料来源：清科数据库，2010 年 5 月，www.zero2ipodb.com.cn。

**4. 按年份**

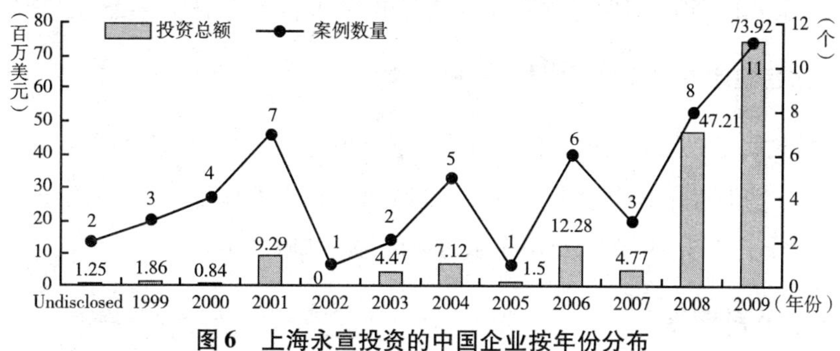


**图 6　上海永宣投资的中国企业按年份分布**

资料来源：清科数据库，2010 年 5 月，www.zero2ipodb.com.cn。

## 四　经典案例

### 1. 欧比特（珠海）软件工程有限公司

欧比特（珠海）软件工程有限公司，是一家从事高性能 SOC 研发的高科技公司。欧比特公司是 SPARC International 组织成员、国家 IP 核库高级会员、半导体行业协会会员、珠海南方集成电路设计服务中心特约客户，同时欧比特公司还是嵌入式技术与集成系统研究发展中心的主要参与单位之一，担负着嵌入式技术与集成系统的关键技术的攻关和研制以及提供技术支持的重任。

### 2. 深圳市远望谷信息技术股份有限公司

深圳市远望谷信息技术股份有限公司（002161.SZ）是一家从事微波射频识别技术研究和发展的高新技术企业。公司以新产品研发和市场营销为主要经营方向。2003 年 12 月成功地进行了股份制改造。

### 3. 新疆金风科技股份有限公司

新疆金风科技股份有限公司是新疆维吾尔自治区认定的高新技术企业。2004 年公司总资产 2.84 亿元，净资产 1.27 亿元，资产负债率 56%，实现销售收入 2.4 亿元。公司 2004 年被科技部批准成立“国家风力发电工程技术研究中心。承担国家“863”计划——MW 级风机研制项目，研制 1.2MW 直驱机组。正在研制的金风直驱 1.2MW、1.5MW、2.5MW 机组将陆续投产。公司目前在全国设有四个总装厂，分别位于新疆乌鲁木齐（面积6000平方米）、河北隆化（面积4600平方米）、浙江温州（面积2200平方米）及广东惠来（面积3000平方米），可实现年产500台套风力机的装配与试验。

**4. 东岳集团有限公司** 东岳集团

东岳集团是亚洲规模最大的氟硅材料生产基地、山东省高新技术一号工程实施企业和全省支持的民营企业。下属三家企业：山东东岳化工股份有限公司、山东东岳高分子材料有限公司、山东东岳氟硅材料有限公司。

## 五 公司团队

冯　涛　管理合伙人

周水文　合伙人

叶卫刚　合伙人

徐汉杰　合伙人

周永凯　合伙人

# 专题十七：智基创投

智基创投
iD TechVentures

中文名称：智基创投股份有限公司（智基创投）

英文名称：iD TechVentures，Inc. （iDT）

资金总额：4.5 亿美元

成立时间：2000 年

## 一 机构简介

智基创投（原名“宏碁创投”）成立于2000年初，是在大中华地区投资高科技及高成长企业的专业创投管理公司。管理以新加坡及欧美跨国投资人为主的美元基金，目前管理四期投资基金，共计四亿多美元。2008年，在苏州成立人民币基金，同时开展境内项目的投资。公司总部设于上海，在北京、台北及苏州设有代表处。智基经过十年运作，拥有最稳定的投资团队、强大的高科技背景及

本土化的投资经验，致力于为被投资企业提供多元化增值服务，扶持培养未来行业领袖，屡获中国最佳外资创投殊荣，为大中华区最活跃的创投公司之一。

## 二　管理基金

表 1　管理基金

单位：百万美元

| 序号 | 基金名称 | 募集时间 | 募集规模规模 |
|---|---|---|---|
| 1 | 智一基金(亚太地区) | 2000 年 | 130 |
| 2 | 智二基金 | 2004 年 | 15 |
| 3 | 智三基金 | 2004 年 | 30 |
| 4 | 智龙第一基金 | 2006 年 | 125 |
| 5 | 翔智创业投资企业 | 2007 年 11 月 | 16. 16 |
| 6 | 智龙第二基金 | 2009 年 6 月 | 200 |
| 7 | 智基创投苏州人民币基金 | 2009 年 9 月 | |

资料来源：清科数据库，2010 年 5 月，www. zero2ipodb. com. cn。

## 三　投资组合

### 1. 按行业统计

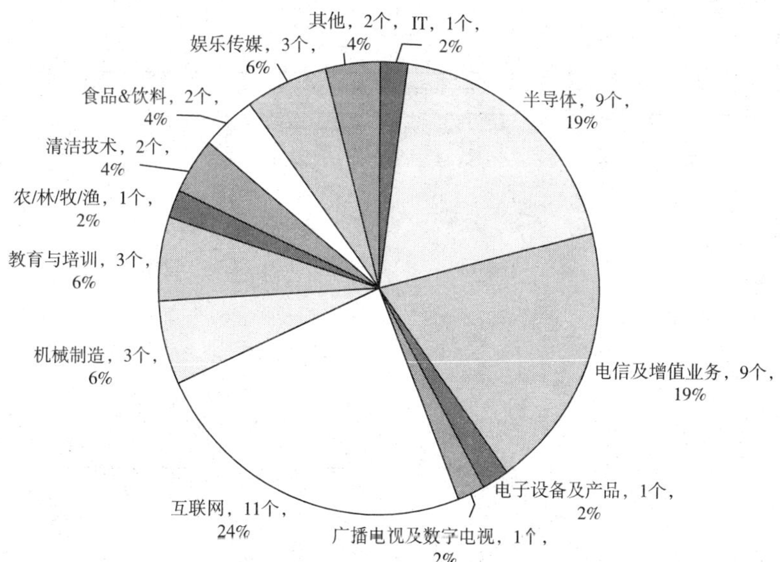


图 1　智基创投投资案例数量行业分布

资料来源：清科数据库，2010 年 5 月，www. zero2ipodb. com. cn。

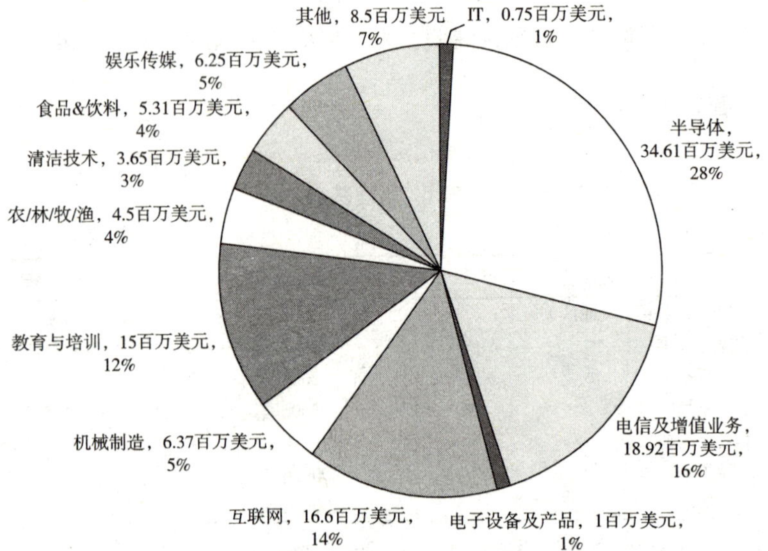


**图 2　智基创投投资金额行业分布**

资料来源：清科数据库，2010 年 5 月，www. zero2ipodb. com. cn。

## 2. 按地区统计

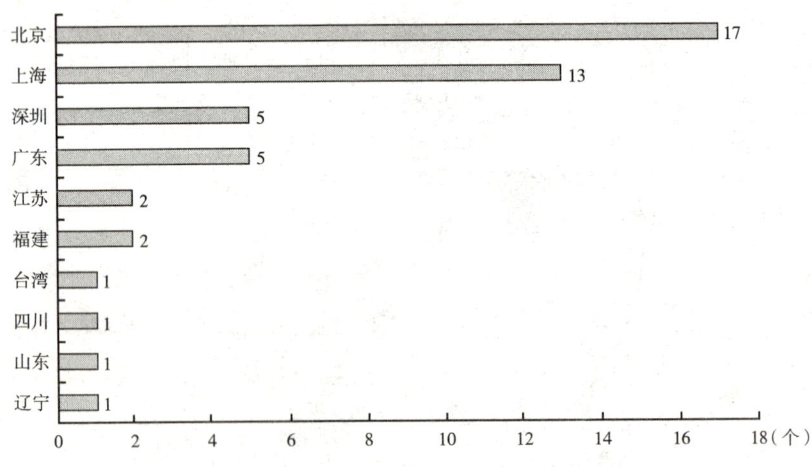


**图 3　智基创投投资案例数量行业分布**

资料来源：清科数据库，2010 年 5 月，www. zero2ipodb. com. cn。

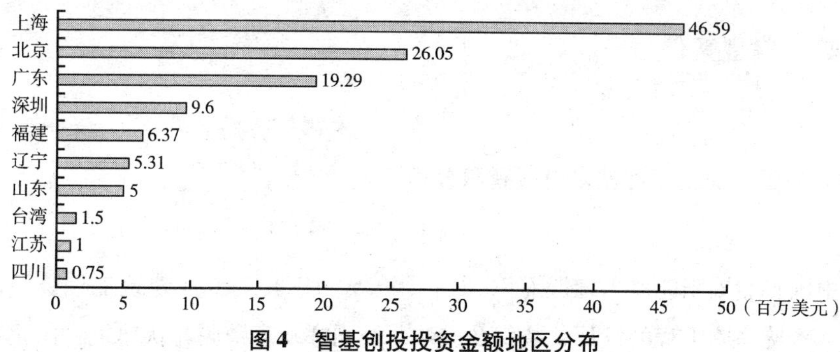


**图 4　智基创投投资金额地区分布**

资料来源：清科数据库，2010 年 5 月，www. zero2ipodb. com. cn。

### 3. 按阶段统计

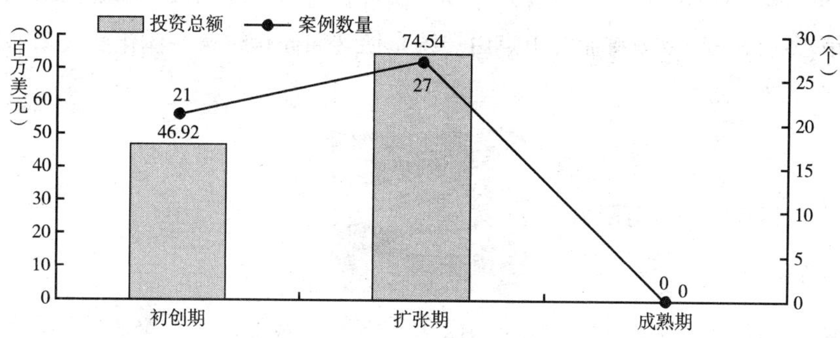


**图 5　智基创投投资阶段统计**

资料来源：清科数据库，2010 年 5 月，www. zero2ipodb. com. cn。

### 4. 按年份统计

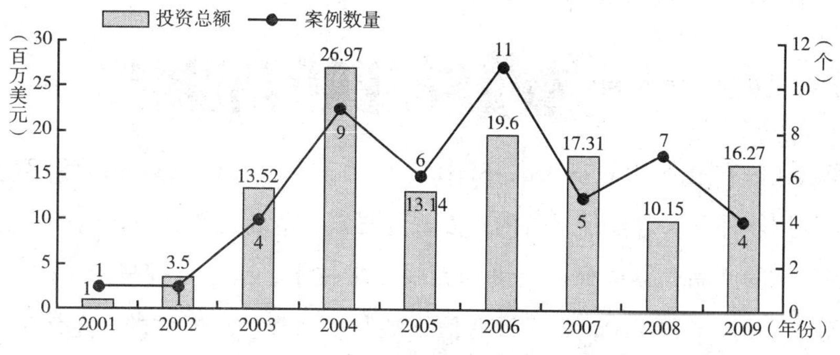


**图 6　智基创投投资年份统计**

资料来源：清科数据库，2010 年 5 月，www. zero2ipodb. com. cn。

## 四 典型案例

### 1. 中国兴业太阳能技术控股有限公司

中国兴业太阳能技术控股有限公司（00750. HK）为专业建筑工程公司，主要从事传统幕墙工程的设计、装配及安装。公司亦从事薄膜光伏建筑一体化系统的设计、装配及安装。此外，公司亦生产和销售太阳能产品。公司凭借以往经营业绩和在传统幕墙业务方面的广泛经验，将进一步加强及发展光伏建筑一体化系统和太阳能产品的可再生能源业务。除此之外，集团亦提供设计服务及从事幕墙材料销售。公司将致力将业务重点由传统幕墙转向光伏建筑一体化及太阳能产品业务。

### 2. 福建宏华集团有限公司

福建宏华集团有限公司（0196. HK）全套引进意大利进口的自动化生产线、宽体进口窑炉、高能压机和 ROTOCOLOR、ROLLFEED 等生产设备和工艺技术。公司主要生产 200×200、200×300、250×330、300×450、300×600、300×300、330×330 高档釉面墙地砖、配套花砖腰线、仿古地砖、欧式经典瓷片、仿古砖、水切割艺术砖等中高档“乾顺”系列产品。

### 3. 展讯通信有限公司

展讯通信有限公司（Nasdaq；SPRD）致力于无线通信及多媒体终端的核心芯片、专用软件和参考设计平台的开发，为终端制造商及产业链其他环节提供产品和多样化的产品方案选择。展讯的无线宽带技术、信号处理技术、IC 设计技术、软件开发技术和经验，为无线通信终端制造商提供全方位的技术解决方案，包括新一代的专用基带芯片、多媒体芯片、射频芯片、协议软件和软件应用平台等。

**4. 掌上灵通有限公司**

掌上灵通（NASDAQ：LTON）是中国无线娱乐业务的主要运营商，为中国手机用户提供增值服务（如媒体、娱乐及联系等）的最大供应商。通过与中国移动和中国联通的紧密合作，掌上灵通为中国的手机用户提供了多种服务和大量的内容，其中包括彩铃、图像、屏保、互动短信、游戏及信息服务等。

## 五 管理团队

卢宏镒 创始管理合伙人

陈友忠 创始管理合伙人

张秋煌 创始管理合伙人

吕 强 管理合伙人

梁晓刚 管理合伙人

卓德钦 管理合伙人

林 霆 合伙人

史 煜 合伙人

## 专题十八：启迪创投

TusPark CAPITAL
清华科技园 启迪创投

中文名称：启迪创业投资管理（北京）有限公司（启迪创投）

英文名称：TusPark Capital（TusPark Capital）

资金总额：5 亿元

成立时间：2001 年

## 一　机构简介

启迪创投原名北京清华科技园技术资产经营公司，是清华科技园的专业科技产业投资管理机构，也是清华大学产业体系中一家专注于投资早期、高科技企业的创业投资机构。启迪创投受托管理启迪中海创业投资有限公司、启迪创业孵化器有限公司等投资基金，管理基金总额达5亿元。启迪创投依托清华大学和清华科技园的平台优势建立了丰富和广泛的项目资料来源渠道。同时，通过开展对早期项目的种子投资，积极推动大学科技成果的产业化。

启迪创投依托清华大学的人才和科研力量，与清华产业群中的其他企业密切合作，利用清华科技园得天独厚的基础设施、创业服务体系、创新文化氛围和国际化战略，建立了包括金融与投资机构、企业、政府、大学在内的、跨越海内外的广泛的合作伙伴网络，在为企业注入创业资本的同时，提供企业孵化等增值服务，帮助被投资企业降低风险、迅速成长。

## 二　投资组合

### 1. 按行业统计

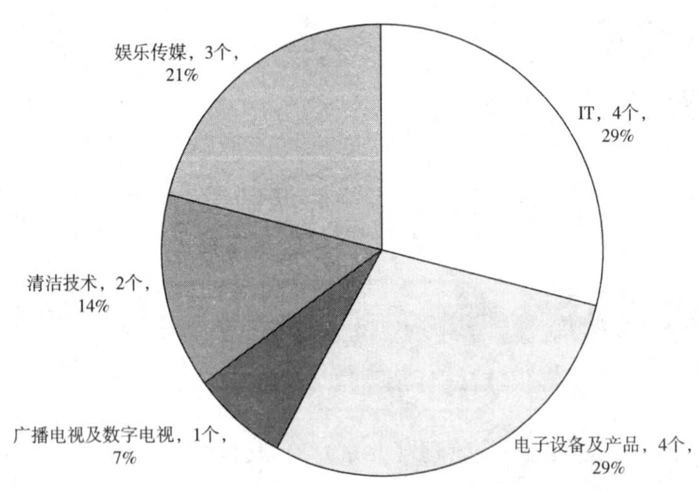


**图1　启迪创投投资案例数量行业分布**

资料来源：清科数据库，2010年5月，www.zero2ipodb.com.cn。

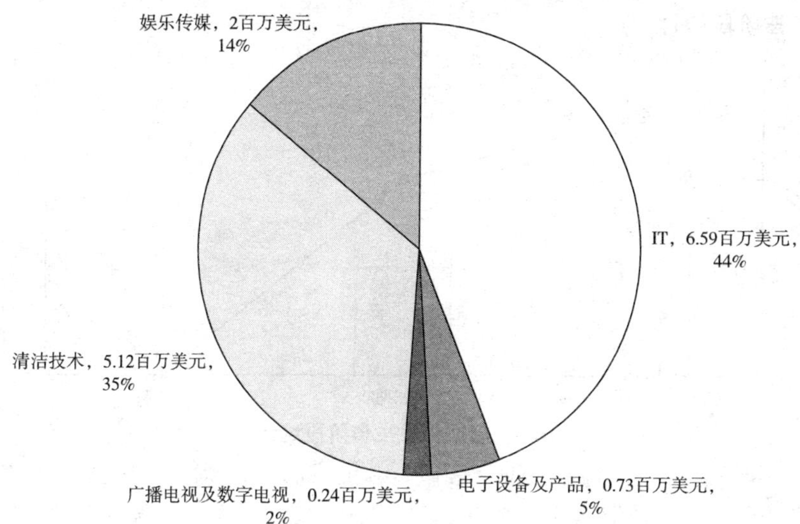


**图 2　启迪创投投资金额行业分布**

资料来源：清科数据库，2010 年 5 月，www. zero2ipodb. com. cn。

## 2. 按地区统计

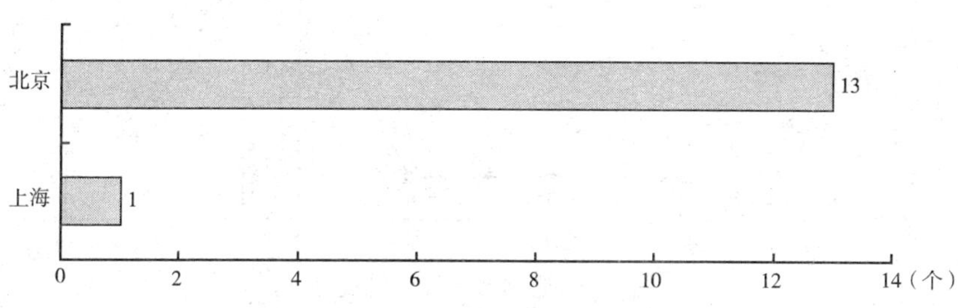


**图 3　启迪创投投资案例数量地区分布**

资料来源：清科数据库，2010 年 5 月，www. zero2ipodb. com. cn。

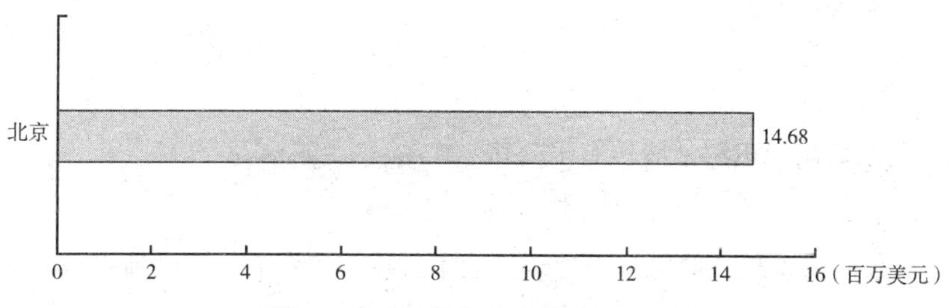


**图 4　启迪创投投资金额地区分布**

资料来源：清科数据库，2010 年 5 月，www. zero2ipodb. com. cn。

**3. 按阶段统计**

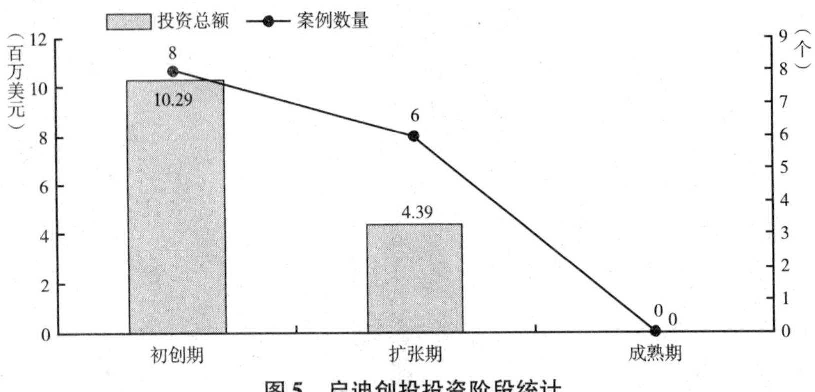


**图5　启迪创投投资阶段统计**

资料来源：清科数据库，2010年5月，www. zero2ipodb. com. cn。

**4. 按年份统计**

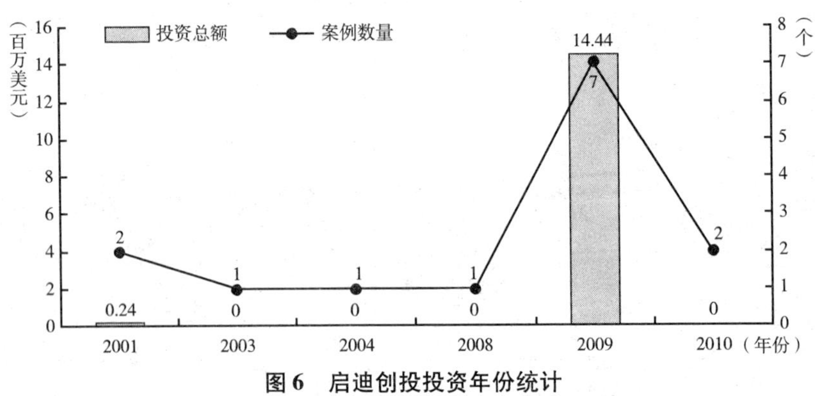


**图6　启迪创投投资年份统计**

资料来源：清科数据库，2010年5月，www. zero2ipodb. com. cn。

## 三　典型案例

### 1. 北京数码视讯科技股份有限公司

Sumavision
数码视讯

北京数码视讯科技股份有限公司是清华科技园投资的一家高新技术企业，公司地处北京上地信息产业基地。数码视讯由具有多年IT界工作经验的年轻精英组成，其中50%以上的公司研发人员为清华大学、斯坦福大学等名校毕业的硕士、博士。数码视讯主要致力于开发符合中国广播电视标准的广播电视数字化网络设备、数字电视平台全系列产品；IPTV 系统；高清会议电视系统和远程高清视频监控系统等多媒体通讯系统。

### 2. 北京中文在线文化发展有限公司

中文在线成立于清华大学，是中国网络出版的开创者之一，为国内正版数字内容传播机构。中文在线一直致力于开拓数字时代文化传播的新局面，帮助传统出版行业向新兴网络出版业转变，引导消费者在合法的途径上，通过先进的技术更为经济、更为广泛地接受文化知识。中文在线与国家新闻出版总署、信息产业部等保持了持续紧密的合作关系。

### 3. 北京德鑫泉科技发展有限公司

Sumavision
数码视讯

北京德鑫泉科技发展有限公司成立于 2003 年，是一个涵盖多专业的综合性高科技研发企业。公司是 Innovation Matrix 集团成员，库卡（KUKA）机器人公司中国区合作伙伴，无论供货和技术支援方面都能直接得到快速响应，有着良好的合作前景，同时也代理世界领先的超声波及摩擦焊接机产品。公司技术实力雄厚，具有丰富的业内经验，从 1998 年到现在，公司人员一直从事机器人与视觉自动化设备、RFID 设备的研发、维修及售后服务工作。拥有 100 多台世界最先进设备的设计、安装、调试、维修经验。公司依靠先进技术及诚信理念，与国内外多家中高端 RFID 相关厂商及机器人及视觉自动化领域客户保持长期紧密合作。

## 四　管理团队

罗　茁　董事长、董事总经理
雷　霖　董事总经理
薛　军　董事总经理
王东翔　副总经理
金　松　副总经理
李　瑛　副总经理

# 专题十九：金沙江创投

中文名称：金沙江创业投资基金（金沙江创投）

英文名称：GSR Ventures（GSR）

资金总额：7 亿美元

成立时间：2004 年

## 一　机构简介

金沙江创业投资基金（简称“金沙江创投”）是专门投资初创企业的风险投资机构，主要投资于中国公司或是以中国为主要市场的企业。主要投资的项目在无线互联网、新媒体和半导体元件等领域，同时也会十分关注不断涌现的快速增长的高科技项目。通常会领头对初创企业的投资，并成为初创企业的第一个投资机构。同时，他们也希望在董事会中扮演一个活跃的角色。

金沙江创业投资基金是硅谷最老牌的风险投资基金 Mayfield 基金的战略合作伙伴，所以与他们合作的初创企业，将会有更多的机会接触到丰富的行业资源。

金沙江创业投资基金视创业企业家既为客户，也为合作伙伴。双方将共同努力，合力打造成功的创业企业。金沙江创业投资基金在企业管理中发挥积极的作用，协助创业企业家获得成功。

## 二　管理基金

**表 1　管理基金**

单位：百万美元

| 序号 | 基金名称 | 募集时间 | 募集规模规模(USMYM M) |
|---|---|---|---|
| 1 | GSR Ventures I, L. P. | 2006 年 5 月 | 75 |
| 2 | GSR Ventures II, L. P. | 2007 年 1 月 | 200 |
| 3 | GSR Associates Fund II, L. P. | 2007 年 3 月 | 12 |
| 4 | GSR Ventures III, L. P. | 2009 年 1 月 | 383 |

资料来源：清科数据库，2010 年 5 月，www. zero2ipodb. com. cn。

## 三　投资组合

### 1. 按行业统计

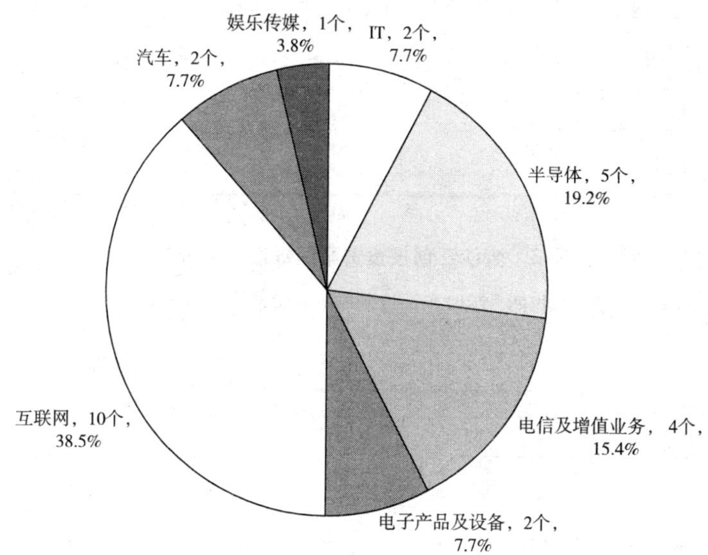


**图 1　金沙江创投投资的案例数量按行业分布**

资料来源：清科数据库，2010 年 5 月，www. zero2ipodb. com. cn。

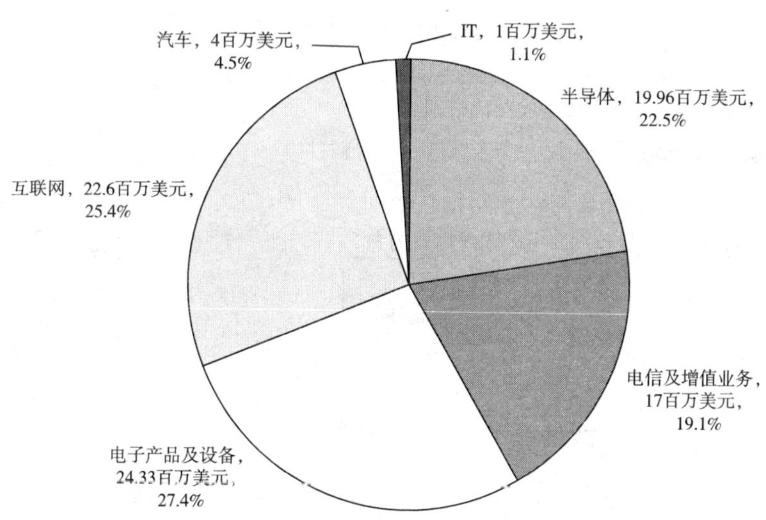


**图 2　金沙江创投投资的案例金额按行业分布**

资料来源：清科数据库，2010 年 5 月，www. zero2ipodb. com. cn。

**2. 按地区统计**

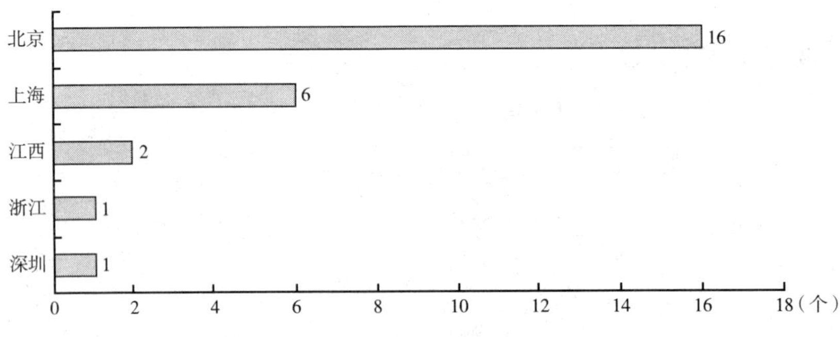


**图 3　金沙江创投投资案例数量地区分布**

资料来源：清科数据库，2010 年 5 月，www. zero2ipodb. com. cn。

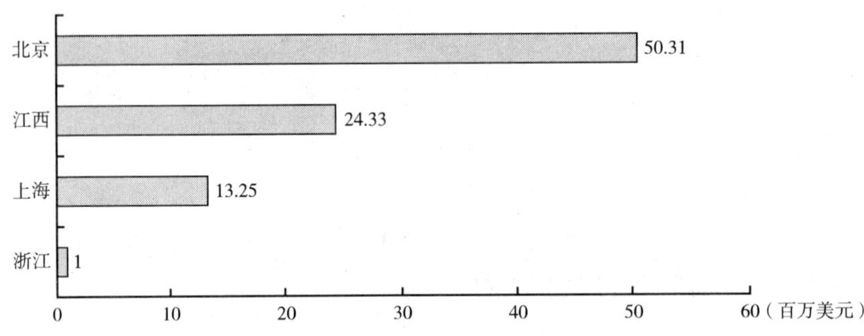


**图 4　金沙江创投投资金额地区分布**

资料来源：清科数据库，2010 年 5 月，www. zero2ipodb. com. cn。

**3. 按阶段统计**

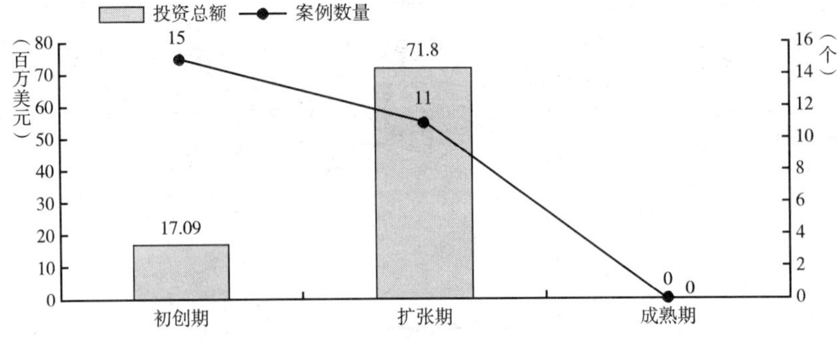


**图 5　金沙江创投投资阶段统计**

资料来源：清科数据库，2010 年 5 月，www. zero2ipodb. com. cn。

### 4. 按年份统计

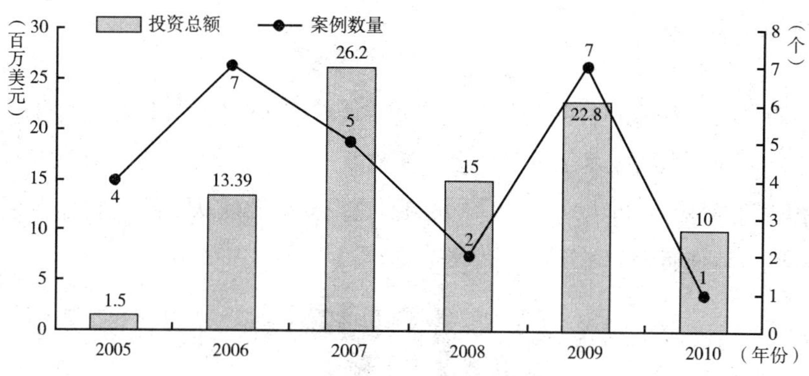


**图 6　金沙江创投投案年份统计**

资料来源：清科数据库，2010 年 5 月，www. zero2ipodb. com. cn。

## 四　典型案例

### 1. 北京网秦天下科技有限公司

北京网秦天下科技有限公司是中国领先的移动安全服务提供商。公司拥有多项具有自主知识产权的移动信息安全相关专利和核心技术，是双软企业及高新技术企业。公司向广大移动用户提供反恶意软件、反骚扰、隐私保护等完整的移动信息安全产品及服务。2005 年 10 月，网秦开始向全球提供手机杀毒服务，截止到 2009 年 1 月，网秦已拥有超过 1500 万活跃用户，遍及全球 200 多个国家和地区。

### 2. 北京趣拿信息技术有限公司

去哪儿? Qunar.Com 聪明你的旅行

去哪儿旅游搜索引擎由鲨威体坛的创始人 Douglas Khoo、戴福瑞（Fritz Demopoulos）以及庄辰超共同创办，向亚太区的旅游者提供全球旅游搜索和价格比较，并销售和旅游有关的产品。2005 年 6 月 1 日，Qunar. com 正式发布。开发人员从美国带回最新的搜索引擎技术，在国内用了 6 个月时间进行了机票和酒店的产品化，并且首先推出中文版本。

### 3. 晶能光电（江西）有限公司

晶能光电（江西）有限公司是以南昌大学教育部发光材料与器件工程研究中心江风益课题组为技术依托，由金沙江创业投资基金牵头，联合国际顶尖级创业投资基金 Mayfield fund，Asia vest 共同投资设立的专业从事硅衬底 GaN 基 LED 外延材料与器件研究与生产的高科技企业。

### 4. 北京科普兰德公司

科普兰德公司是一家立足于室内设计装修、装饰行业的市场营销媒体服务公司。公司建立了针对特定消费群体的不同媒体通道，并通过这些通道来发送客户的产品信息、产品广告公司于 1999 年创办了中国第一家家居网站 www. e-jjj. com（e 家家居网），现平均月访问量为 800 万人次，被点击产品量为 200 万件次。

## 五　管理团队

丁　健　董事总经理

林仁俊　董事总经理

潘晓峰　董事总经理

伍伸俊　董事总经理

朱啸虎　合伙人

尹德纲　合伙人

## 专题二十：北极光创投

中文名称：北极光创业投资基金（北极光）

英文名称：Northern Light Venture Capital（NLVC）

机构类型：外资

成立时间：2005 年

## 一　机构简介

北极光创投（以下简称“北极光”）是一家以“培育世界级的中国企业、世界级的中国企业家”为宗旨的风险投资企业。

创立于 2005 年的北极光，伴随着高速发展的中国经济而快速成长。目前，北极光旗下共管理两支美元基金和两支人民币基金，管理资产总额近 5 亿美元。其中，美国著名机构投资人 NEA 和 Greylock 是两支美元基金的战略合作伙伴，此外，北极光的投资人中还包括世界一流大学捐赠基金以及国内最优秀的政府引导基金。

## 二　管理基金

**表 1　北极光旗下管理基金**

单位：亿美元

| 序号 | 基金名称 | 成立时间 | 募集规模 | 已投资企业 |
|---|---|---|---|---|
| 1 | NLVC I | 2006 年 2 月 | 1.21 | 百合网，德比软件，凯赛，汉庭酒店连锁，展讯通信，红孩子，3G 泡泡，互动百科，连连科技，山石科技 |
| 2 | NLVC II | 2008 年 3 月 | 3.5 | 维络城，开心网，蓝港在线，联易互动 |

资料来源：清科数据库，2009 年 11 月，www.zero2ipodb.com.cn。

## 三　投资组合

**表 2　北极光投资的中国企业各行业案例数年份分布**

| 行业＼年份 | 2005 | 2006 | 2007 | 2008 | 2009 | 总计 |
|---|---|---|---|---|---|---|
| 广义 IT | 2 | 8 | 11 | 6 | 4 | 31 |
| 生技/健康 | 0 | 0 | 1 | 1 | 0 | 2 |
| 清洁技术 | 0 | 0 | 0 | 2 | 0 | 2 |
| 服务业 | 0 | 0 | 2 | 1 | 0 | 3 |
| 传统行业 | 0 | 0 | 1 | 0 | 0 | 1 |

资料来源：清科数据库，2009 年 11 月，www.zero2ipodb.com.cn。

### 1. 按行业分类

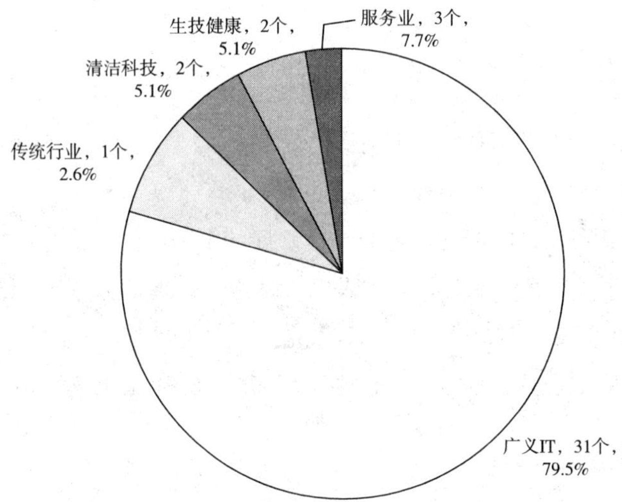


**图1　北极光投资的中国企业案例数量行业分布**

资料来源：清科数据库，2009 年 11 月，www. zero2ipodb. com. cn。

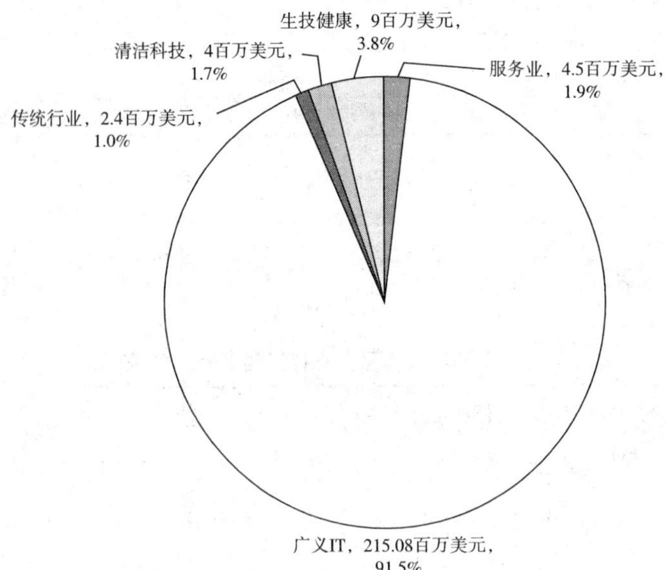


**图2　北极光投资的中国企业案例金额行业分布**

资料来源：清科数据库，2009 年 11 月，www. zero2ipodb. com. cn。

## 2. 按地区

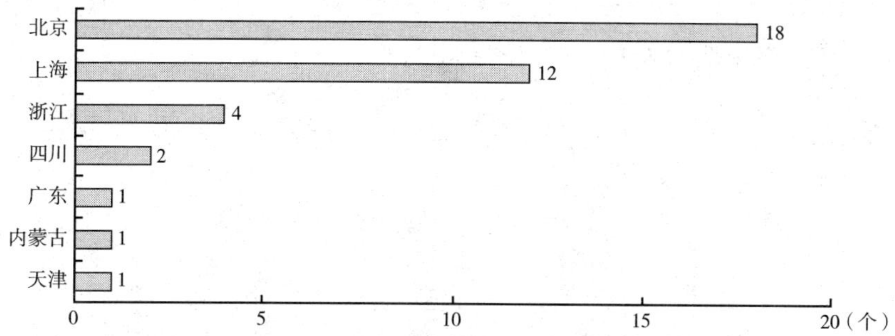


图 3 北极光投资中国企业的案例数量地区分布

资料来源：清科数据库，2009 年 11 月，www. zero2ipodb. com. cn。

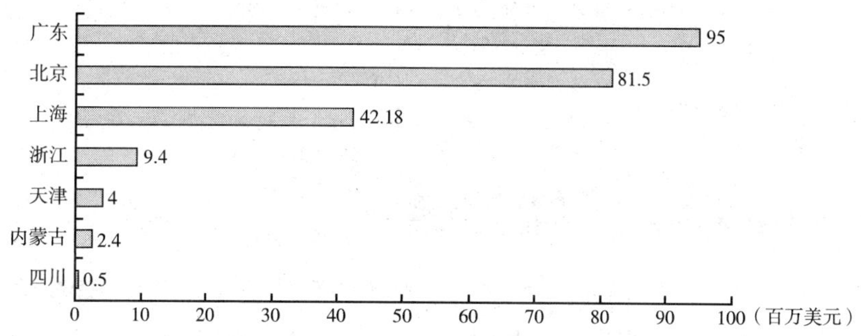


图 4 北极光投资中国企业的案例金额地区分布

资料来源：清科数据库，2009 年 11 月，www. zero2ipodb. com. cn。

## 3. 按投资阶段

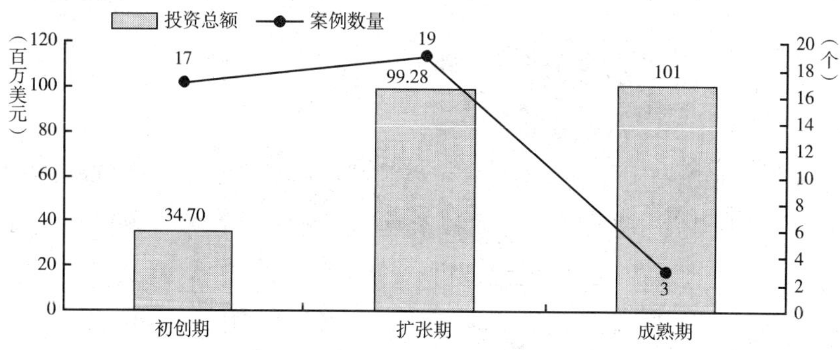


图 5 北极光投资案例的投资阶段统计

资料来源：清科数据库，2009 年 11 月，www. zero2ipodb. com. cn。

#### 4. 按投资年份

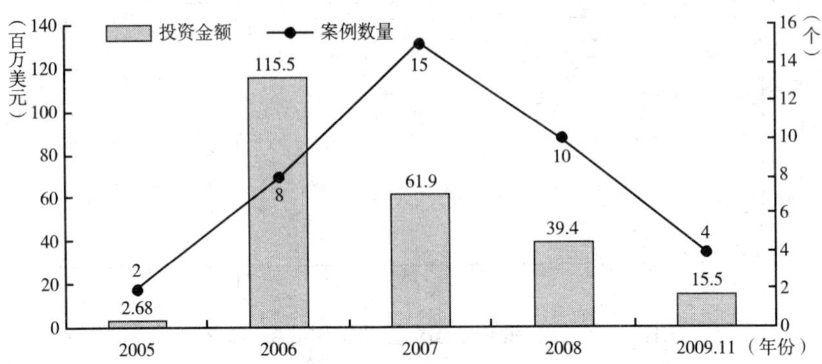


**图 6　北极光投资的中国企业案例投资年份统计**

资料来源：清科数据库，2009 年 11 月，www. zero2ipodb. com. cn。

## 四　典型案例

### 1. 展讯 SPREADTRUM™

2005 年 12 月，北极光向展讯注资。2007 年 6 月 27 日，展讯在纳斯达克证券交易所挂牌上市。在当日的股市交易中，最高股价达到 17 美元，最终报收于 15. 95 美元，较发行价上涨 1. 95 美元，涨幅为 13. 93% 。

展讯致力于无线通信及多媒体终端的核心芯片、专用软件和参考设计平台的开发，为终端制造商及产业链其他环节提供产品和多样化的产品方案选择。

### 2. 开心网 开心网

2008 年，北极光投资开心网。后者以独特的营销和产品成为互联网行业的一匹黑马，迅速成为中国最受关注的社交网站。截止到 2009 年 9 月底，开心网注册用户已经超过 5400 万，页面浏览量（PageViews）超过 10 亿，每天登录用户超过 1200 万。Alexa 全球网站排名中，开心网位居中国网站第十位，居中国 SNS 网站第一名。开心网已经发展成为中国最大的、最受欢迎的社交网站（SNS），并以良好的发展势头继续保持中国 SNS 的领先地位。

### 3. 汉庭酒店 

2007 年 7 月，北极光向汉庭酒店连锁注资，帮助其迅速扩张。2008 年初，汉庭在全国签约门店数达到 180 家，完成了全国主要城市的布局，并重点在长三角、环渤海湾、珠三角和中西部发达城市形成了密布的酒店网络，成为国内成长最快的连锁酒店品牌之一。2008 年 4 月，汉庭已开业酒店超过 100 家，出租率、经营业绩各项指标均在业内处于领先地位。截至 2009 年 6 月，汉庭酒店开业数量达到 212 家，遍布全国 50 座城市。

汉庭酒店集团旗下有“汉庭酒店”和“汉庭快捷酒店”两大酒店品牌。“汉庭酒店”专为商务人士量身打造，是目前国内规模最大的中档连锁酒店；“汉庭快捷酒店”则以现代、舒适、超值的特点，满足商务人士不同的出行住宿需求。

## 五　管理团队

陈大同　投资合伙人
邓　锋　创始人、董事总经理
柯　严　创始人、董事总经理
姜皓天　董事总经理
周树华　董事总经理
李立新　投资合伙人
谭　智　投资合伙人
吴　炯　投资合伙人
屈晓鹏　副总裁
王　颖　副总裁
张　朋　副总裁
张鸿平　投资总监

# 案例赏析篇

CASE STUDIES

# 2009年经典投资退出案例赏析

清科研究中心*

## 投资案例分析之一：神州付——电子支付平台新贵

第三方支付平台是基于网络安全平台之上建立的在线支付服务，目前身处这个行业的公司有：支付宝、PayPal、财付通、工行信用支付平台、安付通、快钱等。在电子支付市场的格局中，支付宝、贝宝、财付通之所以能够领先，是因为支付与相应的电子商务业务紧密结合在一起。支付宝和淘宝网、贝宝和TOM易趣、财付通和拍拍网，都是将电子支付业务和电子商务业务结合，并获得了足够的初始人气和发展空间。如果这算第一梯队的话，第二梯队则与银行密切相关。

* 清科研究中心，于2001年创立，致力于为众多的有限合伙人、VC/PE投资机构、战略投资者以及政府机构、律师事务所、会计师事务所、投资银行、研究机构等提供专业的信息、数据、研究和咨询服务。范围涉及创业投资、私募股权、新股上市、兼并收购以及TMT、传统行业、清洁技术、生技健康等行业市场研究。目前，清科研究中心已成为中国最专业权威的研究机构之一。

银行在第三方电子支付领域里的能量将随着时间、时机而逐渐释放。类似的，还有中国邮政推出的在线支付业务网汇通。第三梯队就是专门经营第三方支付平台的公司，如网银在线、YeePay、支付@网、环迅支付、快钱、神州付等，它们没有先天的电子商务业务的优势，但“独立”成为自己的特点和标签。风险资本大部分投向了这类支付平台。

**1. 神州付背景介绍**

北京神州付科技有限公司是国内第一家提供基于 Email 和手机号码的网上收付款服务的互联网企业，以提供在线收付款服务为核心内容，是首家研发并运营中国移动神州行充值卡网上支付平台的公司。神州付支付网关是神州付推出的强大的网上支付平台。其核心产品及服务包括充值卡支付平台，用户可以在网上实现账户充值、网上付款、账户提现、网上收款等功能。它不仅支持全球近 27 亿张银行卡、超过千万神州付账户、年发行量过亿的预付费卡（如神州行卡）的在线付款，也支持多种线下支付方式。神州付创始人、首席执行官魏中华是一个连续创业者，他曾经将自己一手创办的时代科技有限公司以罕见的高价卖给了中华网科技公司。

**2. 神州付的融资历程**

神州付是以电子支付、虚拟产品销售为主的互联网电子商务服务公司。2008 年神州付即获得了 IDG 的首轮 500 万美元的投资，此次融资的完成使得神州付的整体实力进一步领先于行业。据悉，该笔投资将主要用于增进移动运营商合作、提升商户和客户服务、拓展区域产品营销以及加强交易系统功能等方面，另外会在地方性小额金融贷款服务业务作局部尝试。2009 年 7 月，神州付获得 Ventech、IDG 第二轮的联合投资 1000 万美元且该笔投资已经全额到账。

**3. 成功融资原因分析**

虽然在整个第三方支付平台里，神州付还不算一家非常有影响力的公司，但在利用神州行充值卡进行代缴费这一新型的网上支付领域，神州付却遥遥领先于其他对手。神州付是以电子支付、虚拟产品销售为主的互联网电子商务服务公司，凭借其资深的电信行业背景、优秀的移动运营商关系和稳定安全的系统受到了投资者青睐。

（1）新颖的业务模式、产品技术以及市场开拓能力。

在使用神州行充值卡进行代缴费这一新型的网上支付领域，神州付公司凭借首发的优势目前已经占据了明显的市场优势，将其他后来从事此业务运营的公司远远甩在身后。并且，该公司凭借技术和服务上的领先，在充值成功率、地区和卡种覆盖率方面具有绝对的优势，由此能够提供更好的客户服务品质。目前，各大主流的门户网站和游戏厂商大都选择神州付作为合作伙伴，使得神州付在营业额及增速方面都遥遥领先。这也是以谨慎著称的IDG技术创业投资基金此次选择神州付作为投资对象所看重的重要因素。

（2）优秀的管理团队和持续的创新能力。

对于神州付的创始人、首席执行官魏中华先生来说，这已经不是第一次成功创业了，早在2006年他所创办的时代科技有限公司就以罕见的高价卖给了中华网科技公司，也正是由于这些原因，IDG看重魏先生的成功经验和持续创新的能力。业务模式可以被拷贝，但是优秀的团队和创新能力是无法抄袭的，持续创新将是远远甩掉跟进者的最好办法，神州付必将在支付平台本身、市场开拓及业务模式等方面有进一步的杰出表现。

## 投资案例分析之二：合一信息技术（优酷）——网络视频领头

作为互联网技术成熟到一定阶段的产物，网络视频的影响力早已超出人们预料：从美国到中国，许多明星不再依靠电视，而依靠网络视频异军突起，成为“人气王”；希拉里·克林顿等美国政治人物也在选举时，借助网络视频向支持者宣讲理念；越来越多的人通过网络视频收看节目、学习知识；越来越多的人制作网络视频节目与别人分享快乐。网络视频崛起的原因在于它契合了网络时代的精神：每个人都可以适当地表达，甚至有机会成为焦点；每个人都可以选择合适的时间欣赏与众不同的节目；每个人都可以发布新鲜的创意等。美国《时代周刊》将2006年度风云人物选定为网民，足见如今网民的影响力，而网络视频的出现，正好符合了网民提高创造能力和选择能力的需求。因此，网络视频的发展对电视的传统地位即使不是一种“颠覆”，至少也是一种挑战。人们通过回顾电视和互联网的发展，就可以明白网络视频今天拥有的潜力。过去两三年，视频网站因盈利模式仍不清晰，曾被外界视为“烧钱”的行业之一。不过在大浪淘沙后，少数视频网站已占据领先地位，营收大幅提高，盈利前景逐步光明。业内人士估计，一旦这些视频网站实现大规模盈利，也就是其启动上市的大好时机。

**1. 合一信息技术（优酷）背景介绍**

优酷网于2006年创立于北京，是国内领先的视频分享网站。优酷网总部位于北京，在广州、上海拥有分公司。优酷以“视频分享”为核心，为用户提供包括看视频、分享视频、搜索视频、制作视频在内的多种服务，同时为注册用户提供邮箱等社区类服务。优酷倡导“以快为王”的建站理念，在内容建设上偏向于类似门户网站的主流媒体，力争把自己打造成中国视频分享第一站。2009年，经历了洗牌的视频网站业进入了寡头竞争时代。以优酷、土豆为代表的专业视频网站和各大门户网站的视频频道开始分庭抗礼。2009年第四季度优酷、土豆、酷6占据中国网络视频市场收入前三名位置。优酷网通过大力营销，2009年实现收入过亿元。优酷网预计2010年营收将至少倍增，虽然大量追加投入使实现盈利时间表尚不确定，但优酷希望三年内能实现盈利和海外上市目标。央视打造的国家网络电视播出机构中国网络电视台2010年初已正式开播。业内人士认为，这将一定程度上提高国内视频网站的行业门槛。而稍早盛大网络旗下华友世纪宣布收购视频网站酷6网，亦让业内惊叹，国内视频网站业的整合已经开始了。而针对国内媒体此前报道称，百度有意收购优酷，优酷创始人兼CEO古永锵则回应公司不会排除各种可能性，但目前优酷并没有与任何买家接触。

**2. 合一信息技术（优酷）的融资历程**

截至2009年12月，优酷网成功完成共计1.07亿美元的世界级风险融资，其中包括国际性投资机构Bain Capital（贝恩资本集团）旗下的Brookside Capital LLC、硅谷历史最悠久的风险投资公司Sutter Hill Ventures、世界上最大的投资基金之一的Farallon Capital和中国本土唯一的常青基金Chengwei Ventures（成为基金）等四家投资机构。2006年12月，初创期的优酷即获得了Sutter Hill Ventures（Sutter Hill）、成为基金（成为）和法拉龙资本管理公司（法拉龙资本）三家投资机构各4百万美元的投资。次年11月，这三家基金又分别追加了628万美元的投资，贝恩投资有限公司（贝恩投资）也在这一轮加入，投资金额同样为628万美元。2008年，优酷网又从Sutter Hill Ventures（Sutter Hill）、成为基金（成为）、法拉龙资本管理公司（法拉龙资本）、贝恩投资有限公司（贝恩投资）和Maverick Capital，Ltd.（Maverick Capital）五家投资机构获得了共计3000万美元的投资，继而进入扩张期。2009年12月，优酷网再获青睐，Sutter Hill Ventures（Sutter Hill）、成为基金（成为）、贝恩投资有限公司（贝恩投资）和Maverick

Capital, Ltd. (Maverick Capital) 四家投资机构又分别向其注资，共计4000万美元。优酷进入历史上收入、资源、资本最为雄厚的时候。

**3. 成功融资原因分析**

截至目前，优酷总共在三年内进行了4次融资。

**4. 成功融资的主要原因**

(1) 互联网发展潜力仍然巨大。

这主要取决于中国网民的持续增长，随着这种趋势的继续，Web2.0将仍有机会在市场上占据一席之地。只不过当前处于一个缓冲期，Web2.0的应用也需要一定时间来一步步的渗透到网民中。如果等到网民已经发展至五六亿再进行新应用的推广，风险或许要小些，但代价或许要大些。VC追逐的大部分都是高风险高回报的项目，所以他们没有理由错过这么好的机会。

(2) 领先的市场份额。

2009年，优酷继续巩固了其市场主导地位。截止到2009年6月，优酷拥有3000万注册用户，覆盖人群达到1.5亿。视频总数超过1000万个。

(3) 走向稳定的收入模式。

经过三年多的发展，视频行业经过短视频阶段、长视频阶段，如今与版权拥有方合作的趋势已越来越明显。优酷计划用更多资金购买版权，变现成收入。视频分享网站的营销方式也逐步多样化。优酷以自办选秀节目入手，尝试通过节目中植入广告、节目冠名等方式获得广告收入。2009年中国网络视频行业的高速发展，促使以优酷网为代表的视频网站的媒体价值得到了广告主的广泛认可。与此同时，视频网站在版权和带宽的双重压力下，开始积极探索广告之外的盈利模式，例如优酷有偿直播郭德纲相声。2009年，优酷开始探索向用户收费、电子商务以及与运营商、SP等合作的其他商业模式，优酷的收入模式已经走向稳定。

## 投资案例分析之三：学而思国际教育集团——专注于中小学培训教育

受金融危机影响，教育市场受到风险投资青睐。数据显示，2009年，中国教育行业融资总额高达2.48亿美元，仅次于IT行业的3.1亿美元，成为第二大投资热点。据纽交所有关负责人此前透露，在2~3年里，中国会有20余家教育企业登陆包括纽交所在内的国际资本市场，其中不少教育机构正在准备上市。

**1. 学而思教育背景介绍**

学而思教育是中小学教育培训机构，成立于 2003 年 8 月。目前，学而思教育在北京共设立 30 余个服务中心、50 余个教学点，覆盖京城各主要城区。2008 年，学而思教育相继在天津、上海、武汉等地开设分校，将学而思教育优秀的教育理念和教学模式推向全国。学而思教育现设小学部、初中部、高中部、英语部、家教部等部门，所授科目涵盖小学奥数、英语、语文，初高中数学、物理、化学、英语、语文等中高考必考科目及一对一家教业务。学而思旗下的奥数网、中考网、高考网、英语网、家教网等门户网站日流量上万，E 度社区注册人数高达数万人，成为学生、家长们相互学习交流的首选平台。

**2. 学而思教育的融资历程**

2008 年，KTB 注资 1000 万美元，学而思获得首轮投资。2009 年 9 月，KTB 追加了 2000 万美元的投资，美国老虎环球基金（老虎基金）也在这一轮加入投资，使本轮投资规模达到了 4000 万美元。老虎环球基金和 KTB 投资集团试图复制其 5 年前投资新东方教育集团的成功案例。

**3. 成功融资原因分析**

老虎环球基金和 KTB 投资集团试图复制其 5 年前投资新东方教育集团的成功案例。学而思获投资人青睐，其主要原因包括以下几个方面。

（1）巨大的发展潜力。

近年来，中、小学生的课外学习辅导市场不断升温，课外辅导市场规模逐年扩大，培训行业已成为国内备受资本青睐的行业之一。

（2）领先的行业地位。

经过 6 年来的发展已成为在京拥有 30 余个服务中心、在北京、上海、武汉和天津等地全资拥有近 70 余个教学点、几千名专业教职员工、年培训数十万人次规模的中国最大中、小学课外辅导教育机构之一。学而思的学生累计已达 10 万多人，并在北京、上海、广州、武汉等城市开办 70 多个培训点，年增长率超过 100%，2009 年的营业收入超过两亿元。学而思紧扣当前中小学教育的应试教育特征和个人能力拓展要求，开办中小学奥数和英语培训，这些个性化的专门辅导在学而思内训体系支撑下，目前已在北京稳稳占据了一定的课外辅导市场。学而思提供的填报志愿技巧等方面的个性化信息也提升了企业在客户中的存在价值。另外，学而思利用旗下的高考、中考网等专业网站整合了丰富的专业资讯，并建立了课外培训的线上、线下交流的平台，实现了与客户的沟通互动，进一步确立其专业、高附加值的市场定位。

（3）以稳健的发展思路塑造专业可靠的企业形象。

尽管学而思采用了独立的教师培训、内部讲义等成本相对较高的教学模式，但教学的针对性和效果的可控性比较强，尤其是牢牢把握自己的优势品牌课程而不急于扩大产品线，使其在学生家长中渐渐树立起专业、个性、效果有保障的企业形象。在投资人看来，学而思就像是一位品学兼优的三好学生：它专注于中小学生教育领域，不盲目扩大产品线和全国连锁规模；与其他培训机构相比，它注重“培优”而不是“补差”，成功地在一个极其细分的市场建立起自身的竞争优势。

## 投资案例分析之四：掌上明珠——掘金手机游戏

工信部数据资料显示，2005 年至 2009 年 3 月底，中国移动电话用户从 3.7 亿户激增至 6.7 亿户，年均增幅达 20.3%，中国已经成为目前世界上最大的手机消费国。同时，2008 年中国手机游戏总用户数达到 3300 万人，同比增长 37.5%，活跃用户数达到 687 万户，其中大部分是 24 岁以下的各级在校学生。市场规模在 2009 年预计达到 19.44 亿元。随着中国 3G 市场的不断发展，中国手机游戏市场必将进入一个成长的高峰期。

**1. 掌上明珠背景介绍**

北京掌上明珠信息技术有限公司成立于 2003 年 7 月，2004 年开始进军手机游戏行业，2005 年推出了自己的第一款手机网络游戏，并于同年荣获中国手机媒体应用大赛“最佳手机游戏开发奖”；2007 年，掌上明珠荣获 CHINA JOY 2007 金翎奖评选“最佳手机游戏运营商”；2008 年荣获《商务周刊》“2008 年中国 100 家快公司”称号。截止到 2009 年初，掌上明珠已开发并成功发行运营了超过 200 款手机游戏及应用产品。游戏产品覆盖武侠、魔幻、历史、休闲等多个题材。

**2. 掌上明珠的融资历程**

2006 年 6 月，掌上明珠获得德同资本的首轮投资。2009 年 9 月，掌上明珠再度获得中国宽带产业基金与德同资本的千万美元投资。

**3. 成功融资原因分析**

目前，我国手机游戏开发商及服务商有几百家，掌上明珠能够获得投资商的再度青睐，主要原因如下。

（1）良好的行业发展前景。

中国手机游戏近年来增长异常迅速，成为IT产业中增长最快的部分之一。2007年中国手机网游市场运营收入达1.5亿元，与上年相比，增长率为343.8%。在2008年这一数字达到了3.8亿元，比上年增长了153%。随着3G时代的到来与整个手机游戏市场大环境的改善，中国手机游戏市场在未来几年内将会逐渐成熟，市场预测，2011年中国手机游戏市场的总规模将达到37亿元。

（2）成熟的商业模式。

由于无线互联网的巨大用户群和PC网游的巨额利润，使得手机网络游戏一开始就具备了可行的商业模式，作为嗅觉灵敏的风险投资肯定是不会错过这个一诞生就具备高成长特性的产业。

掌上明珠已经实现了多元化的盈利模式：①网游：掌上明珠现在已经有几款手机网游在运营，通过道具实现收费；②单机游戏：通过向百宝箱等渠道的推广，也有一定的收入。③跟其他的SP合作；④给诺基亚等一些合作商做一些开发也能带来一定的收入。

（3）稳固的管理团队。

掌上明珠的创始人团队为一批资深的国内外IT界专业人士，平均拥有10年的软件开发与项目管理服务经验。

（4）对资金的需求。

在获得德同资本的首轮投资后，掌上明珠拥有了更多的资源和实力，开发了更多的产品。那么经过初级阶段的产品开发和运营，需要下一阶段的市场推广和营销，而此时，掌上明珠如果仅仅用盈利来做市场推广，显然资源十分有限。于是，掌上明珠与德同资本就开始了新一轮投资的谈判。

## 投资案例分析之五：去哪儿网——中国领先的旅游新媒体

据有关报告显示，中国休闲旅游市场正逐步壮大，在未来几年内，中国人将继续保持令人惊叹的消费力，以及前往世界各地进行商务与休闲旅行的旺盛需求。在这样的背景下，基于特定优势产品的专业化细分服务是大势所趋，无论是机票、酒店，还是度假或新产品，都有可能出现垂直领域的领军者。“去哪儿”就是这样一个领先的旅游新媒体。

**1. “去哪儿”背景介绍**

去哪儿网（Qunar. com）是目前全球最大的中文在线旅行网站，创立于2005年2月，总部位于北京。去哪儿网为旅游者提供国内外机票、酒店、度假和签证服务的深度搜索，帮助中国旅游者作出更好的旅行选择。凭借其便捷、人性且先进的搜索技术，去哪儿网对互联网上的机票、酒店、度假和签证等信息进行整合，为用户提供及时的旅游产品价格查询和信息比较服务。目前去哪儿网可以搜索超过600家机票和酒店供应商网站，向消费者提供包括实时价格和产品信息在内的搜索结果，搜索范围超过40000家酒店和4000条国内、国际航线机票。

**2. “去哪儿”融资历程**

截至2009年11月，“去哪儿”共计完成了三轮融资，累计融资额2700万美元。2006年，“去哪儿”的首轮融资来源于Mayfield和金沙江创投，共计200万美元；2007年11月，由雷曼兄弟主导，Mayfield和金沙江创投也联合增加了投资额，“去哪儿”成功完成了第二轮1000万美元的融资；2009年11月，“去哪儿”从纪源资本、雷曼兄弟、Mayfield和金沙江创投再融资1500万美元。“去哪儿”CEO戴福瑞表示“在上市之前可能不会再有融资计划，但不排除吸引一些对公司业务有实质帮助的战略投资者加入。”

**3. “去哪儿”成功融资原因分析**

（1）巨大的市场成长空间和领先的市场份额。

近年来，越来越多的旅行者转向了在线旅游网站，据统计，在中国已有10%的商务旅行者转向在线旅游搜索和预订，而休闲旅行者更为活跃，50%的休闲旅行者使用在线旅游搜索和预订。预计3年之后，将有60%的休闲旅行者使用在线旅游搜索和预订，30%的商务旅行者使用在线旅游搜索和预订，这一水准将接近欧美市场。然而有关数据显示，中国的在线旅游渗透率不到20%，这远落后于全球平均水平。美国在线旅游渗透率为70%左右，欧洲在线旅游渗透率为50%，印度这一比例也达到30%，可以说，中国仍然是在线旅游渗透率最低的国家之一，中国在线旅游业有着巨大的市场成长空间。

对于在线旅游尚处于起步阶段的中国市场，随着航空公司相继推出在线旅游服务，以实现其自有服务在网络空间的延伸，“去哪儿”中立、智能、全面的在线旅游比较平台成为用户最迫切的需求，它凭借便捷、人性且先进的搜索技术，对互联网上的机票、酒店、度假和签证等信息进行整合，为用户提供及时的旅游产品价格查询和比较服务，在用户进行旅游产品选择和决策中所发挥的作用日益突出。正因为如此，“去哪儿”自2005年成立以来，短短5年间已占领了28%的市场份额，仅位居携程之后。

（2）不断多元化的盈利工具和高质量的用户群。

“去哪儿”以机票比价搜索起家，当它逐渐发展成为一个成熟的产品后，“去哪儿”又推出了酒店搜索，据了解，酒店搜索产品虽然推出时间不长，收入贡献率却是以倍数增长，它将成为继机票搜索后另一条爆发增长的产品线。同时，在主要机票和酒店搜索的基础上，“去哪儿”还投入研发力量开发度假旅游、社区等产品，以培育更多元的盈利工具。

“去哪儿”的盈利模式并不复杂，按点击收费，即用户在“去哪儿”网站每点击一个搜索指向，被点击方将向“去哪儿”支付一定的费用。然而作为一个垂直旅游搜索引擎，“去哪儿”提供的是专业化的细分服务，因此它的用户是带着特定需求的部分人群，如搜机票、搜酒店等，他们的消费潜力远大于普通门户网站的用户。“去哪儿”给商家和用户创造了一个准确、高效的交易平台，用户可以在这搜索到最有价值的机票、酒店、签证、度假线路和其他旅游服务，而商家也可在这获得高质量的潜在消费者，这也成为商家愿意在“去哪儿”投放资金的关键所在。

（3）具有成功经验的管理团队。

“去哪儿”是其合伙创始人戴福瑞和庄辰超第二次合作创业的成果。早在1999年，戴福瑞和庄辰超就曾共同创办体育网站鲨威体坛，并获得了英特尔投资、软银、IDG资本等著名风险投资机构的共同注资。而在2000年8月，在席卷全球的互联网泡沫破灭之前，他们成功地将鲨威体坛以1500万美元的价格卖给了Tom集团，实现全身而退。风险投资机构选择投资项目时，管理团队是最重要的考察对象，戴福瑞和庄辰超两人成功的创业经验无疑是“去哪儿”成功融资的重要砝码。

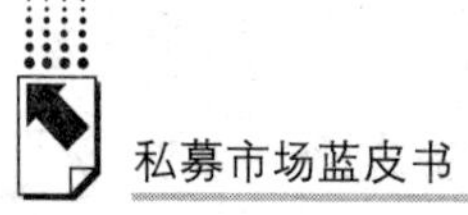



## 退出案例分析之一：吉峰农机——首家农机流通上市企业

2009 年 10 月 30 日，首批 28 家创业板企业挂牌深圳证券交易所，吉峰农机位列其中，上市代码：300022。本次公开发行 2240 万股，每股发行价格 17.75 元，募集资金 39760 万元。首日开盘 32.25 元，收于 35.31 元，涨幅 98.93%。九鼎投资合计投资 2016 万元，上市后持股 624 万股，为其第四大股东，按照发行价计算，九鼎投资获利约 5.49 倍。

**1. 案例背景**

四川吉峰农机连锁股份有限公司始创于 1994 年，正式运营于 1998 年，2008 年完成股份制改造。公司主要从事国内外名优农机产品的引进推广、品牌代理、特许经营、农村机电专业市场开发，已形成传统行业装备、载货汽车，农用中小型工程机械、通用机电产品等四大骨干业务体系，同时开展泵站及节水灌溉工程勘测设计、设备供应、安装施工等业务。

昆吾九鼎投资管理有限公司是一家专注于私募股权投资及管理的专业投资机构。九鼎投资是中国起步较早、参照国际 PE 公司惯例设立、业务聚焦在中国本土、规范运作的专业投资公司，九鼎投资团队对中国本土化的股权投资业务有深刻理解和成功实践。九鼎投资管理了正道九鼎、昆吾九鼎、夏启九鼎、商契九鼎等多期人民币基金。九鼎投资当前阶段专注于投资成长期和成熟期的未上市企业，重点投资消费品、医药医疗、农业等领域，已先后投资数十家公司，其中数家已经上市。

**2. 案例分析**

2009 年初，九鼎投资分两次共认购了吉峰农机 480 万股，总投资金额为 2016 万元，后来经过资金公积转增资本，上市前九鼎投资共持有吉峰农机 624 万股。10 月 30 日，吉峰农机顺利实现上市。从投资到上市仅仅半年时间，其敏锐的眼光，高成功的投资效率不得不令业界惊叹。

九鼎投资选择吉峰，主要是看重行业背景，商业模式和管理团队。

近几年来，我国实施和落实了一系列支农惠农政策，农业得到了发展，对农业机械化的快速发展起到了促进作用。2000～2008 年我国农业机械工业规模企业工业总产值年复合增长率达到 17.6%。2007 年我国已是仅次于美国的第二大农机生产国，2008年我国规模以上农机企业工业生产总产值达1995亿元，同比增长31.5%。2009年第一季度全国规模以上农机生产企业实现农机产值约480亿元，同比增长近21%。

吉峰农机成功将连锁经营模式引入农机流通领域，正好适应了农机产业分散生产，分散使用，品种繁多，季节性强的产业特点，经过较短的时间，成为国内农机流通领域行业中最大的跨区域农机连锁销售企业。公司近三年规模快速扩张，营业收入年复合增长率达到93.74%，净利润复合增长达429.96%。

九鼎投资的进入，有力地帮助吉峰农机实现品牌的提升，市场的拓展和管理信息系统的建设，同时也为吉峰农机扩张计划的实施增加了有力的筹码。最终他们的“因缘”修成正果。

## 退出案例分析之二：爱尔眼科——开启民营专科医院上市先河

2009年10月30日，爱尔眼科（300015）登陆深圳创业板，成为“国内首家上市民营医疗机构”。本次公开发行3350万股，每股发行价格28元，募集资金额9.38亿元。首日开盘48.86元，收于51.9元，涨幅85.36%。达晨创投持股300万股，为其第五大股东，按照发行价计算，达晨创投获利约10.5倍。

**1. 案例背景**

爱尔眼科医院集团股份有限公司前身系2003年1月成立的长沙爱尔眼科医院有限公司，2007年12月整体变更为股份有限公司。其主营业务是向患者提供各种眼科疾病的诊断、治疗及医学验光配镜等眼科医疗服务。公司采取“三级连锁”的商业模式，通过下属各连锁眼科医院向眼病患者提供眼科医疗服务。截止到2009年9月，公司在全国12个省（直辖市）设立了19家连锁眼科医院。

深圳达晨创业投资有限公司是由湖南省广播电视产业中心发起设立的一家从事创业投资、股权投资的专门机构，于2000年4月19日在深圳市注册成立。目前，管理七期基金，受托管理资金近30亿元。主要投向文化传媒、消费服务、现代农业、节能环保等领域企业。

**2. 案例分析**

2007年8月，为降低爱尔眼科大股东持股比例，完善法人治理机构，深圳达晨财信以现金800万元按照每股4.29元的价格对爱尔眼科进行战略入股，2007年12月，爱尔眼科变更为股份公司，达晨财信持股300万股。上市前，达晨财信持股300万股，持股比例3%，上市后稀释为2.25%。爱尔眼科上市首日开盘48.86元，涨幅74.5%，报收于51.9元，涨幅85.36%。

**3. 爱尔眼科能够得到达晨创投的战略投资的原因**

（1）迅速扩张的眼科市场容量。

近年来，随着电脑的普及应用，社会人口老龄化加快以及人民生活水平的提高，导致与之相关的各种眼科疾病的患病率呈上升趋势，使得患者对眼科医疗服务的需求增加。而目前我国现有的眼科医疗市场开发程度不高，市场渗透率有待提高。因此，我国未来的眼科医疗市场发展潜力很大，据估计整个市场完全能够在目前200亿元/年的规模上达成数倍的增长。

（2）爱尔眼科的“三级连锁”商业模式。

“三级连锁”是爱尔眼科独特的商业模式，具体来讲就是：把临床及科研能力最强的上海爱尔作为一级医院，把具有一定规模和较强临床能力，位于省会城市的连锁医院作为二级医院，把建立在地市级城市的医院作为三级医院。这种模式较好地适应了我国眼科医疗服务行业“全国分散、地区集中”的市场格局。其最大的好处在于实现了患者在连锁医院间的相互转诊以及医疗技术资源在体系内的顺畅流动，使得其在外地扩张中能够依托公司的整体力量参与当地市场的竞争。

（3）快速发展的企业实力。

爱尔眼科通过“三级连锁”的商业模式得到快速有效的发展，整体规模和经营业绩均保持快速扩大和提升。2006～2008年，公司的营业收入年复合增长率为51.55%，营业利润复合利润增长为101.31%，门诊量复合年增长率为29.66%，手术量复合年增长率为42.38%。2008年，爱尔眼科门诊量累计达到63.11万次，手术量累计6.64万例，门诊量和手术量均为全国同行业首位。财报显示，2006～2008年，爱尔眼科营收数据为1.91亿元、3.2亿元和4.39亿元。2009年爱尔眼科董事长陈邦公开透露，今年爱尔眼科预计可实现营收5.8亿元，未来三年每年增长率将不低于30%，即2010年、2011年预计营收分别为7.54亿元、9.8亿元。

## 退出案例分析之三：圣农发展——国内肉鸡生产龙头

2009 年 10 月 21 日，圣农发展（SHE：002299）登陆深圳中小企业版，融资额达 8.1 亿元，成为当时首家获准首发股票的农业板块公司。上市首日，圣农发展以 26.25 元的价格收盘，较发行价上涨 32.9%。此后股价稳步上扬，近期的通胀预期使得农林牧渔业成为关注焦点，作为鸡肉行业领头羊，圣农发展再次备受资本市场追捧。

**1. 圣农发展背景介绍**

福建圣农发展股份有限公司为目前中国领先的肉鸡饲养、肉鸡屠宰加工和肉鸡销售企业。公司采用规模化经营模式，已形成饲料加工、种鸡养殖、种蛋孵化、肉鸡饲养、肉鸡屠宰加工完整产业链。目前公司已成为肯德基在中国的前三大鸡肉提供商之一，并与铭基、福喜、德克士建立了良好商业关系。

**2. 案例分析**

2006 年 12 月，圣农发展获得成都新兴创投、达晨财信、泛亚策略投资以及达晨创投的首轮注资，各机构投资金额分别为 2100 万元、2000 万元、1000 万元、900 万元。2007 年 10 月，达晨财信与亿润创投分别以 1600 万元和 480 万元的价格受让圣农发展股份。至圣农发展上市前，达晨财信共持有圣农发展 1402.20 万股股份，占总股本的 3.8%，上市后，该持股比例被稀释为 3.4%。按发行价计算，达晨财信获得的投资回报倍数为 11.08 倍。达晨财信系达晨创投下属基金，两轮投资合并计算，达晨的整体回报达 12.67 倍。

**3. 受到资本市场如此追捧的主要原因**

（1）广阔的市场空间。

目前我国家庭的日常餐桌上，鸡肉占据了重要位置。随着生活水平的不断提高，人们逐渐培养健康合理的饮食习惯，相对于红肉来讲，以鸡肉为代表的白肉产品具有低脂肪、低热量、低胆固醇等特点，对于普遍存在三高问题的现代人尤为适合，因此备受百姓青睐。资料显示，截至 2009 年，我国禽肉在肉类消费中的比重接近 20%，人均消费量为 11.5 公斤，低于世界平均水平。美国的人均禽肉消费量达到 52 公斤，占肉类消费量的 62%，巴西为 35 公斤，占肉类消费量的 50%。根据世界银行和联合国粮农组织的调查分析，一个国家的人均收入低于

5000美元时，收入的增加和肉类消费的增长呈现强烈的正相关。2009年度我国的人均GDP达到3680美元，但农村人口的人均收入水平还很低，因此我国禽肉消费还有很大潜力。

（2）领先的行业地位。

圣农发展是中国最大的自养自宰白羽肉鸡专业生产企业。公司在同行业内创新性地采用了高度一体化的大规模自养自宰肉鸡经营模式，产业链集饲料加工、种鸡养殖、种蛋孵化、肉鸡饲养、肉鸡屠宰加工与销售为一体。各生产环节置于可控状态，公司在生产稳定性、疫病可防控性、食品安全、规模化经营等方面具有较大的竞争优势。

同时，正是以上诸多优势保证了圣农发展的高品质鸡肉，并且多年来从未遭遇禽流感。反而在禽流感大范围爆发的2006年底吸引了达晨等机构大量注资，并逆势扩大60%的生产规模，从而更加巩固了其行业龙头的地位。

（3）具有多种经营优势。

圣农发展与众多高质量的下游用户建立了稳定良好的合作关系。它是国内肯德基的三大供应商之一，麦当劳的最大供应商，2009年从肯德基取得的未来三年总计17亿元的合同也将有助于公司进一步扩大规模。除此之外，圣农产品还提供给以双汇、太太乐等为代表的食品加工业以及肉批市场。

（4）优秀的管理团队。

圣农公司的管理团队，既有创业实践者、技术专家，又有多年从事金融财务工作、高学历的职业经理人，还有长期工作于市场第一线的营销专家。其中董事长傅光明是福建圣农集团公司的创始人，有“中国鸡王”之称。总经理陈延锋是农学硕士，访美学者。陈延锋曾就任于福建农林大学、中国农业银行福建省分行、银德评估公司、招商银行福州分行等单位，历任讲师、总经理、处长、行长助理等职务，具有丰富的金融工作经验和企业经营工作经验。副总经理何宏武先生先后任职于麦当劳公司、KFC公司等知名外企，历任KFC公司中国区技术副总监，现任圣农食品公司总经理，谙熟中国肉食品行业状况，是我国国内食品行业的重量级人物，具有丰富的产品技术管理经验和企业经营管理经验。管理团队良好的知识结构、多元的文化背景，务实、创新的工作作风，是圣农公司长期稳步发展的巨大动力源。

## 退出案例分析之四：星期六鞋业——A 股女鞋第一股

2009 年 9 月 3 日，星期六鞋业（002291）登陆深圳中小企业版。本次公开发行 5500 万股，每股发行价格 18 元，募集资金额 9.9 亿元。首日开盘 21.5 元，收于 22.18 元，涨幅 23.22%。联想投资持股 1120 万股，按照发行价计算，联想投资获利约 5.04 倍。

**1. 案例背景**

佛山星期六鞋业股份有限公司是一家女鞋制造及零售商。经营的品牌以年轻和时尚为主，公司拥有庞大销售网络和专业化的品牌运营团队。公司拥有设计研发中心及专业制造工厂、12 个分公司，30 个办事处，在中国内地拥有各品牌形象专卖店（专柜）1200 个，经营的品牌包括：自有“ST&SAT”（星期六）、“FBL”（菲伯利尔）和“SAFIYA”（索菲娅）、“MOOFFY”、“Rizzo”品牌；代理意大利“Baldinin”、“Killah”品牌。

联想投资是联想控股旗下独立的专业投资公司，于 2001 年 4 月成立。总部在北京，2003 年设立上海办事处。目前管理的基金规模逾 7 亿美元，重点投资于运作主体在中国及市场与中国相关的具有高成长潜力的中小创业企业。联想投资关注早期风险投资（VC）和成长期投资（GC）机会。重点投资 IT 应用与服务、外包和专业服务、基础架构（系统、部件及材料）、消费产品与服务、健康服务、清洁技术、先进制造。以领投和联合领投为主。单笔投资规模为 500 万～2000 万美元。

**2. 案例分析**

2007 年 1 月，联想投资三期基金通过旗下 100% 控股的 Sure Joyce Limited 出资 4000 万元投入星期六鞋业。2007 年 6 月，星期六变更为股份制公司，联想投资间接持有 1120 万股，持股比例 7%。2009 年 9 月 3 日，星期六鞋业顺利实现在深圳中小企业板上市。

中国是世界制鞋大国，同时制鞋也不是高门槛行业，所以制鞋业的竞争异常激烈。那么联想投资缘何选中中国女鞋市场排在第三位的星期六？联想投资高级投资经理刘泽辉表示，团队是最重要的，同时星期六的品牌渠道和女鞋行业的发展阶段都给了星期六获得投资的机会。

星期六拥有一个经验丰富且相对稳定的管理团队，年龄大都在40岁左右，彼此都有十年以上的合作，而且公司的管理层拥有多年从事本行业经营管理经验，董事长张泽民及其他高级管理人员从事女鞋行业经营达十年之久。“这样的团队，至少有20年的稳定性”，刘泽辉表示。

星期六鞋业拥有垂直整合的业务模式，其以自有品牌为核心，代理一致的国际品牌，以直接控制管理销售重点地区为核心与独立分销相结合，采取自主研发与外包主题时尚品设计相结合，通过集中采购原材料，外购半成品与自产成型相结合，实现少量多样的规模化生产，满足目标消费群的需求。这种模式能够及时了解市场需求，能够迅速根据市场变化，合理的投入资源，获取各个环节增值的综合利益，有利于在自有品牌基础上，形成综合竞争优势，降低单一业务环节营运风险。

中国是世界最大的鞋业制造基地，又是世界第一大鞋类产品消费市场，2007年中国消费鞋类产品近23亿双，占全球消费总量的13%左右。尤其是近年来，中国女鞋市场消费量呈快速发展势头，总体来看，女鞋消费量要大于男皮鞋消费量。据统计，在国内市场上，每销售10双鞋中女鞋占6双，男鞋占3双，童鞋占1双。从2003年到2008年，女皮鞋销售量和销售额年平均增长分别为15.54%、39.19%。随着我国家庭人均收入的快速增长，城市消费市场不断扩大，未来我国鞋类产品消费市场前景广阔。

## 退出案例分析之五：网宿科技——卓越的互联网业务平台提供商

2009年10月30日，网宿科技在深圳创业板挂牌上市，上市首日，网宿科技以44.90元的价格收盘，较发行价上涨87.1%。

**1. 网宿科技背景介绍**

上海网宿科技股份有限公司创立于2008年6月，其前身为创始于2000年的上海网宿科技发展有限公司，主要为国内外用户提供包括网站内容及应用加速业务（CND）、数据中心业务（IDC）。网宿科技是国内领先的互联网业务平台提供商，在全国拥有北京、上海、广州、深圳四个营销分公司以及位于厦门的网宿科技研发中心，员工总数超过500人。依靠其强大的研发团队，网宿科技在几年内先后成功地研发了数据中心管理平台，CND 技术 2.0 加速平台、高速下载平台、速通 VPN 管理平台等，已为超过 2000 家客户提供了良好的产品和服务。

**2. 案例分析**

2007 年 5 月，深圳创新资本、达晨财信、深创投、康沃资本创投分别以 1600 万元、1000 万元、400 万元、300 万元对网宿科技进行投资。2008 年 11 月，达晨创投作为牵头投资人联合北京德诚盛景、深圳创东方等机构对网宿科技进行了总额 4000 万元的第二轮投资。2009 年 6 月 15 日，网速科技再获青睐，吸纳了联盛创投 1420 万元注资。至今，网宿科技成功完成 3 轮融资，并且登陆创业板。

**3. 成功的主要原因**

（1）领先的行业地位以及广阔的市场前景。

网宿科技是中国最大的 IDC/CDN 服务提供商之一，拥有信息产业部颁发的跨省市经营增值电信业务（IDC、ISP）经营许可证，主要向国内外用户提供包括主机托管、内容分发（CDN）、主机租用、专线接入等方面的专业服务。其中 IDC 业务在全国应用十分广泛，5 个分公司机构覆盖中国互联网 80% 客户的所在地区，重点运营 IDC 核心机房超过 30 个。另外，公司在 CDN 业务上技术领先，采用 CDN 的互联网客户网站访问率可从 90% 提高到 99%，高出行业平均 1～2 个百分点；访问速度从 10 秒提高到 1 秒，优于行业平均 20%。在寡头垄断的 CDN 市场，网宿科技目前拥有 88 个 CDN 加速节点，客户覆盖了中国互联网十大企业，2008 年市场占有率达到 23.8%。

资料显示，目前我国 CDN 普及率仅为 10%，远低于美日韩等发达国家 80% 的普及率，市场潜在需求巨大。随着互联网行业的蓬勃发展，CDN 已经在全球互联网得到广泛部署和使用，应用范围覆盖了政府网站、新闻媒体网站、电子商务网站、视频网站、跨国公司企业网站等各领域。近年来，中国 CDN 服务市场在互联网行业的带动下也呈现快速发展的趋势，尤其三网融合、移动互联网、流媒体技术的付诸实施，将进一步推动 CDN 技术在中国的广泛应用。

（2）强大的管理团队。

网宿科技核心管理团队中，董事长刘成彦拥有长期的互联网行业经验，十分熟悉中国行业市场情况。副董事长兼首席技术官洪珂来自美国硅谷，技术背景强，视野开阔；总裁彭清是创业投资行业出身，擅长资本运作和企业管理。从而完美地将技术、市场、管理组合到一起，将整体团队力量发挥到极致。

（3）良好的商业模式。

网宿科技的商业模式整合了电信运营商的资源，整合了硬件和软件，在全国形成一个由 88 个 CND 加速节点组成的大平台，互联网上的内容通过这些节点，分发到全国各地；网宿科技按带宽和流量向客户收费，每月都可以收到现金流。作为一家轻资产的技术服务性企业，网宿科技的商业模式十分清晰和持久。

# 国内外经典案例赏析

解一飞　钟 山*（收集整理）

## 一　国内外私募成长历史

### （一）国外私募成长历史

区别于契约型、公司型、混合型的私募股权基金组成形式，国外的PE机构最常见的组成形式是合伙制基金。

美国传统投资基金起源于19世纪下半叶，英国为投资者，美国为接受者。美国第二次世界大战前经济的迅速发展与此有极为深远的关系。当时，英国社会财富迅速增长为个人投资提供了广阔的资金来源，同时国内投资机会的减少使投资转向美洲。为保护投资者利益英国政府设立了投资公司，由具有投资理财经验的人进行操作管理，并委托律师与投资人签订法律契约以保证投资人的利益。可以说，这是一个英国与美国双赢的局面。

1886年11月，世界上首家投资基金——“海外及殖民地政府信托”（The Foreign And Colonial Government Trust）公开向社会、个人发售认购凭证募集资金，专门以投资设在国外的殖民地公司债为主。在随后的60多年间，英国共有200多家投资基金。1931年世界上第一支以单位净值向投资者发售的基金成立，成为现代投资信托基金的里程碑。1943年，“海外政府信托契约”在英国成立。1921年美国第一家证券投资信托基金——美国国际证券成立。1924年第一家共同基金（Mutual Fund）——马塞诸塞投资基金推出。在1929年前三年，美国投资基金数量达480家，基金资产达70亿美元。1929年美国经济大恐慌，股市大

* 解一飞，北京大学中国产权与PE市场研究机构助理研究员；钟山，北京大学中国产权与PE市场研究机构研究员。

跌，共同基金投资者遭受惨重损失，给投资基金业造成致命性打击，投资基金业发展步入低潮。从1929年到1940年，美国投资基金业由萌芽期转入整顿时期。1935年证券交易委员会（Securities Exchange Commission SEC）对尚存的投资基金进行调查，起草投资公司管理法案。1940年SEC制定了《投资公司法》（Investment Company ACT）以规范投资基金组建及管理，为美国投资基金业发展奠定了法律基础并推动了美国共同基金的发展。1940年美国共同基金数量为68个，总资产为4.48亿美元，1978年共同基金数量上升为500个，总资产达580亿美元，增长了130倍。1971~1978年底期间，美国经济及证券市场的不景气使得共同基金发展放缓。1978年后美国共同基金业迅猛发展，尤其是美国货币市场共同基金（Money Market Mutual Fund，MMMF），总资产规模扩张迅猛。1987年底美国共同基金资产为7699亿美元，至2000年8月底，共同基金的资产规模超过7万亿美元。美国共同基金主要分为股票、债券和货币市场基金。20世纪70年代初，94%的基金资产主要是股票基金，而从20世纪80年代开始共同基金业呈多样化发展。目前，约一半左右的基金资产投资于股票基金，一半左右的基金资产分别投资于债券和货币市场基金。截止到2000年6月，美国有超过8000万投资者投资于共同基金，有5000万个家庭购买共同基金。全球基金资产主要分布在欧美等国，尤其是美国的共同基金资产占全球基金总资产的2/3以上。通过对全球36个主要的国家或地区的投资基金业的统计，截至2000年9月底，全球投资基金的数量高达52977个，资产越过12万亿美元。

私募股权基金就是在美国这样一个良好的金融环境中起源的，20世纪60年代中期第一支风投基金成立，募捐到750万美元。而后的七八十年代，私募股权投资得到了迅猛的发展，各种投资公司相继成立，现今华尔街最著名的KKR，便是那时创建的。金融工程，垃圾债券市场风靡一时。但是，随着垃圾债券质量日趋下降，从1988年开始，垃圾债券逐渐走向没落。取而代之的是私募股权开始深层涉入公司运营，通过改善公司经营来实现增值。90年代中后期，以雅虎、亚马逊等为代表的一大批互联网、高科技公司不断登陆纳斯达克市场，私募股权基金获取了天价回报，极大地刺激了私募股权基金的发展，风险投资几乎成为当时私募股权基金的代名词。但是随着2000年前后高科技泡沫的破裂，纳斯达克综合指数从最高5000多点跌到1500点，投资高科技的私募股权基金受到重创。近几年，私募股权基金平稳发展，被大家所熟知。

## （二）国内私募成长历史

中国改革开放后，随着经济发展的不断深化，私募基金也伴随着中国金融资本市场产生和金融投资行业的发展而发展。实际上，中国私募基金短暂的发展历程大致可分为三个阶段。

第一阶段是1990年12月深圳、上海证券交易所双双挂牌之日起，标志着中国资本市场的诞生。证券业的发展所涵盖了早期的私募基金的基本业务。1999年国际金融公司（IFC）入股上海银行可认为初步具备了PE特点，不过业界大多认为，这是中国内地第一起典型的PE案例。

第二阶段是自2001年4月颁布《信托法》后，私募基金与信托公司合作推出诸多信托合作计划，标志着中国私募基金正式阳光化的运作。同期北京市政府也颁布了针对北京中关村高新技术产业园区发展所制定的《有限合伙管理办法》。从而使中国私募基金的发展，以风险投资的方式达到了一个前所未有的高潮。2002年中国已完成的风险投资金额仅有4.18亿美元，到了2004年完成的风险投资金额已经达到12.7亿美元，其中外资已经成为我国风险投资事业发展的重要力量。

第三阶段是2007年6月1日中国颁布了《有限合伙法》开始建立有限合伙制企业，从而真正推动了中国私募基金国际化、规模化发展的进程。2006年12月30日，国务院特批的中国首支私募股权性质的产业基金——渤海产业基金在天津发起设立，基金总规模200亿元，首期募集60.8亿元，它是中国本土私募股权基金发展的一个里程碑。目前，国家发改委正在审批设立4支私募股权基金：广东核电新能源基金、上海金融基金、山西煤炭基金及四川绵阳高技术基金，为能源、创新型制造业和高科技产业提供金融支持，其中每支基金融资规模约为200亿元。国家发改委正在酝酿修改产业基金管理办法，解决产业基金发展进程中面临的问题。

在中国投资的私募股权投资基金有四种：一是专门的独立投资基金，拥有多元化的资金来源。二是大型的多元化金融机构下设的投资基金。这两种基金具有信托性质，他们的投资者包括养老基金、大学和机构、富有的个人、保险公司等。有趣的是，美国投资者偏好第一种独立投资基金，认为它们的投资决策更独立，而第二种基金可能受母公司的干扰；而欧洲投资者更喜欢第二种基金，认为这类基金因母公司的良好信誉和充足资本而更安全。三是关于中外合资产业投资基金的法规2010年出台后，一些新成立的私募股权投资基金。四是大型企业的投资基金，这种基金的投资服务于其集团的发展战略和投资组合，资金来源于集团内部。

国内比较知名的创业投资及机构有深圳创投、联想投资、达晨创投、赛富基金、鼎晖创投、达成投资、鼎晖投资、奥信创投、弘毅、红杉等。

## 二　国内外经典案例赏析

### （一）劲霸电池

**KKR收购劲霸电池案例**

**1. 案例背景**

**劲霸电池＆卡夫公司**

在此次收购前，劲霸电池是食品加工巨头卡夫的一个事业部，业务和管理层发展良好。

美国卡夫食品国际公司（Kraft Foods Inc.）成立于1852年，是美国最大的食品和饮料企业，世界第二大食品公司，北美最大的食品生产商，现直属于菲利普·莫里斯公司——全世界最大消费品集团。卡夫已拥有100多年的历史，在全球68个国家拥有超过98000名员工，6个全球研发中心，许多区域研发中心和约190家工厂。被公认为世界上最优秀的食品企业之一。

卡夫的股票在纽约证券交易所上市，并在2008年9月22日，取代了美国国际集团成为道琼斯工业平均指数成分。

**科尔伯格－克拉维斯－罗伯茨公司（KKR）**

1976年，克拉维斯（Henry Kravis）和表兄罗伯茨（George Roberts）以及他们的导师科尔伯格（Jerome Kohlberg）共同创建了KKR公司，公司名称正源于这三人姓氏的首字母。KKR公司是以收购、重整企业为主营业务的股权投资公司，尤其擅长管理层收购，是最早的独立型基金基金公司之一。KKR的投资者主要包括企业及公共养老金、金融机构、保险公司以及大学基金。在过去的30

年当中，KKR 累计完成了 146 项私募投资，交易总额超过了 2630 亿美元。

KKR 在 1988 ~ 1989 年以 310 亿美元，杠杆收购 RJR. Nabisco（当时美国的巨型公司之一，业务范围为烟草和食品），是其巅峰之作，也是世界金融史上最大的收购之一，该收购完成后，KKR 的资产池有近 590 亿美元的资产组合，而监督这些资产的仅有 6 位一般合伙人和 11 位专业投资合伙人，加上一个 47 人的职员班子；而同期，只有 4 家美国公司——通用汽车、福特、埃克森和 IBM 公司比它大，但在这些公司的管理总部，职员数以千计。

截至 2006 年 9 月 30 日，KKR 投下去的 270 亿美元资本已经创造了大约 700 亿美元的价值。

**2. 案例过程**

在此次收购前，劲霸电池是食品加工巨头卡夫的一个事业部，业务和管理层发展良好，但规模较小，且与总部业务差异较大。当劲霸 CEO 坎德得知卡夫要将公司卖给柯达和吉列等战略性购买买主时，他匆忙寻求 MBO 的可能性。

经过他的努力与众多买家 5 个月的角逐，KKR 于 1988 年 5 月得到了劲霸电池。当时的分析普遍认为劲霸总值不超过 12 亿美元，但 KKR 出价 18 亿美元，至少高出竞争对手 5 亿美元。KKR 的方案也十分有利于劲霸的管理层，公司的 35 位经理共投入 630 万美元购买股份（坎德投入 100 万美元），而 KKR 给每一股分配 5 份股票期权，这让他们拥有公司 9.85% 的股权。这大大出乎管理层的意料。

买断后劲霸的管理层十分努力，第一年就将现金流提高了 50%，以后每年以 17% 的速度增长。在这基础上，KKR 把 CEO 坎德的资本投资权限从收购前的 25 万美元提高到 500 万美元的水平，同时把管理下级经理报酬的权力完全交给了他。

1991 年 5 月，劲霸的 3450 万股票公开上市，IPO 价格是 15 美元，KKR 销售了它投在公司的 3.5 亿美元资本金的股票。1993 年和 1995 年，劲霸又进行了二次配售股票，加上两年分红，KKR 在 1996 年的投资收益达 13 亿美元，并将收购劲霸时借贷的 6 亿美元债务偿清。

1996 年 9 月，KKR 把劲霸卖给了吉列公司，每 1 股劲霸股票可得到 1.8 股吉列股票，总价值相当于 72 亿美元。交易结束时，KKR 仍拥有劲霸 34% 的股权。

1998 年 2 月，KKR 公司将 2000 万股票以 10 亿美元价格出售，到 2000 年 9 月，KKR 仍拥有 15 亿美元的 5100 万吉列股票。到此时为止，KKR 及周围投资商得到了23亿美元现金和15亿美元股票。劲霸管理层也赚了大钱，到1996再出售时，当年35名经理的持股价值翻了11倍。

**3. 案例启示**

（1）通过出让股票与股票期权成功激励了管理层。

KKR通过出让股票与股票期权的做法使管理层拥有公司9.85%的股权。这让管理者们再接下来的几年里努力为公司工作，使公司价值快速增加。可以说，在这次收购中，KKR并未加入对电池行业很精通的专业人员，KKR只是通过对现有人员进行激励，便达到了预期盈利的目的。

（2）退出时机把握得当。

当企业已经走上正轨时，KKR并不急于将股票出手，获取差价。而是耐心经营，等待时机。最终，截止到2000年9月，KKR及周围投资商得到了23亿美元现金和15亿美元股票，获得了巨大回报。

（3）巨大的市场。

KKR收购劲霸电池时，电池业刚刚起步。随着各种电子产品的诞生，电池需求越来越大，KKR正是看到巨大的市场，才完成了此次的收购。

## （二）纳贝斯克

**KKR收购美国雷诺兹-纳贝斯克（RJR Nabisco）公司案例**

**1. 案例背景**

（1）RJR纳贝斯克公司。

美国最大的食品和烟草生产商——雷诺兹—纳贝斯克公司是由美国老牌食品生产商Standard Brands公司、Nabisco公司与美国两大烟草商之一的RJR公司（Winston、Salem、骆驼牌香烟的生产厂家）合并而成。在当时它是美国排名第19位的工业公司，雇员14万人，拥有诸多名牌产品，包括奥利奥、乐芝饼干、温斯顿和塞勒姆香烟、Life Savers糖果，产品遍及美国每一个零售商店。虽然RJR纳贝斯克公司的食品业务在两次合并后得到迅猛的扩张，但烟草业务的丰厚利润仍占主营业务的58%左右。

在约翰逊任期两年的时间里，RJR纳贝斯克公司利润增长了50%，销售业绩良好。但是随着1987年10月19日股票市场的崩盘，公司股票价格从顶点70美元直线下跌，尽管在春天公司曾大量买进自己的股票，但是股价不但没有上涨，反而跌到了 40 美元。12 月，公司的利润虽然增长了 25%，食品类的股票也都在上涨，但是 RJR 纳贝斯克公司的股票受烟草股的影响还是无人问津，60% 的销售额还是来自纳贝斯克公司和德尔·蒙特食品公司。公司试图把烟草和食品生意放在一起，但丝毫没用，分散化经营也失去了效用。

（2）RJR 纳贝斯克公司管理层。

以罗斯·约翰逊为首的 RJR 纳贝斯克公司高层管理者是这次收购事件的发起者，这个团体还包括雷诺兹烟草公司的头儿——埃德·霍里希根，纳贝斯克公司董事会主席吉姆·维尔奇、法律总顾问哈罗德·亨德森，独立董事及顾问安德鲁 G. C. 塞奇二世等。

罗斯·约翰逊，此人在经营管理上没有太多能耐，40 岁的时候在美国企业界还默默无闻。在一家猎头公司的帮助下，他成了标牌公司的总裁，1984 年罗斯·约翰逊出任纳贝斯克公司 CEO，1985 年完成雷诺兹—纳贝斯克公司的合并，下一年，他成为 RJR 纳贝斯克公司的 CEO。约翰逊敢于创新，在他的领导下，雷诺兹烟草公司在一年内就产生了 10 亿美元产值的产品。但是，在控制了 RJR 纳贝斯克的董事会后，约翰逊彻底改变了这家企业，尤其是雷诺兹烟草公司。这家公司虽然现金充足，但是文化上相对保守、封闭，企业管理者早已没有了创始人的创造性和进取心，决策上也是谨小慎微，鲜有突破。约翰逊的到来并没有给其经营管理带来多少创新，他最大的爱好是花大把的钱。

如果仅仅停留在奢华无度的消费上，约翰逊也不会被人注意。他有更宏伟的计划，那就是通过管理层参与收购，将 RJR 纳贝斯克公司变成一家私人企业。

（3）KKR 收购背景。

收购劲霸电池半年之后，已经进入 LBO 收购盲目期。

**2. 案例过程**

1988 年 10 月，以 RJR 纳贝斯克公司 CEO 罗斯·约翰逊为代表的管理层向董事局提出管理层收购公司股权建议。建议方案包括，在收购完成后计划出售 RJR 纳贝斯克公司的食品业务，而只保留其烟草经营。其战略考虑是基于市场对烟草业巨大现金流的低估，以及食品业务因与烟草混合经营而不被完全认同其价值。重组将消除市场低估的不利因素，进而获取巨额收益。

罗斯·约翰逊与希尔森公司的杠杆收购计划一拍即合，双方都认为，收购 RJR 纳贝斯克公司股票的价格应该在每股 75 美元左右，高于股市 71 美元左右的市场交易价格，总计交易价达到176亿美元。由于希尔森公司想独立完成这笔交易，所以他们没有引入垃圾债券的力量，150亿美元左右的资金全部需要借助于商业银行的贷款。信孚银行抓住了为蓝筹公司杠杆收购提供融资的机会，在全世界范围内募集到160亿美元，但据希尔森的核算只有155亿美元。

华尔街上投资银行家们仍然作出了本能的反应：这一出价太便宜！约翰逊是在抢劫公司！正当约翰逊与希尔森公司打着如意算盘的时候，KKR的投标参与令管理层收购方案者们如梦初醒。与CEO罗斯·约翰逊所计划的分拆形成尖锐对照的是，KKR希望保留所有的烟草生意及大部分食品业务，而且KKR喊出了每股90美元的报价。希尔森和KKR的较量拉开了序幕。

希尔森选择了与所罗门公司合作来筹措资金，但是无论在智谋上，还是融资上，希尔森都无法与KKR对峙。KKR有德雷克塞尔和美林做顾问，并引入了投标购买PIK优先股，价格达到每股11美元，接近25亿美元，世界市场对PIK股票的需求使它很快转换成垃圾债券，这意味着有25亿美元的资金。

然而约翰逊管理协议和“金降落伞计划”的曝光，激怒了RJR纳贝斯克公司的股东和员工。价值近5000万美元的52.56万份限制性股票计划，慷慨的咨询合同，每人所得的1500份限制性股票，使约翰逊在这次收购中不管成败如何都毫发无损。约翰逊这种贪婪的做法，使管理层收购失去了民众的支持。最后，KKR以每股109美元，总金额250亿美元，获得了这场争夺战的胜利。

在最后一轮竞标中希尔森的报价和KKR仅相差1美元，为每股108美元。但是使RJR纳贝斯克公司股东作出最后决定的不是收购价格的差异。KKR保证给股东25%的股份，希尔森只给股东15%的股份；KKR承诺只卖出纳贝斯克一小部分的业务，而希尔森却要卖掉所有业务。除此之外，股东们还列出了其他十几个不同点。另外，希尔森没能通过重组证实它的证券的可靠性，在员工福利的保障方面做得不到位。正因为这些原因，公司股东最终选择了KKR公司。

收购价格是250亿美元，除了银团贷款的145亿美元外，德崇和美林还提供50亿美元的过渡性贷款，等待发行债券来偿还。KKR本身提供了20亿美元（其中15亿美元还是股本），另外提供41亿美元作优先股、18亿美元作可转债券以及接收RJR所欠的48亿美元外债。

这次收购的签约日是1989年2月9日，超过200名律师和银行家与会，汉诺威信托投资公司从世界各地的银行筹集了119亿美元。KKR总共提供了189亿美元，满足了收购时承诺的现金支付部分。

事实上，整笔交易的费用达320亿美元，其中以垃圾债券支持杠杆收购出了名的德崇公司收费2亿多美元，美林公司1亿多美元，银团的融资费3亿多美元，而KKR本身的各项收费达10亿美元。

**3. 收购之后**

继罗斯·约翰逊之后，路易斯·格斯特纳成为RJR纳贝斯克公司收购后新一任的首席执行官，他对原来的公司进行了大刀阔斧的改革，大量出售公司豪华设施。公司报告显示，1989年公司在偿付了33.4亿美元的债务之后净损失11.5亿美元，在1990年的上半年有3.3亿美元的亏损。但是，从公司的现金流来看，一切还算正常。

纳贝斯克的营业利润在1989年的现金流量达到了以前的3.5倍，但是雷诺兹烟草公司仍处于备战状态。1989年3月RJR停止了总理牌香烟的生产，随后，公司进行了裁员，雇工人数减少到2300人。在新管理人的领导下，公司改进了设备，提高了生产效率，同时又大幅度削减了成本，使得公司烟草利润在1990年的上半年增加了46%。但是当用烟草带来的现金清偿垃圾债券时，雷诺兹的竞争对手菲利普·莫里斯却增加销售实力，降低了烟草价格。据分析，RJR的烟草市场在1989年萎缩了7%~8%。

**4. 案例启示**

（1）垃圾债券市场提供巨量资金。

这笔被称为“世纪大收购”的交易以250亿美元的收购价震惊世界，是历史上规模最大的一笔杠杆收购，这主要依靠于当时的垃圾债券市场。美国在20世纪80年代私募股权基金刚刚诞生的时候，金融工程是主要的行为依据，包括选择价值被低估的公司，改变资本结构，整合同业公司等，待股票市场看好时一起抛售，获得巨额回报。各种金融工程手段运用是否得效很大程度上取决于借贷收购的杠杆作用。此次收购行为，KKR本身动用的资金仅1500万美元，而其余99.94%的资金都是靠垃圾债券大王迈克尔·米尔肯（Michael Milken）发行垃圾债券筹得。

（2）收购之前要与目标企业管理层尽量多接触并尽量说服管理层入股。

在收购形式上来看。一般的LBO过程中，投资者都会事先和目标企业的管理层达成共识，以双方都认可的价格和融资方式完成收购，同时对收购以后的企业管理和资产重组也作出安排，尽量降低成本，提高效率，同时出售资产用来还债。但是由于 KKR 公司在 RJR 纳贝斯克的收购活动中事先并不知情，与管理层之间没有沟通，他们甚至连这家企业的资产情况都不知道，最后只能以竞价的形式参与其中，导致购入价格过高。而在此过程中最终受益者是企业的股东，他们获得了现金收益，这从 RJR 纳贝斯克公司的股东们在收购完成后的暴富中可以得到证明。同样，没有入股使管理层对企业的运作没有激励，使得企业走向衰落。

（3）企业收购后要有足够的经营能力或者迅速转手能力。

KKR 遗留下来的问题还在于引进的其他行业领导人的失败。无论是运通公司请来路·杰斯特勒（Lou Gerstner），还是 ConAgra 的查尔斯（Charles Harper），他们既没有半点烟草从业经验，而且对这一行也没有热情。在业绩持续下滑后，1995 年初，KKR 不得不又剥离了雷诺兹·纳贝斯克的剩余股权，雷诺兹烟草控股公司再次成为一家独立公司，而纳贝斯克也成为一家独立的食品生产企业，雷诺兹公司和纳贝斯克公司又回到了各自的起点。在 2003 年上半年，雷诺兹的销售额比前一年下降了 18%，仅为 26 亿美元，而营业利润下降了 59%，为 2.75 亿美元。

## （三）美国 EOP

### 黑石 389 亿美元鲸吞美国 EOP 案例

#### 1. 案例背景

（1）黑石集团（Blackstone Group）。

黑石集团又名佰仕通集团，是全世界最大的独立另类资产管理机构之一，也是一家金融咨询服务机构。其另类资产管理业务包括企业私募股权基金、房地产机会基金、对冲基金的基金、优先债务基金、私人对冲基金和封闭式共同基金等。黑石集团还提供各种金融咨询服务，包括并购咨询、重建和重组咨询以及基金募集服务等。黑石集团总部位于美国纽约，并在亚特兰大、波士顿、芝加哥、达拉斯、洛杉矶、旧金山、伦敦、巴黎、孟买、香港和东京设有办事处。截止到 2007 年 9 月 30 日，其管理的总资产约为 982 亿美元，拥有 65 位高级管理总监以及约 520 位投资和咨询专业人员。

2006 年，黑石集团盈利超过 22 亿美元，人均创造利润 295 万美元，是高盛人均利润的 8 倍，已然成为华尔街熠熠生辉的 PE 之王。

2007 年 6 月 22 日在纽约证券交易所挂牌上市（NYSE：BX）。

（2）EOP（EquityOfficeProperties）。

EOP是由地产大亨泽尔（SamZell）在1976年创立的美国最大的商业物业集团，总部设在芝加哥，泽尔在福布斯美国富豪中排名第52位。目前，EOP公司业务遍布全美16个州，拥有超过580栋写字楼。按面积计算，EOP是全美最大的上市写字楼业主。

**2. 案例过程**

美国顶级私募基金公司黑石集团（Blackstone）于2006年7月宣布，以230亿美元的现金成功购得美国最大的商业物业集团EOP（EquityOfficeProperties）。

经过长达3个月的竞争，黑石提出的收购报价最终被EOP接受，即每股55.50美元的现金，加上债务，交易总价为389亿美元。这个价格比2005年11月黑石的第一次报价高了15%。这笔交易也是有史以来最大的一宗私人股本直接投资收购的交易。

至此，黑石成为美国最有影响力之一的物业集团的房东，掌管着包括纽约曼哈顿的环球广场，芝加哥的城市歌剧院和西雅图的哥伦比亚中心等在内的多幢知名建筑。

黑石在收购EOP过程中，一直面临着竞争对手沃纳多房地产投资信托公司（VornadoRealtyTrust）的巨大挑战。沃纳多是美国房地产基金公司巨头之一，自2005年起与黑石展开竞标战役。

2005年11月，黑石开出的现金价为每股48.50美元，较EOP当时的收盘价高出8.5%，合计现金接近190亿美元。在随后的2006年1月，以沃纳多为首的一组投资者随后提出了每股52美元的出价，愿意以204亿现金收购EOP。黑石予以还击，将价格抬高到每股54美元。令人惊奇的是，沃纳多在2006年2月时出价每股56美元。但沃纳多最终在EOP股东开始投票前放弃了收购，而EOP的大部分股东们也都投票给了黑石，因此，黑石最终以每股55.50美元的价格将EOP揽入怀中。

黑石集团发言人约翰·福特说，对于黑石集团的投资人而言，这的确是一项很好的投资。他同时对EOP股东的支持表示感谢。

对于沃纳多的退出，美国新泽西州的一家地产投资公司分析表示，沃纳多所出的价格虽然高于黑石，但对该公司股东来说，不会带来任何利益。

事实上，黑石的收购步伐从未停止过。EOP只是黑石在2006年一年中通过收购实现私有化的多家上市房地产投资信托公司中最新的一家。市场普遍认为，本次收购是近来为数不多的将带来丰厚回报的并购交易之一。

**3. 案例启示**

（1）对行业的深刻了解使黑石敢于进行大手笔的收购。

黑石在收购 EOP 之前，已经开始涉足地产业，并且有了很深刻的研究。这使黑石对于地产业的发展以及前景都有比较明确的判断，而且对于地产项目的运作也很熟悉。这样看来，收购 EOP 带来的价值就很稳定了。

（2）良好的地产市场环境。

此次收购后，黑石集团迅速出售了一部分地产用于还债。有很多客户仍在与黑石谈判，寻求更好的交易价格。可以说，良好的地产市场环境也给黑石吃下了一颗定心丸。

### （四）希尔顿酒店

**黑石收购希尔顿酒店案例**

**1. 案例背景**

*希尔顿酒店*

希尔顿国际酒店集团（HI），为总部设于英国的希尔顿集团公司旗下分支，拥有除美国外全球范围内“希尔顿”商标的使用权。希尔顿国际酒店集团经营管理着 403 家酒店，包括 261 家希尔顿酒店，142 家面向中端市场的“斯堪的克”酒店，以及与总部设在北美的希尔顿酒店管理公司合资经营的、分布在 12 个国家中的 18 家“康拉德”（亦称“港丽”）酒店。它与希尔顿酒店管理公司组合的全球营销联盟，令世界范围内双方旗下酒店总数超过了 2700 家，其中 500 多家酒店共同使用希尔顿的品牌。希尔顿国际酒店集团在全球 80 个国家内有着逾 71000 名雇员。

**2. 案例过程**

希尔顿酒店集团 2007 年 7 月 3 日宣布，已与美国黑石集团旗下的地产及企业私募基金达成协议，以近 260 亿美元的价格将公司出售给黑石集团。受此影响，3 日黑石集团股价上涨 1.54% 至 29.72 美元。收购希尔顿是黑石集团为进军酒店业而采取的一系列大动作中的最新一例，希尔顿将被并入黑石酒店和度假村业务中。

根据协议，黑石将以每股 47.5 美元价格，共计约 185 亿美元收购希尔顿公开发行的普通股，按照3日希尔顿的收盘价计算，溢价幅度达到32%，这次收购将全部以现金形式进行。如果考虑黑石应承担的希尔顿债务，这一交易作价达到260亿美元。

**3. 案例启示**

（1）拥有很深的酒店背景。

黑石此前已涉足酒店业务，其收购企业在美、欧市场共拥有客房超过10万间。在最近几年中，黑石集团旗下的LXR豪华酒店开始初具规模，期间公司还收购了中等规模的酒店连锁店La Quinta Corp.。可以说收购希尔顿酒店之后，黑石完全有能力驾驭希尔顿酒店的管理与发展。

（2）保证股东利益最大化是交易前提。

此次收购中，希尔顿酒店集团董事会联席兼首席执行斯蒂芬·博伦巴克说：“我们优先考虑的是股东权益的最大化。董事会认为这项交易将给股东带来更大的收益。”黑石集团常务董事乔纳森·格雷则表示，黑石将履行对希尔顿的投资承诺，并与其一起强化酒店业务。只有保证股东利益最大化才能顺利得到股权，才可能联合管理层将股权升值。

（3）形成具有广告效应的庞大市场。

希尔顿酒店遍布全球，年利润也是酒店行业中的第一位。此次收购后，与黑石之前收购的酒店业务合并，可在全球形成一个庞大的酒店网络。并且利用此次收购的广告效应，更大的提高旗下其他酒店的知名度，达到了1+1>2的效果。

## （五）FoodBuzz

### 美食博客网络FoodBuzz获Borealis Ventures75万美元风险投资案例

**1. 案例背景**

（1）FoodBuzz。

FoodBuzz是美国旧金山一家类似Glam Media（一个以时尚为导向的品牌广告垂直网站）的博客网络，主要聚合来自其他网站饮食相关的内容及博客整合，提供客户们交换食谱，上传烹饪视频比拼厨技，发表相关评论等一系列与美食相关的服务业务。盈利模式是为厨具、食材、饭店、网络商户提供广告服务。

FoodBuzz宣称，该网站已经聚合、组织并挑选来自全球1万家美食博客的超过100万篇文章。

（2）Borealis Ventures。

Borealis Ventures是一家风险投资公司，总部设在美国新罕布什尔州，投资领域覆盖全球，主要投资业务有应用软件，新的互联网和移动通信服务，商业化的改变生活的技术。

**2. 案例过程**

2009年8月9日FoodBuzz周五在提交给美国证券交易委员会的文件中称，已获得75万美元融资。FoodBuzz计划在此轮融资中筹集125万美元资金。具体交易过程与目标收入未公开。

根据互联网流量统计公司Quantcast的数据，FoodBuzz每月被访问1570万次，独立访问用户数为760万。可以说发展势头良好，市场潜力巨大。

**3. 案例启示**

（1）金融危机中稳定发展的市场。

食品领域垂直网站（垂直网站即指注意力集中在某些特定的领域或某种特定的需求，提供有关这个领域或需求的全部深度信息和相关服务的网站）是为数不多能应对美国经济衰退的网站类型之一。许多报告称，随着消费者支出的下降，越来越多的人在家中自己做饭，而FoodBuzz的博客主要将世界各地美食博客集合到一起，能满足在家做饭的人群需求，可以说是一块稳定增长的市场。

（2）投资多元化长尾市场。

随着社会发展，各种机制不断健全，主流投资项目竞争日趋白热化。本案例就将投资重点转向了市场的长尾，即特定的一部分人群的市场，虽然FoodBuzz的重点是美食博客，但是如果成长起来，其相关的厨房厨具、健康咨询、广告植入等市场总和也不容小觑。

### （六）Kontera

**红杉资本、CarmelVentures和特纳亚资本三轮投资以色列内文广告公司Kontera案例**

**1. 案例背景**

（1）Kontera。

Kontera成立于2006年，总部位于旧金山，是一家从事内文广告（In-Text Advertising）技术开发的创业公司。利用这项技术，广告主可购买相应文本内容所涉及的关键词，网民在浏览到该关键词时（关键词已被设置高亮或加下注线），如果将鼠标停留在该关键词上面，就能出现相应广告的预览图；用户点击该关键词，则被转向广告主的网站。

（2）红杉资本。

红杉资本创始于1972年，共有18支基金，超过40亿美元总资本，总共投资超过5000家公司，200多家成功上市，100多个通过兼并收购成功退出的案例。红杉资本作为全球最大的VC，曾投资了苹果、思科、甲骨文、雅虎和Google、Paypal，红杉投资的公司总市值超过纳斯达克市场总价值的10%。因为美国高科技企业多集中在加州，该公司曾宣称投资从不超过硅谷40英里半径。

（3）特纳亚资本。

TenayaCapital，由雷曼兄弟在2009年2月剥离风险投资业务后成立的新VC机构。

（4）CarmelVentures。

CarmelVentures是一家以色列风险投资公司，管理超过60亿美元的资本。投资重点是软件、互联网、媒体、通信、半导体和消费电子领域的早期的公司。

**2. 案例过程**

在2006年红杉资本、雷曼兄弟曾在第一轮投资Kontera逾700万美元，当时，Kontera刚刚成立不久，需要大量资金来才能运转，红杉资本、雷曼兄弟看中了Kontera广告市场的巨大潜力，对其进行了风险投资。

2007年8月14日，Kontera由于经营出色，逐渐显示出龙头地位，故获得第二轮1030万美元风险投资。本次资金仍然由Carmel Ventures、红杉资本和雷曼兄弟提供。

2009年7月25日，Kontera再次获得1550万美元的第三轮风险投资，投资者包括红杉资本、CarmelVentures和特纳亚资本。

这样堪比GoogleAdsens广告联盟的公司Kontera共计获得高达3280万美元的风险投资，其中大部分来自红杉资本，这为企业的腾飞打下了坚实的基础。

**3. 案例分析**

（1）精良的技术是根本。

作为一种新颖精确的广告表现形式，内文广告有效地遏制了无效点击行为现象，具有高效精准等特点，避免了企业广告资金的浪费。在网络广告竞争激烈的今天，精良先进的技术无疑是企业增值的基础。

（2）巨大市场增长潜力。

Kontera 之所以能够顺利完成新两轮融资，主要原因还是红杉资本等风险投资商看好 Kontera 广告技术的巨大市场增长潜力。广告是现在主流网站的主要的盈利手段，广告技术对于网络广告的意义是巨大的，广义上讲，各个网站都是潜在的客户群。

（3）风险投资也和分批进行。

Kontera 的案例告诉我们，风险投资在企业钟子期时不必投入太多，够用就好。等到企业发展粗具规模，且企业前景良好时，可进行第二轮追加投资甚至第三轮。这样既保证了企业发展所必需的资金，又可以有效降低风投企业的风险，一举两得。

## （七）John Hardy

**3i 投资珠宝设计品牌 John Hardy 3000 万美元案例**

**1. 案例背景**

（1）3i 集团。

3i 集团（3i Group plc，LON：III）是伦敦证交所上市公司，FTSE100 强公司，也是国际领先的私募股权投资公司，有着 60 年的投资历史，管理的资产达到 140 亿美元，每年的投资数额约为 20 亿美元，其中 50% 左右用于管理层收购，从集团企业或私人企业那里买股权；35% 为增长型投资，为成长期的公司提供资金帮助；另外 15% 是风险投资。

3i 集团主要关注收购投资、成长投资及基础设施投资，投资区域遍及欧洲亚洲及北美。目前，3i 集团在亚洲、北美和欧洲每年投资超过 20 亿美元，帮助企业实现其发展目标、重组股权结构、发行股权。3i 在全球总共投资了 14000 余家世界最卓越的企业，在全球拥有遍布 14 个国家的办事处和分支机构，基金具有独特的国际网络，提供首屈一指的覆盖范围、业内经验和关系资源，为企业带来附加价值。

（2）John Hardy。

John Hardy 由 John Hardy 先生于 1989 年创办并以其姓名命名。目前在其主打市场美国，John Hardy 名列第二大珠宝设计品牌，其产品在全美各大百货商场均有销售，包括著名的 Neiman Marcus，Saks Fifth Avenue 和 Bloomingdales 等百货公司。在香港，John Hardy 的珠宝连卡佛百货公司有售。John Hardy 的创始人希望通过此次被收购引退，并同意将公司出售给公司的首席执行官 Damien Dernoncourt 和创意总监 Guy Bedarida。

**2. 案例过程**

2007 年 10 月 26 日领先全球的私募股本及创业投资机构 3i 宣布，将投资 3000 万美元支持管理层收购 John Hardy 集团并成为该公司的少数股东。John Hardy 是一家领先的高档品牌珠宝和时尚配饰设计商、制造商和销售商。其总部位于香港。经历了 18 年的经营生涯之后，John Hardy 的创始人希望引退，并同意将公司出售给公司的首席执行官 Damien Dernoncourt 和创意总监 Guy Bedarida。

随着创办人引退，首席执行官 Damien Dernoncourt 将继续领导公司发展。Damien 于 2003 年加入 John Hardy 出任亚洲财务总监。过去三年，Damien 在公司的重组过程中担当重要角色，同时建立了 John Hardy 在市场的重要地位和强大团队。Damien 曾经拥有自己公司，他的经验对 John Hardy 由家族运营企业过渡到专业管理公司起到重要作用。

Guy Bedarida 自 1999 年起带领 John Hardy 的设计团队，日后会继续与 Damien 紧密合作。Guy 于珠宝业拥有 20 余年经验，曾在 Van Cleef and Arpels 及 Boucheron 工作。

Thaddeus Beczak 由 3i 引荐出任 John Hardy 的董事长，将其丰富的财务经验带入公司。Thaddeus 曾任野村证券亚洲董事长、南华早报集团副主席、嘉里集团执行董事、香格里拉（亚洲）及嘉里建设董事，以及于 1997 年获选为香港联交所上市委员会主席。此外，John Hardy 会受惠于其备受尊崇的顾问委员会，成员包括来自 Star Group、爱马仕和 Pure Creative 的业界名人。

John Hardy 还计划不断推出新的珠宝产品系列，在中东、俄罗斯和日本这些已逐渐建立了影响力的地区扩大产品销量。

**3. 案例启示**

（1）扩展了业务规模并增加了广告效应。

这是一个让 John Hardy 扩展业务和进一步加强其专长和声誉的大好时机。凭借着 3i 优越的环球网络和协助企业发展的丰富经验，此次收购将使 John Hardy 充分发挥潜能。此次投资亦加强了 John Hardy 品牌在人们心中的印象，促进了 John Hardy 产品的销售。

（2）3i 悠久的收购历史经验促进企业良好运行。

3i 曾协助的消费品牌有 Gant、PCD Stores 和 Hobbs，也曾经与家族运营企业如 Dirickx、Senoble 和 Williams Lea 合作。此次与 John Hardy 合作，能够协助公司稳固其强大的基础，并能继续发展 John Hardy 品牌和产品种类。

（3）促进 John Hardy 由家族管理过渡到专业管理。

3i 此次收购的作用远不止提供现金，并且促进了 John Hardy 由家族运营企业过渡到专业管理人员进行管理的公司，扩大了创始人所建立品牌的知名度，继续巩固其在美国快速发展的品牌珠宝市场的地位。

### （八）Paypal

**paypal 投资案例**

**1. 案例背景**

PayPal（在中国大陆的品牌为贝宝），1998 年 12 月由 Peter Thiel 及 Max Levchin 建立。是一个总部在美国加利福尼亚州圣荷西市的因特网服务商，允许在使用电子邮件来标识身份的用户之间转移资金，避免了传统的邮寄支票或者汇款的方法。PayPal 也和一些电子商务网站合作，成为它们的货款支付方式之一；但是用这种支付方式转账时，PayPal 收取一定数额的手续费。

PayPal 创始人之一的彼得·泰尔（Peter Thiel）于 2010 年在其名下建立了风险投资公司“创始人基金”（Founders Fund）。这家风投公司在 2010 年 7 月 22 日刚刚筹得 2.5 亿美元资金用于投资处于起步阶段的公司。

**2. 案例过程**

PayPal 投资过众多奇奇怪怪的公司，在愈加躲避风险的风险投资行业，这家公司采取的是反其道而行之的投资思路。比如，投资生产民用和警用机器人的 RoboteX 公司、发射太空飞船的 SpaceX 公司、帮助人们寻找社交游戏的 Raptr 公司（Raptr 是一种恐龙的名称），以及提供性感女模特图片收费订阅的 Zivity 公司。Thiel 曾经成功地参与过硅谷最炙手可热的一些交易，如 Facebook、IronPort 和 Slide。

当然，这家风投公司的投资并不是一帆风顺的。其最著名的一个败笔就是阿什顿·库切（Ashton Kutcher）的电话公司 Ooma——刚开始时非常不顺利，但当他们找到原因后，便把库切从创意总监的位子上踢走、新任 CEO 和 CFO 在 2009

年走马上任之后，公司终于获得了稳定的增长。

不过，“创始人基金”（Founders Fund）的投资组合不仅仅是使其脱颖而出的唯一因素。投资者们还发明了一套与企业家达成融资协议的独一无二的方法。

其创新之处在于改变了企业创始人必须忍受个人财富被封锁在初创公司普通股中相当长一段时间的局面。创始人基金的办法是，为处于起步阶段的企业家提供提早变现的机会。公司发明了一种特殊的股票“FF 系列”。这些股票与发行给创始人的普通股类似，不过带有一种特殊的权利：拥有 FF 系列股票的企业家可以相当于上一轮优先股的价格将其出售给投资者。

这一条款允许企业家在初创公司起步发展时将股票以较高的价格出售。这为初创公司高管在公司上市或出售前尝到一点甜头的捷径。这就好比为正在穿越沙漠的人送上一碗水。

这种站在企业家角度考虑的资金创新解决方案为创始人基金在门槛很高的投资界打开了一片天地。

自创始人基金启动以来，其他风投公司也开始有意识地尝试重新塑造自身形象，以吸引最好的企业家。尽管很少有公司采取了 FF 系列股票的办法，但有许多公司却表示出了为可能需要资金的企业家建立以普通股做担保的最高借款额度的意愿。

其他风险投资家如果能有创始人基金乐于支持各种初创公司的热情，我们可能很快就能利用喷气式飞机通勤上班、将我们的意识上传到因特网，或者是用 DNA 克隆恐龙。

**3. 案例启示**

（1）改变了投资公司的股票形式有利于企业渡过创业初期。

从案例中不难发现，风投公司不仅可以提供资金与管理上的支持，也能够改变公司的股权结构，从而有利于企业发展。这启发我们，私募股权基金可以对投资企业进行多方面的帮助，包括改变股权结构等，这既有利于公司发展，也为私募股权提供了更宽更广的获利途径。

（2）多元化的市场以及投资者的激情完美结合。

人们的需求越来越多元化，投资的热点也不局限于地产、网络等传统项目。更多的事例表明，只有投资者对这个多元化的市场充满兴趣，才有可能领先他人，成为一个新兴产业的领头人，资产的大幅溢价便是顺理成章的事情了。

## （九）Atlassian

### 软件开发公司 Atlassian 获 Accel Partners 公司 6000 万美元风投案例

**1. 案例背景**

（1）Atlassian。

Atlassian 创立于 2002 年，为澳大利亚的产品开发软件公司，启动资金为 1 万美元，来自于信用卡贷款。Atlassian 自创立第一年起便已经实现盈利。在截至 2010 年 6 月 30 日的财年内，Atlassian 实现收入 5900 万美元。

（2）Accel Partners。

Accel 合伙公司（Accel Partners）是全球顶级风险投资公司之一，创建于 1984 年，公司总部设在加州，在伦敦设立欧洲办事处，在新泽西州有一家管理办公室。Accel 合伙公司一直致力于出色且创新的风险资金业务。公司的合作伙伴引进了领先技术公司的行业管理者的深厚经验，以及新的风险开发。

Accel 公司致力于帮助杰出的企业家创建世界级的高科技企业。为能够获得更加深刻的理解和全面的经验，并以“有准备的头脑”来迎接挑战，Accel 管理的 8 亿美元风险投资仅仅限于两个领域：通信和互联网/内部网。通过集中投资，Accel 可以为风险企业的发展提供深层次的帮助，即除了资金融通还包括战略指导、招贤纳士、业务发展和参与合伙。Accel 与企业家的关系建立在共同追求卓越的基础上，这是众多成功风险投资公司的共同特点。

**2. 案例过程**

2010 年 7 月 16 日澳大利亚产品开发软件公司获得了美国风险投资公司 Accel Partners 总值 6000 万美元的投资。

本轮融资将用于为 Atlassian 创始人和员工变现股份，并拓展产品组合，也有可能用于收购其他创业企业。Accel Partners 希望通过 Atlassian 日后的 IPO（首次公开招股）获益，但该公司合伙人理查德·黄（Richard Wong）表示，希望等到 Atlassian 收入超过 1 亿美元后再进行 IPO。如果 Atlassian 能够保持 30% 的年均增长，只需再过几年便可实现这一目标。

Atlassian 的产品开发软件在全球拥有 2 万名用户，包括 Facebook、Zynga、思科和 Adobe。理查德·黄说：“我们相信他们是产品开发软件领域的标准，2 万家用户是不会错的。”Atlassian 的产品包括 Jira 漏洞追踪器，Confluence 维基和协作套件以及多款软件项目开发工具。

理查德·黄认为 Atlassian 与 Salesforce 非常相似，除了没有销售人员之外。Atlassian 拥有 225 名员工，但几乎没有任何销售人员。该公司凭借企业内部的病毒式推广进行营销。他表示："Salesforce 是精简协作过程的，而 Atlassian 则是精简产品开发流程。" Atlassian 既可以提供本地化软件，也可以提供云计算服务，售价则低于 IBM 的 Rational Software 等产品。

**3. 案例启示**

（1）PRE-IPO 期融资获利丰厚。

Accel Partners 选择了在 Atlassian 公司 PRE-IPO 期进行融资，从而获得丰厚报酬。但是企业为了自身发展，以及更多的 IPO 融资量，推迟了上市日期。这是一个投资企业与被投资企业共同成长的过程，也为日后丰厚的回报打下了坚实的基础。

（2）丰富的行业经验降低了生产、宣传成本。

Accel Partners 在此前已经进行过数次网络与软件相关企业的并购，对于行业本身可以说是经验丰富，加上 Atlassian 公司本身先进的产品开发流程，有效降低了产品的生产成本。病毒式营销同样极大减少了宣传成本。二者使产品价格定位更具侵略性与竞争性。

## （十）SGN

**游戏应用开发商 SGN 获谷歌 CEO 旗下风投投资**

**1. 案例背景**

（1）Tomorrow Ventures。

谷歌首席执行官埃里克·施密特（Eric Schmidt）旗下的风险投资公司，重点投资领域为能够改变人们生活的方式的、互动的、有良好潜力的新技术。拥有丰富的经验和专业知识基础。目标是加强公司与公司间的技术的转化，以及改变人们生活方式和为慈善事业贡献一份力量。

（2）Social Gaming Network（SGN）。

美国一家网络游戏应用开发商。主要为苹果 iPhone 手机、iPod Touch 和 iPad 平板电脑开发多角色游戏。与绝大多数的社交游戏开发商不同，SGN 一直专注于不同设备的用户能够体验高质量的多人游戏。彼西弗在周五还表示，该公司很快将为采用Android操作系统的手机推出多款游戏。

**2. 案例过程**

2010年6月21日游戏应用开发商Social Gaming Network（SGN）宣布，该公司已通过第二轮融资募集到200万美元。参与融资的为谷歌首席执行官埃里克·施密特（Eric Schmidt）旗下的风险投资公司Tomorrow Ventures，以及德国商务社交网站Xing的创始人拉尔斯·海因里希（Lars Hinrichs）。

公司第二轮的融资规模要较上轮大出许多，施密特和海因里希的投资为第二轮融资的第一批款项。此前，SGN已通过融资募集到1710万美元。

2008年7月，SGN曾获得了亚马逊创始人杰夫·贝索斯（Jeff Bezos）的投资，并在5月从Greylock Partners和Founders Fund融资1500万美元。

**3. 案例启示**

（1）巨大的市场潜力。

手机功能与性能的稳步提升为移动网络游戏提供了巨大的市场，更多的人们开始在手机上进行小型网络游戏等活动。而且移动网络游戏还具有方便快捷、随时随地、收费简单等优点，可以说Social Gaming Network永远不会发愁没有客户。

（2）企业与企业的合作有力提升了企业竞争力。

Social Gaming Network的主要投资人之一是谷歌首席执行官埃里克·施密特（Eric Schmidt）旗下的风险投资公司，Google本身具有为Social Gaming Network提供市场扩展、广告宣传、提供信息等帮助的能力，为Social Gaming Network将来的发展打下良好的基础。

## （十一）蒙牛乳业

**摩根斯坦利等机构投资蒙牛，对赌协议典型案例**

**1. 案例背景**

（1）蒙牛乳业。

1999年1月，牛根生创立了“蒙牛乳业有限公司”，公司注册资本100万元。后更名为“内蒙古蒙牛乳业股份有限公司”（以下简称“蒙牛乳业”）。从2001年开始，蒙牛开始考虑一些上市渠道。首先他们研究当时盛传要建立的深圳创业板，但是后来创业板没做成，这个想法也就搁下了。同时他们也在寻求A

股上市的可能，但是对于蒙牛当时那样一家没有什么背景的民营企业来说，上 A 股恐怕需要好几年的时间，蒙牛根本就等不起。他们也尝试过民间融资。不过国内一家知名公司来考察后，对蒙牛团队说他们一定要求 51% 的控股权，对此蒙牛不答应；另一家大企业本来准备要投，但被蒙牛的竞争对手给劝住了；还有一家上市公司对蒙牛本来有投资意向，结果又因为它的第一把手突然被调走当某市市长而把这事搁下了。

2002 年初，股东会、董事会均同意，在法国巴黎百富勤的辅导下上香港二板。为什么不能上主板？因为当时蒙牛历史较短、规模小，不符合上主板的条件。这时，摩根斯坦利与鼎晖（私募基金）通过相关关系找到蒙牛，要求与蒙牛团队见面。

（2）摩根斯坦利。

摩根斯坦利（Morgan Stanley，NYSE：MS），是一家成立于美国纽约的国际金融服务公司，提供包括证券、资产管理、企业合并重组和信用卡等多种金融服务，目前在全球 27 个国家的 600 多个城市设有代表处，雇员总数达 5 万多人。2008 年 9 月，更改公司注册地位为“银行控股公司”。

（3）鼎晖投资。

鼎晖投资基金管理公司的前身是中国国际金融有限公司（CICC）的直接投资部，中金公司是中国最早开展直接投资业务的投资银行，在中金公司期间，管理团队在五年的实践中，取得了令人瞩目的投资业绩，投资的年均收益率超过 30%，并培养了一支有丰富经验的管理团队。

**2. 案例过程**

2002 年 6 月，摩根斯坦利等机构投资者在开曼群岛注册了开曼公司。2002 年 9 月，蒙牛乳业的发起人在英属维尔京群岛注册成立了金牛公司。同日，蒙牛乳业的投资人、业务联系人和雇员注册成立了银牛公司。金牛和银牛各以 1 美元的价格收购了开曼群岛公司 50% 的股权，其后设立了开曼公司的全资子公司- 一毛里求斯公司。同年 10 月，摩根斯坦利等三家国际投资机构以认股方式向开曼公司注入约 2597 万美元（折合人民币约 2.1 亿元），取得该公司 90.6% 的股权和 49% 的投票权，所投资金经毛里求斯最终换取了大陆蒙牛乳业 66.7% 的股权，蒙牛乳业也变更为合资企业。

2003 年，摩根斯坦利等投资机构与蒙牛乳液签署了类似于国内证券市场可转债的“可换股文据”，未来换股价格仅为0.74港元/股。通过“可换股文据”向蒙牛乳业注资3523万美元，折合人民币2.9亿元。“可换股文据”实际上是股票的看涨期权。不过，这种期权价值的高低最终取决于蒙牛乳业未来的业绩。如果蒙牛乳业未来业绩好，“可换股文据”的高期权价值就可以兑现；反之，则成为废纸一张。

为了使预期增值的目标能够兑现，摩根斯坦利等投资者与蒙牛管理层签署了基于业绩增长的对赌协议。双方约定，从2003年到2006年，蒙牛乳业的复合年增长率不低于50%。若达不到，公司管理层将输给摩根斯坦利约6000万～7000万股的上市公司股份；如果业绩增长达到目标，摩根斯坦利等机构就要拿出自己的相应股份奖励给蒙牛管理层。

2004年6月，蒙牛业绩增长达到预期目标。摩根斯坦利等机构“可换股文据”的期权价值得以兑现，换股时蒙牛乳业股票价格达到6港元以上；给予蒙牛乳业管理层的股份奖励也都得以兑现。摩根斯坦利等机构投资者投资于蒙牛乳业的业绩对赌，让各方都成为赢家。

**3. 案例启示**

摩根斯坦利对于蒙牛乳业基于业绩的对赌之所以能够画上圆满句号，总结归纳，该份对赌协议中有如下七个特点：一是投资方在投资以后持有企业的原始股权，如摩根斯坦利等三家国际投资机构持有开曼公司90.6%的股权和49%的投票权；二是持有高杠杆性（换股价格仅为0.74港元/股）的“可换股文据”；三是高风险性（可能输给管理层几千万股股份）；四是投资方不是经营乳业，不擅长参与经营管理，仅是财务型投资；五是股份在香港证券市场流动自由；六是蒙牛乳业虽然是创业型企业，但企业管理层原来在同一类型企业工作，富有行业经验；七是所投资的企业属于日常消费品行业，周期性波动小，一旦企业形成相对优势，竞争对手难以替代，投资的行业风险小。

私募投资者为蒙牛乳业上市做好了准备工作。摩根等进来后，帮助蒙牛乳业重组了企业法律结构与财务结构，并帮助蒙牛乳业在财务、管理、决策过程等方面实现规范化。投资方有效地利用了他们对重大决策的否决权，比如蒙牛乳业曾考虑过的一个偏离主营业务的提议，就被私募投资者劝阻。帮助企业设计一个能被股市看好的、清晰的商业模式，正是私募投资者的贡献之一。应该指出的是，并不是所有的企业创始人都愿意接受这样的规范化和改变。除了力推蒙牛乳业上市，摩根等私募品牌入股蒙牛也帮助提高了蒙牛乳业公司的信誉。在为蒙牛乳业获取政府的支持和其他资源方面也有帮助。中国民营企业需要外资的参与而获得政府支持与保护是件令人不无遗憾的事。

## （十二）阿里巴巴

**软银投资阿里巴巴狂赚 71 倍**

**1. 案例背景**

（1）阿里巴巴。

1999 年，马云和最初的创业团队开始谋划一次轰轰烈烈的创业。大家集资了 50 万元，在他位于杭州湖畔花园的 100 多平方米的家里，阿里巴巴这家能为全世界中小企业服务的电子商务站点诞生了，这个创业团队里除了马云之外，还有他的妻子、他当老师时的同事、学生以及被他吸引来的精英。比如阿里巴巴首席财务官蔡崇信，当初抛下一家投资公司的中国区副总裁的头衔和 75 万美元的年薪，来领马云几百元的薪水。阿里巴巴成立初期，公司是小到不能再小，18 个创业者往往是身兼数职。好在网站的建立让阿里巴巴开始逐渐被很多人知道。来自美国的《商业周刊》还有英文版的《南华早报》最早主动报道了阿里巴巴，并且令这个名不见经传的小网站开始在海外有了一定的名气。

（2）软银投资。

软银集团于 1981 年由孙正义先生在日本创立并于 1994 年在日本上市。它主要致力 IT 产业的投资包括网络和电信。软银在全球投资过的公司已超过 600 家，在全球主要的 300 多家 IT 公司拥有多数股份。已投资的公司有 Yahoo!，Etrade，eloan，Verisign，ZDnet 等。软银在 2003 年的总收入超过 4000 亿日元。2006 年 2 月 28 日其股价总额约为 328 亿美元。

**2. 案例过程**

阿里巴巴很快面临到资金的瓶颈。就在这个时候，以高盛为主的一批投资银行向阿里巴巴投资了 500 万美元。与软银总裁孙正义见面之后，最终确定了 2000 万美元的软银投资，阿里巴巴管理团队仍绝对控股。从 2000 年 4 月起，纳斯达克指数开始暴跌，长达两年的熊市寒冬开始了，很多互联网公司陷入困境，甚至关门。但是阿里巴巴却安然无恙，很重要的一个原因是阿里巴巴获得了 2500 万美元的融资。那个时候，全社会对互联网产生了一种不信任，阿里巴巴尽管不缺钱，业务开展却十分艰难。马云提出关门把产品做好，等到春天再出去。冬天很快就过去了，互联网的春天在2003年开始慢慢到来。2004年2月17日，马云在北京宣布，阿里巴巴再获8200万美元的巨额战略投资。这笔投资是当时国内互联网金额最大的一笔私募投资。2005年8月，雅虎、软银再向阿里巴巴投资数亿美元。之后，阿里巴巴创办淘宝网，创办支付宝，收购雅虎中国，创办阿里软件，一直到阿里巴巴上市。

2007年11月6日，全球最大的B2B公司阿里巴巴在香港联交所正式挂牌上市，正式登上全球资本市场舞台。随着这家B2B航母登陆香港资本市场，此前一直受外界争论的"B2B能不能成为一种商务模式"也有了结果。11月6日10时，港交所开盘，阿里巴巴以30港元，较发行价13.5港元涨122%的高价拉开上市序幕。小幅震荡企稳后，一路单边上冲。最后以39.5港元收盘，较发行价涨了192.59%，成为香港上市公司上市首日涨幅最高的"新股王"，创下香港7年以来科技网络股神话。当日，阿里巴巴交易笔数达到14.4万多宗。输入交易系统的买卖盘为24.7万宗，两项数据都打破了工商银行2006年10月创造的纪录。按收盘价估算，阿里巴巴市值约280亿美元，超过百度、腾讯，成为中国市值最大的互联网公司。

在此次全球发售过程中，阿里巴巴共发行了8.59亿股，占已发行50.5亿总股数的17%。按每股13.5港元计算，共计融资116亿港元（约15亿美元）。加上当天1.13亿股超额配股权获全部行使，融资额将达131亿港元（约16.95亿美元），接近谷歌纪录（2003年8月，谷歌上市融资19亿美元）。

阿里巴巴的上市，成为全球互联网业第二大规模融资。在此次路演过程中，许多投资者表示，错过了谷歌不想再错过阿里巴巴。作为阿里巴巴集团的两个大股东，雅虎和软银在阿里巴巴上市当天账面上获得了巨额的回报。阿里巴巴招股说明书显示，软银持有阿里巴巴集团29.3%股份，而在行使完超额配售权之后，阿里巴巴集团还拥有阿里巴巴公司72.8%的控股权。由此推算，软银间接持有阿里巴巴21.33%的股份。到收盘时，阿里巴巴股价达到39.5港元。市值飙升至1980亿港元（约260亿美元），软银间接持有的阿里巴巴股权价值55.45亿美元。若再加上2005年雅虎入股时曾套现1.8亿美元，软银当初投资阿里巴巴集团的8000万美元如今回报率已高达71倍。

**3. 案例启示**

（1）企业明确的目标与优秀的团队。

马云在创办初期的遵旨就是“我们要办的是一家电子商务公司，我们的目标有3个：第一，我们要建立一家生存102年的公司；第二，我们要建立一家为中国中小企业服务的电子商务公司；第三，我们要建成世界上最大的电子商务公司，要进入全球网站排名前十位。”这也是阿里巴巴可以成功的原因之一。

（2）投资者的坚持不懈。

软银不是阿里巴巴的第一个风险投资商，却是坚持到最后的那个。1999年10月，马云私募到手第一笔天使投资500万美元，由高盛公司牵头，联合美国、亚洲、欧洲一流的基金公司如Transpae Capital Investor ABof Sweden、Technology Development Fund 0f Singapore的参与。在阿里巴巴的第二轮融资中，软银开始出现。从此，这个大玩家不断支持马云，才使得阿里巴巴能够玩到今天的规模。

## （十三）深发展

**新桥收购深发展**

**1. 案例背景**

（1）深圳发展银行。

深发展早在1991年就在深圳交易所上市，是中国改革开放后最早设立的股份制商业银行，流通股比例超过70%。2001年前后，深发展总股本的19%为深圳市四家国有企业——深圳市投资管理公司、深圳国际信托投资公司、深圳市社会保险公司和深圳市城建开发集团公司持有。由于深发展股权结构高度分散，四家国有企业实际上成为深发展的国有控股方。

（2）新桥投资。

新桥集团于1994年由得克萨斯太平洋集团和美国布兰投资公司（Blum Capital Partners）创建，注册地在美国德拉维尔（Delaware）。新桥是率先致力于在亚洲投资的私人股权公司，其管理的资金达17亿美元。新桥集团在香港、三藩市、上海、东京、首尔（汉城）、孟买和墨尔本设有办事处。作为一家具有雄厚实力的战略投资商，新桥资本集中关注具有出类拔萃、长期可持续发展优势的公司，需求金融资本的合作伙伴，向他们提供企业经营的资本协助他们共同成长。

**2. 案例过程**

2004年5月30日，新桥投资以12.53亿元的价格购得深圳市政府持有的深圳发展银行（简称“深发展”）约17.89%的股权，从而为一波三折的收购案画上句号，也使深发展成为第一家被外资控制的中国商业银行。

2001年，深圳市政府计划将国有资产从金融类机构中退出、引进国际资本及其管理经验，推动深圳市金融机构改革，深发展随之成为金融改革的首块试验田。2001年末，深圳市政府决定将其通过四家国有企业所持的深发展的股份悉数卖给境外战略投资者，此举意味着全面让渡深发展控股权的开始。2002年9月，中央主管部门批准新桥入主深发展，深圳市政府与新桥签订框架协议，并成立深发展收购过渡期管理委员会，但委员会的8名成员全部由新桥方人士构成。

过渡期管委会于2002年10月进入深发展。随着其尽职调查日益深入，双方对深发展的资产状况各持己见，当初商定的收购价格无法实现，深圳市政府开始考虑其他买主（主要是台湾的中国信托商业银行股份有限公司）。2003年4月下旬，深发展董事会决定撤销管委会，随后，新桥派驻人员撤离。5月12日，深发展正式发布交易搁浅公告。两天后，新桥将台湾的中国信托商业银行股份有限公司告上美国得克萨斯州法院，其与转让方四家国有股东和深发展的诉讼也相继展开。

2003年9月15日，新桥向国际商会仲裁院提出仲裁申请，指控转让方深发展及其四家国有股东在谈判中违反协议条款，请求裁决被申请人承担违约责任并赔偿其经济损失。2003年11月25日，深发展及其四家国有股东向深圳市中级法院起诉，要求法院判决框架协议中的仲裁条款无效。11月28日，深发展向国际商会仲裁院提出仲裁反请求。

事态的转机出现于2003年底。在香港通信服务供应商——电讯盈科的积极斡旋下，各方于2004年3月19日签署文件，决定撤销仲裁请求及反请求。3月26日，深发展的四家国有股东向深圳中级法院提出撤诉，法院于当日裁定准许撤诉。4月10日，新桥、深发展和深发展的四家国有股东共同向国际商会仲裁院提出撤销仲裁请求及反请求。4月15日，国际商会仲裁院裁定撤销。

2004年4月下旬，各方重启有关深发展收购事宜的谈判，新桥最终提出每股3.55元的收购价，这比2002年9月框架协议中的收购价高出一毛钱。5月29日，转让方与新桥签署了《股份转让协议》，历时两年半的艰难谈判至此告终。

**3. 案例启示**

新桥收购深发展可谓是国际私人股权基金在中国市场上的第一宗大型收购案，虽然在此之前许多国际收购基金都对进入中国表示出极大兴趣，但中国特有的经济结构对收购基金构成很大制约。一方面，国有企业要将其控股权卖给外资，需要克服许多难以逾越的政策障碍；另一方面，中国的民营企业起步较晚，不但符合基金收购要求的企业数量有限，而且企业的创始人或管理人员也并不情愿将企业卖掉。而收购基金一般试图控股目标企业，而不会满足于10%或20%的份额。

然而自20世纪90年代实施国企改革以来，这一情形得到明显扭转。国有资本大量退出企业，既给国际资本收购国有企业创造了制度条件，也创造出大量可供收购的目标。深发展收购案因此成为风口浪尖上第一宗成功案例。虽然过程一波三折，但交易各方都对结果表示满意。国际私人股权基金进入中国市场的大门从此打开。

## （十四）哈药集团

**哈药集团收购案**

**1. 案例背景**

**哈药集团**

哈药集团是国有独资的大型医药企业，拥有23家全资、控股、参股公司，数百家外地销售办事处及零售连锁药店。截至2004年12月31日，哈药集团资产总额为100.3亿元，实现销售收入74.4亿元，实现利润3.1亿元，名列全国100家重点大中型医药工业企业前列。

**2. 案例过程**

作为哈药集团控股的上市公司——哈药集团股份有限公司（简称“哈药股份”）集中了哈药集团的主要优质资产，其65.24%的股份为流通股。而事实上，哈药股份长期被南方证券控制，流通股的绝大部分都被南方证券收入囊中。直到2003年初南方证券被行政接管后，违规操作才得以公开——南方证券实际控制哈药股份总股本的60.88%，占全部流通股的90%以上。由于南方证券进入破产清算，其所持有的哈药股份的去向成了哈药集团的棘手问题——无论谁通过南方证券破产清算程序获得上述流通股股权，都将成为哈药股份绝对控股的第一大股

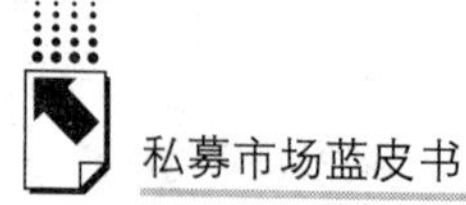



东。这一情形无论是对哈药集团还是对哈尔滨市政府都构成了严峻挑战。

为了解决这种独特的股权结构问题，哈尔滨市委、市政府决定将哈药集团增资扩股，这就给了国际收购基金进入的机会。2004 年初，中信资本牵头包括华平和凯雷（凯雷后因不接受其过低的入股比例而退出）等收购方进入哈药集团进行尽职调查，同年年末，最终敲定收购方案：收购方入资 20.35 亿元与哈药集团合资，哈药集团以其所持哈药股份的 34.76% 股权作抵押，向中信信托投资有限责任公司贷款 7.8 亿元；哈药集团以此现金（约 30 亿元）为基础，向持有哈药股份 65.24% 股权的全部流通股股东（实际主要是向南方证券清算组），发出全面收购要约。

2004 年 12 月，华平投资集团联手中信等机构收购哈药集团有限公司（简称“哈药集团”）55% 的股权，创下国内第一宗国际收购基金以 buyout 方式收购大型国企的案例。

2004 年 12 月 14 日，市国资委、哈药集团、中信资本、美国华平投资和黑龙江辰能哈工大高科技风险投资有限公司五方共同签署了《重组增资协议》。三家投资公司以现金方式向哈药集团增资扩股，同时，哈药集团发出全面收购要约，价格为每股 5.08 元，总金额为 41.1 亿元。原股东哈尔滨市国有资产管理委员会的股权比例由 100% 减至 45%，但仍保持其第一大股东的地位。三家投资公司的持股比例为：华平 22.5%、中信资本 22.5%、辰能 10%。

在这种股权结构安排下，收购方的投入资金全部作为增资，用于企业发展；政府仍是第一大股东，但不能绝对控股，企业要综合考虑各方股东的利益。企业管理层持有一部分股份，薪酬制度也进行了相应调整，将高级管理者的奖金与企业利润挂钩。

2005 年 6 月 25 日，国务院国资委正式批准哈药集团增资扩股涉及哈药股份国家股性质变更等相关事宜，其所持上市公司的 34.76% 股权相应由国有股变更为国有法人股。2005 年 7 月 20 日，商务部下发《关于同意哈药集团设立为中外合资企业的批复》，正式批准哈药集团为中外合资企业，这标志着收购方成功控股哈药集团。

2005 年 9 月 20 日，三家投资公司向哈药集团增资的 20.35 亿元全部到位。

**3. 案例启示**

自国企改革全面实施以来，国有股的转让归属等相关事宜历来都是敏感问题，也常常是国际收购基金难以突破的障碍。哈药集团收购案可以说打开了国有股转让的闸门，让私人股权投资基金从以前被动的少数股权投资者变为可以购买、甚至100%买断控制权的投资者。目前，中国股权投资市场上的资金供给相当充裕，估计这一趋势还将持续。

## （十五）永乐电器

**摩根斯坦利投资上海永乐电器公司，中国企业对赌协议失败案例典型之一**

**1. 案例背景**

**永乐电器**

上海永乐家用电器有限公司（简称“永乐家电”）成立于1996年。从业绩上看，永乐家电成立初年销售额只有100万元，到2004年已经实现近百亿元；在市场适应性上，永乐家电经历了家电零售业巨大变革的洗礼，是一家比较成熟的企业。

**2. 案例过程**

2005年1月，摩根斯坦利和鼎晖斥资5000万美元收购当时永乐家电20%的股权，收购价格相当于每股约0.92港元。根据媒体报道，摩根斯坦利在入股永乐家电以后，还与企业形成约定：无偿获得一个认股权利，在未来某个约定的时间，以每股约1.38港元的价格行使约为1765万美元的认股权。

这个认股权利实际上也是一个股票看涨期权。为了使看涨期权价值兑现，摩根斯坦利等机构投资者与企业管理层签署了一份“对赌协议”。招股说明书显示，如果永乐2007年（可延至2008年或2009年）的净利润高于7.5亿元人民币，外资股东将向永乐管理层转4697.38万股永乐股份；如果净利润相等或低于6.75亿元，永乐管理层将向外资股东转让4697.38万股；如果净利润不高于6亿元，永乐管理层向外资股东转让的股份最多将达到9394.76万股，这相当于永乐上市后已发行股本总数（不计行使超额配股权）的约4.1%。净利润计算不能含有水分，不包括上海永乐房地产投资及非核心业务的任何利润，并不计任何额外或非经常收益。依此计算，协议中的这一条款实际上是摩根斯坦利为自己的投资设定了一个最低回报率底线，即约260%。

2005年9月，永乐电器在香港成功上市。2006年6月底，永乐公开承认，当初与大摩签订协议时预测过于乐观，未来两年，永乐盈利能力面临着压力。同年7月，国美电器以52.68亿港元的代价收购了上市仅仅9个月的永乐电器。

**3. 案例启示**

（1）企业在决策时没有慎重与理性地思考。

永乐香港上市募集的资金绝大部分都闲置在银行存款上，这说明永乐发展的首要瓶颈并不是资金短缺问题，而是别的问题。如果是这样的话，那么高风险引入外资投资者以及上市募集资金是否必要，就值得管理层深刻反思。其次，在引入外资投资者的决策上，要清醒地认识到摩根斯坦利、高盛等投资者绝不是战略投资者，他们特别崇尚短期快速获利，并十分关注其投入资本的流动性，在战略上不可能关注被投资企业在商品经营领域的长期发展，难以在战略、经营上与既是管理层又是股东的企业人员风雨同舟。

（2）对赌协议给永乐电器带来的负面影响。

从永乐上市到摩根斯坦利持有的股票锁定期结束前，由摩根斯坦利研究部门给予永乐“增持”的评级，并调高永乐目标价，推动永乐股价大幅上升。而在其第一个股票锁定期到期的当天，摩根斯坦利减持了一半的永乐股份（另一半股份还在锁定期），并几乎同时下调永乐的评级。当永乐难以达到当初双方签订的对赌协议之时，摩根斯坦利展开了一系列环环相扣的操作，一方面利用减持永乐的行动，引致其他投资者跟风抛售，使永乐股价走低，市值大幅缩水，并客观上使得基于换股方式的永乐对大中的合并告吹。同时，大摩又调高永乐竞争对手国美的评级并增持国美，并公开发表言论支持国美并购永乐。

## （十六）总结

从众多国内外私募股权案例来看，投资市场的产业化与多元化是发展趋势。可以以合伙人或公司为私募主体对实体股权进行投资，也可以在实体经济体下发展私募股权的业务，二者各有优势，但均能为企业的股权、经营权提供一个完全竞争的市场，对实体经济的良好发展产生带动作用。

# 跋——私募股权与治理权价值

平新乔*

私募市场蓝皮书《中国私募股权市场发展报告（2010）》缘于北京大学曹和平教授和美国加州大学伯克利分校布兰·莱特（Brian Wright）教授联合课题组2006年10月在中国的一次调查。起初的目的是为哥伦比亚大学教授约瑟夫·斯蒂格利茨（Joseph Stiglitz，2001年诺奖获得者）领衔主持的国际政策对话机制（Initiative for Policy Dialogue）——中国行动小组六个调研项目其中的一个——中国产权市场研究①做准备。两位主持人在调研中发现，在中国几百家实点性质的产权市场（Spot Property Exchanges）发展的同时，私募股权市场同样方兴未艾，由此产生了撰写《中国私募股权市场发展报告》的最初设想。

“鼓励多层次资本市场的融资功能，大力发展创业投资和股权投资基金”，这是中国政府最高决策层近期敲定的发展战略性新兴产业及扶持政策的重要举措之一。

私募股权（PE）投资，以及与此密切相关的创业投资（VC），是不同于首次公开发行（IPO）的另一类融资方式。但是，PE作为不同于IPO与公众股票、证券市场的另类资本市场，无论是从其发生到发展过程，还是从PE市场的完成与PE投资的实现与套现，都是与公众股票证券市场、与大众持股的股份制企业发展联系在一起的。一方面，PE这种融资方式与资本市场的出现，是对IPO与大众持股的股份制企业的融资方式所产生的问题的一种解决方式；另一方面，PE这种融资方式本身又发生了“分类”（Sorting）与“激励”（Incentive）问题，需要依托公开的股票、证券市场的机制来得以解决。

---

* 平新乔，北京大学中国经济研究中心（CCER）经济学教授，专注于微观经济学、产业组织理论、财政学方面的研究。

① 调研结果形成了年度产权蓝皮书《中国产权市场年度发展报告》（已出版两个年度），社会科学文献出版社，2009，2010。

在这篇“跋”里，笔者仅就“公司治理结构”这一角度，来分析私募股权（PE）市场与首次公开发行（IPO）及上市企业市场制度之间的问题，以进一步提出我们需要研究的问题。

人们往往把私募股权的发生主要归因于早期创业企业的“融资难”。早期创业企业与广大中小企业的融资难，这绝不是只有中国才有的问题。在20世纪40年代至70年代，美国企业界也一直在呼吁解决中小企业融资难的问题。创业投资（VC）及相关的私募股权投资与解决这类有前景但含有风险的中小企业融资难问题的确有关，但从美国私募股权市场发展的历史看，解决创业企业和其他中小企业的融资难问题，仅仅是私募股权这种融资方式产生的契机之一，但这并不是私募股权市场在美国过去30年历史中取得巨大发展的主要原因。我这样说，是基于下述三个理由。

第一，无论是1980年代到1990年代，还是21世纪的第一个10年，VC都不是美国私募股权市场的主要组成部分。据G. W. Fenn，N. Liang与S. Prowse（1996）的研究，在美国私募股权资本中，风投（VC）部分的价值从1980年的30亿美元增长到1995年的450亿美元，增长了14倍，而非风投（Non-Venture）的私募股权投资价值则从1980年的20亿美元，上升到1995年的1300亿美元，增长了64倍。到1995年，在美国全部私募股权投资中，VC部分相当于1/4左右。这就是说，在私募股权资本市场的早期发展阶段（1945~1979年），VC曾经是私募股权投资的主要方式，到1980年时，VC在美国50亿美元的全部私募股权投资中占了60%，但从1980年以来私募股权投资飞速发展的过程中，VC已不再是私募股权投资的主要方式，私募股权之所以能成为目前与IPO募资方式并驾齐驱的融资方式，主要得益于非风投的私募股权投资方式的更为迅猛的发展。而非风投的私募股权市场，在美国则主要是指杠杆兼并（Leveraged Buyouts，LBO）与对公募公司的私募股权投资（Private Investment in Public Equity，PIPE）。

第二，进入21世纪以来，到2007年全球金融危机前夕，美国的私募股权市场上，风投（VC）形式的投资规模几乎一直处于停滞状态。实际上，早在1999~2001年这个数码通信火暴的年代，美国的许多VC基金就处于关闭状态。据H. Cendrowski，J. P. Martin，L. W. Petro与A. A. Wadecki（2008）的研究，在1999~2001年间发行的119支私募股权的创投基金里，到2007年时，亏空的基金已达到3/4。相反，杠杆兼并（LBO）形式的私募股权投资成了21世纪以来到2007年金融危机爆发前私募股权市场发展最具活力的部分。而LBO方式的私募股权融资，则往往是对于成熟的上市企业的并购型的融资，涉及的大都是公司股权结构、资产结构甚至产业结构的重大调整。

第三，LBO方式的私募股权投资，由于其杠杆的特点，也成了2007年以来全球金融危机中受重创的PE部分，据K. H. Wruck（2009）的研究，全球的LBO和私募股权投资价值，在2007年上半年为5277亿美元，但到2008年上半年，已降为1247亿美元，损失的价值达3/4！2007年上半年全球规模超过10亿美元的LBO交易共有93起，但到金融危机发生的第二年即2008年上半年，全球10亿美元以上的LBO交易次数降为32起。另一个指标是正在洽谈的LBO交易项目被终止的频率，这种方式的PE项目被终止（弃而不谈或破裂）的概率2004年为13.1%，2005年为12%，2006年为12%，但到2007年，这个概率达到20%以上。

可见，无论是PE发展迅猛时期，还是PE遭受重创时期，在成熟的市场经济国家如美国，PE的主要部分已不是创投，不再是以解决企业早期创业阶段融资难问题为目标的融资形式，而是以成熟企业为融资目标，以股权结构、资产结构、治理结构转变为目标的杠杆兼并。PE对一国经济竞争力提升的贡献，固然有其以创投（VC）形式发生的对于创新项目、创造能力的培育与扶持方面的作用，但更为重要的是，PE通过LBO、PIPE等方式对于成熟企业的股权投资，通过改变成熟企业，甚至是上市企业的治理结构，挖掘并实现治理结构的内在价值，使占一国经济主要基本面的大量的成熟企业与上市企业焕发活力。而从治理结构或治理权价值的实现看PE的合理性与贡献，正是当代公司治理理论一流专家M. Jensen，B. Holmtrom等的共同点。他们的观点，集中反映在最近发表的论文里［见M. C. Jensen（2009）；B. Holmstrom & S. N. Kaplan（2009）］。

我们知道，亚当·斯密在撰写《国富论》时，对于当时的“合股公司”（Joint Stock Company）能够良好运行是持怀疑态度的。他的理由是，掌控合股公司的经理人与投资者不曾谋面，没有协同的经历，他们（经理人）凭什么可以被投资人托付如此重大的管理责任？斯密由此建议，所有权与经理人分离这种“合股公司”的形式可能仅适用于“监狱看守人”这样的组织形式，即仅适合于不需要多大的管理机动权的组织架构，如银行、运河水渠管理、供水部门等。因为在这些部门里，管理人的职责主要是按章办事。

但是，从亚当·斯密发表《国富论》以来的两个多世纪里，所有权与经营权相分离的大众持股的股份制企业组织形式与股票交易的资本市场已经在美国、英国、欧洲与亚洲成了占支配地位的企业与市场组织。这里就提出一个问题：是什么机制让现代大众（公众）持股的上市企业里的经理人（管理者）与企业的所有者（投资人）利益相一致，从而让大众公司能得以良好运转？答案是一个有效的治理结构。

按 K. H. Wruck（2009）的分析，在现代公众持股的上市企业中，治理结构的目标就在于保证管理层的利益与持股人的利益相一致。那么为什么在大多数公众企业里，主要的管理人（CEO）不是大股东而是职业经理人呢？

回答是，惟其如此，才能发挥企业中不同利益当事人在风险承担上的比较优势。现代企业制度设计之妙处是让企业风险有效地分摊到大量的持股人身上。这意味着，若投资失败，则损失是由广大的持股人担的。从这个意义上说，公众企业中的职业经理人是不必担风险的，只要其行为合法合规，投资失败的责任是不应由经理人承担的。因此，公众持股的企业，实质上对投资人与经理人做了合理的分工：投资人（所有者）是专门用来承担风险的，而职业经理人则专注于管理资本、运作资本，从事有风险但回报高的项目。

这样一种公司内部的分工结构，需要兼顾两种功能的治理机制：一方面要保证经理人是为实现投资人利益极大化而行动的；另一方面，又要确保经理人有足够的补偿机制。同时实现这两种功能的治理机制叫“激励相容”机制。这在理论上早于 1970 年代就由经济学家给出了数学特征。问题是如何从公司治理可操作的层面上给出机制设计？

Michael C. Jensen 的突出贡献就在于，在 1976 年、1983 年与 2009 年其与同事分别提出了“代理成本”理论、“公司控制力市场（Market for Corporate Control)”理论与“唤醒的持股者理论（Enlighted Shareholder Theory)”，并且将这三个理论与私募股权（PE）的意义联系了起来。

“代理成本”理论是 M. C. Jensen 与同事 B. Meckling 在 1970 年代理论界讨论“代理问题”的基础上，于 1976 年提出来的。他们的贡献在于把这以前讨论于保险、责任、风险分担的“委任 - 代理”理论集中到公司内部的所有人与经理人的关系上，并且将“代理”带来的损失用“代理成本”的范畴加以概括。这个“代理成本”既包括显性成本，指公司为了管理、处理所有者与管理者之间的冲突（听证、监督、实施契约）所支出的成本，也包括隐性成本，指公司为实施激励相容计划必须放弃“First-best（最优）”目标所体现的利益损失。

1983年，M. C. Jensen与R. Ruback又在另一篇开创性的论文中提出了“公司控制力市场（Market for Corporate Control）”理论，这与1960～1970年代讨论经理人报酬设计的“内部劳工市场（Internal Labor Market）”理论是大不相同的，“内部劳工市场”理论关注是如何设计薪金制度让经理人为所有者服务，而Jensen－Ruback的“公司控制力市场”理论则认为，要解决经理人与所有者在公司内部的利益冲突，仅从“激励相容”的角度设计经理人薪金制度是不够的。因为，如果所有者不介入公司决策与管理层面，那么，实质上公司的日常操作与运行层面就会变为一种垄断格局或经理人专制的格局。所以，问题的关键不是让职业经理人在几个薪酬方案中选一个方案，激励他们更好地为所有者服务，而是应当让“公司控制”成为一个竞争场所，使“公司控制”成为一个专门的市场，在这个市场里，让出资人与他们的代理人，为争夺公司的治理权展开竞争。

Jensen与Ruback在定义“公司控制力市场”时也定义了“治理权（Governance Right）”，而这才是公司控制力市场里各方争夺的目标。治理权包括四项权力：①确立公司治理结构与程序；②任免企业高管，确定高管的薪酬；③对公司战略性协议进行表决、批准；④为公司管理层提供内部咨询服务。

正是从“公司控制力市场”与“公司治理权”的角度出发，Jensen与Ruback，B. Holmstrom（2009），以及K. Wruck（2009）等人看到了私募股权这种融资方式和资本市场的重大意义。通过私募股权方式，资本的所有人可以直接介入公司的治理结构，私募股权有限合伙组织中的“一般合伙人（GP）”是以直接获得“治理权”为条件对目标公司进行融资的。这就大大缩短了公众股份公司中委托－代理的链条的长度。在一个由私募股权控制的公司里，治理结构会发生有利于出资人的转变。通常董事会是由5～8名成员组成，其中一名是非经理的董事会主席，经理身份的董事只有一位。而非经理的董事会成员都是具有丰富的管理经验与产业知识的金融分析师与个人。这就是说，PE的引入，会引起公司董事会的结构发生重大变化，尤其是通过杠杆兼并（LBO）方式的私募股权投资，更会在资产重组的同时发生股权结构与治理权结构的重大变化。PE进入成熟公司或上市公司以后，在改变公司治理结构的同时也会相应建立以股权为基础的激励机制，或者是建立直接的经理人持股机制，或者是让经理人的薪酬与股权价值的提升之间建立联系。结果是，正如我们在过去30年美国的经历中所看到的那样，LBO与股权激励成了成熟的上市公司中一种非常普遍的融资方式与激励机制之间的结合。这也就是说，原先的“内部劳工市场”强调的经理人激励相容解决方案，现在可通过私募股权方式，在“公司控制力市场”的架构中由“治理权”结构来实施。

私募股权通过杠杆兼并（LBO）的方式参与对成熟公司或上市公司的改造，还会对社会上广大的非并购公司产生积极的间接效应。这种间接作用在于，当许多公众持股的企业看到自己有可能成为LBO的兼并对象或成为恶意接管（Hostile Take Over）的对象时，往往会采取两种对策：主动瘦身，将公司非核心竞争力部分的业务卖给别的公司或投资者；或者以将要出售这类附项资产为依托，向别的机构或投资者借入资金，来买回公司股权，即从事“杠杆回购”（Leveraged Recaps）。

无论采取上述两种策略中的哪一种，公众公司的这些反应，都是其预见到自己可能成为LBO对象时采取的自我保护措施，而这些措施的客观效果与LBO的效果如出一辙：都是使公司自愿卖掉那些闲置不用的资产，都会让公司多余的资产按更有效的方式得到分配。

因此，在“公司控制力市场”理论框架里，在“治理权”的框架里，我们可以看到，私募股权实质上为公众持股的股份制企业的治理结构的价值提升，提供了一种比较有效的解决方案。而这种解决方案实际上为1980年代到2007年金融危机前这段长达1/4世纪时期内美国企业价值的持续提升，美国股市的持续扩展与股权投资回报率的持续提高，提供了公司治理结构方面的支撑。

B. Holmstrom与S. N. Kaplan（2009）指出，PE方式的融资，尤其是LBO的PE，以及由此带来的股权激励实践，都在过去20年里大大改变了美国的公司治理。其积极后果是，让美国公司在1980年代初实际上就存在的潜在的公司绩效与实际的公司绩效之间的鸿沟缩小了，使得美国在1960～1970年代由技术进步所积贮的生产力创新能力，与政府规制所压制的没有得到利用的超额资本能力，通过1980年代以及1990年代的股权变革，尤其通过LBO，得到重新配置与利用。Holmstrom与Kaplan甚至比较了美、英、法、德、日五国在1982～2000年的GDP增长率，比较了同期美国、欧洲、太平洋地区股市回报率，比较了同期美、英、法、德、日五国的股市回报率，结论是，美国在这三种比较里，都是最优者。这种分析，将私募股权资本市场、LBO 与公司治理结构的改革，放入一个大国竞争力提升的宏观大视野内，对中国的学者、投资人、企业家与决策者，都应当是有启发的。

最后，我们从 Jensen（2009）的“唤醒的持股者理论”框架内来看私募股权的意义。所谓“唤醒的持股者理论”，是作为“利益相关者理论”的对立面被提出来的。“利益相关者理论（Stakeholder Theory）”盛行于 1990 年代，直至 2007 年金融危机前，利益相关者理论的实质是承认各种利益相关者，包括投资人（所有者）、经理人、员工、政府，甚至外部金融机构与独立投资人，都在公司治理结构中有控制力，这样，公司治理就成为各种利益相关者之间平衡、内耗、争斗的场所。Jensen（2009）指出，这种淡化所有者权益，淡化所有者对公司长期价值极大化追求的主导作用的“利益相关者理论”，是会损害公司价值追求的基础的，并且会进一步降低社会总福利。

而在排斥“利益相关者理论”影响的过程中，私募股权方式的融资会起到积极作用，正如 Jensen 指出的那样，在 1980 年代初的美国，公众持股的上市公司里其实只有一类利益相关人——持股人，但持股人在董事会中并未获得代表地位。后来，是通过私募股权投资，尤其是 LBO，使公司发生了三方面的变化。第一，公司的 CEO 逐渐为私募股权投资人所控制。第二，与公司原先在公开股市上去募集实质上永久不还的资本不同，私募资本是有期限的（一般 10 ~ 12 年），这对运用资本进行投资的人来说，压力是绝对不同的：如果你在契约限定的期限内没有使资本投资带来优良业绩，那你就无法再募集到下一次私募股权投资基金。第三，PE 使资本所有者的实际回报率提高了，在一般的私募股权加入的公众公司里，资本投资通常要支付持股人 30% ~ 40% 的回报率，除此以外，还要支付私募基金的“GP”（一般合伙人）的固定费和利润分红，支付“LP”（有限合伙人）相当优厚的利润。这说明，原来的公众持股的上市公司本来就存在相当的利润空间。私募资本投资公司让公司价值得到了极大的提升，这也大大增加了社会财富。

因此，我们可以看到，私募股权市场的发展，不仅仅是为了扶植创业投资，解决中小企业的融资难问题；通过私募股权方式改善成熟公司包括上市的公众公司的治理结构，才是私募股权的核心价值。从成熟市场国家的经验可以看出，接

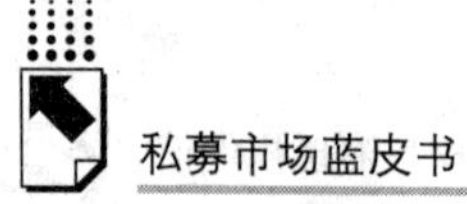



受私募股权投资的企业往往有三大类。

一是创投企业。这里又可分早期阶段与晚期阶段两种创投。这在当今的中国是数量很大的。

二是处于中间市场阶段的私人企业。这类企业之所以需要私募股权投资，或者是出于家族企业转型，需要引入私募股权来改善其治理结构与资产结构；或者是正处于迅速扩张期，需要引入私募股权完成一系列并购计划；或者正处于资金困境或资产重组时期，需要出售闲置的辅业资产，实行“主辅分离”；或者正处于所有权变更期，需要出售部分产权，置换治理结构；等等。中国有近千万家这类私人企业，若通过私募股权来加以改造，潜力巨大。

三是通过IPO筹资的公众股份公司。这类企业或者需要LBO，提高其杠杆比率，以改变治理结构；或者正处于财务困境，有动力接受私募股权融资。更为重要的是，在目前中国1600多家上市公司中，其实离Jensen说的“公司的控制力市场”与“治理权”建立都有很大的距离。真正在治理结构中引入竞争，引入市场，是下一场国有产权改革的题中应有之义。

中国下一轮经济增长潜力在哪里？我的回答之一是：向现有近1000万家企业要“治理权”价值，向“公司的控制力市场”要竞争优势。而用私募股权方式融资，一方面可以扶植广大的创业投资项目，另一方面，可以提升中国现有企业的治理结构价值，这是真正的经济增长潜力。美国1980年代至2007年的经济繁荣经历告诉我们，中国若进一步开放产权改革，运用PE与LBO等方式改善公司治理结构，可以带来下一个20年的繁荣。

我们应当以私募股权市场，向产权改革，向治理结构要经济长远增长。

## 参考文献

Cendrowski, Harry, J. P. Martin, L. W. Petro, A. A. Wadecki (2008), “Privaty Equity”, John Wiley & Sons, Inc.

Chen, Donald H. and S. L. Gillan (2009), *U. S. Corporate Governance*, Columbia University Press, New York.

Fenn, George W., N. Liang, S. Prowse (1996), *The Private Equity Market: An Overview*, Blackwell Press.

Holmstrom, B. and S. N. Kaplan (2009), "The State of U. S. Corporate Governance: What's Right and What's Wrong?" in D. H. Chen and S. L. Gillan editors *U. S. Corporate Governance*, Columbia University Press, New York.

Jensen, M. C. and W. H. Meckling (1976), "Theory of the Firm: Managerial Behavior, Agent Costs and Ownership Structure." *Journal of Financial Economics*, V. 3. pp. 305 – 360.

Jensen, M. C. and R. S. Ruback (1983), "The Market for Corporate Control: The Scientific Evidence." *Journal of Financial Economics*, Vol. 11, pp. 5 – 50.

Jensen, M. C. (2009), "Value Maximization, Stakeholder Theory and The Corporate Objective Function." In D. H. Chen and S. L. Gillan editors *U. S. Corporate Governance*, Columbia University Press, New York.

Wruck, K. H. (2009), "Private Equity, Corporate Governance, and the Reinvention of the Market for Corporate Control", in D. H. Chen and S. L. Gillan editors *U. S. Corporate Governance*, Columbia University Press. New York.

**图书在版编目（CIP）数据**

中国私募股权市场发展报告.2010/曹和平主编.—北京：社会科学文献出版社，2010.11
（私募市场蓝皮书）
ISBN 978-7-5097-1853-7

Ⅰ.①中… Ⅱ.①曹… Ⅲ.①企业-融资-资本市场-研究报告-中国-2010 Ⅳ.①F832.51

中国版本图书馆CIP数据核字（2010）第200175号

**私募市场蓝皮书**

**中国私募股权市场发展报告（2010）**

主　　编/曹和平
副 主 编/平新乔　巴曙松

出 版 人/谢寿光
总 编 辑/邹东涛
出 版 者/社会科学文献出版社
地　　址/北京市西城区北三环中路甲29号院3号楼华龙大厦
邮政编码/100029
网　　址/http：//www.ssap.com.cn
网站支持/（010）59367077
责任部门/皮书出版中心（010）59367127
电子信箱/pishubu@ssap.cn
项目经理/邓泳红
责任编辑/周映希
责任校对/刘雨薇
责任印制/蔡　静　董　然　米　扬
品牌推广/蔡继辉

总 经 销/社会科学文献出版社发行部
（010）59367081　59367089
经　　销/各地书店
读者服务/读者服务中心（010）59367028
排　　版/北京中文天地文化艺术有限公司
印　　刷/北京季蜂印刷有限公司

开　　本/787mm×1092mm　1/16
印　　张/33　字数/567千字
版　　次/2010年11月第1版　印次/2010年11月第1次印刷

书　　号/ISBN 978-7-5097-1853-7
定　　价/69.00元

本书如有破损、缺页、装订错误，
请与本社读者服务中心联系更换

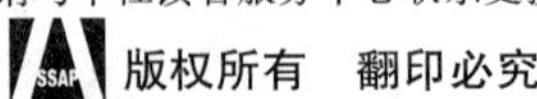
**版权所有　翻印必究**

# 中国皮书网全新改版，增值服务大众

中国皮书网
http://www.pishu.cn

皮书动态 | 皮书观点 | 皮书数据 | 皮书报道 | 皮书评价与研究 | 在线购书 | 皮书数据库 | 皮书博客

## 规划皮书行业标准，引领皮书出版潮流
## 发布皮书重要资讯，打造皮书服务平台

中国皮书网开通于2005年，作为皮书出版资讯的主要发布平台，在发布皮书相关资讯，推广皮书研究成果，以及促进皮书读者与编写者之间互动交流等方面发挥了重要的作用。2008年10月，中国出版工作者协会、中国出版科学研究所组织的“2008年全国出版业网站评选”中，中国皮书网荣获“最具商业价值网站奖”。

2010年，在皮书品牌化运作十年之后，随着皮书系列的品牌价值的不断提升、社会影响力的不断加大，社会科学文献出版社精益求精，力求为众多的皮书用户提供更加优质的服务，出版社在原有中国皮书网平台的基础上进行全新改版。新改版的中国皮书网在皮书内容资讯、出版资讯等信息的发布方面更加系统全面，在皮书数据库的登录方面更加便捷，同时，引入众多皮书编写单位参与该网站的内容更新维护，能够为广大用户提供更加增值的服务。

**www.pishu.cn**

**中国皮书网提供：**
- 皮书最新出版动态
- 专家最新观点数据
- 媒体影响力报道
- 在线购书服务
- 皮书数据库界面快速登录
- 电子期刊免费下载

# 盘点年度资讯，预测时代前程

## 从“盘阅读”到全程在线，使用更方便

## 品牌创新又一启程

· 产品更多样

从纸书到电子书，再到全程在线网络阅读，皮书系列产品更加多样化。2010年开始，皮书系列随书附赠产品将从原先的电子光盘改为更具价值的皮书数据库阅读卡。纸书的购买者凭借附赠的阅读卡将获得皮书数据库高价值的免费阅读服务。

· 内容更丰富

皮书数据库以皮书系列为基础，整合国内外其他相关资讯构建而成，下设六个子库，内容包括建社以来的700余种皮书、近20000篇文章，并且每年以120种皮书、4000篇文章的数量增加。可以为读者提供更加广泛的资讯服务；皮书数据库开创便捷的检索系统，可以实现精确查找与模糊匹配，为读者提供更加准确的资讯服务。

· 流程更方便

登录皮书数据库网站www.i-ssdb.cn，注册、登录、充值后，即可实现下载阅读，购买本书赠送您100元充值卡。请按以下方法进行充值。

## 充值卡使用步骤：

**第一步**

· 刮开下面密码涂层

· 登录 www.i-ssdb.cn

点击“注册”进行用户注册

**第二步**

登录后点击“会员中心”进入会员中心。

**第三步**

· 点击“在线充值”的“充值卡充值”，

· 输入正确的“卡号”和“密码”，

即可使用。

（本卡为图书内容的一部分，不购书刮卡，视为盗书）

SSDB
社科文献资源库
SOCIAL SCIENCE DATABASE

如果您还有疑问，可以点击网站的“使用帮助”或电话垂询010-59367071。